Kunstreiseführer
Hessen

Kunstreiseführer
Hessen

Magnus Backes
Hans Feldtkeller

Gondrom

Sonderausgabe für den Gondrom Verlag, Bindlach 1989
© 1962 Chr. Belser AG für Verlagsgeschäfte & Co
KG Stuttgart-Zürich
Unveränderter Nachdruck der „Belser Kunstwanderungen,
Hessen"
Umschlaggestaltung: Creativ Werbe- und Verlagsge-
sellschaft mbH, Stuttgart
Umschlagfoto: BAVARIA Bildagentur, Gauting, Geopress
(Kathedrale in Limburg)
ISBN: 3-8112-0588-9

Vorwort

Es ist von Kunstfreunden oft bedauert worden, keinen Führer durch das Land Hessen zu haben, der in aller Verläßlichkeit die bedeutenden Bau- und Kunstdenkmäler des Landes erschließt. Die ›Kunstwanderungen in Hessen‹ erfüllen also einen lang gehegten Wunsch. Die Gliederung des Landes durch Flüsse und Gebirge hat den Aufbau des Bandes bestimmt. So kamen *14 Kapitel* zustande, denen jeweils eine Karte mit den wichtigsten behandelten Orten vorangestellt wurde. Die Burgen und Schlösser sind darauf besonders gekennzeichnet. Der handliche Band erleichtert dem Wanderer die Vorbereitung einer Kunstfahrt, mag er sie zu Fuß oder mit dem Auto unternehmen.

Es bestehen erst für eine geringe Zahl von Landkreisen Inventare der Bau- und Kunstdenkmäler, auf die sich die Bearbeitung stützen konnte. Wo Gedrucktes fehlte, mußte das Wissen des Denkmalpflegers um das ihm anvertraute Gebiet weiterhelfen. Von ihm kamen die Zusammenstellung der Reiseroute und der Hinweis auf abgelegenes und bisher nur wenig bekanntes Kunstgut. Herr Dr. Magnus Backes hat daraufhin das ganze Land im Laufe eines Jahres bereist. Der Text, der unter dem frischen Eindruck des Erlebten entstand, wurde gemeinsam überarbeitet.

Natürlich kann in ein solches Buch nicht alles aufgenommen werden. Soll es doch kein dickes Inventarium sein, sondern ein Führer, der alle wichtigen Bau- und Kunstdenkmäler erfaßt und zugleich auch den Sinn zum Verständnis ihrer Schönheit und Bedeutung weckt. Deshalb war eine umsichtige Auswahl zu treffen: Auf Museumsgut konnte nur hingewiesen, Kunstwerke aus neuerer Zeit konnten nur gelegentlich erwähnt werden. Es kam bei der Bearbeitung aber darauf an, die Bauwerke in ihrer Umgebung darzustellen, um zu zeigen, wie sie sich in diese einfügen, wie Dörfer und Städte, wie Architektur und Landschaft zu einem Ganzen geformt sind. – Die Landesgeschichte ist nur insoweit berücksichtigt, als sie zum Verständnis des einzelnen Bauwerkes notwendig ist. Fachausdrücke und kunstgeschichtliche Begriffe ließen sich nicht vermeiden. Um dem Leser ihr Verständnis zu erleichtern, ist ein kleines *Glossarium* angefügt, das – zum Teil an Grund- und Aufrissen – die immer wieder vorkommenden Fachwörter erklärt. Ein *Orts-* sowie ein *Künstlerverzeichnis* helfen dem Leser, sich in dem Buch rasch und leicht zurechtzufinden.

Die Zusammenstellung des *Bildteiles* war von dem Wunsche des Landeskonservators bestimmt, Wenig- oder gar Unveröffentlichtem den Vorrang vor häufig Abgebildetem zu geben. Um auch Details zur

Geltung zu bringen, wurden des öfteren Ausschnitte gewählt. Die Abbildungen sind weitgehend nach dem Ortsalphabet geordnet.

Verfasser und Verlag hoffen, daß dieser Band – wie seine Vorgänger ›KUNSTWANDERUNGEN IN WÜRTTEMBERG‹ und ›KUNSTWANDERUNGEN IN BADEN‹ – bald zu einem unentbehrlichen Begleiter aller jener werden wird, die mit dem Reichtum des Landes an Kunst- und Baudenkmälern vertraut werden wollen.

Zu danken ist besonders Frau DR. HERTHA LÜNENSCHLOSS, aber auch den weiteren Mitarbeitern des Landeskonservators, den Konservatoren DR. O. MÜLLER, DR. ING. G. GANSSAUGE und DR. M. HERCHENRÖDER, schließlich allen denen, die unterwegs auf den Fahrten mit Rat und Tat geholfen haben.

DR. ING. HANS FELDTKELLER
Landeskonservator von Hessen

Inhaltsverzeichnis

I. Das rechte Rheingebiet von Wiesbaden bis Niederlahnstein

1. Stadt Wiesbaden 11
2. Die Umgebung von Wiesbaden 15
3. Der Rheingau und das Rheintal 19

II. Taunus, Frankfurt und Umgebung

1. Die Bäderstraße 47
2. Die Aarstraße 52
3. Das Wörsbach- und das Emsbachtal 55
4. Das Weiltal 58
5. Die westliche und nördliche Umgebung Frankfurts 61
6. Stadt Frankfurt 70
7. Die Vororte von Frankfurt 89

III. Wetterau, Niddatal und Vogelsberg

1. Das Tal der Wetter 93
2. Das Horlofftal 121
3. Das obere Niddatal und der Vogelsberg 125
4. Junkerland und Niddertal 130

IV. Das Kinzigtal mit Büdingen und Birstein

1. Von Hanau bis Gelnhausen 141
2. Das Büdinger Land 155
3. Wächtersbach und das Orbtal 160
4. Das Brachttal mit Birstein 163
5. Das Kinzigtal von Salmünster bis Schlüchtern 164

V. Die Lahn

1. Von Bad Ems bis Diez 171
2. Limburg und Dietkirchen 178
3. Runkel, Weilburg, Braunfels, Altenberg 184
4. Wetzlar und Gießen mit Umgebung 191
5. Marburg 201
6. Das obere Lahntal bis Biedenkopf 207

VI. Der Westerwald

1. Das Tal der Dill 211
2. Das Tal der Elb 221
3. Der westliche Westerwald (Hachenburg – Montabaur) 225

VII. Täler und Höhen um Marburg: Wettschaft, Burgwald, Wohra, Ohm, Schwalm und Efze

1. Wettschaft, Burgwald und Wohra 233
2. Ohmtal und Marburger Berge 240
3. Schwalm, Knüllgebirge und Efze 244

VIII. Das Edertal

1. Von der westfälischen Grenze bis zur Edertalsperre 265
2. Die Edertalsperre und ihre nördliche Umgebung 272
3. Von der Edertalsperre bis Fritzlar 277
4. Die Landschaft östlich von Fritzlar 287

IX. Das Waldecker und Wolfhagener Land

1. Von Fritzlar nach Wolfhagen, Zierenberg und Volkmarsen   291
2. Von Rhoden über Arolsen und Korbach zur Diemeltalsperre 301

X. Kassel und seine Gebirge
(Habichtswald, Reinhardswald, Kaufunger Wald, Hoher Meißner)

1. Kassel, Innenstadt 315
2. Karlsaue, Wilhelmshöhe, Wilhelmsthal 325
3. Von Kassel über Hofgeismar nach Helmarshausen 330
4. Von Karlshafen nach Kassel 339
5. Von Kassel zum Hohen Meißner 346

XI. Von der Werra zum Ringgau

1. Witzenhausen – Bad Sooden-Allendorf – Eschwege – Wanfried 353
2. Sontra-Tal, Richelsdorfer Gebirge und Ringgau 367

XII. Fuldatal und Rhön

1. Von Breitenau bis Bad Hersfeld 375
2. Bad Hersfeld und das Haunetal bis Hünfeld 385
3. Das Fuldatal von Schlitz bis Fulda 397
4. Das obere Fuldatal, die Rhön und das Ulstertal 415

XIII. Südliche Mainebene, Darmstadt, Hessisches Ried und Bergstraße

1. Von Offenbach über Seligenstadt nach Babenhausen und Darmstadt 421
2. Darmstadt 436
3. Dreieichenhain, Groß-Gerau und das Hessische Ried 445
4. Westhang des Odenwaldes und Bergstraße 451

XIV. Durch den Odenwald zum Neckar

1. Groß-Umstadt und der Nordrand des Odenwaldes 465
2. Das Mümlingtal 469
3. Am Neckar 482
4. Vom Ulfenbachtal durch das Weschnitztal zur Gersprenz.. 488

XV. Anhang

1. Erklärung wichtiger Fachausdrücke 495
2. Ortsverzeichnis 501
3. Künstlerverzeichnis 508
4. Quellennachweis 513

Übersichtskarte zu Kapitel I:
Das rechte Rheingebiet von Wiesbaden bis Niederlahnstein

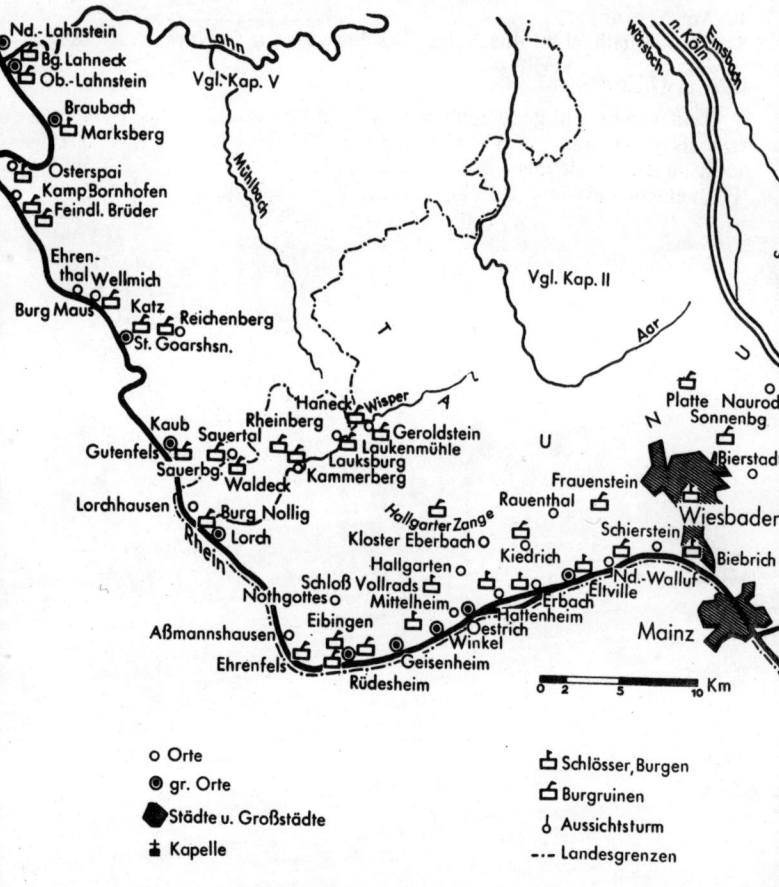

- o Orte
- ⊙ gr. Orte
- ⬢ Städte u. Großstädte
- ♣ Kapelle
- 🏰 Schlösser, Burgen
- 🏚 Burgruinen
- ♂ Aussichtsturm
- --- Landesgrenzen

Die oben angegebenen Signaturen gelten für alle Übersichtskarten dieses Bandes; sie sind daher bei den folgenden nicht mehr aufgeführt.

I. Das rechte Rheingebiet von Wiesbaden bis Niederlahnstein

1. Stadt Wiesbaden

Geöffnet gegen die Weite der Oberrheinischen Tiefebene, schmiegt sich WIESBADEN, seit 1945 Landeshauptstadt von Hessen, an die Südhänge des Taunus. Schon in römischer Zeit waren die warmen Quellen der Stadt bekannt. Seit dem 13. Jh. gehörte Wiesbaden den Grafen von Nassau, seit 1744 war die Stadt Regierungssitz von Nassau-Usingen. Unter Fürst Friedrich August (1803–16) und Herzog Wilhelm von Nassau (1816–39) erfolgte der großzügige Ausbau von einer kleinen Landresidenz zur vielbesuchten Badestadt. Der bestimmende Architekt zu Beginn des Jahrhunderts war JOHANN CHRISTIAN ZAIS (1770 bis 1820), ein Schüler von F. Weinbrenner. Das von ihm 1808–10 erbaute *Kurhaus* wurde 1904–05 durch einen Neubau ersetzt; aus klassizistischer Zeit stammen nur die Kolonnaden (die nördlichen 1825, die südlichen 1839 von HEINRICH J. ZENGERLE). Die Gesamtanlage erinnert in ihrer aufgelockerten U-Form an barocke Bauweise, die strenge Folge der dorischen Säulen an die Begeisterung der Zeit für römisch-griechische Architektur.

1812 projektierte Zais die Wilhelmstraße und als ihr Hauptrepräsentationsgebäude für Herzog Wilhelm das *Prinzenpalais* (heute Justizministerium). Einfach und geradlinig sind die klassizistischen Formen des Bauwerkes, dessen Gesamtkonzeption jedoch der Kunst des 18. Jh. verbunden bleibt, so das hohe Sockelgeschoß, der betont vorspringende Mittelbau, die fünfschiffige Eingangshalle und das rückseitig vorspringende Treppenhaus. Tradition des nassauischen Barock sind auch die kunstvoll gegossenen Treppenhausgeländer, die vielfach die Wiesbadener Bauten des 19. Jh. zieren und in den Eisenhütten des Taunus (Audenschmiede, Michelbach) hergestellt worden sind.

1818 beauftragte die Regierung den Architekten Zais, dem unregelmäßigen Gewirr der Altstadtstraßen durch neue Straßenprojekte eine rationale Ordnung zu geben. Zais faßte die Stadt von einem Fünfeck ein, begrenzt durch die Straßen: Wilhelmstraße, Friedrichstraße, Schwalbacher Straße, Röderstraße und Taunusstraße. Gegen 1830 wurde dieses Stadtbild nach Süden durch die Luisenstraße und Rheinstraße erweitert. Diese Straßen bestimmen auch heute noch das Stadtbild, und allenthalben begegnen uns die schlichten, unaufdringlich vornehmen Hausbauten des Klassizismus und Biedermeier (Bahnhofstraße, Luisenstraße und Luisenplatz, Friedrichstraße, Wagemannstraße). Diese städtebaulich feinfühlige Epoche beschloß der Architekt Theodor Goetz. Nach ihm setzte die Zeit der aufdringlicheren Bauten des späteren 19. Jh. und der modernen Geschäftshäuser ein.

Das ehemalige herzogliche *Residenzschloß*, heute Sitz des Landtags, entstand 1837–41 an Stelle der mittelalterlichen Burganlage nach Entwürfen des hessisch-darmstädtischen Architekten G. MOLLER (1784–1852), eines Schülers von K. Weinbrenner. Das Gebäude fügt sich als Eckbau geschickt in die städtebauliche Situation ein; die Straßenecke betont durch einen turmartigen Halbrundbau. Die schlichten Außenwände lassen nicht ahnen, welch ein geschicktes Raumgefüge sich dahinter verbirgt. G. Moller scheint unmittelbar angeregt von einem Entwurf K. Weinbrenners für ein herrschaftliches Haus am Rondellplatz in Karlsruhe. Von beiden Straßenseiten führt eine Durchfahrt in eine hintere Auffahrthalle mit Mittelsäule und Sterngewölbe. Das dreiläufige Treppenhaus wird überwölbt von einer mächtigen Halbtonne mit Kassettenstuck, erinnernd an römische Thermengewölbe. Das Obergeschoß enthält eine Zimmerfolge mit Enfilade, beginnend mit dem Schlafzimmer, endend mit dem durch zwei Geschosse gehenden Speisesaal. Ein Wintergarten führt in den runden, von einer gewaltigen Kuppel gekrönten Festsaal. Die sorgfältig nach dem Kriege restaurierten Zimmer haben ihre alte Ausgestaltung z. T. bewahrt, z. T. wurde sie aus anderen Schlössern ergänzt. Die zartfarbige, subtil zeichnerische Ausmalung, die den Einfluß der damals neuentdeckten pompejanischen Wandmalereien verrät (besonders im »Pompejanischen Zimmer« des Untergeschosses), stammt von den Brüdern LUDWIG und FRIEDRICH WILHELM POSE und wird von Stuckarbeiten in klassizistischen Formen ergänzt. Es sind künstlerisch hochwertige Werke der romantisch-sentimentalen Kunst des 2. Viertels des 19. Jh. Die Marmorplastiken im Treppenhaus und im Festsaal schuf LUDWIG VON SCHWANTHALER. Der durch einen Erweiterungsplan entstandene Musiksaal verrät in seiner Ausmalung deutlich eine andere Hand.

Neben dem Schloß erhebt sich das *Kavalierhaus*, 1826 als Geschäftshaus erbaut und in den vierziger Jahren von R. GÖRTZ für Zwecke des Hofes umgestaltet, ein einfacher klassizistischer Bau, nach Kriegsbeschädigung aufgestockt, heute Ministerium für Landwirtschaft und Forsten. Zwei rückseitige Höfe werden von Marstall und Reithalle – beide Gebäude von G. Moller – begrenzt. Die Reithalle mit ihrem kühn konstruierten offenen Dachstuhl mußte bedauernswerterweise dem Neubau des Landtagssitzungssaales geopfert werden. Er greift ebenfalls in den Hof des Marstalles ein und zerstört die einstige Geschlossenheit.

Wiesbaden im 20. Jahrhundert

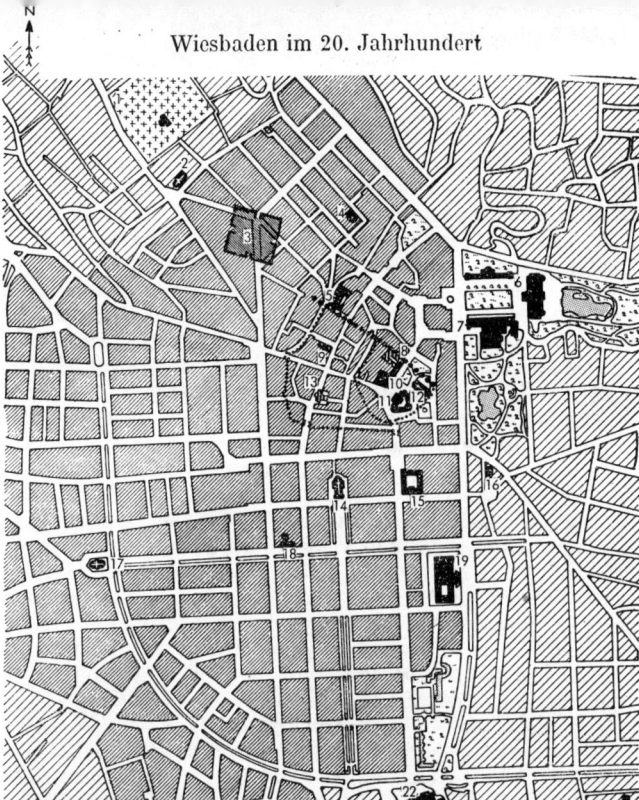

dichte Bebauung | lockere Bebauung | •••• sogen. Heidenmauer röm. Befestigung | ---- ehemalige Stadtmauer

1 Alter Friedhof
2 Maria-Hilf-Kirche
3 ehemaliges römisches Kastell
4 Bergkirche
5 Kaiser-Friedrich-Bad
6 Kurhaus und Brunnenkolonnade
7 Hessisches Staatstheater
8 ehemalige Burg
9 Schützenhof
10 herzogl. Schloß (Landtag)
11 Rathaus
12 Marktkirche
13 ehem. Mauritiuskirche
14 Bonifatiuskirche
15 Ministerium des Innern
16 Englische Kirche
17 Ringkirche
18 Landes-Bibliothek
19 Rhein-Main-Halle
20 Dreifaltigkeitskirche
21 Luther-Kirche
22 Hauptbahnhof
23 Hauptstaatsarchiv
24 Statistisches Bundesamt

Ende der dreißiger Jahre des 19. Jh. entstand in der Luisenstraße das *Staatsministerium* (heute Hessisches Innenministerium), ein dreiflügeliger Bau im oberitalienischen Palazzostil. Dieses Gebäude bezeichnet eine Wende in der Wiesbadener Architektur. In seiner Eingangshalle mit Mitteldurchfahrt und seitlichen Säulen und dem festlichen Treppenhaus, das sich nach barocker Weise erst im Aufstieg räumlich entfaltet, offenbart sich die Tradition der ersten Jahrhunderthälfte. In dem reicheren Dekor der Einzelformen und in dem machtvoll repräsentativen Gesamtcharakter deutet sich die Überladenheit der zweiten Jahrhunderthälfte an. In den zwanziger Jahren dieses Jahrhunderts wurde der Bau zu einer Vierflügelanlage mit Binnenhof erweitert.

1841–55 erbaute PHILIPP HOFFMANN die *Pfarrkirche (k.) St. Bonifatius* am Luisenplatz. Die Kirche wurde aus städtebaulichen Gründen genordet, da ihre zweitürmige Südfassade einen wirkungsvollen Abschluß am älteren Luisenplatz bildet. Es ist eine dreischiffige Hallenkirche mit überhöhten Mittelschiffgewölben und dreischiffigem Querschiff. Die Farbigkeit des Außenbaues – roter Sandstein und gelber Putz – kontrastiert gegen das Weißgrau der klassizistischen Häuser. Alle Details sind in romanischen Formen, alle konstruktiven Teile in gotischer Technik gehalten. Das Innere wirkt wie eine weite, ruhige Halle mit reichen, wechselnden Durchblicken. Eine künftige Restaurierung wird die moderne, kühle, grau-hellgelbe Farbtönung durch eine warme, der ursprünglichen Raumgestaltung entsprechende sandsteinrote Färbung ersetzen müssen. Das Mittelschiffgewölbe wurde im letzten Krieg zerstört und provisorisch durch eine kassettierte Flachdecke ersetzt, die den Raum ›klassizistischer‹ gestaltet als er angelegt ist. Der Chorumgang ist durch Schranken verbaut, deren Westenden zwei Altäre abschließen. In dem hochragenden Ziborium des Hauptaltars begegnen sich Romanik, Renaissance und Gotik, deutsche und italienische Kunst.

Rund zehn Jahre später entstand die *Marktkirche (e.)* nach den Entwürfen von KARL BOOS (1851–62). Im Gegensatz zur Bonifatiuskirche ist dieses Bauwerk nicht Platzabschluß, sondern Denkmal zwischen zwei Plätzen, dem Marktplatz und Schloßplatz, und für die Fernsicht auf Wiesbaden hervorstechendes Monument über dem Straßengewirr der Altstadt. Die Rücksichtnahme auf die klassizistische Bautradition der Stadt ist gebrochen, der Architekt entschied sich für die Gotik, da »dieser Stil mit seinen kühn aufstrebenden Formen ... das christliche Empfinden voll zum Ausdruck gebracht habe« (Boos). Die langgestreckte dreischiffige Basilika bietet mit ihren beiden Chorflankentürmen und den drei Westtürmen wirkungsvolle Überschneidungen und Steigerungen in den Turmgruppen, und der Bau erscheint im Grunde wie ein ›Turmmonument‹. Neu wie die gotischen Formen ist das Baumaterial in Wiesbaden, der Backstein, nach Aussagen des Künstlers nur aus Sparsamkeitsgründen angewandt, historisch jedoch der Auftakt zu den Backsteinbauten der Neugotik. Die innere Raumform ist gotisch mit starker rhythmischer Bewegung zum Altar. Einzelformen wie Kapitelle, Brüstung und Konsolgesimse sind der antiken Architektur entnommen. Die Seitenschiffe, durch Emporen unterteilt – das einzige ›Protestantische‹ an der Kirche –, sind in der Unterzone fensterlos und unbelichtet, um die oberen Regionen des Mittelschiffes um so lichter und heller erscheinen zu lassen. Anregendes Vorbild für die gotischen Formen waren englische Kathedralen der Spätgotik (Nordwich, Lincoln). Wie ein krönender Abschluß der romantischen Bauentwicklung Wiesbadens wirkt die *Griechische Kapelle* auf dem Neroberg, 1847–55 von PHILIPP HOFFMANN im Auftrage des Herzogs als Grabkapelle für die jung verstorbene Herzogin Elisabeth, eine geborene russische Großfürstin, erbaut. Die Kapelle ist als typisch spätromantisches Denkmal eng mit der landschaftlichen Umgebung verbunden. Das leuchtende Gold ihrer Kuppeln und das Weiß des hellen Sandsteins schimmern fremdartig-reizvoll durch das Geäst der Bäume. Das rote Glas der Türen, das (leider zerstörte) blaue Glas der Fenster, das zartblau, rosa und grau getönte Marmorgestein und das Gold der Altarbilderwand (Ikonostasis) geben dem Innenraum eine träumerische und sehnsuchtsvolle romantische Stimmung, der auch das Marmorgrabmal mit der ruhenden Plastik der schönen, edlen Jugendgestalt entspricht.

2. Die Umgebung von Wiesbaden

Die *Pfarrkirche (e.) St. Nikolaus* des Vorortes BIERSTADT ist das älteste erhaltene Gotteshaus im Wiesbadener Raum. Die Kirche wird 922 zuerst erwähnt. Aus dieser Zeit stammt vermutlich noch der untere Teil der südlichen Mauer des Kirchenschiffes mit dem sehr altertümlichen, heute vermauerten Portal. Auf dem Sturz ist das Kreuz des Heils im Dreieck der Trinität mit den Bäumen des Lebens und des Todes eingeritzt. Zu Beginn des 12. Jh., als die Kirche an das Mainzer Domkapitel kam, entstand die heute im wesentlichen noch erkennbare Anlage: ein flachgedeckter Saalbau mit halbrunder Apsis und seitlichen Altarkonchen, außen durch Lisenen und Rundbogenfriese gegliedert. Zwei der einst vier romanischen Fenster sind an jeder Schiffswand erhalten. Die Chorfenster wurden im 14. Jh. vergrößert und in den Laibungen gotische Fresken gemalt. An der Westseite erhebt sich ein quadratischer Turm mit spätromanischem Rhombendach. 1733 erfolgte ein barocker Umbau, der 1933 durch eine sorgfältige denkmalpflegerische Restaurierung weitmöglichst reduziert wurde.

Von einem *Flügelaltar* aus dem Anfang des 16. Jh. sind vier lebendig gemalte, unter dem Kunsteinfluß Dürers stehende Innentafeln mit Predella erhalten, darstellend Szenen aus dem Leben Christi, nach neueren Forschungen von der Hand MARTIN CALDENBACHS. Die Außenflügel mit Heiligenbildern verraten eine etwas jüngere Malerhand. Die Holzstatue der Madonna mit Kind aus dem späten 15. Jh. in plastisch bewegter Gewandung und mit anmutig gerundetem Gesicht gehörte zusammen mit den beiden Plastiken des hl. Nikolaus und des hl. Ferrutius ebenfalls zu einem spätgotischen Altar.

Der Vorort SONNENBERG schmiegt sich mit seinen engen Gassen und seiner kleinen barocken Kirche um einen Berggrat, auf dem die *Ruine* Sonnenberg liegt. Die Grafen von Nassau erbauten sich diese Burg um 1200. Die Ortsbefestigung, eine gotische Ringmauer mit viereckigen Wehrtürmen und zwei spitzbogigen Tordurchfahrten, ist der äußerste und jüngste Verteidigungsring der Burg. Ein gotischer Torturm, einst mit Fallgatter, leitet in die obere Burg; die Kernanlage, der besteigbare quadratische Bergfried mit sorgfältig gemauertem Eingang im Obergeschoß, stammt aus dem frühen 13. Jh. Die umgrenzende Ringmauer und die Ruine des Palas gehören zu einer Erweiterung des 14. Jh. Durch den Halsgraben führt heute eine Straße.

Die in der Ortsmitte von NAUROD an der großen Straßenkreuzung gelegene *Kirche (e.)* ist ein Hauptwerk des Baumeisters JOH. GEORG BAGER, der zumeist unter der Bauführung von Stengel und Welsch tätig war. Es ist ein achteckiger, von hoher, geschweifter Barockhaube mit Laterne gekrönter Zentralbau. Im Innern trägt ein Kranz von acht Säulen die ringsum laufenden Emporen.

Das *Jagdschloß Platte* am Rande der Taunuswälder mit dem Blick in die Weite der Main- und Rhein-Landschaft ist leider im zweiten Weltkrieg ausgebrannt. Es war 1822–24 nach Entwürfen von JOHANNES SCHRUMPF im Auftrage des Herzogs Wilhelm von Nassau als ein Nachfolgebau des Petit Trianon in Versailles erbaut worden.

Der Vorort FRAUENSTEIN, eingebettet in das Groroder Tal, überragt von der Burgruine, bewahrt in seinen Dorfstraßen eine Reihe alter *Fachwerkhäuser* von einheitlicher Bauweise und mit dem Giebel zur Straße. So der Schönborner Hof von 1571 (Mittelgasse 7), eine Hofanlage des 16. Jh. mit Resten mittelalterlichen Mauerwerks (Mittelgasse 6) und ein altes Bauernhaus (Dotzheimer Straße 11),

1923 und 1950 renoviert. Die spätmittelalterliche *Pfarrkirche (k.)* aus dem Jahre 1509 liegt mit ihrem Chor und Dachreiter reizvoll im Ortsbild an der Biegung der Straße. Auf dem kleinen Platz an der Nordseite der Kirche beugt sich altersschwach, schon teilweise geborsten, die vielhundertjährige Dorflinde. Die 1953/54 erbaute neue Pfarrkirche stößt im rechten Winkel etwas hart und groß an die alte Kirche, die durch eine Betondecke in eine Werktagskirche und einen Versammlungssaal unterteilt wurde. Die alte Ausstattung kam in den Neubau: der qualitätsvolle barocke Hochaltar von 1713 aus Kloster Tiefenthal, dessen naturfarbenes Nußbaumholz erst 1960 von späterer Übermalung befreit wurde, die schöne Barockkanzel (der Schalldeckel 1954 geschickt ergänzt) und das Kruzifix aus dem Anfang des 16. Jh. mit dem ausgewogenen Christuskörper, seitlich begleitet von je einem barocken Engel. Die *Burg* wurde zu Beginn des 13. Jh. von Marschällen des Erzstiftes Mainz erbaut und blieb bis 1803 mit Kurmainz verbunden. Sie liegt sehr kühn auf einem bizarren Felsen, dem »Spitzen Stein«. Es handelt sich um eine Abschnittsburg mit Halsgraben und Schildmauer. Von den Burggebäuden steht nur noch der spätromanische Bergfried, fünfeckig, mit der Spitze zur Angriffsseite.

Der schlichte, von einem Haubendachreiter bekrönte Saalbau der *Pfarrkirche (e.)* SCHIERSTEIN entstand 1752–53 nach Plänen des nassauischen Regierungsassessors Joh. Scheffer. Die phantasievolleren Entwürfe des Bauinspektors Joh. Georg Bager aus dem Jahre 1750 waren wegen zu hoher Kostspieligkeit verworfen worden. Die Innenausstattung mit reicher Rokokoornamentik und mit Altar, Kanzel und Orgel übereinander ist ein Werk des Frankfurter Bildhauers Joh. Daniel Schnorr. Unter den Weiß-Gold-Farben der Restaurierung von 1927, die der Kirche einen falschen Charakter geben, sind noch die Originalfarben der Marmorierung (blau, hellgrau, rot, weiß und schwarz) verborgen. Im Zusammenhang mit dem Kirchenneubau entstanden einige Wohnhäuser in der gleichen Straße, so 1763 das *Schulgebäude*, das zusammen mit der Kirche eine malerische Gruppe bildet, und 1770–72 das *Pfarrhaus* gegenüber dem alten *Zehnthof*. Zwischen Schierstein und Frauenstein liegt der alte *Groroder Hof*, ein Stützpunkt Nassaus gegen die Kurmainzer Burg Frauenstein. Eine Wehrmauer, von drei kleinen runden Ecktürmchen mit Gewehr-Schießscharten verstärkt, umschließt den Hofbezirk. Herrenhaus und Wirtschaftsbauten stammen aus dem 18. Jh., das Hoftor aus dem Jahre 1564.

Trotz der erheblichen Zerstörungen des letzten Krieges und dem recht verwahrlosten Zustande – eine durchgreifende Restaurierung ist jetzt vom Staat vorgesehen – vermag man in *Schloß* BIEBRICH auch heute noch die alte prunkvolle Barockresidenz ahnen. Die langgestreckte dreigeschossige Rheinfront baut sich mit seitlichen Pavillons und hochragender Mittelrotunde über einer Terrasse auf. Die zweigeschossige Gartenfront wurde einst von zwei Seitenflügeln hufeisenförmig umgrenzt (der östliche Flügel im zweiten Weltkrieg vernichtet). Die Anlage erweist sich bei näherem Zusehen als ein Konglomerat aus sieben Bauabschnitten, die sich dennoch zu einer Einheit zusammenfügen. 1700 errichtete Fürst Georg August von Nassau Idstein (gest. 1721), im Schloß Idstein regierend, auf Wunsch seiner Gattin Henriette Dorothea von Öttingen ein Jagdhaus, das als Absteigequartier bei den fürstlichen Jagden dienen sollte, den heutigen westlichen Pavillonbau, ein nahezu quadratisches Gebäude mit vorspringendem Mittelrisalit; die Wandflächen durch aufgelegte Pflanzengehänge aufgelockert. Schon wenige Jahre später erwies sich der Bau als zu klein und der Fürst ließ ein zweites, gleichgestaltetes Palais in einem gewissen Abstand erbauen, den heutigen östlichen Pavillon (1706 vollendet). Beide Bauten verband eine Terrasse. Im Auftrage des Fürsten begann der Kurmainzer Baudirektor MAXIMILIAN VON WELSCH an ihrer Stelle 1707 den Bau eines Verbindungsflügels mit einer großartig vorspringenden und hochragenden Mittelrotunde. Die festlich geschwungene Freitreppe an der Rheinfront wurde erst 1824 vorgebaut. Arkaden zwischen Doppelpilastern gliedern den neuen Bau, eine hohe Figuren-Attika bekrönt die Rotunde. Die Bauausführung lag in Händen des HANS JACOB BAGER. 1719 war der Rohbau vollendet. 1718–21 erhielten die Galerieflügel nachträglich das etwas unorganisch aufsitzende Obergeschoß. Durch den Tod des Bauherrn wurde der Schloßbau für zwölf Jahre unterbrochen. Fürst Karl von Nassau Usingen berief den Saarbrücker Architekten FRIEDRICH JOACHIM STENGEL, der den Innenausbau der Galerieflügel und der Rotunde leitete. Letztere barg im Untergeschoß eine Kapelle, darüber einen zweigeschossigen Kuppelsaal. Acht Säulen tragen die Kuppeldecke, die einst ein Deckengemälde von L. A. COLOMBA zierte. Abschluß des Ausbaues 1737–39. In den Jahren 1734 erweiterte Stengel die Schloßanlage an der Gartenseite durch einen (heute völlig zerstörten) Marstallbau. 1740 entschloß sich der Fürst, seine Residenz von Usingen nach Biebrich zu verlegen. Aus diesem Grunde benötigte die Schloßanlage, die bisher nur als Sommerwohnsitz gedient hatte, einen ›Winterbau‹, den STENGEL 1740–44 als westliches Gegenstück zum Marstall an der Parkseite erbaute. Sein äußerer Aufbau entsprach symmetrisch dem Marstall, zweigeschossig, Mansarddach, beiderseits ein Mittelrisalit mit Giebel. Die Durchbildung der architektonischen Einzelheiten ist jedoch reicher und gefälliger. Das schöne schmiede-

eiserne Balkongitter fertigte 1743 Domschlosser JOH. SCHWENDLER aus Mainz. Ein prächtiges von zwei Löwen gehaltenes Nassau-Usingisches Wappen mit Begleitfiguren nimmt die Stelle eines Giebels ein. In diesem Winterbau sind das Treppenhaus mit dem geschmiedeten Gitter von LEONHARD VAY aus Biebrich, die zarten Rokokostuckdecken des Mainzer Künstlers PETER JÄGER und der Saarbrücker Meister JOH. JACOB REISSNER und SIMON FEYLNER erhalten.
Gleichzeitig mit dem Schloßbau wurde nach den Plänen v. WELSCHS *der Park* angelegt und bepflanzt. Er zeigte die charakteristische Form des Barockgartens mit der axialen Ausrichtung der Alleen und Baumreihen auf das Schloß. Ein Jahrhundert später lockerte der Gartenarchitekt LUDWIG VON SKELL aus Weilburg 1811 die strenge Barockform nach dem Vorbild der englischen Gärten auf. Seitdem schlängeln sich Pfade und Bäche durch weite Wiesenflächen und an Baumgruppen vorbei und tummeln sich Enten in einem unregelmäßigen Weiher. Nahe dem nördlichen Ende des Parkes, am großen Weiher, birgt sich unter hohen Bäumen die *Moosburg*, eine künstlich als Ruine erbaute Wasserburg, deren Wassergräben heute leider trocken liegen. CARL FLORIAN GOETZ entwarf 1806 den interessanten Bau für Herzog Friedrich August. Eine dreibogige Brücke führt zu einem Torturm, hinter dem sich die Hauptburg erhebt. Der hochragende quadratische Bergfried enthält im Innern einen großen säulengeschmückten Saal. Die Anlage ist ein frühes Beispiel für die Entwicklung der Ruinenschwärmerei des 18. Jh. zur Burgenromantik des 19. Jh. (vgl. Kassel-Wilhelmshöhe und Hanau-Wilhelmsbad). Die Burgruine wird als ein von der Natur überwachsenes und überwuchertes und mit der Natur zur Einheit verschmelzendes Gebilde, als ein Träger wehmütiger und erinnerungsvoller Empfindungen erlebt. Die am Park seitlich vorbeilaufende Schloß- und Wiesbadener Straße vermittelt in einer Reihe von *Wohnbauten* des 18. Jh. noch unverkennbar den Eindruck der einstigen Residenzstadt.

3. Der Rheingau und das Rheintal

Der Rheingaukreis erstreckt sich von Niederwalluf bis Lorch am Südhang des Taunus, der hier den Namen Rheingaugebirge trägt (bis 620 m hoch) und die Nordgrenze der Oberrheinischen Tiefebene bildet. Seit römischer, nach neueren Forschungen sogar seit vorrömischer Zeit ist der berühmte Rheingauer Weinbau nachweisbar; im 12. Jh. wurde er auf Grund umfangreicher Rodungen durch klösterliche und erzbischöfliche Initiative nahezu bis auf seine heutige Ausdehnung gebracht. Seit dem 9. Jh. breitete der Mainzer Erzbischof seinen politischen und kulturellen Einfluß in dieser Landschaft aus, seit dem 13. Jh. war der Rheingau fest in seiner Hand. Seit diesem Jahrhundert sicherte eine Landwehr, das Rheingauer Gebück, die Ostgrenze. Steinerne Wehrbauten verstärkten im 15. Jh. die durch planmäßigen Baum- und Pflanzenwuchs gebildete natürliche Wehr, so die *Mapper Schanze*, ein Torturm mit flankierendem Rundturm von 1494 in MAPPEN bei Obergladbach. Die reichen Weinorte liegen zumeist direkt am Rhein mit einer Hauptstraße und gewinkelten Nebengassen. In den Orten stehen viele erzbischöfliche, klösterliche und adelige Gehöfte des 16.–19. Jh. vom Burghaus bis zum Palais oder Schloß. Viele Winzerhäuser gleicher Zeit umsäumen die alten Straßen, meist verputztes Fachwerk, die älteren mit dem Giebel, die jüngeren mit der Traufe zur Straße gewandt. Die Kirche liegt zumeist erhöht. Überall zeigt sich eine enge künstlerische Verbindung mit Mainz. Vorwiegend in Spätgotik und Barock entstanden die vielen Plastiken und Statuen an Kirchen, Friedhöfen, Hausgiebeln und Weingärten, die die Landschaft und die Ortsbilder so anheimelnd und freundlich gestalten.

NIEDERWALLUF zeigt in seinen gewinkelten Gassen eine Reihe alter Häuser, so in der Hauptstraße (Nr. 37) das *Pfarrhaus* von 1729 und in der Kirchgasse (Nr. 10) den *Stadionschen Hof* des 18. Jh. Diese Gasse ist um den gotischen Chor der *Pfarrkirche (k.)* herumgeführt, ein Portal von 1719 bildet den Blickfang. Die 1718–19 barockisierte Kirche wurde kürzlich nach Westen erweitert. Schlichte Altäre des 17. und 18. Jh. – Östlich des Ortes noch die Ruine der romanischen *Johanniskirche* (alte Pfarrkirche) und die Fundamente einer ottonischen Turmburg.

Wie nur wenige Rheingauorte besitzt das dicht am Rhein gelegene ELTVILLE eine ausgeprägte Schauseite am Fluß. Die erzbischöfliche Burg, der Gräflich Eltzische Hof, die Pfarrkirche, der Stadtturm und ein klassizistisches Palais bestimmen die Uferfront, hinter und zwischen welcher sich die eng verwinkelten Altstadtstraßen drängen. Die Fülle alter Häuser und Höfe zeugt für Blüte und Reichtum dieses seit dem 10. Jh. zu Mainz gehörenden Ortes, in dem im 14. und 15. Jh. die Mainzer Erzbischöfe residierten, 1465 Gutenberg weilte und die Gebrüder Bechtermünze im 15. Jh. eine Druckerei betrieben. Der von Fialen und Maßwerkblenden gegliederte, von spätbarocker Haube bekrönte Westturm (1419–34) der *Pfarrkirche (k.)* gehört zu den architektonisch schönsten Kirchtürmen des Rheingaues. An ihn schließt sich ein unsymmetrisches zweischiffiges Langhaus mit polygonalem Chor. Der heutige Nebenchor war ursprünglich Sakristei. Der Bau wurde neben und an Stelle einer romanischen Kirche 1353 mit dem Chor begonnen und um 1434 vollendet. Auf dem ehemaligen Friedhof vor der Südseite der Kirche steht in einer leider wenig gepflegten Barockkapelle eine sehr qualitätvolle Kreuzigungsgruppe aus dem künstlerischen Kreis um HANS BACKOFFEN (um 1505). Verputzte Fachwerkhäuser des 18. Jh. umschließen den stimmungsvollen nördlichen Kirchvorplatz, eine Ölberggruppe der Backoffenschule neben dem Kirchportal mit Kreuzigungsgruppe des Weichen Stils (der gleiche etwas unbeholfene Meister war in Rüdesheim, Nothgottes und Marienthal tätig). Der klare Innenraum mit Kreuzrippengewölben auf Konsolen gewann in der Raumwirkung durch die 1960–61 durchgeführte Restaurierung. Dabei wurden wertvolle spätgotische *Fresken* freigelegt, an der Westempore (Heiligenfiguren zwischen Rankenwerk, 1522) und im Nebenchorgewölbe (vier Evangelistensymbole und Lamm Gottes, 15. Jh.), neben bereits früher bekannten Ausmalungen am Triumphbogen (Petrus und Paulus mit Wappen, um 1400) und im Nebenchor (Erbärmdebild). In der Turmhalle wurde hinter einer teilweisen Vermauerung der Portalnische zum Schiff ein Jüngstes Gericht in Kalklasurmalerei aufgedeckt, das im Erhaltungszustand, Farbenpracht und künstlerischer Qualität zu den besten Darstellungen der Zeit um 1420 gehört. Am Seitenaltar steht eine anmutsvolle Madonna (Anfang 16. Jh.) aus dem Mainzer Kunstkreis, in der Turmhalle ein meisterhafter Taufstein von HANS BACKOFFEN (Werkstatt?), datiert 1517. Von den Grabdenkmälern des 15. und 16. Jh. ist die zarte Renaissancedarstellung der Agnes von Koppenstein mit ihren beiden Kindern hervorzuheben. Die Kirche besitzt eine silbervergoldete Monstranz mit zierlichem Turmaufbau aus dem späten 15. Jh. Gegenüber dem Westturm der Kirche fügt sich der *Gräflich Eltzsche Hof* aus mehreren Gebäuden des 16. und 17. Jh. um einen terrassenförmig gestuften Hofraum, die ursprünglich verschiedene selbständige Höfe der Mainzer Viktor- und Petersstifte bildeten. Sie wurden im 18. Jh. durch Portale und Balkongitter (an der Rheinseite) und Stuckdecken barockisiert. Das gotische *Martinstor* der 1332 begonnenen Stadtbefestigung gehört seit dem 18. Jh. ebenfalls zum Eltzschen Hof. Etwas weiter rheinab stehen von der einstigen *Stadtwehr* noch ein hohes Stück Mauer und ein Rundturm aufrecht. Daneben (Rheinstraße 3) zeigt das palaisartige *klassizistische Wohnhaus* des frühen 19. Jh. eine gefällige Rheinfront. Am Marktplatz einige schöne Barockbauten mit Mansarddächern, Nr. 1 war im 19. Jh. Rathaus. An Leer-, Kirch-, Ellenbogen-, Haupt- und Burgstraße viele *Häuser* des 16. und 17. Jh., zweigeschossig, das Obergeschoß in Fachwerk. In der Kirchgasse 6 der *Bechtermünzer Hof* des 16. Jh. Ein besonders geschlossenes Hofbild bietet der *Stockheimer Hof* (Ellenbogengasse 6, heute Freiherr Langwerth von Simmern) mit Torbogen, Ziehbrunnen, Fachwerkbauten und spätmittelalterlichem Herrenhaus, das mit hohen Giebeln, Treppenturm und Erker dem Stockheimer Hof in Geisenheim nah verwandt ist. Das jüngere, zur Hauptstraße gelegene Herrenhaus ist im Untergeschoß ein Renaissancebau mit vorzüglicher Fensterrahmung in Beschlagwerkornamentik, im Obergeschoß ein Neubau des 19. Jh. Zwischen Burgstraße und Rheinufer liegt die von tiefen Gräben umgebene *Burg* der Mainzer Erzbischöfe, die Balduin von Luxemburg als strittiger Gegenbischof (zu Heinrich von Virneburg) und Verweser des Erzstiftes 1332 mit der Stadtbefestigung begann und Heinrich von Virneburg nach seiner endgültigen Wahl (1336) vollendete. Aus dem ungefähr quadratischen, einst von Zwingern umgebenen Burgbezirk springt rheinseits der Wohnturm als Bergfried mit Ecktürmchen und Treppenturm vor; im Innern Kamine, Wandschränke und Reste gotischer Wandfresken. Westlich schloß sich der Palas an, seit der Burgzerstörung im Dreißigjährigen Krieg Ruine.

Rheinaufwärts liegt am Strom die *Burg Craß*, im Kern romanisch (Doppelarkade am Ostgiebel), äußere Erscheinung gotisch (Inschriften von 1565 und 1585); um 1840 neugotische Zutaten.

Hinter Eltville erhebt sich die aussichtsreiche Bubenhäuser Höhe (268 m), auf deren landseitigem Rücken hoch über dem Walluftal sich RAUENTHAL mit dem weithin sichtbaren Turm seiner 1480–91 neuerbauten *Pfarrkirche (k.)* erstreckt. Die schöne, 1492 datierte Sternwölbung des Langhauses ist der Kiedricher Kirche verwandt. Geschickt angefügter moderner Erweiterungsbau. Gute Barockaltäre mit Figuren des Mainzer Künstlers BALTH. SEIDEL. Zwei schöne Madonnenstatuen um 1460–70 und von 1742. Reich geschmückter sechs- und achteckiger kronenartiger Standleuchter für 103 Kerzen. Am Kirchvorplatz steht das *Rathaus* des späten 16. Jh.

In ERBACH zeigen Haupt-, Friedrich-, Taunus-, Rathausstraße und Marktplatz manch schönes *Barockhaus*, häufig mit steinerner Heiligenstatue. In die offene Halle des spätgotischen *Rathauses* wurde kürzlich ein Geschäftslokal eingebaut. Seitlich der Hauptstraße liegt erhöht die *Pfarrkirche (k.)* des späten 15. Jh.; aus dieser Zeit der Westturm mit Maßwerkbalustrade und hohem Helm mit Wichhäuschen (1903 renoviert). Chor und Mittelschiff wurden 1721–23 in gotischen Formen neuerbaut (polygonaler Chor mit Strebepfeilern, Rippengewölbe), bezeichnend für die Anpassungsfähigkeit des 18. Jh. und die starke Tradition der Spätgotik im Rheingau. Die Seitenschiffe enthalten die ursprünglichen spätmittelalterlichen Sterngewölbe, datiert 1506; im nördlichen Seitenschiff eigenwillig geformte eingezogene Strebepfeiler mit freistehenden Säulen. Gute einheitliche Ausstattung um 1730. Im nördlichen Seitenschiff Renaissancegrabstein des Nicolaus von Allendorf (gest. 1546) mit Gattin und spätgotische Wandfresken (auferstehender Christus als Gärtner). Auf dem Friedhof eindrucksvolle herbe Kreuzigungsgruppe mit Maria Magdalena aus der Schule Hans Backoffens (Anfang 16. Jh.). Am östlichen Ortsrand erbaute ZAIS jr. um 1850 die *Pfarrkirche (e.)*, ein blockhafter, klassizistischer Baukörper mit betont horizontaler Gesimsgliederung und romantisch-neugotischen Einzelformen. In den Weinbergen an der Straße nach Kiedrich steht eine gute *Kreuzigung* aus der Zeit um 1500.

An der Straße nach Hattenheim liegt *Schloß Reinhardshausen* (Besitzer Prinz Friedrich von Preußen), ein Komplex barocker, im frühen 19. Jh. klassizistisch veränderter und vereinfachter Gebäude. Moderner Hotelanbau mit rheinseitiger Gartenterrasse anstelle eines Gemäldegaleriebaues des 19. Jh.; ehemalige hufeisenförmige Stall- und Remisenbauten von 1754. An der alten Rheingaustraße halbwegs Hattenheim wurde um 1810 der *Marcobrunnen* in den Weinberghang eingemauert.

Von der um 1215 durch den Mainzer Erzbischof zur Sicherung der Taunusstraße Eltville–Langenschwalbach–Nassau erbauten Ausläuferburg *Scharfenstein* bei Kiedrich erhielt sich nur der Halsgraben und der hohe spätromanische Bergfried über dem gestreckten Burgterrain. Von der Turmbrüstung überschaut man das Kiedricher Tal, das wenig unterhalb der Burg aus dem Gebirge in die Ebene tritt, und den alten Mainzer Wallfahrtsort KIEDRICH. Aus dem Ortsbild hebt sich eindrucksvoll die gotische *Pfarrkirche (k.)* hervor, ihr stolzer Turm mit Spitzhelm und Wichhäuschen, das hohe Langhaus mit Chorpolygon und Steildach, seitlich begleitet von dem zierlichen Bau der Michaelskapelle mit dem durchbrochenen Helm des spitzen Westtürmchens. Steigt man dann hinab zum *Marktplatz*, den eine Reihe alter Häuser umstehen – das *Rathaus* mit zwei Renaissance-Erkern (1585–86), der Fürstenberger Hof (18. Jh.), das Haus ›Zum Engel‹ mit Fachwerkerker (17. Jh.) –, so liegt an der Ostseite des Platzes der unberührte kirchliche Pfarrbezirk des späten Mittelalters. Eine Mauer mit wenigen Durchlässen umgibt die Pfarrkirche, den Friedhof und die Totenkapelle; an einer Ecke ist das Küsterhaus eingebaut. Hohe Baumwipfel beschatten den ehemaligen Friedhof, auf dem eine *Kreuzigungsgruppe* aus dem Umkreis BACKOFFENS steht; die spätgotische Brüstung davor stammt vom Kirchturm. Die *Kirche*, deren Turm- und Langhausunterbau Anfang des 15. Jh. entstanden (Helm- und Turmobergeschoß 1873–74 von FRZ. JOS. VON DENZINGER), erhielt

1460–91 durch Einbau neuer Gewölbe und Emporen im Langhaus (Meister FLÜCKE und WILHELM) ihre heutige Gestalt. Der Außenbau zeigt handwerklich sorgfältig gearbeitete dekorative Teile, so etwa an den Chorstrebepfeilern und im Fenstermaßwerk (Restaurierungen 1860–70). Das Turmportal mit dem schönen Marientympanon stammt aus der Zeit vor der Kirchenerweiterung (um 1420–30). Der Innenraum erweist sich als ein hoher und steiler, durch Seitenschiffemporen eingeengter Hallenraum. Die Netzgewölbe wachsen unmittelbar aus den Emporenpfeilern hervor. Von eindrucksvoller Geschlossenheit ist die nahezu vollständige spätgotische Ausstattung, vom phantasiereich geschnitzten Kirchengestühl (1510 von ERHART FALCKENER aus Abensburg) über die in der Art eines Flügelaltars verschließbare *Orgel* (Gehäuse von 1857, älteste Pfeife 1313) bis zum *Lettner* mit Netzgewölben auf schlanken Säulen (Ende 15. Jh., 1700 abgebrochen, 1864 aus Bruchstücken wieder aufgebaut). Die wenigen neugotischen Ergänzungen der einfühlsamen Restaurierung Denzingers, etwa die Plastiken am 1493 datierten Kanzelkorb, am Lettner (durch Bildhauer ELSCHEID, Köln) oder am Chorgestühl (rheinisch um 1500) oder die 1862 gemalten Seitenflügel des reichgeschnitzten Johannesaltars (spätes 15. Jh.) im linken Seitenschiff, unterstützen den einheitlichen Gesamteindruck und das lebendige Bild einer reichen Wallfahrtskirche des späten Mittelalters. Dabei ist es unwesentlich, daß manche Werke erst im 19. Jh. nach Kiedrich kamen (etwa der Marienaltar aus dem Anfang des 16. Jh. auf der südlichen Empore). Von den im Langhaus an Wänden und Pfeilern aufgestellten Plastiken sind zu erwähnen: eine Anna Selbdritt Anfang 16. Jh. aus Franken und eine Madonna von 1500 an den beiden östlichen Langhauspfeilern und die elegante zarte Gestalt der sitzenden Muttergottes mit Kind auf dem Lettneraltar Mitte 14. Jh. Die farbenreichen Glasfenster des 14. Jh. im linken Seitenschiff wurden um 1860 ergänzt; weitere alte Glasfensterreste im Chor um 1500. Der Chor, von großem Sterngewölbe überdeckt, breiter und weiter als das Mittelschiff und im Gegensatz zu diesem hell und licht, enthält einen hochgebauten, mit Heiligenfiguren und Alabasterreliefs geschmückten Hochaltar von etwa 1619 aus der Werkstatt HANS JUNCKERS in Aschaffenburg (der Katharinenaltar im linken Seitenschiff von 1620 entstand wohl in der gleichen Werkstatt). Unmittelbar hinter dem Lettner steht ein Dreisitz von 1530 und eine bemalte Tragorgel von 1630. Das reichgebaute Sakramentshäuschen aus dem Ende des 15. Jh. wurde 1869 aus Bruchstücken zusammengesetzt. Pieta des 14. Jh. in einer Nische des Chorpolygons. Spätgotische geschmiedete Türbeschläge an der Sakristei.

Die zweigeschossige *Totenkapelle St. Michael*, um 1440 erbaut, zählt zu den schönsten rheinisch-hessischen Friedhofskapellen und – besonders im Außenbau – zu den architektonisch reichsten und reifsten Werken der Rheingauer Steinmetzkunst. Das Untergeschoß birgt das Beinhaus, das Obergeschoß ist Kapellenraum. Auch hier haben Phil. Hoffmann 1845–47 und R. Götz 1851–58 aus Wiesbaden maßvoll restauriert. Vor der Westfront erhebt sich ein schlanker Treppenturm über phantasievoll gewölbtem offenem Untergeschoß. An der Kirchhofseite spannt sich zwischen zwei Strebepfeilern eine Außenkanzel mit durchbrochener Brüstung und verziertem Tonnengewölbe als Dach – wie erschütternd mag hier in Anbetracht des Friedhofs und der Totengruft das ›memento mori‹ der spätmittelalterlichen Predigt geklungen haben! An der durch zwei Ecktürmchen bereicherten Ostfront ragt in bewundernswerter Steinmetzarbeit der Chorerker vor, an süddeutsche ›Chorlein‹ erinnernd. Im Innern des einschiffigen Kapellenraumes rahmen Eckpfeiler und Kielbogen die Altarkonche portalartig ein. Vom Netzgewölbe hängt ein vorzüglich geschmiedeter siebenarmiger Kerzenleuchter mit einer nahezu lebensgroßen zweiseitigen Madonna von herzlicher Innigkeit im Gesichtsausdruck und mit spielerischer Geste des Kindes herab, eine der bedeutendsten Madonnenstatuen des Rheingaues aus dem Kreis um Hans Backoffen (Anfang 16. Jh.). – Die durchgreifenden Instandsetzungen des 19. Jh. sind dem Engländer Sutton zu verdanken, den Kiedrich und seine Kirche so begeistert hatten. Auf ihn geht auch die Einrichtung einer Kirchenmusikschule zurück, die er zur Förderung des noch heute in Kiedrich gepflegten Gregorianischen Chorgesanges gründete.

Von Kiedrich oder von Hattenheim führt die Straße nach dem ehemaligen *Zisterzienserkloster* EBERBACH. Die Lage des 1135 von Zisterziensern bezogenen Klosters fernab menschlicher Siedlungen am Ausgang des waldreichen Kisselbachtales, zwischen Hallgartener Zange und Kalter Herberge, den höchsten Gipfeln des Rheingaugebirges (580 und 620 m), entsprach den strengen Forderungen des 1098 gegründeten Zisterzienser-Ordens, der seinen Mönchen harte Arbeit, entbehrungsreiches Leben und einfache, schmuckarme Bauweise (z. B. turmlose Kirchen) vorschrieb. Das 1803 säkularisierte Kloster, heute Staatlich Hessisches Weingut und Museum, ist nicht nur durch die künstlerisch hohe und edle Form seiner Bauten und Innenräume, sondern durch die Geschlossenheit seiner Gesamtanlage ein großartig in alter Ummauerung erhaltenes und in jüngster Restaurierung sorgfältig gepflegtes Beispiel mittelalterlicher Klosterarchitektur – das ergänzende Gegenstück zum Kiedricher Pfarrbezirk. Nähert man sich vom Süden dem quer das ganze Tal füllenden Kloster, so baut sich hinter dem Pförtnerhaus (18. Jh. mit romanischem Kern, Portal von

1774) die langgestreckte romanische *Klosterbasilika St. Marien* mit Querschiff, Rechteckchor und Vierungsdachreiter auf, neben und hinter der die Dächer der angrenzenden Klostergebäude sichtbar werden. Die großen Maße (Länge der Kirche 76,5 m, der Klosterumfassungsmauern über 1 km) künden von dem einstigen Reichtum und Einfluß des Klosters, das in über 200 Orten des Mittelrheins Güter (vorwiegend Wein) besaß, über Zollfreiheit auf dem Rhein verfügte, von wo bedeutende Tochterklöster gegründet wurden (z. B. Arnsburg in Hessen, s. d.), und dessen Kirche die Grablege der Katzenelnbogener Grafen war. Der unter Abt Ruthard, vielleicht bei Anwesenheit Bernhards von Clairvaux, um 1145–46 begonnene Kirchenbau wurde nach einer Unterbrechung 1159–77 im Jahre 1186 vereinfacht vollendet; die Kapellen mit der Giebelreihe vor dem südlichen Seitenschiff 1313–35 angefügt. Dach und Dachgesimse der Kirche barock. Störende barocke Veränderungen (Fenster, Giebel) 1935–39, Entstellungen des 19. Jh. (z. B. Straßendurchfahrt durch die Kirche, die als Scheune diente) 1953–59 entfernt. Der *Außenbau* ist völlig schmucklos. Ansätze von unvollendeter Lisenengliederung an der Ostseite sind noch erkennbar. Der Laie betrat die Kirche durch das »Paradies«, eine Vorhalle von 1190/1200 am südlichen Seitenschiff. Der nach gebundenem System angelegte kreuzgratgewölbte *Innenraum*, heute bis auf die Grabdenkmäler leer (1640 befanden sich 34 Altäre darin), beeindruckt zutiefst durch die klare, strenge Form, den logischen Aufbau und die Größe und Länge des Raumes sowie durch die technisch und handwerklich ausgezeichnete Steinbehandlung (ursprünglich als reiner Quaderbau begonnen, dann in Bruchstein mit Werksteingliederung fortgeführt). Die Westfront beherrscht ein Radfenster über zwei kleineren Rundfenstern. Die Pilaster der Mittelschiffgurte ruhen auf Konsolen der unteren Kapitellzone (häufig bei Zisterzienserbauten). An der Ostwand des Querschiffes öffnen sich je drei kleine Rechteckkapellen, auch das eine Eigenart der Zisterzienser, deren Liturgie – ähnlich wie bei den Cluniazensern – viele Nebenaltäre forderte. Diese Tatsache veranlaßte auch den Bau der lichtvollen gotischen Kapellen an der Südseite. Das *Grabmal des Mainzer Erzbischofs Gerlach von Nassau* (gest. 1371), seit dem 18. Jh. zusammen mit der Grabplatte des Erzbischofs Adolf İI. von Nassau (gest. 1475) fälschlich verbunden, war ursprünglich ein Wandnischengrab mit Baldachin an der nördlichen Chorwand und wird dem Meister des Erfurter Severin-Sarkophages zugeschrieben (Erfurt gehörte damals zum Erzstift Mainz). Im Querschiff befinden sich sieben Grabdenkmäler Katzenelnbogener Grafen des 14.–15. Jh. von Äbten des Klosters, die ehemals im Kreuzgang standen. In der letzten Seitenschiffkapelle zwei Originalplatten von HANS BACKOFFEN voll reifer künstlerischer Aussagekraft, das Grabmal des Wigand von Hynsperg (gest. 1511) und des Adam von Allendorf (gest. 1518) mit Gattin, letztere kniend vor der Halbfigur der Anna Selbdritt. Die einst reiche Ausstattung der Kirche ist so gut wie verloren. Ein romanisches Fenster im Landesmuseum Wiesbaden, ein Barockaltar in Wiesbaden-Frauenstein, einige Barockfiguren im Kloster (s. u.).

Die *Klostergebäude* liegen abweichend von mittelalterlicher Gepflogenheit nördlich der Kirche. Sie scheiden sich der Klosterregel gemäß in den Mönchs-(Konventualen-)Bau, der der Klausur unterlag und den Kreuzgang umschließt, und in den Laienbrüder-(Konversen-)Bau, der als Westflügel vorgebaut und durch die ›Klostergasse‹, einen kleinen Binnenhof, von der Klausur getrennt ist. Der Kern der Klostergebäude reicht mit ihrer herben ornamentarmen Zisterzienserform noch in romanische Zeit. In der Gotik fanden wichtige Erweiterungen und Einwölbungen statt, seit dieser Zeit zarte Bauornamentik. Der Barock schuf die etwas großzügigere, repräsentative Abtswohnung (Prälatur) am Konversenbau, das Gartenhaus über terrassenförmigem Garten, die Orangerie (Andenkenverkauf), dazu das Pförtnerhaus (Klosterschenke). Der ursprünglich einzige Zugang zum Kloster lag im Westflügel, in der Mitte des um 1200 erbauten *Laienbrüderhauses*, das bei seinem Umbau zur Prälatur 1708–34 bergseits zwei vorspringende Seitenflügel, ein drittes Obergeschoß und verschiedene Barockportale erhielt. Im Untergeschoß aber ist das spätromanische *Laienrefektorium* (Speiseraum) mit zweischiffiger Wölbung erhalten (heute Ausstellungsraum historischer Weinkeltern). Von ihm führt ein romanisches Portal mit altem Türbeschlag zur Klostergasse. Die nördliche Fortsetzung des Refektoriums bildet ein in gleicher Weise gewölbter Weinkeller. Darüber befand sich im Obergeschoß ehemals der 85 m lange *Laienschlafraum* (Dormitorium) in gleicher architektonischer Gestaltung, wohl der größte Profanbau des Mittelalters (bis zu 200 Laienbrüder schliefen hier). Er wurde später unterteilt; die südliche Hälfte dient heute als Kirche (k., e.). Die vier barocken Holzfiguren (Anfang 18. Jh.), vielleicht von BURKARD ZAMELS, stammen aus der Klosterkirche. In der nördlichen Hälfte finden alljährlich die bekannten Weinversteigerungen der Staatlich Hessischen Weinkellerei statt. Heute betritt man das Kloster im Zuge der Führung an der Ostseite, also unmittelbar im Mönchsbau. Vom ehemaligen Friedhof führt eine hier später angelegte Pforte in den Kapitelsaal (um 1200, romanische Doppelarkaden an der Kreuzgangseite), der gegen Mitte des 14. Jh. anstelle des romanischen Gewölbes über vier Säulen mit einem großartigen Sterngewölbe auf einem Mittelpfeiler überspannt wurde. Nördlich schließen sich die ehemalige Parlatur (Sprechzimmer) und die Fraturnei (Aufenthaltsraum der Mönche, um 1260 eingewölbt, heute Kabinettskellerei) an. In der Ostwand prachtvolle frühgotische Maßwerkfenster. Von dem *Kreuzgang* sind nur noch der westliche und nördliche Flügel (2. Hälfte 13. und 14. Jh.) vorhanden. Die Steinmetzarbeiten der Gewölbeansätze an der Ostwand schuf vielleicht der Meister des Hochgrabes. In diesem Flügel des Kreuzganges ist noch die Eichentür samt eisernem Beschlag der Bauzeit erhalten, dahinter die Dormitoriumstreppe. Das romanische Rundbogenportal an der Westseite führt zur Klostergasse. Es war ursprünglich der einzige Zugang zur Klausur. Der über dem Westflügel des Kreuzganges um 1500 errichtete, nach der Klostergasse auf Holzstützen vorgebaute *Schwedenbau* mit achteckigem Treppenturm enthielt die berühmte Klosterbibliothek (heute teilweise in Upsala und London). Am Nordflügel des Kreuzganges liegen die Fundamente des *Brunnenhauses* mit den 1960 wieder zusammengesetzten und hier aufgestellten romanischen Brunnenschalen. Ein doppelt abgetrepptes romanisches Portal ihm gegenüber geleitet den Besucher zum 1720 umgebauten *Refektorium* (Speisesaal) der Mönche, einen zweigeschossigen Bau mit Küche und Bäckerei. Stuckierung der Speisesaaldecke 1738 durch Daniel Schenk (heute Raum für Empfänge der hessischen Landesregierung). Im Obergeschoß des Ostflügels, also über dem Kapitelsaal, dehnt sich in 73 m Länge der *Schlafsaal der Mönche* (Dormitorium), um 1270 begonnen, ein zweischiffiger, auf Rundsäulen mit Kreuzrippen gewölbter langgestreckter Saal, unbeheizt wie ursprünglich alle Klosterräume (bis auf die ›Wärmestube‹ über der Bäckerei); reiche Knospenkapitelle. Von hier aus besaßen die Mönche Zugang zu Querschiff und Chor der Kirche. Die Laienbrüder erreichten diese vom Konversenhaus aus über die Klostergasse, Chor und Langhaus, d. h. den Platz der Konventualen (Mönche) und den der Konversen (Laienbrüder) trennte der nicht mehr vorhandene Lettner. Auf der anderen Seite des Kisselbaches liegt das ehemalige, Anfang des 13. Jh. erbaute *Hospital* mit großartigem dreischiffigem Hallensaal (seit einigen Jahren Gärkeller).

Die *Pfarrkirche* von HATTENHEIM *(k.)*, seitlich überhöht an der Hauptstraße, ist ein Barockbau von 1739–40. Vor der Chorrundung erhebt sich der spätromanische ehemalige Westturm der früheren Kirche von 1220. Gegenüber dem schlichten Äußeren überrascht im Innern die einheitliche Ausstattung von 1740, die dem Raum durch ihre wirkungsvolle Farbgestaltung in Schwarz, Gold und Rot eine festlich-vornehme Stimmung gibt. Von den zahlreichen gut gearbeiteten barocken Heiligenfiguren an den Wänden und auf den streng gebauten Altären stammen einige von MARTIN BITTERICH. Am Vorplatz der Kirche eine Kreuzigungsgruppe mit Maria, Johannes und Maria Magdalena, der von Hallgarten verwandt, aber großzügiger und freier in der Körper- und Gewandbildung, die Gesichter erfüllter und durchlebter, daher wohl dem engsten Umkreis HANS BACKOFFENS zugehörig. Nördlich grenzt an die Kirche der Bereich der alten Hattenheimer *Burg* (seit 1118 Besitz der Herren von Hattenheim, seit 1411 der Freiherren Langwerth von Simmern). Innerhalb des viereckigen mauerumgürteten Burgbezirks steht ein spätgotischer Wohnturm des 15. Jh. mit hohem Walmdach (ungenutzt). Eingang ehemals an der Südseite im Obergeschoß. An Ost- und Südseite Mauer- und Kellerreste gotischer Anbauten, an der Westseite Fachwerkbau des 17. Jh. In den winkeligen *Straßen des Ortes* viele alte Häuser, meist verputztes Fachwerk (17.–18. Jh.). Gegenüber der Kirche (Hauptstraße Nr. 33) ein großzügiges barockes Wohnhaus mit flachem Mittelrisalit und Zwerchhaus (18. Jh.), daneben (Nr. 31) das etwas zurückgebaute Pfarrhaus (1725) mit Fachwerk und Barockportal. Die Eberbacher Straße erweitert sich zum *Marktplatz* mit Brunnen und Linden. Das *Rathaus* (1. Hälfte 18. Jh.) mit Fachwerkobergeschoß (Rankenmalerei, moderne Zutat ähnlich wie an benachbarten Häusern der Hauptstraße). In der Georg-Müller-Straße der *Greiffenclauer Hof*, ein spätgotischer Bau mit Ecktürmchen. Die große *Hofanlage* in der Burggrabenstraße (Nr. 6) von 1693 zeigt einen auf Holzstützen vorkragenden Fachwerkerker.

Schloß Reichardshausen, ursprünglich ein Eberbacher Klosterhof, von dem aus der Wein verschifft wurde, auf halbem Wege nach Oestrich zwischen der alten und neuen Rheingaustraße gelegen, ist eine schlichte Dreiflügelanlage des 18. Jh. (und durch die Hofterrasse – darunter Weinkeller – aus der Mitte des 19. Jh. baulich beeinträchtigt). Nördlich vom Schloß am Terrassenhang eine künstliche romantische Ruine der 2. Hälfte des 19. Jh. zur Kaschierung der Wirtschaftsgebäude. An der Straßenseite ein kleines klassizistisches Pförtnerhaus aus der Zeit um 1810–15, als Herzogin Luise von Nassau das Schloß besaß.

Bei Reichardshausen zweigt die Straße nach HALLGARTEN ab, das etwas landeinwärts in einer flachen Senke der auslaufenden Rheingauberge liegt. Die unscheinbare gotische *Kirche* (romanische Reste) besitzt zwei bedeutende plastische Werke: vor dem Südeingang eine *Kreuzigungsgruppe* aus Tuffstein, eine Arbeit aus der Werkstatt HANS BACKOFFENS mit kleinteilig knittrigen Gewändern, bewegten Gesten, gedrehten Locken und sehnigem Christuskörper. An der Nordwand im Innern der Kirche eine *Madonnenstatue* mit lieblichem Gesichtsausdruck, schlankem Körper in wiegendem Rhythmus und mit seitlich kräftigen Faltenschwüngen, eines der bedeutendsten Werke der mittelrheinischen Tonplastik des späten Weichen Stils um 1420-30. Auf der *Hallgarter Zange* (580 m) liegen im Walde Reste eines Ringwalles versteckt (germanisch, um Christi Geburt).

Die dicht zusammengebauten Orte Oestrich, Mittelheim und Winkel, deren Hauptstraßen übergangslos ineinanderlaufen, waren ursprünglich eine Domäne der karolingischen Könige und lösten sich erst im Laufe des 13. Jh. in drei selbständige Orte. OESTRICH war die bedeutendste Ortschaft. Sie verfügt auch heute noch über die größten Rebenbauflächen des Rheingaues. Die vielen engen Gassen mit den *Winzerhäusern* des 17. und 18. Jh. in verputztem Fachwerk, dazu häufig mit vorspringenden Eckerkern, bieten reizvolle Straßenbilder. Die Hauptstraße erweitert sich dreiecksförmig zu einem kleinen Platz; daran das schöne Barockhaus zum ›Grünen Baum‹ mit zwei Steinmadonnen des 18. Jh. Von hier führt eine Gasse zum viereckigen, noch recht einheitlichen *Marktplatz* mit Linde, neugotischem Brunnen von 1877 und altem *Rathaus* (1504 und 1654). Sehr malerisch ist die Rheinuferfront. Dort steht der im 16. Jh. gezimmerte, 1652 erneuerte *Kran* für die Weinfässerverladung, und hinter dem Fachwerkhaus, Hotel ›Zum Schwan‹, von 1628 und dem benachbarten Hof (Rheinallee 1) von 1592 (Tor 1747) erhebt sich die mittelalterliche *Kirche (k.)*. Reizvoll wirkt ihre Südfront mit den gereihten spätgotischen Giebeln über dem Seitenschiff, mit dem eingebauten romanischen Turm und den verschieferten Wichhäuschen am hohen Helm. Die Kirche ist bis auf den Turm ein Neubau von 1508; Zerstörung im 17. Jh., 1893-94 wiederhergestellt, die Gewölbe größtenteils erneuert. Kleiner dreischiffiger Hallenraum. Hauptaltar bis auf sechs Figuren neugotisch. Nördlicher Seitenaltar um 1500. Aus der gleichen Zeit Kreuzigungsgruppe im südlichen Seitenschiff. In einer vergitterten Wandnische des nördlichen Seitenschiffs bäuerlich-kräftige Grablegungsgruppe. Außen vor dem Chor eine ausdrucksstarke Kreuzigungsgruppe, Christuskörper von 1678, Johannes und Maria Anfang 16. Jh.

Das *Rathaus* von MITTELHEIM aus dem Jahre 1504 springt mit hohen Giebeln und offener Bogenhalle in die Hauptstraße vor. Eine enge Gasse führt von hier zum Rhein, wo frei zwischen Wingerten am Ortsrand die *Pfarrkirche St. Aegidius (k.)*, ehemals Augustinerinnenklosterkirche, liegt. Von dem im 13. Jh. aufgelösten Kloster stehen keine Mauern mehr. Die Kirche stammt noch wesentlich aus der Gründungszeit des Klosters (Anfang 12. Jh.; 1937-41 und 1947-51 instand gesetzt, u. a. Entfernung barocker Zutaten). Ein kleiner einschiffiger Vorgängerbau, eine Eigenkirche des 10. Jh., wurde 1938 ergraben.

Die heutige dreischiffige Basilika mit Querschiff und Vierungsturm ist sparsam in der Detailwirkung und fügt großartig die einfachen kubischen Baukörper zusammen. Das abgetreppte Portal an der Westfront wird von Ecksäulen und einem Rundbogen mit weiß-rotem Steinwechsel gegliedert; romanischer Türbeschlag. Der Innenraum ist mit enger Arkadenfolge schmal und hoch proportioniert. Die Raumgestaltung wirkt karg, fast ärmlich. Die Schiffe tragen flache hölzerne Decken. Basen und Kämpfer fehlen an den Langhauspfeilern. Die eingezogene Vierung war ursprünglich gewölbt. Die mittlere Chorapsis ist durch ein Chorjoch vergrößert. Das Querschiff – ursprünglich nicht breiter als die Seitenschiffe – erhielt seine heutige Größe nach der Mitte des 12. Jh. Wahrscheinlich entstand dabei auch die neue Empore im südlichen Seitenschiff. Schöner spätgotischer Taufstein mit Wappen der Familie Fürstenberg. In der Emporen-Altarkonche die vielverehrte spätgotische Holzplastik des hl. Urban, des Schutzpatrons der Winzer. Die in der Form einfache, aber durch geschnitzte Schriftbänder sinnigen Inhalts reiche *Kanzel* fertigte 1511 ERHART FALCKNER aus Abensburg in Bayern. Auf dem Altar, dessen Mensa rückseitig geöffnet ist (vereinfachte Form einer ›Confessio‹), eine Kreuzigungsgruppe von 1664. Neben dem Chor befindet sich die romanische Sakristei, über der 1939 aus Resten und Funden eine Kapelle aufgebaut wurde.

WINKEL ist reich an *Winzerhöfen*, die den alten Gassen ein gepflegtes einheitliches Aussehen geben. Verschiedentlich schmücken Marien- oder Heiligenstatuen die Hauswände. An der Hauptstraße sind gut erhalten Nr. 57 von 1599, Nr. 68 von 1591 (heute Weingut Ohlig) und schräg gegenüber Nr. 41 aus der 2. Hälfte des 18 Jh., vornehm hinter Vorgärten zurückgebaut, sowie Nr. 89 von 1751, 1782 verändert, das als Sommerwohnung der Familie Brentano aus Frankfurt diente und wo sich der erlesene Kreis um J. W. v. Goethe häufig traf. Besonders geschlossen ist das Häuserbild nahe der *alten Pfarrkirche (k.)*, die mit ihrem hohen Dach über die Dorfhäuser hinausragt. Die kleine Vorhalle an der Westseite mit spätgotischem Portal geleitet zum Friedhof, dessen Kapelle im 18. Jh. eine mächtig geschwungene Barockhaube aufgesetzt wurde. Die gotische Kirche, einschiffig mit schlankem Chor und ohne Querschiff, 1674/78 durchgreifend erneuert. Die Ornamentik der frühbarocken Ausstattung löst sich gerade vom Knorpelwerkstil. Von der Hauptstraße zweigen rechtwinklig die Nebengassen ab. Die Graugasse führt zum Rhein, wo an der Rheinniederung (Nr. 8) zwischen Wingerten das berühmte *Graue Haus* liegt, einer der wenigen im rheinisch-hessischen Bereich erhaltenen Wohnbauten des 12. Jh. An der Süd- und Ostseite wurden, vermutlich aus der Kaiserpfalz Ingelheim stammende, karolingische Kapitelle wiederverwendet. Ebenfalls am Rhein liegt der ehemalige *Probeksche Hof* (Am Rhein 14), im Kern 16. Jh., im 18. Jh. modernisiert, mit Giebel vor hohem Walmdach und zwei Eckrundtürmen.

Die von der Hauptstraße abzweigende Kirchgasse führt hinaus nach *Schloß Vollrads*, das in einer Talsenke zwischen Weinhängen versteckt liegt (Besitzer Graf Matuschka-Greiffenclau). Der schlanke romanische Wohnturm mit Treppentürmchen (1471) und zweigeschossigem Erker (1627 und 19. Jh.) steht malerisch in einem viereckigen Weiher. Davor die hufeisenförmige Vorburg, der Südflügel mit zwei vorspringenden Ecktürmen unter Zwiebelhauben (um 1680).

Von Vollrads sind wenig nördlich *Schloß* JOHANNISBERG und die baulich mit dem Schloß verbundene *Pfarrkirche (k.) St. Johannes* sichtbar, die auf der vorderen Spitze einer weichgeschwungenen Hügelkuppe inmitten weitgedehnter Weingärten liegen, der bekannteste Aussichtspunkt des Rheingaues. Der Blick umfaßt die ganze Rheingaulandschaft von Rüdesheim bis Mainz, wie andererseits Schloß und Kirche ein Blickfang über den Orten des Rheingaues sind. Die 1942 zerstörten und 1945–59 teilweise wiederaufgebauten Gebäude sind ein aufschlußreiches Beispiel moderner Denkmalpflege. Kurz vor 1100 hatte der Mainzer Erzbischof auf dem Johannisberg, der ursprünglich Bischofsberg hieß, eine Benediktinerpropstei gegründet, die 1563 aufgehoben und deren Baulichkeiten 1716 an die Abtei Fulda verkauft wurden. Der Fuldaer Fürstabt ließ durch ANDREAS GALLASINI, einen Schüler J. L. Rothweils und M. v. Welschs, die Klostergebäude 1718–30 in ein *Schloß* umwandeln, das in seiner Grundform heute noch erhalten ist. Der dreiflügelige Hauptbau mit Ehrenhof trug einst eine kräftige Mittelkuppel und ein Mansarddach. Zwei Pavillonbauten seitlich des Hofeinganges sind der Rest von Flügelbauten. 1816 vergab der österreichische Kaiser die Schloßanlage an den Staatskanzler Fürst Clemens von Metternich, dessen Familie das berühmte Weingut noch heute besitzt. Der Fürst ließ 1827–36 das Schloß durch GEORG MOLLER modernisieren. Der Architekt gab dem Bau seine heutige klassizistische, durch flache Dächer stark horizontale Gestalt mit der schönen Südfront und ihrem Balkon auf reichdekorierten Konsolen. Die aus der Gründungszeit stammende, unter dem Einfluß von St. Alban in Mainz stehende *Kirche* wurde 1717 durch JOH. DIENTZENHOFER barockisiert. Durch den Brand verlor die Kirche ihre Barockausstattung, und in den kahlen Mauern erschien der mittelalterliche Bau mit den strengen Reihen seiner Pfeilerarkaden und Rundbogenfenster, dem ausladenden Querschiff (dessen Südarm Moller als Gartensaal ausgebaut hatte) und den in altertümlicherweise unmittelbar ohne

Zwischenjoch ansetzenden drei Apsiden (vgl. St. Alban in Mainz, St. Justinus in Höchst). 1945–52 erstand durch Professor Rudolf Schwarz, Köln, die Kirche aufs neue in herb-großartiger Raumwirkung mit Flachdecken. Der mächtige quadratische Vierungsturm ist eine willkürliche Zutat des Architekten.

Oberhalb Johannisbergs, bereits am Waldrand, wurde um 1860 die romantische künstliche *Ruine Schwarzenstein* errichtet (heute Aussichtsrestaurant). Noch etwas höher im Rheingaugebirge, dort, wo die Landschaft im waldreichen Klingelbachtal schon Taunuscharakter zeigt, findet man die beliebte *Wallfahrtskirche* MARIENTHAL. Sie wurde 1330 für ein wunderreiches Gnadenbild erbaut und 1463 zur Klosterkirche erhoben. Der einschiffige gotische Bau 1857–58 erneuert, die Ausmalung dieser Zeit 1960 restauriert. Das Gnadenbild ist eine kleine Pieta des 14. Jh. Schlichtes Westportal (Marientympanon) 1. Hälfte 14. Jh. Vor der Nordseite eine Kreuzigungsgruppe Anfang 16. Jh. Moderner Anbau eines südlichen Seitenschiffes.

Die Silhouette von GEISENHEIM ist schon von weitem durch die beiden schlanken Türme und durchbrochenen Helme der *Pfarrkirche (k.)* gekennzeichnet. An dem breiten, von niedrigen Häusern des 17. und 18. Jh. umstandenen Kirchvorplatz (Bischof-Blum-Platz) strebt die Westfassade mit großer Mittelrose auf, durch horizontale Gliederungen ruhevoll ausgeglichen, ein spätklassizistisch-romantisches Werk des Wiesbadener Architekten Philipp Hoffmann von 1839–41. Die dreischiffige Hallenkirche, querschifflos, mit hohem Chor und reichen Maßwerkfenstern entstand in den beiden ersten Jahrzehnten des 16. Jh. Das Innere zeigt beim Betreten eine deutlich zum Altar fluchtende Tendenz. Vor 1839, als der Kirche die horizontale Linie der Emporen noch fehlte und das Langhaus nur drei Joche (statt fünf) lang und damit fast quadratisch war, besaß der Bau einen viel zentraleren Hallencharakter, wie er für die spätmittelalterliche Volks- und Predigtkirche typisch ist. Die von einem Rippennetz überzogenen Gewölbe haben Tonnenform mit Stichkappen. Der südliche Seitenaltar (Anfang 16. Jh.) stammt aus dem Spessart. Die übrigen Altäre sind neugotisch. Im Chor zwei hervorragende Grabmäler, links Friedrich von Stockheim (gest. 1528) und Gattin, das Ehepaar in selbstbewußter Haltung mit Blick zum Altar, Schule von Hans Backoffen, und rechts Philipp Erwin Schönborn (gest. 1668). Im südlichen Seitenschiff eine schmerzvoll und dramatisch erregte Kreuzigungsgruppe mit manieristischen Nachklängen (Ende 17. Jh.). Die Straßenzüge zeigen mit ihren verputzten zweigeschossigen *Fachwerkhäusern* zumeist noch den Charakter des 17. und 18. Jh., so die Zollstraße (besonders Nr. 16–22), der Burggraben, die Winkeler Straße (besonders

Nr. 63) und die Rüdesheimer Straße (besonders Nr. 19–23). Anheimelnd wirkt der kleine dreieckige Platz mit der abgestützten Linde und dem klassizistischen *Brunnen* von 1820. Viele reiche Adelsgeschlechter besaßen Weingüter in Geisenheim. Der prachtvolle *Stockheimer Hof* (heute Graf Schönborn-Wiesentheid) an der Winkeler Straße stammt aus der Mitte des 16. Jh., ein mächtiges Steinhaus mit Treppenturm und mehrgeschossigem Fachwerkerker; an den Ecktürmchen dekorative Schießscharten. Der Bau ist ein Beispiel für den Wandel des mittelalterlichen befestigten Adelssitzes (Burghaus) zum Renaissance-Wohnhaus. Der *Ingelheimer Hof* an der Ecke Bahnstraße und Behlstraße (heute Weingut J. Horz), 1681 durch den Mainzer Erzbischof erbaut, zeichnet sich durch einen schönen Portalerker aus. Am Ende der Behlstraße liegen der *Bierhof* aus dem 16. Jh. (Nr. 22) und der *Zwirleinsche Hof* des 18. Jh. (verändert, Nr. 21). Von dem großen *Osteiner Hof* des JOH. VALENTIN THOMANN 1766–77 mit drei Flügeln und offenem Hof zur Rüdesheimer Straße (Nr. 34) wurde der Mittelflügel 1812 abgebrochen. An der Ostseite des Seitenflügels zur Freybergstraße ist ein flacher Pavillon mit kunstvoller Innenausstattung angebaut – das Gegenstück am anderen Flügel wurde zerstört. Der zartlinige pflanzliche Stuckdekor im achteckigen Saal stammt von JOH. PETER JÄGER aus Mainz (um 1770). Die klassizistische *Villa* ›Monrepos‹ an der Straße von Geisenheim nach Rüdesheim entstand in der Mitte des 19. Jh. Zwei pavillonartige Eckbauten begrenzen einen einstöckigen Verbindungsflügel, der früher zweigeschossig war und eine Sternwartenkuppel trug (heute Hessische Lehr- und Forschungsanstalt für Wein-, Obst- und Gartenbau).

Wo die Weite der Oberrheinischen Tiefebene sich zum felsigen Gebirgstal zwischen Taunus und Hunsrück einengt, da liegt RÜDESHEIM, Zentrum des rheinischen Fremdenverkehrs, dereinst wichtiger Treffpunkt alter Handelswege (Kaufmannsweg nach Lorch, Weibspfad und Hohestraße zur Bäderstraße). Die alten Häuser am Marktplatz und die *Pfarrkirche (k.)* wurden nach Zerstörung im 2. Weltkrieg neu erbaut. Von der alten Kirche Teile der Westwand, das Westportal mit Tympanon-Relief (14. Jh.), der romanische Turm mit wiederaufgebauter Barockhaube und der kleine Kapellenraum im Untergeschoß (1. Hälfte 12. Jh.) wiederverwendet. Westlich angrenzend an diese Kapelle noch der Rest des nördlichen Seitenschiffes der ehemals unsymmetrischen gotischen Hallenkirche mit den vom Brand ausgeglühten Grabsteinen aus Gotik und Renaissance. Der Marienaltar (Ende 16. Jh.) mit dem Relief der Flucht nach Ägypten, gestiftet von einem Brömser von Rüdesheim, überstand den Kirchenbrand. An der Westseite des *Marktplatzes* (Nr. 24) ein festliches spätbarockes Haus von 1797. Durch die Gasse längs dieses Hauses leuchtet das Fachwerk des *Klunkhardshofes* (1. Hälfte 16. Jh.). Der Mainzer Erzbischof ließ durch Ministerialen, die Herren von Rüdesheim, im Ort mehrere Burgen bauen, deren Baukörper noch heute aufragen. So ist von der Marktstraße aus die *Vorderburg* zugänglich (heute Joh. Schön Erben), im 14. Jh. Sitz der Kind von Rüdesheim. Der mächtige quadratische Bergfried stammt aus romanischer Zeit. In der Obergasse liegen verschiedene alte Höfe, so der *Bassenheimer Hof* aus dem 18. Jh., Treppenturm 1563, und als besonders reich gefügte Baugruppe der *Brömser Hof*, Sitz einer Seitenlinie der Brömser von Rüdesheim, heute aufgeteilter Besitz (Nr. 6, 8 und 10). Gebäude verschiedener Entstehungszeit umschließen einen malerischen Hof; Torbogen von 1652. Rechts vom Hof, hinter dem kleinen Renaissance-Ziehbrunnen, wird der Rollwerkgiebel eines Renaissancehauses von 1591 sichtbar. Gegenüber dem Hofeingang an einem Barockbau ein vorkragender Erker mit Haube von 1650. In der linken Ecke erhebt sich ein quadratischer spätgotischer Fachwerkwohnturm mit Dacherkern. Im Barockbau befinden sich zwei spätmittelalterliche gewölbte Räume mit teilweise erhaltener lebendiger Ausmalung von 1558 (ein Raum als Hauskapelle mit religiösen Darstellungen, der andere als Ahnensaal mit Porträts, Rankenwerk und Wappen). Vom westlichen Ende der Obergasse aus ist der romanische, ungewöhnlich hohe und dreifach abgestufte Turm (Bergfried) der *Oberburg* gut überschaubar (Zugang durch Niedergasse, Weinhandlung Karl Jung), einst Sitz der Füchse von Rüdesheim, später der Boos von Waldeck, daher auch Boosenburg genannt. Die übrigen Gebäude der ehemals quadratischen Turmburg wurden 1836 abgebrochen. Unmittelbar am Rhein erstreckt sich der mächtige Mauerblock der *Niederburg*, ursprünglich Mainzer Besitz, vom 13.–17. Jh. Lehen der Brömser von Rüdesheim, heute Rheingau-Museum (Vor- und Frühgeschichte, Weinkunde). Das dicke, kräftige Mauerwerk der rechteckigen, einst von Wassergräben umgebenen Anlage des 12. Jh. steht auf den Fundamenten einer älteren Turmburg. In einer Innenecke der vier flachgedeckten Gebäudeflügel, die einen sehr schmalen Hof einschließen, der quadratische Bergfried. Eine rheinseitige Burgecke im 17. Jh. zerstört. In den Gebäuden Tonnen- und Kreuzgratgewölbe. Veränderungen und Ausbauten im 19. Jh. Die Burgruine ist das großartige Beispiel einer mittelalterlichen Wasser-Wehrburg romanischer Zeit, vergleichbar der Burg von Kaiserswerth am Niederrhein. Der von der *Stadtbefestigung* erhaltene *Adlerturm* am Rheinufer ist ein burgkundlich interessanter, vielleicht von französischen Bauten und den Frankfurter Landwehren beeinflußter Wehrbau des 15. Jh.

In dem Rüdesheimer Vorort EIBINGEN stand ein 1148 gegründetes, seit 1165 von Benediktinerinnen bewohntes *Kloster*, in dem die hl. Hildegard von Bingen (1098–1179) lebte, bekannt durch ihre Visionen (Sci vias dei, zwei Handschriften des 13. Jh. in der Landesbibliothek in Wiesbaden). Das im Barock neugestaltete Kloster (seit 1814 Pfarrkirche und Pfarrhaus) nach Brand 1934–35 neugebaut. In der Kirche moderner Schrein der hl. Hildegard. Die *Benediktinerinnenabtei St. Hildegard* wurde 1904 neu gegründet. Ihre machtvolle neuromanische Anlage unweit Eibingen inmitten von Weinbergen bestimmt weithin das Landschaftsbild.

Das *Kloster Nothgottes*, in einem Wiesental des Rheingaugebirges geborgen, entstand als Kapelle durch Stiftung eines Brömser von Rüdesheim nach glücklicher Rückkehr vom Kreuzzug. 1620 Kapuzinerkloster, heute Wallfahrtsort. Die kleine dreischiffige hallenförmige Kirche mit Westportal (Tympanon Weicher Stil), 1390 geweiht, 1716 und 1728 nördlich und südlich durch Marien- und Antoniuskapelle erweitert, liegt noch neben den ehemaligen schlichten Klostergebäuden des 17. und 18. Jh.

Das *Niederwalddenkmal* wurde 1877–83 ›zur Erinnerung an die Wiederaufrichtung des Reiches‹ von JOH. SCHILLING errichtet. Es steht in landschaftlich betonter Lage oberhalb von Rüdesheim am Rande des *Niederwaldes*, den Graf von Oststein um 1800 zu einem englischen Park mit den entsprechenden Requisiten – Tempel, Höhle, künstliche Ruine – geformt hatte.

Am *Binger Loch*, dem reißenden, strudel- und felsreichen Bergdurchbruch des Rheines unmittelbar hinter der Nahemündung, von der Schiffahrt bis zu den Felssprengungen 1830 gefürchtet, hatte der Mainzer Erzbischof im 13. Jh. eine Zollsperre eingerichtet, die nicht weniger als die Felsklippen gefürchtet war. Philipp von Bolanden erbaute 1211 für den Mainzer Erzbischof die *Zollburg Ehrenfels*, eine Hangburg auf vorspringendem Fels, umgeben von steilen Weingärten. Die heutige Ruine, eine der malerischsten am Rhein, entstammt wesentlich einem Um- und Ausbau von 1356, als die Burg erzbischöfliches Hoflager wurde. Die vorzüglich erhaltene bergseitige Schildmauer mit zwei flankierenden Türmen deckte den Palas und den kleinen Burghof vor feindlichem Beschuß von der Bergseite. Oberhalb der Burg liegt auf der Bergeshöhe ein *Wachtturm* zum Erspähen nahender Feinde, heute Ruine. Im Fluß erbaute der Erzbischof vermutlich im 14. Jh. einen quadratischen Wacht- und Zollturm mit vier Ecktürmchen und Wendeltreppe, den sog. *Mäuseturm* (vielleicht von Maute: Zoll). Nach Restaurierung 1855 dient er als Schiffahrtssignalstation.

Die Felsen und Berge reichen nun unmittelbar bis an den Fluß und lassen kaum Platz für Straße und Eisenbahn. ASSMANNSHAUSEN mit seiner gotischen *Pfarrkirche (k.)* des 15. Jh., die 1869 stark restauriert wurde, zwängt sich langgestreckt zwischen Ufer und Berge. Weiter flußab folgt auf viele Kilometer im rechtsrheinischen hessischen Gebiet keine Siedlung, während auf dem anderen Ufer sich die Burgen Rheinstein, Reichenstein (Falkenburg), Sooneck und Heimburg reihen. Die Stromstrecke bei LORCH mit den breiten Lorcher Weinhängen, den beiden Inseln im Fluß, den gegenüberliegenden waldreichen Höhenzügen des Hunsrück, der Mündung des Wispertales gehört zu den landschaftlichen Höhepunkten der romantischen Rheinstrecke. Lorch war – abgesehen von der Exklave Oberlahnstein – der nördlichste rechtsrheinische Besitz von Kurmainz. Seit 983 gehört es zum Rheingau. Kaub unterstand schon Kurpfalz – zwischen beiden Orten verläuft auch heute die Grenze Hessen–Rheinland-Pfalz. Lorch ist eine der charakteristischen rheinischen Haken- oder Winkelsiedlungen, die – bedingt durch die Enge des Tales – längs des Flusses und in einem Seitental aufwärts angelegt sind (vgl. Kaub, St. Goarshausen, Wellmich, Braubach). Die Pfarrkirche über dem Ort wirkt weithin bestimmend für das Landschaftsbild. Ihr ›antwortet‹ auf der anderen Wispertalseite die Kurmainzer *Burg Nollich*, ein Wohnturm des 14. Jh. mit schildmauerartiger Verstärkung und mit Resten eines älteren Fachwerkbaues (guter moderner Ausbau). Lorch besaß im Mittelalter große Bedeutung durch den Rheinhandel, da hier die Waren der rheinauffahrenden Schiffe umgeschlagen wurden, entweder auf kleine Boote, die das gefährliche felsige Binger Loch durchfahren konnten, oder auf Wagen, die auf dem Landwege über den ›Kaufmannsweg‹ die gefürchtete Felsenklippe umfuhren. Diese Straße führte durch den Kammerforst nach Rüdesheim. Wie bei vielen Rheinorten, so verdeckt auch in Lorch die Eisenbahnlinie die Uferfront. Doch hinter dem Bahndamm ist die alte Rheinfront erhalten: Die kräftige *Wehranlage* an der Wispermündung mit alter *Brücke* von 1556, über die einst die Rheintalstraße führte, und die zwei vorgezogenen mächtigen Rundtürme zum Schutze des ehemaligen Umschlaghafens (der südliche 1567 datiert). Etwas flußoberhalb das *Hilchenhaus*, 1546 erbaut als Wohnhaus des Feldmarschalls Joh. Hilchen aus Lorch, der schönste Renaissancebau des Mittelrheins. Die stolze rheinseitige Schaufront mit hoher Giebelwand (1573 vollendet) betont ein schlanker, auf zwei schweren Rundsäulen ruhender Erker mit wappengeschmücktem Balkon. Daneben, hinter einem *Barockbau* des 18. Jh. und einer spätgotischen *Wehrmauer*, die Ruine des *Zehnthofes*, eines gotischen Wohnturmes des 15. Jh. In der Rheinstraße mehrere *Hausbauten* des 18. und

19. Jh. Die enge Kirchgasse führt zur Westseite der *St. Martinskirche*. Eindrucksvoller ist aber der Weg über die Marktstraße: Hoch baut sich der Kirchengiebel des späten 15. Jh. vor dem Ankommenden auf. Ein Treppenaufgang geleitet zu der offenen, gewölbten Vorhalle. Zwischen den beiden mittleren Strebepfeilern eine Außenkanzel. Seitlich erhebt sich der Glockenturm, Unterbau romanisch, Obergeschoß mit durchbrochener spätgotischer Steinbalustrade, darüber spitzer Helm. Die dem Rheingauer Kunstkreis zugehörige Kirche entstand in mehreren Abschnitten: frühgotischer Chor Ende 13. Jh., Hauptschiff 1304 begonnen (starke Achsenabweichung vom Chor), Nebenschiff 1398 gestiftet. So kam die beliebte unsymmetrische Kirchenform der Spätgotik mit den Überschneidungen im Innern zustande. Der feingliedrige umfangreiche Aufbau des *Hochaltars* (1483), ein dreiflügliger Schnitzaltar mit zierlichem Sprengwerk und stufenweise angeordneten Heiligenstatuen (in der Mitte Maria und St. Martin) beherrscht den Chorraum. Die Gemälde der beiden Seitenflügel sind barock erneuert. Strenges, herbes *Kruzifix* an der nördlichen Chorwand aus der 1. Hälfte des 13. Jh. Darunter gutgearbeiteter spätgotischer Doppelgrabstein. Am östlichen Seitenschiffpfeiler schmerzvolle Pieta (1. Hälfte 14. Jh.) u. anmutige hl. Veronika (Ende 15. Jh.). Diese Werke leider in wenig günstiger moderner Fassung. Ferner besitzt die Kirche eine hochgotische, silbervergoldete Turmmonstranz mit reichem Figurenschmuck (um 1380). An der Südwand des Langhauses Renaissancegrabmal des Feldmarschalls Hilchen (Mitte 16. Jh.). Die berühmte Kreuztragungsgruppe, ein Hauptwerk mittelrheinischer Tonplastik des frühen 15. Jh., kam in die Staatlichen Museen nach Berlin.

Das knapp 30 km lange WISPERTAL, eines der schönsten Seitentäler des Rheines, durchschneidet in vielen Windungen die 400–500 m hohen Taunusberge. Im engen und felsenreichen Mittellauf liegen auf einem ins Tal sich senkenden großen Bergrücken zwischen zwei Seitentälern die Burgen Kammerberg und Rheinberg. Die obere, hochgelegene *Rheinberg* war eine kurz nach der Mitte des 12. Jh. angelegte Mainzer Feste zur Sicherung der Rheingaugrenze. Die 1279 und 1301 umkämpfte und zerstörte Burg erscheint in der 2. Hälfte des 14. Jh. als Ganerbenburg im Besitz der rheinischen Pfalzgrafen. Eine Brücke überquerte einst den breiten Halsgraben. Innerhalb der weitgedehnten Ruine mit einer Vorburg und ehemals zwei Burghöfen ragt der viergeschossige, wohnturmartige und übereck gestellte Bergfried aus gotischer Zeit machtvoll auf. Die tiefer auf dem gleichen Bergrücken unterhalb der Rheinberg, vermutlich in der 2. Hälfte des 13. Jh. vom Mainzer Erzbischof angelegte und von Amtleuten verwaltete *Kammer-*

burg sollte speziell die Wispertalstraße und das ›Rheingauer Gebück‹, das hier die Wisper querte, sichern. Von der bereits im 15. Jh. ruinösen Burg stehen nur noch Reste der bergseitigen Schildmauer.
Weiter talaufwärts ragen auf niedrigem Felsen im Tal über der *Laukenmühle*, die bereits 1390 erwähnt wird, die Trümmer des Wohnturmes der mainzischen *Lauksburg*, einst gesichert durch doppelten Halsgraben. Noch höher im Tal nutzen die wenigen Häuser des Dorfes GEROLDSTEIN eine geringe Talverbreiterung. Auf einem das Tal sperrenden, vom Bachlauf umgangenen, aber von der heutigen Straße durchbrochenen niedrigen Felsblock liegen die bescheidenen Reste der *Burg Haneck* (12. Jh.). Hoch darüber sieht man die Palasmauern der jüngeren *Ausläuferburg Geroldstein*. Auf beiden Burgen, die im umstrittenen Mainzer Grenzbereich lagen, saßen die Herren von Gerhartstein.
Von Norden mündet das landschaftlich nicht weniger reizvolle tiefgeschluchtete SAUERTAL in das Wispertal. In ihm liegt als Hangburg auf vorspringendem Berggrat die *Ruine Waldeck*, als Mainzer Grenzburg gegen kurpfälzisches Gebiet vermutlich um 1200 errichtet. Ganerbenburg der Herren von Waldeck. Nur der kleinere Teil der Burg steht noch bruchstückhaft aufrecht; die um die Felsspitze im Schutt verborgenen, noch ungedeuteten Mauerreste lassen eine einst gewaltige Anlage ahnen. Gotisches Burgtor, tiefer, in Fels gehauener Brunnen. Talaufwärts beherrscht eine Bergkuppe mit dem mächtigen, jedoch stark ruinösen Bergfried der *Sauerburg* den Weg. Tief unter ihr scharen sich dort, wo das Rheingauer Gebück bei der heutigen Straßenbrücke über den Bach führte (Mauerrest eines Wachtturmes) die wenigen Dorfhäuser von Sauerthal um eine schlichte Barockkapelle. Bei ihr zweigt die Burgauffahrt ab. Die 1355 von Pfalzgraf Philipp als Trutzburg gegen Waldeck angelegte Feste wurde 1909–12 zu Wohnzwecken ausgebaut, wobei das Wohnhaus an die Stelle des mittelalterlichen Palas trat, doch ist die alte Anlage noch kenntlich. Bastionen des 17. Jh. umgeben die gotische Burg. Eine Brücke über den Halsgraben führt in die erste dreieckige Vorburg. Es folgt eine weitere rechteckige Vorburg mit Kapelle und hoher Ringmauer, über der die trapezförmige Hauptburg mit Burghof, Palas und übereckgestelltem Bergfried angelegt ist.
Kaum eine andere Strecke des Rheintales zeigt so sehr die vom Menschen durch seine Bauwerke geprägte, ja neugestaltete Landschaft wie das Gebiet von Kaub und Oberwesel. KAUB war wegen seines begehrten und gefürchteten Zolles eine ausgesprochene Wehrstätte. Die Pfalz im Rhein ist eine der originellsten europäischen Burgenbauten; die Burg Gutenfels über dem Ort eine der klarsten und

harmonischsten spätstaufischen Anlagen des Rheingebietes; die ausgezeichnet erhaltenen Stadttürme und Stadtmauern von Kaub umschließen noch heute eine wohlbehütete Altstadt. Und alle drei Wehrstätten fügen sich mit der Landschaft des Tales zu einer Einheit zusammen. Die rheinischen Pfalzgrafen erwarben 1277 und 1289 Kaub und Gutenfels mit dem Kauber Zollrecht von den Herren von Falkenstein. Auf der Burg saßen nun pfälzische Burgmannen, die einflußreichen benachbarten Adelsgeschlechtern entstammten. Auf einem Felsen im Rhein erbaute Pfalzgraf König Ludwig der Bayer um 1325–26 gegen den Protest der rheinischen Erzbischöfe und des Papstes die Zollburg *Pfalzgrafenstein*, kurz die ›Pfalz‹ genannt. Es war zunächst nur ein fünfeckiger Turm (vgl. Mäuseturm bei Bingen), einige Jahrzehnte später kam der sechseckige Mauerring hinzu, wodurch das Bauwerk seine berühmte schiffartige Form bekam. Die im ursprünglichen Zustand überkommene Burg ist mittels einer Fähre von Kaub aus zu besichtigen. Ein Fallgatter sichert das Burgtor. Ein doppelter Wehrgang, der obere 14. Jh., der untere frühes 16. Jh., umzieht den malerischen Burghof. 1607 wurde die stromseitige Spitze durch eine Bastion und der gotische Wehrgang durch vorgekragte, verschieferte Erker verstärkt. Im Turm (Dachhaube 18. Jh.) ein alter Backofen.

Wie in Lorch, so verdeckt auch in Kaub der Eisenbahndamm das rheinseitige Stadtbild. In schmalen Gassen stehen eng gedrängt die Häuser, rückseitig zum Teil an den Felsen gebaut, rheinseitig dem Hochwasser ausgesetzt. Auch der Stadtplan von Kaub zeigt die typische Hakenform; Metzgergasse und Blücherstraße treffen am *Marktplatz* im Winkel aufeinander (Brunnen von 1828). Von der mittelalterlichen *Kirche (e.)* steht der schwere romanische Turm des 12. Jh. mit Rhombendach. Das Langhaus wurde im 18. Jh. für den evangelischen Gottesdienst in einfacher Form neugebaut. Anstelle des mittelalterlichen Chores entstand 1770–72 die schlichte, jüngst im Altarraum erweiterte katholische Kirche mit Ausstattung aus der Erbauungszeit. Die Gassen bewahren manch altes Häuserbild, so die *Metzgergasse*, durch die einst die Rheinstraße führte, mit dem Blücherhaus (um 1780), ein ehemaliges Gasthaus, in dem Generalfeldmarschall Blücher bei seinem bekannten Rheinübergang 1813–14 logierte (Sammlung von Erinnerungstücken). Schräg gegenüber (Nr. 13) ein zum Teil umgebautes gotisches Haus mit Treppengiebeln. Reizvoll ist ein Spaziergang über den Wehrgang an der Rheinseite der Metzergasse, der beim mittleren quadratischen Turm der *Stadtbefestigung* mit der schräggeführten Tordurchfahrt beginnt und an dem Brückensteg neben der alten Kirche endet. Der Wehrgang ermöglicht bei Hochwasser allein den Zugang zu den Häusern. Die das Blüchertal hinaufführende Straße (Blücherstraße) ist gleichmäßig mit zweigeschossigen verputzten oder verschieferten *Fachwerkhäusern* des 17. und 18. Jh. bestanden, während die Rheinfront an Zoll- und Bahnstraße repräsentative Hausbauten aus der Mitte des 19. Jh. aufweist, des Hochwassers wegen mit hohen Kellern und Freitreppen. An der Zollstraße springt das ehemalige kurpfälzische *Amtshaus* (1552) aus der alten Stadtmauerfront vor. Am Treppenturm sind die historischen Wasserstände markiert. Den kleinen Hof schließt rheinseitig eine Wehrmauer mit gut erhaltenem Wehrgang ab. In dieser Mauer ist die Originaltafel mit dem Bericht über die erfolglose Belagerung der Burg Gutenfels (s. u.) eingelassen. Die Häuser der Zollstraße stehen größtenteils auf der alten *Stadtmauer*, die an dem großen runden *Stadtturm* endet (mit Aborterker und halbrundem Treppentürmchen; vielleicht noch 13. Jh., vermutlich ursprünglich ein Zollturm). Bei diesem Turm gehen heute die Stollen für den *Schieferbergbau* in die Talberge (Untertagebetrieb); der Kauber Schiefer genießt seit alters her besten Ruf. Die anderen viereckigen Stadttürme, die Turmruine hinter dem Amtshaus, der Turm im Blüchertal und der übereckgestellte am Marktplatz mit vorgekragtem Treppentürmchen, entstanden im 14. Jh. (1275 Stadterwähnung, 1324 Stadtrechte).

Die Hangburg *Gutenfels* über Kaub wird 1252 anläßlich einer Belagerung zuerst genannt, ihre Bauformen aber weisen auf die Zeit um 1200. Es ist eine mathematisch-regelmäßige Anlage: quadratischer Bergfried über dem Halsgraben an der Angriffsseite, dahinter die Kernburg über quadratischem Grundriß, je zu einem Drittel vom Palas an der Rheinseite, einem Wohnbau an der Bergseite und einem längsrechteckigen Binnenhof ausgefüllt. Der spätromanische Palas zeigt doppelte Fensterarkaden, vorgekragte Schornsteine und im Innern des großen Saales offene Kamine (um 1200, nur der östliche alt). Ringmauern mit Flankentürmen (um 1400) umgürteln die Umgebung. Im Bayrisch-Pfälzischen Erbfolgekrieg belagerte 1504 Landgraf Philipp von Hessen 39 Tage lang vergeblich die Burg, die seitdem den Namen ›Gutenfels‹ führt. Das Innere wurde vor einigen Jahren als Lehrlingsheim der Klöckner Werke (heute Rei-Werk) eingerichtet.

Wenige Kilometer flußab engt der schroff vorspringende Felsen der *Lorelei* (132 m, ley = Felsen) das Tal bedrohlich ein. Auf seiner Höhe befand sich eine bronzezeitliche Befestigung. Der Dichter Konrad Marner (13. Jh.) sucht hier bereits den Nibelungenhort. Schon 1477 wird das bekannte Echo erwähnt. Aber erst die Dichter der Romantik – Clemens von Brentano, Eichendorff, Heinrich Heine – begründeten den heutigen Ruhm des Felsens.

Lang und schmal streckt sich ST. GOARSHAUSEN längs des Flusses. Die Altstadt in Hakenform zu Füßen der Burg Katz spannt sich mit ihrer gleichmäßigen gefälligen Rheinfront und der engen giebelreichen Hauptstraße zwischen die beiden erhaltenen hohen Ecktürme der *Stadtbefestigung* des 14. Jh. (1324 Stadtrechte). Kleiner, intimer Marktplatz mit *Rathaus* von 1532. Nördlich flußab schließt sich die um 1800 erschlossene *Neustadt* an, heute das eigentliche Zentrum der Kreisstadt. Die Neustadt beginnt mit dem spätklassizistischen Hotel-Café Müller (um 1860), dessen runde Front dem gegenüberliegenden Stadtturm symmetrisch entspricht. Die *evangelische Kirche* von 1860 bis 63 steht bei guter Detailbehandlung in der romantisch-klassizistischen Tradition der 1. Hälfte des 19. Jh. Die *katholische Pfarrkirche*, 1925 von CHR. RUMMEL erbaut, enthält im Hochaltar ein Tafelgemälde des Gnadenstuhls aus der Werkstatt des LUCAS CRANACH d. Ä. Die *Burg Katz* wurde um 1395 von Graf Johann III. von Katzenelnbogen auf einem Schieferfelsen oberhalb der Stadt zur Sicherung des hier mündenden Reichenbacher Tales und als Trutzburg gegen die Burg Maus erbaut. Die in typischer Hanglage errichtete Burg, bergseits mit Halsgraben, rundem Bergfried und Schildmauer, wurde 1804 zerstört und 1896–98 wiederaufgebaut.

WELLMICH charakterisieren zwei markant in der Landschaft stehende Bauten: der hohe spätromanische Kirchturm und die Burg Maus. Der Ort war vormals Reichsbesitz, kam 1353 an Kurtrier und erhielt 1356 Stadtrechte. Das Langhaus der im 14. Jh. gotisierten *Pfarrkirche St. Martin* schließt unsymmetrisch mit einem Haupt- und Nebenchor. Der einfache bäuerliche, aber anheimelnde Bau enthält gute Ausstattungsstücke, im Nebenchor ein ausdrucksreiches Vesperbild 14. Jh., im Schiff eine Madonna mit knittrig-flatterndem Gewand, Anfang 16. Jh., und an der nördlichen Langhauswand interessante Wandfresken frühes 15. Jh. (im 19. Jh. überarbeitet): zwei Friese, unten Kreuzigung, in der Mitte seitlich Martyrium der 12 Apostel, darüber Jüngstes Gericht. An der nördlichen Chorwand in gerahmten Feldern, z. T. etwas später, Heimsuchung, hl. Magdalena und Johannes d. T. Die *Burg Maus*, ursprünglich Deuernburg, auch Thurnburg genannt, wurde im 6. Jahrzehnt des 14. Jh. von Erzbischof Boemund von Trier zur Sicherung des neuerworbenen Ortes angelegt. Der 1362 nachfolgende Erzbischof Kuno von Falkenstein vollendete den Bau. Der Grundriß der Burg wiederholt die spätromanische Anlage der Gutenfels: zwei längsrechteckige Gebäude flankieren einen Binnenhof, dessen angriffsgefährdete Schmalseite der runde Bergfried deckt. Vorkragende Ecktürmchen (typisch rheinische Burgenbaukunst 14. Jh.) beleben die Baugruppe. Um die Hauptburg zieht sich ein Mauerring.

Das als Wallfahrtsort bekannte *Kloster* BORNHOFEN erfreut durch die harmonische Baugruppe der 1435 geweihten gotischen Kirche und des anschließenden barocken Klostergevierts von 1680–84. Eine geräumige Bogenhalle des 17. Jh. vor der Westseite der *Kirche* nimmt die Pilger auf; eindrucksvolles Wandkruzifix des 15 Jh. (Maria und Johannes 19. Jh.). Der zweischiffige Innenraum wirkt trotz der mittleren Stützenstellung frei und harmonisch. Die im späten 17. Jh. nördlich angebaute Gnadenkapelle mit einer vielverehrten Pieta des 15. Jh. ist ein Zentralbau mit reicher Stuckdecke von JOH. CHR. SEBASTIANI. Gegenüber an der südlichen Langhauswand errichtete sich Landgraf Ernst von Hessen-Rheinfels (gest. 1693) ein portalartiges Grabmal.

Die Sage von den beiden *Feindlichen Brüdern*, angeregt durch die gemeinsame Lage zweier wehrhaft gegeneinandergerichteter Burgen auf einem schmal auslaufenden Felsgrat, läßt sich bis ins 16. Jh. rückverfolgen. Die Burgen waren ursprünglich nicht ›feindlich gesonnen‹. Auf der im 12. Jh. als Reichsburg erbauten, 1568 schon verfallenden nördlichen *Burg Sterrenberg* mit quadratischem Bergfried und rechteckigem Mauerbering saßen die Herren von Bolanden, deren Erbnachfolger von Sponheim die südlich gelegene *Burg Liebenstein* in der 2. Hälfte des 13. Jh. errichteten, ebenfalls mit quadratischem Bergfried, in gotischer Zeit als Ganerbenburg durch einen siebengeschossigen Wohnturm erweitert. Als Sterrenberg 1325 an Kurtrier kam (heute Land Rheinland-Pfalz), errichtete der Trierer Erzbischof Balduin die mächtige zweischalige Schildmauer mit Halsgraben gegen Liebenstein (heute Freiherr von Preuschen zu Liebenstein).

KAMP, heute mit Bornhofen zu einem Ort vereinigt, besaß einst ein Kloster (Franziskanerinnen 1388–1803), von dem die unregelmäßig gruppierenden Gebäude aus spätmittelalterlicher und barocker Zeit am nördlichen Ortsrand erhalten sind (heute Privatbesitz). Die seit dem Kirchenneubau von 1904 nicht mehr benutzte alte *Pfarrkirche (k.)* war zugleich Klosterkirche geworden. Sie brannte vor einigen Jahren nieder. Der Turm (1870), die über Mittelpfeiler gewölbte Vorhalle des 15. Jh. und die frühgotische Chorpartie mit den Gewölben und dem Wandtabernakel blieben einigermaßen verschont. Das wohnturmartige Haus an der Rheinfront zeichnet sich durch einen Fachwerk-Wehrgang mit Eckürmchen (15. Jh.) aus. Der angrenzende *Wörther Hof* mit hohem Walmdach und Treppenturm entstand 1519, der im Ort gelegene *von der Leyensche Hof* mit getrepptem Volutengiebel zu Anfang des 17. Jh.

OSTERSPAI ist in dem Innenbogen der großen Bopparder Rheinschleife mit schöner Flußfront und weithin sichtbarem schlankem

Kirchturm (Oberbau von 1837/38) gebettet. Jahrhundertelang gehörte es den Herren von Sterrenberg, später denen von Liebenstein und von Preuschen. Gepflegtes fachwerkreiches Ortsbild (s. Hauptstraße und die zum Rhein hinabführenden Straßen). Der Westturm der *Pfarrkirche (k.)* im Kern romanisch (neuzeitliches Portal, Martinsrelief). Das Schiff 1778–79 mit qualitätvoller dörflicher Ausstattung aus der Erbauungszeit (perspektivischer Baldachin-Hochaltar). Unmittelbar am Rheinufer liegt, von Mauern umgeben, die *Burg* der Freiherrn von Preuschen, ein spätgotischer Wohnturm – einst mit vier Dacheckttürmchen –, 1910 sorgfältig ausgebaut. Die benachbarte, heute im Burgbezirk liegende spätromanische zweigeschossige *Kapelle*, kreuzgewölbt mit vorgekragter Altarkonche, gehörte ursprünglich zum Hofe des Klosters Eberbach in Osterspai.

Bald hinter der nun folgenden Rheinbiegung taucht auf hohem Felskegel die *Marksburg* auf, die als Gipfelburg beherrschend in der rheinischen Landschaft wie keine andere Rheinfeste steht. Ein niedrig geschwungener Sattel verbindet den Burgberg mit dem angrenzenden Talberg; auf seiner tiefsten Stelle liegt die *Martinskapelle*, umgeben von Grabsteinen (Heinrich-Schlusnus-Grab). Umfassender Blick auf Burg und Tal. Der Kernbau mit schönem Rundbogenportal ist noch romanisch, der kleine polygonale Chor frühgotisch, im Innern Renaissanceemporen 1581. Etwas weiter flußab schmiegt sich die Stadt BRAUBACH in Winkelform an den Burgfelsen (Stadtrechte 1276). An der Spitze des Winkels springt der gotische Kirchturm der ehemaligen *Pfarrkirche St. Barbara* (14. Jh.), zugleich Eckpfeiler der Stadtbefestigung (Wehrkirche), energisch vor. Im Innern feingeschnitzte Emporen von 1580 von der gleichen Hand wie in der Martinskapelle (die Kirche leider verwahrlost). In der anschließenden Altstadt viele schöne, teilweise verputzte *Fachwerkhäuser* des 16.–18. Jh., so in der engen Karlstraße, Untermarktstraße – in beider Winkel das Haus ›Eckfritz‹ –, am dreieckigen Marktplatz und in der Schloßstraße. Am Ende der letzteren erbaute Landgraf Philipp II. von Hessen durch die hessischen Baumeister ANTON DAUR und JOST 1568–71 die schloßartige *Philippsburg* als Residenz. Wilhelm Dilich zeichnete 1607 die heute sehr reduzierte Anlage mit ihren ehemals reichen Fachwerkgiebeln. Am anderen Ortsende im Zollbachtal sperrte ein achteckiger *Torturm* (vgl. Balduinstein, Oberlahnstein) die Seitentalstraße. Die *Stadtmauer* führt teilweise noch den Burgberg hinauf; denn Burg und Stadt bildeten eine gemeinsame Wehr. Die Katzenelnbogener Grafen, 1283–1479 Besitzer von Braubach, gaben der *Marksburg* im wesentlichen ihre heutige Gestalt. Die zu Anfang des 13. Jh. in Dreieckform mit fünfeckigem Wehrturm an der Angriffsseite entstandene Kernanlage wurde im 14./15. Jh. erheblich erweitert: doppelte Ringmauern, Torbauten, Palas mit Burgküche, Kemenate, Rittersaal und Bergfried in Butterfaßform. Fachwerkbauten im Innenhof (von 1706–08), vorgelagerte Batterien und Bastionen (um 1645) bereichern das Bild der unzerstörten Anlage. In ihr richtete die Deutsche Burgenvereinigung e. V. als Besitzer ein Burgeninstitut ein.

Die Lahnmündung flankieren zwei Städte, die ehemals Mainzer Zollstadt OBERLAHNSTEIN und die Trierer Stadt NIEDERLAHNSTEIN. Der Mainzer Erzbischof sicherte seinen Besitz 1244 durch den Bau der *Burg Lahneck*, von wo er die Rhein-Lahn-Ecke beherrschend überschauen konnte. Trotz der Erneuerung am Ende des 19. Jh. läßt die Burg ihre mittelalterliche Struktur noch gut erkennen. Die regelmäßig angelegte Kernburg (13. Jh.) mit fünfeckigem Bergfried an der Angriffsseite, eingebaut in die Ringmauer, mit Palas an der Rückseite und einer 1386 neuerbauten Kapelle über steil zur Lahn abfallendem Felsen wurde im 15. Jh. durch eine starke Schildmauer mit schrägem Sockel (syrische Vorbilder) und einem Torzwinger verstärkt. Am Rheinufer errichtete der Mainzer Erzbischof um 1300 die *Martinsburg* als Zollburg. Blumenanlagen überdecken die einstigen Wassergräben. Machtvoll erhebt sich der hohe sechseckige Bergfried mit Basalt-Eckquaderung und reichem Spitzbogenfries. Gotische Ecktürme verstärken die aus verschiedenen Gebäuden des 14.–18. Jh. gruppierte Anlage, deren kleinerer Binnenhof landseits eine Wehrmauer mit Spitzbogentor und Pechnase französischer Form abschließt. Schöne Mainzer Wappensteine im Hof. Der Rheinflügel 1712 als erzbischöflicher Wohnbau durch Lothar Franz von Schönborn neu errichtet. Die Martinsburg war mit der 1324 (Stadtrechte) errichteten Stadtbefestigung verbunden, von der Reste der Mauern mit Wehrgang und verschiedenen, teilweise achteckigen Türmen noch aufrecht stehen. Das in vorzüglicher Zimmermannskunst an der engen Hochstraße erbaute spätmittelalterliche Fachwerk-*Rathaus* mit offenem hallenartigem Untergeschoß ist dem gleichzeitigen Rathaus von Rhens sehr verwandt. In der gleichen Straße liegt die bereits 977 erwähnte *Pfarrkirche St. Martin (k.)*, die in vier Bauepochen entstand: Chor mit ⅝-Schluß 1332 begonnen, eingeengt von zwei ungleich hohen Chorflankentürmen aus spätromanischer Zeit, das Langhaus ein einfacher Saalbau von 1775–77, durch zwei neugotische Seitenschiffe 1895–99 erweitert. Von der Ausstattung sind eine Pieta, ein Gnadenstuhl des 15. Jh. und Figuren des ehemaligen Hochaltars von 1690 erwähnenswert.

An der Einmündung der Lahn in den Rhein, etwas entfernt von der Stadt Niederlahnstein liegt weithin sichtbar die alte *Pfarrkirche (k.)*

St. Johannes aus der Mitte des 12. Jh. Nach Brand von 1794 blieb sie bis zum Wiederaufbau 1856–66 durch die Wiesbadener Architekten Görz und Zais Ruine. Seit 1906 ist ein Kloster mit ihr verbunden. Lisenen und Rundbogenfriese gliedern den hohen romanischen Westturm. Die flachgedeckte Pfeilerbasilika zeigt gedrungen-schwere Formen. Mit ihren Längsemporen und den mit Säulchen und Rundbögen gegliederten Öffnungen (erneuert 1856) gehört sie neben St. Goar (Pfarrkirche) und St. Ursula, Köln, zu den frühesten Emporenkirchen im Rheinland. Der außen rechteckige Chor ist innen rund geschlossen. Unter ihm befand sich einst das Beinhaus. Ursprünglich flankierten ihn zwei viereckige Türme. Der *Nassauer Hof* an der Johannesstraße ist ein spätmittelalterliches hochgiebliges Haus mit vorgesetztem Treppenturm. Das *Heimbachhaus* in der Heimbachgasse ist im Kern ein spätromanischer Bau mit Portal im Steinwechsel, und das ›*Wirtshaus an der Lahn*‹ ist ein Fachwerkbau von 1697 mit halbrund vorspringendem Pavillon. Diese drei Bauwerke sind die letzten erhaltenen Höfe der adligen und geistlichen Märkerschaften Niederlahnsteins.

Die Wallfahrtskirche auf dem *Allerheiligenberg* oberhalb der Stadt gegenüber der Burg Lahneck ist ein gut komponierter neugotischer Bau des späten 19. Jh.

II. Taunus, Frankfurt und Umgebung

1. Die Bäderstraße

Die Bäderstraße ist sehr alt, wahrscheinlich schon prähistorisch. Sie verbindet quer über die Höhen des Taunus das Lahntal mit der Mainmündung. Die Quellennutzung der in ihrem Bereich gelegenen Bäder läßt sich teils in die römische Zeit (Wiesbaden), teils ins Mittelalter (Bad Ems) zurückverfolgen. Die große Blütezeit des Badelebens begann aber erst im 18. und 19. Jh. In diesen beiden Jahrhunderten prägte sich bis zum Beginn des 1. Weltkrieges die bauliche und künstlerische Gestalt der Badeorte des Taunus. Neben den verschiedenen heilenden, z. T. sehr heißen Quellen suchten damals wie heute die Badegäste die waldreiche bergige Landschaft mit den vielen anmutigen Wiesentälern und zugleich ein kulturell betontes Gesellschaftsleben.
Das erst in der 2. Hälfte des 17. Jh. gegründete Bad Schlangenbad gehörte ursprünglich zu BÄRSTADT, das schon im 12. Jh. genannt wird, heute aber ein kleines Dorf ist. Die zwischen dem alten Baumbestand des ehemaligen Friedhofs gelegene *Pfarrkirche* von Bärstadt mit dem schweren romanischen Turm weist auf den mittelalterlichen Ursprung des Dorfes. Wie bei vielen Kirchen des Wiesbadener Raumes, im Taunus und Westerwald ersetzte man im 17. oder 18. Jh. das mittelalterliche Langhaus durch ein Schiff in Saalform mit Emporen. Auf der gewundenen Hauptstraße von SCHLANGENBAD künden noch einige *Häuser* in den für Wiesbaden und Taunus charakteristischen klassizistischen Formen von der Blütezeit des Badeortes in der 1. Hälfte des 19. Jh. Aus der Barockzeit jedoch hat sich das Badehaus ›Römerbad‹ erhalten, ein dreiflügeliger, dreigeschossiger Bau mit überhöhtem Mittelrisalit und Mansarddach (1762–65). Daneben steht als Erweiterungsbau ein spätklassizistisches Badehaus (wohl vierziger Jahre des 19. Jh.) in gleicher Anlage mit Eck- und Mittelrisaliten, das Dach flach geneigt. Bei beiden Bauten erfreuen die schönen gußeisernen Balkongitter.
BAD SCHWALBACH mit seinen zahlreichen Heilquellen breitet sich in einem Seitental der Aar aus. Am unteren Ende der Hauptstraße, Adolfstraße genannt, die talaufwärts zu den Kuranlagen führt, liegt die alte *Pfarrkirche (e.)*. Sie ist ein spätgotischer Bau von 1471 und besitzt dementsprechend einen Turm mit schlankem Spitzhelm und einen polygonalen Chor mit Fischblasenmaßwerk und Netzgewölbe.

Übersichtskarte zu Kapitel II: Taunus, Frankfurt und Umgebung

Das Langhaus wurde 1826–29 neu erbaut, den Altarraum füllt eine Rokoko-Orgel von 1770, die die spätgotische, von zwei Engeln flankierte Sakramentsnische teilweise verdeckt. Bedeutsam ist das Renaissance-Kenotaph für Johann Gottfried von Berlichingen, signiert JACOB MAIOR, Bildhauer in Mentz. Der 1588 verstorbene Ritter, ein Enkel des bekannten Götz von Berlichingen, suchte im Bad vergeblich Heilung.

Die Adolfstraße wurde zu Beginn des 17. Jh. neu bebaut, wie zahlreiche Fachwerkhäuser dieser Zeit beweisen. Sie wenden ihre Traufseite zur Straße, sind meist zweigeschossig und tragen zuweilen Zwerchhäuser. Sichtbar gepflegtes Fachwerk haben Adolfstraße Nr. 10 von 1628, Nr. 73 bis 75 von 1617 mit zweigeteilter, von gedrehten Säulen flankierter Tür mit geschnitzten Eckpfosten; Nr. 79 bis 81 von 1665 und Nr. 105, das ehemalige Rathaus, von 1610 mit ornamentierten Brüstungsfeldern und Eckpfosten. Adolfstraße Nr. 3 von 1620, dreigeschossig, mit Giebelfront und Krüppelwalm durchbricht die Bauregel. Haus Nr. 71 von 1770 ist in barocker Weise verputzt, seine Haustür zeigt gute Rokokoschnitzereien. Der dreiflügelige Schulneubau an der Adolfstraße von 1820 ist ein großzügiges Beispiel für die planmäßige Errichtung von Schulen in den nassauischen Ländern seit dem Ende des 18. Jh.

Oberhalb der Schule liegt die barocke, ehemals *reformierte Kirche (e.)*. Die *katholische Kirche* (1915–16), ein Jugendstilbau mit interessanter Mischung von Neuromanik und Klassizismus, enthält gute Plastiken eines ehemaligen Barockaltars. Das höhergelegene *Brunnenviertel* ist mit Brunnenstraße und Neustraße etwa U-förmig um das 1828/29 von H. J. ZENGERLE erbaute und später umgestaltete Kurhaus angelegt. Es zeigt in seinen Hausbauten noch vielfach den ausgewogenen bürgerlich-klassizistischen Stil des 19. Jh.

Bei HOLZHAUSEN A. D. HAIDE, wo der römische Limes die Bäderstraße kreuzte, sicherte ein 213 n. Chr. erbautes *Kastell* den Grenzübergang. Die Ruinen dieses etwa 1 km südöstlich des Dorfes am Nordhang des Grauen Kopfes liegenden Kastells lassen die große viereckige Anlage mit dem tiefen Graben und der hohen Ringmauer erkennen. Vier Tore, von je zwei Rechtecktürmen flankiert, sicherten die Eingänge. In der Mitte des Kastells erhob sich das ›sacellum‹ (Fahnenheiligtum). In Holzhausen selbst steht eine schlichte *Pfarrkirche* von 1764–65 mit Mansarddach und Haubendachreiter. Sie erinnert in ihrem barocken, von Ecklisenen gefaßten Fassaden an ähnliche Bauten in Kettenbach, in Rettert – diese Kapelle mit romanischem Westturm, gotischem Helm und schönem Kanzelorgelaltar –, in Dörsdorf, Reckenroth, Zorn, Niedermeilingen.

In einem flachgesenkten Wiesental, dem Quellenbereich des Mühlbaches, liegt unweit Strüth das ehemalige, 1126 gestiftete *Benediktinerkloster* SCHÖNAU, eine geschlossene Barockanlage. Heute leben im Kloster die aus Böhmen vertriebenen Prämonstratenser vom Stift Tepl. Der von seinem alten Mauerbering umgebene Klosterbezirk umfaßt Gebäudegruppen des 18. Jh., die nach einem großen Brand 1732 entstanden. Vom barocken Kreuzgang sind zwei flachgedeckte Flügel an der Südseite der Kirche erhalten. Der Chor mit Rippengewölbe und Fischblasenmaßwerk stammt noch aus dem Ende des 15. Jh. Eine festliche Stimmung erfüllt das jüngst restaurierte Kircheninnere mit seiner einheitlichen spätbarocken Ausstattung (3. Viertel 18. Jh.). Vor und zwischen den schwarz und rot marmorierten Architekturteilen der Altäre mit vergoldeten Kapitellen und Gesimsen stehen die in reinem Weiß gehaltenen Figuren der Heiligen. Beiderseits der Kanzel sind die Evangelistensymbole plastisch in nahezu Lebensgröße modelliert. Die Beschränkung auf wenige einfache Farben und die schon etwas strenge Linienführung im Aufbau der Altäre, der Kanzel und der eingebauten Beichtstühle sind wie erste Vorboten des nahen Klassizismus. Nur die Wangen des gleichzeitigen naturfarbenen Chorgestühls schwingen noch in kurvenreichen Rokokoformen. Über dem Chorbogen der in Himmelswolken schwebende hl. Florian.

Bei Grebenroth am Fuße des Altenberges unweit der Bäderstraße lag einst das *Benediktinerkloster Gronau*, ein Eigenkloster der Grafen von Katzenelnbogen, das 1527 in ein evangelisches Hospital umgewandelt wurde. Heute ist es ein einsam in einem Waldtal gelegenes Hofgut, dessen Torgebäude durch malerischen Reiz überrascht. In der mitten im Hof gelegenen Scheune sind romanische und gotische Reste der ehemaligen Kirche erhalten.

Der zentral im alten Einrichgau gelegene, einst zu Katzenelnbogen gehörige Ort NASTÄTTEN erlebte im 16.–18. Jh. durch die Tuchmalerei eine hohe Blüte. Davon zeugen die einheitlich verputzten *Fachwerkbauten* der Hauptstraße. Besonders zu nennen sind das *Rathaus* (1609) mit kleinem Dachreiter und der *von Schlernsche Hof* (heute Altersheim) von 1692 mit zweigeschossigem Herrenhaus, das innen eine eichene Barockstiege und einfache, teilweise verbaute Stukkaturen enthält. Die im Jahre 1250 erstmals erwähnte *Pfarrkirche (e.)* setzt sich aus einer dreifachen Baugruppe zusammen, wie sie sich häufiger im westlichen Taunus findet (Breithardt, Marienfels, Hahnstätten): romanischer Westturm mit spätgotischem Spitzhelm und Wichhäuschen, niedriges barockes Langhaus und höherer spätgotischer Chor (1479).

Bäderstraße

Die 1198 erwähnte *Pfarrkirche (e.)* von RUPPERTSHOFEN besitzt im quadratischen Westturm mit schmalen Lichtschlitzen und Lisenengliederung, im Langhaus mit kleinen Rundbogenfenstern an der Nordseite und im Rechteckchor mit Rundbogenfries auf Lisenen den romanischen Baucharakter der Entstehungszeit um 1200. Zu ergänzen sind die beim Umbau 1681 abgebrochenen Seitenschiffe und eine Flachdecke statt der heutigen barocken Tonne. Vor der Chorseite liegt der stattliche Spätbarockbau des *Pfarrhauses*.

In MIEHLEN fließt noch der Mühlbach mitten durch die Hauptstraße, die von schlichten *Dorfhäusern* des 17. bis frühen 19. Jh. bestanden ist. Das Fachwerk liegt allgemein unter Putz, wie es die Nassauische Brandverordnung einst vorschrieb. Die alte *Pfarrkirche (e.)* an einer Seitenstraße bildet eine malerische Baugruppe des 16. und 17. Jh., 1923–24 erweitert.

Die *Pfarrkirche (e.)* von MARIENFELS war einst die Dekanatskirche des Einrichgaues. Sie liegt auf einem Schieferblock über dem Mühlbach. Ihr machtvoller romanischer Westturm wird in den Untergeschossen von Lichtschlitzen in Schießschartenform und in dem lisenengeschmückten Obergeschoß von gekuppelten Rundbogenfenstern über Würfelkapitellen auf Säulen durchbrochen. Darüber löst sich der Turm in einer barocken Laternenhaube von 1733 auf. Aus dem 18. Jh. stammt auch das einschiffige Langhaus, dem sich ein gotischer Chor mit höherem Dach anschließt. In der polygonalen Chorapsis steht noch die gotische gemauerte Altarmensa mit großer Schieferplatte. An der südlichen Chorwand hängt vor altem Retabel eine bäuerliche Madonna des 14. Jh. Die Emporenbrüstungen sind mit lebhaft farbigen, etwas unbeholfenen Bildern bemalt, die das Leben Christi von der Verkündigung bis zur Himmelfahrt schildern.

Jenseits der Bäderstraße die 1095 erbaute *Burg* KATZENELNBOGEN, der Stammsitz des für die mittelalterliche Geschichte von Taunus und Mittelrhein so bedeutenden Grafengeschlechtes. Es starb 1479 aus, wodurch Grafschaft und Burg an die Landgrafen von Hessen kamen. Die Burg liegt auf einem breiten vorspringenden Felsplateau, um das sich halbkreisförmig die Gassen des 1351 zur Stadt erhobenen Ortes winkeln. Der Halsgraben ist fast verschüttet. Der Burgbering zeigt unregelmäßige Gestalt, wie sie für die frühe Gründungszeit typisch ist. Durch einen gotischen Torturm betritt man die Vorburg, wo einst die Wirtschaftsbauten standen. Ein barockes Rundbogenportal führt in den Hof der Hauptburg. Von ihr ist das 1584 anstelle des Palas erbaute, 1779 umgestaltete Burghaus derer von der Leyen erhalten. Seine hohe, von einem Erker gezierte Giebelwand und die seitliche Fachwerkwand schauen malerisch in die Gassen hinab.

2. Die Aarstraße

Von den drei Flüssen, die im Hochtaunus entspringen und in die Lahn münden, Weil, Ems und Aar, ist letzterer der größte und reizvollste. Das Aartal zeigt sich bei Bleidenstadt als flaches Hochtal, wandelt sich von Bad Schwalbach abwärts zum felsig schroffen Gebirgstal und weitet sich ab Michelbach zur fruchtbaren ›Goldenen Aue‹.
Nahe der Aarquelle, 2 km westlich Orlen an der Straße Wiesbaden–Limburg, liegt das römische *Kohorten-Kastell Zugmantel*. Es entstand in mehreren Bauabschnitten und diente der Sicherung des 300 m nördlich vorbeiführenden und die Straße querenden Limes. Die Gräben und Dämme sind im Walde noch kenntlich, ebenfalls die Spuren der Lagersiedlung mit kleinem Amphitheater (Ausgrabungen seit 1853).
Die *Pfarrkirche (e.)* von WEHEN ist ein guter Bau des frühen Klassizismus von 1812 (Architekt CARL FLORIAN GOETZ). Ein triumphbogenartiges Portal in vorgezogenem Risalit geleitet in den schlichten von Emporen umgebenen Innenraum. Der vor dem Ostchor stehende Glockenturm scheint im Unterbau noch mittelalterlich zu sein. Das historisch einst bedeutungsvolle *Wehener Schloß* besteht heute aus einer Gruppe von Barockhäusern.
Bereits 778 wird BLEIDENSTADT erwähnt, ein alter Mainzer Stützpunkt im Taunus gegen Nassau. In der weiten Aartalsenke bietet sich besonders von Norden ein reizvoller Blick auf den historischen Ortskern. Eine geschweifte Barockhaube deckt den romanischen Turm der *evangelischen Pfarrkirche*. Das Schiff ist ein Neubau von 1854. Die einstige Kurmainzer *Stiftskirche St. Ferrutius (k.)* besitzt ebenfalls einen romanischen Turm mit reicher, von offener Laterne bekrönter Barockhaube. Das einschiffige gotische Langhaus, das im Kern noch der Romanik angehört (profiliertes Rundbogenportal mit Zackenmuster an der Südseite), wurde 1685 barockisiert. Hübsches gotisches Wandtabernakel im Chor; prächtige Stationstafeln des 18. Jh., süddeutsch. An die Kirche grenzt die schöne Gruppe der barocken ehemaligen *Stiftsgebäude*.
Der kleine Ort ADOLFSECK erstreckt sich auf einer niedrigen, lang ins Aartal vorspringenden Bergzunge. Auf ihrer Spitze erbaute gegen Mitte des 14. Jh. Graf Adolf I. von Nassau eine Burg, von der nur die ovale Gesamtanlage mit dem Burggraben erhalten ist. Aus dem Ortsbild erhebt sich malerisch die kleine spätgotische *Kapelle* vom Ende des 15. Jh. mit Dachreiter des 18. Jh. Der heutige Felsdurchbruch der Straße trennte einst als Halsgraben Ort und Burg von der angrenzenden westlichen Talhöhe. Der dahinter talabwärts aufgeschüttete

Aarstraße

Damm, über den die Landstraße führt, staute ursprünglich die Aar zu einem Wehrsee um den Ortsfelsen.
Auf den Höhen westlich des Aartales liegt BREITHARDT mit der *Kirche (e.)* am Dorfrand vor den Talwiesen. Der hohe gotische Chor trägt ein steilragendes Dach (Ende 15. Jh.) und überragt das barock erweiterte Langhaus beträchtlich. Romanischer blockhafter Turm mit gotischem Spitzhelm und vier Ecktürmchen. Im Innern Wandtabernakel mit Kreuzigungsgruppe von 1490.
Sehr eindrucksvoll thront die *Burgruine* HOHENSTEIN über dem Aartal auf schroffem Fels vor dem noch höher gelegenen gleichnamigen Dorf. Die Burg wurde Ende des 12. Jh. von den Grafen von Katzenelnbogen gegen die Grafschaft Nassau errichtet und diente seit der 2. Hälfte des 13. Jh. einer Seitenlinie als Residenz. Hinter dem tiefen Halsgraben steigt eine äußere spätgotische Schildmauer auf, seitlich flankiert von zwei quadratischen Türmen, von denen der südwestliche zugleich Torturm ist. Dahinter baut sich auf höherem Fels die innere Schildmauer des 13. Jh. auf. Ihr südöstliches Ende begrenzt der unregelmäßig geformte Bergfried, während das andere Ende ein Treppenturm abstützt. Der hinter dieser Mauer einst geborgene Palas stürzte 1864 in die Tiefe, ähnlich wie der große Saalbau, der die Ostseite des Burghofes abschloß. Die Gesamtanlage wirkt in der verstärkten Sicherung der Angriffsseite durch Mantelmauern äußerst wehrhaft und gewaltig.
Weiter talabwärts tauchen auf einem hohen Bergrücken die Silhouetten der beiden nebeneinanderliegenden Kirchen von MICHELBACH auf. Die inmitten des Friedhofes gelegene *alte Kirche* ist niedrig, gedrungen, der schwere romanische Chorturm ohne Apsis. Die Dorfkirchen des Aartales liegen häufig hoch über dem engen Tal. So auch die kleine barocke *Kirche (e.)* in KETTENBACH, deren geschweifter Turmhelm vom waldigen Höhenrücken herabblickt. Am Schiff konnte die ursprüngliche Fassadengestaltung – rot ausgemalte Lisenen – wiederhergestellt werden. Der Innenraum zeigt die originale behäbige Ausstattung. Hier beherrscht die große Eisengießerei der Firma Passavant, die *Michelbacher Hütte*, das Tal. Sie wurde 1655 als Gräflich Nassau-Idsteinsche Eisenhütte mit Eisenhammer in Betrieb genommen. Zahlreiche Ofenplatten und schmiedeeiserne Arbeiten der näheren und weiteren Umgebung wurden von 16.–19. Jh. hier gefertigt.
Im benachbarten Palmtal taucht schon von weitem die *Ruine* BURGSCHWALBACH auf, die zu den bedeutendsten Anlagen des burgenreichen Aartales gehört. Sie wurde 1368–71 von Graf Eberhard von Katzenelnbogen erbaut und ist seit etwa 1800 Ruine. Geborgen hinter einem unregelmäßigen Mauerbering und mächtig hochragend über einem tiefen Halsgraben baut sich die streng regelmäßige Hauptburg

auf. Die gefährdete Bergseite schützt der runde Bergfried über einer 5 m starken, im Winkel vorgespitzten Schildmauer. Dahinter birgt sich ein rechteckiger, schmaler Binnenhof mit Wohn- und Stallgebäuden an den Längsseiten. Die westliche Schmalseite schließt der zweigeschossige, im Obergeschoß tonnengewölbte Palas ab. Die gutgepflegte Ruine ist das vorzügliche Beispiel einer klaren und einheitlichen, innerhalb weniger Jahre vollendeten Burgplanung. In der Vorburg ist eine Gaststätte eingebaut.

Etwas abseits und westlich vom Aartal, in Sichtverbindung mit Burgschwalbach, findet man auf schroffem Kalkfelsen die *Burg Hohlenfels*, die Ritter Daniel von Langenau 1355–63 für den Grafen Johann von Nassau-Herrenberg erbaute. Die stark befestigte gotische Wehranlage ist – wenn auch als Ruine – gut erhalten. Der fünfeckige Bergfried mit Treppenläufen in der Mauer wendet seine Spitze der nördlichen Angriffsseite zu. Eine Schildmauer mit Ecktürmen, davor ein Zwinger und tiefer Halsgraben verstärken die Abwehrkraft gegen die Bergseite. Zwei Torzwinger und ein gedeckter Gang sichern den Zugang. Geschützt hinter dem Bergfried ragt ein hoher Wohnturm, daran anschließend ein Wohnbau von 1713.

Die schlichte frühgotische *Kirche (e.)* von HAHNSTÄTTEN, gegen 1217 erbaut, das Langhaus im 17. Jh. erneuert, trägt einen barocken schlanken Dachreiter auf dem Mansarddach des Chors. Im 16. Jh. erbauten die Herren von Schönborn eine kleine *Wasserburg*. Die regelmäßige dreiflügelige Anlage zeigt als architektonischen Schmuck einen Treppenturm im Hof und vier vorkragende Erker an den Außenseiten.

Die *Kirche (e.)* in OBERNEISEN, 1816–19 von JOHANNES SCHRUMPF erbaut, ist eine künstlerisch originelle Leistung. In den zehneckigen Zentralbau mit tempelartiger Vorhalle wurde der mittelalterliche Turm geschickt eingeplant. Der Innenraum mit Umgang auf dorischen Säulen und belichteter Kuppel sammelt die Gemeinde in geschlossenem Kreis um die Altarmitte. Von der einst dem Stift St. Alban in Mainz gehörenden *Burg*, welche die Vögte des Stiftes, die Herren von Neven, 1288 erbaut hatten, steht nur noch die Wand eines großen Wohngebäudes (Wohnturm?).

Am Unterlauf der Aar, wenige Kilometer von ihrer Einmündung in die Lahn, ließ Graf Adolf von Nassau-Dillenburg 1395 die *Burg Ardeck* über regelmäßig rechteckigem Grundriß errichten. Die Ruine mit dem schlanken Rundturm und den hohen gotischen Umfassungsmauern von 1395, die an der Eingangs- und Angriffsseite im 15. Jh. durch eine Wehrmauer mit Ecktürmen verstärkt wurden, steht markant und weithin sichtbar in der flachen Tallandschaft.

3. Das Wörsbach- und das Emsbachtal

Im weitgedehnten oberen Wörsbachtal, der Idsteiner Senke, breitet sich die Stadt IDSTEIN aus. Mitten aus den dichtgestellten Häusern ragen auf langgestrecktem Fels die alte Burg und in ihrer nördlichen Fortsetzung das jüngere Schloß auf und bestimmen das Stadtbild beim Blick von den Talhöhen. Stadt und Burg waren ursprünglich Reichslehen, seit 1120 Mainzer Besitz und Lehen der Grafen von Nassau, seit dem 13. Jh. nassauische Residenz, die älteste südlich der Lahn. Die engen Gassen der Altstadtmitte bewahren in einzigartiger malerischer Folge *Fachwerkhäuser* aus der Blütezeit des Ortes im 16. und 17. Jh. Mit geschweiften Giebeln und geschnitzten Eckpfosten umstehen sie den am südlichen Fuß des Burgfelsens unregelmäßig angelegten *Marktplatz* (König-Adolf-Platz). Reiche Ornamentierung und ein zweigeschossiger Erker zieren das *Killingerhaus* (Markt Nr. 7) von 1615. In den anschließenden Gassen reiht sich ein geschnitztes Haus an das andere, vielfach mit Erkern. In der Obergasse sind hervorzuheben Nr. 14 von 1596, Nr. 17 von 1604, Nr. 18 von 1605 u. a. Am Ende der Gasse bildet das 1620 erbaute ehemalige *Hofhaus* des HEINRICH HÖER einen wirkungsvollen Blickfang. Es war ursprünglich nur ein Giebelbau mit Satteldach und Haubenlaterne, straßenseits ein Erker mit reichem plastischen Schmuck, hofwärts ein steinernes Portal mit Wappen und Inschrift. Später wurde es durch ein zweites Giebelhaus mit Torhaus und hofseits einst offener Galerie erweitert.

Fürst Georg August von Nassau-Idstein schenkte der Stadt eine zweite Blüte durch die planmäßige *Erweiterung mit rechteckigem Straßennetz* und einfachen zweigeschossigen Häusern: Weiherwiese und Borngasse, gequert von Schäfer-, Kreuz- und kleiner Borngasse. Die gotische *Pfarrkirche (e.)* des 14. Jh. wurde 1667–77 im Auftrage des Grafen Johann von Nassau-Idstein durch den Mainzer Architekten ARNOLD HARNISCH im Innern umgebaut, um den Ansprüchen einer barocken Residenz und ihrer Hofhaltung zu entsprechen. Es sollte aber auch dem evangelisch-lutherischen Bekenntnis ein neuer Kirchenraum geschaffen werden. Weite Säulenarkaden gliedern den Raum in drei Schiffe mit Emporen über den Seitenschiffen. Sie bestehen, ebenso wie der Hochaltar, der Taufstein und die von einer Simsonfigur getragene Kanzel des Düsseldorfer Bildhauers CHRISTIAN GASSMANN, aus grauem Lahnmarmor. Die Wandflächen und die Decke des Mittelschiffes sind verkleidet mit Ölgemälden aus der Schule des PETER PAUL RUBENS (MICHAEL ANGELO IMMENRAET aus Antwerpen und JOACHIM VON SANDRART aus Nürnberg), die Szenen des Neuen Testaments schildern. Eine kürzlich erfolgte durchgreifende Instandsetzung des Kirchen-

innern hat die typische leuchtende Farbigkeit und barocke Bewegtheit dieser Darstellungen wieder wirksam gemacht und auch die barocke Blumen- und Früchtemalerei an den hölzernen Brüstungen der Emporen und der Patronatslogen wieder aufgefrischt. Die Kirche diente auch als Grablege der Nassauisch-Idsteinschen Grafen, deren Andenken in hervorragenden Bildnisgrabsteinen vom 15.–16. Jh. und in den monumentalen barocken Denkmälern von 1678 und 1725 im Chor bewahrt wird. 1817 wurde in dieser Kirche die Union zwischen Lutheranern und Reformierten für das damalige Herzogtum Nassau geschlossen; seit 1917 trägt sie den Titel ›Nassauische Unionskirche‹.
Auf einem untertunnelten Felsen am Marktplatz steht das *Rathaus*, 1698 erbaut, nach Zerstörung durch Felssturz 1928 in alter Form 1933–34 neu errichtet. Marktplatz und Rathaus überragt der hohe gotische Torbau der *Burg* von 1497 mit übereckgestellten Erkern und hohem Zeltdach. Das nördliche und höchste Ende des Burgfelsens sicherte der hohe runde Bergfried des 14. Jh., der wie viele rheinisch-hessische Bergfriede gotischer Zeit (Auerbach, Kronberg, Falkenstein, Homburg v. d. H., Oberreifenberg, Marksburg, Felsberg) einen kleinen verjüngten Aufsatz trägt (›Butterfaßturm‹). Zwischen Turm und Tor verschiedene Bauten mit Fachwerk der 2. Hälfte des 16. Jh.
Das *Residenzschloß* der 1688 gefürsteten Grafen von Nassau-Idstein ist eine Dreiflügelanlage, die 1614–34 von JOST HEER nördlich der mittelalterlichen Burg erbaut und mit dieser durch eine hohe steinerne Bogenbrücke verbunden wurde. Der im Typ der Renaissanceschlösser des Taunus und Westerwaldes gehaltene Bau trug einst einheitlich ein Satteldach mit Zwerchhäusern, das zu Beginn des 18. Jh. unter Leitung von MAXIMILIAN VON WELSCH im damaligen Geschmack teilweise durch ein Mansarddach ersetzt wurde. Von der gleichzeitigen Ausstattung des Innern zeugen einige festliche Stuckdecken von C. M. Pozzi (heute in Schulräumen, Besichtigung nicht gestattet). Die Eingangsfront (Südseite) ist durch ein großes Renaissanceportal mit Allianzwappen und einen vorgebauten Erkerturm mit Beschlagwerk-Ornamenten und dreifacher Dachhaube ausgezeichnet. Im Innenhof stehen in beiden Gebäudeecken Treppentürme, der südliche mit Spindeltreppe, der nördliche mit vierläufiger quadratischer Treppe.
Auf einem Felsen im Wörsbachtal erbaute 1393 Graf Walram von Nassau-Idstein gegen den Diezer Besitz Kamberg die rechteckige, von Eck-Rundtürmen flankierte *Burganlage* WALLRABENSTEIN. Die Gehöfte des gleichen Dorfes bilden heute mit der Ruine eine malerische Gruppe. Gegenüber der *Kirche (e.)*, einem schlichten Barockbau von 1708, ist auf den reichgeschnitzten Erker eines 1680 erbauten Fachwerkhofes hinzuweisen.

Wörsbach- und Emsbachtal

Schon im Mittelalter wurde die fruchtbare Talebene des Emsbaches, der ›Goldene Grund‹, gepriesen. An seinem Beginn dehnt sich auf einem Hügelrücken der 1355 als Freiflecken befestigte Ort WALSDORF aus. Besonders von Osten her ist das schöne geschlossene *Dorfbild* mit den auf der Wehrmauer errichteten Fachwerkscheunen erhalten, an den Enden akzentuiert durch den gotischen *Rundturm* der Ortsbefestigung und durch die *Pfarrkirche* des 14. Jh., die gegen Mitte des 17. Jh. nach einer Zerstörung wieder aufgebaut wurde.

Neben Idstein gehört KAMBERG zu den wenigen Orten Nassaus, die einen reichen Bestand an alten Fachwerkhäusern — wenn auch vielfach verputzt — bewahren. Als alter Diezer Besitz erhielt Kamberg 1281 Stadtrechte. Von der gotischen *Ortsbefestigung*, die ursprünglich elf Rundtürme besaß, sind das große Obertor mit Türmerwohnung und verschiedene Wehrtürme erhalten. Neben dem Obertor liegt der aus mehreren Gebäuden um einen Hof gefügte ehemalige *Amtshof* (heute Mietwohnungen, baulich vernachlässigt). Der Südflügel vom 17. Jh. ist mit wertvollen Schnitzereien am Fachwerk versehen. An der Ostseite wurde, anstoßend an das Obertor, um 1650 eine Kapelle angebaut (1860 restauriert). Unter den reichgeschnitzten *Fachwerkbauten* des 17. Jh. fallen Pfarrgasse Nr. 1, Schmiedegasse Nr. 4, die Apotheke, ehem. Riedelscher Hof, und besonders Markt Nr. 4 mit figürlichen Darstellungen im geschweiften Giebel auf, datiert aus dem Jahre 1592.

Das *Rathaus*, im 18. Jh. als Wohnhaus gebaut, liegt südlich des Amtshofes im Park, der heute dem Kneippbad als Kurgarten dient. Seitlich von ihm eine mächtige *Zehntscheuer* mit steilem Schieferdach. In der Limburger Straße eine *Kreuzigungsgruppe* aus der 1. Hälfte des 16. Jh. Die *Pfarrkirche (k.)*, 1778 an den mittelalterlichen Turm gebaut, zeigt in ihrer Innenausstattung von 1780–81 bereits klassizistische Formen. Die Zartfarbigkeit der Deckengemälde von Giuseppe Appiani lebt dagegen noch ganz aus der Rokokokunst. Altaraufbau und Wandgemälde dahinter von 1835. Schöner Rokokokronleuchter 1748. Nordöstlich erhebt sich auf einem kahlen Bergrücken, weit in die Lande schauend, die 1682 erbaute *Kreuzkapelle*. Barocke Kreuzwegstationen führen von der Stadt hinauf. Die in einem achteckigen Mauerring über griechischem Kreuzgrundriß erbaute Kapelle enthält einfache Altäre mit guter Rokokoplastik. Das Küsterhaus vor dem Chor bildet mit der Kirche eine freundliche Baugruppe.

Das 1217 gegründete *Zisterzienserinnenkloster Gnadenthal* im Wörsbachtal nordwestlich von Kamberg wurde bereits 1634 in ein Hofgut umgewandelt. Außer der zu einer Scheune umgebauten Kirche erhielt sich ein hübscher erkergezierter Fachwerkbau von 1590.

Graf Eberhard von Diez erbaute 1355 die *Zollburg* KIRBERG anstelle einer Kirche – daher der Name Kirberg = Kirchberg –, die die älteste im Lahn-Taunus-Gebiet und ursprünglich Dekanatsmittelpunkt war. Die neue Gründung lag strategisch günstig, da sich hier Hessenstraße (St. Goarshausen–Kassel) und Hühnerstraße (Mainz–Limburg), zwei uralte Handelswege, kreuzen. Von der *Burg* sind durch Steinbruchbetrieb nur wenige Reste erhalten, von der *Stadtbefestigung* einige Mauerzüge. Die heutige *Pfarrkirche* wurde nach 1355 neu erbaut. Aus dieser Zeit stammen der Turm (mit modernem Helm) und der Kernbau des Chores. Im Innern des im 18. Jh. erbauten Schiffes eine gute klassizistische Ausstattung (Emporen, Kanzel). Im Chor schönes, leider beschädigtes Renaissancegrabmal eines Reifenberger Amtmannes (gest. 1561), das den Toten betend mit abgelegtem Helm darstellt, und Reste mittelalterlicher Glasfenster. Unter den alten Adelshöfen des Ortes heben sich die *Fachwerkhäuser* des Steinschen Hofes und des Riedschen Hofes (16. Jh.) hervor. Die heutige *Apotheke* in der Hauptstraße stammt aus dem 18. Jh.

Der einst Trierische Ort NIEDERBRECHEN im Emstal wurde um 1370 durch Erzbischof Kuno von Falkenstein befestigt. Außer einigen Mauern steht noch ein viereckiger *Wehrturm* mit Rundbogenfries und Zinnen aufrecht. Das barocke Fachwerk-*Rathaus* zeichnet sich durch eine offene Laube, Schnitzereien und den geschwungenen Giebel aus. Unweit des Ortes, an der Einmündung des Wörsbaches in die Ems, liegt auf einer Höhe die *Wallfahrtskirche St. Georg*, die einstige Pfarrkirche des untergegangenen Dorfes Bergen. Die schlichte romanische Kirche in Basilikaform – das südliche Seitenschiff fehlt – hat einen viereckig geschlossenen Chor; das Schiff ist flach gedeckt.

4. Das Weiltal

Das im Unterlauf unweit der Mündung eingeengte Tal der Weil wird überragt von den malerischen Ruinen der *Burg* FREIENFELS. Zeitpunkt und Ursache ihrer Erbauung sind unbekannt. Im 14. Jh. war sie nassauischer Besitz. Seit dem 18. Jh. ist sie Ruine. Die recht gut erhaltene und übersichtliche, im wesentlichen gotische Anlage besaß weder Vorburg noch Zwinger. Die Ringmauern umgrenzen ein unregelmäßiges Viereck. An der südlichen, dem Dorf zugewandten Angriffsseite ein breiter Halsgraben und eine hohe Schildmauer mit eingebautem viereckigem Bergfried, dessen Unterbau wahrscheinlich noch spätromanisch ist. Zugbrücke und Torflankenturm sicherten das Burgtor. Rückseitig, daher angriffsgeschützt, erhebt sich die Ruine des dreigeschossigen Palas mit zwei Giebelwänden und ehemaliger Kapelle.

Bei WEILMÜNSTER weitet sich das Tal. Hier kreuzt die alte Straße St. Goarshausen–Kassel. Die *Pfarrkirche (e.)* ist gotisch mit zwei spätgotischen Portalen. Im 17. Jh. wurde die gute Innenausstattung mit Emporen und einer Palmenkanzel eingerichtet. Sehr reizvoll ist die stark durchbrochene barocke Haube aus dem Jahre 1731 auf dem niedrigen, wohl spätromanischen Turm. Das neben der Kirche in schöner Baugruppe liegende zweigeschossige *Rathaus* in Fachwerk mit Krüppelwalmdach und zierlichem Dachreiter ist ein besonders gutes Beispiel dieses in vielen Dorfgemeinden Nassaus anzutreffenden Bautyps des 17. und 18. Jh. Anschließend das ehemalige *Gemeindebackhaus*.

In GRÄVENWIESBACH, in einem Seitental der Weil, erbaute der nassauische Hofarchitekt Friedrich Joachim Stengel die vorzüglich proportionierte *Pfarrkirche (e.)*, ein Nachfolgebau der Weilburger Kirche und eine Vorstufe zu der großen Saarbrücker Ludwigskirche des gleichen Architekten (vgl. auch Erbach im Odenwald). Der querrechteckige Bau ist an der vorderen Breitseite von einem Mittelrisalit betont. An der Rückseite erhebt sich der wohl ältere Turm, so daß ein Kreuzgrundriß entsteht. Im Innern umlaufende Emporen, dem Kanzelaltar gegenüber die Orgel.

Das 1522 erbaute *Pfarrhaus* von ROD A. D. WEIL mit Fachwerkobergeschoß und Krüppelwalmdach ist das älteste erhaltene Pfarrgebäude in Nassau.

Am oberen Ende der engen Felsschlucht des Eichelbacher Grundes, eines bei Rod mündenden Seitentales, liegt der *Eichelbacher Hof*. Er war einst Sitz der Herren von Rheinberg (vgl. die gleichnamige Burg im Wispertal) und wurde 1568 als viereckige Anlage mit vier Türmen erbaut. Heute ist nur noch der östliche Flügel (darin Gaststätte) mit Fachwerkobergeschoß, flankiert von zwei Türmen mit geschweiften Hauben erhalten.

Ehe die Straße von Esch-Reichenbach sich ins Weiltal absenkt, öffnet sie den Blick auf zwei vorspringende, S-förmig von der Weil umflossene Bergrücken, auf denen die Grafen von Diez ihre Burgen Alt- und Neuweilnau errichteten. Die um 1200 angelegte *Burg* ALTWEILNAU, heute Ruine, ist seit Mitte des 19. Jh. ein bekanntes Wanderziel und ihr besteigbarer runder Bergfried ein beliebter Aussichtspunkt. Vom Turm aus überschaut man die regelmäßige dreieckige spätromanische Anlage. Der bergseitige Halsgraben ist durch Häuser und Straßen teilweise verbaut. An die Süd- und Westseite schmiegt sich der Ort mit alten gepflegten *Fachwerkhäusern*. Die *Befestigung* des 14 Jh. hat sich in einem schlanken Torturm und teilweise in der von Fachwerkhäusern überbauten Mauer erhalten.

1302 wurde die Herrschaft Weilnau in Alt- und Neuweilnau aufgeteilt und die *Gipfelburg Neuweilnau* von den Diezer Grafen errichtet. Aus der Gründungszeit der Burg blieben die Ringmauer und drei Eckflankentürme, der nördliche dreigeschossig, erhalten. Die Burg wurde 1326 nassauische Residenz. Ludwig I. von Nassau-Weilburg baute sie 1505–13 zum befestigten Schloß um; der östliche spitz vorgezogene Bering zeugt davon. Philipp IV. gab 1556–66 dem Bau seine heutige Gestalt, bestehend aus dem rechteckigen einfachen Herrenhaus mit achtseitigem Treppenturm und zwei übereck vorspringenden Erkertürmen an der südwestlichen Schmalseite. Dazu kommt ein schöner Torbau mit teilweise verschiefertem Fachwerkobergeschoß und Zwerchhäusern (heute staatliches Forstamt). Aus den Weidewiesen des Weiltales bei der *Landsteiner Mühle* ragt die Turmruine einer im Dreißigjährigen Krieg zerstörten spätgotischen *Wallfahrtskirche*.

Wir nähern uns den Quellen der Weil, die dem Hochtaunus nördlich des Feldbergmassives entspringen, und erreichen OBERREIFENBERG mit den Türmen seiner *Burgruine*, dem Stammsitz eines gleichnamigen fehdelustigen Geschlechts. Die äußerst wehrhafte, im 12. Jh. errichtete Anlage besteht aus dem runden romanischen, kühn auf einem Felsklotz stehenden Bergfried (Oberbau gotisch und ursprünglich in Butterfaßform, vgl. Idstein) und einem schlanken sechsgeschossigen Wohnturm. Seine Südwand war einst von Fachwerk geschlossen; er ist über eine enge Wendeltreppe besteigbar. Der machtvollen, vielleicht gotischen Schildmauer an der Dorf- und Talseite sind zwei runde Ecktürme zugeordnet. Zwei im 16. Jh. angelegte Bastionen, davon eine aus dem Felsen gehauen, verstärkten hinter einem steilen Halsgraben die Ostfront.

Von der benachbarten, im 12. Jh. gegründeten *Burg Hattstein*, dem Stammsitz der streitfreudigen und von den umliegenden Städten befehdeten Herren von Hattstein, blieb hauptsächlich nur die Schildmauer. Unterhalb der Ruine ist seit 1399 die *Hattsteiner Schmiede* bezeugt, aus der sich der heutige Luftkurort SCHMITTEN entwickelte. Die spätgotische, später barockisierte *Pfarrkirche (e.)* von ARNOLDSHAIN besitzt drei Glasscheiben (Ende 15. Jh.) aus dem Umkreis des Hausbuchmeisters. In der Nähe der Neubau der Evangelischen Akademie Arnoldshain (1953–54 von Theo Pabst).

An der hoch in den Taunusbergen gelegenen dörflich-schlichten *Barockkirche* von SEELENBERG, 1710–11 durch Benedikt Butscher erbaut, fällt die Außenkanzel am linken Querschiff mit gemeißelter Vorhangdrapierung auf.

5. Die westliche und nördliche Umgebung Frankfurts

Der ehemals zu Kurmainz gehörende reiche Weinort FLÖRSHEIM liegt mit seiner 1547 erbauten *Ortsbefestigung* unmittelbar am Mainufer. Auf den engen künstlerischen Zusammenhang mit Mainz im 18. Jh. weisen einige alte *Hofanlagen* des Ortes: der Karthäuserhof 1733, Hauptstraße Nr. 41/43 und Hof Nr. 24. Die 1706 (Turm) und 1766–68 (Schiff) erbaute *Pfarrkirche (k.)* erhielt um 1770 eine Stuckdecke in bewegten späten Rokokoformen und ein Deckengemälde mit Darstellungen der Himmelfahrt Maria, des hl. Gallus und des hl. Martin von dem in Mainz tätigen Maler JOH. A. HEIDELOFF aus Hannover (1676–1772). Der prunkreiche Hochaltar aus der gleichen Zeit ist zweifellos ein Mainzer Werk. Es scheint, als ob ein Weinort dem anderen nicht nachstehen wollte und deshalb die gleichen Mainzer Künstler berief.

So ist denn die wertvolle Innenausstattung der *Pfarrkirche (k.)* in HOCHHEIM in Anordnung und Aufbau der Altäre, der Beichtstühle und doppelten Orgelempore Flörsheim sehr verwandt. Das große Deckengemälde im Chor und Schiff schuf der in Mainz tätige Maler JOH. BAPT. ENDERLE um 1775. Die Gruppe von Kirche und Pfarrhaus (ebenfalls 18. Jh.) über den sich sanft zum Main senkenden Rebenhängen ist das Wahrzeichen des berühmten Weinortes, der bereits 754 erwähnt ist. Viele Weinbauernhöfe des 18. Jh. zeigen die charakteristischen Rundbogenportale, die entweder in den freien Hof oder in die geräumige Diele inmitten des Hauses leiten.

Auf einem kleinen, von Barockhäusern teilweise umsäumten Platz, dem ›Plan‹, steht unter einem Baldachin die beliebte *Hochheimer Madonna*, eine Sandsteinplastik, die 1770 fromme Hochheimer Bürger stifteten. Der häßliche Ziegelbau des ›Kaiserhof‹ an diesem reizvollen Platzbild sollte für alle Zeiten ein abschreckendes Beispiel sein!

Die ehemalige *Wasserburg* WEILBACH, heute Gutshof, ist eine große rechteckige Anlage, in deren Nordwestecke die Burg des 14./15. Jh. lag. Das von zwei Rundtürmen flankierte gotische Herrenhaus (hinter dem jetzigen verputzten Fachwerkherrenhaus) dient als Scheune. Das einfache *Kurhaus* von ›Bad Weilbach‹ für die dort entspringende Heilquelle wurde 1838 von den Architekten SEEBOLD und BRÜCKMANN entworfen (heute Landwirtschaftliche Frauenschule).

Weithin im Maintal sichtbar erhebt sich die mächtige Waldkuppe des Kapellenberges. Sie trägt eine große doppelte *Ringwallanlage* aus der Latène-Zeit. Die kleine *Kapelle*, die dem Berg den Namen gab (er hieß früher ›Räuberberg‹), 1666 als Pestkapelle gelobt, ist ein schmucker Barockbau von 1772–73.

Auf den Geländewellen am Fuß des Kapellenberges erstreckt sich HOFHEIM, das einst den Herren von Falkenstein, später den Mainzer Erzbischöfen gehörte (Stadtrechte 1352). Die ringförmigen *Stadtmauern* des 14. Jh. sind an der Burggrabenstraße und deren Fortsetzung noch erkennbar. Diese Straßen mit ihren kleinen Häusern bewahren recht gut den *Altstadtcharakter*. Das 1529 erbaute *Rathaus* steht als Blickfang an einer Straßengabelung der Hauptstraße. Es wurde vor einigen Jahrzehnten erneuert, alt ist das Untergeschoß. Hinter dem Rathaus ragt der hohe spätgotische Turm der *Pfarrkirche (k.)* auf. Sein Untergeschoß bildet eine offene laubenartige Halle, durch die der Blick auf die gewinkelte Altstadtstraße dahinter fällt. Das barocke Kirchenschiff wurde 1923 durch ein größeres Langhaus mit genordetem Chor ersetzt; hier Reste eines Rokokoaltares. Der ehemalige gotische Chor mit Sterngewölben bildet heute eine querschiffartige Erweiterung mit Seitenaltar. Kirchengestühl mit geschnitzten Wangen Ende 17. Jh. Von der *Wasserburg* mit dem Burghaus, einst Sitz der Herren von Hofheim, unmittelbar vor der Stadtmauer blieben nur geringe Mauerreste eines quadratischen Bezirks (heute Hofgut) und einige Barockbauten der Vorburg (heute Polizeistation und Schule).

Bei Hofheim tritt der Schwarzbach aus dem Taunus in die Mainebene. Im oberen Schwarzbachtal überrascht die malerische Lage EPPSTEINS zwischen hohen Taunusbergen, bekrönt von der Silhouette der Burgruine. Die um 1100 an der Grenze von Nidda- und Sundragau erbaute *Reichsburg* und Stammburg des bekannten Geschlechts von Eppstein war später Mainzer Besitz. Der schlanke runde Bergfried des 14. Jh. auf viereckigem Unterbau überragt die hohen Mauern des anstoßenden dreigeschossigen gotischen Palas und die ehemalige Rüstkammer, die 1765 zur Kapelle umgebaut wurde und heute Museum ist. Vom Turm aus sind die regelmäßige längsrechteckige spätromanische Kernanlage, der unregelmäßige gotische Bering und der Halsgraben an der Angriffsseite der Ausläuferburg gut überschaubar.

Die einschiffige *Pfarrkirche (e.)* mit schönem Fenstermaßwerk, fünfteiligem Chorschluß und teilweisem Rippengewölbe, entstand Ende 15. Jh. Die beiden westlichen flachgedeckten Joche sind etwas älter (wohl Anfang 15. Jh.). Das Innere enthält eine Reihe vorzüglich gearbeiteter Grabsteine der Herren von Eppstein aus dem 15. Jh., so besonders das Grabmal des Knaben Engelbrecht von Eppstein (gest. 1494), vermutlich von HANS VON DÜREN gearbeitet.

KÖNIGSTEIN verdankt seine Beliebtheit als Luftkurort und als Villenstadt Frankfurter Bürger der einzigartigen Lage an den südlichen Taunushängen. Die für die Geschichte des Main-Taunus-Gebiets bedeutsame *Festung* überragt die Stadt auf einem Bergsporn zwischen Reichenbach- und Liederbachtal. In staufischer Zeit gründete der Reichskämmerer Kuno I. von Münzenberg die Burg, vermutlich zur Sicherung und Überwachung der Köln–Frankfurter Straße. 1225 wird sie erstmals genannt. In ihrer reichen Bauentwicklung von der mittelalterlichen Burg zur barocken Festung der Neuzeit ist sie ein Gegenstück zur Ruine Rheinfels bei St. Goar. Gewaltig und abwehrend buchten sich beim Aufstieg die mächtigen barocken Bastionen und Rondelle vor. Die Kernburg, ein Vierflügelbau mit Binnenhof, enthält an Süd- und Westseite romanisches Mauerwerk mit Fischgrätmuster, während die aufrecht stehenden dreigeschossigen Gebäudemauern der gotischen Zeit angehören. Der besteigbare romanische Bergfried wurde in gotischer und spätgotischer Zeit aufgestockt. Die einstige Vorburg mit Burghof ist heute ein Wiesenplateau. Die östlichen Bastionsrondelle bezeichnen den ersten großen Ausbau zur Festung in der 2. Hälfte des 16. Jh., die an den Ecken der Südfront sich vorschiebenden Spitzbastionen eine Verstärkung der Festung im 3. Viertel des 17. Jh. Vom Bergfried aus läßt sich die *Stadtanlage* überblicken, die eng dem Burgberg angeschmiegte Altstadt und die sich in weitem Umkreis zersplitternde moderne Wohnstadt. Die Altstadt zeigt zuweilen noch malerische Winkel des 17. und 18. Jh. Reizvoll ist das 1673 über einem gotischen Torbogen erbaute alte *Fachwerk-Rathaus*. In der äußerlich einfachen *Pfarrkirche (k.)* überrascht der elegante lockere Aufbau von Hochaltar und Kanzel in rotem und schwarzem Marmor, 1744–50 von JOH. P. JÄGER, mit den weißen schwebenden Figuren von JOH. JAK. JUNCKER, hervorragende Werke des mittelrheinischen Rokoko. Im linken Seitenaltar (von 1725) steht eine feine Steinmadonna aus dem 3. Viertel des 15. Jh. in alter Fassung.

Die *Gipfelburg* FALKENSTEIN wurde um 1300 von den Herren von Bolanden angelegt. Der um 1500 durch Flankentürme verstärkte Bering und der gotische Bergfried in ›Butterfaßform‹ (vgl. Idstein) nahe dem Eingang sind gut erhalten. An den alten Turm der *Pfarrkirche (k.)* baute anstelle des abgebrochenen barocken Langhauses Architekt JOHANNBROER 1956–57 ein modernes fünfseitiges Kirchenschiff.

Südwestlich des Feldberges erhebt sich der 798 m hohe *Altkönig*, der eine bedeutsame große *Ringwallanlage* mit doppeltem holzverstärktem Wall *(murus gallicus)* trägt und der älteren Latène-Zeit (4.–2. Jh. v. Chr.) angehört. Die neuere Forschung vermutet den Sitz eines keltischen Stammesherrschers.

Im Gegensatz zu Königstein bewahrt KRONBERG ein viel geschlosseneres und einheitlicheres Ortsbild, über dem die Burg mit dem stolzen kantigen Bergfried thront. Schon im 19. Jh. war die Stadt als ruhiger Wohnsitz begehrt. Angezogen von der Eigenart der Landschaft und dem typischen Kleinstadtleben begründeten Maler wie J. F. Dielmann, A. Burger u. a. Mitte des 19. Jh. die ›Kronberger Malerschule‹. Bis vor kurzem befanden sich noch originale Werke derselben im Haus ›Zum Adler‹ (s. u.). Die *Burg*, heute Besitz der Landgrafen von Hessen, wurde auf einem Bergsporn des Altkönigs durch die Reichsministerialen von Eschborn, die sich seitdem Herren von Kronberg nannten, wohl zu Beginn des 13. Jh. erbaut. 1704 starb das Geschlecht aus und Kurmainz übernahm das Reichslehen. Man betritt zunächst die Unterburg durch ein 1692 erneuertes Burgtor. Zur linken liegt die im 2. Weltkrieg zerstörte und teilweise wieder aufgebaute Burgkapelle aus der Mitte des 14. Jh. Das ikonographisch interessante Chorwandfresko der Kümmernislegende ist vernichtet; die vier beschädigten Grabsteine Kronberger Herren (2. Hälfte 14. und 1. Hälfte 16. Jh.) ergänzen die Denkmäler in der Kirche (s. u.). Die Mittelburg besteht aus einem Winkelbau mit eingestelltem Turm (2. Hälfte 15. Jh.). Volutengiebel ersetzten 1612 die gotischen Treppengiebel. Im Innern werden die gotische Küche mit Brunnen, spätgotische Steinkamine und gutes Mobiliar des 16.–17. Jh. gezeigt. Mauer und Wehrgang, die den Hof umschließen, stammen erst aus dem Jahre 1897. Die im Grundriß dreieckige Oberburg bildet die staufische Kernanlage. Über dem Torhaus lag einst die Kapelle mit vorspringender Apsis (vgl. Münzenberg, Ortenberg, Gelnhausen). Der quadratische Bergfried erhielt 1500 einen kleinen erhöhten Aufsatz (Butterfaßform), wobei der Turm im Innern durch Ausmauerung verstärkt wurde. Um die Südseite des Burgberges schart sich die *Altstadt* in engem Gewinkel unebener kurviger Gassen. Viele *alte Häuser* in verputztem und freiliegendem Fachwerk, häufig mit Mansarddach, bilden reizvolle Bilder. Hervorzuheben sind an der Ecke Friedrich-Ebert-Straße und Doggegasse das Fachwerkhaus mit geschnitzten Konsolpfosten eines abgebrochenen Eck-Erkers (Anfang 17. Jh.); in der Friedrich-Ebert-Straße das Haus ›Zum Grünen Wald‹ mit vorzüglich geschmiedetem Aushänger (Mitte 18. Jh.), das Haus ›Zum Adler‹ (1780) mit schöner Türinschrift (leider moderner Hoteleingang) und die ehemalige Kronberger Rezeptur (heute staatliches Forstamt); zwei rechtwinklig um einen Hof stehende Barockhäuser (1. Hälfte des 18. Jh.) mit zwei spätgotischen Hoftoren (datiert 1570) liegen an der Friedrich-Ebert-Straße und an der Tanzhausgasse, deren Name auf den mittelalterlichen Ursprung und Zweck der Gebäude hinweist. In der Pferdgasse sind erwähnenswert Nr. 15 mit Erker und Mansarddach (18. Jh.) und Nr. 10 mit schräg gestellter, von geschnitzten Holzsäulen flankierter Tür (17. Jh.). In der Vogelsangstraße gleichen alte ausgetretene Steintreppen die Höhendifferenz der Gasse aus. Die Eichenstraße, wo sich an der Hangseite das Fachwerkhaus Nr. 15 einfügt, endet am hohen gotischen *Eichentor* mit Fallgatter. Kronberg erhielt 1330 Stadtrechte und Stadtmauern. Ihren Verlauf kennzeichnet noch die Gasse ›An der Stadtmauer‹. Ein Blick auf den Stadtgrundriß läßt die beiden späteren Stadterweiterungen erkennen, im Osten von 1390 und im Süden von 1450.

Das Innere der spätmittelalterlichen *Pfarrkirche (e.)* begeistert durch die hervorragende künstlerische Geschlossenheit der Ausstattung. Im Mittelalter Pfarr- und Herrschaftskirche. Das zeigt die Patronatsloge an der seitlichen Chorwand, außen 1606 turmartig erhöht, die wie der ganze Chorbau mit dem schönen Rippengewölbe in der ersten Hälfte des 14. Jh. entstand. Das zeigen weiterhin die qualitätvollen spätgotischen *Grabsteine* und Epitaphien, die fünf Meisterhände des mittelrheinischen Kunstkreises erkennen lassen. Ein älterer Meister um 1470 schuf den Grabstein des Junkers Walter von Reifenberg (gest. 1470) mit seiner Schwester. Ein nur wenig jüngerer Meister fertigte den Doppelgrabstein des Johann VII. (gest. 1488) links vom Chor und den danebenstehenden Doppelgrabstein des Philipp IV. (gest. 1477). Ein Renaissancebildhauer meißelte zwei Grabsteine im Kirchenschiff 1506. HANS BACKOFFEN schuf das Epitaph des jungen Walter von Reifenberg (gest. 1517), der kniend und voll inniger Gläubigkeit die Erscheinung der Madonna verehrt. Vermutlich von dem Mainzer DIETRICH SCHRO stammt im Chor das Renaissance-Epitaph der 1549 früh verstorbenen Anna von Kronberg. Auf die Herrschaftskirche deutet ferner das vermutlich von Hartmut von Kronberg 1472 gestiftete *Tonrelief* des Marientodes im Holzschrein, auf dessen gemalten Außenflügeln die Madonna die Familienmitglieder unter ihrem Schutzmantel birgt. Das gehaltvolle Werk gehört zu den besten Schöpfungen der einzigartigen mittelrheinischen Werkstatt für Tonplastik (1. Hälfte 15. Jh.). Das Altarkruzifix und der Taufstein aus spätgotischer Zeit runden die Ausstattung ab. Wandfresken von 1483, leider stark restauriert, zieren das im 15. Jh. neu erbaute einschiffige Langhaus, das von einer Holztonne mit Ornamentmalereien von Meister SPANGENBERG (1617) überdeckt ist.

In der neugotischen katholischen Pfarrkirche befindet sich ein *Triptychon* mit Statuen Mariens im Hauptschrein, der Anna Selbdritt im Gesprenge und Reliefs auf den Flügeln (Anfang 16. Jh.). Die 1738 von der katholischen Gemeinde begonnene *Streitkirche* blieb unvollendet und dient seit 1891 als Wohnhaus. An der Frankfurter Straße liegt der alte *Friedhof* (heute öffentlicher Park), auf dem das von Efeu überwucherte und verwitterte Grabmal eines 1573 gestorbenen Kronberger Ritters steht. Auf hohem Sockel kniet der Verstorbene vor einem Kruzifix. Das Werk ist aufschlußreich für die Denkmalkunst der Renaissance.

Die Stadt OBERURSEL wird überragt von der über hohen Futtermauern gelegenen *Pfarrkirche (k.)*, einem Werk der Spätgotik: eingezogener polygonaler Chor, Langhaus mit hohem Satteldach, stolz emporstrebender Glockenturm, alle drei Bauteile mit schlicht abgetreppten Strebepfeilern und einheitlichen reichen Maßwerkfenstern. Die Vorhalle im Untergeschoß des Turmes ursprünglich geöffnet; verschieferte Türmerstube hinter einer durchbrochenen spätgotischen Balustrade, die auf einem ornamentierten Fries vorkragt. Chor und Langhaus spätes 14. oder frühes 15. Jh., das letzte westliche Joch und der Westturm eine Erweiterung von 1479–81. Das zweischiffige Langhaus steht in verschobener Achse zum Chor. Nachdem die Kirche 1645 ausbrannte, wurden die Mittelschiffgewölbe bis auf die Rippenansätze abgebrochen und eine Flachdecke eingezogen. Der Chor behielt die schönen Rippengewölbe auf einfachen runden Diensten. Im Chor wurde 1671 ein neuer Altar mit gedrehten Säulen und stark bewegten Figuren aufgestellt. Die Hauptgruppe der hl. Ursula und ihrer Begleiterinnen fügte 1959 Bildhauer HIERONIMY ein. Die Kanzel in phantasievollem Reichtum des späten Manierismus ebenso wie die Emporen im Seitenschiff und die Westempore Mitte 17. Jh. Die kürzlich durchgeführte Restaurierung der Kirche ersetzte die Flachdecke durch ein modern konstruiertes Gewölbe mit hölzernen Kappen und Rippen und gewann damit wieder die künstlerische Geschlossenheit des Raumbildes, das die lebendige Begegnung zweier unterschiedlicher, spannungsreicher Spätepochen – Spätgotik und Spätmanierismus – vermittelt. Vor der Kirche ließen Oberurseler Bürger 1676 eine noch stark der Spätgotik verhaftete Kreuzigungsgruppe aufstellen, die besonders in den bewegten Gewändern und ausgeprägten Gesichtern von Maria und Johannes recht qualitätvoll wirkt. An der äußeren Chorwand der 1596 angebauten Sakristei sind die Köpfe von Christus, Maria und Johannes, Reste einer Kreuzigungsgruppe des frühen 16. Jh. eingemauert. Der schöne spätgotische Taufstein – Achteck mit Fries, von Löwen getragen – steht leider noch im Vorgarten der Kirche.

Um die Kirche legt sich ringförmig die *alte Stadt*. Die gewundenen Gassen (Schulstraße und An der alten Burg, eine Erinnerung an ein einstiges festes Haus) entsprechen dem Verlauf der ehemaligen *Ortsbefestigung*. Das gotische zum heutigen Markt sich öffnende Stadttor überbaute man 1658 ähnlich wie in Königstein mit einem *Rathaus* in Fachwerk. Die etwas unterhalb des Berghanges angelegte Neustadt zeigt noch geschlossene Folgen von Hausfronten des 18. Jh., besonders in der Ackergasse, in der auch das ehemalige *Palais* des Kammerrates Pfeif, heute Gasthaus ›Deutscher Kaiser‹, erhalten ist (um 1720–30). Nordwestlich von Oberursel erstreckt sich auf den waldigen Taunuskuppen eine gewaltige prähistorische *Wallanlage*, die zwei Berge, Goldgrube und Altenhöfe und das dazwischenliegende *Heidetränketal* umfaßt und als keltisches ›oppodium‹, Stadtsiedlung, wie sie Cäsar von den Kelten in Gallien beschreibt, aus dem 1. Jh. v. Chr. gedeutet wird.

Höchst charakteristisch erweist sich aus der Ferne das Stadtbild von BAD HOMBURG VOR DER HÖHE. Denn drei Bauwerke ragen als Wahrzeichen über die Dächer von Schloß und Stadt: der ›*Weiße Turm*‹ der ehemaligen mittelalterlichen Burg, um 1400 in Butterfaßform (vgl. Idstein) von den Grafen von Eppstein erbaut und 1635 durch eine Barockhaube bekrönt, die katholische *Marienkirche*, 1892 von LUDWIG BECKER in neugotischen Formen errichtet (im Innern d. sog. ›Homburger Pieta‹, ein rheinisches Bildwerk der 2. Hälfte des 14. Jh.) und die evangelische *Erlöserkirche*, 1908 von F. SCHWECHTEN erbaut. Sie ist ein bedeutendes Werk des Jugendstils, dessen Eigenart in der machtvollen Pathetik der neuromanischen Außengliederung nach rheinischen (Heisterbach) und burgundischen (Vézelay) Vorbildern kenntlich wird. Der gewaltige Innenraum mit den Goldmosaiken der Gewölbe und dem grauschwarzen Marmor der Wände erinnert an die düsterglühende Mystik von San Marco in Venedig.

Das breitgelagerte *Schloß* stellt mit seinen um zwei Höfe geordneten fünf Flügeln im wesentlichen den 1680–85 durch Landgraf Friedrich II. von Hessen-Homburg errichteten Neubau, teilweise über älteren Mauern, dar. Die Bauberichte verfaßte der Ingenieur PAUL ANDRICH, vielleicht war er auch der Architekt. Die schlichte Architektur wird allein durch drei kraftvoll gegliederte Spätrenaissance-Portale mit der manieristischen Ornamentik des ›Ohrmuschelstils‹ bereichert. Das Portal des Mittelflügels gegenüber dem Bergfried bekrönt eine originelle Waffentrophäe, aus deren Mitte der Landgraf zu Pferde heraussprengt (1682–85 von ZACHARIAS JUNCKER D. J.). Das Portal der Hofseite des Südflügels ist durch eine von ANDREAS SCHLÜTER modellierte und von dem Homburger JOHANN JACOBI 1704 gegossene Büste des Landgrafen ausgezeichnet. Die Plastik, eines der Hauptwerke des großen Berliner Architekten und Bildhauers, ist bei aller barockpathetischen Glorifizierung des absoluten Herrschers von menschlicher Ausdruckskraft erfüllt (Kopie, Original in der Eingangshalle im Ostflügel). Etwas überraschend wirkt die am Westflügel im oberen Hof vorgebaute Halle mit qualitätsvollen Doppelsäulen 12. Jh., Rest des 1900 abgebrochenen Kreuzgangs von Kloster Brauweiler bei Köln.

Taunus, Frankfurt und Umgebung

Zu Beginn des 19. Jh. war der Homburger Hof eine bedeutende Kulturstätte. Goethe, Hölderlin und Lavater weilten hier. Friedrich VI. Josef (1820–29) war mit einer Tochter des englischen Königshauses, Prinzessin Elisabeth (gest. 1840), verheiratet, deren Initiative das Anglisieren des Gartens (1821–25) und der Bau des Jagdhauses an der Elisabethschneise, des ›Gotischen Hauses‹ (von G. MOLLER, vielleicht nach englischen Vorentwürfen) zu verdanken ist. Wenig später modernisierte G. MOLLER 1830–35 das Schloß. Der Ost-(Königs-)Flügel wurde aufgestockt, erhielt stadtseitig ein Portal mit Balkon. Die barocke Durchfahrt dahinter wurde durch das säulengegliederte Vestibül ersetzt. Von ihm führt seitlich die einläufige Treppe hinauf zu einem von rötlichen Marmorsäulen getragenen Korridor, der mit Gemälden und Plastiken (u. a. in einer Nische die zarte Gestalt der Hebe von ANTONIO CANOVA) ausgestattet ist. Daran schließt sich der von Wandpfeilern gegliederte Speisesaal. Vom Umbau des Westflügels sind besonders die Bibliothek und das ›pompejanische Zimmer‹ (vgl. Schloß Wiesbaden) um 1829 erwähnenswert. Aus dem 18. Jh. hat sich einheitlich in Ausstattung und Mobiliar das Spiegel-Kabinett erhalten (um 1725). Der Besucher findet in den übrigen Räumen viele gute Möbel und Bilder des 17.–19. Jh.

Die *Stadt* wurde im 18. Jh. neu angelegt. Zwei Längsstraßen, Luisenstraße und Dorotheenstraße, sind auf das Schloß orientiert, zwischen beiden verlaufen rechtwinklig Querstraßen. Der alte Haustyp erhielt sich am besten in der Dorotheen- und Waisenhausstraße. Im 19. Jh. blühte Homburg zur großen *Badestadt* auf, wozu die Eröffnung der Spielbank 1841 wesentlich beitrug. P. J. LENNÉ gestaltete den weitläufigen *Kurpark*, LOUIS JACOBI entwarf 1887 das Kaiser-Wilhelm-Bad. Das 1860–62 von JEAN PIERRE CLUYSENAAR unter Mitwirkung MOLLERS erbaute *Kurhaus* am Ende der Luisenstraße wurde im Kriege leider zerstört und 1952 durch einen Neubau ersetzt.

Die neuromanische katholische *Pfarrkirche* des Vorortes KIRDORF ist im 2. Jahrzehnt des 20. Jh. von AUGUST KOLB in mosaizierender Farbigkeit mit Wandgemälden im Charakter des späten Jugendstils geschmückt worden.

Nördlich von Bad Homburg liegt im Walde der Paßhöhe das Limes-Kastell SAALBURG. Der dritte und letzte Bauzustand aus dem Anfang des 3. Jh. wurde nach umfangreichen Ausgrabungen 1898 bis 1907 auf Initiative Kaiser Wilhelms II. durch LOUIS JACOBI getreulich wiederhergestellt. Die Anlage zeigt die an den Ecken abgerundete Ringmauer mit den vier Toren, die ›principia‹ (das Hauptgebäude) in der Mitte, Mannschaftsunterkünfte und Stallbauten. Der Museumsbau steht anstelle eines Magazins. Innerhalb und außerhalb des

Lagers Reste eines früheren Erdkastells, eines Bades, von Wohnbauten, von Erdschanzen, der ›canabae‹ (Lagerdorf), eines Mithräums u. a. Heiligtümer. Unweit des Kastells Reste des Limes (Grenzwall), der von Holzhausen a. d. H. (s. d.) und Zugmantel (s. d.) kommend über Butzbach, Arnsberg nach Oberflorstadt und Groß-Krotzenburg zum Main (vgl. Kap. XIV) verläuft.

Von der Saalburg führt die alte Köln–Frankfurter Straße nach abwärts in das zu einem weiten Becken gedehnte Usa-Tal, das sich ostwärts der Wetter zuwendet und dem der alte Handelsweg Idstein–Butzbach folgt. Hier liegt USINGEN, eine der Kleinresidenzen, wie sie für Taunus, Lahn und Westerwald so typisch sind. Alle diese Städtchen verraten seit dem Ende des 17. Jh. das Bestreben ihrer nassauischen Landesherren, das mittelalterliche Gewinkel durch eine regelmäßige und rechtwinklige barocke Neustadt aufzulockern oder zu erweitern. Oft wurden dazu Wallonen oder Hugenotten angesiedelt, die ihre Hausbauten an ein strenges Schema binden mußten: verputztes Fachwerk, zweigeschossig, Traufseite zur Straße, bei reicheren Häusern Zwerchhaus oder gar Mansarddach. Solche Anlagen haben z. B. Idstein, Weilburg, Diez, Hachenburg und Hadamar. Usingen gehörte ursprünglich zu Diez, seit 1326 zu Nassau. Das 1733–38 von J. Fr. Stengel neu erbaute hufeisenförmige *Residenzschloß* brannte 1873 ab; seine Stelle nimmt ein ausdrucksloser Backsteinbau ein. Gegenüber das *Rathaus* von 1687 mit ehemals offener Halle. Südlich unterhalb des Schlosses ziehen sich die gebogenen Straßen der im 15. Jh. befestigten *Altstadt* hin. Die im Kern spätgotische *Pfarrkirche (e.)* wurde nach Brand 1651–58 als flachgedeckte dreischiffige Hallenkirche erneuert unter Verwendung der Achteckpfeiler aus der zerstörten Landsteiner Kirche (s. d.). Das verschieferte achteckige Obergeschoß des das Landschaftsbild weithin beherrschenden Turmes von 1690 barg einst die Türmerstube. Westlich und nördlich vom Schloß erstreckt sich die von Stadtbaumeister Joh. Küntzel seit 1695 angelegte schachbrettförmige *Neustadt*. Ihre einheitlichen Häuser erhielten sich besonders am Markt und an den angrenzenden Straßen: Kreuzgasse, Weilgasse. Die Mittelachse des Marktes ist betont durch die unvollendet gebliebene reformierte Kirche, 1700 von Benedikt Butscher erbaut, heute *Schule*. An der zum Schloß führenden Obergasse liegen größere Wohnbauten von Adligen oder Hofbeamten, teilweise vielleicht von J. Fr. Stengel entworfen. Besonders auffallend ist das *Prinzenpalais* von 1768 mit schönem Portal und Freitreppe; die Rokokogitter an Treppe und Balkon von Joh. Wilh. Faber. Ein laubenförmig überdachter Treppenaufgang schmückt das *Geburtshaus* des *Geigers August Wilhelmj* aus dem Anfang des 18. Jh.

6. Die Stadt Frankfurt

Der erste Eindruck von Frankfurt ist der einer modernen Geschäfts- und Messegroßstadt internationalen Stils, und die Erinnerung scheint vergessen, daß in der Stadt sechs Jahrhunderte lang deutsche Könige gewählt und zwei Jahrhunderte lang gekrönt wurden. Schaut man vom südlichen Mainufer, wo seit 1858–69 der Eiserne Steg die beiden Ufer verbindet, auf die Stadt, so erfaßt man zwar auch heute noch in einem Blick die bedeutendsten Bauwerke Frankfurts: Saalhof und Leonhardskirche im Vordergrund, Nikolai-, Liebfrauen- und Paulskirche sowie Rathausturm im Hintergrund und alles überragend die Baumasse des Domes. Doch wie hat sich dieses viel verherrlichte Flußbild seit der erbarmungslosen Vernichtung des 2. Weltkrieges gewandelt! Während vor diesem Kriege barocke und klassizistische Häuserreihen in wechselnden und gestuften Trauflinien das Mainufer belebten, wirken die neuen Wohnblocks starr und geradlinig. Während früher die vielgestaltigen Türme und hohen Dächer der Kirchen die Stadtsilhouette bestimmten, drängen nun die modernen Hochhäuser mit ihren harten und kantigen Umrissen hervor. Schreitet man dann durch die Straßen der Stadt, so erscheinen die historischen Bauten in der lärmenden, von Reklame erfüllten Umgebung des modernen Geschäfts- und Verkehrslebens wie isolierte Inseln. Einst band eine Altstadt mit engen Gassen, winkligen Höfen und mit einem einzigartigen Reichtum an alten Fachwerkhäusern die großen Bauwerke zu einer Einheit zusammen. Doch diese Altstadt, eine der ausgeprägtesten und reizvollsten der deutschen Großstädte, das Herz Frankfurts, verbrannte im März 1944 in einem Flammenmeer. Mehr als 2000 Häuser der Bürger und des Adels wurden für immer vernichtet. Die bedeutendsten Kirchen und einige markante Bauwerke konnten in den nachfolgenden Jahren wiedererstehen, wenn auch teilweise mit modernem Kern im alten Gewand. Aber sie lassen die große Geschichte und reiche Kulturblüte der Kaiser- und Messestadt nur noch ahnen. Zum Verständnis von Lage und Geschichte der erhaltenen Baudenkmäler ist ein Blick auf die Entwicklung des Stadtgrundrisses notwendig. Die Stadt des frühen und hohen Mittelalters umfaßte ungefähr den Bezirk von Buchgasse, Braubach und Fahrgasse und umschloß drei wichtige Gebäudezentren: den Domhügel mit dem ehemaligen Königshof und dem heutigen Dom, den Römerberg mit den Rathausbauten und am Mainufer den Saalhof, die ehemalige Kaiserpfalz. In romanisch-staufischer Zeit setzte ein großer Aufstieg der Stadt ein – 1152 wurde Friedrich I. Barbarossa in Frankfurt zum König gewählt –, und die Stadt wurde nach Norden erweitert. Zu-

Frankfurt (nach dem Ulrichs-Plan von 1839)

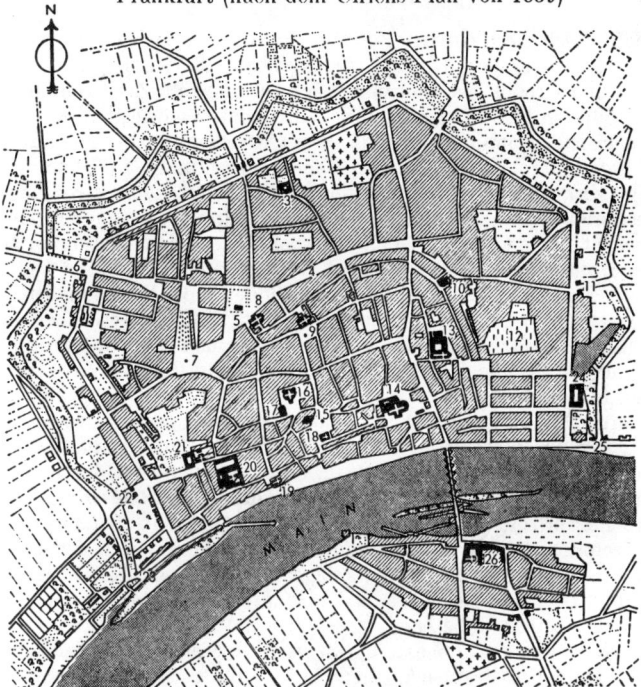

1 Eschenheimer Tor
2 Friedberger Tor
3 Senckenberg-Hospital*
4 Zeil
5 Hauptwache
6 Bockenheimer Tor*
7 Roßmarkt
8 Katharinenkirche
9 Liebfrauenkirche
10 Synagoge*
11 Allerheiligentor*
12 Judenfriedhof*
13 Dominikanerkloster
14 Dom

15 Römerberg mit Römer
16 Paulskirche
(früher Barfüßerkirche)
17 Stadtgericht*
18 Nikolaikirche
19 Leonhardskirche
20 Karmeliterkloster
21 Weißfrauenkloster*
22 Gallustor*
23 Untermaintor*
24 Heiliggeist-Hospital*
25 Obermaintor*
26 Deutschordenshaus und
Deutschordenskirche

* heute nicht mehr vorhanden

gleich erhielt sie ihre erste Befestigung mit Mauer und Graben. Die Straßen Großer und Kleiner Hirschgraben, Bleidenstraße, Töngesgasse und Großer Wallgraben bezeichnen ungefähr die Grenzen der vergrößerten Stadt. In diesem neuen Stadtbereich liegen die Leonhardskirche, Dominikaner- und Karmeliterkloster, die Liebfrauenkirche, die Paulskirche und das Goethehaus. Im 14. Jh. begann die große wirtschaftliche Blütezeit der Stadt. Kaiser Ludwig der Bayer genehmigte 1330 eine zweite Jahresmesse und 1333 den Bau einer neuen Stadtummauerung in einem erheblich größeren Halbkreis. Die Zeil, Hauptwache, Roßmarkt und Kaiserstraße, die sich in weitem Bogen vor die staufische Stadt legen, bildeten die Verkehrsader der neuen Stadt; sie sind auch heute noch das Zentrum der Innenstadt. Die Katharinenkirche und das Palais Thurn und Taxis liegen innerhalb dieser zweiten Erweiterung. Die ›Anlagen‹ (Gallus-, Eschenheimer-, Friedberger Anlage usw.) lassen den einstigen, im 17. Jh. ausgebauten Befestigungsring und damit die ehemaligen Grenzen der gotischen Stadt erkennen. Bis zum Beginn des 19. Jh. genügte dieser Stadtumfang. 1792–1830 wurde das Fischerfeldviertel durch J. G. CHR. HESS angelegt (Schöne Aussicht und Fischerfeldstraße). Seit 1810 begann die Bebauung der Ringstraße, und in den folgenden Jahrzehnten dehnte sich die Stadt entlang und zwischen den Landstraßen aus. Park- und Schloßanlagen, die einst als Landsitze weit vor der Stadt lagen, wie etwa die Holzhausensche Oede, wurden damit in die Großstadt einbezogen.

Der heute von der Innenstadt fast ganz eingeebnete *Domhügel* zwischen Main und Braubach, einem Seitenarm des Mains, bildet die in römische Zeit zurückreichende Keimzelle der Siedlung, wie Ausgrabungen 1953–59 bestätigten. In karolingischer Zeit lag hier, westlich des Domes, der Königshof ›Villa Franconovurd‹, in dessen ›aula sacri palatii‹ das Konzil und die Reichsversammlung von 794 stattfanden und in der die ostfränkischen Könige lange residierten. Mit der um 857 von König Ludwig dem Deutschen erbauten Kollegiatkirche St. Salvator beginnt die Geschichte des *Kaiserdomes*. Die karolingische Kirche war eine dreischiffige Basilika mit Querschiff und doppeltürmigem Westwerk. Im 13. Jh. begann der Bau des heutigen Domes, größer als der karolingische, um die vielen Gäste und Schaufreudigen bei den Königswahlen aufzunehmen. Auftraggeber war nun – das ist charakteristisch für die gewandelte historische Situation – nicht mehr der König, sondern das Stiftskapitel St. Bartholomäus. Zunächst entstand das 1269 vollendete Langhaus; Chor und Westwerk der karolingischen Kirche blieben bestehen. 1315–49 baute man den heutigen Chor, anschließend 1346–69 das Querschiff; beide waren höher als das

Langhaus. 1867 beschädigte ein Brand den Dom. 1869–80 führte FRANZ JOSEF V. DENZINGER eine eingreifende Restaurierung durch, wobei er das Langhaus erneuerte und erhöhte, um es auf die Höhe von Chor und Querschiff zu bringen. Die *Gesamtkonzeption* der Kirche – dreischiffiger Hallenbau, jeder Querschiffarm mit drei Jochen gleichgroß wie der Chor – wurzelt in der hessischen Frühgotik (vgl. Elisabethkirche in Marburg). Die starke Zentraltendenz des Grundrisses scheint auf die spezielle Bedeutung des Bauwerkes abgestimmt; denn die Wahl- und Krönungsfeierlichkeiten fanden am Kreuzaltar in der Vierung statt. Vielleicht verhinderten aber auch Besitzverhältnisse und Grundstücksrechte einen größeren Bau (dicht westlich vor der Kirche lag die ehemalige Königspfalz).

Die äußeren Bauglieder sind sparsam und schlicht. Reichere Formen entwickeln sich nur im dreiteiligen Maßwerk der Chor- und Querschiffenster und in den beiden *Querschiffportalen*. Das Nordportal, durch eine Mittelstütze zweigeteilt und von einer reichgegliederten Rose statt Tympanon gekrönt, zeigt in seiner plastischen Darstellung den Triumph Christi. Doch nur die Reliefs des Jüngsten Gerichtes, die Konsolenfiguren und die Madonna gehören dem 14. Jh. an, die übrigen Plastiken stammen aus dem 19. Jh. Der Figurenschmuck am Gewände und am Giebelfeld des ein wenig jüngeren Südportals – links von der stehenden Madonna die Anbetung der Heiligen Drei Könige, rechts Josef, Petrus und Simeon – ist alt, wurde aber 1869–80 überarbeitet. Die Formen weisen stilistisch vielleicht nach Nürnberg. Die kleine bewegte Kreuzigungsgruppe in der Spitze des Giebelfeldes verrät die Hand des Meisters vom Dom-Chorgestühl. Thematisch interessant sind die beiden oberen Gewändestatuen, links hl. Bartholomäus als Titelheiliger, rechts Karl der Große als Hinweis auf die Königskirche (vgl. die Darstellung Karls des Großen mit Kirchenmodell am Chorgestühl). Der reichste Bauteil des Domes ist der *Westturm*, ein Werk des Dombaumeisters MADERN GERTHENER. Dieser lebte von etwa 1360 bis etwa 1430 und war vorwiegend in Frankfurt an sakralen und profanen Bauwerken (Karmeliter-, Leonhards-, Liebfrauenkirche, Leinwandhaus, Eschenheimer Turm, Alte Nikolaikirche) als Architekt, aber auch als Steinmetz und Bildhauer tätig. 1415 begann er den Bau des Domturmes. Bei seinem Tode standen die beiden Untergeschosse. Der Ausbau des Turmes zog sich 1483–1504 hin und wurde erst 1869–77, immer nach dem ursprünglichen Entwurf, abgeschlossen. Über den beiden sockelartigen Untergeschossen löst sich der Turm ins Achteck, von hohen verstrebten Ecktürmchen mit Fialenbekrönung flankiert (vgl. Köln, Freiburg). Darüber strebt auf steil gerundeter achtseitiger Kuppel eine aufgelockerte Laterne mit schlanker Spitze in die Höhe – in dieser Gelöstheit und Eleganz ohne Vor- und Nachbild in der deutschen Kunstgeschichte.

Man betritt das *Innere* des Domes durch eine von Denzinger angefügte neugotische Vorhalle. Seitlich neben ihr ein kleiner Kreuzhof, der mehrfach umgebaute Rest des ehemaligen gotischen Stiftskreuzganges; auf seiner Außenwand die Darstellung des hl. Bartholomäus von Hans Mettel aus dem Jahre 1959. Ein schönes spätgotisches Portal führt in die Turmhalle. An der Westwand steht jetzt die 1509 durch Jakob Heller für den Domfriedhof gestiftete Kreuzigungsgruppe von Hans Backoffen aus Mainz, ein expressives Werk der ›barocken‹ Spätphase der Gotik (außen vor dem Dom am ursprünglichen Aufstellungsort heute eine Kopie). Das Innere ist von klarer, weiter Räumlichkeit. Die Formen sind einfach und sinnfällig, im Chor und im Querschiff sechseckige Dienste, im Langhaus achteckige Pfeiler mit Runddiensten und Laubkapitellen, darüber Kreuzrippengewölbe. An der Rückwand des südlichen Seitenschiffes ein frühgotisches Portal, die sog. ›Rote Tür‹, vom ersten Bauabschnitt um 1230–40. Im 15. Jh. wurde die südliche Seitenschiff durch den Anbau der Scheidskapelle erweitert. Das netzförmige Vierungsgewölbe schuf Madern Gerthener 1409–11.

Eine umfangreiche *Ausstattung* belebt den großen Raum. 1352 stiftete Domprobst Kuno von Falkenstein das mit reichen plastischen, symbolischen Darstellungen versehene Chorgestühl. Über dem Gestühl befindet sich der 1427 gestiftete Bartholomäus-Fries, Wandfresken der Kölner Malerschule mit Szenen aus dem Leben des Heiligen. Darüber sind spätgotische Leuchterengel aufgestellt. Das Sakramentshaus aus dem Anfang des 15. Jh. an der linken Chorwand ruht auf der großen Plastik eines Ministranten mit Lesepult. Der Hochaltar gehört wie die meisten Schnitzaltäre des Domes nicht zur ursprünglichen Ausstattung, sondern wurde im Zuge der Restaurierung des späten 19. Jh. aufgestellt, um eine einheitliche Innenausstattung zu schaffen. Dabei betätigte sich besonders Stadtpfarrer Münzenberger, der überall in Deutschland Altäre aufkaufte und überarbeiten, restaurieren und in freier Weise neu zusammensetzen ließ. Die auf diese Weise vielfach vor dem Untergang bewahrten gotischen Altäre befinden sich nicht nur im Dom, sondern auch andernorts in Hessen (vgl. Rheingau). Es handelt sich im Dom um folgende Werke: Hochaltar 2. Hälfte des 15. Jh. (Mittelteil aus Salzwedel), im nördlichen Querschiff Annen-Altar um 1525 und 1889 (aus Franken) und Herz-Jesu-Altar 1505 von Ivo Striegel aus Graubünden (Hauptfigur des Schreins, eine Madonna, heute in Luxemburg), im südlichen Seitenschiff: Liebfrauenaltar um 1500 (aus Schwaben) und Sippenaltar, dessen Flügel und Predella aus dem späten 14. Jh., der Schrein aus der Zeit um 1500 stammen. An seinem alten Platz in der nördlichen Chorkapelle (Marienkapelle) befindet sich der 1434 durch Ulrich von Berstadt gestiftete *Maria-Schlaf-Altar*. Die klagenden Apostel umstehen das Sterbebett Mariens, Engel schließen die Augen der Toten, Gottvater empfängt die personifizierte Seele Mariens. Die Plastiken sind aus Ton, das Gehäuse aus Sandstein. Eine unschöne Bemalung des 19. Jh. stört die Innigkeit und Zartheit dieses Spätwerkes der mittelrheinischen Tonplastik des ›Weichen Stils‹. In der südlichen Chorkapelle (Christi-Grab-Kapelle) ist seit Kriegsende der Heilig-Grab-Altar aus der Mitte des 15. Jh. aufgestellt, ein Werk aus dem rheinischen Kunstkreis. Ursprünglich befand sich der Altar in der 1829 abgebrochenen St. Michaels-Kapelle nördlich des Doms. Hinter (östlich) der Heilig-Grab-Kapelle schließt sich die vom Chor aus zugängliche *Wahlkapelle* an, die Stätte der Königswahl, um 1425–38 erbaut. Im südlichen Querschiffarm fallen noch ein schlankes Sakramentshaus von Niklas und Michel Esler (1480) aus Stein und ein hoher vielgliedriger Baldachin der Spätgotik aus Ton über einer (modernen) Madonna auf. Im nördlichen Querarm hängt ein großes qualitätsvolles Gemälde der Beweinung Christi von Antonius van Dyck aus dem Jahre 1627.

Der Dom birgt eine Reihe kunstgeschichtlich bedeutender *Grabsteine*, meist aus Mainzer Werkstätten, so besonders die Denkmäler des Grafen von Schwarzburg, gest. 1349 (im Chor), des Bürgermeisters Johann von Holzhausen, gest. 1393, und seiner Gattin und des Stadtschultheißen Rudolf von Sachsenhausen, gest. 1370 (im nördlichen Querarm), des Wormser Bischofs Johann Karl von Frankenstein, gest. 1691 (nördliches Seitenschiff) und des Kanonikus Heinrich vom Rhein, gest. 1527 (in der Turmhalle). Moderne Dom-Außentüren von *Mettel* (Süd) und *Wissel* (Turm).

Wo sich einst von der Westfront des Domes bis zum Römerberg enge Gassen winkelten und dicht gereihte Bürgerhäuser drängten, parken zur Zeit Autos, da die Wiederaufbauplanung noch nicht abgeschlossen ist. An dieser Stelle soll ein großes Kulturzentrum entstehen. Am Weckmarkt südlich der Westfassade des Domes stand das gotische *Leinwandhaus*, ein Steinhaus mit vier Eckerkern, das vielleicht Madern Gerthener gegen Ende des 14. Jh. erbaute; die Ruine soll wieder aufgebaut werden. Durch die heute versunkenen Altstadtstraßen zog nach seiner Wahl und Krönung im Dom der deutsche König in feierlicher Prozession zum Rathaus. Der Zug bewegte sich dabei über den *Alten Markt*, der nicht ein Platz, sondern eine schmale

Gasse war. Das einzige wenigstens teilweise erhaltene historische Gebäude des Alten Marktes ist das ›*Steinerne Haus*‹, das sich 1464 der Kölner Handelsherr Johann Melem errichtet hatte. Das Haus konnte mit Zinnenkranz und polygonalen Ecktürmchen, die an Kölner gotische Patrizierhäuser erinnern, wieder aufgebaut werden. Von dem inneren Ausbau des Hauses blieben allerdings nur zwei gewölbte Erdgeschoßräume seitlich der alten Einfahrt erhalten. Die übrigen Räume wurden als Ausstellungsräume des Kunstvereins modern gestaltet. Nachdem der Krönungszug das Rathaus erreicht hatte, wurde dort das große Festbankett gefeiert, während sich die schaulustigen Frankfurter auf dem von stolzen Patrizierhäusern umstandenen *Römerberg* vor dem Rathaus versammelten, wie es Goethe noch schildert. Die Stadt hatte 1405 zwei Giebelhäuser am Römerberg angekauft, das Haus ›Römer‹ und das Haus ›Goldener Schwan‹, und 1405–08 durch FRIEDRICH KÖNIGSHOFEN und WIGEL SPARRE als *Rathaus* mit zweischiffiger Halle im Untergeschoß umgebaut. Bis zum Jahre 1878 wurden noch weitere neun angrenzende Bürgerhäuser erworben, darunter das ›Haus Laderam‹ des 15. Jh. und das ›Salzhaus‹ von 1610 mit seiner einst überreich geschnitzten Giebelwand. Nachdem noch 1729 das Rathaus als ›eines der schlechtesten Gebäude der Stadt‹ gescholten worden war, schufen 1900–04 FR. VON HOVEN und F. M. NEHER den historisierenden rückwärtigen Erweiterungsbau. Kurz zuvor, 1896–97, hatte MAX MECKEL die dreigiebelige Römerberg-Front gotisiert und durch den breiten Balkon und vier Statuen bereichert. Diese Fassade überdauerte die letzte Kriegsvernichtung. Das Innere brannte vollkommen nieder. Der *Kaisersaal* in den beiden Obergeschossen des Römerhauses, die Stätte der großen Festlichkeiten, war im Laufe der Zeit mehrfach umgestaltet worden. Er wurde in Anlehnung an den alten Zustand mit einer Holztonne und schlichter Wandvertäfelung erneuert. Die 1842–53 von führenden deutschen Malern der Romantik – darunter ALFRED RETHEL, KARL FRIEDRICH LESSING, PHILIPP VEIT und EDMUND VON STEINLE – gemalten Bildnisse der deutschen Kaiser überstanden den Krieg und sind wieder in die steinernen Wandnischen eingefügt. 1731–35 hatte JOHANN JAKOB SAMHEIMER im benachbarten Haus ›Zum Schwanen‹ die Vorhalle und das Kurfürstenzimmer eingebaut, 1741 REINHOLD PAULI die Kaiserstiege. Sie sind vernichtet, nur das Portal und das schmiedeeiserne Rokokogitter der Treppe wurden gerettet. Vom *Salzhaus* wurden beim Wiederaufbau das alte Erdgeschoß verwandt und einige gerettete holzgeschnitzte Reliefs dekorativ auf die moderne Fassade verteilt. Im kleinen Innenhof des *Hauses Laderam* steht ein durchbrochener Treppenbau von 1627, der von außen die Konstruktion der

Treppenspindel erkennen läßt und beim Aufstieg wechselnde Durchblicke in den Hof gewährt.

Für die künftige Gestaltung der östlichen, noch gänzlich zerstörten Platzfront des Römerberges, die jetzt den Blick auf den Dom freigibt, ist ein städtebaulicher Wettbewerb beabsichtigt. Heute (1962) steht die *Nikolaikirche (e.)*, die die Südseite des Römerplatzes begrenzt, noch verloren zwischen Trümmern und Neubauten. Der 1290 geweihte Bau war von Anbeginn unsymmetrisch mit zwei gleichhohen Schiffen angelegt, das südliche durch einen polygonalen Chor, das nördliche durch einen achteckigen Turm abgeschlossen. 1458–59 fügte EBERHARD FRIEDEBERGER das vierte Obergeschoß auf den Turm, der sich seitdem so schlank emporreckt. 1466–67 erhöhte BARTHOLOMÄUS VON SCHOPFHEIM das Langhaus, und HANS VON LICH schuf über den hochgezogenen Strebepfeilern die mit Fischblasenmustern durchbrochene Brüstung und die achtseitigen Ecktürmchen. Die Kirche erhielt damit eine als Abschluß des Platzes geeignete Fassade. Die empfindungsreichen Grabsteine des Stadtschultheißen Siegfried zum Paradies (gest. 1376) und seiner Gattin (gest. 1378) im Innern der Kirche werden Dombaumeister MADERN GERTHENER zugeschrieben. Der Verstorbene betet kniend den von Leidenswerkzeugen und Engeln umgebenen Schmerzensmann an. – Der *Gerechtigkeitsbrunnen* auf der Platzmitte des Römerberges plätschert wie vor dreihundert Jahren. Er wurde 1611 mit Plastiken von JOH. HOCHEISEN aufgestellt. Auf der Brunnensäule thront die Justitia, die Sockelreliefs versinnbildlichen die Tugenden (Bronzenachbildungen von 1887, die Sandsteinoriginale heute im Historischen Museum). – Die am Mainufer gelegene, aus verschiedenen Stilepochen stammende Gebäudegruppe des *Saalhofes* läßt zunächst die historische Bedeutung dieser Stätte nicht ahnen. Im Mittelalter stand hier die Kaiserpfalz. Sie war vermutlich durch Kaiser Friedrich I. Barbarossa als Wasserburg angelegt worden. Sie wurde im Jahre 1317 ›aula regia‹ und ›des riches saal‹ genannt. Im 14. Jh. ging sie in bürgerlichen Besitz über. Die folgenden Jahrhunderte gestalteten die Baulichkeiten größtenteils neu. Nachdem sie im 2. Weltkrieg ausbrannten, werden sie augenblicklich für das Historische Museum der Stadt Frankfurt hergerichtet. An der Ostseite erhielt sich, beschädigt und teilweise verbaut, der Unterbau des romanischen Turmes mit Mauerwerk in Buckelquadern. Darin befindet sich über einem gewölbten Raum eine kleine viereckige Kapelle mit Apsis. Der Rundbogenfries außen und die Kapitell- und Gewölbeformen innen legen eine Datierung in das 3. Viertel des 12. Jh. nahe (vgl. Gelnhausen). Ferner sind Mauerteile eines Palas noch vorhanden. Ein auf dem Römerberg durch Grabung ermittelter runder

Wohn- und Wehrturm (Durchmesser 21,50 m, Mauerdicke 6,25 m) gehört vielleicht ebenfalls zur staufischen Kaiserpfalz. Das westlich an die Pfalzkapelle angebaute klassizistische Gebäude wurde 1842 von RUDOLF BURNITZ errichtet. PATER BERNARDUS KIRNDE erbaute 1715–17 das anschließende dreigeschossige Gebäude. Die beiden mainseitigen Zwerchhäuser, die bei der Erneuerung des Daches nach der Zerstörung 1944 zunächst weggelassen wurden, sollen wieder aufgesetzt werden. Der Eckturm mit den Wichhäuschen, der sog. *Rententurm*, gehört nicht zum Saalhof, sondern zur ehemaligen Stadtbefestigung; er war ein Teil des 1840 abgebrochenen Fahrtores. – In der Fahrtorstraße 1 gegenüber dem Saalhof ist noch eines der alten *Fachwerkhäuser der Altstadt* erhalten (die Feuerwehr hatte während des Altstadtbrandes im März 1944 den fliehenden Bewohnern an dieser Stelle den Fluchtweg zum Flußufer offen gehalten). Steinbauten waren im Mittelalter in Frankfurt eine Ausnahme (vgl. das Leinwandhaus und das Steinerne Haus). Der Fachwerkbau herrschte vor. Baubestimmungen legten die Größe und Zahl der vorzukragenden Geschosse (Überhänge) fest. So sind 1418 nur zwei, 1433 in engen Gassen überhaupt keine Überhänge erlaubt. Reiche Handwerker und Kaufleute bauten seit dem späten Mittelalter ein steinernes, oft reich verziertes Untergeschoß. Ein solches Untergeschoß besitzt das erwähnte Haus Fahrtorstraße 1 (um 1600). Auch an der Ostseite des Römerberges hat sich von dem *Haus ›Zum Schwarzen Stern‹* (um 1600) ein solches erhalten. Hinter den Arkaden befanden sich die Handelsräume der Kaufleute. Ab 1711 waren massive Untergeschosse allgemein vorgeschrieben. Im späteren 17. und im 18. Jh. vollzog sich, wie auch andernorts in Hessen, der Wechsel von der Giebelfront zur Trauffront mit Zwerchhaus (vgl. das Goethehaus).

Nur wenig mainabwärts liegt die *Leonhardskirche*. Sie ist nach den Zerstörungen des 2. Weltkrieges neben dem Dom das kunstgeschichtlich reichste Bauwerk Frankfurts und, abgesehen von der Saalhofkapelle, die einzige Kirche mit wesentlichen romanischen Bauresten. 1219 erbaute die Stadt auf dem Gelände am Main, das ihr Kaiser Friedrich II. geschenkt hatte, die Kirche. Sie war St. Maria und St. Georg geweiht und erhielt erst nach Erwerbung der Reliquie des hl. Leonhard ihren heutigen Namen. Von dem ursprünglichen Bau einer flachgedeckten Basilika sind die beiden achteckigen Chorflankentürme über den ehemaligen (heute vermauerten) seitlichen Chorapsiden, die untere Hälfte der Westwand und im Innern zwei Portale erhalten. Die Laibung des größeren stuft sich in dreifacher Säulenstellung, der Bogenwulst aus Blattranken umschließt ein Tympanon mit thronendem Christus, dem Maria und Petrus sowie Johannes und St. Georg zur Seite stehen. Trotz feiner vertiefter Modellierung verharren die Figuren in der Starre und Frontalität der Kunst des 12. Jh. Ähnlich ist die Gestaltung des kleinen östlichen Portals. Im Tympanon knien seitlich des hl. Jakobus d.Ä. zwei Pilger mit Stab, Tasche und Pilgermuschel. Der Meister der Portalplastik, ENGELBERT (Inschrift am westlichen Tympanon), scheint dem niederrheinischen Kunstkreis (Gustorfer Chorschranken im Bonner Landesmuseum) zu entstammen und geschult in den Werkstätten der staufischen Pfalzen. Zu dem 1434 geweihten neuen Chor mit den unterteilten Maßwerkfenstern und dem fein verästelten Gewölbe zeichnete vielleicht Dombaumeister MADERN GERTHENER die Entwürfe. Zu Beginn des 16. Jh. (Gewölbeinschriften 1507 und 1520) erfolgte ein Neubau des Langhauses, der eine grundsätzlich geänderte Raumauffassung einführte und die Basilika zur Predigt- und Volkskirche umformte. Aus bisher drei Jochen des romanischen Langhauses wurden zwei Hallenjoche mit zwei hohen Achteckpfeilern, d. h. praktisch ein einheitlicher, weiter, nahezu quadratischer Raum. An Süd-, West- und Nordseite umgrenzen ihn Emporen mit Maßwerkbrüstungen und bestärken den Eindruck eines zentralen Versammlungsraumes. Ungefähr in seiner Mitte, an einem der Achteckpfeiler, ist die Steinkanzel mit reicher spätgotischer Brüstung angebracht. Handwerklich meisterhafte und konstruktiv kühne Netzgewölbe mit plastisch herabhängenden Schlußsteinen überspannen Langhaus und Seitenräume. Viel bewundert ist das frei in den Raum herabschwebende Rippengewölbe des Salvatorchörleins am Ostende des nördlichen Seitenschiffes, 1508 von der Familie Holzhausen gestiftet. In die phantasievolle Konstruktion des Schlußsteines ist die Plastik eines Schmerzensmannes an der Geißelsäule eingefügt. Bei der Ausmalung 1960 konnte auf die ursprüngliche Farbgebung des Raumes zurückgegangen, die Sternenmalerei des Chorgewölbes und die Rankendekoration im nördlichen Seitenschiff wieder aufgedeckt und restauriert werden. An der linken Chorwand blieb die Darstellung des Glaubensbekenntnisses 1536 von HANS DIETZ und über dem Triumphbogen das Jüngste Gericht aus der 1. Hälfte des 16. Jh. erhalten. Die schönen Glasfenster aus der Bauzeit des Chores leuchten in den für das 15. Jh. typischen hellen Farben Weiß, Grün, Gelb und Rot. Der Hochaltar um 1500 stammt aus Bayern, der Marienaltar im nördlichen Seitenschiff aus Flandern. Das kleine Tafelbild mit der Abendmahlsszene wurde für die Frankfurter Dominikanerkirche (Teilstück des ehemaligen Hochaltares) 1501 von HANS HOLBEIN D. Ä. gemalt. Im Heiliggrabaltar im südlichen Seitenschiff ruht unter der Mensa die Plastik des Leichnams Christi (um

1500). Weitere Bruchstücke dieses Altares bewahrt das Historische Museum, ebenso das Original einer kleinen Madonnenstatue aus dem Ende des 14. Jh. von der äußeren Westwand der Leonhardskirche (heute dort eine Kopie.)
Nordwestlich der Leonhardskirche liegt das ehemalige *Karmeliterkloster*, ein großer rechteckiger Baukomplex, überragt von den Steildächern der Kirche. Trotz furchtbarer Kriegszerstörung 1944 läßt die Gebäudegruppe nach ihrem Ausbau in den fünfziger Jahren den Charakter eines in sich geschlossenen mittelalterlichen Klosterbezirks noch ahnen (heute städtische Sozialverwaltung, Festsaal, Freilichtbühne im Kreuzganghof, Stadtarchiv, Kellertheater und Sitz des Berufsverbandes Bildender Künstler e. V.). Die Karmeliter waren 1246–1803 in Frankfurt ansässig. Die zunächst einschiffige *Kirche* wurde 1290 geweiht, ab 1424 einheitlich erhöht und in reichen Formen eingewölbt (Madern Gerthener?). Das zu Beginn des 14. Jh. an der Südseite angebaute Querschiff wurde 200 Jahre später durch ein Seitenschiff erweitert. Vor dem Kriege waren gotische Fresken, Architekturmalerei im Langhaus und ein qualitätvolles Engelskonzert im Chor freigelegt worden. Der hohe lichte Chor und das Querschiff blieben mit ihren Gewölben und Maßwerkfenstern erhalten, ebenso die im Winkel von Chor und Querschiff 1494 eingefügte St. Anna-Kapelle. Die Wiederherstellung der Kirche steht leider noch aus. Die *Klostergebäude* (1460–1520) sind um einen großen längsrechteckigen Kreuzgang gebaut, über dem die Mönchszellen lagen. Seine spitzbogigen Arkaden weisen nach der Zerstörung des Maßwerks einen strengeren und härteren Rhythmus auf. Die 1514–23 von dem Schwaben JÖRG RATGEB (um 1480–1526) gemalten Tempera-Wandbilder im Kreuzgang, die 1938 restauriert wurden, haben durch Brand im 2. Weltkrieg stark gelitten und werden z. Z. instand gesetzt. Der fast 80 m lange Fries schildert die Anbetung der Heiligen Drei Könige (Südwand), die Vertreibung aus dem Paradies und Passionsszenen des Neuen Testamentes (West- und Nordwand). Die Darstellungen verraten einen höchst originellen und fähigen Künstler. Auch das *Refektorium* im Nordflügel besitzt große Wandgemälde von Jörg Ratgeb (1517) mit Themen aus der Geschichte des Ordens, die besser erhalten sind.
Westlich vom Großen Kornmarkt im Großen Hirschgraben das *Geburtshaus Johann Wolfgang von Goethes*, ein verputzter Fachwerkbau, den J. FRIEDR. UFFENBACH 1755–56 durch Umbau eines mittelalterlichen Fachwerkhauses gewann. An das gotische Haus erinnert noch die Vorkragung der Stockwerke. 1944 wurde das Gebäude bis auf das massive Erdgeschoß zerstört, aber 1949 unter Verwendung

umfangreich geretteter Bauteile und der alten Ausstattung wieder aufgebaut. Es ist heute ein letztes Zeugnis der behäbigen Frankfurter Bürgerbauten des 18. Jh. und ihrer Wohnkultur. – Von hier aus wenden wir uns östlich zur *Paulskirche*. Sie verdankt ihre Bedeutung nicht so sehr der baukünstlerischen Gestalt wie den wichtigen historischen Ereignissen und Entscheidungen, die sich unter ihrer einst weit gespannten Kuppel durch die Nationalversammlung 1848–49 vollzogen. Der 1789 von JOHANN CHRISTIAN HESS begonnene ovale Zentralbau mit hohem viereckigem Turm und zwei vorspringenden Treppenhäusern war von JOHANN ANDREAS LIEBHARDT entworfen worden. Der Bau wurde erst 1833 durch den Sohn des Christian Heß im Innern mit umlaufender Empore auf dorischen Säulen klassizistisch vollendet. Die Kirche brannte 1944 bis auf die Außenmauern nieder. RUDOLF SCHWARZ führte 1948 den Wiederaufbau als Parlaments- und Festsaal durch (im Erdgeschoß Wandelgänge, vereinfachter und nüchterner Innenraum, flacher Dachstuhl).

Auf dem Liebfrauenberg, jenem flachen, heute kaum noch erkennbaren Hügel nördlich des Braubaches, steht die *Liebfrauenkirche (k.)*. Der Chor entstand 1506–09 anstelle eines älteren. Er überragt das um 1340 erbaute Langhaus, das gegen 1450 westlich verlängert wurde. Aus der 2. Hälfte des 15. Jh. stammt die Südwand der Kirche, die JÖRG OESTREICHER als Schauseite gegen den Platz des Liebfrauenberges gestaltete. Zwischen übereck gestellte Strebepfeiler setzte der Architekt kleine Seitenkapellen und verzierte die Fenster mit ornamentreichem Maßwerk. Der stark zerstörte Bau wurde 1949–58 erneuert. Der Turm erhielt ein zusätzliches Obergeschoß, um auch zwischen den höheren Häusern der Großstadt noch bestimmender Akzent zu bleiben. Die heutige Dachform des Langhauses mit den kleinen Querdächern korrigiert das frühere ungeschickte Barockdach. Zwei Portale bereichern die Südfront. Die Kreuzigungsgruppe im Tympanon des westlichen Portals um 1460 wurde aus Bruchstücken wieder zusammengesetzt. Die Türflügel trieb 1954 Goldschmied A. WELKER, Frankfurt, aus Kupferblech. Hinter einer Vorhalle von FRIEDRICH RUMPF aus dem Jahre 1824, in deren Giebel eine von der Stadtmauer stammende Pieta aus dem späten 14. Jh. aufgestellt ist, befindet sich das schlanke *Dreikönigsportal* aus der Zeit um 1420. Dombaumeister MADERN GERTHENER soll es entworfen haben. Ein steinernes Dreipaßgitter am spitzen Portalbogen umschließt das Tympanonrelief, das in figurenreicher Szenerie den Zug und die Begegnung der Heiligen Drei Könige und im Vordergrund die Anbetung schildert. Sowohl die flüssige, geschmeidige Form der reitenden und schreitenden Gestalten wie das flächige Übereinander der Geschehnisse steht unter dem unmittelbaren Einfluß der zeitgenössischen Tafelmalerei. Es ist ein wichtiges Werk des mittelrheinischen ›Weichen Stils‹. Pfeiler unterteilen den Innenraum der Kirche in drei Schiffe. Statt der mittelalterlichen Gewölbe wurden nach der Kriegszerstörung Flachdecken eingezogen. Der von einem herrlichen Netzgewölbe überspannte Chor ist beim Wiederaufbau von Hand wieder überwölbt worden. Die Glasfenster mit Bildern des Marienlebens entwarf 1954 W. GEIER, Ulm. Das Chorgestühl von 1509–10 setzt sich aus geretteten Resten zusammen. Im Kircheninnern sind Altarplastiken von JOHANN JAKOB JUNCKER aus den Jahren 1763–65 verteilt. Sie befanden sich früher an den von JOHANN PETER JÄGER geschaffenen, jedoch 1944 zerstörten Barockaltären. Besonders die Himmelfahrt Mariens an der östlichen Chorwand ist ein hervorragendes Werk des mittelrheinischen Rokoko. Aus der brennenden Kirche rettete 1944 ein Kapuzinerpater – das Kloster schließt noch heute nördlich an die Kirche – das gotische Gnadenbild, eine Pieta von 1383.

Der etwas abseits stehende Kirchturm von Liebfrauen war ursprünglich zugleich ein Wehrturm der *staufischen Stadtmauer* aus der 2. Hälfte des 12. Jh. Die Platzmitte des Liebfrauenberges betont der Obelisk des *Liebfrauenbrunnens*, den J. A. LIEBHARDT 1770 entwarf und dessen Flußgötter (heute Bronzekopien) JOHANN MICHAEL DATZERATH 1770 bis 1771 meißelte. – Die Südfront des Platzes begrenzt das *Haus ›Paradies und Krimmvogel‹* (auch ›Zum Grimmetsvogel‹). Es wurde 1775 von J. W. KAYSER für eine Ganerbenschaft erbaut. Seine vornehm zurückhaltende Bauweise, die leider im Erdgeschoß eingebaute Läden empfindlich beeinträchtigen, muß heute für viele ähnliche untergegangene Bauten stehen, etwa für die berühmten Gasthäuser, in denen Handelsherren und Adel abstiegen, Gasthof ›Zum Roten Haus‹ (1767 von J. A. Liebrecht, 1890 abgebrochen), Gasthof ›Zum Römischen Kaiser‹ (gegen 1760, 1900 abgebrochen), Gasthaus ›Zum Schwan‹ (18. Jh., Stätte der Friedensverhandlungen 1871, 1944 zerstört) oder etwa für das 1771–79 durch Josef Therbou erbaute Bürgerhospital, eine Stiftung des Arztes Johann Ch. Senckenberg (1944 zerstört und abgebrochen). Zuweilen erinnert noch ein Barockportal in einem modernen Großstadthaus an das ehemalige Gebäude des 18. Jh. wie Buchgasse 9.

Innerhalb der staufischen Stadtmauer im Nordosten der Altstadt lag auch das 1233 gegründete *Dominikanerkloster* (Kurt-Schumacher-Straße). Es wurde nach weitgehender Vernichtung 1955–60 auf den alten Fundamenten durch GUSTAV SCHEINPFLUG für den Evangelischen Gemeindeverband, Frankfurt, errichtet, der die Gesamtanlage von der Stadt im Tausch gegen die Paulskirche erhielt. Von der dreischiffigen

Hallenkirche des 13. Jh. konnte nur der 1470–72 von JÖRG OESTREICHER umgebaute Chor wieder hergestellt werden. Die zunächst noch erhaltene Langhauswand brach während der Bauarbeiten zusammen, so daß in stilistisch neuer Form ein Langhaus als dreigeteilter Saal entstand. Die Klosterkirche besaß ehemals eine besonders kostbare *Ausstattung*, die sich aber bereits vor und nach der Klosteraufhebung 1803 zerstreute. Ein Teil der Werke befindet sich heute in Frankfurter Museen und kündet von den reichen Kunstschätzen in der mittelalterlichen und barocken Stadt. Im 17. Jh. bewahrten die Dominikaner noch folgende Altargemälde in ihrer Kirche: Hochaltar von HANS HOLBEIN D. Ä., 1500–01, Thomas-Altar, 1507 von Jakob Heller gestiftet, dessen Mittelbild mit Himmelfahrt Mariä, von ALBRECHT DÜRER gemalt, 1729 in München verbrannte, dessen Seitenflügel MATHIAS GRÜNEWALD geschaffen hat, den Annen-Altar 1504 vom ›Meister von Frankfurt‹, einem Niederländer, die Darstellung Christi im Tempel 1509–10 von MARTIN CALDENBACH, Altarbild Anna Selbdritt 1520, HANS VON KULMBACH zugeschrieben, Johannes-Altar 1520 von HANS BALDUNG-GRIEN, Altarbild ›Erweckung des Jünglings von Nain‹ von HANS VON AACHEN und Salvator-Altar 1599 von PHILIPP UFFENBACH.

Auf dem Weg vom Dominikanerkloster zur Zeil ist ein Rest der ehemaligen *Staufenmauer* des 12. Jh. (siehe oben) zu sehen, der durch den Brand der Häuser freigelegt wurde. Die *Zeil* entwickelte sich – wie der Name sagt – aus einer Gebäudereihe, die im Norden außerhalb entlang der Stadtbefestigung verlief. Nachdem sie im 18. Jh. die vornehmste Straße Frankfurts war, ist sie heute die wichtigste Geschäftsstraße geworden. Sie beginnt an der *Hauptwache*, dem Zentrum der Innenstadt, an dem die wesentlichen Verkehrsadern zusammentreffen. Westlich der Hauptwache liegen *Goetheplatz* und *Roßmarkt* mit Gutenbergdenkmal, 1858 von EDMUND VON DER LAUNITZ, Plätze, die von den alten Viehmärkten herrühren. Das 1729–30 von JOH. JAKOB SAMHAIMER erbaute *Gebäude der Hauptwache* (heute Café) verlor leider seine harmonischen Proportionen und einen Teil seiner platzbestimmenden Wirkung, als man es nach Kriegszerstörung ohne die steinernen Fensteraufbauten und ohne Mansarddach wiederherstellte. – Die gegenüberliegende *Katharinenkirche (e.)* war der erste eigenständige evangelische Kirchenbau Frankfurts. Sie überrascht bei der späten Bauzeit – 1678–81 von MELCHIOR HESSLER – durch ihre gotisierenden Formen, die bewußt an Traditionen des späten Mittelalters anknüpfen. Vor dem längsrechteckigen Saalbau mit polygonalem Chor und hohem Satteldach ist in der Mitte der Nordfront ein quadratischer Glockenturm gebaut, so daß die Kirche zu dem großen Platz ›An der

Hauptwache< eine fassadenähnliche symmetrische Abschluß- und Schauseite bildet. Die ursprüngliche barocke Ausstattung betonte durch den Altar an der Ost- und die Kanzel an der Südseite die zweifache Orientierung der Kirche nach Längs- und Querachse. Diese Raumlösung wurde vorbildlich für die Kirchen in Speyer und Worms. Beim Wiederaufbau 1953–54 erhielt die Kirche ein dem ursprünglichen Zustand angenähertes hölzernes Rippengewölbe. Da die Emporen bis auf eine Westempore entfielen, ist der Raum nur noch nach Osten orientiert. Er wird beherrscht durch die beachtenswerten Glasmalereien, die CARL CRODEL schuf.

In der Großen Eschenheimer Straße, die vom Eschenheimer Turm im Norden auf die Katharinenkirche zuläuft, lag einst Frankfurts größtes und bedeutendstes Barockgebäude, das von ROBERT DE COTTE 1732–41 für den Reichspostmeister Fürst von *Thurn und Taxis* erbaute *Palais*, ein Werk rein französischen Stils mit reifer Innenausstattung von der Hand bedeutender Künstler. Über seinen Ruinen wuchs der moderne Hochbau des Fernmeldeamtes empor. Nur das Portal mit den beiden Pavillons am Eingang zum Hof blieb bestehen, um an den einstigen höfischen Glanz zu erinnern. Im übrigen war Frankfurt keine Barockstadt. In den Gassen der Altstadt trug zwar manches Haus eine erneuerte schmuckreiche Fassade des 18. Jh. wie das Goethehaus. Die einheitlichen barocken und frühklassizistischen Häuserzeilen der Neustadt vor der staufischen und gotischen Stadtmauer sind jedoch größtenteils bereits im späten 19. Jh. den aufwändigen Bank- und Geschäftshäusern geopfert worden. Was damals nicht verschwand, wie etwa 1899 der große Darmstädter Hof von 1754–57, vernichtete der 2. Weltkrieg. – Unweit des Thurn-und-Taxisschen Palais erbauten H. BURNITZ und O. SOMMER 1874–79 zwischen Schiller- und Börsenstraße die *Neue Börse*, mit ihren historisierenden Formen in italienischer Renaissance ein eindrucksvolles Beispiel repräsentativer öffentlicher Architektur des späten 19. Jh. – Der nahegelegene *Eschenheimer Torturm* ist neben dem Rententurm am Saalhof (s. o:) der letzte Zeuge der gotischen Stadtummauerung, die nahezu 60 Wehr- und Tortürme aufwies. Der Eschenheimer Turm wurde 1400 von KLAUS MEGOZ begonnen. MADERN GERTHENER gab ihm 1426–28 die charakteristische, für viele andere Bauten Hessens vorbildliche Form. In den umlaufenden, auf Konsolen vorkragenden Wehrgang sind runde Ecktürmchen eingebunden. Im Innern ist der schwere hölzerne Treppeneinbau erhalten. – 1627 hatte WILHELM DILICH eine verstärkte Befestigung mit Bastionen entworfen, die im Laufe des 17. Jh. verwirklicht wurde. Nach ihrem Abbruch zu Beginn des 19. Jh. schuf Stadtgärtner SEBASTIAN RINZ 1806 den *parkartigen*

Anlagenring, dessen gezackter Verlauf die Lage der frühbarocken Bastionen noch erkennen läßt. Von den erhaltenen Torhäusern sind besonders die beiden klassizistischen Wachhäuschen des *Friedberger Tores*, 1808 von J. GEORG HESS erbaut, erwähnenswert (vgl. auch Sachsenhausen). In diesem Anlagenring wurden bedeutende Denkmäler aufgestellt. Das *Hessen-Denkmal* von 1793 vor dem Friedberger Tor erinnert an die Erstürmung 1792 durch hessische Truppen (Entwurf HEINRICH CHRISTOPH JUSSOW, Ausführung Bildhauer JOHANN CHRISTIAN RUHL, beide aus Kassel). Das *Schillerdenkmal* in der Taunus-Anlage von 1859 (Entwurf J. DIELMANN, Guß FR. VON MILLER) befand sich ursprünglich an der Hauptwache. Das *Goethedenkmal*, heute in der Gallusanlage, wurde 1840 von LUDWIG VON SCHWANTHALER geschaffen und stand 1844 bis 1952 auf dem Goetheplatz. – Innerhalb des Anlagenringes liegt auch das 1873–80 von A. DECKER, R. LUCAE und E. GIESENBERG errichtete *Opernhaus*, dessen Bau durch zahlreiche private Spenden der Frankfurter Bürger ermöglicht wurde. Es brannte 1944 aus und wird unter Beibehaltung der Außenmauern zum Konzertsaal ausgebaut. – Innerhalb der gotischen Stadtmauer wurde 1518 der *Petersfriedhof* angelegt (an der Bleichstraße). Er wurde bis zum 19. Jh. belegt und bewahrt viele Grabsteine Frankfurter Persönlichkeiten des 17. bis 19. Jh. Das Grab von Goethes Mutter findet man unter einem neueren säulengetragenen Überbau. Auf dem Friedhof ist die Kopie einer 1895 restaurierten, 1944 stark beschädigten Kreuzigungsgruppe von HANS BACKOFFEN aufgestellt (das Original von 1509 befindet sich im Historischen Museum).

Seit dem 18. Jh. war es für die reichen Frankfurter üblich geworden, neben dem Stadthaus einen eleganten Landsitz zu bewohnen. Diese Villen lagen in weiten Gärten vor den Mauern der Stadt und waren oft Stätten lebendiger Kunstpflege und menschlicher Begegnungen. Bevorzugt war die *Bockenheimer Landstraße*, an der sich auch der Handelsherr J. F. Gontard von dem begehrten, französisch geschulten Architekten N. A. SALINS DE MONFORT 1799 ein klassizistisches Landhaus bauen ließ. Hölderlins Diotima hat hier die letzten zwei Jahre ihres Lebens nach der Trennung von dem Dichter verbracht. Das wertvolle Gebäude ist den Bomben zum Opfer gefallen, ebenso wie das benachbarte Gartenpalais des bekannten Bankiers Rothschild, das FRIEDRICH RUMPF um 1830 errichtet hatte, und viele andere im Umkreis der Stadt. In der Bockenheimer Landstraße schließen sich die Lücken mit neuzeitlichen Verwaltungsgebäuden, aber sie bewahrt dennoch etwas von dem vornehmen Charakter jener Tage. Von den historischen Bauwerken erhielt sich das Schlößchen der Familie von Holzhausen an der Justinianstraße, die sog. *Holz-*

hausensche Öde. Joh. Hieronimy v. Holzhausen ließ es an der Stelle einer Wasserburg durch den Darmstädter Architekten LOUIS REMY DE LA FOSSE 1722 errichten. Der einfache, aber reizvoll proportionierte Barockbau liegt inmitten eines Weihers und innerhalb des großen, im 19. Jh. angelegten Holzhausen Parkes. Im Schlößchen ist seit 1953 das Museum für Vor- und Frühgeschichte eingerichtet. Die vielen *Parkanlagen*, die heute das Stadtgebiet Frankfurts auflockern, waren ursprünglich private Villengärten. Erst in den vergangenen Jahrzehnten wurden sie städtischer Besitz und damit öffentlich. Besonders bedeutsam sind die gegen Mitte des 19. Jh. von der Familie Rothschild geschaffenen Gärten, so der um die ehemalige Goldschmidt-Rothschildsche Villa an der Bockenheimer Landstraße gelegene *Rothschildpark*, der große *Grüneburgpark* (1845 angepflanzt, 1877 durch PHIL. und HEINR. SIESMEYER erweitert) und der *Günthersburgpark*. Im Rothschildpark sind seit 1954 plastische Werke von GEORG KOLBE aufgestellt. Der *Bethmannpark* gehörte zu dem heute zerstörten Landhaus der Freiherrn von Bethmann an der Friedberger Anlage aus der Zeit um 1760–80. Der *Palmengarten* wurde 1868 mit Gewächsen aus den Biebricher Wintergärten des Herzogs von Nassau gegründet und ebenfalls von HEINRICH SIESMEYER angelegt; das große Palmenhaus war 1870 vollendet. Weit außerhalb nördlich der mittelalterlichen Innenstadt liegen der *Hauptfriedhof* mit dem von dorischen Säulen getragenen Portalbau von FRIEDRICH RUMPF (1828) und im Gelände des Funkhauses am Dornbusch die Reste des *Kühhornshofes*, einer ehemaligen Wasserburg, mit dem alten *Feldgericht*. – Von den Bauten der neueren Architektur sind das Empfangsgebäude und die Eisenkonstruktionen über den Bahnsteigen des *Hauptbahnhofes* (1881–88 von EGGERT und HOTTENROTT) und das *Verwaltungsgebäude der I. G. Farben* (1928–30 von HANS POELZIG), die Großmarkthalle von Martin Elsässer und als Siedlung die Römerstadt von ERNST MAY beachtenswert.

Im späten Mittelalter sicherte sich die Stadt Frankfurt vor überraschenden Überfällen und feindlichen Angriffen durch den Bau von Warttürmen, sog. *Landwehren*. 1370 bis 1427 entstanden weit vor den Toren der Stadt neben den Ausfallstraßen, möglichst auf einer Geländeerhöhung, fünf Landwehren. Heute liegen sie größtenteils im engeren Stadtbereich. Diese Warten gehören zu den wehrhaftesten und architektonisch reichsten der vielen hessischen Landwehren (vgl. Steinau, Gießen, Fritzlar). Die *Friedberger Warte* (an der Friedberger Landstraße) von 1478 mit spätgotischem Reichsadler und die *Sachsenhäuser Warte* (an der Darmstädter Landstraße) von 1470–71 sind nicht so sehr bedrängt von der Großstadtbebauung. Sie bestehen aus einem Wehrturm mit kleiner und großer Ringmauer. In der Friedberger Warte ist eine Gaststätte eingerichtet. Ferner stehen noch die Türme der *Bockenheimer Warte* von 1434–35 und der *Gallus- oder Galgen-Warte* von 1414 (an der Mainzer Landstraße).

Der am südlichen Mainufer gelegene Stadtteil SACHSENHAUSEN wurde im 2. Weltkrieg nicht so hart betroffen, so daß der Kunstwanderer dort noch manches enggewinkelte Gassenbild des 17. und 18. Jh. antrifft, einen Abglanz der einstigen Frankfurter Altstadt. Hier ist auch noch Alt-Frankfurter Gemütlichkeit beim ›Äppelwoi‹ (Apfelwein) anzutreffen. Besonders die Paradiesstraße, die Kleine und Große Rittergasse, Klappergasse u. a., sind einigermaßen erhalten. Die Paradiesstraße begrenzt mainseits der wiederhergestellte spätgotische *Kuhhirtenturm* mit Fachwerkobergeschoß; dem Turm gegenüber steht an der Straßenecke der kleine, 1786 gestiftete *Paradiesbrunnen*. Landeinwärts endet die Paradiesstraße am *Affentor*, dessen klassizistische, von Palladio beeinflußte Torhäuser 1810–11 JOH. CHR. HESS erbaute. Das am Hühnerweg (Nr. 14) gelegene *Willemer-Häuschen*, ein achteckiges Gartenhaus mit Erkern (um 1810), wird wieder erstellt. Am Mainufer ließen sich 1221 die *Deutschordensritter* nieder. Die barocken *Komturgebäude*, 1709–15 von D. KAYSER neugebaut, wurden im Kriege stark zerstört. Sie gehören heute wieder dem Deutschen Orden, der hierhin seine Niederlassung für Deutschland mitsamt seinem Archiv verlegen wird. Die Fronten des Barockgebäudes werden unverändert restauriert, nur hofseits erfolgt eine Vermehrung der Geschosse über dem Kreuzgang. Auch das stark beschädigte Straßenportal soll instand gesetzt werden, dessen kräftige plastische Gliederung MAXIMILIAN VON WELSCH 1710 entworfen hatte. Bereits hergerichtet ist die *Deutschordenskirche St. Maria*. Der einschiffige, querschifflose Bau wurde 1309 geweiht. Die schlichte barocke Fassade mit Giebelvoluten und restauriertem Dachturm schuf 1747–51 F. KIRSCHMEYER. Im Innern ist die Grenze zwischen Chor und Langhausraum heute infolge der durchlaufenden Betbänke verwischt und nur an der differenzierten Wandgliederung ablesbar, da im Langhaus Kapellen zwischen die tief eingezogenen Strebepfeiler eingefügt sind. Die Wanddienste des Chores enden auf plastischen Konsolen mit Evangelistensymbolen. 1520 wurde an der Südseite die reich ausgemalte Marienkapelle angebaut. In einer Nische des Chorpolygons steht eine qualitätvolle frühgotische Madonna Anfang 14. Jh. (leider unschöne neuere Fassung, Kopf des Christuskindes ergänzt). Der jetzige neugotische Hochaltar ersetzt einen barocken Altar. Zwei Rokokofiguren dieses Altares von CORNELIUS ANDREAS DONETT stehen auf der Orgelempore. Das große Altargemälde der Himmelfahrt Mariens, von GIOV. BATT. PIAZETTA heute im Museum zu Lille. Entlang der beiden Chorwände ziehen sich zwei kulturgeschichtlich interessante Fresken (1. Hälfte des 16. Jh.) mit Heiligenlegenden. Das große Altarblatt an der südlichen Chorwand, Himmelfahrt Mariens (1663), Kopie nach RUBENS, ursprünglich auf dem Hochaltar des Frankfurter Domes. Die vier spätgotischen Nebenaltäre mit geschnitzten Schreinen und gemalten Flügeln wurden im 19. Jh. teilweise überarbeitet. Orgelgehäuse (um 1750) von CHR. KÖHLER. Die 1876 von FRANZ JOSEF VON DENZINGER erbaute neugotische *Dreikönigskirche* (e.) mit ihrer schlanken Einturmfassade gibt dem südlichen Mainufer den Akzent und ist daher von besonderer städtebaulicher Bedeutung.

Frankfurt zeichnet sich durch eine Reihe berühmter *Museen* aus, die wertvolle Werke der europäischen Kunst bewahren. Das bedeutendste ist das *Städelsche Kunstinstitut*. Es wurde 1816 begründet, als der Bankier Johann Friedrich Städel seine reiche private Kunstsammlung und sein Vermögen der Öffentlichkeit stiftete. Seit 1878 sind die im 19. und 20. Jh. ständig ausgebauten Gemäldesammlungen in einem aufwendigen, von O. SOMMER errichteten Museumsgebäude am Schaumainkai ausgestellt. Die kriegszerstörten Seitenflügel durch KRAHN modern aufgebaut. Das *Museum für Kunsthandwerk*, dessen Gebäude in der Neuen Mainzer Straße zerstört wurde, wird seine neue Unterkunft am Schaumainkai finden. Die Grundlage dieses Museums bildete die seit 1877 aufgebaute Muster- und Vorbildersammlung des Mitteldeutschen Kunstgewerbe-Vereins. Die *Städtische Skulpturen-Sammlung* (Städtische Galerie) wurde 1907 begründet und befindet sich seit 1909 in der Villa des Barons Liebig (Liebig-Haus) am Schaumainkai. Das *Historische Museum der Stadt Frankfurt* ist aus der Städtischen Gemäldesammlung des 19. Jh. hervorgegangen und bewahrt überwiegend kunstgeschichtliche und historische Zeugnisse von Frankfurt und seinen Bauten. Viele durch die Kriegszerstörung heimatlos gewordenen Kunstwerke haben die Sammlungen vermehrt. Sie sind seit 1954 im Saalhof untergebracht, der künftig zu einem modernen Museum ausgebaut werden soll. Das *Museum für heimische Vor- und Frühgeschichte* ist seit 1953 in der Holzhausenschen Oede (s. o.) eingerichtet. Das *Goethe-Museum* des freien deutschen Hochstiftes, das Dokumente und Zeugnisse aus dem Leben und Schaffen des Dichters und seiner Zeit zeigt, befindet sich in einem Neubau neben dem Geburtshaus (Hirschgraben 25/27). Das *Museum für Völkerkunde* war bis 1944 im Thurn- und Taxisschen Palais (s. o.) eingerichtet und ist z. Z. noch ohne eigene Ausstellungsräume.

7. Die Vororte von Frankfurt

Zahlreiche benachbarte Dörfer sind heute mit der Großstadt Frankfurt verschmolzen, haben aber meist noch einen alten Ortskern bewahrt. In ESCHERSHEIM erhebt sich die *Emmauskirche (e.)* auf einer kleinen Anhöhe, um welche die Hauptstraße herumführt. Der idyllisch zwischen hohen Bäumen im ehemaligen Kirchhof gelegene barocke Bau besteht aus kleinem einschiffigen Langhaus. Der eingezogene Chor mit Strebepfeilern ist wohl noch mittelalterlich. Emporen und Kanzel Anfang 18. Jh. Im Ort einige verputzte fränkische *Fachwerkhäuser* an der Straße Alt-Eschersheim.

Im Vorort BORNHEIM ist die 1751–53 errichtete *Johanneskirche (e.)* beachtenswert. Sie brannte bereits 1776 aus und wurde 1778–81 von JOH. ANDREAS LIEBHARDT wieder hergestellt. Sie bildet eine reizvolle barocke Baugruppe aus schlankem Westturm mit reich geschwungener Laternenhaube, einschiffigem Langhaus mit Mansarddach und dreiseitigem Chor mit vorgebautem Treppenhaus. Im Innern dreiseitige Emporen mit marmorierten Brüstungen und ein schöner Kanzelaltar des LEONHARD AUFMUTH (1779); Spätbarocke Orgel. An den Straßen und Gassen um die Kirche (Turmgasse, Große und Kleine Spillingsgasse) sowie in der Berger Straße (besonders Nr. 312, 314 und 316) alte *Fachwerkbauten*.

Der anschließende Ort SECKBACH konnte sich seinen malerischen dörflichen Ortskern aus der Zeit vor der Eingemeindung fast unberührt erhalten. Am Schnittpunkt von Hofhaus- und Wilhelmshöher Straße steht das *Rathaus* des 16. Jh., ein Fachwerkbau mit fünfseitig vorspringendem, auf Streben abgestütztem Erker. Die beiden Straßen sind reich an kleinen *Fachwerkhäusern*, teils verputzt, teils freiliegend. Vor dem Ort Richtung Bergen liegt die *Berger Warte*. Auch in BERKERSHEIM, am Hang zur weiten Ebene des Niddatales gelegen, mit Blick auf den Taunus, umgeben noch Bauerngehöfte und Apfelweinkeltereien die reizende barocke *Pfarrkirche (e.)* mit Ausstattung aus der Erbauungszeit. – Weiter in Richtung des Taunus liegt auf einer Geländewelle BONAMES. Seine *Pfarrkirche (e.)* stammt im Kern aus spätgotischer Zeit. Das ursprünglich gewölbte Kirchenschiff wurde im Barock mit Flachdecke und dreiseitigen bemalten Emporen umgestaltet. Ausstattung 1733. An der Nidda reizvolles klassizistisches Wohnhaus.

Die moderne Chemie- und Arzneiindustrie in HÖCHST, 1863 von Meister, Lucius und Brüning als Farbwerke gegründet, hat den Namen dieser Stadt in aller Welt bekannt gemacht. Doch hinter der technischen Hülle der Gegenwart birgt sich ein sehr alter kulturgeschichtlicher Kern. Schon in römischer Zeit sicherte hier ein Erdkastell den Waffen- und Truppenumschlag der Römer vom Main und Rhein zur Wetterau. Noch heute treibt die Fähre altgewohnt am Drahtseil über den Fluß. Seit dem 9. Jh. gehörte Höchst zum Erzstift Mainz. Neben den hohen Schornsteinen, Stahlgerüsten und Hochbauten der Farbwerke Höchst liegt die *Burg* der Erzbischöfe, eine ehemalige Wasserburg des 14. und 15. Jh. mit tief gemauertem Graben, stolz und schlank überragt von dem gotischen, 1681 originell aufgestockten Bergfried. Ein reiches Renaissancetorhaus und ein Wohnbau mit Renaissancegiebeln als Rest einer Vierflügelanlage zeugen von der Bautätigkeit des Erzbischofs Wolfgang von Dalberg (um 1590).

Ein wenig mainaufwärts steht die aus karolingischer Zeit stammende *Pfarrkirche St. Justinus (k.).* Ihr Äußeres, der hohe gotische Chor, der spitze Dachreiter und das spätgotische Hauptportal mit den qualitätvollen Statuen des hl. Paulus und hl. Antonius verrät nicht, daß sich im Schiff eine der ältesten deutschen Basiliken erhalten hat (neben Steinbach und Seligenstadt). Die um 834 durch Erzbischof Otgar von Mainz erbaute Kirche war – wie Ausgrabungen 1926 bestätigten – eine dreischiffige Anlage mit Querschiff und drei Apsiden. Dieser Bau ist in der heutigen Kirche aufgegangen. Die karolingischen Kapitelle auf den Säulen im Mittelschiff formen vereinfacht und vergröbert das antike korinthische Kapitell nach und bereichern es durch schwere kannelierte Kämpfer. Sie sind neben den Kapitellen der Lorscher Klostervorhalle und den Funden im Fuldaer Dom im hessischen Bereich die besten Zeugnisse von Bauplastik der karolingischen Renaissance und des Versuches, aus dem antiken Vorbild eine eigene Kunstform zu finden. Die Kirche wurde 1090 Mainzer Benediktinern als Propstei übertragen. Diese erhöhten und schufen im wesentlichen die heutige Vierung, den Obergaden (die Fenster 1931 teilweise freigelegt) und die Flachdecken. 1432 entstand anstelle des südlichen Querschiffes die heutige Sakristei und 1443–64 – als das Bauwerk 1441 Klosterkirche der Antoniter wurde (bis 1803) – der heutige Chor, breiter und höher als das Langhaus. Seine Weite und Lichtfülle kontrastiert wirkungsvoll mit dem dunkleren und engeren karolingisch-romanischen Mittelschiff.

Das Chorpolygon füllt der prachtvolle furnierte Barockaltar von Joh. Wiess (1724–26); Orgel gleichzeitig. Der ehemalige gotische Hochaltar, ein Triptychon um 1485 aus Worms (Haupttafel mit Kreuzigung, Seitentafeln mit Legende der Kreuzauffindung), steht heute in der mittleren der drei spätgotischen Seitenkapellen, die um 1500 der Nordseite des Langhauses angefügt wurden. In der östlichen dieser Kapellen eine bedeutende *Holzplastik* des heiligen Antonius (um

1460). Von den spätmittelalterlichen Grabdenkmälern ist besonders die Grabplatte des Kurmainzer Rates Hofmann (gest. 1527) an der nördlichen Seitenschiffwand erwähnenswert, die eine neue Gestaltungsweise gegenüber der herkömmlichen Form erstrebt; wohl eine Werkstattarbeit HANS BACKOFFENS. Das spätgotische achteckige Taufbecken in der ersten Seitenkapelle ruht auf drei hockenden Löwen. Klassizistische Kanzel von 1812. Schöne Chorstuhlwangen Ende 15. Jh.

Zwischen Burg und Kirche spannt sich die *Altstadt*, in der noch Höfe des mittelrheinischen Adels stehen, so der von Greiffenclau (um 1600) und der von Kronberg (1577). Die Staffelgiebel des alten *Rathauses* – einst mit offener Halle – aus dem späten 16. Jh. schauen zum baumbestandenen Kirchvorplatz hinüber, und an und um dem Schloßplatz reiht sich das freundlich-unregelmäßige Gefüge der Bürgerhäuser des 17. und 18. Jh. Mainseitig dient die kurz nach der Mitte des 14. Jh. angelegte *Stadtmauer* (Stadtrechte 1356) zugleich als Stütze der sehr hohen Mainterrasse, auf der die Altstadt gebaut ist. Eine eindrucksvolle Wehranlage zwischen Schloßplatz und Mainufer ist der schöne *Zollturm* mit Torzwinger und einstigem Wehrgang über gotischem Fries, zwischen 1459 und 1482 neu angelegt, das handwerklich saubere Holzwerk des Turmes 1664. – Östlich des mittelalterlichen Stadtkerns begann Erzbischof Emmerich Josef 1768 den Bau einer regelmäßigen Neustadt. Ein ganzes Geviert von ihr nimmt der *Bolongaro-Palast* mit seiner langgestreckten, durch Pavillonbauten akzentuierten Straßenfassade und dem bis zum Main reichenden Park ein. Der Bauherr, der reiche Tabakfabrikant und Bankier Josef Maria Bolongaro (1720 am Lago Maggiore geboren) siedelte sich in dem zu Mainz gehörigen Höchst an, nachdem ihm Frankfurt das Bürgerrecht verwehrt hatte. Das Bauwerk, ein Beispiel für den späten Mainzer Barock, kennzeichnet den großen sozialen Umschwung am Ende des 18. Jh.: der durch Industrie reich gewordene Bürger baut wie Fürst und Erzbischof. Der Palast ist trotz der kurzen Bauzeit (1772–74) von stark additivem Charakter. Innerhalb der U-förmigen Zusammenstellung der Baugruppen hebt sich das dreiflügelige Haupthaus heraus mit seiner Pyramidenspitze auf dem Dach, der Altane an der Gartenfront. Im Innern (heute Rathaus) weiträumige Treppenanlage mit Deckengemälde und einige gut stuckierte Räume. Der gepflegte Park fällt in zwei Terrassen zum Main ab; Steinfiguren musizierender Türkenkinder beleben die Brüstung, ein Tritonenbrunnen plätschert, und der Blick schweift über den Fluß weit ins Land. Zwei Pavillons flankieren den Park; ihre geschweiften Rokoko-Dächer erinnern an die Chinamode ihrer Zeit. Der westliche Pavillon, einst Absteigequartier des

Mainzer Erzbischofs, heute Standesamt, enthält einen bereits klassizistisch stuckierten Saal mit gemalter Decke und zwei stuckierte Seitenkabinette. Nur kurz, 1746-96, blühte in Höchst eine Porzellanmanufaktur mit Meistern von hohem Rang.

SINDLINGEN, südwestlich Höchst, besitzt eine bedeutende klassizistische *Pfarrkirche (k.)* von CARL FLORIAN GOETZ aus den Jahren 1823–25. Außen wirkt der Bau als mächtiger kubischer Körper mit sparsamer Gliederung durch einen Risalit in Triumphbogenform an der Front und durch Risalite an den Längsseiten mit Fenstern im Palladiomotiv. Der Innenraum erscheint wie eine gewaltige antike Halle. Mächtige dorische Rundsäulen tragen die mit Kassetten bemalte Tonne des Mittelschiffes und trennen schmale flachgedeckte Seitenschiffe ab. Breite gewölbte halbrunde Apsis. Die Raumanlage ist von klarer, rationaler Ordnung. Die kürzlich restaurierte Farbgestaltung in Rosa und Hellgrau, dazu das Weiß-Gold der Altäre, mildert die strenge Monumentalität der Architektur und stimmt den Raum zart-festlich im Sinne des Biedermeier. Statuen des 18. Jh. Vor der Kirche steht als Glockenträger der *Turm* der abgebrochenen mittelalterlichen Kirche, bezeichnet 1609.

III. Wetterau, Niddatal und Vogelsberg

1. Das Tal der Wetter

DIE WETTERAU, jene weite hügelige Senke zwischen Taunus und Vogelsberg, ist charakteristisch durch ihre ausgedehnten fruchtbaren Feldfluren, die nur wenige Waldstreifen unterbrechen, durch ihr warmes, südlichen Luftströmen aufgeschlossenes Klima und durch große Einzelgehöfte, reiche Dörfer und städtische Siedlungen. Häufig sind auch noch Storchennester auf den Giebeln der Dorf- und Rathäuser zu finden. Wichtige, teilweise uralte Straßen durchziehen das Land und leben in modernen Straßenbauten (z. B. Autobahn) fort. Seit der Steinzeit ist das Land besiedelt. Der römische Limes umschloß die Wetterau in einer nördlich vorgebuchteten Linie, die den Taunus und Vogelsberg ausklammerte. Seine Wälle und Kastelle sind vielfach noch sichtbar oder durch Grabungen festgestellt. Von der Wetterauer Reichspolitik der Hohenstaufen-Kaiser zeugen die Burgen und Städte vom Kalsmunt bei Wetzlar über Münzenberg und Friedberg bis Büdingen und Gelnhausen, von dem Baueifer der mittelalterlichen Orden die ehemaligen Klosteranlagen von Ilbenstadt und Arnsburg sowie die Komturei Niederweisel. Vom mächtig aufstrebenden Bürgertum künden die gotischen Stadtkirchen in Friedberg, Butzbach und Lich. Friedberg gewann besondere Bedeutung als Sitz der Wetterauer Reichsritterschaft, deren stärkerer und schließlich überlegener Gegner der 1422 gegründete Wetterauer Grafenverein war. Im nördlichen Bereich bildeten sich in der Zeit der Renaissance und des Barock eine Reihe Solmser Grafenresidenzen in Assenheim, Laubach, Lich und Hungen. Es entstand eine landgräfliche hessische Residenz in Butzbach. Im Süden kam es zu den Isenburger Grafensitzen in Birstein und Büdingen, im Osten zu den Stolberger Residenzen in Gedern und Ortenberg. Das Land ist kunstgeschichtlich reich. Jedes Dorf fast hat eine alte Pfarrkirche und viele gepflegte Fachwerkhäuser. Es ist unmöglich, in diesem gedrängten Rahmen alles zu erwähnen, so daß der Kunstwanderer zugleich Kunstentdecker sein möge.

In malerischer Lage erstreckt sich BERGEN am südlichen Rande einer 200 Meter hohen, zur Mainebene steil abfallenden Terrasse, die Nidda- und Maintal voneinander trennt. Aus der bewegten Linie der Häuser und Dächer ragt die evangelische Pfarrkirche mit dem hochbarocken Turm eindrucksvoll hervor. Der Ort ist verwaltungsmäßig mit dem tiefer gelegenen Enkheim zu Bergen-Enkheim verbunden.

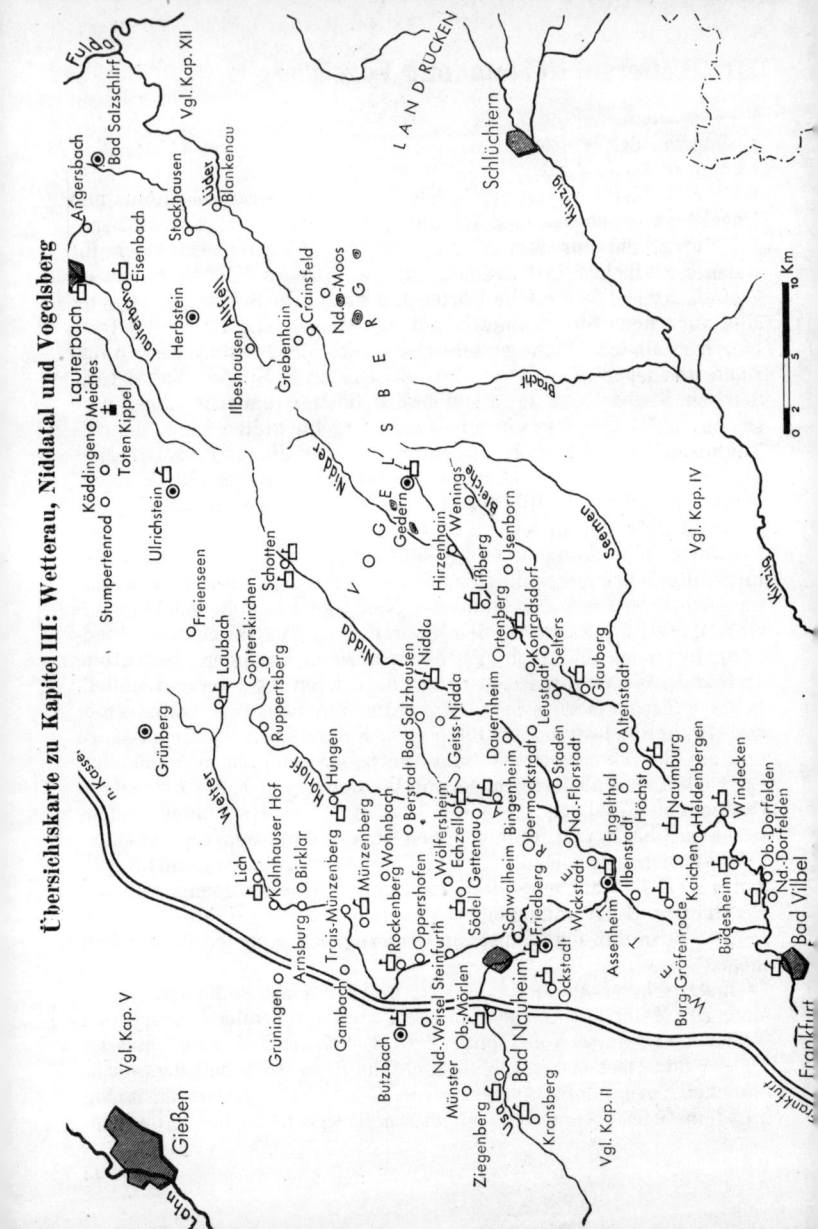

Übersichtskarte zu Kapitel III: Wetterau, Niddatal und Vogelsberg

Ursprünglich Königsgut, kam Bergen im 13.–14. Jh. in den Besitz der Grafen von Hanau. Das von 1194–1844 in Bergen lebende Geschlecht der Schelme von Bergen war den Grafen lehenspflichtig. Die Schelme erbauten nordwestlich vor der mittelalterlichen Siedlung eine *Wasserburg*, die heute innerhalb des Stadtbezirks liegt. Die Gräben um die Hauptburg sind noch heute wassergefüllt. Das kleine zweigeschossige Herrenhaus entstand in gotischer Zeit, wurde im Jahre 1700 neugestaltet (schönes Steinportal) und 1893 renoviert (Dachaufbau). Hufeisenförmige Vorburg mit Wirtschaftsbauten des 19. Jh., vielleicht auf älteren Grundmauern. Regelmäßige *Ortsanlage:* Von der geraden Hauptstraße zweigen rechtwinklig die Nebengassen ab. Inmitten der Hauptstraße das *Rathaus*, ein Fachwerkbau über steinernem gotischem Unterbau, das Fachwerk 16. Jh., der Dachreiter mit Wetterfahne von 1740. An der östlichen Giebelwand ein fünfseitiger eleganter Fachwerkerker, an der westlichen Giebelseite ein Inschriftstein (1479) mit Narrenfigur vom 1869 abgerissenen Untertor. Das Innere der ursprünglich geräumigen Erdgeschoßhalle verbaut, der spätgotische Holzpfosten erhalten. Im Obergeschoß Heimatmuseum. An der Herrngasse die stark verwahrloste *Nikolauskapelle* (seit 1818 Scheune). Sie wurde 1524 auf dem Gelände des ehemaligen Hainaer Klosterhofes erbaut. Der ursprünglich gewölbte Bau besitzt reiches Fenstermaßwerk. Die *Pfarrkirche (e.)* wurde 1684 an der südlichen Stadtmauer mit Blick auf die weite Mainebene errichtet. Schlichte Formen. Westturm 1731–45. Der frühbarocke Kanzelkorb (Ende 17. Jh.) im Innern ruht auf einer Hermenfigur; an der Brüstung gedrehte Säulen und die Holzplastik eines Sämanns. An der Gangstraße, die mit ihrem gewinkelten Verlauf der alten Stadtmauer folgt, steht ein spätgotischer runder *Stadtturm* mit offenem Wehrgang und Steinhelm (Inschrift 1522). Außerhalb des Ortes die *Berger Warte*, ein markanter Wartturm von 1527.

BAD VILBEL an der Nidda, nördlich von Frankfurt, ist reich an Mineralquellen, die teilweise seit dem 16. Jh. gefaßt sind und benutzt werden. Im Ausstrahlungsbereich von Frankfurt wächst die Stadt in modernen Randsiedlungen besonders nach Süden. Der alte Stadtkern liegt unmittelbar an der Nidda. Die Hauptachse, die Frankfurter Straße, ist auf beiden Seiten ziemlich geschlossen mit kleinen verputzten Fachwerkbauten – die Giebel zur Straße – bestanden, an einigen Stellen durch größere Bauten des 18. Jh. bereichert (z. B. Nr. 36 mit Rokokoornamentik und Pferdeplastik) oder durch moderne, allzu aufdringliche Zutaten gestört. Die Straße stößt am Marktplatz frontal auf das kleine reizvolle *Rathaus* (1747; Fenster teilweise klassizistisch verändert). Im Friedhof am Hang zwischen hohen Bäumen liegt die *evangelische Kirche* mit spätgotischem Westturm und schlichtem, flachgedecktem Langhaus (1697). Am jenseitigen Ufer erbaute der Mainzer Kurfürst Lothar Franz von Schönborn zu Beginn des 18. Jh. die *katholische Pfarrkirche*, einen schlichten Saalbau mit einfacher barocker Ausstattung und hochgerecktem Dachreiter, geschmückt mit den Wappen des Kurfürsten. Die in der Flußniederung gelegene *Wasserburg* der Herren von Münzenberg wurde 1399 zerstört und 1414 von dem Trierer Erzbischof Werner von Falkenstein wieder aufgebaut. Heute Eigentum der Stadt. Fast rechteckige Anlage mit Wassergräben. Spitzbogiges Außenportal, von hohem Turm flankiert (darin ein jüngeres vermauertes Portal). Östlich daneben ein neuerer Anbau (heute Heimatmuseum). Ruine des Palas mit vorspringendem Eckrundturm an der Südseite.

In NIEDERDORFELDEN an der Nidder erheben sich in den Bachwiesen auf künstlichem Hügel die Mauerreste der *Burg* der Herren von Dorfelden (12. Jh.). Daneben, nach dem Dorf zu, liegt der *Junkerhof* des gleichen Geschlechtes, eine vierflügelige Hofanlage des 18. Jh. mit barockem Torbau an der Ostseite; der Torbau an der Westfront im Kern spätes 16. Jh. mit hofseitigem Treppenturm. Evangelische *Kirche* 1835.

Auf dem Wege nach Büdesheim wird am südlichen Nidderufer der schlanke Dachreiter der *Kapelle (e.)* von OBERDORFELDEN (1764) sichtbar. Am Südrand von BÜDESHEIM errichtete Gabriel von Seidel 1885 anstelle einer kleinen Wasserburg das romantische *Neue Schloß* mit großem Park für den Grafen Oriola (heute Flüchtlingslager). Das nördlich anstoßende dreiflügelige *Alte Schloß*, Herrenhaus des Gutshofes, ist ein Werk des 16. Jh. mit mehreren Wappensteinen. Es wurde 1878 umgebaut. Die schlichte *Kirche (e.)*, ein mittelalterlicher, 1660 erneuerter Bau, enthält zwei figürliche Grabplatten von 1608 und 1615 sowie eine schlichte barocke Kanzel und Orgel über dem Altar.

WINDECKEN liegt mit den Resten seiner Burg und mit dem schlanken Turm seiner gotischen Pfarrkirche über dem Südufer der Nidder. Der Ort war vom 14.–15. Jh. bevorzugte Residenz der Grafen von Hanau. Der polygonale Chor der 1495–97 erbauten *Kirche (c.)* springt betont in die Straße vor. Der Turm von 1484 mit Helm von 1706 erhebt sich an der Nordseite. Das Innere flach gedeckt. Der kleine *Marktplatz* wird vom spätgotischen Bau des steinernen *Rathauses* mit Treppengiebel und Erker in Maßwerkverzierung beherrscht; im Innern gewölbte Schatzkammer. Vom Platz strahlen nach drei Seiten die Straßen aus, alle reich an Häusern und Gehöften in freiliegendem *Fachwerk*, nach den Jahresinschriften aus dem 16.–18. Jh. Am Aufgang zur *Burg* zunächst ein Tor von 1592, dann ein spätmittelalterlicher Torbau mit zwei erkerartigen Ecktürmchen. Von der im Dreißigjährigen Krieg zerstörten Burg sind nur Teile der Mauerumwehrung erhalten. Ein Barockflügel (18. Jh., heute Amtsgericht) begrenzt den Südrand des Burggeländes. Von der *Stadtumwehrung* des frühen 14. Jh. steht noch ein großer Teil.

Mächtige Parkbäume verbergen am südlichen Ortsrand von HELDENBERGEN ein kleines Schloß, die *Obernburg*, erbaut von den Herren von Heldenbergen, einem Friedberger Burggrafengeschlecht (heute Besitz des Freiherrn von Leonhardi). Dreiflügeliger Bau des 17. und 18. Jh. mit klassizistischen Veränderungen (Fenster von 1802). Nördlich die Vorburg mit Torwappen (Hattstein) von 1702. Erhöht über der Dorfstraße ragt die *Pfarrkirche (k.)*, 1752–53. Gute Rokokoausstattung in schwungvoller Ornamentik. In der hohen Kirchhofsmauer ist eine schlichte gotische Kreuzigungsgruppe eingelassen.

Nidder- und Niddatal trennt ein flacher Landrücken, auf dem KAICHEN liegt. Auf einer Anhöhe südlich vor dem Ort das *Freigericht*. Hier saßen unter einer hochgewölbten Linde an einem steinernen Tisch und auf steinernen Bänken die Schöffen der ›Grafschaft‹ Kaichen alljährlich am Mittwoch nach Pfingsten zu Gericht. Diese Grafschaft war ein selbständiges Freigericht von 18 umliegenden Dörfern der Wetterau unter der Schirmherrschaft der Burgmannen von Friedberg. Westlich der Gerichtsstätte der *Römerbrunnen*, der Überrest eines römischen Gutshofes. Im Ort der *Dorfplatz* mit alter *Viehtränke* (renoviert 1871), das Fachwerk-*Rathaus* (1782), ein ehemaliges Amtshaus, sowie die schlichte *Kirche (e.)* von 1737 mit älterem Turm.

Östlich Kaichen taucht auf der Spitze eines gestreckten, von Buchenwald bedeckten Höhenrückens *Schloß Naumburg* auf, 1750 von Landgraf Georg von Hessen-Kassel erbaut, im 19.–20. Jh. stark verändert. Vom 11.–16. Jh. stand hier ein kleines Prämonstratenserkloster (heute Altersheim). Bemerkenswert das äußere Portal (1754). Der südliche Barockflügel mit Mansarddach leider im Verfall.

In BURG-GRÄFENRODE westlich Kaichen bilden das heutige *Pfarrhaus*, ein schlichter Rechteckbau mit Treppenturm (1550–65) und barockem Mansarddach, ferner ein *Rundturm* von 1563 mit Fachwerkobergeschoß den Rest der ehemaligen Oberburg. Einfache *Kirche (e.)* von 1729 mit Haubendachreiter.

Das ehemalige *Prämonstratenserkloster* ILBENSTADT ist am Rande eines zur Nidda abfallenden Höhenrückens mit der doppeltürmigen Westfront seiner einstigen Kirche als eindringliches Wahrzeichen der Landschaft weithin sichtbar. Die Grafen Gottfried und Otto von

Cappenberg gründeten 1122–23 Ilbenstadt als Tochterkloster von Prémontré. Die Blütezeiten des Klosters, seit 1657 Abtei, lagen im 12. bis 13. Jh. und im 18. Jh. Im 15. und 16. Jh. machten die in der Wetterau so mächtigen Friedberger Burggrafen das Kloster mehrfach den Mainzer Erzbischöfen in heftigen Kämpfen streitig, so 1545 und 1613. Doch Ilbenstadt blieb ein Vorposten des Mainzer Erzstiftes bis zur Klosteraufhebung 1803. Dann kamen die Baulichkeiten mit Umland in den Besitz der Grafen von Leiningen-Westerburg. 1921 wurde die Kirche der Gemeinde als Pfarrkirche geschenkt und die Abtei vom Staat angekauft. Das Bistum Mainz erwarb 1960 die Abteigebäude, ›das Schloß‹ genannt, für das Caritaswerk. Die 1139 zuerst erwähnte *Klosterkirche* wurde 1159 durch den Mainzer Erzbischof geweiht. Ihre Fertigstellung zog sich bis gegen das Jahrhundertende hin. In der 2. Hälfte des 17. Jh. wurden das nördliche Seitenschiff, der nördliche Querarm und die südliche Seitenapsis neu erbaut, nachdem zuvor eine andere Chorlösung, offenbar mit Nebenkapellen, bestanden hatte. Die jüngsten Erhaltungsarbeiten konnten nicht nur die gefährdeten Turmfundamente sichern – bereits 1617 waren mächtige Strebepfeiler und Verankerungen notwendig geworden –, sondern auch einen etwas größeren Vorplatz gegen den Domänenhof schaffen. Gesimse, Lisenen und Rundbogenöffnungen gliedern die hochaufsteigenden Türme, zwischen denen eine offene Vorhalle mit prächtigen Blattkapitellen eingefügt ist. Im Obergeschoß der Vorhalle eine geräumige Kapelle mit östlichem Altarerker (vgl. Spieskappel). Die Fassadengestaltung über der Vorhalle von 1870. Das Innere der dreischiffigen Basilika war außer Querschiff und Rechteckchor ursprünglich flachgedeckt. Die heutigen Gewölbe wurden erst um 1500 eingezogen. Der Raum verlor damit zwar etwas von seiner romanischen Strenge, bildet dafür aber einen vorzüglichen Rahmen für die prachtvolle Barockausstattung. Die romanischen Deckenbalken sind über den Gewölben teilweise erhalten. Die Außenwände zeigen noch die vermauerten romanischen Fenster. Die qualitätvolle romanische Ornamentik der Kapitelle und Gesimse, besonders in der Vorhalle und am südwestlichen Vierungspfeiler (Kentauren-Motive), schufen mittelrheinische, an lombardischen Werken geschulte Steinmetzen, wie ein Vergleich mit dem Speyerer Dom (besonders Afrakapelle) und Mainzer Dom (Südportal an dem östlichen Querhaus) bestätigt. Auf die gleiche Verwandtschaft mit Mainz (Nordportal des Domes) weist das Nordportal. Der Mainzer Erzbischof vermittelte die Baumeister von den damals führenden kirchlichen Großbauten aus dem Rheingebiet in die Wetterau. Nach Prämonstratensersitte und Hirsauer Regel sind Querschiff und Chorpartie durch Stufen stark erhöht. Beobachtungen an den Chorwänden lassen auf eine ehemalige Krypta schließen. Im Chorraum vor dem Altar das Grabdenkmal Gottfrieds von Kappenberg vom Ende des 13. Jh. (gest. 1127 in Ilbenstadt); der Tote in plastischer Gestalt liegend, aber als Standbild gedacht. An der südlichen Chorwand Reste von Wandfresken des 14. Jh. in schwungvoller eleganter Linienführung, von mittelrheinischen Künstlern gefertigt (in der oberen Zone Stifter mit Kirche und Christusszenen, in der unteren Zone Martyrium der thebäischen Legion). Chorgestühl 1677. Im südlichen Seitenschiff thronende Madonna des 13. Jh. Kanzel Ende 17. Jh. Epitaph des Freiherren von Edelsheim (gest. 1729) im nördlichen Querarm, gearbeitet von BERNHARD SCHWARZENBERGER, Frankfurt. Im nördlichen Seitenschiff ein Grabmal von 1587 mit Reliefansicht von Ilbenstadt. Apostelfiguren im Langhaus um 1700 von LOTHAR WERR. Die Westempore mit dem prachtvollen Orgelaufbau 1733–35. Das Orgelwerk von Johann Onymus aus Mainz, der plastische Dekor von FRANZ VOSSBACH aus Mainz.

Abt Andreas Brand (1709–25) ließ die *Klostergebäude* durch ABRAHAM SPOHRER aus Aibling in Bayern und seit 1715 durch BERNHARD KIRNDE größtenteils neu erbauen. Das *Obere Tor* von 1721 mit seitlichem Spindeltreppenhaus und Festsaal im Obergeschoß ist besonders reich gestaltet. Die plastischen Arbeiten fertigte wiederum BERNHARD SCHWARZENBERGER. Östlich daneben der *Prälatenbau* von 1716 mit zweiläufiger Festtreppe im Innern. Im rechten Winkel anstoßend bis zur Kirche der *Westflügel* von 1711, im Obergeschoß reiche Stuckdecke. Rückseitig der *Kreuzgang* von 1709–11 (Ost- und Nordflügel 1819 abgebrochen). Das ehemalige *Krankenhaus*, 1725 erbaut, zugleich Archiv und Bibliothek des Klosters, ist ein selbständiger Bau südöstlich des Kreuzganges, vom Park aus zugänglich. Alle diese Bauten zeigen Mansarddächer und schlichte, ausgewogene Barockformen. Nordwestlich vor der Kirche zum Dorf hin das *Untere Tor* (datiert 1603). Die *Dorfsiedlung* erstreckt sich am Hang des Klosterberges bis zur Nidda, über die eine alte dreibogige Brücke mit kräftigen Widerlagern führt, beschirmt von der Statue des hl. Nepomuk (1743 von MARTIN BITTERICH) an der Scheuerecke des ›Ritterhofes‹. Im nahen NIEDER-ILBENSTADT stand einst das im 12. Jh. gegründete Prämonstratenserinnenkloster, dessen Kirche 1812 niedergerissen wurde. Die Restbauten im *Nonnenhof* enthalten.

Bei ASSENHEIM, wenige Kilometer flußauf, mündet die Wetter in die Nidda. In einem baumreichen Park liegt das *Schloß*, seit dem 15. Jh. Besitz der Grafen zu Solms-Rödelheim. Der Kutschenbau seitlich des Einganges stammt von 1797 (im 19. Jh. umgebaut). GEORG FRIEDRICH MACK entwarf 1788 das Hauptschloß als spätbarocke Dreiflügelanlage (Bauzeichnungen im Schloßmuseum). Ausgeführt wurde jedoch nur der nordöstliche (linke) Seitenflügel, der um 1850 einen niedrigen südwestlichen Anbau erhielt. Im Innern eine gute Ausstattung um 1790–1800 (seit 1956 Museum mit Treppenhaus, Jagdzimmer, Festsaal, Porzellanzimmer u. a.). Südlich vor dem Schloß Mauerreste der mittelalterlichen *Burg* mit Torbau (1528) und Schloßcafé (1881). Nordöstlich des Schlosses, jenseits des Parkes, der *Amalienhof* (Gärtnerei), eine klassizistische Anlage mit Wohnhaus und Nebengebäuden (frühes 19. Jh.). Das Städtchen (Stadtrecht 1275) enthält eine Reihe guter *Fachwerkbauten*, meist verputzt, 17. und 18. Jh. Die *Kirche (e.)* von 1782–85 ist ein Querbau in der Art von Grävenwiesbach oder Erbach: risalitartiger Vorbau an der vorderen Längswand, darin Treppe zur Grafenloge; Turm mit hoher Haube an der rückseitigen Längswand. Orgel, Kanzel und Altar an der Turmwand, Herrschaftsstuhl gegenüber in Hufeisenempore eingespannt. Pfarrhaus von 1710. Reste der *Stadtmauer* an der Hauptstraße vor der Niddabrücke.

WICKSTADT an der Nidda bietet das anschauliche Beispiel eines mittelalterlichen *Klostergutshofes*. Die ausgedehnte, noch größtenteils mauerumfangene Hofanlage gehörte ursprünglich dem Kloster Arnsburg, wurde im 18. Jh. erheblich ausgebaut und ist seit 1803 Besitz des Grafen Solms-Rödelheim. Barockes *Herrenhaus* mit Mansarddach über H-förmigem Grundriß (1792). Aus dem 18. Jh. ein großer Teil der Hofgebäude (z. B. Inschrift 1707). Innerhalb des Hofes die *Kapelle* (kath. Pfarrkirche) von 1707–14. Nordwestlich am Vorplatz der Kirche der *Pfortenturm* als eindrucksvoller Rest des mittelalterlichen Hofes; am massiven Unterbau bezeichnet 1548; darüber zwei Wohngeschosse in altertümlichem Fachwerk. Unterhalb des Dorfes schöne steinerne *Niddabrücke* von 1730.

Aus vielen Gründen nimmt die Stadt FRIEDBERG eine bevorzugte Stellung ein. Landschaftlich liegt sie betont auf einem felsigen Höhenrücken zwischen Usa- und Seebachtal mit scharfer, von Adolfsturm und Pfarrkirche pointierter Silhouette. Verkehrspolitisch ist Friedberg bedeutsam durch seine zentrale Lage in der Wetterau und die Kreuzung wichtiger Straßen. Zur Römerzeit stand ein Kastell an der Stelle der heutigen Burg (von Tacitus ›Taunus‹ genannt) und eine Lagersiedlung an der Stelle der heutigen Stadt (die ›Civitas Taunensium‹). Im Mittelalter saßen in der Burg die einflußreichen Friedberger Burggrafen, und zwischen Burg und Stadt bildete sich eine spannungsreiche Zweipoligkeit. Städtebaulich ist Friedberg interessant durch seine Gründung als reichsunmittelbare Marktstadt unter Kaiser Friedrich Barbarossa mit regelmäßigem Straßenplan. Wirtschaftlich war die Stadt bedeutsam als Handels- und Markt-

Friedberg um 1810
(nach der Aufnahme von G. L. Bindernagel)

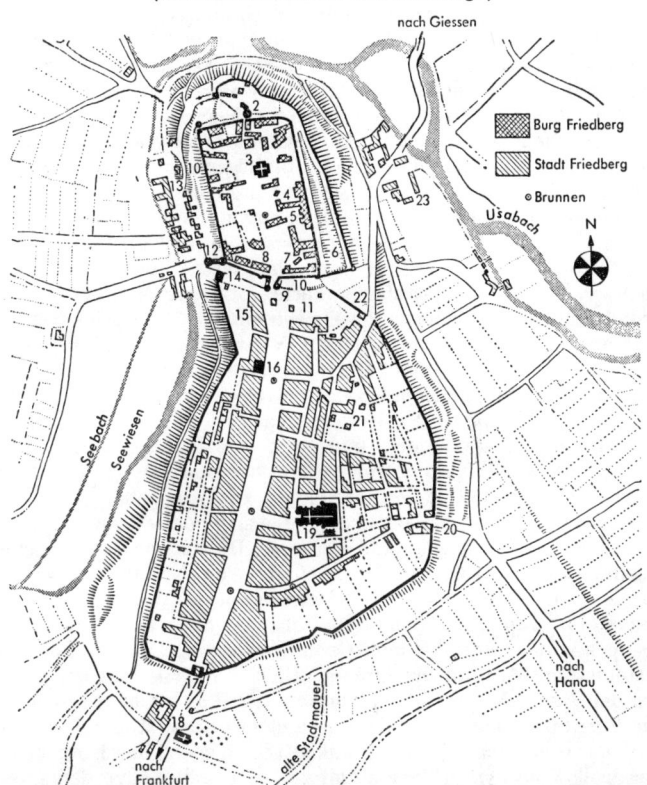

Burg Friedberg
1 äußerstes Burgtor
2 Adolfsturm
3 Burgkirche
4 Deutschordenshs.
5 Burggrafiat (Schloß)
6 Burggarten
7 Burgrentei
8 Burgkanzlei
9 Vorderes Burgtor
10 Hirschgraben
11 Burgschießgarten*
12 Dicker Turm
13 Burgvorstadt

Stadt Friedberg
14 Seertor*
15 ehem. Franziskaner-(Barfüßer-)Kloster*
16 altes Rathaus
17 inneres Mainzer Tor*
18 Leonhardskapelle*
19 Liebfrauen-(Stadt-)Kirche
20 Fauerbacher Tor*
21 Augustinerkloster*
22 Usertor*
23 ehemalige User Vorstadt

* Heute nicht mehr vorhanden

stätte der Wetterau mit berühmten Messen, die erst im 15. Jh. von Frankfurt überflügelt wurden, und mit einflußreicher Wolltuchindustrie, die bis ins 16. Jh. blühte. Die *kunstgeschichtliche Bedeutung* der Stadt schließlich zeigt sich in großen Werken aller Kunstarten, konzentriert in und um die gotische Pfarrkirche *Unserer Lieben Frauen*.
Entlang einer platzartig verbreiterten Straßenachse, der *Kaiserstraße*, baut sich die Altstadt auf. Im Mittelalter war sie Markt- und Messestraße und hieß kurz ›die Straße‹ im Gegensatz zu den seitlichen Nebenstraßen, den ›Gassen‹. Dieser Stadtorganismus geht unmittelbar auf die staufische Gründung zurück; zuvor bestand nur eine Burgmannensiedlung. Es ist jedoch zu vermuten, daß im Grundriß der Stadt wie auch der Burg das römische Kastell und seine Siedlung nachwirken. Die Kaiserstraße bewahrte trotz vieler Modernisierungen grundsätzlich die beiderseitige Giebelreihung. Hervorzuheben sind Kaiserstraße 59 ›*Haus zur Rose*‹, ein Fachwerkbau des 15. Jh., Nr. 33 ›Zur Zeit‹ mit Erker von 1610, Nr. 118 das steinerne Haus mit romanischem Torbogen, jahrhundertelang Faktorei des Deutschen Ordens, Nr. 21 *Rathaus* von 1737–40 nach Entwurf von JOHANN PHILIPP WÖRRISHÖFER aus Nauheim und Nr. 2 Theologisches Seminar von 1848 in klassizistischen Formen. Der letztgenannte Bau steht im Bereich der ›Freiheit‹, dem ursprünglich zur Burg gehörigen Teil der Kaiserstraße. In den Seitengassen finden sich bemerkenswerte Hausbauten nur in der Engels- und Usagasse. Die Judengasse bezeichnet das mittelalterliche Ghetto. Dort befindet sich (Nr. 20) das *Judenbad* aus dem Jahre 1260 (ähnliche Anlagen in Speyer, Worms, Andernach und Köln). Ein 25 m tiefer quadratischer Schacht mit seitlichen Treppenbauten führt bis zum Grundwasserspiegel hinab; nach den Steinmetzzeichen und der Ornamentik des Portals und der Säulen von den Baumeistern und Steinmetzen der Pfarrkirche gearbeitet.
Die *Burg* bildet den nördlichen Abschluß der Kaiserstraße. Das breite *Haupttor* (um 1500) mit zwei Flankentürmen sperrt den Burgzugang. Das große Wappen am Tor stammt von einer weiteren vorderen, 1842 beim Bau der Straße abgebrochenen Toranlage. Diese Straße führt heute zwischen den beiden mächtigen spätmittelalterlichen *Bollwerken* an der Südwestecke der Burg hindurch. Beide verband ursprünglich ein gedeckter Gang. Das äußere, 20 m hohe Bastionswerk trägt den Namen ›*Dicker Turm*‹. Ein tiefer Graben, der *Hirschgraben*, und ein starker Zwinger – seit dem 18. Jh. freundlicher Burggarten – sicherten einst allseitig die Burgfeste. Von der ehemaligen Reichsburg des 12. Jh. steht nichts mehr aufrecht. Seit der Mitte des 13. Jh. gingen Burg und Stadt getrennte, ja feindliche Wege. Die Burg war Sitz von adligen Burgmannen unter einem aus ihrer Mitte gewählten

Burggrafen. Sie wohnten in eigenen Häusern innerhalb des Burgbezirkes. Die Burg erkämpfte sich eine immer größere Selbständigkeit gegenüber dem Kaiser und der Stadt und eine betonte Vormachtstellung in der Wetterau. Daher erklärt sich die Größe und der Gebäudereichtum der Burganlage, die jetzt einen eigenen Stadtteil bildet. Hinter dem Haupttor folgt die *Wache*, ein anmutiger Spätbarockbau (1772). Daneben (Burg Nr. 4) die ehemalige *Burgkanzlei* anstelle des staufischen Palas, im 16. Jh. und 1705 umgebaut. Der davor gelegene staufische Bergfried mit Kapelle stürzte 1684 ein. Den geräumigen Burgplatz umstehen nördlich die *Burgkirche (e.)*, ein Querbau von 1783–1808 mit klassizistischer Ausstattung, und östlich das *Schloß*, ein vorzüglicher Renaissancebau (1604–10) mit ornamentreichen Giebeln, einst Burgmannensitz der Herren von Kronberg (heute Behördenhaus), davor eine reizvolle Portalanlage (1611 und 1752) und nördlich anstoßend das *Deutschordenshaus* (1714–18), ursprünglich Burgmannsaus derer von Dörnberg. Isoliert vor diesen Bauten das *Kavaliershaus*, ein kleiner Renaissancebau. Auf dem Kirchvorplatz der *St. Georgsbrunnen*, 1738 von JOHANN PHILIPP WÖRRISHÖFER, die schöne Figur von BURKHARD ZAMELS. Nördlich hinter den geschilderten Bauten einige kleinere, teilweise durch Fachwerk recht reizvolle *Burgmannenhäuser*, so Nr. 32 aus dem 17. Jh. (Löw von Steinfurth), Nr. 33 von 1553 mit Fachwerk des 17. Jh. (Riedesel und Bellersheim), Nr. 34 18. Jh., modern verändert (Brendel von Homburg, heute Schillerschule). Es folgt die machtvolle *nördliche Toranlage* des 15. und 16. Jh. mit Auslugerkern ähnlich wie am Haupttor, gewaltig überragt von dem 45 m hohen *Adolfsturm* in Butterfaßform (vgl. Idstein), erbaut von dem Lösegeld des 1347 gefangenen Grafen Adolf von Nassau. Die Erkertürmchen und der Steinhelm im 19. Jh. restauriert.

Seitlich der Kaiserstraße erbauten die Bürger Friedbergs von 1260 bis 1410 die *Liebfrauenkirche* (seit 1541 evangelisch), eine der größten und ausgeprägtesten dreischiffigen hessischen Hallenkirchen in der Nachfolge und Weiterentwicklung der Marburger Elisabethkirche mit kurzem Querschiff und westlicher Doppelturmfront. Die Türme waren ursprünglich wie an der Marburger Elisabethkirche über den beiden letzten westlichen Seitenschiffjochen geplant, wurden dann aber nach Westen mit offenen Turmhallen vorgebaut, vermutlich, um sie größer und kräftiger zu gestalten. Ihr Bau mußte 1410 auf Anordnung König Rupprechts eingestellt werden, da die Burgmannen eine Bedrohung ihrer Burg befürchteten. Dieses Ereignis verdeutlicht die harte Rivalität zwischen Burg und Stadt. Der Bau der Kirche, räumlich viel zu groß für die Zahl der Bürger, war als Ausdruck des Selbstbewußtseins der aufstrebenden Kaufmannsstadt und als betonter Gegenpol zur Burg entstanden. Die Türme sollten mit dem Adolfsturm wenn nicht militärisch, so wenigstens ideell konkurrieren – doch die Macht der Burgmannen war stärker. Der Kirchenbau schritt von Osten nach Westen fort, ablesbar am Maßwerk – im Chor einfach mit Rundstäben, am Langhaus in komplizierter Zeichnung – und an den Innenpfeilern – an der Vierung rund mit vier Diensten, im Langhaus mit acht Diensten, im westlichen Teil des Langhauses achteckig mit acht Diensten. Das typisch hessische Querschiff ist außen als Baukörper und innen als Raum kaum mehr wirksam. Am südlichen Querarm feines Portal (Anfang 14. Jh.). Da die Seitenschiffe nicht so schmal wie in Marburg oder Homburg/Efze sind, wirkt der Innenraum breiter und gelassener. Die kürzlich erfolgte Restaurierung stellte auf Grund alter Farbspuren das rot-weiße Kleid des Raumes und die farbliche Betonung der ornamentierten Bauglieder wieder her. Dabei wurden in drei Gewölbejochen spätgotische und barocke Rankenmalereien freigelegt. Der größte Teil der übrigen Gewölbe war bei der Restaurierung 1896–1901 bereits erneuert worden. Die drei östlichen Fenster des Chorpolygons enthalten hervorragende *Glasfenster* (spätes 15. Jh.) mit dem für die Spätzeit charakteristischen vorherrschenden Weiß; im Mittelfenster Maria, im rechten Christus, im linken Heilige. Entwürfe von HEINRICH HEYL, Maler in Friedberg, Ausführung durch KONRAD und JOHANN RULE aus Friedberg. Altarmensa 2. Hälfte des 14. Jh. Der zugehörige gemalte Altaraufsatz heute als ›Friedberger Altar‹ im Darmstädter Landesmuseum. Das grazile meisterhafte *Sakramentshäuschen* 1482 von SIEGFRIED RIBSCHE aus Büdingen, die Figuren der Verkündigung von JOHANN VON WALLDÜRN (z. Z. in Restaurierung, die Marienfigur 1956 gestohlen). Über dem Chorgestühl (14. Jh.) stark beschädigte Tafelbilder (1469) mit Christusszenen und Darstellungen von Heiligen und der zehn Gebote. Vor dem *Lettner* (15. Jh.) ein spätromanischer *Ziborienaltar* (Mitte 13. Jh.). Über dem Lettner ein Kruzifix des 15. Jh. aus einer anderen Friedberger Kirche. Auf einer Konsole am Lettner qualitätvolle Madonnenstatue in künstlerisch fein gebildetem Faltenwurf, die sog. ›*Friedberger Madonna*‹ (um 1300). An der Südseite der Stadtkirche in dem Eckhaus Schnurgasse das *Wetterau-Museum* mit reichen Beständen. 1847–50 entstand aus dem Abbruchmaterial der Stadtmauern der erste große *Eisenbahnviadukt* über das Usatal mit seinen dichtgereihten Pfeilern und Bögen, den ›24 Hallen‹. Von den Bauten des 20. Jh. sind der 1927 als Kriegergedächtnisstätte gestaltete Wasserturm am südlichen Ende der Frankfurter Straße und das ›Polytechnikum‹ noch besonders zu erwähnen.

Westlich Friedberg am Fuße der letzten Taunusberge (Steinkopf 515 m und Winterstein 486 m mit Aussichtsturm) liegt OCKSTADT. An seinem südöstlichen Ortsrand ließ Gottfried von Cleen 1490 eine gewaltig umwehrte *Wasserburg* erbauen, seit 1521 Eigentum der Herren von Franckenstein. Das große Mauergeviert mit machtvollen Eckbastionen für Pulvergeschütze ist ein eindringliches Zeugnis spätmittelalterlicher Wehrbaukunst (vgl. die verwandten Festungstürme von Friedberg). Von der Hauptburg selbst steht nur noch ein kleiner runder Eckturm mit Barockhaube. An der Südwestseite über der wallartig angeschütteten Ringmauer ein schlichter Wohnbau des 18. Jh. Nordöstlich entstand 1714 eine hufeisenförmige Vorburg mit einheitlichen Wirtschaftsgebäuden. Der von einer barocken Steinbrücke überdeckte Graben zur Hauptburg wurde kürzlich zugeschüttet. Die 1910 erbaute neubarocke *Kirche (k.)* enthält die gute Rokokoausstattung (18. Jh.) der alten Kirche (Hauptaltar, linker Seitenalter, Kanzel, einige Ergänzungen 1910, Restaurierung 1961). Spätgotische figurenreiche Grablegungsgruppe unter der Westempore aus der *Hollerkapelle*, die 1722 nordwestlich vom Dorf in den Feldern erbaut wurde. Östlich der Pfarrkirche das alte *Rathaus*, ein schlichter Barockbau von guten Maßverhältnissen.

BAD NAUHEIM, zu Friedberg eng benachbart, breitet sich im Usatal zwischen Ostausläufern des Taunus und dem Goldstein aus. Der Goldstein ist ein niedriger Höhenrücken zwischen den hier ungefähr parallel fließenden Bächen Usa und Wetter. Als 1816 die erste Quelle angebohrt wurde und 1846 der erste kohlensäurehaltige Sprudel sprang, blühte die Siedlung zum bedeutenden Badeort auf. Seit 1858 genießt Nauheim den Ruf eines Herzheilbades. Südöstlich der Stadt an der Straße nach Friedberg reihen sich in langer Flucht hohe *Gradierbauten*, in ihrer Mitte der runde Gradierturm des 18. Jh. Die Salzgewinnung ist hier seit keltischer Zeit nachgewiesen. Keltische Salzpfannen standen entlang der Usa. Auch wichtige Funde aus römischer Zeit kamen zutage. An der verlängerten Kurstraße konnte vor kurzem ein Erdkastell aus der Zeit des Domitian festgestellt werden. Von ihm führte eine Straße direkt zum Kastell von Friedberg. In das 18. Jh. reicht die technisch bewundernswerte *Pumpanlage* von SCHWALHEIM (zwischen Bad Nauheim und Friedberg) zurück (vgl. Bad Salzhausen). Ein großes hölzernes Wasserrad (Durchmesser knapp 10 m, 1742 angefertigt, 1955 restauriert) trieb und treibt über ein 884 m langes hölzernes Antriebsgestänge die Pumpen der Gradierwerke. Auch im Kurpark steht noch ein runder Gradierturm der Barockzeit, der sog. Waitzsche Turm, 1742–45 als Windmühlenturm zum Antrieb eines Pumpwerkes erbaut.

Die ausgedehnten *Bade- und Kurbauten* des 19. und 20. Jh. und die weitläufigen *Parkanlagen* erstrecken sich in der Talniederung. Die Pläne für die moderne Badeanlage gingen aus einem Wettbewerb hervor, den der damalige hessische Bauinspektor und spätere hallische Stadtbaurat W. JOST 1908 gewann und als leitender Architekt ausführen durfte. Die gesamte Baugruppe mit den reich gestalteten Höfen der Badebauten bildet ein ausgezeichnetes Beispiel für die Architektur des Jugendstiles. Das ›alte Nauheim‹ mit engen Gassen und kleinen verputzten Fachwerkhäusern zieht sich am Abhang des Johannisberges (266 m) hin. Auf dem *Marktplatz* steht das freundliche *Rathaus* von 1740 (heute Jugendheim) und an der südwestlichen Ecke des Platzes eine guterhaltene *Hofanlage* des 18. Jh. Die ehemalige *lutherische Kirche* (Reinhardskirche) in der Reinhardstraße, 1732–33 erbaut, ein schlichter Saalbau mit betont in der Straße stehendem Westturm, dient seit 1907 der russischen Gemeinde als Gotteshaus. Die 1740–42 errichtete ehemalige *reformierte Kirche* (Wilhelmskirche) ist ein einfacher Querbau mit Turm (jetzt als Kindergarten umgebaut). Gegenüber an der Wilhelmstraße das einstige *Schulhaus* von 1664. Auf dem *Johannisberg* mit seiner begeisternden Fernsicht über die Wetterau erhebt sich unweit der modernen Restauration ein achteckiger Turm aus gotischer Zeit (oberer Abschluß 19. Jh.), Rest einer hier schon im 8. Jh. genannten Kirche. Der Johannisberg selbst ist uralte Kultur- und Wehrstätte. Wenige Schritte waldeinwärts finden sich die Mauern eines *römischen Signalturmes* (1. Drittel des 2. Jh. n. Chr.) mit Resten des Fußbodenbelages. Bei einer Wanderung in westlicher Richtung entdeckt man im Walde den ›Wolfsgraben‹, einen prähistorischen *Abschnittswall* aus der Zeit um Christi Geburt zur Absicherung des Johannisberges gegen den angrenzenden, etwas höheren Eichberg (283 m). Auf diesem Berg sind die Spuren eines *Ringwalles* erhalten, die ›Alte Schanze‹.
Westlich Bad Nauheim tritt das Usatal aus den Taunusbergen. Als ›Mörlener Grund‹ ist es zunächst noch weit und fruchtbar. Das Rathaus von OBERMÖRLEN ist in einem ehemaligen *Schloß* eingerichtet, einem Renaissancebau (1589) mit ornamentiertem Giebel. Das Bauwerk wurde in der 1. Hälfte des 18. Jh. in schlichtem Barock mit Mansarddach erneuert. Hofbrunnen von 1710. Die rückwärtigen Wirtschaftsbauten von 1704. Die *Pfarrkirche* (k.) des Ortes von 1716 wurde in neuerer Zeit erweitert. – Ab ZIEGENBERG engen die Taunusberge das Tal ein. Über dem Dorfe erbauten die Herren von Falkenstein auf einem auslaufenden Bergrücken um 1360–70 eine *Burg*, von der der runde Bergfried und eine Palaswand aufrecht ragen. Der Friedberger Burggraf Eitel von Diede, dessen Familie seit 1557

die Burg besaß, errichtete 1745–48 ein kleines Barockschloß, das im März 1945 durch Kriegseinwirkung zerstört wurde, denn in der Burg und ihrer Umgebung war zu Beginn des 2. Weltkrieges das ›Führerhauptquartier‹ vorbereitet worden. Die Trümmer der modernen Bunkeranlagen sperren noch den Halsgraben. Im Ort zu Füßen des Burgberges steht das kleine *Denkmal* des ›dreifach gefesselten Glückes‹ nach einem Entwurf von JOHANN WOLFGANG VON GOETHE, der auf diese Weise die herzliche Eintracht des Wilhelm Christoph von Diede (gest. 1807) mit dessen Gattin und Schwester symbolisierte. Burg, Familie und der damals neugeschaffene ›Kurpark‹ sind in den ›Wahlverwandtschaften‹ nachgestaltet.

Etwas nördlich des Usatales zeigt die *Kirche (e.)* von MÜNSTER aus dem Jahre 1630 eine originelle Lösung evangelischen Kirchenbaues, die vermutlich von Landgraf Philipp III. von Hessen-Butzbach (1609–1643) angeregt wurde: vor dem Langhaus ein östlicher Querbau; beide Bauteile im Innern durch drei Arkaden getrennt; davor eine reich gezierte Kanzel.

In einem gebirgigen Seitental der Usa beherrscht die neugotische Kirche (1872–75) mit hohem Turm das Dorf KRANSBERG. In der Kirche befindet sich die alte *Kanzel* aus dem Limburger Dom vom Jahre 1609. In ihrer bizarren, jede Formgesetzlichkeit auflösenden Ornamentik ist sie ein eindrucksvolles, handwerklich meisterhaftes Werk des Manierismus. Die über dem Tal gelegene *Cransburg*, die Stammburg der Craniche von Cranichberg, wurde in den siebziger Jahren des 19. Jh. stark erneuert. Halbkreisförmiger spätromanischer Bergfried, die Rundung der Angriffsseite zugewadt. Dahinter der im Kern spätmittelalterliche Palas mit Treppenturm, davor über dem zugeschütteten Halsgraben ein Wirtschaftsflügel (1654) mit zimmermannstechnisch interessanter Fachwerkkonstruktion.

STEINFURTH an der Wetter ist bekannt durch seine Rosenschulen. Die *Kirche (e.)*, ein gotischer einschiffiger Bau mit Westturm von 1499, erhielt 1517 im Chor ein Sterngewölbe. Ausmalung modern. Die Kirche war Grablege der Freiherren Löw von und zu Steinfurth. Von den vielen Grabplatten des 16.–17. Jh. ist besonders das barocke *Prunkgrabmal* von 1712 an der Nordwand erwähnenswert.

OPPERSHOFEN, wenige Kilometer abwärts, besitzt eine strenge klassizistische *Kirche* (1827–29) und ein malerisches freistehendes Fachwerk-*Rathaus* (1721) mit vorkragendem Erker. Im Ortswappen der hl. Bardo, der dort geborene bedeutende Mainzer Erzbischof der Salierzeit.

ROCKENBERG zieht sich am flachen Abhang zur Wetter hin. Die 1754 neuerbaute *Kirche (k.)* weist in Altären und Kanzel eine vorzügliche Rokokoausstattung auf. Der Beichtstuhl stammt aus Kloster Arnsburg. Der achteckige gotische Westturm mit vier Wichhäuschen und hohem Helm, einst Wehrturm, zeigt die gleiche Form wie der Turm auf dem Johannisberg bei Bad Nauheim. In der näheren Umgebung sind achteckige oder runde Kirchtürme häufig (Griedel, Langenhain, Hochweisel, Ostheim, vgl. auch Butzbach). An der platzartig verbreiterten Obergasse des Dorfes, gegenüber dem behäbigen Barockbau des *Rathauses* (18. Jh.), liegt die interessante *Burg* der Herren von Bellersheim, seit 1581 landgräflich hessischer Besitz. Hinter dem straßenseitigen stolzen Barockbau von 1709 mit schwerem Mansarddach (einst Rentamt) erhebt sich ein breiter gotischer Wohnturm mit Walmdach, umwehrt von einem engen Mauerring mit vier Ecktürmchen. Teile der Mauer mit einem Eckturm sind abgebrochen. In einem etwas größeren Abstand verläuft eine zweite äußere Wehrmauer. Das *Marienschloß* am nordwestlichen Ortsrand, heute Jugendstrafanstalt, war einst ein Zisterzienserinnenkloster, das im 14. Jh. gegründet, im 18. Jh. baulich wesentlich umgestaltet und 1803 aufgehoben wurde. Die 1961 restaurierte *Kirche* ist ein ausgezeichneter Rokokobau der Mitte des 18. Jh. mit bewegten Stukkaturen von der gleichen Hand wie die Stuckarbeiten des Arnsburger Küchenbaues. Festlicher Hochaltar von 1773; prächtige Kanzel. Der gotische Grabstein des Klosterstifters Johannes von Bellersheim (gest. 1343) und seiner Gattin in Rokokoumrahmung erhalten. Von den *Klostergebäuden* stehen die schlichten Wirtschafts- und Gästehäuser südlich vor der Kirche und ein Flügelbau aus dem 18. Jh. in ihrer östlichen Verlängerung. Die übrigen Gebäude der Anstalt 19. und 20. Jh.

Gegenüber auf der westlichen Talseite erstreckt sich BUTZBACH, Siedlungsstätte seit der Steinzeit (Funde im Heimatmuseum). Das römische Limeskastell *Hunnenburg* wurde mit drei Bauperioden am Westrand der Stadt in den letzten Jahren ergraben. Der Limes selbst verlief unweit westlich über die Höhe. Er ist auf dem ›Schrenzer‹ (am Ende der Kleeberger Straße beim modernen Schwimmbad) deutlich sichtbar. Hier auch die Rekonstruktion eines hölzernen *Limesturmes* mit weitreichender Rundsicht auf Wetterau, Vogelsberg und auf die Stadt. Die Pfarrkirche *St. Markus (e.)* und die benachbarte *Totenkapelle* auf dem baumbestandenen ehemaligen Kirchhof schließen sich zu einer stimmungsvollen Baugruppe zusammen. Die reiche Choranlage der *Kirche* mit den drei gleichgroßen Chorpolygonen wurde 1470–1500 errichtet, nachdem die Pfarrkirche 1468 Stiftskirche der Kugelherren geworden war (vgl. die Kugelkirche in Marburg); Aufhebung des Stiftes 1536. Das Langhaus war ursprünglich eine romanische flachgedeckte Basilika. Die heutigen Seitenschiffe mit Giebelaufsätzen und die Innenwölbung 15. Jh. Der Westturm am Ende des nördlichen Seitenschiffes gehört zu der Gruppe achteckiger Kirchtürme in hiesiger Gegend (vgl. Rockenberg). Das Langhaus auffallend breit und niedrig. Die Mittelschiffpfeiler romanisch (um 1200). Der Chorraum wirkt weiträumiger und freier durch die schlankeren Säulen, etwas höheren Gewölbe und größeren Fenster. Die schweren Vierungspfeiler stehen stark trennend zwischen Chor und Langhaus. Unter dem südlichen Chor die Gruft des Landgrafen Philipp III. von Hessen-Butzbach mit symbolreichen Stuckreliefs von CHRISTIAN STEFFAN aus Langula in Thüringen (Szenen aus Altem und Neuem Testament, 1620–22). Darüber im Chorpolygon das große Baldachingrabmal des Landgrafen mit Abschlußgitter in verschlungenen Ranken. Der Baldachinaufbau zeigt Stilmischungen, die charakteristisch sind für die suchende Kunst des frühen 17. Jh.: antik-korinthische Säulen, gotisches Gewölbe mit Rippen und bizarre Rollwerkornamentik (von PHILIPP FRANCK aus Gießen). An den Vierungspfeilern zwei spätgotische Grabsteine, Philipp VII. von Falkenstein (gest. 1410) und Werner von Eppstein (gest. 1462). Einfache Orgel 1614. Die *Toten-* oder *Michaelskapelle* (2. Hälfte 15. Jh.), heute Heimatmuseum, birgt im Untergeschoß das Beinhaus. Der kleine Chorerker wurde Ende des 18. Jh. beim Bau des ›Mehlwiegehäuschens‹ abgebrochen. Im Innern an der Chorwand spätgotische Freskenreste, links hl. Katharina, rechts hl. Michael.

Nördlich hinter der Kirche ist ein größeres Stück der wohl bald nach der Stadtrechtverleihung 1321 begonnenen *Stadtmauer* mit dem Wehrgang und einem Rundturm, dem Hexenturm, erhalten. Ein weiterer Rest der mittelalterlichen Umwehrung ist an der Amtsstraße vorhanden, der Gesamtverlauf an den Straßen Amtsgasse, Mauerstraße, Neugasse und Krachbaumstraße erkennbar. Der *Marktplatz* bewahrte sein geschlossenes Platzbild mit alten Fachwerkhäusern, besonders an Nord- und Westseite. Das *Rathaus* entstand 1559–60, wurde im 19. Jh. verändert und 1927 renoviert; schöne Uhr von 1630. Die hohe Giebelfront hebt sich aus der Reihe der übrigen Markthäuser heraus. Unter ihnen bemerkenswert die Häuser Nr. 2–3 (Vereinsbank) von 1709–10 und Nr. 7 (Apotheke). *Marktbrunnen* von 1575 mit Ritterfigur vom Landgrafenschloß. Auch an den vom Markt ausgehenden Straßen Richtung Wetzlar, Friedberg und Lich gute Fachwerkhäuser des 16.–18. Jh. In der Weiseler Straße Haus Nr. 5 um 1700 und die ehemalige *Hospitalkapelle St. Wendel (e.)*, eine verputzte Fachwerkkirche mit Chor des späten 15. und flachgedecktem Langhaus des 16. Jh. Im Chor, dessen Flachdecke auf profilierten Holzsäulen ruht, steht ein spätgotischer Schnitzaltar in kräftigen Formen; seine gemalten Flügel im letzten Weltkrieg untergegangen. Das anstoßende *Hospitalgebäude* (18. Jh.) heute Schwesternstation. Das *Schloß* der Grafen von Solms an der Ecke Färb- und Amtsgasse, heute Amtsgericht, ist ein stolzer Bau mit hohem Dach aus der 2. Hälfte des 15. Jh. Der seitliche Rundturm war einst Stadtwehrturm. Der vorgesetzte Treppenbau von 1588 zeigt durch die Mischung von breiter Renaissancestiege und enger gotischer Spindel eine ungewöhnliche, originelle Lösung. Landgraf Philipp von Hessen-Butzbach, der 1609 bis 1643 in der Stadt residierte (vgl. das zu seinen Lebzeiten angelegte Grab in der Kirche), ließ 1610 ein neues Schloß mit figurenbekröntem Portal erbauen. Seit 1824 Kaserne; heute von Neubauten des 19. Jh. umgeben.

Das benachbarte NIEDERWEISEL ist im 19. Jh. durch seine ›Landgänger‹ bekannt geworden. Im 2. Viertel des 13. Jh. hatte der Johanniterorden im Ort eine Kommende gegründet. Neben dem barocken *Herrenhaus* des 18. Jh. (heute Krankenhaus des Ordens) liegt der dunkel-massige Bau der *Doppelkapelle*, um 1240 aus schwarzen Lungsteinquadern errichtet. Die beiden Geschosse der Kapelle trennt außen ein Rundbogenfries mit Zickzackband. Die Unterkapelle ist eine dreischiffige Halle mit Apsiden, die beiden seitlichen außen rechteckig und nur die mittlere rund vorspringend. Das flachgedeckte Obergeschoß wurde 1960–61 als Versammlungsraum (Kapitelsaal) ausgebaut; es diente ursprünglich als Hospital- und Krankenraum. Durch Gewölbeöffnungen (erst 1960 vermauert) konnten die Kranken dem Gottesdienst in der Unterkapelle folgen. Die Bauformen zeigen Verwandtschaft mit den staufischen Bauten der Wetterau (Ilbenstadt, Gelnhausen, Münzenberg), Worms-Mainzer Einflüsse, aber auch syrisch-kleinasiatische Einwirkungen. Aus dem 12. Jh. stammt der mächtige, von Lisenen und Rundbogenfriesen gegliederte Westturm der *Pfarrkirche (e.)*. In seinem Obergeschoß befand sich einst eine Michaelskapelle (vgl. Spieskappel, Wetzlar und Ilbenstadt), in deren Ostapsis ein Fenster den Durchblick zum Altar der Kirche gestattete. 1616 erhielt das Langhaus eine reiche Stuckdecke (vgl. Nidda, Niederweisel, Wohnbach u. a.).

Wir wandern von Butzbach im Tal der Wetter aufwärts. Die 1698 bis 1703 erbaute *Pfarrkirche (e.)* von GAMBACH bildet mit dem alten Rathaus und dem mächtigen Lindenbaum die malerische Mitte des an reizvollen wohlerhaltenen Straßenbildern reichen Dorfes. Das Innere des großen Raumes zeigt eine gegliederte Stuckdecke, zweistöckige Emporen mit Kanzelaltar der Erbauungszeit (Orgel 19. Jh.), deren Farbigkeit jetzt wieder freigelegt wurde. Die Gestaltung des Innenraumes wurde in Zwesten (s. d.) in klassizistischen Formen wiederholt.

Ein flacher Höhenzug (200–250 m) östlich der Wetter zwingt den Fluß zu einer scharfen Biegung zwischen Butzbach und Trais-Münzenberg. Auf einer markanten Basaltkuppe dieses Höhenzuges erbaute um 1150–74 Konrad von Arnsburg-Hagen die gewaltige staufische *Reichsministerialenburg* MÜNZENBERG, nach der er sein Geschlecht benannte. Es ist der mächtigste und künstlerisch reichste Burgenbau der Romanik und das bedeutendste profane Bauwerk der Wetterau. So wie die Münzenberger das Land ringsum bis Dreieichenhain beherrschten, so schaut auch die Burgfeste sicher und beherrschend über die weiten Täler und welligen Höhen der Wetterau bis zum Vogelsberg und zum Taunus. Kuno, der Sohn Konrads, unterstützte mit dieser Burg die großräumige Wetterau-Politik der Hohenstaufenkaiser. Die Doppeltürmigkeit auf dem gestreckten Basaltrücken gab der Burg den kennzeichnenden Namen ›Wetterauer Tintenfaß‹. Doch nur der östliche Bergfried gehört zur ursprünglichen Planung des 12. Jh. Der westliche Turm entstand erst im letzten Viertel des 13. Jh., nachdem die Münzenberger 1255 ausgestorben waren und zwei Herren, die Falkensteiner und die Hanauer auf der Burg saßen (vgl. die ähnliche Situation bei der doppeltürmigen Burg Thurandt an der Mosel). Noch heute besteigt man vom Städtchen her die Burg über den alten Burgweg mit seinem ursprünglichen Steinbelag, durchschreitet ein *erstes Tor* mit Pfortenturm (um 1500, Scharten für Schußwaffen, ein *zweites Tor* (um 1400) und erreicht den *ältesten Vorbau* des 12. Jh. Bei diesem Aufstieg ragen zur Rechten, d. h. an der durch den Schild nicht geschützten Seite des Kriegers, die hohen Burgmauern auf, eine vordere und hintere *Ringmauer*, die hintere aus prachtvollen Buckelquadern, ursprünglich mit breiten Zinnen, die erst die Falkensteiner vermauerten und erhöhten. Über dem tunnelförmigen romanischen Eingang befand sich die *Burgkapelle* (vgl. Gelnhausen, Wildenberg, Ortenberg und viele andere staufische Burgen), einst gewölbt und nachträglich mit gotischen Fenstern versehen. Östlich an die Kapelle schloß sich der *Küchenbau*, von dem noch der gotische Kamin hochragt. Westlich liegt der architektonisch wertvollste Teil der Burg, *der Palas* (2. Hälfte des 12. Jh.) mit Fensterarkaden in reichem plastischem Schmuck. Die Steinmetzarbeit beweist eine enge Verwandtschaft mit der Kaiserpfalz in Gelnhausen. Es werkten wohl die gleichen Meister einer kaiserlichen Bauhütte. Die beiden oberen Wohngeschosse waren durch eine Treppe vom Hof aus zugänglich. Auch der Palas zeigt außen Buckelquader mit sorgfältigem Randschlag. Gegenüber an der Nordseite errichteten die Falkensteiner gegen 1280 einen *neuen Palas* mit Spitzbogenfenstern. Beide Wohnbauten lassen an der reichen Fenstergliederung erkennen, daß im 2. Stockwerk das

Hauptwohn- und Repräsentationsgeschoß mit dem Rittersaal lag. Der Oberbau des *Westturmes* wurde erst im 14. Jh. mit kleinen Ecktürmchen wie in Friedberg vollendet; von den Türmchen sind nur die Konsolen erhalten. Der Verfall der seit dem 17. Jh. unbewohnten Burg setzte bereits im Dreißigjährigen Krieg ein. Vom besteigbaren *Ostturm* gewinnt man einen guten Überblick über die Gesamtanlage der Burg, über die späteren gotischen *Zwingermauern* mit Flankentürmen, über den schweren *Bastionsturm* von 1500 an der Westecke, über das regelmäßige Geviert des großen, einst Solmser Gutes an der Südseite mit Herrenhaus des 18. Jh. *(Hattsteiner Hof)*, über den anstoßenden Altbau des 16. Jh. Ferner überschaut man nach Norden die Stadt zu Füßen des Burgberges. Ihre teilweise erhaltene *Befestigung* war mit der Burg verbunden. An der Südseite liegt die *Altstädter Pforte* (um 1400, Stadtrechte seit 1304).

Die *Pfarrkirche (e.)* von Münzenberg bildet mit Chorturm, Langhaus und südlichem Seitenschiff eine reizvolle Gruppe. Die romanischen Teile des Langhauses – das rechte Portal der Westfront mit Zackenrundbogen und die beiden westlichen Mittelschiffarkaden der Südseite – weisen auf die gleichen Meister und Steinmetzen wie bei der Burg. Der weitere Ausbau der Kirche in frühgotischen Formen geschah dann durch Arnsburger Bauhüttenleute. Ihre Hand ist an dem großen Westportal, den beiden östlichen Mittelschiffarkaden der Südseite und den Gewölben des Chorturmes zu erkennen. Aus diesem Bauabschnitt stammt auch das Altarziborium, unter dem heute der gotische Taufstein steht. Das Langhaus erhielt in gotischer Zeit eine neue Nordwand mit Spitzbogenfenstern und bei der Umwandlung zum evangelischen Predigtraum barocke Emporen (1659, 1662, 1666 und 1765). Kanzel 18. Jh. Einfaches Chorgestühl 1499. Reich gezierte Sakramentsnische 15. Jh. Großes gotisches Kruzifix. Grabmal des Ritters von Bellersheim 1601. Südlich am Chor die Sakristei des 13. Jh. mit gotischer Mensa und Wandschränken sowie Ausmalung des 17. Jh. An der äußeren Nordseite ein romanisches geputztes Fenstergewände mit aufgemalter Fugenteilung. Das geschlossene Ortsbild mit seinen größeren Gehöften, den ehemaligen Burgmannensitzen, ist das ausgezeichnete Beispiel einer mittelalterlichen Siedlung, die ihre Lebensordnung von der beherrschenden Burg empfing. Den ansteigenden *Marktplatz* schließen in großartiger Kulisse das spätmittelalterliche *Rathaus* (1551–54) mit Treppengiebel und Erker (17. Jh.?) und darüber die Burgsilhouette ab. Haus Nr. 4 mit Eckerker, daran die Zahl 1591. An der Ostseite des Platzes hinter Haus Nr. 15 ein Wehrturm der Stadtbefestigung. Der geschlossene Häuserbestand des Steinwegs reicht teilweise ins Mittelalter zurück, so Nr. 21

mit steinernem Untergeschoß und Treppengiebel (um 1500), Nr. 17 das ehemalige *Hospital* von 1565 (Inschrift am Haus und am Erker) und benachbart die einstige *Hospitalkirche*, die Nikolauskapelle, im Kern 13. Jh., ursprünglich mit nördlichem Seitenschiff. Ihr Umbau zur erneuten Nutzung als katholische Kapelle ist eingeleitet. Daneben ein *Ziehbrunnen* von 1776. Von den Burgmannshöfen sind das Haus Mittelgasse 13 (18. Jh.) mit älterem Bestand und das Haus An der Burg Nr. 2 (1617) mit Hofportal (1732) erwähnenswert.

Von der Münzenberger Bergeshöhe steigen wir hinab ins Tal nach TRAIS-MÜNZENBERG. Der Ort ist reich an alten Hofanlagen mit der charakteristischen Verbindung von kleiner Hoftür mit großer Hofeinfahrt, wie sie überall in der Wetterau und an der oberen Lahn zu finden ist und sich erst vor den Höhen des Vogelsberges und des Knüllgebirges verliert. Die *Pfarrkirche (e.)* war ursprünglich eine romanische dreischiffige Basilika des 12. Jh., wie das Westportal, die kleinen Obergadenfenster und die schweren Mittelschiffarkaden ausweisen. Das südliche Seitenschiff wurde abgebrochen, das nördliche dient als Vorhalle. Die romanische Rundapsis wurde 1889 durch den jetzigen Chorraum ersetzt. Im Innern gute Raumwirkung.

In einer Talsenke am gewundenen Lauf der Wetter gruppieren sich die Gebäude des ehemaligen *Zisterzienserklosters* ARNSBURG. Fernab von Straßen und menschlichen Siedlungen, umgeben von dichtem hohem Wald, bewahrt das Kloster noch den gleichen landschaftlichen Rahmen, wie ihn die Zisterziensermönche im 12. Jh. gesucht und geschaffen haben. Diese Eigenart begünstigte 1958 den Entschluß, den ehemaligen Kreuzgangsgarten des Klosters zu einem *Kriegsopferfriedhof* und den Kapitelsaal zum Weiheraum zu gestalten. 1174 stiftete Kuno von Hagen-Münzenberg, nachdem er die Burg Münzenberg erbaut und den Sitz seines Geschlechts dorthin verlegt hatte, anstelle der Turmburg Arnsburg ein Zisterzienserkloster. Seit 1197 besiedelten Eberbacher Mönche die Neugründung, die seitdem eine große Blüte erfuhr. Sie gehört neben Eberbach und Haina zu den bedeutendsten Zisterzienserklöstern Hessens mit wertvollen Bauzeugnissen der Spätromanik, der Gotik und des Barock. Das 1803 aufgehobene Kloster kam in Gräflich Solms-Laubachschen Besitz. Kirche und Kreuzgang dienten lange als Steinbruch, so daß sie nur noch Ruinen sind. Aber die *Klostermauer* ist noch in 1600 Meter Länge erhalten. Einladende Barockbauten empfangen den Fremden, an der Südseite das *Gartenhaus* von 1751 mit Freitreppe, an der Westseite das *Torhaus* von 1774–77 mit großem Mittelbau. Auch die übrigen Klostergebäude gehören dem 18. Jh. an, so der zweigeschossige Südflügel des ehemaligen *Konventbaues*, die ›Abtei‹, von 1745–51 mit östlich abschließendem dreigeschossigem Pavillon, dem *Prälatenbau* (Abtswohnung), 1727 durch BERNHARD KIRNDE erbaut. Dahinter schließt sich weiter östlich der *Küchenbau* mit Rokokostuck im Festsaal an (vgl. Marienschloßkirche in Rockenberg). Ursprünglich begrenzte die Ostseite der Klosteranlage ein weiterer Barockflügel mit dreigeschossigem Eckpavillon, die ›Bibliothek‹ (1755–62). Dieser Flügel wurde 1818 abgebrochen und aus den Baumaterialien 1819 die Pfarrkirche (e.) des benachbarten Ortes BIRKLAR erbaut, ein quadratischer zweigeschossiger Saalbau mit Mansarddach. Die Westfront der Klosteranlage bildet der *Bursenbau*, das einstige Laienrefektorium, im Unterbau 13. Jh., im Obergeschoß und in der Dachform 18. Jh. Zwischen ihm und dem Kreuzgang liegt die ›Klostergasse‹ mit dem Zugang zur Kirche und zum Kreuzgang, der ehemaligen Klausur. Die *Klosterkirche* ist eine dreischiffige Basilika mit Querschiff und Rechteckchor. Östlich an jeden Querarm war eine Apsis angesetzt, und um den Rechteckchor führte ein Chorumgang mit kleiner Ostapsis (durch Ausgrabungen 1918 ermittelt). Alte Abbildungen zeigen einen achteckigen Vierungsturm. Der Kirchenbau wurde um 1197 begonnen und war 1245 vollendet. Zwischen den Ost- und Westpfeilern des Schiffes ist ein Planwechsel deutlich ablesbar. Der erste, gegen 1220 vollendete Bauabschnitt reicht bis zur vierten Langhausarkade. Das Langhaus zeigt dort rundbogige Scheidarkaden und Dienste an den Zwischenpfeilern; es waren also sechsteilige Gewölbe beabsichtigt. Trotz Zerstörung des Obergadens und nahezu aller Gewölbe ist der einstige Raumaufbau nacherlebbar. Originell und zugleich charakteristisch für die Zisterzienserbaukunst ist das Abfangen der Dienste und Pfeilervorlagen. Am nördlichen Seitenschiff steht in einer ehemaligen Seitenkapelle der *Doppelgrabstein* des Johann von Linden und seiner Gattin (gest. 1394). Die barocke Ausstattung der Klosterkirche wurde zerstreut (vgl. Lich und Rockenberg). Vom südlichen Seitenschiff führt zum Kreuzgang ein *Portal* mit spätromanischen Farbresten (zuunterst Rot, darüber eine jüngere Schicht Gelb, vgl. Haina). Die gleichen Farbspuren entdeckt der aufmerksame Beobachter an vielen Stellen der Kirchenruine und der mittelalterlichen Teile der Klostergebäude, auch auf den Kapitellen. Die Grundmauern des *Kreuzganges* wurden 1958 freigelegt. Im Ostflügel neben dem Kirchenquerschiff die *Sakristei*, dann der ehemalige *Kapitelsaal* mit vorzüglicher Gewölbetechnik und reichem Kapitellschmuck; an den Wänden umlaufende Sitzbänke. An der Nordwand die *Grabplatte* des Johann von Falkenstein (gest. 1365), ein Werk von hervorragender Qualität, wohl die gleiche Meisterhand wie der Grabstein des Günther von Schwarzenberg (gest. 1365) im Frankfurter Dom. Südlich des Kapitelsaals die Treppe zum Obergeschoß, ein Durchgang zum rückwärtigen Garten und das ehemalige Auditorium. Im Obergeschoß das Dormitorium (13. Jh.), der monumentale Schlafsaal, dessen Gewölbe auf schlanken Säulen größtenteils erhalten sind.

Wenige Kilometer talauf werden bereits die Türme und Bauten von Lich sichtbar. Seitlich der Straße zur Rechten der *Kolnhauser Hof*, ein alter Arnsburger Klosterhof. Die große rechteckige, teilweise ummauerte Hofanlage mit *Herrenhaus* von 1721 ist neben Wickstadt ein vorzügliches Beispiel der einstigen reichen Gutshöfe, über die die mittelalterlichen Klöster aufgrund ihrer adligen Stiftungen verfügten. Auf der westlichen Talhöhe sind die Spuren des Limes wieder sichtbar.

Der die Wetterau umschließende Grenzwall bog bei GRÜNINGEN nach Osten um und überquerte nördlich Arnsburg die Wetter. Auf einer Anhöhe (278 m) nordwestlich Grüningen mit weiter Rundsicht von Münzenberg bis Gleiberg steht die Turmruine einer *Windmühle* (18. Jh.). Vermutlich stand an dieser exponierten Stelle zuvor eine Landwarte, wie sie ähnlich – von hier aus sichtbar – auf den Höhen um Gießen (s. d.) aufragen. Grüningen, ursprünglich Münzenberger Besitz, seit 1806 hessisch, erhielt in der 2. Hälfte des 15. Jh. Stadtrechte und eine Befestigung, von der sich am Westrand des Dorfes ein Rundturm, der *Diebsturm*, erhalten hat. Auch stand hier einst eine Solms-Braunfelssche Burg. Die *Kirche* ist ein origineller malerischer Bau. Neben dem Chorturm des 13. Jh. ein spätgotischer polygonaler Chor von 1520. Beide Chorräume öffnen sich zu einem saalartigen flachgedeckten Langhaus mit Holzpfeilern von 1669 auf gotischen Säulenfundamenten; dazu Emporen. 1912–13 wurde die alte Bemalung renoviert und die des spätgotischen Chorgewölbes neu geschaffen.

Während Bergeshöhen das Wettertal bei Münzenberg begleiten und bei Arnsburg einengen, weitet es sich mit LICH wieder zu einem Becken. Seit 1419 unterstand Lich den Grafen von Solms, deren Licher Seitenlinie im 17. und 18. Jh. die mittelalterliche Wasserburg der Herren von Arnsburg-Münzenberg zu einem *Residenzschloß* ausbaute. Das heutige Schloß vor dem Hintergrund eines ausgedehnten Parkes (Besitzer Fürst zu Solms-Hohensolms-Lich) geht mit seinen Fensterformen und Mansarddächern auf einen eingreifenden Umbau von 1764–66 zurück. Die drei Flügel enthalten jedoch noch mittelalterliche Substanz. Zwischen die beiden vorspringenden Seitenflügel baute GEORG MOLLER 1833 einen Querbau, der den alten Innenhof fast ganz ausfüllt. 1911–12 entstand der neubarocke Anbau an der Nordostecke. Westlich vom Schloß ein frühklassizistischer *Marstall* (spätes 18. Jh.). Die um 1300 angelegte *Stadtbefestigung* um 1510–20 modernisiert. Aus dieser Zeit stammt der hochragende, ursprünglich innen offene Stadtturm neben der Kirche. Mit seiner verschieferten Türmerstube des 17. Jh. ist er weithin sichtbar und dient heute als Glockenturm der evangelischen *Pfarrkirche*, der einstigen Stiftskirche eines 1316 gegründeten Kollegiatsstiftes. Bereits im 8. Jh. erbauten schottische und irische Wandermönche in Lich eine Missionskirche. Die heutige Kirche, ein Neubau von 1510–94, ist bedeutsam durch ihre großartige Raumwirkung, durch ihre berühmten Grabdenkmäler, durch die Arnsburger Barockkanzel und durch die 1957–58 freigelegte Ausmalung (Ende 16. Jh.). So wie die Kirche in der Wende zweier Stilepochen entstand – Spätgotik und Renaissance –, so vollzog sich auch während ihres Ausbaues 1562 die Einführung der Reformation in Lich. Doch der dreischiffige querschifflose Hallenbau eignete sich ohne Schwierigkeit als Predigtkirche. Der Bau ist wohl die späteste Hallenkirche Hessens und mit seinen steinernen Emporen und dem Chorumgang der Endpunkt der in Marburg und Haina 300 Jahre vorher eingeleiteten Entwicklung. Nach der ursprünglichen Planung sollten die Emporen auch im Chorumgang weitergeführt und alle drei Schiffe eingewölbt werden.

Ende des 16. Jh. wurde die Kirche durch *Malereien* ausgestaltet. Phantasievolle Rollwerkornamente schmücken die Mittelschiffarkaden und das östliche Chorfenster. Unter einer einfachen Balkendecke wurde um 1740 das heutige Tonnengewölbe eingezogen. Gleichzeitig wurden die Renaissancefresken durch eine ornamentale Rokokoausmalung, die sich gleicherweise um die Arkaden legt, in der westlichen Hälfte des Langhauses fortgeführt. Auf diese Weise kann man heute die in Farben und Formen lebhaft unterschiedlichen Raumdekorationen zweier wesensverschiedener, aber künstlerisch gleichrangiger Stilepochen bewundern. Die strenge gotische Architektur des Langhauses wird von der aufgelösten raumgreifenden Form der *Kanzel* belebt, einem Meisterwerk des späten Rokoko in versprühender Ornamentik. Den Kanzelkorb umstehen in dramatischen Gebärden die vier Kirchenväter, auf dem Schalldeckel erscheint Moses. Rechnungen überliefern Meister MARTIN LUTZ 1772–74 als Schöpfer der Figuren. Er arbeitete auch in Rockenberg an der Marienschloß-Kirche (s. d.). Die *Orgel*, um 1600 geschaffen, 1633 im Prospekt erweitert, stammt ebenfalls aus Kloster Arnsburg. Sie wurde während des Dreißigjährigen Krieges nach Lich gebracht. An der Nordseite des Chores der *Fürstenstuhl* (1714) und neben seinem modernen Treppenaufgang das reiche *Sakramentshäuschen* von 1536 mit Reliefszenen des Alten Testamentes in typologischen Hinweisen auf das Opfer des Neuen Testamentes. Das große *Kruzifix* im Chor ist ein hervorragendes, tieferschütterndes Werk (um 1500, ursprüngliche farbige Fassung 1956 freigelegt).

Im Chorumgang sind eine Reihe recht bedeutender *Grabmäler* aufgestellt. Sie stellen in der Folge von Norden nach Süden dar: 1. Philipp III. von Falkenstein (gest. 1322) in kräftigen einfachen Formen; 2. Johannes von Solms (gest. 1457) und 3. Johannes von Solms und Elisabeth von Kronberg (gest. 1438), beide in anmutig-bewegter Haltung, späte Zeugnisse mittelalterlichen Rittertums; 4. Kuno von Falkenstein (gest. 1333) und Anna von Nassau (gest. 1329) von hoher künstlerischer Qualität in der Anmut und seelenvollen Innigkeit der beiden einander sich zuneigenden Gestalten, Ausdruck der empfindsam-höfischen Ritterkultur und mystisch-transzendenten Religiosität der 1. Hälfte des 14. Jh.; 5. dreifacher Doppelgrabstein des Philipp von Solms mit Gattin, Reinhard von Solms mit Gattin sowie Otto von Solms mit Gattin, im Auftrage des Grafen Reinhard gegen Mitte des 16. Jh. von DIETRICH SCHRO aus Mainz gearbeitet, von JÖRG RITTER farbig gefaßt, ein groß angelegtes Werk einer selbstbewußten Renaissancepersönlichkeit: der Auftraggeber war Festungsbaumeister und Feldherr Kaiser Karls V., 6. und 7. Adolf Schenck zu Schweinsberg und Gattin (gest. 1532), 8. an der Südwand des Chores Franco von Kronberg (gest. 1461). Im Chorfußboden Grabplatten mit Bronzeeinlagen der Solmser Grafen Kuno (gest. 1477) und Ernst (gest. 1590) mit Gattin (gest. 1594). Auf dem stimmungsvollen Kirchvorplatz wächst mit breiter schützender Krone die 1817 gepflanzte Luthereiche. Die 1300 von dem Falkensteiner gegründete Stadt Lich erfreut durch eine Reihe stattlicher alter *Hausbauten*, so in der Kirchgasse, Unter- und Oberstadt mit einheitlichen Fronten: Giebel und Krüppelwalm. Bemerkenswert sind gegenüber der Kirche (Kirchplatz 4) das ehemalige *Haus Textor* von 1632 mit Beschlagwerkornamenten, in der Oberstadt Nr. 5 und Nr. 18, jeweils mit Schnitzereien (17. Jh.), Nr. 11 mit Erker (17. Jh.), in der Oberstadt Nr. 5 mit hängendem Eckpfosten (um 1450) und Schloßgasse Nr. 7 mit Eckerker (1607), Nr. 8 der Westphalensche Hof (Mitte 17. Jh.) und Nr. 14 mit Eckerker (um 1700), die *Obermühle* (Am Schwanensee 43) von 1768 mit Fachwerkobergeschoß und Mansarddach.

Die Stadt GRÜNBERG liegt auf einem langgezogenen Höhenrücken, nun schon nicht mehr über der Wetter, sondern über einem kleinen Seitental der Lahn, das bei Gießen mündet. Die wichtige Straße ›durch die kurzen Hessen‹ (Frankfurt–Alsfeld–Leipzig) überquerte an dieser Stelle die Wasserscheide zwischen Lahn und Main, weshalb Landgraf Ludwig III. von Hessen 1186 hier eine *Burg* gründete. Sie war mehrfach zwischen Mainz und Hessen umstritten. An ihrer Stelle nordöstlich der Kirche beim Winterplatz steht heute ein hoher verschieferter Fachwerkbau mit symmetrischen Eckbauten des 18. Jh., in der Grundform wohl älter (16. Jh.); daneben ein barockes Fachwerkhaus mit Mansarddach. Zu Beginn des 13. Jh. erhielt Grünberg Stadtrechte und Stadtumwehrung. Davon trotzte allein der *Diebsturm* allen Zerstörungen. Schon von Ferne grüßt er den Nahenden. Seine sorgfältige Quaderverblendung kennzeichnet die staufische Entstehungszeit ebenso wie die seltene Grundrißform des Kreises mit vorgezogener Spitze, die an westdeutsche und französische Bergfriede denken läßt (z. B. Runkel an der Lahn und La Roche Guyon in Frankreich). Der schlanke Turm der 1846–52 erbauten spätklassizistisch-neuromanischen *Stadtkirche (e.)* bildet den zweiten Akzent in der Silhouette des Stadtbildes.

Der *Antoniterorden* besaß in Grünberg eine seiner ältesten und reichsten Niederlassungen. Die 1242 gegründete Anlage wurde 1526 aufgehoben. Die Güter erhielten die Universitäten Marburg und Gießen. Das *Kloster* wurde als Witwensitz der Landgräfin Hedwig zu einem Schloß umgebaut. Die einstige in der Rosengasse gelegene Klosteranlage ist in ihrer Gesamtheit jedoch noch erkennbar (am besten rückseitig von Westen). Die ehemalige Kirche an der Londorfer Straße dient heute als Wohnhaus (Strebepfeiler im Hof). Daneben in der Rosengasse der ›Schloßbau‹, ein verputzter Fachwerkbau mit zwei Erkern (Ende des 16. Jh., heute Forstämter). Weiter östlich folgt das senkrecht zur Rosengasse stehende Stammlersche Haus, der sog. Universitätsbau, ein charaktervoller stolzer Fachwerkbau (um 1500) auf steilem Erdgeschoß. Das Gebäude auf der gegenüberliegenden Seite der Rosengasse (heute Volksbank) geht ebenfalls in spätmittelalterliche Zeit zurück. Die *Franziskaner* besaßen seit dem 13. Jh. ein *Kloster* in der Stadt, von dem ein gotisches steinernes Wohngebäude zwischen Barfüßergasse und Hegerweg nördlich des Diebsturmes noch steht. Der *Marktplatz* erfreut durch sein geschlossenes Platzbild mit alten, meist verputzten Fachwerkbauten, diese ebenso in den abzweigenden Straßen (Marktgasse, Alsfelder Straße, Rabengasse). Das *Rathaus* am Markt, wirkungsvoll gelegen beim Blick durch die Alsfelder Straße, wurde mit Fachwerkobergeschoß und Renaissanceportal 1586–87 erbaut und im 19. Jh. restauriert. Von Einzelhäusern sind zu erwähnen: Markt Nr. 7 von 1688 und Nr. 9 von 1720, Alsfelder Straße Nr. 1 um 1500 (verputzt) und Nr. 3 aus dem 17. Jh. sowie Nr. 5 von 1743. Bereits im hohen Mittelalter entstand vor der Grabenstraße eine ›Neustadt‹ am südlichen und südöstlichen Talabhang, die 1324 mit der ›Altstadt‹ verschmolz. In dieser Neustadt lag das im 15. Jh. gegründete Augustinerinnenkloster, das 1541 in ein *Spital* umgewandelt wurde. Die heutige *Friedhofskirche (e.)*, ein Neubau von 1725–40, steht anstelle der ehemaligen Spitalkirche. Das benachbarte langgestreckte Fachwerkhaus auf Steinunterbau ist das einstige Spitalgebäude.

Auch LAUBACH im Quellbereich der Wetter wird von einem Kranz waldreicher Bergkuppen umschlossen. Ähnlich den vorher betrachteten Orten war es ursprünglich Münzenberger, seit 1255 Hanauer, seit 1341 Falkensteiner Besitz. Aus dieser Zeit stammen die beiden Türme der *Stadtbefestigung*, der viereckige ›Kriegerturm‹ und der runde ›Bürgerturm‹. 1548 wurde Laubach Residenz der Grafen von Solms-Laubach. Sie bauten im 16. und 18. Jh. die Wasserburg der Falkensteiner zu einer weitläufigen *Schloßanlage* um. Besonders der barocke Schloßausbau offenbart das Bestreben, den mittelalterlichen Wehrbau bei sparsamer Bauweise in eine großzügige stadtbeherrschende Residenz mit massig gruppierten und gestuften Baukörpern, mit geraden Achsen und mit betonten Blickpunkten zu wandeln. Endpunkt zweier Blickachsen vom Markt und von der Stiftsstraße bildet der runde, von Haube und Laterne bekrönte ehemalige Bergfried an der Mittelfront des Hauptschlosses. An der Stiftsstraße, einer Neugründung des 18. Jh. mit schlichten traufseitigen Häusern, beginnt der Auffahrtsweg zum Schloß, wobei die gesamte Gruppe der Vorburggebäude durchmessen wird: Zuvorderst östlich (rechts) an der Stiftsstraße (Nr. 2) die dreiflügelige *Rentkammer*, das ehemalige ›Armenhaus‹ (Anfang 18. Jh.), dann westlich (zur Linken) der machtvolle *Scheuerbau* (1751–53). Es folgen im Weiterschreiten zum Hauptschloß zwei quergestellte, symmetrisch entsprechende *Beamtenhäuser* der Barockzeit. Sie trennen den Wirtschaftshof vom großen Schloßhof, dessen Nordfront das Schloß beherrscht. Die Ostseite des Schloßhofes bildet der ehemalige *Marstall* (1556–57), der im 18. Jh. den schlanken Mittelrisalit erhielt und in der 2. Hälfte des 19. Jh. zu seiner heutigen Form umgebaut wurde. Im Winkel zwischen diesem Ostbau und dem östlichen Beamtenhaus liegt der ›*Neue Bau*‹ (18. Jh.) mit hohem Mansarddach, im Winkel zwischen Ostbau und Bergfried der ›*Nassauer Bau*‹ (im Kern 15. Jh., in seiner heutigen wuchtigen Form 18. Jh.). Die Mitte des weiträumigen Schloß- und Paradeplatzes betont ein barocker *Röhrenbrunnen*, auf dem ein Löwe das Solmser Wappen hält. Diese Blick- und Auffahrtsstraße – eine typisch barocke Idee – sollte sich jenseits der Stiftsstraße in einer neuzubauenden Stadtachse fortsetzen. Das *Hauptschloß* selbst ist eine Dreiflügelanlage, im Kern 13. und 15. Jh., im 17. und 18. Jh. jedoch stark verändert. Mächtige runde Turmbauten flankieren die Enden der Seitenflügel. Der östliche Seitenflügel, der Bau ›auf der Kemnaten‹, enthält im Untergeschoß mehrere Wohnräume des 15. Jh. mit altem Mobiliar und Kunstgegenständen aus Solmser Besitz und eine gute Ausmalung von 1556–57 durch MICHAEL SOMMERMANN über Resten des 15. Jh. (Küche, Wohnraum, Gesinderaum und Turmzimmer). Diese Räume sind als Museum zugänglich, während die übrigen Teile des Schlosses bewohnt werden (Graf zu Solms-Laubach), darunter im ›Nassauer Bau‹ das Treppenhaus und der Festsaal des 18. Jh. An Nord- und Ostseite des Schlosses ein großer Park mit altem Baumbestand. In ihm die *Untermühle*, ein einfacher Renaissancebau von 1588–89. Im Schloß wird eine reichhaltige Bibliothek mit wertvollen alten Beständen aufbewahrt.

Vom großen Schloßhof erreicht man durch einen barocken Bogengang, an den seitlich (nördlich) die ›*Friedrichsburg*‹ (1735–39) mit Freitreppe und geschweiftem Vordach grenzt, den Marktplatz und die *Pfarrkirche (e.)*. Ein gedeckter Fachwerkgang verbindet Schloß und Kirche. Niedrige Dorfhäuser umstehen den Kirchvorplatz in geschlossener Halbkreisform. Die Ostteile der Kirche frühgotisch (13. Jh.), das Langhaus barock (1700–1702), beide Bauteile außen wie innen von starker Gegensätzlichkeit. An den gedrungenen kleinen Vierungsturm mit Rautendach (rheinische Einflüsse?, vgl. Schotten) schließt eine Apsis, in die außen ältere romanische Steinplastiken eingelassen sind. Das farbenfrohe Mansarddach des Langhauses buchtet an der Westfront polygonal vor. Im Innern verraten die frühgotischen Gewölbe und Kapitelle des Ostbaues gute Steinmetzkunst, vielleicht Arnsburger Einfluß. Die Emporenpfeiler des barocken Langhauses tragen die Deckentonne, so daß der Eindruck von Theaterlogen entsteht (vgl. Gambach und Zwesten). Im nördlichen Querschiffarm und im Chor sind bedeutende Reste mittelalterlicher *Fresken* erhalten (1909 renoviert): aus dem 14. Jh.: Passionsszenen an der Ostwand und Apostelbilder an der Nordwand des Querarmes, hl. Georg und Schutzmantelmadonna im Chor, um 1500 Vesperbild, Anna Selbdritt und Rankenwerk an der Ostwand des Querschiffarmes von hoher Qualität und um 1563 groteske figürliche und pflanzliche Motive in zartlinigem Rankenstil auf dem Gewölbe des Querarmes. Die letztgenannte Ausmalung entstand wohl gleichzeitig mit dem großen Grabmal des Grafen Friedrich Magnus (gest. 1561); die kniende Ritterfigur vor dem Kruzifix schuf 1562–63 JORDAN BRECHFELD. Das Grabmal im Chor, ein Sarkophag in portalartigem Aufbau, fertigte 1600–1601 BALTHASAR BÜTTNER aus Büdingen, das Grabmal des Grafen Johann Friedrich (gest. 1696) und seiner Gattin (gest. 1702) am südwestlichen Vierungspfeiler JOHANN FRIEDRICH SOMMER aus Marburg 1714 nach Entwurf von J. P. MEYER aus Hungen. Herrschaftsstuhl mit großer Wappenbekrönung von 1735, die Orgel mit reichem Prospekt 1747 von J. C. WÖLL aus Büdingen und J. M. REINECK aus Laubach. In der Stadt eine Reihe beachtlicher *Fachwerkhäuser*, besonders in der

Untergasse, Grünemannsgasse, Oberen Langgasse, Obergasse, Untere Lücke und in der Wildemannsgasse, teilweise mit Erker oder Schnitzereien.

Ein wenig nordöstlich beim Seesenkopf (350 m) liegt FREIENSEEN. Die *Pfarrkirche (e.)* besteht aus einem Chorturm des 13. Jh. und einem spätbarocken Langhaus mit Mansarddach von 1772–73. Das Innere mit guter einheitlicher Ausstattung des späten 18. Jh.

2. Das Horlofftal

Die Horloff entspringt im Vogelsberg nördlich Schotten. Die *Pfarrkirche (e.)* von GONTERSKIRCHEN, ein Werk des 13. Jh. mit Chorturm und Langhaus (Holztonne 17. Jh.), ist ein besonders gutes Beispiel für den künstlerischen Einfluß der Arnsburger Bauhütte auf die umliegenden Dorfkirchen. RUPPERTSBURG liegt reizvoll auf einem Höhenrücken vor dem Hintergrund großer Wälder, überragt von der 1750–57 erbauten *Pfarrkirche (e.)*

In HUNGEN, wo das Tal breit und flach wird und der Limes unweit südlich vorbeilief, begegnen wir der fünften Solmser Residenz in der Wetterau neben Assenheim, Lich, Laubach und Rödelheim. Zwei Bauwerke bilden durch das freie Zusammenwachsen von Formen verschiedenster Entstehungszeiten äußerst malerische Situationen, die Kirche und das Schloß. Die *Pfarrkirche (e.)* reicht bis in romanische Zeit zurück, wie der schwere Chorturm an den Portalformen erkennen läßt; Oberbau des Turmes gotisch. Daran schließt sich ein gewölbter Chor (1514–18) und ein einschiffiges Langhaus mit hohem Satteldach (1596–1608). An der Südseite ein Rundturm mit Laternenhaube. Der mittelalterliche Chorraum war die Grablege der Solms-Hungener Grafen. Die im Fußboden eingelassenen Grabsteine seit 1961 an den Wänden aufgestellt, um den Chor für kleinere gottesdienstliche Feiern einzurichten; hervorzuheben das Kenotaph am Chorende von 1616 für Graf Otto II. (Gründer der Linie Solms-Hungen, begraben in Heidelberg). Von besonderem künstlerischem Wert ist die Ausmalung des Chorraumes unter dem Turm: in der Fensternische Marientod und Johannes d. T., östlich neben der Fensternische hl. Barbara, qualitätvolle, elegant flüssige Darstellung um 1400. Das reiche pflanzliche Rankenwerk an den Wänden 15. Jh. Die Türumrahmung mit Beschlagwerkornamentik frühes 17. Jh. Im saalartigen Langhaus Kanzel (17. Jh.) und Emporen (1874). Westlich der Kirche das *Schloß* (heute Altersheim). An der Nordseite der *Vorburg* Kanzlei- und Torbau mit schönem Renaissancegiebel von 1604. Das *Hauptschloß* zeigt eine bewegte und abwechslungsreiche Schaufront. Die Burg der Grafen von Falkenstein kam 1419 an die Grafen von Solms, die einen Um- oder Neubau veranlaßten. Der Torturm mit den vier Wichhäuschen und dem Storchennest auf seiner Spitze sowie der hohe Giebelbau, der ›Alte Bau‹, nördlich davon und größere Teile des übrigen Mauerwerks gehen auf diese spätgotische Anlage zurück. Den kleinen reizvollen Innenhof mit dem Ziehbrunnen von 1574 schloß an der heute offenen Seite zur Bahnlinie hin eine 1716 abgebrochene hohe Wehrmauer mit Rundturm (wohl einst der Bergfried) ab. Noch dreimal wurde das Schloß umgebaut und erweitert: Im 16. Jh. entstand der Bau des Treppenturmes (1572–74) im östlichen Hofwinkel und der nordwestliche Verlängerungsflügel entlang der heutigen Bahnlinie, der ›Neue Saalbau‹. 1604–12 erfolgte der Umbau des südöstlichen Flügels, des ›Frauenzimmerbaues‹, mit den charakteristischen Spätrenaissancegiebeln; diese sind den gleichzeitigen Giebeln auf dem ›Schloß‹ der Burg Friedberg sehr ähnlich und lassen den gleichen Architekten vermuten. Im Jahre 1700 schließlich gestaltete Graf Wilhelm Moritz die Schaufront des Schlosses mit den gekurvten Fachwerkgiebeln, der heiter geschwungenen seitlichen Barockhaube und den eigenwilligen turmartigen Wachhäuschen. Der gleichen Zeit verdanken auch die laubenartigen Vorbauten an der Hoffront und einige Innenräume mit schlichten Stuckdecken ihre Entstehung. Trotz der vielen Bauepochen bildet das Schloß eine erfreuliche Einheit.

Östlich des Horlofftales zeichnen sich die weich gezogenen, von Waldflächen bedeckten Höhen des Vogelsberges ab. Die *Pfarrkirche (e.)* von BERSTADT wurde in der 2. Hälfte des 13. Jh. von der Arnsburger Bauhütte erstellt, ein gewölbter Chorturm mit flachgedecktem, im frühen 14. Jh. verändertem Langhaus. Die Gewölbe und Kapitelle des Chorraumes zeigen beste Steinmetzkunst. 1630 erhielt der Chorturm die überaus reichgegliederte Turmhaube, die während ihrer Zimmerung als allzu ›hoffärtig‹ bezeichnet wurde. WOHNBACH liegt an der Ostseite des flachen bewaldeten Höhenrückens, der sich zwischen Wetter- und Horlofftal hinzieht. Die *Pfarrkirche (e.)* am westlichen Ortsausgang wurde 1620 neu erbaut und überrascht im Innern durch die harmonische Raumaufteilung – dreiseitige Emporen mit reicher Kanzel (1. Hälfte 17. Jh.) an der emporenfreien Längswand – und durch die vorzüglichen Deckenstuckaturen von 1621. In den farblich getönten Medaillons sinnbildhafte Darstellungen, in der Mitte Doppelwappen Solms-Lobkowitz (vgl. die Ausführungen über Nidda). Schlichtes Fachwerk-*Rathaus* in der Ortsmitte von 1665 mit Mansarddach um 1752.

In WÖLFERSHEIM, das landschaftlich ähnlich wie Wohnbach liegt, stand einst eine Burg der Grafen von Solms-Braunfels und rings um den Ort eine wehrhafte turmreiche Stadtmauer. Von den *Stadttürmen* des 15. Jh. ragen zwei noch aufrecht, ein runder mit Wehrgang und ein quadratischer mit barockem Mansarddach. An die Stelle der Burg trat die 1717–31 erbaute *Pfarrkirche (e.)*. Als Turm wurde ein runder Wehrturm wiederverwandt, vermutlich der alte Bergfried. Der mächtige Saalbau des Schiffes besitzt eine äußerst prunkreiche Fassade mit drei Portalen und Freitreppen, Pilaster- und Säulengliederung, kräftigem barockem Gesims und Mansarddach. Diese ungewöhnliche Kirchenfront läßt vermuten, daß die Fassade ursprünglich nicht für einen Kirchen-, sondern für einen Schloßbau bestimmt war. Leider verhindert der starke Baum- und Strauchwuchs vor der Fassade ihre rechte architektonische Entfaltung. Der Innenraum, 1740 fertiggestellt, ist eine weite quergelagerte Halle mit dreiseitigen Emporen und mit Kanzel an der emporenfreien Längswand zwischen Säulen und seitlichen verglasten Logen (vgl. die überraschende Ähnlichkeit mit der Kirche von Weilburg). Das reich geschnitzte *Fachwerkhaus* gegenüber der Kirche (Kirchstraße 10) erbaute 1690 die Familie von Pappenheim. Im angrenzenden Dorf SÖDEL steht der gestreckte Bau des Solms-Licher *Schlosses* mit vorgesetztem rundem Treppenturm, im Unterbau Stein, im Oberbau Fachwerk (erbaut 1579, nördöstliche Verlängerung frühes 17. Jh.).

Wo der langgezogene bewaldete Wann-Kopf (254 m) Horloff- und Niddatal trennt, liegt unmittelbar an der Horloff das Straßendorf ECHZELL. Ein *Römerkastell*, dessen drei Bauepochen ergraben wurden, sicherte die Bachüberquerung des Limes. Die mittelalterliche *Wasserburg* kam 1737 in den Besitz der Familie von Prettlack, die den Ausbau als dreiflügeliges schlichtes Barockschloß mit Mansarddach und rückseitigem Risalit veranlaßte. Der Bau liegt verträumt inmitten hoher Parkbäume zwischen der Hauptstraße des Dorfes und einem Seitenarm der Horloff. Die Gräben heute trocken. Die niedrigen Seitenflügel im 19. Jh. verändert. Jetziger Besitzer Familie von Harnier und Jugendinternat. Die *Pfarrkirche (e.)*, ein mittelalterlicher, mehrfach umgebauter und 1724 erweiterter Bau, ist charakterisiert durch den weithin sichtbaren hohen Turmhelm. Im Innern befinden sich umfangreiche Freskenzyklen an den Längswänden aus dem 16. Jh. (Apostelreihe 1946 neu gemalt) und aus dem 14. Jh. (Marter der Zehntausend, Passionsszenen, Jüngstes Gericht). 1961 fand nach einem Dachstuhlbrand eine durchgreifende Restaurierung des Bauwerkes statt. Beim Einbau der Heizung wurde Mauerwerk angeschnitten, das sich als Rest einer römischen Badanlage erwies. Darüber Fundamente einer früheren Kirche. Auf dem Westgiebel der 1485 erbauten einfachen Kapelle von GETTENAU haben Störche ihr Nest gebaut.

BINGENHEIM war der Verwaltungssitz der seit 1320 urkundlich bezeugten ›Fuldischen Mark‹. Die 1064 bereits genannte, in der Bachniederung nordwestlich des Dorfes gelegene *Wasserburg* war ursprünglich Besitz der Abtei Fulda, die verschiedene Wetterauer Adelsgeschlechter damit belehnte (Münzenberg, Falkenstein). Sie kam 1570 an Hessen (seit 1961 Heil- und Erziehungsinstitut). Die ausgezeichnet erhaltene und gepflegte Anlage ist ein lehrreiches Beispiel für eine spätmittelalterliche regelmäßig-rechteckige Wasserburg mit Vorburg und durch Graben abgetrennter Hauptburg. Die Gräben heute trocken.
Die *Vorburg* des 15. Jh. mit spitzbogigem Tor, hoher Ringmauer und zwei Eckrundtürmen; im Vorburghof Fachwerkbauten des frühen 19. Jh., Wohnhaus und Scheune. Die *Hauptburg* wird bestimmt durch den gewaltigen, ungewöhnlich großen spätgotischen Wohnturm, den ›Hohen Bau‹, einst mit Erkertürmchen an den vier Dachecken. Nordöstlich dahinter der ›Küchenbau‹ des 18. Jh. mit Mansarddach. Die Nordwestseite des Burghofes begrenzt der spätgotische ›Lange Bau‹ mit Treppengiebel und Spitzbogenportalen, 1675 von Landgraf Wilhelm Christoph von Hessen-Bingenheim erneuert. Vor der Burg im Dorf die spätgotische *Kapelle (e.)*, 1859 verändert. In Dorfnähe am Lugberg Reste eines *Limeskastells*, ferner im Walde prähistorische *Hügelgräber*.
Nur wenig abwärts im Tal breitet sich REICHELSHEIM aus, einst den Grafen von Nassau gehörig. Von der Ortsbefestigung des 15. Jh. stehen noch ein Wehrtor mit Flankenturm am Ende der Kirchgasse (Eingang zum neuen Friedhof) und zwei weitere Türme (Turmgasse). Auch die *Pfarrkirche (e.)*, laut Inschrift 1485 erbaut, war ein Wehrbau. Der im Unterbau dem 13. Jh. angehörende Westturm trägt einen spätgotischen Wehrgang und Steinhelm (vgl. auch Bruchköbel). Die Kirche ist im übrigen eine fast unberührt erhaltene dreischiffige Pseudobasilika des späten 15. Jh. mit hohem Dach und Giebeln über den Seitenschiffjochen. Kurzer, niedriger und gedrungener Innenraum. Die um 1930 erfolgte Renovierung legte Chorfresken aus der Erbauungszeit frei, an den Gewölben Evangelistensymbole, an der nördlichen Chorwand die Heiligen Drei Könige, an der südlichen Chorseite ein Christophorus. Im nördlichen Seitenschiff eindrucksvolles Holzkruzifix (Anfang 16. Jh.).
In NIEDERFLORSTADT, das von einer spätbarocken Pfarrkirche (e.) aus dem Jahre 1792 überragt wird, mündet die Horloff in die Nidda. Das *Schloß* der Freiherren Löw zu Steinfurth ist ein schlichter langgestreckter Barockbau des 18. Jh. mit älterem Portal (1603) am seitlichen Anbau. Das Herrenhaus des *Mönchhofes*, ehemals fuldischer Besitz, entstand 1723-24.

3. Das obere Niddatal und der Vogelsberg

Bei dem kleinen altertümlichen Städtchen STADEN an der Nidda
trägt die Landschaft noch ganz den Charakter der fruchtbaren weiten
Flußebene. Von der im 12. Jh. bezeugten *Wasserburg* der Abtei Fulda
ist in den Weidewiesen am nördlichen Ortsrand neben der Mühle des
18. Jh. die ringförmige Erstanlage mit Mauern und Turmresten erhalten. Mit der Burg waren die Herren von Büdingen, seit 1404 eine
Ganerbenschaft (u. a. Isenburg und Löw) belehnt. An die Burg der
Isenburger erinnert das südlich der Altburg gelegene *Gehöft* mit mächtigem gotischem Torturm und spätmittelalterlichem Wohnbau von
1574, das sog. Isenburgische Haus. Das *Schloß* der Herren von Löw
(heute Schule) mit großem angrenzendem Park ist ein schlichter Bau
des 18. Jh. (1872 restauriert, heute Walmdach statt des 1945 abgebrannten Mansarddaches). Bemerkenswert die hölzerne *Brücke* über
den Mühlbach aus dem Jahre 1681 mit malerischem Fachwerküberbau. Die *Pfarrkirche (e.)* entstand in spätklassizistisch-neuromanischen Formen um 1860 südlich vor der aus Mauer und Grabensenke
bestehenden *Stadtbefestigung*. Am Westrand des Ortes ein kleiner
Sauerbrunnen.

Mehrere Kilometer flußauf liegt am südlichen Hang MOCKSTADT,
dessen Kirche einen fein gegliederten Zwiebelturm emporreckt, und
auf den nördlichen Talhöhen DAUERNHEIM, ein Dorf mit guten
Fachwerkhäusern, von gotischer Kirche mit romanischen Teilen
überragt; im Chor ein zierliches Rippengewölbe. An der Böschung
unter der Kirche Reihen von Kellereingängen mit Wappen und
Jahreszahlen.

Westlich, und zwar über einem rechten Seitentälchen der Nidda,
finden wir GEISSNIDDA. Eine hohe Kirchhoftreppe führt zu der
jüngst restaurierten *Pfarrkirche (e.)* mit dem schlanken Chor aus
der Mitte des 14. Jh. und den edlen Maßwerkfenstern hinauf. Das
basilikale Langhaus stammt aus der 2. Hälfte des 13. Jh. Am nördlichen Seitenschiff ein Stufenportal; im Tympanon Kreuzigungsdarstellung in bescheidenen Formen mit Maria, einem hl. Bischof und
Stifterfigur. Der romanische Westturm (nach 1200) mit schlichtem
rundbogigem Portal und hessischer Helmform über Giebeln; an den
Klangarkaden beachtenswerte Kapitelle. Der Innenraum von edler
ruhiger Wirkung; Stützenwechsel der spitzbogigen Arkaden mit vorgelegten Diensten. Im Langhaus tragen gut gearbeitete Knospen-,
Blatt- und Figurenkapitelle (13. Jh.) die spätgotischen Gewölbe.
Altarschrein mit Marienfigur des späten 15. Jh. An der modernen
Kanzel Holzfigur um 1500. Taufstein 1660.

NIDDA ist nach dem die dortige Wasserburg umspülenden Fluß benannt. Auf dem kleinen viereckigen *Marktplatz* steht ein schöner Ziehbrunnen von 1650, daran Stadtwappen und ein sinniger Spruch. Einige alte Giebelhäuser umstehen den Platz, auf einem von ihnen ein Storchennest – das letzte vor der Weiterfahrt in den Vogelsberg. Das Rathaus von 1811 mit älteren Teilen. Von dem benachbarten Giebelhaus von 1599 nur das Seitenportal erhalten. In der Mühlgasse (Nr. 4, 1. Hälfte des 16. Jh.) und in der Raunstraße (Nr. 1 von 1632) alte Fachwerkhäuser, meist verputzt oder verschindelt. Die Schloßgasse bringt uns zur *Pfarrkirche (e.)*, ein Neubau von 1615–17 mit ornamentierten Portalen, Fenstern und hohem Giebel in betonter Hausform, dazu ein Chorturm mit Haube und seitlichem Treppenturm. Im Innern Stuckdecke mit Leisten und Beschlagwerkornamenten, mit Wappen- und Symbolfeldern im gleichen Stil wie in Wohnbach und Niederweisel. Reiche Kanzel (bezeichnet 1616). Krucifix und Taufstein aus der gleichen Zeit. Orgel 18. Jh. auf der Westempore. Restaurierung des Innern 1961. Die Gesamtanlage gehört zu den vielen ideenreichen Versuchen des oberhessischen und nassauischen Kirchenbaues in der 1. Hälfte des 17. Jh., aus alter Tradition (Chorturm) und neuer Lehre (Predigthaus) eine eigene protestantische künstlerische Bauform zu finden (vgl. auch Idstein, Münster, Hanau u. v. a.). Die *Wasserburg* der Grafen von Nidda ist heute Amtsgericht. Ihre einem Kreis angenäherte Anlage des 12. Jh. (vgl. Büdingen) ist noch gut erkennbar, wenn auch die Gräben verschüttet sind. Um 1600 Errichtung des noch bestehenden Hauptbaues mit Treppenturm und Portal. (Tordurchfahrt 1907–08). Wohnhaus um 1800 und Gerichtsgefängnis gegen Mitte des 19. Jh. Jenseits des Niddabaches ist der 1491 erbaute *Kirchturm* ein Rest der 1187 gegründeten, 1584 aufgehobenen Ordensniederlassung der Johanniter; am Turm unten die Namensinschrift ›Peter Gubert‹ (Baumeister? Pfarrer? Stifter?).

Nur wenig westlich von Nidda finden wir das viel besuchte BAD SALZHAUSEN eingebettet in eine Mulde zwischen Parkanlagen mit seltenen Bäumen und gepflegten Wiesen, die zu der landwirtschaftlichen Umgebung überleiten. Der Ort gilt als eines der ältesten Solbäder Deutschlands. 1187 erscheint Salzhausen als Besitz des Johanniterordens, der in Nidda (s. d.) eine Niederlassung hatte. Der erste Soder wird Mitte des 15. Jh. genannt. Seit 1729 landgräflicher hessischer Besitz. Im 18. Jh. begann die Blüte des heilsamen Bades, die sich bis auf den heutigen Tag weiter entfaltet. In die Barockzeit reicht das große, noch tätige *Wasserrad* zurück, das die Pumpanlage treibt (vgl. Bad Nauheim-Schwalheim). An der Quellenstraße steht der ›*Glockenbau*‹, ein freundliches Wohnhaus mit Mansarddach und

Glockentürmchen (Ende 18. Jh.), davor an der Niddastraße das *Haus der Kurverwaltung* (um 1800) und gegenüber zwei spätbarocke Pavillonbauten. Das große *Staatliche Kurhaus* entstand 1826 nach Entwürfen GEORG MOLLERS. Zwei selbständige, später hinzugefügte Nebenbauten begleiten den Hauptbau. Bogengänge, die an Darmstädter Entwürfe Mollers erinnern, verbinden die einzelnen Baukörper. Der moderne rückseitige Kursaal 1961 angebaut. Erhöht im Park das Ballhaus von etwa 1830.

Im oberen bergreichen Niddatal unweit der höchsten Kuppen des Vogelsberges (Hoherodskopf 767 m und Taufstein 772 m, Aussichtstürme, Gaststätten, Jugendherberge) breitet sich SCHOTTEN aus, das seinen Namen von einer Kirchengründung schottischer Mönche im 8. Jh. trägt. Diese St. Michaelskirche besteht nicht mehr. Die *Pfarrkirche Unserer Lieben Frauen* (seit 1527 evangelisch) ist ein Hallenbau des 14. Jh. mit zwei deutlich unterscheidbaren Bauabschnitten. Die Epoche ab 1326 umfaßt die Ostpartie mit polygonalem Chor, Vierungsturm und nicht vorspringendem Querhaus. Im 2. Abschnitt ab etwa 1360 entstand – angeregt durch Wallfahrten – der westliche Teil des Langhauses mit dem eindrucksvollen Westbau, der ursprünglich für zwei Türme geplant war. Die Gewölbe dieses Langhausteiles liegen etwas höher, den Rundpfeilern sind vier Dienste vorgelegt, die Pfeilerkapitelle tragen fein gemeißeltes Laubwerk, und den Westbau umzieht an der Innenseite ein Fensterlaufgang (dessen Formen übrigens stark an einen Wehrgang erinnern). Während der Ostteil Beziehungen zu den Rhein-Lahn-Bauten verrät (Vierungsturm, vgl. Limburg), steht der Westbau unter unmittelbarem Marburger Einfluß (Elisabethkirche). Das Westportal (um 1360–70) weist in der Kombinierung von Fenster und Portal auf eine Einwirkung der Stadtkirche von Homberg a. d. Efze. Die plastische Gestaltung des Tympanons – Anbetung der Heiligen Drei Könige – zeigt schlanke grazile Figuren, während das südliche Seitenportal (um 1370) mit den beiden Stifterfiguren Luckarde von Eppstein und Konrad von Trimberg dagegen recht unbeholfen wirkt.

1382 eroberte und zerstörte der rheinische Städtebund die Stadt, da die Schencken zu Schweinsberg als damalige Ortsherren gegen Mainz aufsässig geworden waren. Als Folge unterblieb der Bau der Westtürme. Ihre Vollendung hätte einen äußerst kompakten und wuchtigen Baukörper ergeben. Im Innern der Kirche finden sich wertvolle Ausstattungsstücke, so das große, künstlerisch sehr bedeutsame dreiflügelige *Altarbild* um 1380. Die Innenseiten der Flügel und die Haupttafel zeigen 16 Szenen des Marienlebens, im Mittelschrein die plastische Holzfigur einer sitzenden Madonna, auf den Rückseiten der

Seitenflügel Szenen des Christusleidens. Das Werk wird teils dem mittelrheinischen, teils dem westfälischen Kunstkreis (Schule des BERTRAM VON MINDEN) zugeschrieben. In einer Nische des Chorpolygons gute *Pieta* aus Holz, um 1400. Am nördlichen Chorpfeiler gotisches Kruzifix. Im nördlichen Raum des Westbaues ein Taufstein auf Löwen Anfang 14. Jh. mit Taufschale von 1615. Daneben hervorragende spätgotische *Kreuzigungsgruppe* Anfang 16. Jh., einst Triumphkreuz. Im südlichen Seitenschiff ein vorzüglich gearbeiteter Sakristeischrank von 1491. Orgel 1782 von JOHANN BENEDIKT WEGMANN.
Östlich der Kirche, an Kirch- und Marktstraße, bilden verputzte und verschindelte *Fachwerkhäuser* mit Krüppelwalmgiebeln noch einheitliche Straßenfronten. Unter ihnen fällt das spätmittelalterliche *Rathaus* durch sein reiches Fachwerk mit Erker und geschnitzten Spitzbogenportalen besonders auf. Die Geschoßvorkragungen sind dem Alsfelder Rathaus eng verwandt. Entstehung 1. Hälfte 16. Jh. Von dem im 13. Jh. angelegten *Schloß*, ursprünglich eine regelmäßige rechteckige Wasserburg, sind die Gräben und Grabenmauern größtenteils erhalten, ferner ein runder Eckturm. Der ungewöhnlich hohe gotische Rechteckbau des Herrenhauses (heute Amtsgericht) mit seinen Treppengiebeln ist ein Neubau nach der Stadtzerstörung von 1382. Starke Restaurierungen im 19. Jh. Am Südostrand des Ortes eine zweite Burg, die *Altenburg*, ebenfalls von Gräben umgeben. Das Herrenhaus mit Fachwerkobergeschoß entstammt der Zeit um 1600. Das Vogelsberger *Heimatmuseum* in der Hauptstraße enthält prähistorische Funde, eine romanische Truhe mit figürlichen Beschlägen, alte Schränke, Bauernmöbel, Zinn, Eisenwerk, Textilien usw.
In den herben Höhen des Vogelsberges stoßen wir zwischen Hau-Berg (606 m) und Eckmannshain (618 m) im oberen Ohmtal auf ULRICHSTEIN. Die spätklassizistische *Kirche (e.)* von 1861 und die schlichten Häuser werden von einem fast 600 Meter hohen Felskegel mit den Ruinen der *Gipfelburg* Ulrichstein überragt. Die ursprünglich wohl den Grafen von Nidda gehörende Burg kam um 1290 an Hessen und wurde gegen Mitte des 14. Jh. durch den hessischen Erbmarschall Heinrich von Eisenbach stark befestigt. Um die Bergspitze zog sich eine weitläufige Vorfestung mit Mauern, Türmen und Gräben. Im Innern der rechteckigen Hauptburg sind Kellerreste von Gebäuden freigelegt. An einer Ecke der Außenmauer seit 1905 ein Aussichtstürmchen mit großartiger Rundsicht auf den VOGELSBERG. Südlich und südöstlich fällt der Blick auf den siedlungsarmen, buchen- und fichtenreichen OBERWALD, das Herzstück des Vogelsberges, die Wasserscheide zwischen Fulda und Main, Weser und Rhein. Von hier strahlen nach allen Himmelsrichtungen Bäche und Flüsse aus: Ohm (Nord-

westen), Schwalm (Norden), Lauterbach und Altfell (Nordosten), Lüder (Osten), Nidder und Nidda (Südwesten). Die Bachläufe der oberen Täler stauen sich – besonders häufig am östlichen Vogelsberg – zu verträumten vogelreichen Weihern und Seen, so bei Herbstein, Grebenhain, Nieder- und Obermoos, Reichlos und Gedern. An die Wälder reichen die ausgedehnten Hutweiden, zu deren Mahd die Bauern einmal jährlich aus den Tälern hinaufsteigen. Unregelmäßige Heckenstreifen, typisch für den Vogelsberg, unterteilen die Wiesenflächen. Grob aufgeschichtete Trockenmauern aus den zahllos verstreuten Basaltbrocken bezeichnen die Weidegrenzen und schützen vor Wind und Schnee in der rauhen unwirtlichen Landschaft. Die kleinen, im Gegensatz zur Wetterau ärmlichen Dorfhäuser, eng in den Siedlungen zusammengedrängt, zeigen eine eigene, die *Vogelsberger Hausform*, bedingt durch das regenreiche, winterlange Klima und die Armut der Bodenerträgnisse: Das lange rechteckige Haus faßt unter seinem Satteldach in vier getrennten Zonen Scheune, Stall, Flur mit Küche und die Wohn- und Schlafräume zusammen. Die Trennung der Zonen ist nicht nur an Fenstern und Türen, sondern auch an der Holzkonstruktion ablesbar. Denn der zu einer Trennwand gehörige Bundpfosten jeder Zone wird durch eigene Streben versteift. Die Wetterseiten des Hauses sind regelmäßig, seltener das ganze Wohnhaus, mit Holzschindeln bedeckt. Diese Hausform ist vorwiegend im Raum Schotten – Lauterbach – Gedern verbreitet. Häufig trifft man auch auf *Fachwerkkirchen*.

Die größte und schönste steht in STUMPERTENROD, dem nördlichen Nachbarort von Ulrichstein. Die Kirche wurde 1696–97 in kräftiger Fachwerkkonstruktion errichtet. Die Wetterseiten sind verschindelt. Westportal mit bäuerlicher Schnitzerei. Im Innern Holztonne mit rippenförmigen Querspanten. Emporenausstattung mit einfacher Malerei 1712. Gute Kanzel von 1617. Auch in MEICHES, das wir über KÖDDINGEN (klassizistische Kirche von 1807–10) erreichen, steht eine schlichte *Kirche (e.)* in verschindeltem Fachwerk (1627). Südöstlich des Dorfes trägt die kleine Bergkuppe des TOTENKIPPEL die alte Pfarrkirche, heute *Totenkirche*, inmitten eines ringförmig von einer Trockenmauer umzogenen Friedhofes mit Sippengräbern und altem Baumbestand. Der schlichte Rechteckbau entstammt spätgotischer Zeit (Spitzbogentür an der Westwand) und wurde 1729 erneuert (Inschrift über der Osttür). Im flachgedeckten Innenraum eine einfache Kanzel (18. Jh.) und ein spätgotischer Taufstein mit figürlichen Darstellungen und pflanzlichem Rankenwerk. Von der einsamen stimmungsvollen Stätte bietet sich eine weite Aussicht auf die wald- und felderreichen Höhen des Vogelsberges.

4. Junkerland und Niddertal

LAUTERBACH, im gleichnamigen Tal gelegen, baut sich mit den Fachwerkhäusern der Altstadt und der barocken Stadtkirche wirkungsvoll über dem Flüßchen auf. Der im 9. Jh. zuerst genannte Ort unterstand der Abtei Fulda. Er wurde im Laufe des Mittelalters mehrfach verpfändet, bis er 1428 und nach Streitigkeiten ab 1648 endgültig in Händen der mächtigen Riedesel Freiherrn zu Eisenbach war. Sie bauten die Fuldische *Burg* in der 2. Hälfte des 17. Jh. schloßartig aus. 1806 kam Lauterbach an Hessen-Darmstadt, die Burg aber ist noch heute Riedeselscher Besitz. Den viereckigen Burghof begrenzt ein hoher Wohnbau von 1685 mit turmartigen seitlichen Aufbauten, mit Säulenportal und rückseitigem Treppenhaus. Mauerfugen lassen einen älteren Kernbau von 1580–81 erkennen. Das gegenüberliegende ehemalige Pächterhaus mit geschwungenen Renaissancegiebeln (heute Forstverwaltung der Rentkammer) entstand 1680. Aus der gleichen Zeit die Wirtschaftsbauten an der Nordseite des Hofes. Hofbrunnen aus dem Anfang des 17. Jh. Hofportal mit Wappen 1680.

Mit stolzem Turm, sorgfältigem Quaderwerk und hohem Mansarddach steht die *Stadtkirche (e.)* in betonter Fassadenwirkung am Marktplatz, entworfen von Georg Koch aus Rodach (bei Coburg), 1763–67 von seinem Sohn Georg Veith Koch, dem Hofbaumeister der Riedesel, vollendet. Turmaufsatz und Haube von 1820–22. Von der Turmplattform ertönt nach alter Sitte das ›Turmblasen‹. Der Bau ist die reichste und größte Barockkirche der Wetterau und des Vogelsberges. Den weiten Innenraum umschließen doppelgeschossige Emporen, die am Chor in verglasten Logen enden. Sprühende zartfarbige Rokokoornamente überspielen die Decke. Sehr originell ist der an einen Barockaltar erinnernde Aufbau der ›Kanzelwand‹ in Stuckmarmor. Orgel über der Westempore von J. M. Östreich. Der hervorragende spätgotische *Altarschrein* mit geschnitzten Figuren und gemalten Seitenflügeln (um 1480–90) wird im Lauterbacher Hohhausmuseum aufbewahrt. Die an den Langhauswänden verteilten Renaissancegrabmäler der Riedesel, größtenteils von Andreas Herber und seinem Sohn Antonius Herber aus Kassel gearbeitet, standen ursprünglich in der alten gotischen Kirche im gemeinsamen architektonischen Zusammenhang. Seitlich im Chor eine qualitätvolle *Madonna* des Weichen Stils (Anfang 15. Jh.).

Der gestreckte *Marktplatz* zeigt trotz moderner Eingriffe vor allem aus jüngster Zeit im ganzen geschlossene Hausfronten, teilweise in freiliegendem Fachwerk, so besonders die Häuser Nr. 6, 12, 18, 20, 22–24 und 35–37 (alle 17. und 18. Jh.). Haus Nr. 21 ist ein prunkreicher spätbarocker Steinbau des ›Senators und Mercators‹ G. L. Heuser von 1765. Ein Gang durch die Straßen und Gassen der Stadt führt an vielen alten gepflegten *Fachwerkhäusern* vorbei und vermittelt manch überraschenden Blick in verwinkelte Ecken oder auf sich überschneidende Hausgiebel und gestufte Baugruppen. Besonders erwähnenswert sind die Häuser rings um die Kirche, so ›An der Kirche‹ Nr. 2 (Küsterhaus) mit Rokokotreppe und -tür und Nr. 11 um 1500 (1913 restauriert), Hintergasse 12, 14, 16 und 18 und dazu Bahnhofstraße 10, alle mit Freitreppen und hohem Giebel. Vom Marktplatz gelangt man durch die ›Pfort‹ zum *Ankerturm*, einem Rest der Stadtbefestigung, und zur südlichen Altstadt am Lauterbach. In den verträumten Gassen ›Oberer‹ und ›Unterer Graben‹ haben sich einheitlich die Fachwerkhäuser mit ihren Zwerchgiebeln aus der 1. Hälfte des 18. Jh. erhalten. Jenseits des von Brücken und ›Schrittsteinen‹ überquerten Lauterbaches liegt die etwas jüngere *Vorstadt ›Wichhaus‹* mit regelmäßigem Straßennetz und traufseitigen Fachwerkhäusern (Hainingstraße, Lindenstraße, Langgasse). Auch ›*Wörth*‹ war eine mittelalterliche Vorstadt zwischen kleinen Wasserläufen vor der Stadtbefestigung. Die ehemalige Vorstadt um Obergasse und heutigen Berliner Platz wurde schon im 14. Jh. in eine Erweiterung der Wehrmauer einbezogen. Am Berliner Platz stehen die hohen Giebel verputzter Wohnhäuser, der spätmittelalterliche Steinbau der *Stadtmühle* (im 17. Jh. erneuert) und das *Schloß Hohhaus* (›Hofhaus‹), 1770—77 von GEORG VEIT KOCH für General Georg Friedrich Riedesel erbaut. Der dreiflügelige Bau mit großem Corps de Logis, daran Freitreppe, Balkon und Giebel, und mit seitlichem Pächterhaus überträgt die elegante Form des spätbarocken Pariser Stadtpalais ziemlich unvermittelt in die Landschaft am Vogelsberg. Im Innern verbindet ein einfacher Treppenlauf mit bewegtem Rokokogeländer von Meister ESCHBACH aus Königshofen die Stockwerke. Rokokostuckaturen von Meister WIEDEMANN aus Fulda überspinnen im Erd- und Obergeschoß die Decken, besonders reich im Festsaal. In den Räumen sind die umfangreichen Sammlungen des *Heimatmuseums* ausgestellt (Marienschrein aus der Stadtkirche, Ausgrabungsfunde der Burg Wartenberg, prähistorische und geologische Funde, Stadtgeschichte, oberhessische Bauerntrachten, Möbel und Handwerkgerät, chinesische Sammlung des Grafen von Schlitz gen. Görtz u. v. a.).

Südöstlich Lauterbach erhebt sich der 417 m hohe HAINICHBERG mit altem Eichenbestand, einst germanische Kultstätte (bronzezeitliche Hügelgräber); vom modernen Aussichtsturm weiter Rundblick auf Vogelsberg und Lauterbacher Graben bis zur Rhön. Ein sehr beliebtes Ausflugsziel von Lauterbach ist das nahegelegene *Schloß*

Eisenbach. Es ist das zweite Stammhaus und Wohnsitz der Riedesel Freiherrn zu Eisenbach. Über dem engen und anmutigen Tal der Lauter gruppiert sich die Schloßanlage mit Vorburg, Kapelle und Hauptburg malerisch auf einem Höhenrücken, umgeben von den mächtigen Baumkronen des alten Schloßparkes, während der sich zwischen Wiesen und Baumgruppen schlängelnde Bach und die 1517 im Talgrund am Bachrand erbaute *St. Anna-Kapelle* den stimmungsreichen Vordergrund bilden. Die 1217 genannte Burg war Stammsitz der Herren von Eisenbach. Nach ihrem Aussterben 1428 wurde das für die Lande am nördlichen Vogelsberg so bedeutsame Geschlecht der Riedesel mit dem Besitz belehnt, das sich seitdem ›zu Eisenbach‹ nannte. Die mittelalterliche, nach Zerstörung 1269 im Jahre 1287 wieder aufgebaute Burg war eine viereckige Anlage. Ihre Ringmauer mit Buckel-Eckquadern ist an den Außenmauern der heutigen Hauptburg noch sichtbar. Auf eine Erhöhung und Verstärkung der Ringmauer in gotischer Zeit geht der Rundbogenfries mit den – in Resten erkennbaren – Ecktürmchen zurück. Ferner stammen aus gotischer Zeit die Ringmauer mit Flankentürmen an der Süd- und Ostseite des Schlosses. Im übrigen wurde die Burg im 16. Jh. schloßartig, aber immer noch wehrhaft ausgebaut. Durch einen Torbau von 1557 betritt man den Hof der *Vorburg*, den talseitig Wirtschaftsbauten von 1559 und 1587 begrenzen. Zwischen diesen und der Hauptburg liegt die *Kapelle*, ein Neubau von 1671–75 auf gotischem Unterbau und mit verschiefertem Wohn-Obergeschoß. Im kürzlich restaurierten Innern eine reich geschnitzte Kanzel (um 1670–80), ein spätgotischer Taufstein sowie Reste qualitätvoller Wandfresken an der Ostwand (Mitte 15. Jh.). Hinter einem Graben wächst die *Hauptburg* auf. Den Torbau des frühen 16. Jh. flankiert ein machtvoll vorspringender fünfeckiger Wehrturm des 15. Jh., der ursprünglich als Torturm mit Zugbrücke diente und dessen Tor am Anfang des 16. Jh. vermauert wurde. Die in diesem Turm befindliche einstige Torhalle wurde gleichzeitig mit reichem Netzgewölbe überspannt (Ausbau als Kapelle?). Links (östlich) der heutigen Tordurchfahrt entstand 1595 – teilweise in den Graben vorgebaut – ein Renaissanceanbau. Den kleinen intimen Burghof begrenzen von drei Seiten Gebäude: An der Ostseite der ehemalige Palas, im Unterbau frühes 16. Jh., der Oberbau mit Renaissancegiebel und Treppenturm um 1580. An der Westseite ein Wohnbau mit gleichen Bauzeiten, am Treppenturm schönes Steinportal. Beide Bauten verbindet an der Südseite ein neugotischer Bau des Architekten H. VON RITGEN aus der Mitte des 19. Jh.

Im unteren Lauterbachtal liegt ANGERSBACH. Der ungewöhnlich spitze Helm der *Pfarrkirche (e.)* mit den originellen Wichhäuschen kündet schon aus der Ferne von dem gotischen, 1498 erneuerten Chorturm. GEORG VEITH KOCH, der Erbauer der Lauterbacher Kirche, entwarf 1762 das Langhaus. Brüstungsmalereien von HOFFMANN 1786. Die ebenfalls von Hoffmann neubemalte, reich geschnitzte Kanzel ist rund 100 Jahre älter. Im quadratischen Chorturm spätgotische Fresken um 1500: am Chorbogen St. Georg, am Gewölbe die vier Evangelistensymbole, in den Fensterlaibungen Reste von Apostelfiguren, dazu reiches Rankenwerk. Schöner Taufstein von 1502. Orgel um 1800. Etwa 1 km unterhalb des Dorfes lag auf einem Hügel zwischen Bach und Bahn die bereits 1265 zerstörte Burg *Wartenberg*, deren Ruinen zu Beginn des 2. Weltkrieges ausgegraben wurden (Funde im Hohausmuseum zu Lauterbach).

Bei SALZSCHLIRF, einem modernen Badeort, vereinigen sich Lauterbach und Altfell zu dem Flüßchen Schlitz. In STOCKHAUSEN, das quer im malerischen Altfelltal sich breitet, begann GEORG KOCH, der Hofbaumeister der Riedesel, 1770 den Bau eines dreiflügeligen *Schlosses*, das 1801 mit Mansarddächern und überhöhtem Torbau in der Mitte vollendet wurde. Balkongitter und Türen in schlichten Empireformen. Seitlich (östlich) davon der gleichzeitige Wirtschaftshof mit schöner, von zwei Wachpavillons flankierter Toreinfahrt und einfachem barockem Herrenhaus. Südlich vom Schloß ein gepflegter Landschaftspark mit Putten und Vasen des 18. Jh. und mit einem klassizistischen Mausoleum.

In BLANKENAU südöstlich Stockhausen im Lüdertal, das parallel zum Altfelltal vom Vogelsberg zur Fulda strömt, gründeten Zisterzienserinnen 1286 ein *Kloster*, das zu Beginn des 19. Jh. aufgehoben wurde. Die nordöstliche Begrenzung des einstigen Klosterhofes bildet das *Propsteigebäude* mit der Tordurchfahrt, ein monumentaler Baukörper des frühen 18. Jh. Die ursprünglich dreischiffige gotische *Kirche (k.)* ist heute einschiffig. Achteckiger Vierungsturm mit Spitzhelm. Querschiff 1614 angebaut. Großes gotisches Ostfenster im rechteckigen Chor heute zugemauert. Gegen Mitte des 18. Jh. das Innere barockisiert. Fensterbögen, Langhausdecke sowie die ursprünglichen Gewölbe im Chor und in der Vierung wurden mit Rokokostuck überzogen und an den Gewölbeenden der Vierung die vier Evangelistensymbole plastisch in Stuck gestaltet. Dazu barocke Haupt- und Nebenaltäre, Kanzel und Orgel (der Prospekt bezeichnet 1744). Im Hochaltar, dessen Architektur seit der Instandsetzung 1960–61 wieder seine ursprüngliche leuchtende Farblichkeit zeigt, befindet sich ein vorzügliches Barockgemälde mit Abendmahlszene. Die weniger bedeutenden Bilder der Seitenaltäre malte der Fuldaer Hofmaler ANDREAS HERRLEIN. Zu erwähnen sind weiterhin zwei Grabdenkmäler, der Stein eines im 14. Jh. verstorbenen Ritters an der Südwand unter der Empore und ein weiterer Stein an der Südwand des Chores. Auf diesem ist in volkstümlicher Art die Ermordung eines Propstes im 18. Jh. durch zwei Räuber dargestellt; der Propst wurde bei Nacht überfallen und im Bett erdolcht.

Begeisternd ist die beherrschende Lage von HERBSTEIN über dem Lauterbachtal mit den leuchtenden Ziegeldächern und der bekrönenden Kirche. Die im 9. Jh. zuerst genannte *Stadt* gehörte bis 1810 zu Fulda. Die *Pfarrkirche (k.)* ist ein einheitlicher dreischiffiger, in der Höhe gedrückter Hallenbau um 1500. Beiderseits des Westturmes und zu beiden Seiten des Chores wurden Ende des 17. Jh. Seitenräume mit Arkadenöffnungen zum Innenraum angefügt. Gesamtinstandsetzung 1959–60. Schon früher konnten über einer südlichen Langhausarkade, über dem Chorbogen und an der nördlichen Chorwand Fresken aus dem Ende des 15. Jh. freigelegt werden: Kreuzigungsgruppe, Schweißtuch der hl. Veronika und St. Michael im Kampf. Die Zeichnung der Gewandung und die Gestik sind von bester Qualität. Interessant ist die Darstellung des hl. Michael mit dem Schutzmantelmotiv, darunter die Leidenswerkzeuge Christi. Auf dem Hochaltar Kreuzigungsgruppe (um 1700). Die jetzt seitlich hinter dem Altar stehende prachtvolle farbenreiche Kanzel (1. Hälfte 18. Jh.) befand sich bis 1959 am mittleren Pfeiler im Schiff. Zugehörig zwei Nebenaltäre, deren Aufbauten jetzt im Westteil der Kirche hängen. Am nördlichen Chorpfeiler qualitätvolle, fast lebensgroße Madonna in kräftigen Formen (um 1500). Spätgotische Statuen von Petrus und Paulus (Anfang 16. Jh.). Barockes Vesperbild (um 1700). Hl. Josef (1. Hälfte 18. Jh.) und hl. Jakobus (1. Hälfte 16. Jh.), beide im Chorraum. Relief mit Anbetung der Heiligen Drei Könige aus einem Altarschrein von anmutigem Ausdruck (spätgotisch), in der Turmhalle. Die farbige Fassung aller Ausstattungsstücke ist in letzter Zeit übergangen oder ganz erneuert worden.

Die *Häuser* der Stadt liegen in zwei Reihen ringförmig um die Kirche. Ein Stadtbrand (1907) und die nachfolgenden Neubauten, zu denen auch das Rathaus gehört, verwischen etwas das Bild des ursprünglichen regelmäßigen Aufbaues, der sich an der West- und Nordseite am besten erhalten hat. Die Häuser des inneren Ringes zeigen die Vogelsberger Bauweise und wenden ihre Giebel mit dem Wohnteil der Kirche zu; Stall und Scheune rückseitig. Die Häuser des äußeren Ringes lehnen sich rückseitig an die Stadtmauer. Im Südwesten vor den Stadtmauern die jüngere Vorstadt (›Neustadt‹, ›Lange Reihe‹).

ILBESHAUSEN am breiten Oberlauf des Altfelltales vermittelt durch den Reichtum seiner wohlgepflegten *Fachwerkhäuser* einen hervorragenden Einblick in die Holzbauweise der Vogelsberger Landschaft. Das Vogelsberger Bauernhaus (vgl. die Ausführungen bei Ulrichstein) ist in vielen guten Beispielen vertreten. Als schönstes Fachwerkhaus des Vogelsberges gilt die *Teufelsmühle* am südlichen Ortsrand von Ilbeshausen. Das zweigeschossige Rechteckhaus mit Satteldach, mit kräftigen Pfosten, schweren Kreuzstreben in den Brüstungsgefachen und mit geschnitztem Portal zimmerte 1691 Meister HANS MUTH aus Lauterbach. An der Schmalseite ist das Mühlrad noch erhalten.

Im flachen Quellgebiet der Lüder liegt CRAINFELD, bekannt durch den westlich an der Kirche gelegenen *Edelhof*, ein Gehöft in reichem Fachwerk, ebenfalls von HANS MUTH aus Lauterbach (1683). Art der Gliederung und Ornamentierung sind der Teufelsmühle von Ilbeshausen sehr verwandt. Der Edelhof zeichnet sich durch umfangreichen figürlichen Schmuck aus. Untergeschoß und Wetterseite sind verschindelt. Die *Kirche (e.)* besitzt einen spätgotischen rechteckigen Chorbau mit schönem Südportal, daran Plastiken eines Pelikans und eines Löwen. Langhaus 1625–29; Westturm 1860–61.

Vor der *Kirche (e.)* von GREBENHAIN – gotischer Chorturm mit Langhaus von 1784 – erwartet den Besucher ein stimmungsvoller Vorplatz mit ringförmiger Ummauerung und altem Baumbestand. Die kleine *Bachbrücke* daneben von 1827 ist – wie häufiger im Vogelsberg – aus zwei langen Steinplatten über einem Mittelpfosten gefügt.

NIEDERMOOS (500 m) inmitten der strengen, einfachen Landschaft von Wäldern, Wiesen, Weiden, Hecken und Weiherseen gehört zu den höchstgelegenen Dörfern des Vogelsberges. Die *Kirche (e.)* wurde 1784–90 von JOHANN LINK aus Brückenau erbaut. Sie erscheint außen als Längs-, innen als Querbau. Gute spätbarocke Ausstattung. Orgel von J. M. ÖSTREICH.

Mit GEDERN stoßen wir auf den alten Herrschaftsbereich der Herren von Ortenberg, einer Seitenlinie der Herren von Büdingen. Die *Burg*, heute Stolberg-Wernigeroder Besitz, gab den Anstoß zur Entwicklung der Ortschaft. Wall und Graben erinnern noch an den mittelalterlichen Wehrbau, während die Burggebäude einem unregelmäßigen mehrflügeligen Schloßneubau zu Beginn des 18. Jh. weichen mußten. Die Vorburg ist in einem Torbau von 1605 erhalten, daneben einfache Wirtschafts- und Verwaltungsbauten des 17. und 18. Jh. Die ganze Anlage durch artfremde Nutzung der Nachkriegszeit stark beeinträchtigt. Die *Kirche (e.)*, bereits im 8. Jh. erwähnt, ist ein Neubau von 1845–47. Ihr wehrhafter Westturm stammt aus gotischer Zeit, der Helm von 1737–38 (das Innere 1962 umgestaltet).

In dem ländlichen Städtchen WENINGS südlich Gedern im Tal der Bleiche, eines Seitenbaches der Nidder, finden wir zwei bemerkenswerte Profanbauten. Das ehemalige Isenburg-Birsteinsche ›*Schloß*‹ nördlich der Kirche (jetzt Wohnhaus) ist eine schlichte spätmittelalterliche Gebäudegruppe mit Treppenturm aus der 1. Hälfte des 16. Jh. Der alte *Pachthof*, ein befestigtes *Gehöft*, zeichnet sich durch einen wehrhaften Torbau von 1573 aus. Die Wirtschaftsbauten des 18. und 19. Jh. zeigen teilweise Fachwerk, teilweise älteres Mauerwerk. Die *Kirche (e.)* besteht aus gotischem Chorturm und frühbarockem Langhaus mit barocken zweigeschossigen Emporen. Reiche Kanzel. Im Chor moderne farbige Glasfenster von Glasmaler MAX WENDL.

HIRZENHAIN liegt mit der alten Klosterkirche, dem modernen Emaillierwerk und der Kunstgußabteilung der Buderus'schen Eisenwerke beiderseits der Nidder. Die Geschichte des Ortes beginnt mit einer um 1385 erbauten einschiffigen Marienwallfahrtskapelle und einer 1375 angelegten Waldschmiede. Aus der Schmiede entwickelte sich im 15. Jh. eine Eisenhütte der Grafen von Stolberg (seit 1678 von der Familie Buderus betrieben). Aufgrund der Wallfahrten baute 1431 Eberhard von Eppstein ein *Augustinerkloster* (im 16. Jh. aufgehoben). Die Wallfahrtskapelle wurde als Mönchschor beibehalten und ein dreischiffiges hallenförmiges Langhaus in edlen ausgeglichenen Formen als Laienkirche angebaut (Weihe 1448). Chorraum und Langhaus trennt optisch und räumlich der guterhaltene fünfbogige *Lettner* (um 1440-50), ein Werk von hervorragender Steinmetzkunst mit phantasievoller Maßwerkbrüstung. In den Bogenzwickeln erzählen Reliefszenen mit zehn Medaillons das Marienleben. Zwischen den Arkaden standen auf Konsolen vier Steinplastiken. Anstelle der beiden äußeren sind heute Holzstatuen (um 1500) aufgestellt, nördlich Anna Selbdritt und südlich eine Madonna in anmutvoller Haltung und von ausgezeichneter Qualität. Die beiden mittleren Figuren, Petrus und Paulus, dürften dagegen noch die für diese Stelle geschaffenen Steinbildwerke sein. Die dritte Steinfigur des Lettners, ein hl. Augustinus, befindet sich an der südlichen Langhauswand, die vierte ist Torso. Von der kostbaren Ausstattung der Kirche sind ferner erwähnenswert eine zarte, ungefaßte *Steinmadonna* (um 1440) und eine vorzüglich gearbeitete *Holzmadonna* von lieblichem Ausdruck (Ende 15. Jh.) mit Reliquienöffnung auf der Brust, beide Statuen in ¾ Lebensgröße. Über dem Lettner ein großes Triumphkreuz aus spätgotischer Zeit, z. Z. in Restaurierung, desgleichen zwei weitere qualitätvolle lebensgroße Holzfiguren aus der Zeit um 1520, Johannes der Täufer und St. Antonius.

Weiter abwärts im waldreichen und gewundenen Tal der Nidder baut sich LISSBERG mit Fachwerkhäusern, Kapelle und Burg malerisch auf. Der *Ort* wurde 1796 durch den französischen General Jourdan wegen Quartierverweigerung größtenteils niedergebrannt und in den folgenden Jahren neuerbaut. Die *Kirche (e.)* entstand als schlichter Kapellenbau 1618 in gotischen Formen mit Spitzbogenportal und Maßwerkfenstern. Die *Burg* ist eine Gründung der 1396 ausgestorbenen Herren von Lißberg aus dem frühen 13. Jh. Sie diente seit 1801 als Steinbruch. Die kleine übersichtliche Anlage läßt deutlich Zwinger, Vorburg und Hauptburg erkennen. Der runde Bergfried des 14. Jh. – mit gewölbten Innenräumen – bietet einen schönen Ausblick ins Niddertal. Brüstung und Steinhelm im 19. Jh. ausgebessert.

Südlich von Lißberg, jenseits der waldreichen Höhen, liegt in einem Seitental des Bleichenbachs das Dorf USENBORN mit kleiner *Pfarrkirche (e.)*. In dem spätromanischen Rechteckchor wurden bei der Restaurierung der Kirche drei Malschichten festgestellt. Die älteste und bedeutendste Malerei (14. Jh.) zeigt außer den Weihekreuzen an den drei Chorwänden einen Figurenfries mit Heiligen und Aposteln von übersteigerter, fast zerbrechlicher Schlankheit, dazu Arkaden- und Fensterrahmungen. Auf den Kappen des im 15. Jh. eingezogenen Rippengewölbes Darstellungen der vier Evangelistensymbole in Verbindung mit roten und gelben Sternchen (Ende 15. Jh.). An und über dem Chorbogen Ornamentmalereien von 1708. Das schlichte Langhaus entstand 1706, Kanzel von 1608. Beim Verlassen des Kirchhofes möge man noch auf das schöne überdachte Steinportal aus spätromanischer Zeit achten.

ORTENBERG, die zweite Klein-Residenz an der Nidder, liegt beherrschend auf der Südseite eines ins Tal vorgezogenen Bergrückens. Enge Gassen mit dicht gedrängten Fachwerkhäusern steigen den Hang hinan und werden vom Stolberg-Roßla'schen Schloß überragt, dessen Baukörper zwischen den hohen Baumwipfeln des Schloßparkes (›Hain‹) hindurchschimmert. Dieses Bild wird ergänzt durch das mächtige Dach und den Spitzhelm der Kirche und durch das stolz emporragende Obertor. Das *Schloß* war der Stammsitz der Herren von Ortenberg. Sie starben im 13. Jh. aus. Aus der nachfolgenden Ganerbenschaft schälten sich die Grafen von Stolberg seit dem 16. Jh. als Alleinbesitzer heraus. Sie bauten 1624–27 und besonders im 18. und 19. Jh. auf den Mauern der mittelalterlichen Burg den heutigen schlichten Schloßbau. Fürst Johann Martin zu Stolberg-Roßla ließ durch umfangreiche Grabungen 1953–56 die romanische staufische Burganlage mit ihrem sorgfältigen Buckelquadermauerwerk feststellen, insbesondere die verschiedenen Palasbauten unter den beiden gewinkelten Schloßflügeln, den alten Burgzugang dicht vor dem heutigen Westflügel, einst von einer Kapelle überbaut, und den großen runden Bergfried im Schloßhof aus der 1. Hälfte des 13. Jh. Viele aufschlußreiche Fundstücke sind im Burgmuseum ausgestellt. Südöstlich des Schlosses, in der ehemaligen Vorburg, liegt der dreiflügelige *Hanauische Bau* (Rentamt) aus dem späten 18. Jh. mit älteren Mauerresten. Unmittelbar an den Schloßbezirk grenzt die *Stadtkirche (e.)*. Ihr Chor wurde um 1385 von den gleichen Meistern geschaffen, die die Hirzenhainer Wallfahrtskapelle (später Mönchschor) errichteten. Dreischiffiges Hallenlanghaus aus dem 15. Jh. Auf eine ältere romanische Kirche weisen das rundbogige Westportal und Mauerreste an der Nordseite. An der Südseite schöne spätgotische Vorhalle mit Eppsteiner Wappen. Das Innere gewann durch eine Restaurierung 1957–58 wieder seine ursprüngliche Farbigkeit. Im Chor schlichtes Gestühl des 14. Jh., zwei Sakramentsnischen und ein Lichthäuschen (eine versetzte Totenleuchte?) des späten 14. Jh.; in der südlichen Chorwand Bruchstücke eines gotischen Reliefs (drei Frauen am Grabe Christi?). Im südlichen Seitenschiff die Kopie der bekannten *Ortenberger Altartafel* (Original im Darmstädter Landesmuseum), ein ausgezeichnetes Werk des Weichen Stils aus dem frühen 15. Jh. Dargestellt sind die Heilige Sippe sowie Geburt und Anbetung Christi. Über dem Altartisch lebensgroßer spätgotischer Christus.

Südlich der Kirche hat sich die *Stadtmauer* mit rundem *Gefängnisturm* und mit breitem *Stadtgraben* am eindruckvollsten erhalten. Das mächtige *Obertor* zeigt auffallend gute und an solchen Bauobjekten seltene architektonische Details (schlanke Säulen mit Blattkapitellen, 2. Hälfte 13. Jh., der Oberbau mit Wehrgang und Pechnase 14. oder 15. Jh.). Ein einfacher viereckiger *Stadtturm* befindet sich unterhalb der Burg am nördlichen Ende der Untergasse. Die zahlreichen alten *Fachwerkbauten* in Schloß-, Haupt-, Mittel- und Untergasse aus dem 17.–18. Jh. wenden ihre Giebel zur Straße und haben meist gemauerte Untergeschosse. Etwas verborgen seitlich vom engen Marktplatz steht das *Rathaus* mit spätgotischem, auf steilen Knaggen vorkragendem Fachwerk, mit reichem Steinportal von 1605 und rückwärtigem Treppenturm von 1608. Erwähnenswert ist ferner die *Stadtmühle* von 1541 (am Mühltor 2) und das spätbarocke Haus ›Alte Post‹ von 1770 (Hauptstraße 7) sowie der alte mauergeschützte *Stadtbrunnen* an der Untergasse unweit der ehemaligen Schelmenpforte.

Gegenüber dem Ort SELTERS, einem reinlichen Fachwerkdorf mit erhöht liegendem gotischem Kirchlein, gründete Gerlach von Büdingen im 12. Jh. das Prämonstratenserinnenkloster KONRADSDORF. Es wurde um 1580 aufgehoben und ist heute Staatsdomäne. Die 1960 in ihrem Bestand gesicherte, heute leerstehende *Klosterkirche* ist eine dreischiffige Basilika des späten 12. Jh., flachgedeckt mit unmittelbar an den Ostgiebel angesetzter Apsis; ornamentierte Gesimse an den nördlichen Pfeilerarkaden. Das nördliche Seitenschiff zerstört. Im Westteil der Kirche die ehemalige Nonnenempore. Am Ostende des südlichen Seitenschiffes hervorragender Grabstein (Anfang 14. Jh.). Architektonisch bedeutsam ist das ›*Nonnenhaus*‹ (heute Scheune) südlich neben der Kirche mit reichen romanischen Fensterarkaden an beiden Langseiten (2. Hälfte 12. Jh.), ein Werk der staufischen Bauschule von Büdingen und Ortenberg und ursprünglich vielleicht ein weltlicher Bau. Nordöstlich der Kirche oberhalb der Klosteranlage liegt inmitten eines kleinen Parkes ein schönes klassizistisches *Herrenhaus* (um 1800, heute Forstamt).

Das Hofgut LEUSTADT in der breiten fruchtbaren Talniederung der Nidder, 1 km nordöstlich Stockheim, war ehemals eine *Wasserburg* der Herren von Wolfskehlen. Durch ein Portal von 1735 betritt man die große hufeisenförmige Vorburg. Die Wassergräben der Hauptburg sind heute fast trocken und eingeebnet. Das Herrenhaus ist ein malerischer Bau aus zwei Flügeln (16. Jh.), der westliche mit Fachwerkobergeschoß, der nördliche mit Erker und Treppenturm, daran die Jahreszahl 1537.

Das Dorf GLAUBERG, dessen 1733 umgebaute, 1961 restaurierte *Kirche (e.)* spätromanische Baureste (Portal um 1200) enthält, wird beherrscht von einem mächtigen, 267 m hohen Bergrücken mit der historisch bedeutungsvollen Stätte der *Glauburg* (günstigster Aufstieg von Stockheim). Der Berg war durch ein in neolithische Zeit zurückreichendes Ringwallsystem und durch einen noch heute fast 13 m hohen Abschnittswall gesichert. Von einer staufischen, wohl im Zusammenhang mit der Burg Ortenberg errichteten Reichsburg sind geringe Reste an der Nordostseite erhalten.

Mit LINDHEIM, das sich quer im weiten Tal der Nidder lagert, hat die Landschaft den Charakter der fruchtbaren und flachen Wetterau-Ebene angenommen. Hier nisten auf einem hohen Schornstein wieder die Störche. Zwischen Nidder und Mühlbach erstreckt sich ein baumreicher Park, an dessen Westrand der *Hexenturm* liegt, der Rest einer bereits 1289 zerstörten Burg. Der nahegelegene Fachwerkbau der *Mühle*, der gotische Wehrturm mit barockem Haubenhelm, heute *Glockenturm*, und die benachbarte Kirche bilden vor dem Parkhintergrund ein reizvolles Bild. Die dreischiffige *Kirche (e.)* entstand um 1280 (Rundpfeiler), der Chor gegen Mitte des 14. Jh. Die eigenartigen weiten Fensteröffnungen der Seitenschiffe stammen vom Ende des 15. Jh. An den Emporenbrüstungen wurden 1960 ländliche barocke Malereien freigelegt (zwölf Apostel, Szenen aus dem Leben Christi u. a.). Schlichtes *Rathaus* von 1669. *Friedhofskapelle* 1691.

An der Westseite von ALTENSTADT bestand ein römisches Kastell, von dem jüngste Ausgrabungen sechs Bauperioden von der 2. Hälfte des 1. bis zur Mitte des 3. Jh. ermittelten. Es schützte den Limes am Ostrand der Wetterau und den Ausgangspunkt der prähistorischen rechten Nidderstraße und der Bettenstraße (Wetterau – Vogelsberg); zugleich war es ein Stützpunkt gegen die nahe Glauburg. Das heutige Dorf mit seinem regelmäßigen Straßennetz zeigt viele fränkische *Fachwerkhäuser* des 17. und 18. Jh., auf der Hauptstraße mehrere mit Krüppelwalmgiebeln. Der gotische Westturm der *Kirche (e.)* war Wehrturm mit Schießscharten. Sein Helm vermischt in origineller Weise die vier Turmgiebel mit dem Motiv der vier Wichhäuschen. Das Schiff 1718 barockisiert.

Westlich Altenstadt jenseits eines Laubwaldes liegt ENGELTHAL, ein ehemaliges *Zisterzienserinnenkloster*, 1268 gegründet, 1803 aufgehoben, dann Hofgut. Die Baulichkeiten wurden in der Barockzeit grundlegend neugestaltet, so der Pfortenbau (1740), der Äbtissinnenbau an der Nordseite (1750), beide Bauten mit Wappenportalen, das ehemalige Krankenhaus an der Westseite (Mitte 18. Jh.), die Wirtschaftsbauten an der Südseite (bezeichnet 1707) und der ›Lange Bau‹ mit Fachwerkobergeschoß (1666; 1911 mit der Kirche verbunden). Die einschiffige gotische *Kirche (k.)* wurde 1692 erneuert. Portal aus der Mitte des 15. Jh. an der Nordseite. Barocker Haubendachreiter an der Westseite. Gute einheitliche Ausstattung des 18. Jh. mit prunkreichem Hochaltar von 1701 und zwei Seitenaltären. Deckengemälde von 1730. Von hervorragender Qualität das gotische *Grabdenkmal* des Klosterstifters Konrad von Büches (ges. 1294). Die Klosteranlage 1962 von Benediktinerinnen aus Herstelle in Westfalen neubesiedelt und z. T. umgestaltet.

Auf einer Anhöhe über der Nidda liegt HÖCHST mit seiner kleinen *Dorfkirche (e.)* von 1753. Anstelle der Burg der Herren von Büches erbauten die Herren von Carben 1718 ein barockes *Landgut* mit zweigeschossigem Herrenhaus und seitlichem Fachwerk-Wohnflügel.

IV. Das Kinzigtal mit Büdingen und Birstein

1. Von Hanau bis Gelnhausen

Ehe die Kinzig in den Main mündet, biegt sie in einer mächtigen Schleife nördlich aus, als ob sie sich von der Vereinigung mit dem größeren Fluß abwenden wolle. Auf dieser ausgeweiteten Halbinsel zwischen beiden Flüssen entstand um 1140 inmitten weiter Auewälder die Burg HANAU (›Hagenowa‹). Sie gehörte ursprünglich den Herren von Buchen, war seit 1168 Sitz der Herren von Dorfelden, der späteren Grafen von Hanau. Im 13. Jh. wuchs um die Burg eine Siedlung, die 1303 zur Stadt und 1436 zur gräflichen Residenz erhoben wurde. 1597 gründete Graf Philipp Ludwig II. südlich der mittelalterlichen Altstadt eine *Neustadt*, in der sich flämische und wallonische Flüchtlinge ansiedelten. Die neuen Bürger entwickelten ein reges Edelmetallhandwerk und legten den Grundstein für das Aufblühen Hanaus zur Industriestadt im 19. und 20. Jh. Die neue Stadt entstand mit quadratischem Grundrißschema und einheitlichem Häuserbild – zweigeschossig, traufseitig mit Portal und Zwerchhäusern – nach einem Entwurf des Ingenieurs NICOLAS GILLET. Zwei Bauquadrate wurden für zwei große Plätze, den Kirchplatz und den Marktplatz, ausgespart. Am Markt baute CHRISTIAN LUDWIG HERMANN 1725–33 das *Neustädter Rathaus* mit Arkaden, Mittelrisalit, Balkon, Mansarddach und Dachreiter. Davor wurde 1896 ein Denkmal für die Gebrüder Grimm aufgestellt, die in Hanau geboren wurden (vgl. Steinau). Auf dem Kirchplatz erbauten die neuen Bürger 1600–08 eine reformierte *Doppelkirche*, ›op dat bejde spraaken onder een kappe‹ waren. Zwei selbständige vieleckige Zentralbauten waren unter einem hohen Steildach mit gemeinsamem Mittelturm neben-, ja man kann sagen, ineinander gebaut – Ausdruck der starken religiösen und bürgerlichen Zusammengehörigkeit der Neusiedler. Baumeister waren RENÉ MAHIEU, JOHANN D'HOLLANDE und DANIEL SOREAU. Erst im 19. Jh. schlossen sich Alt- und Neu-Hanau zu einer Stadt zusammen.

Furchtbar wirkten die Kriege in Hanau, 1635–36 eine harte Belagerung während des Dreißigjährigen Krieges (Lamboyfest), 1813 eine Schlacht beim Rückzug Napoleons und 1945 eine völlige Vernichtung von Alt- und Neustadt, die nur sieben Wohnhäuser und der Vorort Kesselstadt überstanden. Der Besucher schreitet heute durch eine neue Stadt mit modernen Wohnhäusern und großzügigen Geschäftsbauten. Die baulichen Traditionen dieser historisch so reichen Stadt bleiben kaum noch spürbar. Die Straßen und Plätze behielten zwar größten-

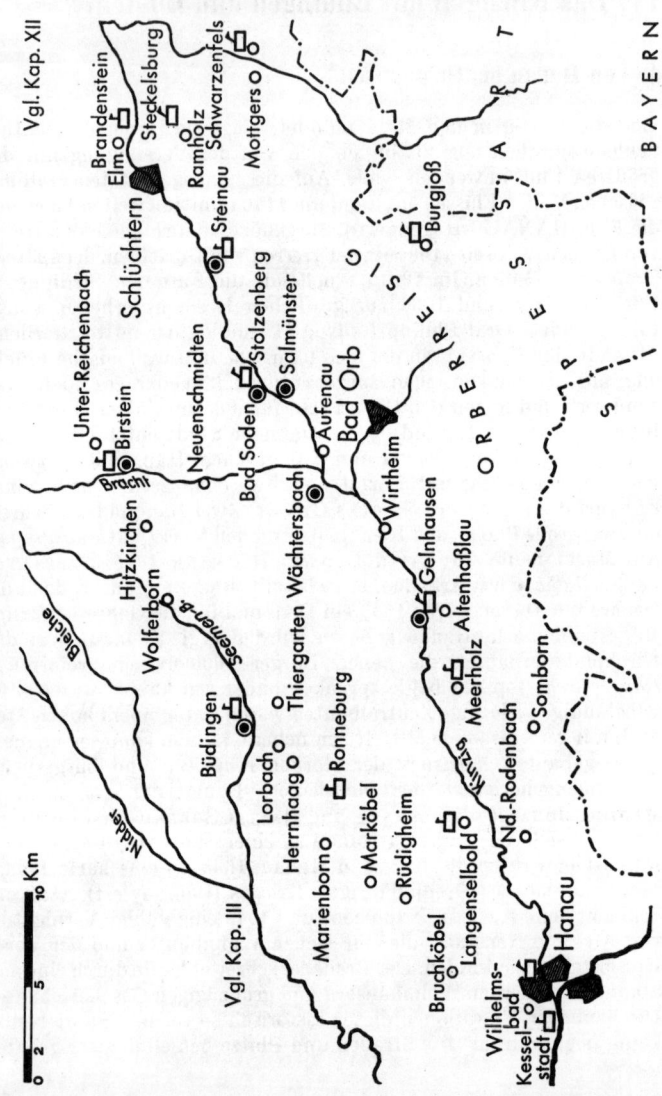

teils ihren alten Verlauf. Die alten Proportionen der Wohnhäuser ließen sich jedoch in den meisten Fällen nicht halten. Nur wenige kunstgeschichtlich oder städtebaulich wichtige Bauwerke sind wiedererstanden. So erbauten die Architekten VON LAMATSCH und LOSSOW 1957–60 die kleinere östliche Kirche der wallonisch-niederländischen Doppelkirche außen in ursprünglicher Form, innen neuzeitlich wieder auf. Nur der Gedanke der Raumgestaltung mit umlaufendem Säulenring und Emporen wurde vom Ursprungsbau übernommen. Die zweite Kirche dient als Kriegsgedächtnisstätte der Stadt und bleibt Ruine. Das Neustädter Rathaus trägt wieder sein altes Dach. Das Gebäude wird den repräsentativen Mittelpunkt eines großen, U-förmig umschließenden Neubaues bilden. Von den vier Ziehbrunnen von 1616 auf dem Marktplatz steht leider nur noch einer. Das *Altstädter Rathaus* (heute Deutsches Goldschmiedemuseum), 1537–52 erbaut, wurde 1955 in seiner ursprünglichen Gestalt mit Fachwerkobergeschoß zwischen massiven hohen Treppengiebeln wieder aufgebaut. Es hält mit dem renovierten *Justitia-Brunnen* von 1611 die Erinnerung an einen der reizvollsten Fachwerk-Altstadt-Plätze wach. Die *Marienkirche (e.)*, die Pfarrkirche der Altstadt, zeigt dagegen nach der Instandsetzung 1950–61 von allen Hanauer Bauten wieder am besten ihr altes Gesicht. An das dreischiffige Langhaus von 1449 bis 1454, das 1558–61 zur Halle erweitert wurde, stößt der schlanke Turm von 1448 und der aufwändige Chorbau von 1485–92. Der Chor zeichnet sich durch seine reichen Netzgewölbe und die hervorragend gearbeiteten Wappenschlußsteine aus (teilweise nach dem Brande 1945 ergänzt). Als Meister dieses Gewölbes ist der Steinmetz SIEGFRID RIBSCHE aus Büdingen überliefert. In den Chorfenstern sind sehr qualitätvolle spätgotische *Glasmalereien* eingelassen: am westlichen Fenster der Nordwand ein herbes, schmerzerfülltes Vesperbild um 1500 von Meister W. B., ein wappentragender Ritter 1477 vom Hausbuchmeister sowie eine anmutig-gesellige Heilige Sippe aus dem Umkreis des Hausbuchmeisters, im linken Fenster des Chorpolygons Christus als Gärtner in leuchtender Farblichkeit, im rechten Fenster Madonna in reichem Gewandaufbau von Meister W. B. und im westlichen Fenster der Südwand Maria als leidende Mutter und Christus als Schmerzensmann. Bemerkenswert sind im Chor ferner einige teilweise stark beschädigte Grabdenkmäler, hoch an der Nordwand Graf Philipp III. von Hanau (gest. 1561) und Helene von der Pfalz (gest. 1579), beide Steine von JOHANN VON TRARBACH. Dieser Meister und JOHANN ROBYN schufen das große, in hoher Marmorarchitektur über Konsolsteinen aufgebaute Grabmal des Grafen Philipp Ludwig I. (gest. 1580) mit der ausgeprägten Plastik des Toten und reichem ornamentalem Beiwerk (z. Z. in Restaurierung). Das Doppelgrabmal an der Nordwand mit Halber von Hergern (gest. 1566) und Gattin vielleicht ein Werk von HANS RODLEIN. Am südlichen Chorbogen steht der Grabstein der Adriane von Nassau (gest. 1477), restauriert und farbig gefaßt. Die drei Wangenreste des Chorgestühls, eigenartigerweise mit geschnitzten Darstellungen von Persönlichkeiten des gräflichen Hauses, entstanden im späten 15. Jh.

Die schlichten Gebäude des *Stadtschlosses* am Schloßplatz waren schon vor dem 2. Weltkrieg neuen Bestimmungen zugeführt worden, so das *Regierungsgebäude* (Städtisches Kulturamt) 1685 von JOHANN PHILIPP DREYEICHER erbaut, Portal von 1691, rückseitig anstoßend der ehemalige Wasserturm (1457 und 1610) und die *Reithalle* (Stadthalle) von 1712–13 mit großem steinernem Portal. Der *Fürstenbau*, am stärksten durch Bomben zerstört, wurde mit dem alten Schloßportal abgebrochen. – Die lutherische *Johanneskirche*, (Langhaus 1658–64, 1727 erweitert, Turm 1679–91) entstand als moderner Kirchenbau in den alten Umfassungsmauern. – Unwiederbringlich verloren sind die vielen malerischen Fachwerkhäuser der Altstadt und die schönen klaren Typenhäuser der Neustadt, das Heilig-Geist-Hospital (16. Jh.), das als ›Hohe Landesschule‹ 1607 gegründete Gymnasium und das von Franz Ludwig von Cancrin erbaute Stadttheater am Großen Paradeplatz. Dieser Platz, (heute ›Am Freiheitsplatz‹), entstand anstelle der – beide Städte trennenden – Wälle am Ende des 18. Jh.

Das westlich Hanau jenseits der Kinzig gelegene Dorf KESSELSTADT gehört heute zum Stadtgebiet von Hanau. Hier befand sich ehemals eines der größten rechtsrheinischen römischen Kastelle. An seiner Statt liegt jetzt zwischen hohen Parkbäumen am Mainufer und am Kopf einer zwei Kilometer langen Allee, die von Hanau nach Kesselstadt führt, *Schloß Philippsruhe*. Graf Philipp Reinhard ließ im Jahre 1700 diesen Schloßbau durch den Architekten JULIUS LUDWIG ROTHWEIL (gest. 1749) entwerfen. Mit der großen Hufeisenform und den seitlich ausladenden Flügelbauten, mit den Mansarddächern und betonten Eckpavillons überträgt dieses Frühwerk des jungen Architekten zum erstenmal die Bauweise von Schloß Clagny (bei Versailles) und verwandten französischen Hofbauten in eine westdeutsche Residenz. 1712 war der Bau mit den nachträglich zugefügten beiden isolierten Vorderflügeln vollendet. 1736 kam das Schloß – wie die ganze Grafschaft – nach dem Aussterben der Hanauer Grafen in den Besitz von Hessen-Kassel. Eine durchgreifende Restaurierung 1875–80 durch Landgraf Friedrich von Hessen gab dem Bau die turmartige Kuppel, verbreiterte das Corps de Logis hofseits um

Hanau im 17. Jahrhundert

1 Ehem. Stadtschloß
2 Johanniskirche
3 Marienkirche
4 Rathaus
5 Gymnasium (nicht mehr vorhanden)
6 Wallonisch-niederländ. Kirche

das Doppelte, erneuerte Dach und Fensterformen und die Innenausstattung. Nur der klassizistische Weiße Saal blieb erhalten. Der barocke Park wurde zum Englischen Garten umgeformt. Die gepflegte Schloßanlage enthält heute noch die Stadtverwaltung, wird in Zukunft aber nur museal genutzt werden. Das bereits dort befindliche Heimatmuseum zeigt außer römischen Funden und kulturgeschichtlichen Sammlungsstücken die Bestände an Fayencen der 1661 eingerichteten *Hanauer Manufaktur* und Bilder der 1772 gegründeten *Hanauer Zeichenakademie*.

Eine gerade Baumallee führt von Philippsruhe nördlich nach WILHELMSBAD. Dort war 1709 eine Sauerquelle entdeckt worden, bei der Friedrich Ludwig von Cancrin 1776–84 für Erbprinz Wilhelm von Hessen-Kassel, den späteren Kurfürst Wilhelm I., eine ausgedehnte Badeanlage schuf. Sie ist das besterhaltene Beispiel einer *Kurbadestätte* des späten 18. Jh. Sie wurzelt noch im gesellschaftsfreudigen Barock und läßt doch schon die intim-persönlichen Formen von Klassizismus und Romantik erkennen. Längs der Straße reihen sich die sieben aufgelockerten Baukörper des Kurbaues. Das *Kurhaus* in der Mitte, der einstige Wohnsitz des Prinzen, ist durch Arkaden, Risalite und Pilastergliederung hervorgehoben. Die schmalen niedrigen Seitenflügel, die ursprünglich die Badezellen enthielten, werden durch vorgezogene Wohnpavillons gerahmt. Ohne bestimmten axialen Bezug leiten die Baukörper zu dem vorder- und rückseitig sich anschließenden Park englischen Stils über. Vor dem Badehaus steht ein 1779 errichteter *Brunnentempel* mit plastischem Schmuck von J. JUNCKER aus Mainz. Im Park zwischen Baumgruppen und gewundenen Wegen eine künstliche *Burgruine* (1779–80) mit großem Empire-Saal (vgl. die Löwenburg in Kassel-Wilhelmshöhe und die Moosburg in Wiesbaden-Biebrich), ein ›*Carussel*‹ in der Form eines Rundtempels mit doppeltem Säulenkranz, nahebei eine schwankende *Kettenbrücke* über dunkler Felsenschlucht, eine *Eremitage* (1783) und manche andere Parkspielerei. Dazu gehört weiterhin ein *Scheunentheater* (1781) im rückwärtigen Parkteil, eine der frühesten Anlagen dieser Art, leider äußerst verwahrlost.

Nördlich Hanau zwischen Kinzig und Nidder dehnt sich das BÜCHERTHAL, eine fruchtbare altbesiedelte Landschaft, ursprünglich der Herrschaftsbereich der Herren von Buchen und Dorfelden (vgl. Kapitel III), dann Stammgebiet der an Main und Kinzig so einflußreichen Grafen von Hanau. In MARKÖBEL überrascht ein ungewöhnlich reicher und geschlossener Bestand an alten Fachwerkhäusern des 18. und der 1. Hälfte des 19. Jh. mit ihrer leuchtenden schwarzweißen Farbgebung. Besonders reich ist das *Rathaus* (1668) von Zimmermeister JOH. GEORG DIETZ aus Windecken. Die ringförmige *Ortsbefestigung* des 16. Jh. ist an der Nordseite am besten zu verfolgen. Sehr malerisch wirkt das *Untertor* mit seinem hohen Zeltdach. Vom *Obertor* steht ein Rundturm. Das gegenüberliegende *Fachwerkhaus* (Nr. 41) von 1797 zeigt eine rückwärtige Galerie in guter Zimmermannsarbeit. Die *Kirche (e.)* ist ein einfacher Umbau des 18. Jh. mit älteren Resten (an der Ostwand vermauerter romanischer Chorbogen). Häßlicher Backsteinturm von 1868.

In RÜDIGHEIM künden zwei bedeutende frühgotische Bauwerke von der ehemaligen *Johanniterkommende*, die 1257 von Ritter Helfrich von Rüdigheim gestiftet und 1803 säkularisiert wurde. Über dem mächtigen zweigeschossigen *Kommendengebäude*, heute Scheune und Lagerhaus der Domäne (um 1260), mit profiliertem Portal und schmalen, spitzbogigen Zwillings-Fenstern ragt der schlanke Bau der einschiffigen *Kirche* (heute evangelische Pfarrkirche) auf. Ihr westlicher Teil entstand um 1220–30 (Erwähnung einer Kirche 1235) mit rundbogigem gezacktem Portal an der Südseite und Kreuzgewölben auf Birnstabrippen. Nach der Klosterstiftung wurde um 1260–70 der heutige Chorraum angebaut, im Innern kenntlich an den gekehlten Rippen. Dabei erhielt die Kirche ihre interessante *Ausmalung*, die 1957–58 bei einer Restaurierung freigelegt und erneuert werden konnte. Am Außenbau sind unter dem Dachgesims schräg gestellte Schilde mit Ordenskreuzen gemalt – ähnliche Schilde waren auch am Kommendenhaus. Innen sind Langhaus und Chorraum in Motiven und Farben deutlich geschieden: Die Langhausrippen sind rot-schwarz, die Chorrippen rot-gelb, die Gewölbekappen im Langhaus zeigen Steinfugen, die Kappen im Chor außerdem noch Sternmuster. An der Chornordwand und an der Sitznische im Chor in Putz geritztes, aufgemaltes Blendmaßwerk. Die Sakramentsnische betonen schwarzrote Rautenmuster. Romanisches Taufbecken mit moderner Taufschüssel. Barockorgel 1789 von einer anderen Pfarrei erworben.

BRUCHKÖBEL besitzt durch seine zahlreichen *Fachwerkhäuser* des 18. Jh. manch schönes Straßenbild. Anheimelnd ist die Gruppe am Marktplatz. Neben der hohen Linde steht das alte *Rathaus* mit steinernem Untergeschoß von 1520 und Fachwerkobergeschoß des 17. oder 18. Jh. Darüber schaut der gotische Westturm der *Pfarrkirche (e.)*, 1410 erbaut, 1520 renoviert. Einst war er ein starker Wehrturm; denn den oberen Turmabschluß bildet ein vorkragender Wehrgang mit Zinnen, vier offenen Eckerkern und einem steinernen Helm. Das Langhaus entstand 1724 und wurde im 19. Jh. restauriert.

Flach und fruchtbar ist die Kinzigebene oberhalb Hanau. Der Fluß verzweigt sich häufig in Seitenarme und Mühlbäche. In der östlichen

Ferne zeichnet sich die zarte blaue Linie der Berge des Orber Reisigs (500 m) ab. Der schlanke Turm der 1763–64 erbauten *Kirche* von NIEDERRODENBACH ragt weithin erkennbar über die Dorfhäuser. Der Grundriß des Langhauses zeigt eine auffallende mathematische Figur (vgl. Steinau und Langenselbold): Längsrechteck, an den Schmalseiten Halbkreise, daran Rechteckvorlagen für Ostchor und Westturm. Der Innenraum mit Ausstattung der Erbauungszeit betont die Predigtkirche. Altartisch innerhalb einer Brüstung und Kanzel an der Ostwand. Spätbarocke Orgel. Die Restaurierung von 1950 legte die grünweißen symbolischen Brüstungsmalereien frei. Im Winkel von Kirchstraße und Hauptstraße steht das *Rathaus* des späten 18. Jh. mit Fachwerkobergeschoß und Mansarddach. An Süd- und Ostseite des Dorfes Reste der im 14. Jh. genannten *Befestigung*. Besonders malerisch wirkt der viereckige Flankenturm (um 1500) an der Straße ›Am Wehrturm‹ mit Wehrgang, Steinhelm und Storchennest.

SOMBORN an einem südlichen Seitenbach der Kinzig ist ein Ort des ehemaligen ›Freigerichts‹, dem im Mittelalter die reichen Bauern und Grundherren zwischen Kinzig und Main angehörten. Die *Kirche (k.)*, ein Neubau von 1911, zeigt außen neuromanische Formen, innen eine neugotische Halle von harmonischer Raumweite. Sie enthält in der südlichen Seitenkapelle Reste der Kirche von 1719 mit farbenfreudigem Barockaltar. Seitlich des Chorbogens gute Barockplastiken, Madonna um 1730 und Anna Selbdritt 1754 von HOFMANN aus Aschaffenburg. Weitere Statuen des 18. Jh. im Langhaus. An der Straße nach Bernbach stellten 1772 fromme Bürger ein Kreuzigungsbild auf.

In LANGENSELBOLD nördlich der Kinzig auf einem Hügel über der Gründau bestand vom 12. bis zum 16. Jh. ein Kloster. In der 1. Hälfte des 18. Jh. errichteten die Grafen von Isenburg-Birstein eine einfache barocke *Schloßanlage* (1749 vollendet). Architekt war CHRISTIAN LUDWIG HERMANN aus Hanau. Zwei große Rechteckbauten mit Mansarddächern liegen in einem Park längs hintereinander. Vor dem westlichen Bau, heute Rathaus, steht die *Rentei* mit Fachwerkobergeschoß und Steinportal (datiert 1696). Der östliche Bau enthält eine gute Ausstattung (Treppenhaus, Stuckdecken, Gemälde von J. H. Tischbein d. Ä., von Desmarées, Chr. G. Schütz d. Ä. u. a.). Dem Schloß gegenüber entstand 1722–35 die *Pfarrkirche* als querovaler, typisch protestantischer Zentralbau, durchdrungen von vier wenig vortretenden Kreuzflügeln, die Eingänge, Treppen und Sakristei enthalten. Steiles Zeltdach und schlanker Barockturm. Eine gründliche Restaurierung, verbunden mit teilweiser Umgliederung des dreiseitig von Emporen umzogenen Raumes, wurde 1961 beendet. Von der

Altstadt an der Gründau sind der schmucke *Marktplatz* mit Ziehbrunnen von 1704 und einige alte *Fachwerkhäuser* (Markt Nr. 9 von 1707 ›Zum Engel‹) erhalten, ferner Reste der *Stadtbefestigung*.

Am Fuße einer 280 m hohen, gegen das Kinzigtal vorspringenden Bergkuppe befand sich einst das um 1160–70 gegründete Prämonstratenser-Chorfrauenstift MEERHOLZ. Nach seiner Aufhebung im 16. Jh. wurde es Eigentum der Grafen von Isenburg-Büdingen, die das Kloster 1555–64 zum schlichten Renaissance-*Schloß* ausbauten. 1908 bis 1909 erfolgte ein Um- und Neubau in neugotischen Formen mit zwei Binnenhöfen und mit weitläufigem Park (heute Altersheim der Stadt Frankfurt). Am Schloßvorplatz der Barockbau der ehemaligen *Försterei* (1736) mit schönem Wappenportal. Die *Kirche (e.)* an der Südecke des Schlosses, mit spätgotischem Turm, enthält doppelgeschossige Emporenlogen (1684) mit aufgemalten Intarsienarbeiten. Kanzelwand neubarock.

Bis Meerholz ist das Kinzigtal breit, flach und fruchtbar. Aber nun treten die bewaldeten Bergeshöhen zu beiden Seiten immer dichter heran und engen den wiesenreichen Talgrund ein. An dieser Stelle des landschaftlichen Wechsels erstreckt sich am nördlichen Talhang die alte Reichsstadt GELNHAUSEN. Aus dem Gewirr der Altstadthäuser ragen die Türme der Stadtbefestigung und die unverwechselbare Silhouette der viertürmigen Marienkirche hoch empor. Um den alten Kern legt sich die neue Stadt mit Villenbauten an den Berghängen, mit öffentlichen und industriellen Bauten in der Talebene und mit großen Kasernen am Westrand.

Es empfiehlt sich, zunächst die *Kaiserpfalz* und *Reichsburg* zu besuchen, die in der Talniederung auf einer Insel zwischen Kinzig und Mühlbach liegt; denn sie bildet die geschichtliche und künstlerische Keimzelle der Stadt. Kurz vor 1170 kam eine Burg Gelnhausen, deren Lage und Form noch unbekannt sind, in den Besitz Kaiser Friedrichs I. Barbarossa (1152–90). Der Kaiser gründete eine Pfalz, die in den folgenden Jahrzehnten häufiger Aufenthalt der deutschen Kaiser und Könige war und die starke Grundlage für die staufische Wetteraupolitik mit den Burgen Büdingen, Glauburg, Ortenberg, Friedberg, Münzenberg und Wetzlar-Kalsmunt bildete. Der Sohn Barbarossas, Kaiser Heinrich VI. (1190–97), vollendete die Pfalz. Seit dem späten Mittelalter setzte der Verfall der Anlage ein; Kaiser Maximilian mußte bei seinem mehrfachen Aufenthalt in Gelnhausen am Untermarkt wohnen. Trotz des heute stark ruinösen Zustandes läßt der auf Pfählen gegründete Bau in der Sorgfalt seiner Buckelquadern und in der meisterhaften Steinmetzkunst seiner Bögen und Kapitelle die Kunst einer führenden kaiserlichen Werkstatt erleben. Die Formen zeigen

Das Kinzigtal mit Büdingen und Birstein

Beziehungen zu den Reichsbauten im Elsaß und am Oberrhein, dem Zentrum staufischer Macht, sind aber darüber hinaus auch mit kaiserlichen und im kaiserlichen Auftrag errichteten staufischen Werken in anderen Teilen Deutschlands von Wimpfen bis Nürnberg und Eger verwandt. Es ist daher die Tätigkeit einer kaiserlichen Bauhütte zu vermuten, in der gewiß auch lombardische Steinmetzen mitarbeiteten. Das unregelmäßige Siebeneck der Ringmauern, bewehrt durch Pechnasen, ist ganz erhalten. Man betritt die ehemalige Wasserburg durch eine zweischiffige *Torhalle*, die seitlich ein mächtiger quadratischer *Wehrturm* sicherte und über der sich einst die gewölbte *Kapelle* befand. Im geräumigen Burghof stand der gewaltige runde *Bergfried* mit dem ungewöhnlich großen Durchmesser von 17,20 m; der Sockel ist teilweise freigelegt. Die Nordseite des Hofes beherrscht die reichgegliederte Fassade des *Palas*. Seine Anlage gleicht dem romanischen Palas von Münzenberg, hohes Kellergeschoß, dann Erdgeschoß mit Portal und ehemaliger Freitreppe, darüber das (fast ganz zerstörte) Hauptgeschoß mit dem großen Saal. Kapelle und Palas zeigen etwas jüngere Bauformen (um 1200) als die übrigen Bauteile. Bei der Betrachtung der großartigen Einzelformen beachte man besonders den reichen, aus verschiedenen Einzelteilen zusammengesetzten Kaminschmuck an der nördlichen Außenwand. – Die nördlich und westlich der Pfalz vorgelagerten Straßen bilden die ehemalige *Vorburg*, die durch Mauern und Tore umwehrt war. Die noch umfangreich erhaltenen Befestigungsreste, besonders das Haintor, gehen auf eine Erneuerung von 1497 zurück. Bis 1895 bildeten die Häuser der Vorburg eine eigene Gemeinde ›Burg Gelnhausen‹ (vgl. ›Burg‹ und ›Stadt‹ Friedberg). Daran erinnert der beachtliche Fachwerkbau des ehemaligen *Rathauses* aus dem 15. Jh. (gegenüber dem Eingang zur Pfalz).

Die *Stadt* Gelnhausen wurde anstelle einer kleinen Siedlung durch Kaiser Barbarossa gleichzeitig mit der Pfalz, aber baulich getrennt von ihr, gegründet. Die Stadt erlebte ihre später nie mehr erreichte Blüte in staufischer Zeit im 12. und 13. Jh. Der ovale ummauerte Stadtbezirk wird von einem senkrechten Straßenkreuz (Langgasse – alte Kinzigstraße sowie Kuh- und Holzgasse) und von zwei großen Plätzen (Unter- und Obermarkt) gegliedert, an beiden Plätzen alte Kirchen und Repräsentationsgebäude. Die Schmidtgasse führt direkt vom Untermarkt zum ehemaligen Burgtor und damit zur Pfalz. Im übrigen ist das Straßennetz unregelmäßig. Die süd-nördlichen Straßen steigen steil den Talhang hinan und die Bauten stufen sich in die Höhe. Die romanische *Stadtmauer*, in ihrem Verlauf kenntlich an den Straßen Schützengraben und Neue Straße (jetzt ›Berliner Straße‹), wurde im 14. Jh. an Ost- und Südseite erweitert und vorverlegt (vgl. Alter

Gelnhausen im Jahre 1831

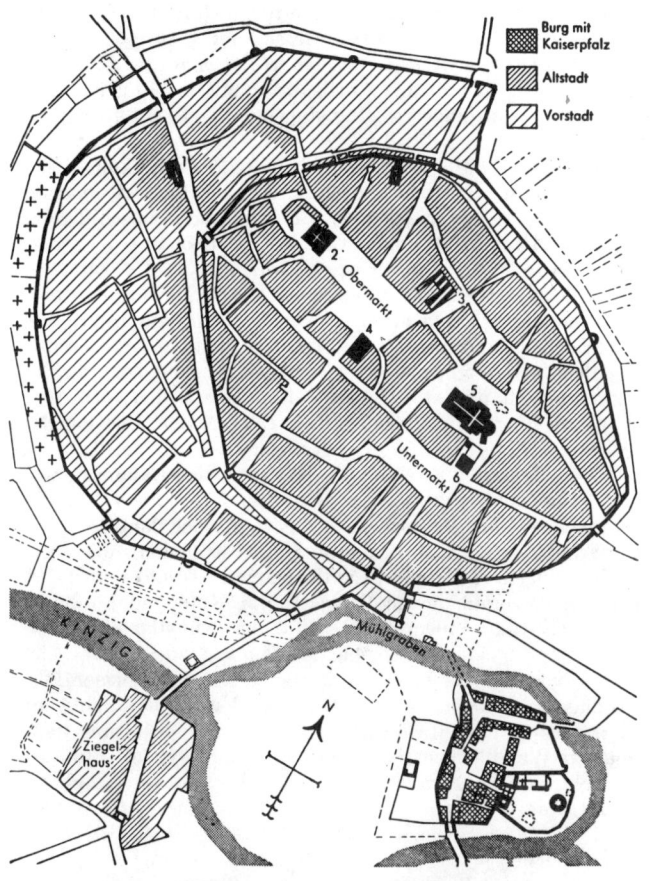

1 Hospitalkirche*
2 Peterskirche
3 ehem. Barfüßerkloster
4 Rathaus
5 Marienkirche
6 Romanisches Haus

* heute profaniert

Graben, In der Planke, Philipp-Reis-Straße). Die gotische Wehrmauer ist noch größtenteils erhalten, die romanische besonders an der Bergseite. Außerdem ragen verschiedene Wehrtürme aufrecht, so vom älteren Ring das *Holztor* an der Holzgasse (um 1340), der *Haitzer Torturm* an der Oberen Haitzer Gasse (um 1380, 1594 renoviert), zwischen beiden am Stadtgarten der ›Halbmond‹ (um 1530) und der *Hexenturm* nahe der Straße Am Burgtor mit mächtigem Steinhelm (1447–1478). Vom jüngeren Ring stehen Bütten-, Schiff- und Ziegelturm.

Die *Pfarrkirche St. Marien (e.)* ist neben der Pfalz das kunstgeschichtlich bedeutendste Bauwerk der Stadt. Wie die Pfalz ist sie aus rotem Sandstein gebaut. Ursprünglich war nur eine kleine einschiffige Kirche vorhanden, deren großzügiger Aus- und Neubau mit der Gründung der Reichsstadt einsetzte. Gegen Ende des 12. Jh. entstand der machtvolle Westturm mit betonter Stockwerkgliederung, doppelten Rundbogenfenstern und strengen Dachgiebeln; die Kapitellformen gleichen denen der Pfalz. Dann folgte der Neubau des dreischiffigen flachgedeckten Langhauses. Um 1220–25 bis bald nach 1232 schuf ein künstlerisch höchst befähigter Baumeister den formenreichen Ostbau mit Querschiff, Vierungsturm, Chortürmen über den Nebenapsiden und Hauptchor. An einer Außenkonsole des nördlichen Querarmes sind Gestalt und Name des Stifters oder Baumeisters dieser letzten Bauepoche eingemeißelt: HEINRICH VINGERHUT.

Der planende Künstler, sicherlich ein Deutscher, kannte die beginnende französische Kathedralgotik (Chartres, Laon), die wichtigen Neuschöpfungen in Burgund (Notre Dame in Dijon) und die rheinischen Kunstströmungen im Raum Mainz, Köln und Limburg. Aus diesen Schul- und Stileinflüssen schuf der Künstler ein Werk von ausgeprägter persönlicher Eigenart. Außen wie innen steigert sich das Bauwerk von Westen nach Osten in Gliederung, Formenfülle und plastischer Wandgestaltung. Bewegt ist die Umrißlinie, dicht gedrängt die Turmgruppe, phantasievoll, fast üppig die Gestaltung und Auflösung der Wandflächen (besonders am Chorpolygon). Fünf *Portale* vermitteln zum Innenraum. Die beiden Portale am Langhaus und das Portal am Westturm (im 15. Jh. hierhin versetzt) gehören zur zweiten, die Querhausportale zur letzten Bauperiode. Das nördliche Langhausportal, in der letzten Bauperiode überarbeitet, zeigt im Tympanon den weltrichtenden Christus zwischen Maria, Johannes und zwei Heiligen, das nördliche Querhausportal eine Kreuzigung mit Maria, Johannes und den Engeln Gabriel und Michael, das südliche Querhausportal Maria, thronend zwischen vier weiblichen Heiligen. Strenge Haltung und scharflinige Zeichnung der Figuren charakterisieren diese plastischen Arbeiten. Vierung und Chor sind die Höhepunkte des *Innenraumes*. Ähnlich wie im Limburger Dom senkt sich die Vierungskuppel baldachinartig über Eckzwickel auf die Vierungspfeiler herab. Der blättergezierte Kuppelschlußstein trägt die Namen der acht Winde. Der Chorraum verrät in der Bündelung der Wandpfeiler, der Profilierung der Gewölberippen und der plastischen Ausprägung der Kapitelle und vor allem der Konsolen an den Chorwänden ausgezeichnete und meisterhafte Steinmetzkunst. Nach diesen Konsolen benennt man den Künstler ›Meister der Chorkonsolen‹. Sein Stil unterscheidet sich merklich von dem zweiten großen ›Meister des Lettners‹, der durch seine derb-kräftige ausdrucksstarke Gestaltung eine stilistische Nähe zum ›Naumburger Meister‹ erkennen läßt. Der künstlerisch reiche *Lettner* ist in Form und bildlicher Thematik (Jüngstes Gericht) nach dem Vorbild des ehemaligen Westlettners im Mainzer Dom, einem Frühwerk des Naumburger Meisters, entworfen. Das Werk entstand als letztes Bauprogramm der Marienkirche kurz vor der Mitte des 13. Jh. und wurde im 19. Jh. durch Bildhauer Massler aus Hannover restauriert (besonders die Höllenszene). Die Darstellungen des Lettners werden durch qualitätvolle, etwa gleichzeitige *Fresken* im Chor ergänzt. Die 1934 freigelegten, leider verblassenden Malereien zeigen am Gewölbe Christus als Weltenrichter (Maiestas Domini), an den nördlichen Blendbögen Christi Tempelgang, den zwölfjährigen Jesus und Christus segnend, am südlichen Bogen Kaiser Barbarossa mit dem Kirchenmodell, eine Heilige mit Stifterpaar und Maria mit Stifterpaar. Die Themen der Malereien setzten sich in den ungefähr gleichzeitigen, 1877 teilweise stark restaurierten, teilweise neugeschaffenen *Glasgemälden* fort. *Altarschrein* für den Hochaltar aus dem Jahre 1500 mit überlebensgroßen holzgeschnitzten Figuren (Maria und Heilige) und gemalten Seitenflügeln von Nicolaus Schitt (Claus Scheit). Im späten 15. Jh. bis um 1500 entstanden das Kruzifix auf dem Lettner, der Heiligkreuzaltar unter dem Lettner mit origineller Zusammenstellung der geschnitzten Reliefs, der Annenaltar in der südlichen Nebenapsis, der Altar in der nördlichen Nebenapsis mit Christus am Kreuz und der Marienaltar im südlichen Seitenschiff. Wandtabernakel, Chorgestühl und Sängerpult Mitte 14. Jh. Zwei bedeutende *Wirkteppiche*, Leiden Christi (1. Hälfte 15. Jh.) und Marienszenen (Ende 15. Jh.), aus dem Umkreis des Hausbuchmeisters. Unter den Grabdenkmälern hebt sich der Stein des Conrad von Bondiz (gest. 1372) hervor. Alter Kanzelkorb mit Intarsien um 1600.

Die *Peterskirche (k.)* schließt die Westseite des Obermarktes. Das Bauwerk wurde gegen Ende des 12. Jh. begonnen, im späten 13. Jh.

weitergeführt, aber vermutlich nie vollendet. Lange Zeit war die Kirche entweiht (Tabakfabrik). Die beiden Rundtürme über den Nebenapsiden wurden 1832 abgebrochen. Erst 1932–38 baute MARTIN WEBER die Kirche in schlichter freier Form für den Gottesdienst aus, erweiterte den Bau nach Osten und versah ihn mit einer Krypta. Aus romanischer Zeit stammen außer den Langhausarkaden und den Vierungspfeilern die Außenwände von Langhaus und Querschiff mit den beiden schönen Portalen (um 1180–90), die oberrheinisch-elsässische und burgundische Einflüsse aufweisen. Das Petrus-Tympanon am Nordportal wurde um 1220 hinzugefügt. Westportal und Westfenster Mitte 15. Jh.

An der Südseite des Obermarktes liegt das *Rathaus*, ein Bau der 1. Hälfte des 14. Jh., nach Brand 1736 in barocker Form erneuert; Fachwerkanbau von 1584. Im Innern wurde 1939 ein Fresko von 1502 aus der Schule des Hausbuchmeisters freigelegt (Kurfürst Joachim I. von Brandenburg und sein Bruder Albrecht). Eine Reihe guter alter Hausbauten umschließt den Platz, so Nr. 8 und 9 aus dem 16. Jh., der ehemalige Gasthof ›Zum Adler‹ von 1564 und besonders das ausgezeichnete *Fachwerkhaus des ›Symeren‹* von 1533 an der Ecke Holzgasse mit Renaissance-Stuckdecke im Obergeschoß. In der Holzgasse selbst bilden der ehemalige *Johanniterhof* des 14. Jh. (im 15. und 19. Jh. verändert, heute unbewohnt), das gegenüberliegende gotische *Deutschordenshaus* (im 16. und 17. Jh. erneuert) mit Hofbrunnen von 1587 und rückseitiger Kirchenruine und das *Holztor* der Stadtbefestigung eine städtebaulich reizvolle Gruppe. Vor dem Holztor am Kapellenweg stößt man auf die *Godobertskapelle*, einen quadratischen, ehemals über Mittelsäule gewölbten Bau des 13. Jh., vermutlich aber mit älteren Fundamenten; Apsis abgebrochen. Es handelt sich vielleicht um die Kapelle des Hofgutes oder der Dorfsiedlung ,,Godebrechtshusen" vor der Stadtgründung. In der am Johanniterhaus abzweigenden Straße ›An der Stadtschreiberei‹ lag das *Templerhaus* (Nr. 8). An der östlich folgenden Straßenecke ist die zum Wohnhaus verbaute Kirche des ehemaligen *Franziskanerklosters* erkennbar. Das Kloster wurde 1221 gegründet und 1540 aufgehoben.

Der abschüssige *Untermarkt* wird beherrscht von der Silhouette der Marienkirche. An der Nordostecke des Platzes steht das *Romanische Haus*, der älteste Profanbau der Stadt. Das 1818 wiederentdeckte und seiner Zeit willkürlich rekonstruierte Steingebäude wurde 1960 baulich gesichert und formal verbessert. Zwei- und dreifach gekuppelte Rundbogenfenster und ein Portal in Dreipaßform unterteilen die schwere Mauerfläche. Zum Portal führte einst eine Freitreppe. Ein Satteldach deckt wieder das Haus, ohne daß aber die Steingiebel über Dach geführt wurden. Das Haus war vermutlich Sitz des kaiserlichen Vogtes. Die Einzelformen weisen auf das späte 12. Jh. und zeigen die Einwirkung der Gelnhäuser Pfalz. Am Untermarkt ist in zwei Rundbogen am Haus Nr. 18 der Rest eines zweiten Gebäudes aus staufischer Zeit erhalten. Weitere Bauteile romanischer Profanbauten entdeckt man in der Langgasse Nr. 19 und 25. In dieser Gasse liegt auch der ehemalige *Hof der Abtei Arnsburg*, ein festlicher, jüngst in den ursprünglichen Farben restaurierter Barockbau von 1743 mit schönem Säulenportal; in der verbauten Kapelle rechts der Durchfahrt Wandmalereireste um 1330. Die Kuhgasse beherbergt eines der *ältesten deutschen Fachwerkhäuser*, vielleicht noch 14. Jh. Die auf steilen Knaggen abgefangenen Obergeschosse kragen weit vor (nach Kriegsbeschädigung erst jetzt Instandsetzung vorgesehen). Der *Fürstenhof*, das einstige Amtshaus der Pfandherren, im 18. Jh. von der pfalzgräflichen Linie Birkenfeld-Gelnhausen bewohnt, ist heute Privatbesitz. In dem schlichten, 1549 erneuerten Baukomplex fand Johann Wolfgang von Goethe 1814 seine Herberge. Der historische Dr. Jörg Faustus taucht urkundlich zum erstenmal 1506 in Gelnhausen auf. Hans Jacob von Grimmelshausen wurde 1622 und Philipp Reis, der Erfinder des Telefons, 1834 in Gelnhausen geboren.

Auf dem anderen Kinzigufer gegenüber Gelnhausen bietet ALTENHASSLAU einige reizende Dorfbilder, so etwa am Marktplatz, wo hinter dem alten *Backhaus* das *Amthaus* (Kellergeschoß 1548, Fachwerkaufbau 1699) und dahinter der machtvolle frühgotische Chorturm der *Wilhelmskirche (e.)* aufragen. Das Rippengewölbe auf Knospenkonsolen im Innern des Turmes stammt von der Bauhütte der Gelnhausener Marienkirche. Eine Erneuerung des Langhauses mit Einbau einfacher Emporen erfolgte 1752. Bei der Kirche liegt der ehemalige *Langsche Hof* mit Wohngebäude des 18. Jh. (zum Abbruch bestimmt) und das *Gut von Carlshausen* mit schlichtem Herrenhaus des späten 18. Jh., dessen Vortreppe zwei Kaminwangen aus der Gelnhauser Pfalz (um 1170) einrahmen. In dem ehemals zum Gut gehörenden *Park* errichtete Heinrich Christoph Jussow 1806 ein ›Chinesisches‹ Gartenhaus mit oberem Umgang.

2. Das Büdinger Land

An der alten Handelsstraße von Gelnhausen nach Nidda liegt dort, wo sie das waldreiche und fruchtbare Seemental durchquert, BÜDINGEN. Wehrhafte Mauern und Türme, eine einheitliche Altstadt mit engen Gassen sowie historischen Bauten, die Stadtpfarrkirche

St. Marien und das geschlossene Rund der staufischen Burgfeste bestimmen das Bild der heutigen Stadt, die noch sehr viel von ihrer mittelalterlichen Kultur- und Blütezeit bewahrte. Nordwestlich, noch vor den Toren, befindet sich an der Geygenbergstraße die *Remigiuskirche* (heute Friedhofskapelle), die ehemalige Pfarrkirche des eingemeindeten Ortes Großendorf und die Mutterkirche des gesamten Büdinger Landes. Das höchst originelle Bauwerk reicht bis in die Zeit um 800 zurück. Der breitgelagerte Westbau mit den eigentümlichen, aus einem Stein gemeißelten Lichtlöchern und das schmälere Langhaus entstanden in karolingischer Zeit und wurden in ottonischer Zeit zu heutiger Höhe aufgestockt. Das hohe Walmdach des Westbaues 15. Jh. Der gotische Rechteckchor des späten 14. Jh. ersetzte eine 1939 ausgegrabene Rundapsis. Der aufwendige Westbau enthielt entweder einen Altar oder eine Herrscherempore. Der Raumeindruck ist herb und einfach. Die Emporen und Holzstützen des Westbaues wurden im 15. Jh., die Stützen des Langhauses im 17. Jh. eingesetzt. Im Chor gute spätgotische Gewölbefresken mit Christus als Weltenrichter, mit Evangelistensymbolen und hl. Alban. Im Langhaus gleichzeitige Fresken mit Kreuzabnahme Christi. Kanzel 1646. Im Kircheninnern wie an den Außenwänden viele Grabsteine vom 16. bis 18. Jh. Die 1713–25 angelegte ›*Vorstadt*‹ von Büdingen mit einheitlichen Häuserreihen stößt auf das *Jerusalemer Tor*. Das äußerst machtvolle doppeltürmige Bollwerk (1503) mit kleinem Auslugerker und phantasievoller Maßwerkbrüstung gehört zu den eindrucksvollsten städtischen Wehrbauten nicht nur Hessens. Es ist ein Teil der äußeren Stadtmauer. Lohnend ist ein Spaziergang an dieser entlang zunächst an die Nordwestecke, zum großen *Bollwerk* mit 4,50 m dicken Mauern, dann südlich über den ›Lohsteg‹ zum ehemaligen Mühltor, wo sich über dem Seemenbach ein ungewöhnlich reizvoller Blick auf die Altstadt bietet. Der Stadtkern Büdingens setzt sich aus drei zusammengewachsenen, ursprünglich aber getrennten Teilen zusammen, der *Altstadt* mit Kirche, Rathaus, den Straßen ›Altstadt‹ und Schloßgasse, der *Neustadt* mit dem heutigen Marktplatz, den Straßen ›Neustadt‹ und Obergasse, ferner dem Schloß am Ostrand der Altstadt. Die beiden Stadthälften erhielten neben dem Schloßbezirk eigene Ummauerungen, die Altstadt um 1350, die Neustadt um 1390. Erst 1428 erfolgte der Zusammenschluß und im 16. Jh. die geschilderte Gesamtumwehrung. Das kunst- und burgengeschichtlich hochbedeutsame *Schloß* war der Sitz der edelfreien Herren von Büdingen. Dieses Geschlecht stand in treuem Reichsdienst, ihm oblag die Verwaltung des Reichswaldes und der Reichsburg Gelnhausen (vgl. auch Ortenberg). Seit 1245 gehört die Burg den Isenburgern, die aus dem Westerwald stammen. Das Schloß liegt auf einer Insel zwischen Seemen- und Küchenbach.

Der Besucher betritt zunächst die halbkreisförmige, in gotischer Zeit angelegte *Vorburg* mit südlichem Torbau von 1533 und nördlichem Tor aus dem 17. Jh.; der klassizistische ›Neue Bau‹ entstand 1833 bis 1836 für Fürst Casimir II. Die *Hauptburg* ist eine ringförmige dreizehneckige Anlage aus staufischer Zeit. Die auffallende regelmäßige Rundform des Grundrisses ist einerseits charakteristisch für Wasserburganlagen (vgl. z. B. Burgjoß, Hausen und Nidda i. Hessen), andererseits typisch für die staufische Architektur (vgl. Gelnhausen). Die äußere Wehrmauer mit prachtvollen Buckelquadern entstand in der 2. Hälfte des 12. Jh. Eine spätgotische Torhalle, flankiert von zwei ›Wilden Männern‹, ehemaligen Gartenplastiken des 18. Jh., und ein dahinterliegender Torgang um 1400 geleiten in den runden *Binnenhof*. Den Charakter der Südseite des Hofes bestimmen vorwiegend die Renaissancebauten des 16. Jh., während an der Nordseite die romanische Bausubstanz vorherrscht. Der runde Bergfried wurde im 13. Jh. anstelle des zerstörten staufischen Bergfrieds errichtet. Er stand ursprünglich frei. Der schlanke Turmaufsatz (›Butterfaßturm‹, vgl. Idstein), ursprünglich mit vier Ecktürmchen (vgl. Friedberg), wurde im 15. Jh. ergänzt, der seitliche Treppenturm 1530 angebaut. An den Bergfried schließt sich der in der Mitte gewinkelte spätromanische Palas, dem im 15. Jh. ein Treppenturm, im 16. Jh. ein weiteres Obergeschoß und 1601 ein Erkervorbau angefügt wurden. Die romanischen Erdgeschoßfenster sind nach Funden rekonstruiert. Östlich folgt die Kapelle, im Kern ebenfalls spätromanisch-staufisch mit vorzüglichem Portal des frühen 13. Jh. Sie wurde im späten 15. Jh. grundlegend umgebaut. Auf der Südhälfte des Hofes lehnen sich jüngere Bauten an die ältere Außenmauer, so neben der Kapelle der ›Krumme Saalbau‹ des 15. Jh. (in seinem Obergeschoß die reichhaltige Bibliothek) mit Erker des 16. Jh. Es folgt westlich der ›Küchenbau‹ des 15. und 16. Jh. mit Erker aus dem Jahre 1547 und reichem Portal aus dem Jahre 1673 von dem Büdinger Steinmetzen B. Schmeller. Das *Schloßinnere* ist reich an kostbarster Ausstattung, so im Palas der ›Herkulessaal‹, das ›Gemalte Zimmer‹ und die ›Kemenate‹ mit hervorragenden, vor einigen Jahren aufgedeckten *Renaissancefresken* des 16. Jh. von Erhard Sanssdorffer aus Gelnhausen (Herkules in Typologie zu Simson, Musikbild, Ansicht von Schloß Büdingen). Die spätgotische *Kapelle* wird von einem kühnen unsymmetrischen Netzgewölbe überspannt. Sie enthält ein überaus reich geschnitztes *Chorgestühl* von P. Schantz aus Worms (1497-99); die Heiligenfiguren an den Wangen, die Büsten an den rückseitigen Wänden und das verschlungene Rankenwerk sind von höchster Qualität. Die *Kanzel* fertigte 1610 Steinmetz C. BÜTTNER aus Büdingen. Kleine Pieta und Altarkreuz 15. Jh. Doppelgrabstein um 1400 aus Kloster Marienborn. Im Südflügel des Schlosses sind bemerkenswert: im ›Küchenbau‹ der spätgotisch gewölbte, 1853 durch R. HOFMANN aus Darmstadt romantisch ausgemalte Saal und im ›Krummen Saalbau‹ die beiden großen ebenfalls spätgotisch gewölbten Säle, der nördliche wiederum mit bedeutendem Renaissancefresko. Der heutige Besitzer hat einen Teil der Räume zur Besichtigung freigegeben und zu einem sehenswerten Museum ausgestaltet.

Die westlich vor der Burg gelegene *Stadtkirche Unserer Lieben Frauen (e.)* wurde 1456–75 als dreischiffige Halle mit ungleich breiten Nebenschiffen erbaut. Seitlich der ältere Turm mit dem Portal der Vorgängerkirche (1377) und mit hoher Barockhaube (1778). Kurzes weiträumiges Langhaus und langgestreckter lichtvoller Chor. Reiche Netzgewölbe mit zahlreichen Wappen auf den Schlußsteinen. Über dem Triumphbogen ein Fresko des Jüngsten Gerichtes von 1476. Weitere Freskenreste an der Nordwand hinter der Orgel. Im Boden des Chores die Grablege der Fürsten seit dem 16. Jh., Inschrift- und Wappensteine. Das große Grabmal an der Nordwand, Anton von Isenburg und Gattin, signiert CWR 1563, entstammt dem Umkreis des DIETER SCHRO aus Mainz. Die barocke wappengeschmückte Steinkanzel wurde aus der aufgelassenen Kapelle von Hailer 1960 übernommen. Prachtvoll geschnitzte barocke Gestühlswangen.

Westlich der Kirche das *Rathaus* von 1458, ein Sandsteinbau mit hohen Treppengiebeln, rückseitig mit Fachwerkgeschossen und Treppenturm, im Erdgeschoß weite Kaufhalle mit Balkendecke auf Holzpfeilern. Alte Stadtrechnungen erwähnen schon das Storchennest auf dem Rathaus. Am südlichen Ende der Altstadt-Straße das *Steinerne Haus*, um 1500 als befestigter Wohnsitz für Johann V. von Isenburg erbaut und belebt durch hohe Treppengiebel, durch einen zweigeschossigen Erker und ehmals durch eine Galerie auf Konsolen. Ungefähr gleichzeitig am nördlichen Ende der Altstadtstraße das *Gasthaus ›Zum Schwan‹*. Beide Bauwerke sind aufgrund der gräflichen Feuerverordnung von 1485 aus Stein. Ein Steinbau ist auch der *Oberhof* an der Obergasse, 1569–71 als gräflicher Witwensitz von CONRAD LEONHARD aus Sommerhausen (bei Würzburg) mit Treppenturm und hofseitigem Erker errichtet. Im Innern die alte Raumaufteilung erhalten. Nebengebäude 1570 und 1620. Im übrigen beherrschen die *Fachwerkhäuser* das Stadtbild. Sie stammen vorwiegend aus dem 16. Jh., der reichen Blütezeit Büdingens. Das älteste ist der

Lutherische Hof (Schloßgasse 4); das reiche Strebewerk mit eingeblattetem Brustriegel noch 15. Jh.; Torbau von 1593. In der gleichen Gasse die 1770–74 erbaute ehemalige *lutherische Kirche*, heute Amtsgericht. In der Neustadt sind nur einzelne ältere Bauten (Neustadt-Straße Nr. 37 ›Fürstenhof‹ von 1733) erwähnenswert.

Südwestlich von Büdingen dehnt sich das waldreiche Jagdgebiet der Grafen und späteren Fürsten von Isenburg, genannt der Tiergarten. Hier erbaute Graf Johann Ernst 1670–71 als Sommersitz *Schloß Thiergarten*, eine kleine rechteckige Hofanlage mit Herrenhaus in verputztem Fachwerk und mit seitlichen Hofgebäuden. Am Tor ein Portal mit Fratze.

Bei LORBACH grüßt auf einer weithin sichtbaren Höhe, dem ›Haag‹, eine *Totenkirche* ins Land. Der 1835–36 errichtete Saalbau zeigt eine gute Raumwirkung. Säulen tragen dreiseitige Emporen; Kanzel, Orgel und Altar an der Ostseite. Restaurierung 1961. Einst stand hier ein Zisterzienserinnenkloster. Es wurde schon 1274 mehrere Kilometer südwestlich ins Köbeltal bei Eckartshausen verlegt und *Marienborn* genannt. Im 16. Jh. wurde dieses Kloster aufgehoben. Die schlichte gotische Kirche verfiel (heute Ruine), aus dem Kloster wurde ein Gutshof. In seinem barocken Herrenhaus wohnte 1736–44 Graf von Zinzendorf (1700–1760), der Begründer der Herrnhuter Brüdergemeine. Für diese gründete er auf dem Haag, einen halben Kilometer nordwestlich der Totenkirche, die erste Siedlung ›HERRNHAAG‹. Das vierflügelige Grafenhaus mit Binnenhof und ehemaligem Betsaal, die ›*Lichtenburg*‹ (1744–45), und das ›*Schwesternhaus*‹ westlich davon sind die ausgeführten Teile der umfangreich geplanten Anlage. Als Baumeister ist ab 1741 SIGMUND AUGUST VON GERSDORFF überliefert. 1753 hatten die Herrnhuter auf Anordnung der Büdinger Regierung das Land wieder verlassen. Auf dem nahen, von Hecken eingefaßten Friedhof ließen sie fast 500 ihrer Mitglieder zurück. Das einfache verschindelte Wohnhaus südlich von den Barockbauten errichteten 1834 Inspirierte aus Edenkoben, die die verlassene und z. T. schon verfallene Stätte 1828–43 bewohnten. Die Baulichkeiten befinden sich heute wieder im Besitz der Herrnhuter Brüdergemeine und werden für caritative Zwecke instandgesetzt.

Vom Herrnhaag ist der markante Basaltkegel der *Ronneburg* sichtbar, die sich über dem Dorf ALTWIEDERMUS als bedeutende Bergfeste beherrschend zwischen Kinzig und Nidda erhebt. Die Burg wurde vermutlich durch Graf Gerlach I. von Büdingen gegen Mitte des 13. Jh. erbaut. Sie kam 1313 durch Kauf an Mainz und wurde 1523 Residenz der Grafen von Isenburg-Ronneburg. Die Grafen Anton und Heinrich bauten im Laufe des 16. Jh. die mittelalterliche Wehrburg schloßartig aus (teilweise die gleichen Meister wie in Büdingen). Nach Brand 1621 und Verwahrlosung im 19. Jh. ist der sehr malerische Baukomplex heute mit Burgrestaurant und Museum ein vielbesuchtes Ausflugsziel. Durch einen Torbau von 1538–39 mit alten Torflügeln erreicht man die weitläufige *Vorburg*, die in ihrer Gesamtanlage erst 1538–55 durch Graf Anton geschaffen wurde. Durch ein zweites Tor von 1527 und einen dritten Torbau um 1524 mit Pfortenstube und seitlichem Brunnenhaus des 13. Jh. tritt der Besucher in einen kleinen Hof, die einstige mittelalterliche Vorburg. Machtvoll ragt der runde Bergfried (13. Jh.) mit seinem originellen Aufbau (1581) eines Mainzer Architekten auf. Ein vierter Torbau von 1570, der ›Zinzendorfbau‹ (hier wohnte Graf von Zinzendorf vor seiner Übersiedlung nach Marienborn) führt in den Haupthof der *Kernburg*. Treppentürme und Erker beleben den Hof, den westlich der ehemalige Palas von 1327–30 und nördlich der Kemenatenbau von 1573 begrenzen. Der Palas enthält eine raumschöne, im 15. Jh. eingewölbte Hofstube (›Rittersaal‹) mit Erker von 1546, eine Küche mit großem Kamin und eine Kapelle im Obergeschoß. Der Kemenatenbau, im östlichen Teil seit dem Brand von 1621 ausgehöhlt, überrascht durch seine vorzügliche *Renaissancemalerei* in den gewölbten ›Herrengemächern‹. Den mühevollen Aufstieg auf den Bergfried entlohnt eine weite Fernsicht über Vogelsberg und Spessart.

3. Wächtersbach und das Orbtal

Über WIRTHEIM im Kinzigtal mit seinem spätmittelalterlichen Amtshaus an der Hauptstraße erreichen wir die ehemalige Isenburg-Büdingsche Nebenresidenz WÄCHTERSBACH. Die mittelalterliche *Wasserburg*, um 1200 als Reichslehen errichtet, wurde im 15.–17. Jh. auf den alten, ein regelmäßiges Rechteck umschließenden Mauern um- und neugebaut, der Südflügel mit zwei großen Eckrundtürmen um 1480, der Nordflügel und der Turmanbau vor der Westseite 1522 bis 1539. Gegen Mitte des 17. Jh. Aufstockung der Gebäude und Einbau der beiden Arkaden in den kleinen Binnenhof durch August Rumpf aus Hanau. 1875 Bau des Treppenturmes im Hof unter Verwendung eines alten Portales der Ronneburg (heute Flüchtlings-Wohnheim). Zur *Vorburg* gehören der langgestreckte Kammerbau von 1735–36 und der reizvolle Prinzessinnenbau von 1750 in Fachwerk mit schöner Rokokotüre. Beide Bauten durch den modernen Bau der Fürstlich Ysenburg-Büdinger Brauerei stark zurückgedrängt. Hinter der Burg ein *Park* mit Teich. Fachwerk-*Rathaus* von 1495 mit unterer

Laube und auffallenden Kreuzstreben in den oberen Gefachen (Veränderungen 1610 und 1865). Originelle malerische *Pfarrkirche (e.).* Kraftvoller Wehrturm von 1514 mit offener Vorhalle, vorkragendem Obergeschoß und steinernen Ecktürmchen. Gotisches Langhaus, 1702 durch ein Querhaus mit Fachwerkgiebel über dem Chor erweitert. Dadurch wurde Raum für herrschaftliche Logen und – auf der Südempore – für den Unterricht der 1703 gegründeten Lateinschule gewonnen. Einfache Kanzel von 1664. Reste der alten Wehrmauer entlang der Umgehungsstraße.

In der schlichten gotischen *Kirche (k. und e.)* von AUFENAU betrachten wir das spätgotische *Altar-Triptychon*, drei um 1450–60 gemalte Flügel aus dem mittelrheinischen Kunstkreis (Marienkrönung und zwölf Heilige auf Goldgrund).

BAD ORB im Orbtal ist ein vielbesuchter Herz-Badeort mit reicher historischer Tradition. Die Salzgewinnung ist als ›fontes salinarum‹ seit 1064 überliefert. Die Salinen befanden sich ursprünglich innerhalb der Stadtmauer und wurden erst 1763 an den Südrand des Ortes in das Gebiet des heutigen Kurviertels verlegt. Salz- und Holzhandel waren die wirtschaftlichen Grundlagen der Stadt, bis 1863 der Apotheker Franz Leopold Koch das erste Badehaus erbaute und um die Jahrhundertwende der rege Heilbadebetrieb einsetzte. – Vom Bahnhof kommend, bietet sich ein malerisches Bild, wie die Giebel über die Stadtmauer ragen und über ihnen sich die *St. Martinskirche (k.)* aufbaut. Auf dem Wege zur Kirche neben der hohen Kirchentreppe malerische Baugruppe mit nur einem fensterbreiten Giebel. Die Kirche weist mehrere Bauabschnitte auf. Turm romanisch, Chor um 1380, Langhaus und Nebenchöre 1. Hälfte 15. Jh., die Peterskapelle (ehemalige Sakristei, heute Kriegergedächtnisstätte) 1445 von Meister Hans Schonbrot, Marienkapelle am nördlichen Seitenschiff um 1480. Am Chor außen zwei Plastiken, eine Madonna und ein Schmerzensmann, Mitte 15. Jh. Spitzbogige Portale an Süd- und Nordseite. Bedeutende gotische und barocke Ausstattung. Die Holzdecken um 1680 mit Bemalung von 1937. Aus dem Jahre 1683 Kanzel und Franziskusaltar am Chorbogen, Marienaltar und Taufstein in der nördlichen Seitenkapelle. Aus der 2. Hälfte des 14. Jh. die 1935–38 freigelegten qualitätvollen *Wandfresken* im Chor (Apostel paarweise unter Baldachinen, dazu Rankenwerk, an der Ostseite Verkündigung und Krönung Mariens). Aus dem 15. Jh. die übrigen umfangreichen Freskenzyklen, in der ehemaligen Sakristei vier Heilige, am nördlichen Seitenschiff der Rest eines Jüngsten Gerichtes mit Christus als Weltenrichter, am südlichen Seitenschiff die Vierzehn Nothelfer und eine Verkündigung. Im südlichen Nebenchor die plastische Gruppe einer

Grablegung Christi. Kunstgeschichtlich sehr wichtig ist der *Hochaltar*, das große dreiflügelige Tafelgemälde einer vielfigurigen Kreuzigung, um 1440 vom ›Meister der Darmstädter Passion‹. Die doppelten Seitenflügel sind Kopien, die HANS LIST nach dem 2. Weltkrieg nach den Originalen in den Ehemals Staatlichen Museen Berlin anfertigte. Die Malerei des Altares gehört zu den besten Leistungen der mittelrheinischen Kunst aus der 1. Hälfte des 15. Jh. Sie zeichnet sich durch reiche Ausdrucksformen der Gebärden und Gesichter, durch plastische Räumlichkeit der Gestalten und durch ausgesuchte Farbzusammenstellungen (Blau, Rot, Violett, Grün) aus. Nördlich neben der Kirche bildet ein hoher spätmittelalterlicher Giebelbau mit vermauerten romanischen Werkstücken den Rest der einst umfangreicheren *Burg* der Herren von Milchling (heute Kleiderfabrik).

In der Kirchgasse *Fachwerkhäuser* des 17. Jh. Am *Marktplatz* ein Röhrenbrunnen mit neugotischer Steinsäule (1854) und Bronzefigur (17. Jh.). In der Hauptstraße zwei stolze, reich mit Beschlagwerkornamenten geschnitzte *Bürgerhäuser* von 1607 (Nr. 28 und 30). Weitere Fachwerkhäuser fränkischer Art in den Altstadtstraßen, unter ihnen auch manches Gebäude, das mit seinem steinernen Untergeschoß bis in spätmittelalterliche Zeit zurückreicht, so etwa Kanalstraße 39 und Obertorstraße 6 (beide 16. Jh.). Das *Obertor* ist ein Rest der mittelalterlichen Stadtumwehrung der späten 13. Jh. An einer platzartigen Erweiterung der Wendelinusstraße plätschert der *Wendelinusbrunnen* (2. Hälfte 18. Jh.). Reizvoll ist die Partie entlang der westlichen Stadtmauer, an der die Orb vorbeifließt. Gleichmäßig schauen dort die Giebel der alten Scheunen über die Mauer. Im Süden der Stadt erstreckt sich das *Kurviertel* mit den modernen Kuranlagen und dem weitläufigen Kurpark, in dem der 1806 durch Fürst Karl Theodor von Dalberg errichtete *Gradierbau* noch erhalten ist. An der Grenze zwischen Altstadt und Kurpark liegt das *Rathaus* aus dem 19. Jh. mit Schiefertürmchen; im Obergeschoß das *Heimatmuseum*.

Durch den Oberen Reisig, den nördlichen Gebirgsausläufer des Spessart mit waldreichen Höhenzügen (Bieber Höhe 533 m, Markberg 516 m), erreichen wir die Wasserburg von BURGJOSS unweit der bayrisch-fränkischen Grenze. Ursprünglich Fuldaer Besitz, 1541 an Mainz, heute hessisches Forstamt. Kreisrunde romanische Anlage (vgl. Büdingen, Hausen); die Wassergräben zugeschüttet. Unterbau der Ringmauern und des eigenartig halbkreisförmigen Turmes an der Nordwestseite mit Buckelquadern 12. Jh. An der Südwestseite 1573 ein schlichtes hohes Herrenhaus vorgebaut, der staufische Turm aufgestockt und hofseits durch einen geschweiften Giebel bekrönt.

4. Das Brachttal mit Birstein

In NEUENSCHMIDTEN im Brachttal ist der Eisenbergbau bereits im 9. Jh. bezeugt. Dort richteten die Grafen von Isenburg-Büdingen 1723 eine bedeutende Eisengießerei ein. Das schloßartige barocke Verwaltungsgebäude hat heute eine Möbelfabrik aufgenommen.
Über die Wipfel und zwischen den Stämmen alter Parkbäume wird das auf einem Höhenrücken zwischen Bracht- und Riedbachtal gelegene *Schloß* BIRSTEIN sichtbar. Es war im Mittelalter als Burg ›Birsenstein‹ Besitz der Abtei Fulda. Seit 1521 ist es Wohnsitz der Grafen, seit 1744 Fürsten von Isenburg-Birstein, die 1861 zum katholischen Glauben übertraten. Der Schloßbau ist ein gutes Beispiel einer westdeutschen Kleinresidenz des 16.–18. Jh., die in ihren repräsentativen Ansprüchen den großen Herrschern nacheifert ohne ihre landschaftsgebundene Eigenständigkeit aufzugeben. Den baulichen Reiz der großen Anlage begründen nicht die Einzelformen – sie sind sparsam und zweckmäßig –, wohl aber die vielfältige Gruppierung der Gebäude und Türme, die Verschmelzung verschiedenster Bauepochen und die harmonische Einfügung in die Landschaft (etwa im Blick von den östlichen Höhen auf das Schloß). Ein *Torbau* (›Archivbau‹) des Baudirektors Christian Ludwig Hermann aus Hanau von 1733 und eine hufeisenförmige *Vorburg* (›Vorderbau‹) mit Brauhaus und Marstall des 17. und 18. Jh. empfangen den Besucher. Der weite Hofraum fand erst in den letzten Jahren durch Einbau eines barocken Brunnenbeckens mit einer Plastik von Horst Jaritz und durch einen Plattenbelag seine jetzige Gestalt (Architekt Friedrich Bleibaum). Die Ostseite des Platzes beherrscht der hochragende Bau des *Neuen Schlosses* mit Mansarddach und betontem Mittelrisalit (Giebelwappen 1910), 1764–68 durch den Nassau-Usinger Baumeister Johann Wilhelm Faber, einen Schüler Joachim Friedrich Stengels, errichtet. Die Festtreppe im Innern schuf Meister Wolff aus Usingen, das geschmiedete Geländer Meister Zipper aus Birstein. Die bewegten qualitätvollen Stuckaturen in den Räumen des Obergeschosses, besonders des Festsaales, fertigte Meister Schwab aus Lohr. Hinter dem Neuen Schloß birgt sich ein malerischer *Renaissance-Binnenhof*, das ›Höfchen‹. Ihn begrenzen westlich der ›Küchenbau‹ des 14. Jh., 1549 bis 1551 von Meister Asmus (vgl. Steinau) mit Treppenturm neugestaltet, südlich der ›Kapellenbau‹ von 1555 mit Treppenbau und Architekturgliederungen von 1596 und östlich der ›Fürstenbau‹ von 1527 mit Treppenturm, Portal von 1596 und Mansarddach des 18. Jh. Nördlich in die Rückseite des Neuen Schlosses eingebaut der alle Baulichkeiten überragende *Bergfried* der mittelalterlichen Burg. Hin-

ter (südlich) dieser Gebäudegruppe erstreckt sich ein dritter Hof, den der ›Kutschenbau‹ von 1553-91 mit schlankem Treppenturm und ein Verbindungsbau von 1570 umschließen. In den Wohnräumen wertvoller Bestand an alten Möbeln, Bildern und vor allem Porzellan. – Die *Pfarrkirche (e.)* von Birstein wurde nach einem Brand im Jahre 1920 neuerbaut, wobei der alte originelle Rundturm des 16. Jh. mit barockem Helm verändert einbezogen wurde.

GALLUS DIEMAR aus Fulda, ein Schüler von ANDREA GALLASINI, erbaute 1742-50 die *Pfarrkirche (e.)* von UNTERREICHENBACH bei Birstein. Der mächtige quergelagerte Baukörper mit Mansarddach und Turm an der Eingangs-Längsseite ragt bestimmend über die Dorfhäuser hervor. Im Innern zweigeschossige Emporen aus ungestrichenem Holz, der Altar mit Schranken in der Raummitte, Kanzel und Orgel an der Turmwand. In der Turmvorhalle ein qualitätvoller Grabstein der Margarete von Weilnau (gest. 1364), der Greta von Weilnau (gest. 1362) und ihrer Tochter.

Westlich Birstein liegt HITZKIRCHEN, dessen *Pfarrkirche (e.)* sich kühn und burghaft inmitten eines befestigten Friedhofes auf einer Anhöhe über dem Dorf erhebt. Ihr Wehrturm von 1514 mit Schießscharten und einstigen Ecktürmchen wächst aus dem dreiseitig geschlossenen Chor hervor. Der dreischiffige flachgedeckte Hallenbau des Langhauses stammt aus dem Ende des 15. Jh. – Auch der spätgotische Chorturm der *Kirche (e.)* des Nachbardorfes WOLFERBORN war ein Wehrturm mit Scharten oberhalb der Maßwerkfenster; Turmhaube 1834. Am Langhaus sind die kleinen vermauerten romanischen Fenster noch erkennbar. Emporeneinbau und kassetierte Holztonne 1712. Die Restaurierung von 1936 entdeckte Malereireste der 1. Hälfte des 14. Jh. im Schiff und Ornamentmalereien des 18. Jh. an den Chorwänden.

5. Das Kinzigtal von Salmünster bis Schlüchtern

Das breite Tal der Kinzig begleiten nun waldreiche Bergzüge, die Ausläufer von Vogelsberg und Spessart, deren rotgelber Sandstein häufig durch das Grün der Bäume schimmert. Bei SALMÜNSTER vereinigt sich die Salz mit der Kinzig. Der Ort gehörte als klösterliche Niederlassung bereits Ende des 8. Jh. zur Fürstabtei Fulda. Ein 1319 gegründetes Kollegiatstift wurde 1651 den Franziskanern übergeben, die die Klostergebäude erneuerten. Die *Klosterkirche* (1737-43) ist ein Neubau Fuldaer Künstler. Architekt war ANDREA GALLASINI. Aus der Fassade springt der schlanke, gut gegliederte Turm mit Steinplastiken (Immaculata u. a.) von JOHANN SCHWEICKERT wirkungsvoll vor. Der etwas phantasiearme Innenraum lebt von der dekorationsreichen *Ausstattung*. Dem von Osten Eintretenden (die Kirche ist wegen der Straßenlage gewestet) erscheinen die fünf Altäre in ihrem prunkreichen Aufbau wie eine geschlossene Schaufront. Auch die Kanzel wirkt mächtig und überreich. Die Künstler dieser bedeutenden Ausstattung waren die Franziskanermönche HYAZINTH WIEGAND und MELCHIOR EGENOLF. Die Entwurfszeichnung zum Hauptaltar fertigte Meister ARMBRÜSTER (aus Wächtersbach), das Altargemälde malte EMANUEL WOHLHAUPTER, die Bilder der Nebenaltäre ANDREAS HERRLEIN und Emanuel Wohlhaupter. Über dem Hochaltar ragt die Orgel der alten Kirche hervor (1701 von Pater ADAM OENINGER). Dahinter liegt die Empore für die Mönche. Die Orgel über der Eingangsempore 1745 von SEBASTIAN BRÜNER aus Würzburg. Einfache *Klostergebäude* von 1691–94 und 1741–43.

Der *Ort* erhielt 1320 Stadtrechte und wurde in den folgenden Jahrzehnten befestigt. In regelmäßigem Rechteck umschließt die guterhaltene Mauer die Stadt, die durch die westliche Hauptstraße (Kinzigstraße) und durch den senkrecht dazu verlaufenden Mühlgraben in vier gleichmäßige Viertel geteilt wird. Adelssitze füllen teilweise die Ecken der Stadtmauer, so das *Schleifrashaus* gegenüber der Klosterkirche mit 1707 erneuertem Torbau; das Herrenhaus ist ein Winkelbau des späten Mittelalters mit rundem Treppenturm (im 18. Jh. verändert). Am Stadtmauerrand liegt das *Huttenhaus*, ein einfacher Rechteckbau mit rundem Treppenturm, 1563 von Ludwig von Hutten erbaut, 1698 im Oberbau verändert (heute Amtsgericht). Einfaches klassizistisches *Rathaus* von 1828, 1910 modernisiert.

Dicht an Salmünster schließt sich BAD SODEN, reizvoll am Ausgang des Salztales zu Füßen eines bewaldeten Bergrückens gelegen. Auf diesem Rücken erbaute die Abtei Fulda zur Wahrung ihrer territorialen Interessen und zum Schutze der Salinen die *Burg Stolzenberg* in Ausläuferanlage. Drei künstliche Wälle und tiefe Gräben sicherten die Angriffseite. Der runde Bergfried des frühen 13. Jh. mit rundbogigem, von Buckelquadern gerahmtem Eingang liegt auf einem Felsvorsprung am Halsgraben vor der eigentlichen Burganlage, von der außer der ruinösen Schildmauer nichts mehr aufrecht steht. Die Burg wurde an die Herren von Hutten (vgl. Burg Steckelberg) verpfändet, die unterhalb im Ort 1536 das ›*Huttenschloß*‹ erbauten, ein Bau mit hohen Giebeln und Treppenturm, 1902 restauriert; Marstall von 1599. Fachwerk-*Rathaus* des 18. Jh. – Die *Heilquellen* entsprechen denen von Bad Orb. Der Ausbau des Kurbetriebes nimmt einen immer größeren Umfang an.

STEINAU A. D. STRASSE im Kinzigtal, ursprünglich Fuldaer Besitz, seit dem 13. Jh. wichtiger Stützpunkt der Grafschaft Hanau, war durch vier *Landwehren* mit Warnposten auf den umliegenden Höhen gesichert. Zwei Kilometer westlich der Stadt an der Straße Marborn–Bad Soden steht ein solcher vollgemauerter Rundturm noch aufrecht. Die Stadt trägt ihren Beinamen ›an der Straße‹ nach der wichtigen, im 13. Jh. angelegten Kinzigstraße, die die beiden Messe- und Handelsstädte Frankfurt/M. und Leipzig verband und ursprünglich mitten durch den Ort führte. Eine frühzeitig angelegte Umgehungsstraße gibt heute den Blick auf eine überaus reizvolle, sonst nur bei fränkischen Orten in diesem Umfang erhaltene Stadtsilhouette frei. Im 16. Jh. entfaltete Steinau unter den Hanauer Grafen eine lebhafte Bautätigkeit durch den BAUMEISTER ASMUS. Der *Platz ›Am Kumpen‹* (= Marktplatz) erhielt durch den Um- und Neubau von Rathaus, Kirche und Schloß sein städtebaulich so einladendes Gesicht. Das Wirken dieses Architekten strahlte in viele Orte des oberen Kinzigtales aus. Von Wirtheim über Bad Soden bis Schlüchtern und bis zu den Burgen Brandenstein und Schwarzenfels begegnen wir charakteristischen Bauten mit hohen Giebeln, Treppentürmen und den typischen Vorhangbögen über den Fenstern. 1561 entstand durch Baumeister Asmus das Steinauer *Rathaus* mit großer Halle im Erdgeschoß. Die *Katharinenkirche (e.)* wurde 1481–1511 zu einer zweischiffigen flachgedeckten Hallenkirche ausgebaut. Sakristei mit Netzgewölbe von 1491, Turmoberbau 1539. Im südlichen Seitenschiff spätgotische restaurierte Grablegungsgruppe des 15. Jh. Orgel 1682. Das vom hessischen Staat (Direktion der Staatlichen Schlösser und Gärten) unterhaltene *Schloß* wurde anstelle einer mittelalterlichen Burg von den Grafen Philipp II. und Philipp III. von Hanau durch Asmus 1528–56 als Witwensitz ausgebaut. Als Beispiel einer kleinen Renaissanceresidenz verbindet der Bau Wohnlichkeit, Wehrhaftigkeit und Repräsentation mit einfachsten künstlerischen, in der Spätgotik wurzelnden Formen. Die heute von einem gärtnerisch gestalteten Trockengraben umgebene Anlage über viereckigem Grundriß durchzieht eine mittlere, von zwei Torbauten abgeschlossene Achse. Um das *Hauptschloß*, dessen Hof ursprünglich an der Südseite durch eine Mauer verschlossen war, ist ein Zwinger mit Winkelbauten in den vier Ecken gelegt. Den durch Erkerbauten und Treppentürme belebten Hof umschließen dreiseitig hohe Gebäude, der nördliche Torflügel mit Fachwerk, an der Südostecke der hohe (besteigbare) Bergfried als Rest der mittelalterlichen Burg, an der Westseite ein großer Saalbau, das Erdgeschoß über Säulen gewölbt (z. Z. katholische Kirche), im Obergeschoß flachgedeckter Saal. Alle Baukörper sind durch zwei-

und dreifach gekuppelte Fenster mit Vorhangbögen aufgelockert. Die Westseite des Schloßvorplatzes begrenzt der *Marstall* von 1558 (heute Steinauer Marionetten-Theater ›Die Holzköpp‹) und ein *Wohnhaus* von 1589. Nordöstlich neben dem Schloß zwischen Stadtmauer und Hauptstraße gruppieren sich die Wirtschaftsgebäude des einst zugehörigen *Viehhofs* aus dem 17. und 18. Jh. mit barockem Herrenhaus. Die an vielen Stellen noch sichtbare *Stadtmauer* des 15. Jh. war durch Rundtürme verstärkt und umschloß ringförmig die Stadt. Von den vielen *Fachwerkhäusern* sind besonders zu erwähnen Hauptstraße Nr. 23 mit Steinportal (1685) und Nr. 21 (1587). An der Ecke Ziegelgasse steht das ehemals *von Welsbergsche Haus* (1557) mit Fachwerkobergeschoß und Vorhangbögen. Dahinter ein Steinhaus (1. Hälfte des 17. Jh.) mit nachgotischen Formen.

In der Ziegelgasse wächst der schlanke wohlgeformte Turm der barocken *Reinhardskirche (e.)* aus einer einfachen Fassade empor. Graf Reinhard von Hanau ließ den Bau 1724–31 als reichstes Werk des protestantischen Barock im Kinzigtal errichten. Der Grundriß mit den ausgerundeten Ecken nimmt die Lösung von Niederrodenbach und Langenselbold vorweg. Lange profaniert, wird z. Z. die Instandsetzung von der rührigen Gemeinde betrieben. In der westlichen Hälfte der Hauptstraße liegt an der Ecke Mühlgasse, unmittelbar vor der mittelalterlichen Stadtmauer, das ehemalige *Spital*, 1541 von Meister Asmus errichtet. Westlich davor steht das *Amtshaus* von 1562 mit stimmungsvollem Hof unter weiter Linde, die das kräftig vorkragende Fachwerk und den Treppenturm beschattet; seitlich ein Nebengebäude mit offener Laube, im 17. Jh. erweitert. In diesem Hause verlebten die Gebrüder Grimm ihre Kindheit, da der Vater 1791 von Hanau als Amtmann nach Steinau versetzt worden war. – Die westlich außerhalb der Stadt gelegene *Friedhofskapelle*, 1616 als Gruftkirche für den Amtmann Kaspar Rudolf von Welsberg erbaut, ist ein schlichter Saalbau (1638 restauriert und 1958 westlich erweitert).

Am Zusammenfluß von Elm und Kinzig erheben sich drei spitze gotische Helme aus dem Talgrund: SCHLÜCHTERN. Bereits im 9. Jh. bestand hier ein *Benediktinerkloster*, um das sich Fulda und Würzburg lange stritten. 1539–43 führte Abt Petrus Lotichius die Reformation ein und wandelte das Kloster in eine Schul- und Lehrstätte um (heute Evangelische Landeskirchenmusikschule und Ulrich-von-Hutten-Gymnasium). Die Klostergebäude wurden im 19. Jh. stark umgebaut und die Kirche profaniert. Den besten Überblick über die einstige Anlage und ihre Bauentwicklung gewinnt man an der Nordseite des Gebäudegevierts. Die beiden hochragenden Türme mit gotischen Achteckhelmen bezeichnen dann die Ausdehnung und Grenzen der alten *Klosterkirche*. Das in der 1. Hälfte des 15. Jh. als dreischiffige Halle neugebaute Langhaus (Weihe 1446) ist an dem hohen Satteldach und den vermauerten Fenstern mit sorgfältig gearbeitetem Maßwerk erkennbar. Links (östlich) der ehemalige schmale Hauptchor und der romanische Bogen des abgebrochenen nördlichen Nebenchors. Auf eine Vergrößerung des romanischen Chores in der 1. Hälfte des 13. Jh. geht der Unterbau der ehemals zweigeschossigen Andreaskapelle mit den beiden kleinen rundbogigen Lichtschlitzen zurück. Der anstoßende Chorturm 14.–15. Jh. Unter dem Chor die kunstgeschichtlich wertvolle *frühkarolingische Krypta*. Die tonnengewölbte Gangkrypta zeigt im Osten einen Querarm und im Westen einen Querstollen (vgl. Petersberg bei Fulda und Steinbach). Zu Beginn des 13. Jh. wurde die Krypta nach Osten verlängert; an die Stelle ihrer Nebenchöre traten Seitenkapellen. 1955 Restaurierung der Krypta und der erhaltenen Andreaskapelle. Am westlichen Ende des Langhauses wurde als Verlängerung des nördlichen Seitenschiffes durch Frohwin (gest. 1377) und Thamberg (gest. 1354) von Hutten die zweistöckige *Huttenkapelle* angebaut. Sie ist mit ihren Rippengewölben im Obergeschoß gut erhalten. Im Untergeschoß das Grabmal der Stifter. Über dem ehemaligen Westportal der Kirche (das heutige 19. Jh.) erhebt sich der Westturm, in gotischer Zeit unter Verwendung karolingischen und romanischen Baumaterials errichtet. Ähnlich wie die Huttenkapelle springt in Verlängerung des südlichen Seitenschiffes die zweigeschossige Katharinenkapelle aus der Westfront vor. An sie wurde im 16. Jh. beim Neubau der Klostergebäude ein Flügelbau gesetzt. Im Obergeschoß zeigt die Kapelle romanische Gewölbe und Würfelkapitelle, im Untergeschoß monolithe Rundfenster (karolingisch?, vgl. die Friedhofskapelle in Büdingen). Abt Christian II. ließ 1508–19 die *Klostergebäude* durchgreifend erneuern. Mit Treppengiebel, Erkerbau und Treppenturm ist die Westfront ausgezeichnet. Das Geviert des Kreuzganges ist mit spätgotischer Kapelle am Westflügel erhalten. Grabsteine derer von Hutten und anderer Geschlechter 14.–17. Jh. Im Hof Taufstein von 1534. In der Südwestecke die Küche mit großem säulengetragenem Rauchfang. Vor der Südfront der Klostergebäude der selbständige Bau der *Abtswohnung* (16. Jh.), ursprünglich Spital, seitlich dahinter die Zehntscheuer. Die Reste der südwestlich gelegenen Klostergebäude fielen 1961 der Schulerweiterung zum Opfer.

Die *Pfarrkirche St. Michael (e.)* besteht aus einem Glockenturm des 14. Jh. und einem klassizistischen Langhaus von guter Raumwirkung (1842 von E. Fl. Spangenberg). Ein Teil des anschließenden alten Friedhofes ist zu einem Kriegerfriedhof ausgebaut. – Das *Lauter-*

schlößchen an der Schloßstraße wurde im 14. Jh. als Amtsmannensitz der Familie Lauter erbaut, im 16. Jh. in den charakteristischen Formen mit Treppengiebeln und Eckbuckelquadern verändert. Es enthält heute das *Bergwinkel-Heimatmuseum*.

Auf einer markanten Bergnase, deren steilen Südhang gepflegte Obstplantagen bedecken, liegt zwischen Elmtal und einem Seitenbach *Burg Brandenstein*. Die beiden Vorburgen und das Herrenhaus im Kern gotisch, später erneuert. Das vorderste Burgtor von 1565, die hufeisenförmige innere Vorburg von 1633, der wohnturmartige Hauptbau über tonnengewölbtem Keller, mit vorgelegtem Treppenbau und charakteristischen Vorhangbögen 1543–64. Veränderungen im späten 19. Jh. In den geschmackvoll eingerichteten Innenräumen gutes Mobiliar, besonders Schränke des 17. und 18. Jh. (Besitz der Gräfin von Brandenstein-Zeppelin). Von der Terrasse, besonders am Nachmittag und Abend, großartige Aussicht auf die Wälder des Spessarts.

Im wald- und bergreichen Quellgebiet der Kinzig liegt RAMHOLZ mit schlichter *Barockkirche (e.)* von 1788. Das große *Schloß* ließ sich Freiherr von Stumm 1893–95 durch Emanuel und Gabriel von Seidel im Stil der Neurenaissance erbauen. Der wohlgepflegte Park ist belebt von sehr qualitätvollen Steinfiguren des fränkisch-würzburgischen Rokoko (Ankauf um 1900). Das ›Alte Schloß‹, das sich die Familie von Hutten im 16. Jh. errichtet hatte, bildet heute einen bescheidenen Seitenflügel der großen Anlage (Park sonntags geöffnet). Durch den Park steigt man über einen Waldweg zur *Burgruine Steckelberg*, die auf einer Bergkuppe hoch überm Tal thront, umgeben von stillen Wäldern, beglückend durch die weite Fernsicht. 300 Meter nordöstlich der heutigen Ruine lag der Stammsitz des im oberen Kinzigtal bis zum Jossgrund mächtigen Geschlechtes von Steckelberg. Diese Burg wurde 1276 zerstört, die zugehörige Herrschaft kam größtenteils an Hanau (vgl. Schwarzenfels). 1388 errichtete Ulrich I. von Hutten die heutige Burganlage, und Ulrich III. erneuerte sie 1509 nach einer Zerstörung. Die rechteckigen Umfassungsmauern, Wände eines Wohnbaues und ein halbrunder Batterieturm an der Südseite ragen allein noch über die Baumwipfel. Auf dieser Burg wurde der berühmte Renaissancedichter und Humanist Ulrich IV. von Hutten geboren, hierhin kehrte er auch später während seines unruhvollen Lebens oft zurück. Über SANNERZ errichtete 1735 vermutlich Andrea Gallasini den Barockbau einer Fuldaer *Propstei*, des späteren Schlosses der Herren von Hutten (heute katholische Schwestern). Daneben kleine neuromanische Kirche.

Hinter STERBFRITZ, dessen 1588 erbauter Kirchturm eine schwungvolle Barockhaube von 1729 krönt, überschreiten wir die Wasserscheide zwischen Kinzig und Main, um in MOTTGERS das Tal der Schmalen Sinn zu erreichen. Die *Pfarrkirche* mit Westturm von 1422 und Schiff des 18. Jh. ragt aus einer schönen Baumgruppe hervor. Hohe Berge umgeben im Grenzbereich von Spessart und Rhön den tief eingeschnittenen Tallauf, so nördlich der Große Nicklas (558 m) und südlich der Stoppelsberg (571 m). Wenige Kilometer südlich jenseits der Waldhöhen liegt Bad Brückenau, bereits zu Bayern gehörig. Auf einem kahlen Bergausläufer hoch über dem Sinntal erbauten die Grafen von Hanau 1280 die *Burg Schwarzenfels*, nachdem die Burg Steckelberg (s. d.) 1276 zerstört und die zugehörige Herrschaft den Grafen zugefallen war. Von diesem ersten Bau steht noch der runde Bergfried in Gußmauertechnik. Gemeinsam mit Steinau wurde die Burg im 16. Jh. zum Amts- und Witwensitz schloßartig ausgebaut. Neben dem Eingang zur Vorburg ein kleiner Rundturm. Der Marstall an der Rückseite der Vorburg von 1557. Ein figuriertes Säulenportal von 1621 (dahinter das gotische Spitzbogenportal) mit Wappen und Freitreppe, davor ein ehemaliger Brunnen, vermittelt von der Vorburg zur Hauptburg. Süd- und Westseite der Hauptburg füllen die Ruinen eines großen Winkelbaues von 1553 mit mächtig gewölbten Keller- und Erdgeschossen. Die verwandte Form der Vorhangfenster und die gleiche Art einer symmetrischen Gliederung der Baukörper durch Treppentürme wie in Steinau läßt auf MEISTER ASMUS als Baumeister schließen. Von den Fensterhöhlen ein eindrucksvoller Blick ins tiefe Tal.

V. Die Lahn

1. Von Bad Ems bis Diez

Die Lahn ist neben der Mosel und der Ahr der schönste Nebenfluß des Rheins, nicht zuletzt durch den Zusammenklang von unberührter Natur und kunstgeschichtlich bedeutungsvollen Bauwerken. Sie entspringt außerhalb Hessens im Rothaargebirge, wo auch die Quellen von Sieg und Eder liegen, durchströmt in breitem, flachem Tal das Hinterland und das Marburger Bergland und trennt in engem, felsigem Lauf die Gebirge Westerwald und Taunus. Charakteristisch für die vielen Burgen, Klöster, Stiftskirchen und alten Städte ist ihre malerische Lage auf schroffen, steil zum Fluß abfallenden Felsen. Schon das Mittelalter wertete diese Bergsituation nicht nur wehrtechnisch, sondern auch künstlerisch aus, und der Barock gestaltete bewußt das landschaftliche Bild. Zwei Herrscherhäuser bestimmten wesentlich die Geschicke des Tales, am Unterlauf die Grafen von Nassau, am Oberlauf die hessischen Landgrafen. Wichtig waren und sind – auch für die Kunstgeschichte – sowohl die zahlreichen Marmorbrüche des Unter- und Mittellaufs als auch die Eisenerzfunde am Oberlauf.

An der Stelle, wo heute die elegante Badestadt BAD EMS sich mit ihrer vornehmen, meist von klassizistischen Häusern des 18. und 19. Jh. bestandenen Hauptstraße *(Römerstraße)* und dem prunkreichen Kurhaus längs der Lahn erstreckt, kreuzte in römischer Zeit der Limes den Fluß. Ein *Limesturm* wurde auf dem Wintersberg zur Anschauung wieder aufgebaut. Die romanische *Pfarrkirche (e.)*, im Bezirk eines Römerkastells im 12. Jh. errichtet, ist als flachgedeckte Emporenbasilika in Anlage und Bauweise der St. Johannes-Kirche in Niederlahnstein und der Stiftskirche in Dietkirchen eng verwandt. Gute Innenrestaurierung 1957–58. Seit Beginn des 14. Jh. ist das Emser Badeleben überliefert. Die in den beiden, durch die Lahn getrennten Stadthälften herrschenden Territorialherren errichteten bereits früh eigene *Badehäuser*, der Mainzer Erzbischof 1694 das ›Mainzer Haus‹ mit schönem Rollwerkgiebel (im 19. Jh. verändert), die nassauischen Fürsten 1715 das ›Nassauer Badehaus‹, das als Barockbau im östlichen Teil des 1912–13 großzügig erweiterten *Kurhauses* noch erkennbar ist (Stuckdecken). Feldmarschall Hans Karl von Thüngen baute 1696 ein drittes Badehaus (heute Verwaltungsgebäude), ein mächtiges Baugeviert, wegen seiner hohen Ecktürme ›Karlsburg‹ oder ›Die vier Türme‹ genannt, 1810 erst vollendet. Das *Kursaal*-

**Übersichtskarte
zu Kapitel V:
Die Lahn
von der Mündung
bis Biedenkopf**

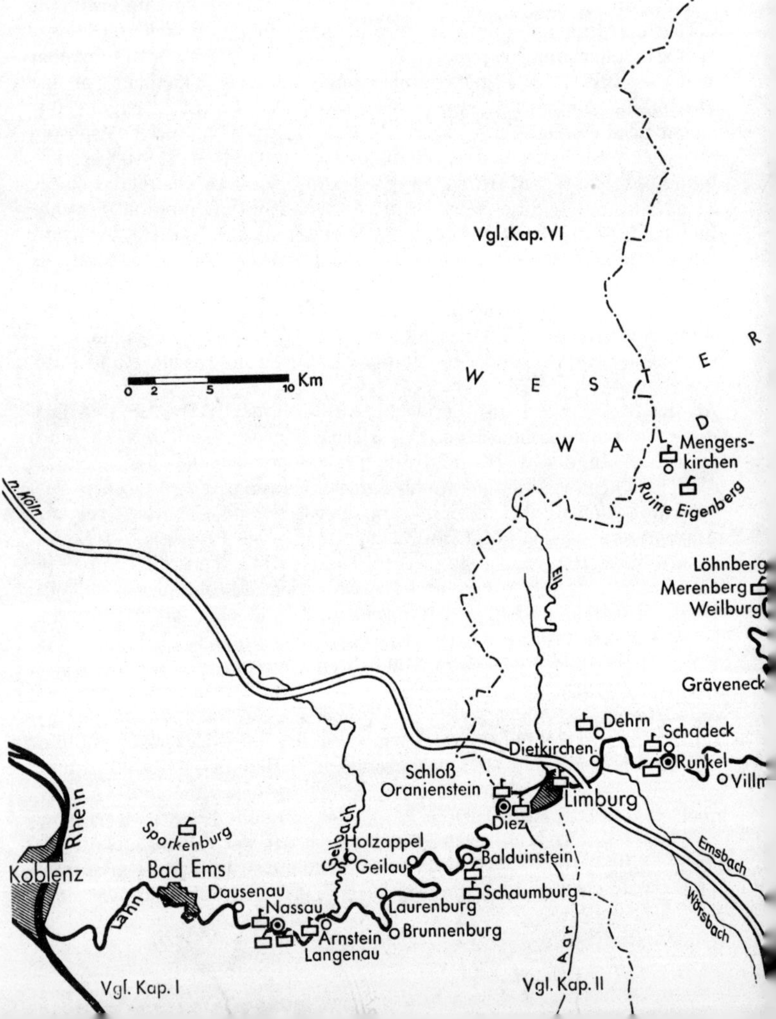

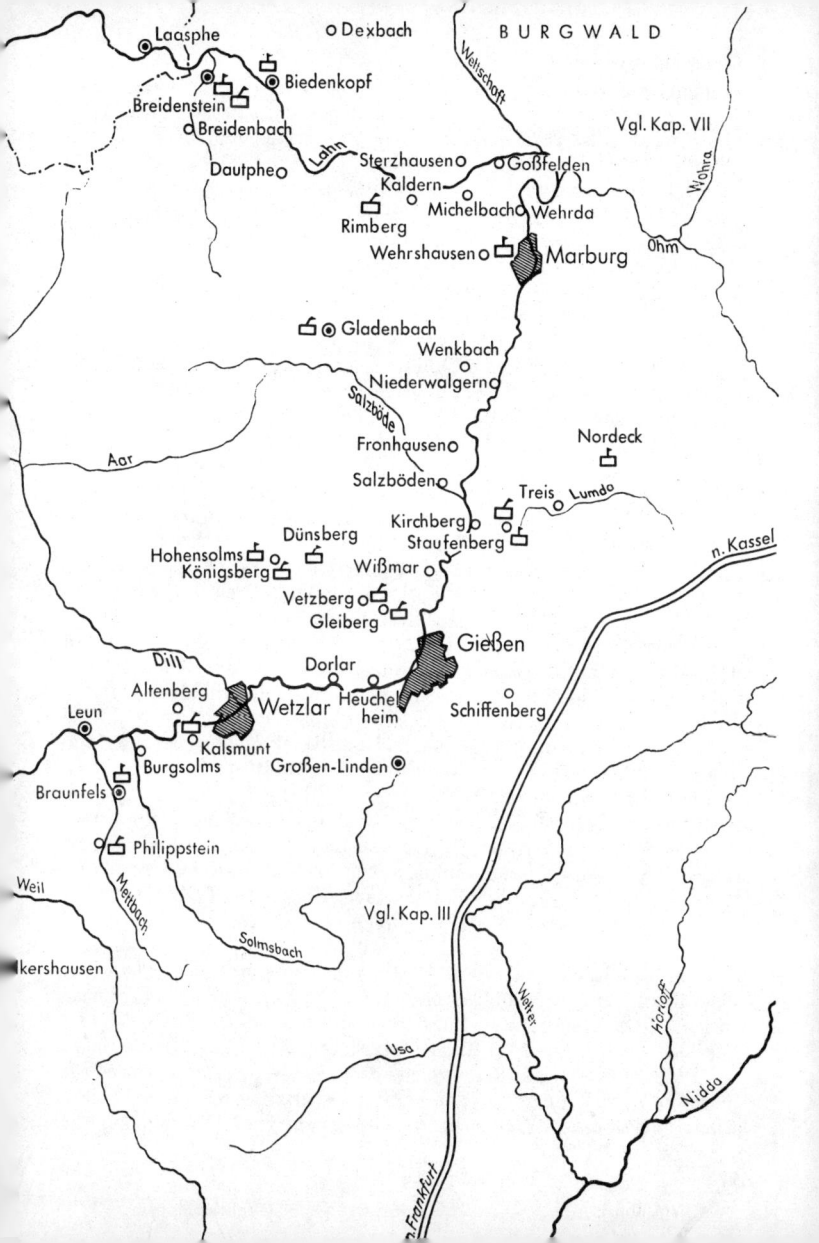

gebäude von 1839–41 und die *Griechische Kapelle* von 1874–76, der Wiesbadener sehr verwandt, kennzeichnen die große Blüte der Badestadt im 19. Jh. 1870 fand auf der Kurpromenade das berühmte Gespräch zwischen König Wilhelm I. von Preußen und dem Botschafter Frankreichs, Benedetti, statt, das zu der folgenschweren ›Emser Depesche‹ Bismarcks und zum Deutsch-Französischen Krieg führte.

Oberhalb von Bad Ems überwachsen Bäume und Sträucher fast ganz die Trümmer der SPORKENBURG, die Heinrich von Helfenstein 1310 nach Zerstörung einer älteren Anlage als rechteckigen Bering mit Schildmauer und Palas neu erbaute; seit 1635 Ruine.

DAUSENAU am nördlichen Lahnufer, einst nassauische Stadt (Stadtrechte 1348), heute Dorf, bewahrte einen recht altertümlichen Charakter. Längs der Lahn verläuft die *Stadtmauer* von 1359 mit ihrem berühmten ›Schiefen Turm‹ und einem schönen Torturm. Der hier mündende Seitenbach wird von der Mauer überspannt. Dort ist das spätgotische *Rathaus* (Heimatmuseum) mit Fachwerk-Obergeschoß angebaut. Die malerisch über dem Ort gelegene *Pfarrkirche (e.)*, jüngst sorgfältig restauriert, besteht aus einem gedrungenen romanischen Turm und einem Langhaus des frühen 14. Jh. Zwei spätgotische Vorhallen sind an der Südseite vorgebaut. Dreischiffige Hallenkirche mit Emporen. In den drei polygonalen Apsiden teilweise übermalte, teilweise freigelegte, thematisch bemerkenswerte *Fresken* des 14. Jh. Moderne Glasfenster von Erhard Klonk. Bemalung der Sakramentsnischentür 15. Jh. (Gregorsmesse). Schnitzaltar (Triptychon) um 1500.

Zwei Burgruinen und das moderne Stein-Denkmal beherrschen von der gegenüberliegenden Bergseite her das Stadtbild von NASSAU. Die höher gelegene und ältere der beiden Burgen ist die *Stammburg* des geschichtsreichen Geschlechtes *der Grafen von Nassau*. Sie wurde Anfang des 12. Jh. von den Grafen von Laurenburg (s. d.) erbaut, die sich seit 1159 ›von Nassau‹ nannten. Der fünfeckige, tief unterkellerte Bergfried mit angebautem Treppenturm, Reste des Palas und eines zweiten Turmes ragen von der längsrechteckigen Anlage mit gotischen Zwingmauern noch aufrecht. (Verfall im 16./17. Jh.) Die westlich unterhalb gelegene, seit dem 17. Jh. stark ruinöse *Burg Stein* war einst Burgmannensitz und Stammhaus des seit dem 12. Jh. bekannten Geschlechtes (der späteren Fürsten) vom Stein.

Die Stadt wurde im 2. Weltkrieg stark zerstört. Das gotische Schiff der *Pfarrkirche (e.)* mit dem hohen spätromanischen Chorturm wurde in vereinfachter moderner Form unter Benutzung der alten Mauern wiederaufgebaut. Außer dem frühgotischen Taufstein blieben die schönen Grabsteine des 16. und 17. Jh. erhalten. Der reiche Fachwerkbau des *Adolzheimer Hofes* (heute Rathaus), 1607–09 durch Adam Freiherr vom Stein erbaut, ist mit seinen beiden zweigeschossigen Erkern und den schönen Schnitzereien wiederhergestellt. Ein Barockportal führt in den Ehrenhof des *Steinschen Schlosses* (Besitzer Graf Kanitz), den seitlich zwei Barockflügel von 1755 und als Hauptfront ein Spätrenaissancebau von 1621 umschließen. Im Innern des Hauptbaues gute klassizistische Räume (Speisezimmer, Salon, Bibliothek) mit Stuckdecken und Wandfüllungen (Ende 18. Jh.). Ein frühes Zeugnis romantisch-neugotischer Bauweise mit nationaler Grundstimmung ist der 1814 durch JOH. CLAUDIUS LASSAULX angebaute achteckige Turm, der auf Wunsch des Bauherrn, des Reichsfreiherrn Heinrich Friedrich Karl vom und zum Stein, das Andenken an die Befreiungskriege wahren sollte. Er enthielt im Erdgeschoß die Steinsche Sammlung gotischer Glasmalereien (heute im Städel, Frankfurt), im Mittelgeschoß das sterngewölbte Arbeitszimmer und im Obergeschoß eine Gedächtnishalle mit Gedenkbüsten von der Hand D. C. RAUCHS.

Bei der Einmündung des landschaftlich reizvollen Gelbachtales findet man inmitten von Wiesen die ehemalige *Wasserburg Langenau*, Stammsitz des gleichnamigen Geschlechtes (vgl. Burg Hohlenfels). Von der im 14. Jh. in den Wehrformen einer Höhenburg gebauten Anlage stammen der rechteckige Mauerring mit Zwinger und Schildmauer, Tor- und Flankenturm; der Bergfried vielleicht noch romanisch. Der Palas 1698 durch den damaligen Besitzer Franz von Marioth als Wohnpalais neu errichtet.

Hinter der nächsten Biegung tauchen hoch auf einem Fels die Türme von *Kloster Arnstein* aus den waldreichen Uferbergen auf, seit gotischer Zeit ein unverändertes Bild. Im 11. Jh. hatten die Grafen von Arnstein auf diesem Berg eine Burg erbaut, die Graf Ludwig 1139 in ein Prämonstratenserkloster, in das er selbst als Mönch eintrat, umwandelte – daher die burghafte Lage von Kirche und Kloster über der Einmündung des Dörsbachtales. Der Kirchenbau wurde gegen Mitte des 12. Jh. begonnen, 1208 geweiht und 1359 erweitert und gewölbt. In reicher gedrängter Gruppierung fügen sich die Bauglieder zur dreischiffigen Basilika zusammen: der romanische Westbau mit runder Apsis (Fenster spätgotisch) und zwei seitlichen Türmen und der gotische Ostbau mit niedrigem Querschiff (Giebelwände 1885–87), gestaffelten Nebenchören und schlankem, tief untermauertem Hauptchor, flankiert von zwei achteckigen Chortürmen über den mittleren Seitenchören. Eine romanische Vorhalle neben der Westapsis (Steinkruzifix 1. Hälfte 14. Jh.) und ein Rundbogenportal (Türbeschlag um 1200) führen in das Innere. Ein gotisches Rippengewölbe auf roma-

nischen Halbrunddiensten überspannt das Mittelschiff, ein achteckiges Klostergewölbe die Vierung. Kapitelle barockisiert.
Durch die Aufhebung des Klosters 1803 blieben von der ursprünglichen Ausstattung nur der schöne Levitensitz mit Kielbogen (um 1400), der breite festliche Hochaltar im Chorpolygon (um 1760) und die schwungvolle Kanzel (1757), Reste des romanischen Fußbodens aus farbigen Tonplättchen mit geometrischen Mustern im Chor. Von den *Klostergebäuden* (in ihnen seit 1919 Genossenschaft vom heiligen Herzen Jesu und Mariä), die teils Ruinen, teils schlichte Neubauten des 17. bis 18. Jh. sind, ist der ehemalige Konvent-(Mönchs-)bau aus romanischer Zeit bemerkenswert, vielleicht ein Rest des Burgpalas.
Von den bewaldeten Höhen über einer großen Lahnschleife blickt die *Kirchenruine* des 1542 aufgehobenen Prämonstratenserinnenklosters *Brunnenburg* ins Tal hinab. Die um 1200 erbaute Kirche war eine Pfeilerbasilika. Ihr Westgiebel mit großem Radfenster und die Chorteile stehen als Ruine aufrecht.
Sobald die Straße das Lahntal verläßt, um über die Höhe nach Diez zu führen, wird über den Baumwipfeln eines hohen Berggrates ein frühgotischer fünfeckiger Bergfried sichtbar, der einzige Rest der *Laurenburg*. Sie war Stammsitz der gleichnamigen Grafen, die im 12. Jh. ihren Sitz nach Nassau (s. d.) verlegten und das dortige Grafenhaus begründeten.
HOLZAPPEL auf der Höhe über dem Fluß war einst Mittelpunkt der Esterau, des Ursprungsbesitzes der Grafen von Laurenburg-Nassau. Schlichte klassizistische Kirche (e.) von 1824—25. In GEILNAU steht unmittelbar an der Lahn ein kleines waldeckisches Jagdschloß von 1792; axial gegenüber ein 1790 gefaßter Mineralbrunnen.
BALDUINSTEIN erstreckt sich in einem Seitental aufwärts bis zu der auf schroffem Felsblock thronenden *Burg*, die Erzbischof Balduin von Trier 1320 als Trutzburg gegen die nahe Schaumburg erbaute. Von der bergseitigen Vorburg (heute als Privatwohnhaus ausgebaut) kam man einst über eine den Halsgraben überspannende Brücke in die Hauptburg mit turmbewehrter Ringmauer und hohem Palas ohne Bergfried. Trotz Stadterhebung 1321 blieb der Ort ein Dorf. Von der *Stadtbefestigung* steht lahnseits ein achteckiger Turm (um 1429), bereits für Schußwaffen eingerichtet.
Schloß Schaumburg (Fürstlich Waldeckischer Besitz und teilweise Museum) erhebt sich oberhalb von Balduinstein etwas landeinwärts auf einem hochgelegenen Berggrat. Weithin ist es von den Höhen rechts und links der Lahn zu sehen. Diese exponierte, landschaftsbestimmende Lage der im 12. Jh. angelegten, im Spätmittelalter ausgebauten Burg (Ostfront mit Rundtürmen) begeisterte den Roman-

tiker Erzherzog Stephan von Österreich. Er beauftragte um die Mitte des 19. Jh. den Wiesbadener Architekten CARL BOOS, die Burg in englischer Neugotik auszubauen. Der Architekt kontrastierte die horizontalen, langgestreckten, einen offenen Hof umschließenden Flügelbauten mit den schlank und zinnenreich hochragenden achteckigen Turmbauten (großartige Aussicht). Unterhalb vor der Burg in Hufeisenform die ehemaligen Wirtschaftsgebäude des 18. Jh. (Rokokotüren), heute Hotel ›Waldecker Hof‹.

Bereits von fernher grüßen als weiteres Wahrzeichen in der Landschaft Stadt und Burg von DIEZ. Beiderseits der hier in die Lahn mündenden Aar wurde um 1690 die *Neustadt* in künstlerisch geschickter Disposition mit zwei rechteckigen Plätzen (Markt- und Ernst-Scheuern-Platz) angelegt, wahrscheinlich nach Entwürfen des Holländers DANIEL MAROT. Der Häuserbestand des 18. Jh. am besten in der Rosenstraße erhalten. Dort auch der alte *Fruchtspeicher* von 1718. Dicht um den Fuß der Burg zieht sich in einem Halbkreis die *Altstadt* (Stadtrechte 1329). Manch schönes altes Haus steht hier noch, besonders am *Alten Markt*, wo die Fachwerkhäuser reich geschnitzte oder verschieferte geschweifte Giebel haben und die Burg sie beherrschend überragt. Sie diente dem Schutze der alten, 1552 erbauten *Lahnbrücke* mit dem barocken Brücken- und Zollhäuschen. Am Ende der Pfaffengasse (Nr. 27) liegt das *Eberhardhaus* (1784) mit Mansarddach und Zwerchhäusern, mit gepflegtem Park und Pavillon auf der alten Stadtmauer.

Zwischen Burgberg und Pfaffengasse drängt sich die schlichte, aber harmonisch eingefügte *Pfarrkirche (e.)*. Sie war ehemals die Kirche eines Chorherrenstiftes, das 1289 von Salz (vgl. Kap. VI) nach Diez verlegt wurde. Mächtige Pfeiler tragen die Seitenschiffemporen der dreischiffigen Hallenkirche. Im Chor einige gute Grabdenkmäler Diezer Grafen und Bürger, unter ihnen bemerkenswert der Grabstein der Gräfin Walburg von Eppstein (geborene von Diez, gest. 1493) von Meister VALENTIN aus Mainz, des Amtmanns Wilhelm von Brambach (gest. 1579) von HANS RUPRECHT HOFFMANN aus Trier und im rechten Seitenschiff der Marmorsarkophag der Fürstin Amalie von Nassau-Diez (gest. 1726) von JOSEF BEZ aus Koblenz.

Die Schloßstraße führt hinauf zur *Burg*, dem Stammsitz und der Residenz der 1053 zuerst genannten Grafen von Diez, die 1386 ausstarben. Seitdem Eigentum der Grafen von Nassau-Dillenburg und seit 1607 Sitz der jüngeren Linie Nassau-Diez, dem 1652 gefürsteten Stammhaus der Oranier und Könige der Niederlande. Das vordere Burgtor (1581) zeigt gute Renaissanceformen. Schlichte Gebäude des 16. bis 18. Jh. umstehen den Hof der Vorburg. Dahinter steigt auf höherem Felsblock die Kernburg auf mit einem kleinen zweiten Hof. Der im Mauerwerk romanische Bergfried trägt ein gotisches helmartiges Dach mit vier Ecktürmchen. Über schroffem Felsabfall der ehemalige Palas des 14. Jh. (heute Heimatmuseum); innen schlicht barockisiert. Nördlich neben dem Bergfried ein spätmittelalterlicher Wohnbau. Die Gebäude zwischen diesem und der Vorburg sind von 1732 (heute Jugendherberge). Von den Burgfenstern weiter Blick in die Landschaft und auf das Gewinkel der Altstadt. Die 1830 an der anderen Lahnseite auf einem Felshügel erbaute *evangelische Pfarrkirche*, ein schlichter Längsbau mit eingezogenem Rechteckchor, gibt das optische Gegengewicht zur Burg. Einst lag hier die 1269 erwähnte Pfarrkirche St. Peter, deren romanischer Turm in dem heutigen schlanken Westturm erhalten ist.

Im 12. Jh. wurde nördlich Diez das Benediktinerinnenkloster Dierstein gegründet. Die Ruinen des im 16. Jh. aufgelösten Klosters ließ Fürstin Albertine von Nassau-Diez 1672–84 als *Schloß Oranienstein* ausbauen, das der holländische Architekt DANIEL MAROT 1696–1709 für die Fürstin Amalie bedeutend erweiterte. Die auf einem Steilfelsen erbaute hufeisenförmige Anlage mit Seitenflügeln bildet das Lustschloß Clagny bei Versailles nach. Der schlichte Bau zeigt die Formen des französischen Barock in niederländischer Prägung. Der östliche der beiden runden Ecktürme, die den Mittelbau flankieren, steht über der Apsis der ehemaligen romanischen Klosterkirche. In vielen Innenräumen vorzügliche Stuckdecken und Deckengemälde, besonders in der zweigeschossigen Schloßkapelle und im Festsaal.

2. Limburg und Dietkirchen

Seit der Romantik verherrlichen Zeichnung, Malerei und Foto in vielen vertrauten Ansichten das Bild des wie eine Gottesburg auf dem Lahnfels thronenden Domes zu LIMBURG. Die Stadt war Mittelpunkt des Niederlahngaues und Schnittpunkt von fünf, seit dem frühen Mittelalter urkundlich bekannten Straßen (Frankfurter Straße, Hühnerstraße, Hohe oder Wörsdorfer Straße, Hessenstraße und Koblenzer Straße). 910 gründete Graf Konrad Kurzbold mit Unterstützung des deutschen Königs Ludwig das Kind und des Mainzer Erzbischofs das Stift St. Georgen. Unter den Herren von Isenburg-Limburg erlebte die Stadt ihre größte Blüte im 13. Jh. (Dombau) und im 14. Jh. (Chronik des Stadtschreibers Ehlen von Wolfhagen, gest. um 1420). Seit 1420 stand die Stadt endgültig unter Trierer Landesherrschaft. 1827 wurde das Bistum Limburg geschaffen.

Limburg nach dem Stadtplan von 1349

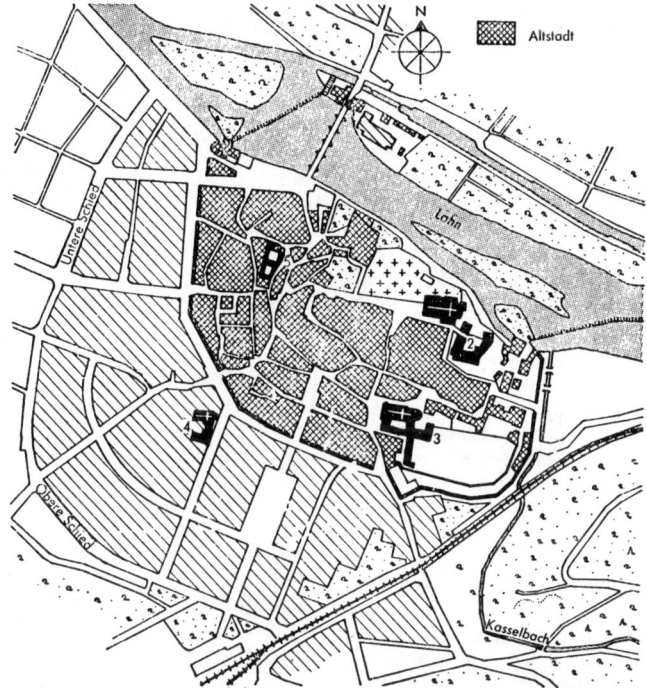

1 Dom
2 Burg
3 Stadtkirche und Bischöfliches Ordinariat
4 Hospitalkirche und Wilhelmitenkloster
5 Walderdorffer Hof

An Stelle einer älteren *Stiftskirche* (drei Fußböden festgestellt) ließ Graf Heinrich von Nassau um 1215–20 den heutigen Dombau errichten (Altarweihe 1235, Bauvollendung in der zweiten Hälfte des 13. Jh.; Spitzhelm des Vierungsturmes 1774, Aufbau der beiden ursprünglich beabsichtigten Seitentürmchen des südlichen Querschiffes 1863–65). Das Bauwerk entstand in einer Zeit des Umbruches der deutschen Kunst und der Auseinandersetzung mit den Stilformen der französischen Bauhütten. Trotz vielfältiger Einflüsse und Formmischungen ist der Dom ein einheitliches Werk aus heimischer Tradition, reich an fruchtbaren ausgehenden Kräften der Spätromanik (turmreiche Gottesburg) und voll schöpferischer Ideen der Frühgotik (Wandgitter). Wenn daher der rein gotische Bau der Marburger Elisabethkirche im Jahre der Limburger Altarweihe begonnen wurde, so erscheinen die spätromanisch-staufischen Formen in Limburg nur in der historischen Rückschau, nicht aber künstlerisch ›veraltert‹. Der planende Baukünstler entstammte den großen rheinischen, um Köln konzentrierten Bauschulen und kannte ältere nordfranzösische Bauplanungen, etwa die Kathedralen von Laon und Noyon. Siebentürmig wächst der Dom über der Lahn empor; die Siebenzahl war aus antiker Tradition und religiöser Lehre dem Mittelalter tief symbolhaft (freie Künste, Sakramente u. a.). Der heute fehlende, helle und farbige Außenputz ließ das Bauwerk ursprünglich klarer, lichter und schwebender über dem grauen Felsgestein erscheinen. Die doppeltürmige Westfront steigt gewaltig über dem Domvorplatz auf; ihre Gliederung steigert sich von unten nach oben in ornamentaler Fülle und plastischer Durchdringung der Wandflächen, eine Weiterentwicklung der zeitlich und stilistisch früheren Fassaden von Xanten und Andernach. Langhaus, Querschiff und Chor umzieht in Obergadenhöhe eine Arkadenreihe (vgl. Kathedrale von Tournai und Bonner Münster). An der Chorseite verläuft darunter eine Zwerggalerie mit horizontalem Dachgesims (lothringische Bauten und Trier, ehemalige Simeonskirche). Das Langhaus ist ungewöhnlich kurz und sehr hoch. Die vier Seitenschiffarkaden sind in zwei sternengleichen sechsteiligen Gewölbejochen zusammengefaßt (gebundenes System). Viergeschossig stuft sich der Wandaufriß. Seitenschiff, Emporen und Triforium wirken nicht raumschließend, sondern wie ein hinterfangendes Raumgitter, und erst der Obergaden gibt direktes Licht. Die glatten Bahnen der Vierungsbündelpfeiler reißen den Blick nach oben zur Vierungskuppel, die mit ihrem achtteiligem Rippengewölbe auf ›herabhängenden‹ (also nicht ›tragenden‹) Diensten wie eine lichthafte Krone oder ein Baldachin aufgestülpt erscheint (Tradition der rheinischen Kaiserdome). Das einjochige Querschiff und der $5/8$-Chor (mit Umgang) wiederholen die gleiche Wandstufung und deuten betont einen zentralen Raumcharakter an. Ungewöhnlich, fast fremdartig wirken die an Überschneidungen reichen Durchblicke in der Emporenzone.

Die sorgfältige Restaurierung 1934–35 unter W. WEYRES legte eine der vollständigsten *spätromanischen Kirchenausmalungen* frei. Die Architekturglieder und ihre Funktionen sind farblich abgesetzt und betont, figürliche Darstellungen finden sich nur zwischen den Zwickeln und Bogenfeldern, so an den Mittelschiffemporen Apostel, Propheten,

Könige, Tugenden und Laster, an den Gewölbekappen vier Paradiesesflüsse und Akanthusornamente sowie über dem Chorbogen in der Vierungskuppel Christus als thronender Herrscher. Die Kanzel neuromanisch, der Kanzelfuß ein Rest des spätromanischen Altares. Gegenüber ein schlankes, filigranhaftes *Tabernakel* von 1496. Reiches achteckiges *Taufbecken* auf Säulen mit symbolischen Gestalten und Blattranken, spätromanisch. Die steinernen *Schranken* aus gleicher Zeit (Malereien in den Feldern 16. Jh.) umschlossen ursprünglich die Vierung und grenzen erst seit 1875 den Chorgang ab. Grabmal des Daniel von Mudersbach (gest. 1477) mit Gattin in der südlichen Apsis. Neugotische Grabsteine von Bischof Josef Peter Blum und Bischof Dr. Klein in der nördlichen Apsis. Schönes Kruzifix und bewegte Madonna aus dem 18. Jh. im Nordquerschiff und im nördlichsten Nebenchor. Auf der Empore die figürliche *Grabplatte des Stifters* Konrad Kurzbold (gest. 948), ein hervorragendes Werk der staufischen Plastik (1. Hälfte des 13. Jh.), geboren aus der adelig-herrschaftlichen Gesinnung des mittelalterlichen Rittertums. Alle nachmittelalterliche Ausstattung wurde bei der Restaurierung 1872–77 entfernt (vgl. Kransberg).

Die ehemalige *Totenkapelle St. Michael* auf dem Friedhof am Domvorplatz, ein frühgotischer Bau mit Beinhaus im Untergeschoß, dient heute als Wohngebäude. Östlich der Friedhof des Domkapitels mit moderner Kreuzigungsgruppe und prächtigem Blick ins Lahntal.

Die *Burg* der Herren von Isenburg-Limburg setzt sich aus einer Gruppe von Wohngebäuden verschiedener Entstehungszeiten um einen malerischen Hof zusammen (heute Gewerbeschule und Diözesan-Museum). Links vom Hofportal eine Domvikarie des 18. Jh. Östlich ein Fachwerkhaus des frühen 17. Jh. mit geschwungenen Giebeln und Erker. Rechts daneben der älteste Teil, ein *Wohnturm* des 13. Jh. mit kuppelartig gewölbtem Rittersaal. Daneben die zwischen 1289–98 entstandene, St. Peter geweihte *Burgkapelle*, hofseits im 15. Jh. durch ein Wohngebäude überbaut. Die Südseite des Hofes beschließt ein hoher Saalbau des späten 14. Jh. (nach Brand 1929 in den dreißiger Jahren erneuert). Das eindrucksvolle Nebeneinander der alten Gebäude an Ost- und Südseite der Burg ist besonders von der Lahn her zu erleben.

Die Stadt legt sich ungefähr viertelkreisförmig an den Süd- und Westabhang des Domhügels bis hinab zur Lahnbrücke. Die Grabenstraße kennzeichnet den Verlauf der *Stadtmauer*. Sechsbogige *Lahnbrücke* von 1315. Am gegenüberliegenden Ufer der aus dem 13. Jh. stammende, 1543 erneuerte *Brückenturm* (daran Kruzifix des 14. Jh.). Von den Altstadtbildern des Lahntales ist das von Limburg neben dem von

Marburg am besten erhalten. Eine Einzelaufzählung der alten, dem 16. bis 18. Jh. entstammenden Fachwerkbauten mit ihren reichen, oft figürlichen Schnitzereien ist kaum möglich. Die hohen, mehrgeschossig vorkragenden und teilweise geschwungenen Giebel sind der Straße zugewandt. Die gewinkelten Gassen sind schmal, die dicht gereihten Häuser hoch, so daß die Räume eng und steil wirken. Bekanntlich waren in Köln an der Fuhrmannsgasse die Breitenmaße für die beladenen Wagen angegeben, damit sie die Straßen Limburgs, insbesondere das Brückentor und die Fahrgasse (die von der Brücke durch die Stadt führt), auf der Fahrt Köln–Frankfurt passieren konnten. Die Gassen weiten sich zu mehreren dreieckigen und rechteckigen Plätzen, dem Neumarkt, dem Bischofsplatz, dem Roß- und Fleischmarkt und der Plötze. In dieser historischen Einheit wirkt eine Reihe von Einbauten sowohl des 19. Jh. als auch unserer Zeit mit ihren allzu gläsernen Geschäftsläden recht störend.

Besonders zu erwähnen ist der Gräflich von *Walderdorffsche Hof*, um 1350 angelegt, 1665 massiv neu erbaut, vierflügelig mit malerischem Arkadenhof (hölzerne Wendeltreppen mit freier Spindel); seitlich ein etwas tieferer Remisenhof mit Fachwerkbauten über der Tordurchfahrt; straßenwärts geschnitzter Erker. Das alte *Rathaus* am Fischmarkt, außen ein schlicht verputzter Fachwerkbau mit Aufstockung des 18. Jh., besitzt noch die ursprüngliche, 1958 freigelegte Ratshalle des 15. Jh. (heute Gaststätte ›Ratskeller‹). Von dem 1250 gegründeten *Erbacher Hof* stehen nahe der Lahnbrücke die gewölbte Kapelle (1322) und der einfache Barockbau (1777).

Das Limburger *Franziskanerkloster*, 1223 gegründet, war eine der frühesten Niederlassungen des Ordens in Deutschland. Die Kirche wurde nach Auflassung des Klosters Stadtkirche. Die ehemaligen Klostergebäude beherbergen das Ordinariat und den Wohnsitz des Bischofs. Die um 1300 begonnene hochgotische *Kirche* steht mit ihrem einfachen Stilcharakter in bewußtem und scharfem Gegensatz zum Dom. Vor der schlichten Fassade am Bischofsplatz eine bewegte Kreuzigung (um 1700). Gewölbe nur im Chor. Auffallend steile und schmale Raumproportionen, besonders in den Seitenschiffen. Eine barocke Stuckdecke von 1743 und die großen, in das Wandsystem über den Arkaden einbezogenen barocken Stationsbilder geben dem Langhaus einen festlichen Charakter. Aus gleicher Zeit die Kanzel, das Gestühl und die Beichtstühle. Der prachtvolle Orgelprospekt mit Rückpositiv vor dem großen Westfenster 1685 von ADAM OEHNINGER. Neugotischer Hauptaltar 1892. Zwei geschnitzte Flügelaltäre (15. Jh) nur teilweise alt. Über dem 1956 errichteten Kreuzaltar ein ausgezeichnetes gotisches *Kruzifix*, seitlich ausschwingender Korpus vor reich in Blatt- und Rankenwerk geschnitztem Kreuz, wohl ehemals ein Vortragekreuz. Die Chorfenster 19. Jh. (Steinle-Schule), das letzte der Nordseite noch mittelalterlich (restauriert). Die schlichten, 1738-43 errichteten *Klostergebäude* sind im Innern ihrer modernen Bestimmung entsprechend umgestaltet. Dort wird auch seit 1959 in einem eigens gesicherten würdevollen Raum der Limburger *Domschatz* aufbewahrt, so die berühmte *Staurothek*, eine Kreuzlade mit Reliquie des hl. Kreuzes, die 964-65 in Byzanz (Istanbul) als symbolreiches Gold-, Email- und Edelsteinwerk entstand und 1204 durch Heinrich von Ulmen (Eifel) anläßlich eines Kreuzzuges nach Kloster Stubben (Mosel), dann nach Koblenz und 1827 nach Limburg kam, ferner das *Petri-Stab-Reliquiar*, das um 980 in Trier geschaffen wurde, ein spätromanischer Meßkelch, der Marienstätter Abtstab des späten Mittelalters und der Barockschatz der Trierer Erzbischöfe aus der 2. Hälfte des 17. Jh. (Besichtigung nur nach Voranmeldung).

Das *Wilhelmitenkloster*, ursprünglich auf der Lahninsel gelegen, 1317 vor der Stadtmauer erbaut; seit 1573 Hospital. Die *Klosterkirche*, heute Pfarrkirche, 1650-52 umgebaut, ohne besondere architektonische Gliederung, Kanzel und Relief der Himmelfahrt Mariens Mitte 18. Jh., ebenso die Orgel. Seitlich vom Altar gute Holzplastiken in barocker Fassung, stehende Madonna (um 1500), Anna Selbdritt (Ende 15. Jh.) und zwei weitere spätgotische Figuren. Beachtung verdient das von Limburger Bürgern im 14. Jh. gestiftete Glasfenster (restauriert) im Chor mit 18 Medaillons auf Teppichgrund (Szenen des Neuen Testamentes).

Seit 1898 besteht in Limburg ein *Pallotiner-Kloster* mit einem 1926-27 durch H. PINAND aus der Parabelform entwickelten Kirchenneubau. Unterhalb Limburgs schloß die monumentale, 1937-39 erbaute, 1945 gesprengte *Autobahnbrücke* (Entwurf PAUL BONATZ) das Tal. Mächtige steinerne Bögen spannten sich über den Fluß und gaben den Bauten des Domfelsens einen vorzüglichen Hintergrund. An ihre Stelle wird eine elegant schwebende Spannbeton-Konstruktion treten.

Wenige Kilometer lahnaufwärts wächst aus senkrecht in den Fluß abfallenden hellgrauen Kalkfelsen, in dem Turmfalken und Dohlen hausen, die ehemalige *Stiftskirche Dietkirchen* (heute katholische Pfarrkirche) empor, eine der bedeutendsten unter den früh- und hochromanischen Bauten des Lahntales. Grabungen 1956-57 ergaben das Vorhandensein bereits einer karolingischen Anlage. Die zweitürmige Basilika, deren ältestes Mauerwerk dem Ende des 11. Jh. angehört, besaß ehemals drei Apsiden (die südliche im 13. Jh. durch Sakristei verbaut). Der Außenbau zeigt den schmuckarmen, strengen Stil der Frühromanik. Durch Erhöhung einer ursprünglichen einfachen Basilika, zu der eine Halbkreisapsis gehörte, entstand in der 2. Hälfte des 12. Jh. eine Emporenbasilika (vgl. Bad Ems und Niederlahnstein) mit flachgedecktem Langhaus. Der Chorneubau mit dem hochgelegten Fußboden für einen Durchgang zum Felsplateau südlich der Kirche erfolgte im 2. Viertel des 13. Jh.; zu gleicher Zeit Einwölbung des Querschiffes über Wulstrippen und Ausmalung in unmittelbarer Nachfolge der Malerei des Limburger Domes (Paradiesesflüsse). Die 1957–58 durchgeführte Erneuerung des Innenraumes hat sich bemüht, dem Raum seine ursprüngliche architektonische Ordnung und Klarheit wiederzugeben. Sie ergänzte die herausgebrochenen Emporenarkaden, legte die barocke ornamentierte Decke, welche das 19. Jahrhundert verputzt hatte, frei und gestaltete die Farbgebung und Quaderung der Wände aufgrund des originalen Befundes. Von der mittelalterlichen Ausstattung ist nur wenig erhalten. Romanischer *Taufstein* und kleine *Pieta* des 15. Jh., zwei Altäre und der reiche Orgelprospekt der Barockzeit. Besonders bemerkenswert das *Kopfreliquiar* des hl. Lubentius (13. Jh. und 1477).

Schloß DEHRN, einst Nassau-Diezische Burg, seit dem 16. Jh. Sitz der Freiherren von Dehrn, ist im Kern eine frühgotische Anlage mit rundem Bergfried und kleinem Palas sowie angebautem Barockflügel. Die Gesamtanlage gegen Mitte des 19. Jh. romantisch-neugotisch umgestaltet (heute Altersheim).

3. Runkel, Weilburg, Braunfels, Altenberg

Zu den imposantesten, immer wieder verherrlichten Landschaftsbildern an der Lahn gehört der Stadtaufbau von RUNKEL mit dem Blick über die alte Lahnbrücke auf die an den Burgfelsen geschmiegten Häuser und die gewaltige dreitürmige Mauermasse der Burg. Die *Trutzburg Schadeck* auf einem Felsen über der anderen Lahnseite, 1288 von Heinrich von Westerburg erbaut, gab ehemals das wehrhafte und gibt heute das landschaftliche Gegengewicht. In Runkel bestand ein wichtiger Lahnübergang zwischen dem Goldenen Grund und Weilburg, und die kräftige vierbogige *Brücke* reicht bis ins 15. Jh. zurück. Ein Gang über die Hauptstraße *(Brücken- und Langgasse)* des im 14. Jh. zur Stadt erhobenen Ortes wirkt fast beängstigend durch die Enge der Straße und die drohend überhängenden Felsen mit den jäh emporragenden Burgmauern. Eine gotische Kapelle, im 16. Jh. zur evangelischen *Kirche* umgestaltet, ist zwischen Bergfelsen und Langgasse eingezwängt. Als Glockenträger dient ein fünfeckiger *Wehrturm* an der gegenüberliegenden Straßenseite. Er ist ein Rest der *alten*

Stadtbefestigung. Die zur Sicherung der Lahnfurt 1159 von den Herren von Runkel erbaute *Burg*, heute Besitz des gleichen Geschlechtes der Fürsten zu Wied, ist rückseitig von Westen zugänglich. Durch ein spätmittelalterliches Doppelturmtor, über einen Halsgraben und durch einen inneren Torbau des 14. Jh. erreicht man die Unterburg, die sich mit ihren Flügelbauten des frühen 18., 17. und 14. Jh. um zwei Höfe gruppiert und der mittelalterlichen Kernburg vorlagert (heute Privatwohnungen und Museum). Die hohe Schildmauer, die Palasruine und der zugespitzte (besteigbare) Bergfried gehören zu einem großartigen Ausbau der Burg in der 1. Hälfte des 13. Jh., das Gegenstück zum Limburger Dom in der Profanarchitektur. Schieferdächer und Fachwerkaufsätze gaben der Burg im Mittelalter ein freundlicheres und großzügigeres, nicht so düsteres Aussehen. Vermutlich Ende des 13. Jh. wurde der fünfeckige Nordturm – gegen Schadeck gerichtet – hinzugefügt. Im 15. Jh. entstand die südöstliche Schildmauer mit dem Ostturm.

Die *Pfarrkirche (k.)* von VILLMAR mit ihrem hohen, weithin sichtbaren Helm (von 1886) enthält im Innern eine gute, jüngst restaurierte Barockausstattung von 1764. Das Gebiet um Villmar bildet das Zentrum der *Lahnmarmor-Industrie* mit vielen großen und tiefen Steinbrüchen.

Von der kriegerischen Geschichte auf den Burgen der Herren von Elkerhausen, der *Burg Elkerhausen* (erbaut 2. Hälfte 12. Jh., zerstört 1352) und *Neu-Elkerhausen* (erbaut nach 1352) sowie deren hessischen und nassauischen Trutzburgen *Steuerburg* (erbaut um 1380, zerstört 1382) und *Gräveneck* (erbaut 1381) erzählen nur wenige Mauerreste. Lediglich von der Burg Elkerhausen, einer ehemaligen Wasserburg, steht noch ein Fachwerkgebäude des 16. Jh.

Innerhalb der großen Lahnschleife, die der technisch bewundernswerte Wassertunnelbau von 1843 für die Schiffahrt abkürzt, liegt auf steilem Fels WEILBURG, die besterhaltene nassauische Residenz, mit dreiseitiger Schaufront nach Westen, Norden und Osten. Den günstigsten Überblick über das Stadtbild, eines der prächtigsten an der Lahn, geben die westlichen und nördlichen Höhen und die 1764–69 erbaute *Lahnbrücke*. Die 1788–89 errichteten *Brückenhäuschen* und die *Thurn-und-Taxissche Post* (heute Postamt) von 1786–87 bilden ein großartiges Stadtentré. Die Stufung der Häuser, der barocken Schloßflügel und der Parkanlagen gipfelt in den Türmen und Hauben des Renaissanceschlosses und der barocken Schloßkirche. Der Kern, das ›Herz‹ der Stadt, ist das *Renaissanceschloß*. Es entstand anstelle einer mittelalterlichen, um 900 durch die Konradiner gegründeten, seit 1255 nassauischen Burg und war Residenz der Grafen von Nassau-

Die Lahn

Weilburg (seit 1739 Fürsten und seit 1816 in Wiesbaden regierend). Die vier Schloßflügel, durch die Grafen Philipp III. und Albrecht 1535–85 erbaut, heben sich mit Erker, Ecktürmchen und Giebeln hoch heraus. Die Unsymmetrie und Kleinteiligkeit der Gliederung deutet auf spätgotische Traditionen (vgl. Hadamar und Idstein).

Graf Johann Ernst umkleidete dieses ›Herz‹ 1702–45 durch seinen begabten Architekten JULIUS LUDWIG ROTHWEIL (gest. 1749) mit einem festlich-frohen Barockgewand. Nördlich des Schlosses schließen sich der lahnseitige *Lange Flügel* und der stadtseitige *Kurze Flügel* (Prinzessinnen- und Kabinettsbau) mit *Marstall* und *Reithalle* von 1703–10 sowie die Heuscheuer von 1743–46 an, südlich des Schlosses der über hohen Futtermauern am Gebück (Steilhang zur Lahn) angelegte *Park* mit der *Halbkreis-Orangerie* (1703–05), die *Schloßkirche* (1707–13) und die *Untere Orangerie* (1710–14). Dazu kam die Barockisierung der *Stadt* ab 1701 mit einheitlichen Haustypen (vgl. die Ausführungen bei Usingen), die bis in die Mitte des 19. Jh. bestimmend blieben. Die als ›Auffahrtsstraßen‹ gedachte Nieder- und Neugasse führen den Besucher von der Lahn zum *Schloßplatz*, den Rentkammer- und Kanzleigebäude (1702–05, letzteres seit 1949 Heimatmuseum), Schloß und Obere Orangerie auf drei Seiten raumbildend umstehen. Die vierte Platzseite läßt den Blick auf den tiefer gelegenen Marstallhof (›Viehhof‹) frei, zu dessen Bauten eine große Freitreppe von 1708 mit kunstvollem Eisengußgeländer hinabführt. Am Marstall ein schönes Pferdeportal nach Entwurf ROTHWEILS, ein zweites qualitätvolles am ehemaligen Reithaus (heute ›Bürgerhaus‹) von BERNHARD SCHWARZENBERGER (1710, in der Langgasse).

Den äußerst malerischen *Binnenhof des alten Schlosses* gliedern links (Nordflügel) zweigeschossige Arkaden in sorgfältiger Durchbildung von Steinmetz JOST VON LEUN (1573), die vermutlich von französischen und niederländischen Vorbildern angeregt sind. An der Ostseite liegt mit mittelalterlichen Resten der älteste Renaissanceflügel von BALTHASAR WOLFF aus Heilbronn, davor der Uhrturm von 1548–55 mit barocker Freitreppe von 1701. Gegenüber am West-(Eingangs-)Flügel erhebt sich der *Stadtpfeifferturm* (1572) von Steinmetz HANS VON GLEIBERG. In der Nordostecke des Hofes springt der ›Grüne Bau‹ vor, das letzte Bauprojekt der Renaissance, 1555–85 von LUDWIG KEMPF aus Worms. Im Innern (Besichtigung durch Führung) eine Reihe schöner spätmittelalterlicher und barocker Räume mit Stukkaturen von ANDREA GALLASINI und gutem altem Mobiliar. Vollständig eingerichtet sind u. a. Küche, ›Rittersaal‹, Schlafzimmer, Chinesisches Zimmer, Gerichtssaal und Bad. Ein kleiner Durchgang verbindet den Schloßhof mit dem *Park*, der durch den

Blick in die Landschaft, seinen alten Baumbestand, die im barocken
Sinne neu angelegten Blumen- und Rasenbeete, durch die Orangerie-
bauten, die Schloßkirche und das barocke Pfarrhaus einen begeisternden Zusammenklang von Natur und Kunstwerk gibt. Die *Obere
Orangerie* mit großem Mittelsaal (Stukkaturen von C. M. POZZI) zeigt
als hofseitige Schaufront Halbkreisform, stadtseits Hufeisenform und
ist eine der frühesten, von Frankreich und Holland angeregten Oran-
geriebauten dieser Art in Deutschland. Die langgestreckte Terrasse
der *Unteren Orangerie* wiederholt Versailler Bauten.

Die *Kirche*, eine der bedeutendsten protestantischen Barockkirchen
Hessens, war Hof- und Stadtpfarrkirche zugleich. Sie ist eigenartigerweise mit dem *Rathaus* unter einem Dach vereinigt. Turm im Kern
romanisch. Der Kirchenraum entfaltet sich als ein großer hoch-
gewölbter festlicher Saal (Stukkaturen von ANDREA GALLASINI) mit
Fürsten- und Hoflogen, denen der Kanzelaltar (von ANTON RUPRECHT)
und darüber die Orgel (von JOHANN DAMS aus Mainz) gegenüber-
stehen. Hierdurch ergibt sich eine originelle Grundrißform mit halbrunden Konchen hinter dem Altar bzw. hinter der Fürstenloge, eine
Durchdringung von Kreuz- und Querbau, die offenbar auf holländischen Anregungen beruht. Der Bau fand in Joh. Fr. Stengels Ludwigskirche in Saarbrücken eine reife künstlerische Nachfolge. Die
reichen, ikonographisch interessanten Brüstungsmalereien fertigte
GEORG CHRISTIAN SEEKATZ d. Ä. Unter der Kirche befindet sich die
Gruft der Nassauer, denen bis 1935 das Schloß gehörte (heute Land
Hessen). Der letzte, bis 1860 in Wiesbaden regierende Herzog Adolf
von Nassau und spätere Großherzog von Luxemburg (gest. 1905)
wurde 1953 in die Weilburger Gruft überführt.

Der *Marktplatz* mit Neptun-Brunnen von 1709 wurde 1712 durch
ROTHWEIL über rechteckiger Grundform mit einheitlichem Häuserbild
angelegt. Hervorzuheben das ehemalige ›*Herrschaftliche Haus*‹ von 1712
(heute Staatshochbauamt). Die geschlossene Platzgestaltung bildet
gemeinsam mit Kirche, Rathaus und Orangerie ein sehr malerisches
Stadtbild. Unter den Bauten der Stadt sind ferner das ehemalige *Amtshaus* (heute Amtsgericht) 1775–76, das *Gymnasium* 1779–80 (beide in
der Mauerstraße) und ein runder *Wehrturm* an der Turmgasse als
Rest der Stadtbefestigung des 14. Jh. zu nennen. Durch das *Landtor*,
einen Triumphbogen von 1759, erreicht man den alten Friedhof
an der Frankfurter Straße, auf dem sich unter einem offenen Baldachin mit Altarnische eine spätmittelalterliche *Kreuzigungsgruppe*
und ihr zugeordnet eine jüngst restaurierte originelle *Heiliggrabkapelle*
von 1505 befinden. Die Kapelle, ein flachgedeckter Zentralbau mit
gewölbtem Umgang und Apsis, bildet in romanischer Weise die Jeru-

salemer Grabeskirche nach (vgl. z. B. Kobern a. d. Mosel), vielleicht erklärbar durch die Jerusalem-Pilgerfahrt des Grafen Johann Ludwig von Nassau-Saarbrücken 1495.

SCHLOSS WINDHOF, 1713–26 von J. L. ROTHWEIL nördlich der Frankfurter Straße erbaut, ist ein ehemaliges nassauisches Lust- und Jagdschloß mit axialem Blick auf die Residenz. Die aufgelöste Hufeisenform, das früheste Beispiel im deutschen Barock, fußt auf Versailler Vorbildern. Das Bauwerk verlor leider durch Restaurierung und Umbau 1936 die ursprüngliche proportionale Ordnung an Fenstern und Dächern.

Die *Burgruine Merenberg* thront nordöstlich Weilburg weithin sichtbar auf einem nahezu runden Felskegel. Sie wurde als Reichsfeste zum Schutze der Kreuzung Frankfurter und Hessenstraße zu Beginn des 12. Jh. durch das Dynastengeschlecht von Merenberg erbaut. Vom runden Bergfried, neben dem noch einige Palasreste ragen, bietet sich ein weiter Rundblick: Östlich liegt der Gipfel der HÖHBURG (400 m) mit laténezeitlicher *Ringwallanlage* und ein wenig weiter der ALMERSKOPF (bei Bahrig-Selbenhausen) mit einem weiteren *Ringwall*. Im Dorf MERENBERG alte Fachwerkhäuser und ein Torturm des 14. Jh. als Zeugnis der einstigen ›Stadt‹ (Rechte 1331). Nördlich zu Füßen des Burgberges die romanische *Appenkirche*, umgeben von Friedhof und Mauern.

Auf dem Wege nach Mengerskirchen berühren wir die Ruine der *Burg Eigenberg*, die Graf Johann von Nassau-Dillenberg zu Beginn des 14. Jh. errichten ließ. Der nur im unteren Teil erhaltene Bergfried an der Angriffsseite zeigt durch seine drei seitlich angebauten halbrunden Stütztürme deutlich französischen Einfluß (vgl. Burg Reichenberg am Rhein).

In MENGERSKIRCHEN bestand eine Burg der Grafen von Nassau aus dem Anfang des 14. Jh. Sie wurde im 16. bis 18. Jh. zum einfachen Schloß erweitert (heute Bürgermeisteramt und Schule). An die mittelalterliche Anlage erinnern der hofseitige spätgotische Wohnturm mit vier vorkragenden Ecktürmchen und der rückseitig vorspringende Turmbau des 14. Jh. Der offene Laubengang mit den gebauchten Säulen entstand 1662.

Oberhalb von Weilburg liegt an der Lahn *Schloß* LÖHNBERG, ursprünglich eine Burg der Grafen von Nassau-Dillenburg, in der Renaissance repräsentativ ausgebaut und im 18. Jh. nassauische Residenz. Seit einem Brand im Jahre 1900 stehen nur noch die Mauern zweier Flügel und Rundtürme. An der benachbarten *Pfarrkirche (e.)* ist der hohe gestufte haubenförmige Turmhelm von 1738 über dem gotischen polygonalen Chor ein besonders schönes Beispiel dieser im 17. und

18. Jh. an Lahn und im östlichen Westerwald beliebten Chorturmform. Das Innere wurde im 18. Jh. als Hofkirche eingerichtet und reichfarbig ausgemalt; hervorzuheben das große Deckengemälde auf Leinwand von SANGUINETTI(?) und die Bilder auf den Emporenbrüstungen von dem Weilburger Hofmaler F. H. SEEKATZ.

Hinter Löhnberg weitet sich die Landschaft zum Wiesental, begleitet von weichen Hügelwellen. Am nördlichen Talrand liegt LEUN. Spitz reckt sich der spätgotische Helm des romanischen Westturmes der *Pfarrkirche (e.)* gegen den Himmel. Das Langhaus mit Querflügel und der gotische Chor aus dem 16. Jh. An der Hauptstraße des Ortes einige prächtige *Fachwerkhäuser*, besonders Weilburger Straße 135, einst Schmiede, mit reich geschnitztem vorkragendem Erker.

Die ausgeprägte vieltürmige Silhouette der *Gipfelburg* BRAUNFELS zwischen Mettbach-, Solms- und Lahntal gibt sich schon von weither als Werk der Burgenromantik des 19. Jh. zu erkennen. Die kurz nach der Mitte des 13. Jh. gegen Weilburg angelegte, im 15. und 17. Jh. stark befestigte Burg ist bis heute Sitz der 1743 gefürsteten Grafen von Solms-Braunfels. Den modernen Ausbau leiteten unter Fürst Georg (1836–1891) R. WIEGMANN aus Düsseldorf und danach EDWIN OPPLER und SCHORBACH. Landschaftlich und kulturgeschichtlich ist Braunfels das Gegenstück zur Schaumburg im unteren Lahntal. Dort die schöpferische Leistung des frühen 19. Jh., das bewußt eine neue selbständige Form will, hier (in Braunfels) die historisch-restaurative Absicht des späten 19. Jh., eine mittelalterliche Burg neu, ja besser als das Mittelalter zu schaffen (Bau eines Bergfrieds an einer Stelle, wo nie einer stand). In seiner schwärmerisch-pathetischen Gestaltung steht das Bauwerk den großen Burgen-Neuschöpfungen des Historismus nahe (Hohenzollern, Schloß Burg a. d. Wupper, Kreuzenstein a. d. Donau, Hohkönigsburg i. Elsaß, Neuschwanstein). Im Schloßinnern (Besichtigung durch Führung) heute die wertvollen Fürstlich Solmsschen Sammlungen mit Textilien, Altargeräten, Gemälden, Plastiken des Mittelalters und der Neuzeit.

Von besonderem kunstgeschichtlichem Reiz sind die drei *Talsiedlungen*, die sich seit dem 13. und 14. Jh. vorburgartig im Viertelkreis östlich und nördlich an den Burgberg schließen, die Burgmannsitze und Dienerhäuser im ›Tal‹ und im ›Vordertal‹ innerhalb, die Handwerker- und Bauernwohnungen im ›Hintertal‹ außerhalb der schützenden Ringmauern. Ein rechteckiger, zur Burg hin ansteigender *Marktplatz* wurde nach einem Brand mit einheitlichen Fachwerkhäusern 1696 bis 1721 erbaut. Nordöstlich von ihm liegt vor der Ringmauer das *Hintertal* (Burgweg) mit schlichten, meist verputzten Fachwerkhäusern. Hinter dem doppeltürmigen *Untersten Burgtor* (15. Jh.), auf das der Markt axial orientiert ist, erstreckt sich das *Vordertal* (Die Schütt). Hinter dem folgenden malerischen doppelten Torbau des 14. Jh. mit Glockenturm zweigt rechts das *Tal* (Belzgasse) mit dem Rententurm am Ende ab. Schütt- und Belzgasse sind reich an charaktervollen *Fachwerkhäusern* des 17. und 18. Jh. In den Burghof führt erst das dritte, tunnelartige *Eiserne Tor*, die Torflügel noch mit alten Eisenplatten beschlagen. Es ist überbaut von der *Burgkapelle*, einer dreischiffigen Halle des späten 15. Jh. mit gutem Spätrenaissance-Grabdenkmal im Innern.

Im Vorort ST. GEORGEN zu Füßen der Burg im Mettbachtal erhebt sich malerisch auf dem Friedhof die *Pfarrkirche (e.)*, im Kern romanisch, mit Fachwerkgiebel über Rechteckchor und schönem Rundbogenportal in Rechteckrahmen (um 1200).

Zwei Kilometer aufwärts im Mettbachtal liegen verborgen zwischen Eichen und Buchen die Ruinen der 1390 von Graf Philipp I. von Nassau-Saarbrücken erbauten *Burg Philippstein*, Reste des Palas und ein runder Bergfried. Die Anlage schützte als Gegenburg zu Braunfels die nassauischen Eisenerzlager. Noch heute blüht am Ort die Eisenerzindustrie (Harz-Lahn-Erzbergbau A.G.).

Von der Stammburg des Solmser Geschlechtes in BURGSOLMS ist nichts mehr erhalten. Auf der nördlichen Seite des Lahntales dagegen beherrschen noch heute die Gebäude des ehemaligen *Prämonstratenserinnen-Klosters* ALTENBERG das Landschaftsbild. Die um 1260–70 durch die sel. Gertrud, die Tochter der hl. Elisabeth, gegründete Anlage ist heute Gutshof und Diakonissinnen-Mutterhaus. Die *Kirche* ist edelste Marburger Bauhütten-Nachfolge, einfach und streng, wie es die Ordensregeln forderten, aber mit subtilem Proportionsempfinden und in hervorragender Steinmetzarbeit gestaltet (Maßwerk, Fensterbögen, Dienste und Gewölberippen). Die Nonnenempore, im 15. Jh. anstelle einer ursprünglich größeren eingebaut und durch den prachtvollen Prospekt der Barockorgel gegen Querschiff und Chor abgeschlossen, verstellt räumlich das Langhaus, so daß in Verbindung mit dem Querschiff, von dem nur der Nordarm ausgeführt wurde, ein Zentralraum-Eindruck entsteht, für den die barocke Ausstattung heute bestimmend ist. Ein großer Barockaltar (um 1770) füllt das Chorpolygon. Seitenaltar 1789. Vor dem Hauptaltar die *Tumba* der Gründerin in edlen weichen Formen, 1334 aufgestellt (leicht überarbeitet). Weitere Grabdenkmäler im Querschiff, Graf Heinrich d. Ä. von Solms-Braunfels (gest. 1258) und eine Äbtissin (gest. 1. Hälfte 15. Jh.) sowie an der linken Chorwand Graf Bernhard II. von Solms (gest. 1459). In der Kirche bedeutende *Wandmalereien*, insbesondere ein eindrucksvolles Fresko an der südlichen Vierungswand, die Krönung Mariens und die zwölf Apostel darstellend (Ende 13. Jh.), ferner an der Chornordwand ein Widmungsbild: Nonnen überbringen der Gottesmutter die Kirche; schließlich ein Christophorus an der Südwand und spätgotische Fresken des 15. Jh. am Gewölbe unter der Empore. Als westliche Fortsetzung dieses Raumes schließt sich der ehemalige *Kapitelsaal* an, erbaut um 1300. Die schlichten *Klostergebäude*, besonders der Südflügel, gehören teilweise noch der Gründungszeit an. Veränderungen in der Barockzeit und nach dem Brand in den 1950er Jahren, als der Ausbau zum Diakonissen-Mutterhaus erfolgte. Von der Klosterterrasse umfaßt der Blick weithin das Lahntal mit der Stadt- und Domsilhouette von Wetzlar und der Burgruine Kalsmunt auf einem gegenüberliegenden Hügel.

4. Wetzlar und Gießen mit Umgebung

Die Stadt WETZLAR baut sich am Schnittpunkt wichtiger Straßen über der Mündung von Dill und Wetzbach am südlichen Uferhang der Lahn auf. Über den kleinen grauen Schieferdächern lagert beherrschend die Baumasse des Domes. Im 3. Viertel des 12. Jh. wurde die 1142 zuerst genannte Siedlung ›Witflaria‹ durch Kaiser Friedrich Barbarossa zur freien Reichsstadt erhoben, die sie bis 1806 blieb. Das Reichskammergericht, das nach der Zerstörung Speyers 1693 hierher verlegt wurde, begründete neben den mittelalterlichen Bauten den Ruhm der Stadt, der heute durch die Namen Buderus und Leitz, die Schwerindustrie und die optischen Werke ergänzt wird.

Gewaltig wächst der *Dom*, ehemals die Stiftskirche St. Maria, aus den engen Gassen über Fischmarkt und Domplatz hervor. Seit der Übersiedlung des Reichskammergerichtes wurden Langhaus und Querschiff von der evangelischen, der Chor von der katholischen Kirchengemeinde genutzt. Erst nach der Zerstörung des Lettners im 2. Weltkrieg steht jeder Konfession der gesamte Raum zur Verfügung. Das Bauwerk wirkt wie ein steingewordenes Buch über mittelalterliche Baustilkunde; es enthüllt die Arbeitsweise gotischer Bauhütten und gibt ein Abbild der erregten geistig-künstlerischen Spannungen, die von Limburg und Marburg ausgingen und die Kunst an der Lahn im 13. und 14. Jh. erfüllten. Die erste Stiftskirche, 897 durch Bischof Rudolf von Würzburg, einem Konradiner, geweiht, wurde durch Grabungen ermittelt, wobei ungewiß blieb, ob sie ein- oder dreischiffig war; Querschiff und drei Apsiden sind dagegen gesichert. Im späten 12. Jh. erfolgte ein Neubau als Pfeilerbasilika mit Doppelturmfront (vgl. Koblenz und Dietkirchen), breitem Querhaus, anschließender großer

Rundapsis, die als Rechteckchor umgebaut wurde. Ein dritter größerer *Neubau* wurde um 1235 mit dem Chorquadrat begonnen. Der Ausbau schritt etappenweise nach Osten und Westen fort und paßte sich dabei jeweils den modernsten Kunstströmungen an. Mit nur einem, dem südlichen Westturm blieb er 1486 unvollendet liegen, den niedrigeren *romanischen Westbau* umschließend. Dieser besitzt eine offene gewölbte Eingangshalle, zugänglich durch einen Doppelbogen über einer Säule mit Adler-Kapitell. Der Raum weitete sich ursprünglich nach innen zum Quadrat. An den äußeren Schmalseiten Treppenspindeln. Im Obergeschoß Michaelskapelle. Gekrönt wird dieser Westbau durch zwei Türme mit originellen steinernen Helmen, wie sie ähnlich an der Wormser Paulskirche vorkommen. Das *Chorquadrat* des heute bestehenden Baues übernimmt in seinen Fensterlaufgängen innen und außen Limburger Bauweise (Bauzeit etwa 1235). Das Chorpolygon greift in seinen Giebelaufsätzen rheinische, in seinem Fenstermaßwerk Marburger Formen auf (Bauzeit 1240–50). Querschiff und Langhaus um 1260 begonnen, letzteres eine klarräumige dreischiffige Halle mit Bündelsäulen, entwickeln hessische und westfälische Vorbilder weiter. Die Front des südlichen Querarmes ist noch spätromanisch-limburgisch (Ecktürmchen 1907 anstelle frühgotischer Spitzhelme), die Giebelwand des nördlichen Querarmes entstand dagegen erst um 1300 in hochgotisch-rheinischen Formen (Kölner Domchor). Das eigenwillige *Marienportal* am südlichen Seitenschiff (3. Viertel 13. Jh., bis auf die Marienstatue Kopien, die Originale in der Johanniskapelle am südlichen Seitenschiff) schuf vielleicht ein westfälischer Meister nach südfranzösischen Vorbildern (Dom in Paderborn und St. Seurin in Bordeaux). Das untere Geschoß des Westbaues mit seinen französischhochgotischen Formen errichtete 1360–74 Meister TYLE VON FRANKENBERG. Der umfangreiche unvollendete *Figurenschmuck* am südlichen und westlichen Portal ist im einzelnen schlicht und derb, verkörpert im gesamten, besonders in der schmiegsamen Biegung der Körper und Gewänder, gut den Zeitstil. Der Helm des erst im 15. Jh. beendeten Südturmes wurde nach Brand 1561 in seiner heutigen Form erstellt. Das Baumaterial des Domes, ein sich auflösender Schalstein, erforderte 1904–11 umfangreiche Instandsetzungen und Ersatz durch grauen Kalkstein. Ein schwerer Bombentreffer im 2. Weltkrieg im Chorquadrat zerstörte die Gewölbe, warf das Chorpolygon oberhalb des Sockels nach außen und vernichtete den prächtigen Lettner des 14. Jh. (Reste im Städt. Museum). Restaurierung unter Verzicht auf den Lettner bis 1955. Von der alten *Ausstattung* sind erhalten: gotische Wandfresken an der Turmwand über der Orgel (Jüngstes Gericht und hl. Christophorus, 13. Jh.), ferner im Südquerhaus. Ge-

Wetzlar um das Jahr 1800

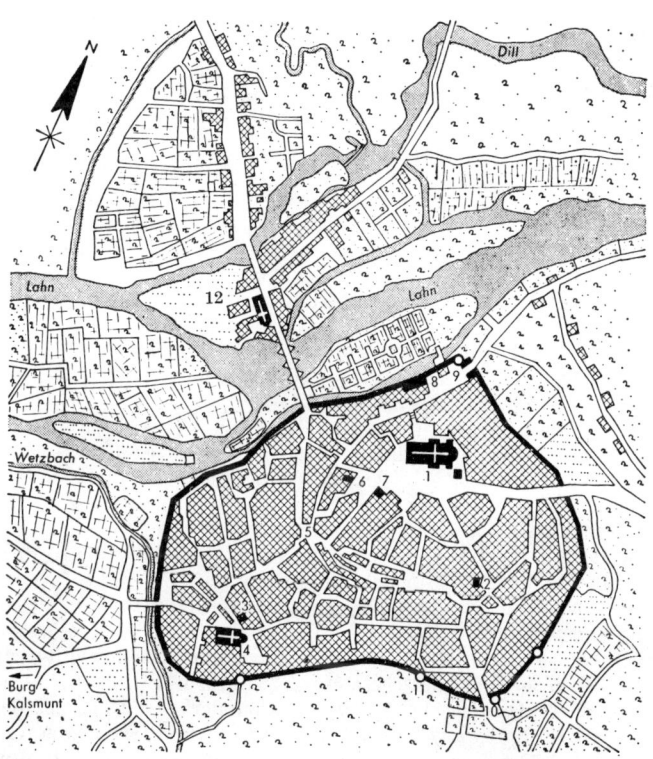

1 Dom
2 Lotte-Haus
3 Jerusalem-Haus
4 Franziskanerkloster
5 Eisenmarkt
7 Herzogl. Haus
6 u. 8 Reichskammergericht
9 Hauser-Tor
10 Obertor
11 Säuturm
12 Hospitalkirche

(7/10 heute nicht mehr vorhanden)

schmiedeter Marienleuchter Anfang 16. Jh. Eindrucksvolle überlebensgroße Pieta im südlichen Querschiff 2. Hälfte 14. Jh. in der formstrengen Realistik der verwandten Werke von Bonn (Landesmuseum) und Fritzlar (Dom). Innig zarte Madonna im Chor 3. Viertel 15. Jh. Spätgotischer kreuztragender Christus unter der Westempore. Kanzelkorb mit Intarsien 18. Jh. (Fuß und Treppe 1955 neugestaltet). Die neue figürliche Verglasung des Chores von Baur, Telgte, die Ornamentfenster des Chorquadrates, der Nikolaus- und Sebastianskapelle von Klonk, Marburg.

Südlich vor dem Chor wurde die *Michaelskapelle* um 1300 als Karner erbaut, mit großer Kreuzigungsgruppe an der Westwand (1509). Nach den umfangreichen Zerstörungen des 2. Weltkrieges blieben von der baulichen Umgebung des Domes nur die schönen Häuser des späten 18. Jh. an der Westfront des Domplatzes erhalten. Die *Altstadt* schmiegt sich an die Ost- und Südseite des Domhügels, von dem die schmalen Gassen, durch steile Treppen verbunden, kurvig bergab laufen. Viele alte Häuser in verputztem, vorkragendem Fachwerk mit hohen Giebeln bilden die Straßen- und Platzwände. Im wesentlichen geschlossen ist der *Kornmarkt* erhalten (Haus Nr. 1 aus dem 15. Jh., Nr. 2 aus dem 18. Jh., ›Römischer Kaiser‹ von 1767 mit barocker Kaiserstatue). Der nahegelegene *Deutschordenshof* ist ein schlichter Gebäudekomplex des 16. bis 18. Jh. (heute Städtisches Museum, gute heimatkundliche Sammlung und Werke der Wetzlarer romantischen Malerschule: Fr. Chr. Reinermann, Friedrich und Johann Deiker, Wilh. Herr u. a.). Der Seitenflügel endet im ›*Lottehaus*‹, dem Elternhaus der Charlotte Buff, in welchem Goethe während seiner Tätigkeit am Reichskammergericht (1772) ein- und ausging. In dieser Zeit entstand sein Roman ›Die Leiden des jungen Werther‹. Am *Schillerplatz* mit seinen einheitlichen Fachwerkhäusern um 1700 (darunter das *Jerusalem-Haus*) liegt das ehemalige, 1263 gegründete *Franziskanerkloster*. Das Langhaus der Kirche ist profaniert, der Chor aus dem Ende des 13. Jh. evangelische Kirche. Vom *Eisenmarkt* (Haus Nr. 8 von 1599, Erdgeschoß erneuert) führt die Lahngasse hinab zur alten, 1313 erwähnten siebenbogigen *Steinbrücke* über die Lahn. Die Halbinsel zwischen Lahn und Dill mit den gleichmäßigen Häusern (Langgasse) wurde erst im 18. Jh. bebaut. In der gleichen Zeit entstand die *Hospitalkirche (e.)*, Kanzel und Orgel über dem Altar, dreiseitige Emporen (1764–1783). Erst im frühen 19. Jh. wuchs die Stadt mit der ›*Neustadt*‹, der Einfahrtstraße von Leun, über die Dill hinaus. Die beiden um 1400 auf zwei Höhen östlich und südlich der Stadt erbauten *Landwehren*, die Garbenheimer Warte und die Brühlsbacher Warte, sind heute Aussichtstürme.

Burg *Kalsmunt* liegt auf einem südlich an die Stadt grenzenden Hügel. Sie ist eine Gründung Friedrich Barbarossas als nördlicher Eckpfeiler der Wetterau. Außer Mauer- und Torresten ist nur der mächtige quadratische Klotz des Bergfrieds in Gußmauerwerk, umkleidet von Buckelquadern, erhalten, der einen prächtigen Rundblick bietet.

Die Landschaft wird nun eben, das Tal breit und die Hangberge flachwellig, das große Gießener Becken – die Grenze zwischen rheinischem Schiefergebirge und Vogelsberg – kündet sich an. In DORLAR zwischen Wetzlar und Gießen stand am nördlichen Lahnufer einst ein *Prämonstratenserinnenkloster*. Die frühgotische Kirche (e.) über der hohen lahnseitigen Futtermauer und seitliche Gebäudereste erinnern daran. Im schlichten gewölbten Chor (15. Jh.) ein schönes Wandtabernakel von 1463. Ausmalung aufgrund alten Befundes.

HEUCHELHEIM in der flachen Talniederung, mitten von einem Bach durchflossen, dehnte sich jüngst zur Industrievorstadt Gießens aus. An den mächtigen frühgotischen Chorturm der *Pfarrkirche (e.)* mit kantig hohem Helmaufbau (Mitte 17. Jh.) schließen sich ein gotischer Chor und ein spätgotisches Langhaus in malerischer Gruppe an. Im gewölbten Chor die alte Ausmalung mit Steinfugen und Scheinfenstern des 15. Jh. Im Chorturm das stark verblaßte Fresko einer vielfigurigen Kreuzigung der gleichen Zeit. Im flachgedeckten Langhaus Emporen von 1592 mit ländlichen Brüstungsmalereien.

Die Lage der Stadt GIESSEN an der Richtungsänderung der Lahn inmitten der weiten, flachen Landschaft war seit dem frühen Mittelalter bedeutsam durch die Kreuzung großer hessischer Fernstraßen, lahnauf nach Marburg, lahnab zum Rhein, durch die Wetterau zum Main und östlich nach Fulda. Die Zerstörung der Stadt 1944 nahm ihr bis auf die Schloßbauten die gesamte Altstadt und damit das historische Gepräge. Von der alten *Stadtkirche* steht nur der Stumpf des 1484–1520 errichteten Turmes, den Georg Moller in einen klassizistischen Bau einbezogen hatte. An die hinter der Kirche gelegene, im 12. Jh. erbaute *Wasserburg* der Grafen von Gleiberg erinnert außer dem Straßennamen ›Burggraben‹ nur noch ein verputztes gotisches Fachwerkhaus (Kirchstraße 2). Von dem *Alten Schloß* (1907–1944 Oberhessisches Museum) der hessischen Landgrafen, für die Gießen ein südlicher Landesvorposten war, ragen Ruinen (14. und 16. Jh.) und der mittelalterliche runde Bergfried aufrecht. Das 1533–39 durch Landgraf Philipp den Großmütigen erbaute *Neue Schloß* mit ausgezeichnetem Fachwerkoberbau und Erkern sowie angebautem Treppenturm dient heute als Staatliche Ingenieurschule; der große Saal des Erdgeschosses ist in Hörsäle unterteilt. Das benachbarte, 1944 ausgebrannte *Zeughaus*, durch Baumeister

EBERDT BALDEWEIN 1586–90 für Landgraf Ludwig IV. in sparsamen Renaissanceformen größer und höher als die beiden Schloßbauten errichtet, wurde 1960–61 für Hochschulzwecke mit leicht vergrößerten Fenstern wieder ausgebaut. Baldewein schuf auch die Festungsbauten der Stadt. Die *Wallanlagen*, heute Park oder in Namen wie Selterstor, Walltor erhalten, schützten im Dreißigjährigen Krieg die Stadt vor jeder Eroberung. Die *Universität*, 1607 gegründet und seitdem bestimmend für das kulturelle Leben der Stadt (Justus Liebig 1824–52), hat ihr Hauptgebäude an der Ludwigstraße, ein historischer Renaissancebau (1877–80) mit Jugendstil-Aula (1907); Instandsetzungen 1950–55. Die mehrfach umgebaute *Pfarrkirche (e.)* von GROSSEN-LINDEN südlich Gießen besitzt ein romanisches Portal (um 1200) mit merkwürdigem Gewände. Die rahmenden Reliefs mit Figuren, Tieren, Ornamenten sind umstritten und oft zu deuten versucht, aber immer noch sinndunkel (vgl. Remagen). Gegenüber der Kirche das *Pfarrhaus* in spätgotischem Fachwerk.

Südöstlich Gießen gründete die Gräfin Clementia von Gleiberg 1129 in waldreicher einsamer Gegend das *Augustiner-Chorherrenstift Schiffenberg*. Die Lage auf einem in das Lahnbecken auslaufenden Berggrat (281 m) und die Sicherung des Klosterbezirks durch eine hohe Mauer betonen den Wehrcharakter. Von 1323 bis 1803 unterstand das Kloster dem Deutschen Orden; heute Hofgut und Gaststätte. An der Nordseite eines weiten geräumigen Hofes mit reizvollem Brunnen von 1715 liegt die ruinenhafte *Kirche*. 1130–50 als eindrucksvolle Pfeilerbasilika mit Querschiff und achteckigem Vierungsturm erbaut, außen fast schmucklos, innen von streng großartiger, steiler Raumgestaltung. Seit der Säkularisierung verlor die Kirche das rechte Seitenschiff und die beiden Flankentürme der wohl erst am Ende des 12. Jahrhunderts angefügten Westapsis. Der ursprünglich flachgedeckte Innenraum in spätgotischer Zeit eingewölbt, davon das Vierungssterngewölbe erhalten. An der Südseite des Klosterhofes das dreigeschossige ehemalige *Komturei-Gebäude* (1493–1500), an der Westseite die ehemalige *Propstei* (1463) mit schönem Erker; zwischen beiden Gebäuden ein jüngerer Bau (um 1700) mit Portal.

Das Gebiet nordwestlich von Gießen ladet zu einer Burgenfahrt ein. Auf ausgeprägten Basaltkegeln stehen die Ruinen von Gleiberg und Vetzberg mit ihren hohen runden, abgestuften Bergfrieden des 13. Jh. pfeilerhaft in der Landschaft. *Burg Gleiberg* wurde im 11. Jh. von dem gleichnamigen Grafengeschlecht angelegt. Albertusbau und Nassauer Bau bilden die im 16. Jh. vorgebaute Unterburg (heute Restaurant). Eine vorgebuchtete Schildmauer (13. Jh.?) schützt die Kernburg. Westlich des Bergfrieds die Fundamente eines quadratischen Turmes

(11. Jh.). Der anstoßende Palas (15. Jh.) mit Kapelle von 1220–30 umschließt einen früheren, viel kleineren Palas (11. Jh.?). Vom Turm überblickt man die Stadt Gießen, das Lahntal und den östlichen Westerwald sowie zu Füßen die Orte Gleiberg und Krofdorf. Am östlichen Berghang liegt die *Burgkapelle* mit kleinem, ins Tal vorspringendem gotischem Chor und nördlich anschließendem Langhaus. Gotische Malereireste. Reiche Kanzel des 17. Jh.

Burg Vetzberg wurde von den Gleiberger Grafen als ›Vorfestung‹ um Mitte des 12. Jh. erbaut und von einem Vogt bewohnt (daher der Name). Außer Gebäude- und Zwingerresten nur der Hauptturm erhalten. Im Ort ein Stadtturm des 14. Jh. mit gewölbter Durchfahrt. Auf dem Gipfel des nahegelegenen, 493 m hohen DÜNSBERGES eine dreifache Ringwallanlage, vermutlich eine keltisch-germanische Siedlung (oppidum) der späten La-Tène-Zeit.

Westlich des Dünsberges, am Ende eines stillen, mühlenreichen Tales, erbauten die Grafen von Solms die *Burg Königsberg*, von der nur geringe Reste nördlich des kleinen barocken *Kirchenbaues (e.)* erhalten sind. Herrlicher Blick von der Terrasse neben der Kirche ins Land. Als Königsberg 1350 in hessischen Besitz kam und die 1328 auf dem etwas südlicher gelegenen Altenberg (400 m) erbaute *Burg Alt-Hohensolms* 1349 durch die hessischen Landgrafen vernichtet worden war, errichteten die Grafen von Solms-Braunfels die *Burg* Neu-*Hohensolms*. Die typische Spornanlage wurde mehrfach erobert und neugebaut. Heute ein einfacher Gebäudekomplex des 15. bis 18. Jh. mit Turm- und Ringmauerresten. Der Südflügel enthält an der Halsgrabenseite die ehemalige Schildmauer.

Im flachen Land nördlich Gießen ist die Lahn nun schon merklich kleiner. Die *Pfarrkirche (e.)* von WISSMAR, 1828–30 von Fr. Louis Simon, einem Schüler Schinkels, erbaut, ist quer orientiert und der große Raum von Emporen umfangen. Das Innere zeigt das Bestreben des Klassizismus, einen spezifisch protestantischen Kirchenraum zu entwickeln (vgl. auch Wittelsberg, Kreis Marburg).

Auf einem bewachsenen Felsblock am Fluß wird der massige Bau der Kirche von KIRCHBERG sichtbar, 1495–1508 als *Pfarrkirche (e.)* der umliegenden Ortschaften errichtet. Niedrig geduckt lehnt sich an die Südseite der Kirche der Glockenturm. Im Innern der zweischiffigen unsymmetrischen Halle drei interessante Renaissance-Doppelgrabmäler, zwei für die Familie von Rodenhausen (Ende 16. und Anfang 17. Jh.) und ein Denkmal für Friedrich von Rolshausen (gest. 1564), der das schöne spätmittelalterliche Herrenhaus der nahegelegenen ehemaligen *Wasserburg Friedelhausen* erbaute (benachbart ist das neugotische Schloß von 1852). An die Kirchberger Kirche schließen sich in malerischer Gruppe Hof und Fachwerkhaus des *Pfarramtes* an.

Auf einem nahen Basaltkegel über der Einmündung des Lumdatales errichteten die Grafen von Ziegenhain Anfang des 12. Jh. die *Burg Staufenberg*, die – ehe sie 1540 hessisch wurde – strategisch bedeutsam war im Streite zwischen Mainz und Hessen. Das ehemalige Haus der Burgmannsfamilie von Rolshausen, die ›*Unterburg*‹ (1487 erbaut, 1860–62 neugotisch-romantisch restauriert), ist erhalten und weithin sichtbar (heute Hotel), während die Ruinen der eigentlichen *Burg* auf dem Gipfel zwischen hohen Bäumen versteckt liegen. Ein Bergfried ist nicht mehr oder war nie vorhanden. Die Reste des gotischen Palas künden von einem Wiederaufbau der Burg nach ihrer Zerstörung durch Hessen 1273. Weite Aussicht bis zu den Burgen Gleiberg und Vetzberg. Im befestigten *Ort* am Südhang des Burgkegels sperrt noch ein gotischer Torturm die Straße.

In TREIS im Lumdatal, wo die fruchtbare Talebene der Rabenau beginnt, beleben die Giebel der alten prächtigen Fachwerkhäuser das Dorfbild. Die *Pfarrkirche* (13. Jh.) liegt inmitten eines befestigten Kirchhofs. Das flachgedeckte Langhaus barockisiert; gewölbter Chor. Der Kirchturm an der Südseite war einst Wehrturm mit Wehrgang. Wehrhafte Kirchenanlagen sind ein besonderes Kennzeichen der althessischen Landschaft, die im hohen und späten Mittelalter oft von Kriegsunruhen bedroht war. Von der *Wasserburg* der Familie Schutzbar gen. Milchling ist die mittelalterliche ›Kemenate‹ bemerkenswert, ein schlichter hoher Bau von rechteckigem Grundriß.

Etwas talaufwärts der Lumda liegt auf einem Ausläufer des Oberwaldes die im 12. Jh. angelegte *Burg Nordeck*, Stammsitz eines gleichnamigen Geschlechtes, seit dem 13. Jh. Eigentum der Landgrafen von Hessen, heute der Grafen von Schwerin zu Friedelhausen. Die Burg war einst eine wichtige Sperre der Straße von Mainz nach Amöneburg. Seit 1925 beherbergt sie ein Landschulheim. Die kleine, aber gut erhaltene Anlage ist eine Hangburg mit Halsgraben, Schildmauer und rundem Bergfried (12./13. Jh.) an der Angriffsseite. Gebäude des 14. bis 17. Jh. umstehen an drei Seiten einen engen Burghof mit altem Brunnen. Die *Burgkapelle* liegt in der Vorburg, deren Mauern einen Teil des am Hang liegenden Ortes umschlossen.

Die kleine *Dorfkirche (e.)* von SALZBÖDEN im Lahntal zeigt durch ihre bäuerlichen Emporen- und Deckenmalereien der Barockzeit ein äußerst reizvolles Raumbild. Das Nachbardorf FRONHAUSEN ist reich an Fachwerkhäusern des 17.–18. Jh. Auf einer Anhöhe über dem Dorf liegt die *Pfarrkirche (e.)* mit romanischem Fischgrätenmauerwerk am einschiffigem Langhaus. Sie war einst eine Wehrkirche, wie die Schießscharten des 15. Jh. an der Friedhofsmauer zeigen. Gotischer Chor und hoher Chorturm mit origineller neuntürmiger Haube. Der Ort gehörte zum Stift Essen. Als Vögte sind seit dem 12. Jh. die Schencken zu Schweinsberg bekannt. Sie wohnten in der *Oberburg* (›Kemenate‹) inmitten des Ortes, die in spätgotischer Zeit neuerbaut worden war, heute leer und verwahrlost ist. Craft Vogt von Fronhausen erbaute 1367 am Ostrand des Dorfes als hessisches Lehen eine zweite Wasserburg, die *Unterburg*, welche die Fronhäuser Linie der Freiherren Schenck zu Schweinsberg 1923 restaurierte und nach Umwandlung der Gräben zum Park als gepflegten Wohnsitz ausgestaltete.

Wehrhaften Charakter trägt auch die gotische *Pfarrkirche (e.)* von NIEDERWALGERN, hoch gelegen und von starker gotischer Friedhofsmauer umgeben. Die Kapelle von RÜCHENBACH nordwestlich Niederwalgern ist das besonders reizvolle Beispiel einer hessischen Fachwerkkirche (vor 1500).

Etwas westlich landeinwärts, am oberen Salzbödetal, liegt GLADENBACH, bekannt durch seinen seit 1317 bezeugten Schieferbergbau. Die *Pfarrkirche (e.)* ist eine äußerlich schlichte Basilika mit verschiefertem Dachreiter. Die Langhauswände aus romanischer Zeit. Die Seitenschiffe flachgedeckt, die Mittelschiffgewölbe 1509 eingezogen. Das östliche Mittelschiffjoch war ursprünglich romanisches Chorjoch, das sich seitlich zu Nebenchören öffnete. Der heutige Chorbau 1509. Vor einigen Jahren konnten *Wandfresken* freigelegt werden; darunter Rollwerkornamente 1686 am gotischen Gewölbebogen, der den ehemaligen romanischen Triumphbogen ersetzt; aus dem 18. Jh. das große Wandbild an der nördlichen Langhauswand mit der typologischen Darstellung Moses und die Eherne Schlange gegenüber Petrus (?) und Christus am Kreuz, darüber das Trinitätssymbol im Strahlenkranz. Am Gewölbe barocke Stuckmedaillons; romanischer Taufstein; barocke Kanzel; Orgel 1794 auf neuer Westempore. Die figürliche Verglasung des Chores von E. KLONK, Marburg. Gießener Straße Nr. 9 gegenüber der Kirche ein gefälliger Putzbau 2. Hälfte des 18. Jh. mit Portal, Balkon und schönem geschmiedetem Gitter. Gute *Fachwerkhäuser* Burgstraße Nr. 1, 5 und 12, ferner am Bornrain 4. Dort der alte Pfarrhof von 1607. Von der landgräflichen *Burg Blankenstein* nur geringe Reste erhalten (1957 die Ringmauer freigelegt). Auf der Burg fand Herzog Ulrich von Württemberg 1526 nach dem Reichstag von Speyer Zuflucht, als er von den Ständen vertrieben wurde, bis Landgraf Philipp Württemberg eroberte und die Reformation sich dort durchsetzen konnte.

Marburg um das Jahr 1750

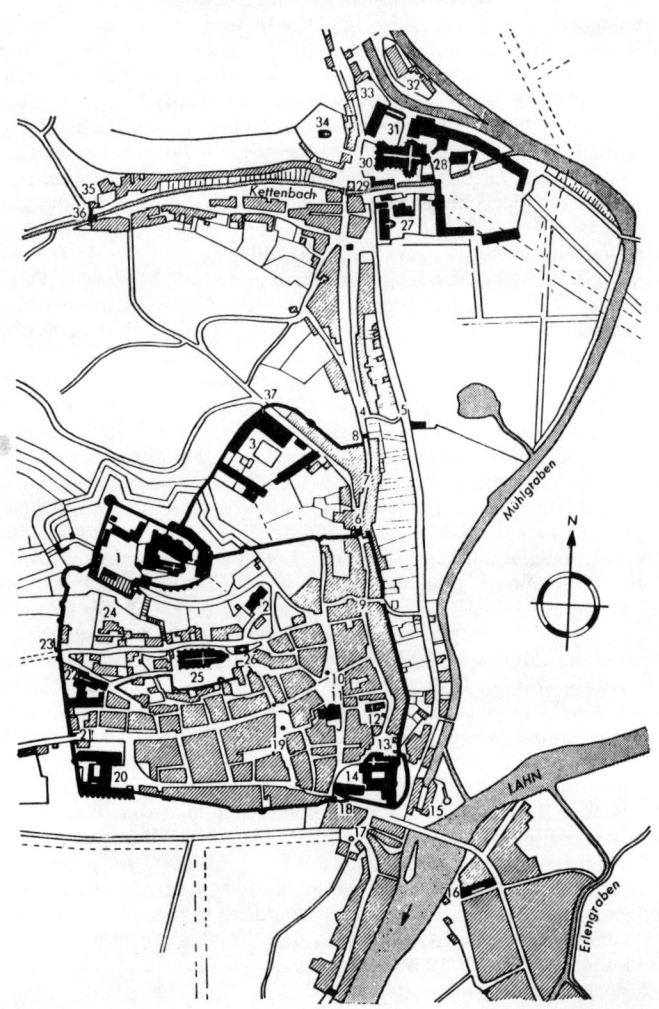

5. Marburg

Die Stadt MARBURG bildet den künstlerischen und städtebaulichen Höhepunkt einer jeden Lahnreise. In der alten Universitätsstadt begegnen sich bedeutungsvolle Geschichte und bewegtes Studentenleben (Universitätsgründung 1527), vereinigt sich ein einzigartiges Landschaftsbild mit harmonisch dem Gelände verbundener Stadtarchitektur. Da ragt auf der Bergeshöhe die machtvolle Baugruppe der thüringisch-hessischen Burg, da liegt im Tal der Gründungsbau der deutschen Gotik, die Elisabethkirche, mit einer Fülle religiöser Kunstwerke und stolzer wie demütiger Grabdenkmäler, da klettern steile holprige Gassen und schiefe ausgetretene Treppen, jede Geländeunebenheit ausnutzend, den abschüssigen Burgberg hinan, da umschließen die bunten Giebel der Fachwerkhäuser anheimelnde Platz- und Straßenräume, und da locken baumbestandene Kirchvorplätze und plätschernde Brunnen zum Verweilen und Träumen. Die wenigen steinernen *Wohnbauten* – das ›Steinerne Haus‹ am Markt 18, das Bückingische Haus am Markt 16 sowie das ›Hochzeitshaus‹ in der Nicolaistraße 3 – tragen das Gepräge des 16. Jh. Die übrigen Wohnbauten der Altstadt, unverputzte und verputzte Fachwerkbauten, gehören z. T. ebenfalls noch dieser Zeit an. Die Kirchen und Burggebäude tragen den Charakter des 13. bis 15. Jh. So erscheint Marburg bis heute als eine Stadt des hohen und späten Mittelalters. Die Barockzeit ist nur in einigen Portalen, in Haustüren und Stuckdecken vertreten. Erst das 19. Jh. schuf neue Stadtviertel und große Bauten,

---

1 Schloß
2 Neue Kanzlei
3 Renthof*
4 Steinweg
5 Pilgrimstein
6 Kesseltor*
7 Neustadt
8 Werdertor*
9 Wettergasse
10 Markt (mit Kumpf)
11 Rathaus
12 Kilianskapelle
13 Mühlpforte*
14 Dominikanerkloster
15 Herrenmühle
16 Hospital St. Jakob
17 Fronhof*
18 Lahntor*
19 Hofstatt
20 Franziskanerkloster*
21 Barfüßertor*
22 Kloster der Kugelherren
23 Kalbstor
24 Forsthof
25 Marienkirche
26 Kärner
27 Elisabethhospital*
28 Deutsches Haus
29 Vogtei*
30 Elisabethkirche
31 Firmanei*
32 Fasanerie*
33 Elisabether Tor*
34 Michaelskapelle
35 Nürnberger Hof*
36 Ketzerbacher Tor*
37 Renthöfer Tor*

* heute nicht mehr vorhanden

so die neugotische *Universität* 1874–78, ein Werk von KARL SCHÄFER. Sie ersetzte das ehemalige Dominikanerkloster, behielt aber die dreischiffige *Klosterkirche (e. ref.)* des frühen 14. Jh. bei. Unter den späteren Institutsbauten seien genannt das *Ernst-von-Hülsen-Haus* von 1927 an der Biegenstraße, eine amerikanische Stiftung zum Universitätsjubiläum (in ihr das Universitätsmuseum), ferner das *Staatsarchiv* von 1938 am Friedrichplatz. Die Neubauten der Nachkriegszeit, vor allem die verschiedenen Institutsbauten der Universität, liegen außerhalb der Altstadt. Aber auch Eingriffe in den alten Stadtkern haben sich bei einem mitten im Leben stehenden Stadtorganismus nicht vermeiden lassen. Hierzu gehört der Sparkassenbau (1961) am Heumarkt, der sich aber in den Maßstab der Altstadt einfügt. So hat sich diese ihre geschlossene Einheit bis heute bewahrt. Möge sie weiter erhalten bleiben!
Die von der Lahnbrücke steil aufsteigende Straße Hirschberg–Markt–Obermarkt mit großen Fachwerkhäusern des 16. und 17. Jh. und die Mainzer Gasse bilden den *ältesten Stadtkern* des 12. Jh. Trotz zahlreich einmündender Straßen ist der Marktplatz wundervoll geschlossen. Meister HANS VON LICH und Stadtmauermeister JOST schufen als südliche Platzwand 1512–24 das *Rathaus* mit dem schönen Elisabeth-Relief des Marburger Meisters LUDWIG JUPPE. EBERDT BALDEWEIN baute den Küchenbau (1574–75) und den symbolreichen Uhrturmgiebel (1581–82) hinzu. Als Ersatz für den alten Kump gestaltete Bildhauer BREITENBACH aus Köln 1951 den Marktbrunnen mit der Georgsfigur. Unweit des Marktplatzes liegt die romanische, von einem Wormser Baumeister errichtete *Kilianskapelle*, die älteste Pfarrkirche der Stadt, mit Bauinschrift am Portal ›godescalcus me fecit‹. Seit 1584 profaniert (heute Polizeigebäude).
In der 1. Hälfte des 13. Jh. dehnte sich die Stadt westlich aus. Es entstand die Barfüßerstraße, genannt nach dem *Barfüßerkloster* an ihrem Ende, auf dessen Grundmauern heute Seminargebäude stehen. Dort in einem schlichten Barockbau (1732) das Institut für Leibesübungen. In diesem neuen Stadtteil zwischen Barfüßerstraße und Ritterstraße, an der im Mittelalter die Burgmannensitze lagen, errichtete der Deutsche Orden zunächst den Chor der *Marienkirche* als Pfarrkirche (heute luth.), Chorweihe 1297. Die Pfarrgemeinde fügte in der 2. Hälfte des 14. Jh. das dreischiffige Hallen-Langhaus mit festlichem Südportal hinzu. Vom baumbestandenen Vorplatz prachtvoller Blick hinab auf das Lahntal und hinauf zum Uhrturm des Schlosses. Vollendung des Baues unter TYLE VON FRANKENBERG. Der stadtbeherrschende Westturm erst 1447–73 hochgeführt. Der Bau steht in der von der Elisabethkirche eingeleiteten Bautradition.

Originell sind die zwischen den Chorfenstern in Dreieckform eingerückten Strebepfeiler. Der Innenraum wird heute durch Emporeneinbauten beeinträchtigt. Bedeutender Orgelprospekt von 1721–22. Im Chor drei aufwendige *Groß-Grabdenkmäler* der Spätrenaissance und des Frühbarock (vgl. Bad Wildungen und Korbach), Landgraf Ludwig IV. im ersten Chorjoch (1590–93 von GERHARD WOLFF aus Mainz), Landgraf Ludwig V. im zweiten Chorjoch (1627–31 von ADAM und PHILIPP FRANCK aus Gießen) und Wolf Christoph Schenck zu Schweinsberg von 1717 im vierten Joch. Im dritten Chorjoch ferner ein Wandtabernakel vom Ende des 14. Jh. Vor dem steinernen Renaissance-Altar ein Taufkessel, um 1600 von JAKOB ROTTENBERGER in Messing gegossen, mit spätgotischer Taufschale. Außen am Chor der Marienkirche ein frühbarocker Portal- und Treppenbau (nach 1604) als Zugang zur ehemaligen, im Chor gelegenen Orgelbühne. Daneben der Bruchsteinbau des ehemaligen *Karners* (frühes 14. Jh.), dessen Obergeschoß seit 1335 als Rathaus, nach Brand und Neuaufbau 1456 als Zeughaus und später als Pfarrhaus diente. Westlich der Marienkirche erbauten die Brüder vom gemeinsamen Leben, die ›Kugelherren‹, 1477–85 die einschiffige netzgewölbte *Kugelkirche* (heute katholische Pfarrkirche). Westliche Erweiterung im frühen 20. Jh. Im Chorraum schlankes spitztürmiges Sakramentshäuschen Ende 15. Jh. (vgl. Fritzlar und Korbach). Hochaltar und Kanzel neugotisch. Im spätgotischen *Brüderhaus* von 1491 befinden sich Universitätsinstitute.

Ebenfalls noch im 13. Jh. entwickelte sich die Stadt in östlicher Richtung durch den Ausbau der Wettergasse, die durch die steilgekurvte Reitgasse mit der Lahnbrücke verbunden ist und durch die Anlage der ›*Neustadt*‹, die noch vor 1300 in die Stadtummauerung einbezogen wurde; beide Gassen reich an alten Fachwerkhäusern. Erst dem 18. und frühen 19. Jh. gehört die *Vorstadt* am Steinweg und am Ketzerbach an. Hier hatte die hl. Elisabeth als Witwe des thüringischen Landgrafen 1228 das St.-Franziskus-Hospital auf ihrem Witwensitz gegründet. Die Ruine der frühgotischen *Franziskuskapelle* erinnert noch daran. Nach dem Tode Elisabeths (1231) rief Landgraf Konrad von Thüringen den Deutschen Orden an diese Stätte. Die Ordensherren begannen im Jahre der Heiligsprechung Elisabeths 1235 mit dem Bau der *Elisabethkirche (e.)*. Sie wurde Grablege der Heiligen, Wallfahrtsstätte (1236 betete Kaiser Friedrich II. an ihrem Grabe) und Gruftkirche der Landgrafen, die künftig nahe der Heiligen ihres Geschlechtes ruhen wollten. Zugleich war die Kirche das ›modernste‹, d. h. das erste rein gotische Bauwerk auf deutschem Boden neben Liebfrauen in Trier. Bei der Kirchenweihe 1283 war der Bau bis auf die Westtürme vollendet, deren Ausbau sich bis in die 1. Hälfte des 14. Jh. hinzog. Der Baumeister kannte die großen Bauprojekte seiner Zeit, in Frankreich die Kathedralen (wohl Reims, 1211 begonnen), in Köln die Dreikonchen-Anlagen (z. B. St. Aposteln, begonnen um 1195) und in Westfalen die Hallenkirchen (wie den Paderborner Dom, Neubau als Halle um 1225 begonnen). Aber sein Werk ist eine eigene neue Schöpfung.

Die Außenwände sind zweigeschossig, ein Nachklang der Basilikaform. Der Chorumgang fehlt. Schlichte Strebepfeiler umklammern den Bau. Einfach ist die Grundform des Maßwerks. Querschiff und Chor bilden mit ihren drei gleichgroßen Konchen von der Vierung ausgehend einen zentralen Raum – nicht allein aus romanisch-rheinischer Tradition, sondern auch aus der Idee der Grabeskirche. Und wenn das Langhaus sich zur dreischiffigen Halle mit breitem Mittelschiff und noch schmalen Seitenschiffen weitet, so entspringt diese Raumform nicht nur westfälischen Einflüssen, sondern auch dem Gedanken der Wallfahrts- und Predigtkirche. In ruhiger Ausgewogenheit gliedern Horizontale und Vertikale den von umlaufenden Gesimsbändern umgürteten Außenbau. Erst die Westfront betont die hochstrebende, aber durch Horizontalgesimse immer noch gemäßigte Senkrechte. Das Westportal um 1260–70 verherrlicht – typisch gotisch – nicht die Kirchenpatronin, sondern die Gottesmutter vor einem sinnbildhaften Blättergrund aus Rosen und Wein.

Der lichte hohe Innenraum mit den schlanken Rundsäulen enthält kostbare Kunstwerke der ursprünglichen mittelalterlichen *Ausstattung*, die den durch Landgraf Moritz geförderten Bildersturm des frühen 17. Jh. überstanden. Wie im Mittelalter trennt der 1343 geschaffene *Lettner* den Chorraum ab, seit dem Bauernkrieg figurenlos. Vor ihm seit 1931 das ergreifende Bronzekruzifix von Ernst Barlach (Ergebnis eines Wettbewerbes zur Erlangung von Kruzifix-Entwürfen für deutsche Kriegerfriedhöfe des 1. Weltkrieges in Polen, durch Prof. Kluge in den Staatl. Kunstschulen Berlin gegossen und vom preußischen Staat der Kirche übereignet). Die Kanzel neugotisch von 1907. An einem Langhauspfeiler zwischen Fresken des 15. Jh. eine *Madonna* (15. Jh.), Dauerleihgabe der ehemals Staatl. Museen Berlin. Im nördlichen Seitenschiff die grazile, von weitem Mantel umhüllte Gestalt der *hl. Elisabeth mit Kirchenmodell* (2. Hälfte des 15. Jh.). Im Nordchor zwei *Wandaltäre* mit Fresken, am Elisabethaltar um 1300, am Katharinenaltar 15. Jh. Die Fresken waren seit dem frühen 16. Jh. durch zwei Schnitzaltäre von Ludwig Juppe verdeckt, die heute an den Westenden der Seitenschiffe hängen. An den beiden entsprechenden Altären im Südchor stehen noch die Altarwerke von Juppe, 1512 und

1515 datiert, qualitätvolle spätgotische Arbeiten. Die Malereien der Flügel von Joh. von der Leyten (ausgenommen Elisabethaltar). Juppe gestaltete auch den *Marienaltar* an der Westseite des Nordchores unter Einbeziehen eines älteren steinernen Vesperbildes um 1400. Der von plastischen Laubkränzen und figürlichen Fresken geschmückte Baldachin des *Elisabeth-Mausoleums* (um 1270–80) wölbt sich über einer Tumba mit dem Relief vom Tode der Heiligen (14. Jh.). Unter der Tumba befand sich vermutlich ihr Grab; denn die Fundamente der ersten kleinen Kirche des Franziskanerinnen-Hospitals kreuzen hier den Nordchor. Die leuchtende Farbstimmung des hohen Chores lebt von den einzigartigen *Glasmalereien* aus dem 13. und 14. Jh. Sie gehören zu den kunstgeschichtlich bedeutendsten mittelalterlichen Glasfenstern in Hessen. Dargestellt sind die Schöpfungsgeschichte, das Leben und die Liebestaten der hl. Elisabeth, Christus und Maria, Ecclesia und Synagoge und farbige Ornamentflächen. Im Chorraum der *Zelebrantenstuhl* von 1397, die Plastik der hl. Elisabeth im Baldachin von Ludwig Juppe (Anfang 16. Jh.), ein *Sakramentshäuschen* des 14. Jh. Der 1283 geweihte steinerne *Hochaltar* ist entwicklungsgeschichtlich eine wichtige Vorstufe zum spätgotischen Flügelaltar; frontseitig plastische Figuren (die drei linken 19. Jh.), rückseitig und an den Schmalseiten figürliche Darstellungen in Fresko, geziert mit Blendmaßwerk, Wimpergen und Fialen. Die Wallfahrer umschritten ihn bei Prozessionen, über dem rückseitig vermutlich der *Elisabethschrein* ausgestellt war. Der Schrein, um 1250–60 entstanden, heute in der Sakristei hinter einem mittelalterlichen Schmiedegitter aufbewahrt, gehört zu den spätesten Werken der rheinisch-maasländischen Goldschmiedekunst. In Hausform, überreich an Goldfiligran-, Emaille- und Edelsteinschmuck, zeigt er an den Längsseiten je sechs Apostel in voller Plastik, in ihrer Mitte auf der dem Beschauer zugekehrten Seite den thronenden Christus, auf der Rückseite den Gekreuzigten (nicht mehr vorhanden); an den Schmalseiten befinden sich Maria und Elisabeth, auf den Dachflächen bringen acht Reliefs Szenen aus dem Leben der hl. Elisabeth in reifer, hervorragender Treibarbeit.

Im Südchor, dem ›Landgrafenchor‹, sind zahlreiche *Grabdenkmäler* hessischer Landgrafen aufgestellt, die bis zum 19. Jh. in der Kirche verstreut waren. Sie geben einen hervorragenden Überblick über die Entwicklung des plastischen Grabmals von den ältesten Werken, der Tumba des Deutschordensmeisters Konrad von Thüringen (gest. 1240) und dem Doppelgrab der Aleydis mit ihrem Sohn (gest. 1274) über das Einzelgrab, vermutlich Heinrich I. (gest. 1308), mit dem von französischen Vorbildern entlehnten Motiv der Leidtragenden und Klagenden an der Tumba bis zu dem Denkmal Wilhelms II.

(gest. 1509) von Ludwig Juppe. Dies zeigt oben den Herrscher im Glanz der Rüstung, in der offenen Tumba unten aber den verwesenden Toten, eine erschütternde Gestaltung des in dieser Zeit so beliebten Vergänglichkeits-Themas (›vanitas‹, ›memento mori‹).

Die Gebäude der großen *Deutschordenskomturei*, einst ein umfangreicher, durch eigene Tore verschlossener Bezirk um die Elisabethkirche, wurden erst im 19. Jh. aufgeteilt. Nördlich sind das ›Deutsche Haus‹ (Universitätsinstitut) mit Hauskapelle des 13. und Erker des 15. Jh., anschließend das Herrenhaus des 16. Jh. mit Obergeschoß von 1787 und östlich ein Fruchtspeicher von 1515 erhalten. Die Kapellenruine (s. o.) am Pilgrimstein ist der Rest des Elisabeth-Hospitals, das bis zum 19. Jh. hier bestand.

Der Fahrweg zum *Schloß* führt an der von Eberdt Baldewein 1573–76 erbauten landgräflichen *Kanzlei* vorbei, einem stolzen Renaissancebau mit Volutengiebeln und reichem Portal. Die Landgrafen von Thüringen hatten im 12. Jh. auf dem Berg eine Burg gegründet, die – mit Unterbrechungen – 300 Jahre lang (1306–1604) als landgräflich-hessische Residenz diente. Ein tunnelartiges Torgewölbe führt in den Vorhof der Burg. Links (westlich) der ehemalige *Marstall* von Eberdt Baldewein (1575). Das breit gelagerte Portal gehörte zu einer Kurie des Deutschen Ordens auf dem Steinweg und wurde, um es zu erhalten, hierher versetzt. Rechts wächst der hohe Schloßbau empor. Zuvorderst der Westflügel des spätgotischen *Frauenhauses*; es umschließt den frühgotischen Wohnturm Heinrichs I., in welchem 1529 das berühmte Religionsgespräch zwischen Luther und Zwingli stattfand. Wir schreiten am spätgotischen Südflügel mit seinem schönen Erker und an der 1572 von Baldewein vorgebauten Rentkammer entlang; darüber steigt der schlanke, von Uhrturm und stolzer Dachhaube bekrönte *Kapellenbau* (geweiht 1288) empor, eine Arbeit der Marburger Bauhütte. An der Nordseite ist die großzügige Architektur des im frühen 14. Jh. erbauten Palas, des *Saalbaues*, zu bewundern, wurzelnd in der Tradition der Kaiserpfalzen. Den eng umbauten Innenhof verschließt ein vorzüglich geschmiedetes modernes Gitter (Cornelius, Kassel). Die Innenräume dienten im Laufe der Jahrhunderte mannigfachen Zwecken, so im 19. Jh. als Gefängnis, später als Staatsarchiv, heute als religionsgeschichtliches Institut der Universität mit seiner Sammlung. Drei mittelalterliche Räume sind unversehrt mit ihrer gotischen Wölbung erhalten: der kleine schlichte *Rittersaal* mit Kreuzgratgewölben im Untergeschoß, die zentralbauartige Dreikonchen-*Kapelle* (2. Hälfte 13. Jh.) mit qualitätvollem Christophorus-Fresko (um 1290) und der große zweischiffige weiträumige *Rittersaal* (frühes 14. Jh.); die einstige Thronnische ist an der

nördlichen Längswand vorgebaut gegenüber dem ehemaligen Hofeingang an der Südseite; die festliche Holzumkleidung der mit Intarsien versehenen Türen schuf 1572 NIKOLAUS HAGENMÜLLER. Neben dem großen Remter der Marienburg (Westpreußen) ist dieser Saal der größte erhaltene weltliche mittelalterliche Innenraum deutscher Kunst. Eine zweibogige Brücke verbindet den 1493–97 am östlichen Felsrand errichteten *Wilhelmsbau* mit dem Hauptgebäude; zu beachten das Wappenportal, ein Frühwerk von LUDWIG JUPPE.
Ein nochmaliger Blick von der Burgterrasse auf die Stadt und das Tal mag das Marburg-Erlebnis abschließen.

6. Das obere Lahntal bis Biedenkopf

Die Tätigkeit der Bauhütte der Elisabethkirche und ihre künstlerische Nachfolge bleiben in der näheren und weiteren Umgebung Marburgs weit über das 13. Jh. hinaus in der Form der Hallenkirche wie in architektonischen Details spürbar (vgl. auch die Kapitel VII und VIII).
Westlich von Marburg jenseits der Höhe, von der sich so herrlich dem Rückblickenden das tiefer liegende Schloß vor den Waldbergen des Lahntales darbietet, stifteten im Jahre 1339 W. Döring und seine Gattin die kleine *Kirche (e.)* von WEHRSHAUSEN. Die schönen Rippengewölbe zeichnen sich durch spätgotische farbige Fassung, plastisch reiche Kapitelle und Schlußsteine aus. Wohl auf Schenkungen Landgraf Heinrichs III. von 1483 beruht die Sakramentsnische in der Chorwand und der originelle steinerne *Altaraufbau* mit Giebel und Ecksäulchen, wie ein Sakramentshäuschen durch Gitter verschließbar; er war vielleicht zur Aufnahme einer Madonnenstatue bestimmt. Ein ähnlicher und gleichzeitiger, aber einfacherer Altaraufbau steht in der spätgotischen Anna-Kapelle nördlich neben dem Langhaus.
Lahnaufwärts bleibt der langgestreckte, ins Tal vorstoßende Berggrat mit der Stadtsilhouette Marburgs noch lange Zeit sichtbar. Die alte *Pfarrkirche (e.)* WEHRDA, malerisch auf einer ins Tal vorspringenden Bergnase gelegen, gehört zu dem Kreis hessischer Wehrkirchen mit Schießscharten an der Friedhofsmauer und Wehrobergeschoß am hohen quadratischen Kirchturm (um 1300). Im einfachen barocken Langhaus einer der wenigen in Kurhessen erhaltenen geschnitzten spätgotischen Altarschreine (Ende 15. Jh.). In einer großen Biegung drückt sich die Lahn auf der nördlichen Seite eng gegen die Uferberge, um zu der großen, fast 180 Grad betragenden Kehre auszuholen. Nach der Einmündung von Ohm und Wettschaft tauchen bereits die

hohen Kuppen der Biedenkopfer Berge auf (400–600 m). In den folgenden Dörfern (siehe auch Kapitel VII) erhielten sich viele farbenfrohe Fachwerkhäuser des 17. bis 18. Jh. Hier leben auch noch die hessischen Frauentrachten, die dunkle Hinterländer und Marburger Tracht und die leuchtenden farbigen Gewänder der katholischen Dörfer. Diese Trachten waren bis zum 2. Weltkrieg auch in der Stadt Marburg noch häufig anzutreffen.

Über GOSSFELDEN, das mit seiner schlichten *Saalkirche (e.)* von 1749 reizvoll über der Lahn und der alten Lahnbrücke liegt, und über STERZHAUSEN (klassizistische *Kirche* von 1836, Wehrturm 13. Jh.) erreichen wir in einem Seitental MICHELBACH. Die *Pfarrkirche (e.)* ist ein einheitlicher spätromanischer Bau (1. Hälfte 13. Jh.) mit einschiffigem breitem Langhaus und quadratischem Chorturm. Rundbogenportal an der Südseite. Kreuzgratgewölbe über breiten Gurten, schöne verzierte Würfelkapitelle. Grabsteine im Chor 16. bis 18. Jh.

Weiter lahnaufwärts stiftete die Landgräfin Sophie, Tochter der hl. Elisabeth, 1250 auf dem südlichen Talhang in beherrschender Lage die *Zisterzienserinnenabtei* KALDERN (1527 aufgehoben). Von ihr ist die spätromanische kreuzgratgewölbte *Kirche* mit Westturm, Langhaus, einem Seitenschiff und Apsis erhalten (einige Reste der Klostergebäude verbaut in einem Bauernhof östlich der Kirche). An der Südseite zwei Rundbogenportale, das westliche mit Zackenmuster. Innen Halbsäulendienste mit schönen Kapitellen. Kleiner frühbarocker Orgelprospekt. Auf dem Altar qualitätvolles Kruzifix (1. Hälfte 14. Jh.). Taufschüssel mit bildlicher Darstellung (um 1500).

Höhere Bergkuppen begleiten nun seitlich das Tal. Auf dem 498 m hohen RIMBERG liegen die Reste einer Latène-zeitlichen *Fliehburg*, die seit dem 12. Jh. mit der Sage von Siegfrieds Drachenkampf verbunden wird.

In DAUTPHE, ein wenig erhöht und abseits vom Fluß, wurde seit romanischer Zeit an der *Martinskirche (e.)* das Sendgericht gehalten. Auch dieser Bau ist eine ausgesprochene Wehrkirche mit blockhaftem quadratischem Chorturm (2. Hälfte des 13. Jh.) und frühgotischem Maßwerk wie in Marburg. Das einschiffige Langhaus (um 1100) ist fast vollständig in Fischgrätenmauerwerk erstellt. Es zeigt kleine Seh- und Schießscharten. Eigenartig ist der durch Baufuge und Trennmauer abgesetzte, aber gleichzeitige fensterlose Westteil der Kirche. Westeingang und darüberliegendes Fenster sind Zutaten der Restaurierung von 1959–60. Emporen von 1543 in schweren Zimmermannskonstruktionen. Kanzel mit schönen Intarsien von 1631. Reste eines originellen Kirchengestühls. Der romanische Dachstuhl im Westen unterhalb der Holztonne sichtbar, die 1959–60 anstelle einer

Flachdecke eingespannt wurde, um den Chorbogen voll sichtbar werden zu lassen (Arch. FRIEDRICH BLEIBAUM).

Jenseits der Höhe im Perftal liegt BREIDENBACH, einst Hauptort des Breidenbacher Grundes. Nach diesem Ort benannte sich ein Geschlecht, von dessen 1394 erbauter Burg im benachbarten BREIDENSTEIN nur geringe Mauerreste erhalten sind. Die Breidenbacher *Kirche (e.)*, bereits 913 erwähnt, ist schon von weitem durch den gedrehten spätgotischen Spitzhelm charakterisiert. Der spätromanische Hallenbau mit Rechteckchor (Seitenapsiden abgebrochen) zeigt westfälischen Einfluß. Kreuz-Kuppelgewölbe ruhen auf Halbsäulen vor schweren rechteckigen Pfeilern. In den Seitenschiffen halbe Gewölbe gegen das Schiff aufsteigend (vgl. Kap. IX,3). Das Mauerwerk in schiefrigem, sehr unebenem Stein, dessen Sprödigkeit keine plastische Bearbeitung erlaubt. Deshalb sind die Würfelkapitelle überputzt und mit pflanzlichen Motiven bemalt (Restaurierung aufgrund des originalen Farbbefundes des 13. Jh.). Von der figürlichen Ausmalung des 15. Jh. sind eine frontal stehende Madonna mit Kind byzantinischen Typs und ein hl. Martin im Chor, Teile eines Christophorus an der Ostwand des Schiffes hinter dem Emporengitter erhalten. Die eingebauten Emporen mit ihren bäuerlichen Brüstungsmalereien (18. Jh.) ergeben ein recht reizvolles Raumbild. Kanzel 1628 vom gleichen Meister wie in Dautphe.

BIEDENKOPF, umgeben von einem Kranz hoher Bergkuppen (Johanniskuppe 557 m und Sackpfeife 674 m), ist die letzte hessische Stadt – die Lahnquelle liegt in Westfalen – und Mittelpunkt des ›Hinterlandes‹, des nördlichen Teiles vom ehemaligen Marburger Fürstentum. Die Landschaft erhielt den Namen Hinterland, nachdem sie 1648 an Hessen-Darmstadt gekommen und von Darmstadt und dem Regierungssitz in Gießen sehr abgelegen war. Seit 1832 ist Biedenkopf Landkreis. Die Landschaft war einst reich an Erzfunden. Aus den alten Verhüttungsstätten entwickelten sich teilweise die heutigen Eisenwerke. Biedenkopf war stets Besitz der thüringischen bzw. der hessischen Landgrafen, die hier Ende des 12. Jh. eine Gipfelburg und Anfang des 13. Jh. am Südhang des Burgberges den Ort (seit der Jahrhundertmitte Stadt) anlegten. Die Siedlung erreichte im 14. Jh. das Tal. Am *Neuen Markt* in der Unterstadt Hausbauten des 18. und 19. Jh. Talseits zweigt die Hospitalstraße mit der alten *Hospitalkirche* (gewölbter Chor Anfang 15. Jh., Langhaus 17. und 19. Jh.) und bergseits die Stadtstraße ab, die zum Zentrum der alten Oberstadt, dem *Alten Markt*, hinaufführt. Das ehemalige *Rathaus* ist ein prächtiger Fachwerkbau (heute Jugendherberge). Davor der wappengeschmückte Brunnenkump mit einem Löwen, der seine Zunge in Richtung zur

Burg ausstreckt. In der Oberstadt viele verputzte *Fachwerkbauten* des 17. und 18. Jh., die sich mit verschieferten Giebeln in schöner Stufung an den ansteigenden Gassen reihen. Die *Pfarrkirche (e.)* wurde 1891 anstelle einer baufällig gewordenen spätromanischen Hallenkirche (vgl. Breidenbach) in neugotischen Formen erbaut. Von dem alten Bau blieben die spätgotische Sakristei und die Noth-Gottes-Kapelle mit plastisch gezierten Schlußsteinen und Kapitellen (15. Jh.), ferner einige Grabsteine erhalten; unter ihnen eine Grabplatte aus Messing, datiert 1520. Die landgräfliche *Burg* ist in den unzerstörten Teilen eine kleine, vorwiegend gotische Anlage. Der Torzwinger, die Ringmauer, der runde Bergfried mit noch romanischem Unterbau und der Palas zeigen beispielhaft und übersichtlich die Grundform einer mittelalterlichen Burg. Der Palas enthält noch die alten Räume mit Balkendecken, Eichenstützen und Kaminen (heute *Heimatmuseum* mit beachtlicher Trachtensammlung). Die Zinnen an Mauern und Turm stammen von einer Restaurierung G. MOLLERS 1843–47.

Nordöstlich Biedenkopf liegt die *Wehrkirche (e.)* von DEXBACH. Romanisches Langhaus mit zwei Kreuzkuppelgewölben westfälischen Typs. Gotischer Chor mit wehrgangähnlichem Fachwerkaufbau. Im Innern kürzlich freigelegte spätgotische Ausmalung. Ein Aufstieg zum höchsten Berg des ›Hinterlandes‹, der SACKPFEIFE mit Aussichtsturm und UKW-Station, mag die Lahnreise beenden.

Rechts: Übersichtskarte zu Kapitel VI: Der Westerwald

VI. Der Westerwald

1. Das Tal der Dill

Wie im Aartal (Taunus) oder an der oberen Lahn, so finden wir auch im Dilltal große Eisenindustriewerke, die teilweise auf eine bis ins Mittelalter reichende Tradition zurückblicken. In Dillenburg ist beispielsweise eine Eisenhütte schon im 15. Jh. bezeugt. Ausgedehnten Erzlagern dieses Raumes verdanken die Hütten und Gießereien ihre Entwicklung, die in den vergangenen Jahrhunderten von den nassauischen Landesherren stark gefördert oder sogar in eigener Regie betrieben wurden. Heute liegt hier die Schwerindustrie Hessens mit

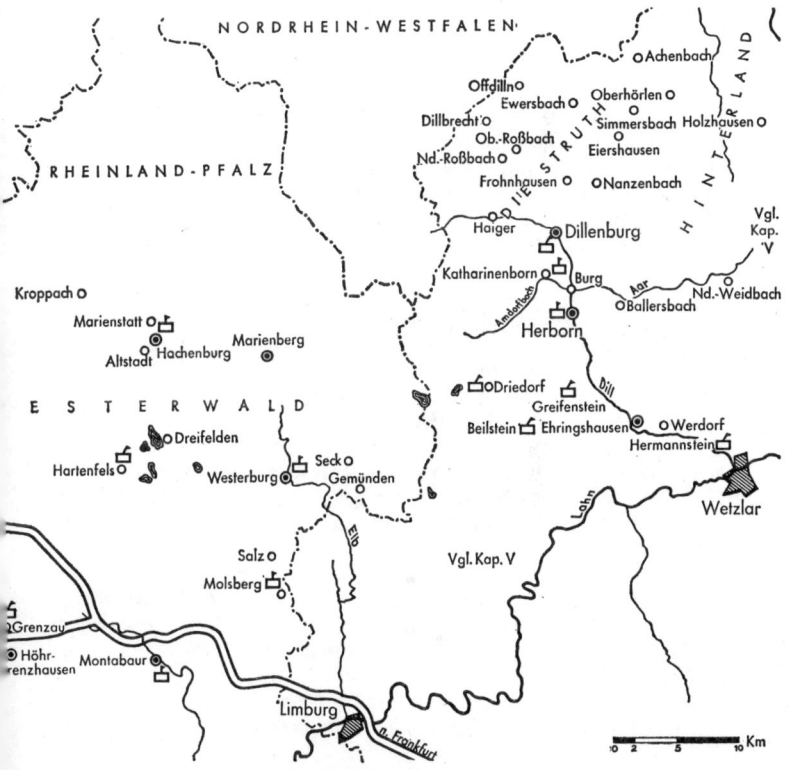

den Hochöfen in Wetzlar und Oberscheld. Für die Kunstgeschichte ist diese Industrie auch bedeutsam, und zwar durch den Eisen-Kunstguß: Ofenplatten seit gotischer Zeit, Bronze-Glockenguß seit dem Mittelalter, figürlich-plastische Arbeiten seit dem 18. Jh. und Grabkreuze seit dem frühen 19. Jh.

Unmittelbar hinter den Toren Wetzlars treffen wir auf die *Burgruine* HERMANNSTEIN, die Landgraf Hermann II. von Hessen 1373–79 als Trutzfeste gegen das unter Solmser Herrschaft stehende Wetzlar erbaute. Die Anlage, heute eine malerische Ruine, zeigt in ihrer Wohnturmform (Donjon) mit abgerundeten Ecken und gewölbten Geschossen deutlich den Einfluß französischer gotischer Burgenbaukunst. Die Unterburg ist ein Rechteckbau von 1483. Der zur Burg gehörende Wirtschaftshof besteht aus einer Gruppe reizvoller Fachwerkhäuser des 16. bis 18. Jh. An der *Pfarrkirche (e.)*, einem gotischen Bau mit Westturm, befindet sich ein reizvolles Relief mit der Geburt Christi von 1492. Im Chor Netzgewölbe, im Schiff flache Holztonne. Sehr gutes Kruzifix um 1520 in originaler Fassung.

Noch ist das Tal breit und sind die Berge niedrig (>Bieler Burg< 359 m). In diesem Abschnitt liegt WERDORF. In dem spätromanischen Chorturm seiner *Pfarrkirche (e.)* wurden 1960 Fresken des frühen 15. Jh. entdeckt; am Gewölbe Jüngstes Gericht mit Auferstehenden, an der Ostwand eine Kreuzigung. Das schlichte Langhaus von 1772. Nordöstlich der Kirche steht das einstige *Schloß* der Fürsten zu Solms-Braunfels (heute Gemeindebesitz). Von der mittelalterlichen Wasserburganlage stammen die vier gotischen Ecktürme und Teile des Mauerberinges aus dem 15. Jh. Die nördliche Schmalseite füllt ein Schloßbau aus dem 17. Jh. mit Erkervorbau des 18. Jh. über der Freitreppe. – Im Nachbardorf EHRINGHAUSEN fällt die ungewöhnliche Gestalt der wehrhaften spätmittelalterlichen *Dorfkapelle (e.)* auf. Mit ihren Schießscharten im Obergeschoß und dem hohen Walmdach gleicht sie äußerlich einem Wohnturm. – Auch die *Pfarrkirche (e.)* des etwas nördlich landeinwärts gelegenen KÖLSCHHAUSEN war ein Wehrbau. An den gedrungenen frühgotischen Chorturm schließt sich ein Langhaus mit innen noch deutlich erkennbaren Schießscharten. 1697 wurde die Kirche neu gestaltet, das Langhaus erhielt zwei hölzerne Rundstützen und wurde gewestet. Chorbogen und Langhausfenster wurden dabei mit originellen Ornamentmalereien gerahmt. Beachtenswert ist das alte Fußbodenpflaster aus flachen, hochkant gestellten Steinen, eine Eigenart der Dorfkirchen an Dill und oberer Lahn (vgl. Beilstein).

Bei der Weiterfahrt talaufwärts wird auf den Höhen über dem westlichen Ufer bald die eindringliche Silhouette von Dorf und Burg

GREIFENSTEIN sichtbar. In steilem Aufstieg erreichen wir diesen einsam und hoch inmitten von Feldfluren und Wäldern gelegenen Ort, von wo sich ein umfassender Rundblick über den östlichen Westerwald bis Hohensolms und zum Dünsberg und ein eindrucksvoller Tiefblick in das Tal der Dill bis Herborn und Wetzlar bieten. Gegen Mitte des 13. Jh. erbauten die Dynasten von Beilstein an dieser Stelle eine *Burg*, die 1298 zerstört und erst 1382 durch Graf Johann von Solms-Burgsolms wiederaufgebaut wurde. Von diesem Neubau stammt der mächtige *Doppelturm*, eine Zwischenform von Bergfried und Schildmauer (vgl. die Ehrenburg an der Mosel und die Kasselburg in der Eifel). Seit 1415 ist das Haus Solms-Braunfels Eigentümer. Im 15. und 16. Jh., besonders aber zu Beginn des 17. Jh. unter Graf Wilhelm I. von Solms-Greifenstein wurde die Burg zu einer gewaltigen Festungsanlage ausgebaut, die seit Verlegung der Residenz 1693 nach Braunfels verfiel. Von der einstigen Ausdehnung des Bauwerkes künden die umfangreichen Trümmerberge der Mauern und Bastionen in und vor dem Dorf. Auf dem Burgberg selbst findet man nur noch einsturzgefährdete Kellergewölbe, so etwa vom Palas des 14. Jh. mit abgerundeten Ecken und Eckürmchen französischer Form. Eine umfangreiche ovale Barockbastion, die ›Roßmühle‹, zeigt im Innern einen gewölbten Raum mit seitlichen Geschützständen; malerisch reflektierendes Licht fällt durch eine Öffnung in der Gewölbemitte. Gut erhalten ist aber die *Burgkapelle* an der Südspitze des dritten Burgberinges, heute Pfarrkirche (e.) des Dorfes. Sie wurde 1448–76 doppelgeschossig erbaut, das Obergeschoß – ebenerdig zugänglich – 1683 westlich erweitert und 1685–91 im Innern neu gestaltet. Eine ungewöhnlich reiche und phantasievolle Stuckdecke von JOHANNES DE PAERNI (1686) mit schwungvollen Akanthusranken und kräftigen Putten überzieht den Raum. Der gleiche plastisch bewegte, ornamentalfigürliche Dekor ziert die Emporenbrüstungen und den Kanzelkorb. An der Herrschaftsloge prachtvoller Wappenschmuck. Die 1958 durchgeführte Instandsetzung gab dem Raum die ursprüngliche Tönung wieder. Die Unterkirche mit gotischen Bögen ist heute Heizungskeller.

Südwestlich von Greifenstein liegt im Ulmtal, das parallel zur Dill verläuft und bei Biskirchen in die Lahn mündet, BEILSTEIN. In der 1. Hälfte des 14. Jh. erbaute Graf Adolf von Nassau auf einem Basaltfelsen im Tal eine *Burg*, heute Ruine. Besonders eindrucksvoll ragen die Basaltmauern des rechteckigen *Palas* mit vier runden Ecktürmen und verstärkter Schutzmauer an der Angriffsseite auf. Die nördliche Schmalseite des Palas sicherte eine schwere Rundbastion. An der Südseite noch Reste zweier weiterer Gebäude. 1607 wurde Beilstein die Residenz des Grafen Georg von Nassau-Beilstein, der die Burg durch drei Bauwerke vor dem Halsgraben bereicherte. Das *Torhaus*, das sog. ›Schloß‹, entstand 1607–12 mit Rundbogenportal und Zwerchhäusern. Von der *Zehntscheuer* stehen nur noch die Außenmauern. Die *Schloßkirche (e.)* wurde 1614–16 unter Ausnutzung älterer Mauern der Vorburg errichtet. Der mittelalterliche Turm trägt einen Barockhelm von 1769. Unter dem hochgelegenen Chor die gräfliche Gruft, seitlich im Chor die Herrschaftsstände. Vierseitige Emporen umfangen den hohen Innenraum des Langhauses. Die gitterartigen Emporenbrüstungen, ihre reichen Schnitzereien und die Kanzel von 1616 erhielten 1959–60 wieder die ursprüngliche Farbigkeit in Rot, Gelb, Grau und Grün. Damit ist der Eindruck eines in Renaissance-Formen gestalteten Kirchenraumes wiedergewonnen und zugleich ein vorzügliches Beispiel protestantischer hessischer Architektur in der so schöpferischen Epoche des späten 16. und frühen 17. Jh. erhalten. Raumform und Ausstattung erinnern sehr an die etwas ältere Pfarrkirche von Dillenburg. Der Fußboden ist von der gleichen Art wie der in Kölschhausen.

In DRIEDORF berichten Mauerreste von einer alten nassauischen *Wasserburg*. Der Ort brannte 1819 bis auf ein Fachwerkhaus am Markt nieder. Zu beachten ist die von JOHANN SCHRUMPF 1821–27 erbaute klassizistische *Pfarrkirche (e.)* in querorientierter Raumform. Wir wandern dann durch das Rehbachtal ins Dilltal nach HERBORN zurück. Die Berge drängen hier dichter vor und engen das Tal stärker ein. Am westlichen Ufer erstreckt sich die Stadt mit ihrem reichen Bestand an zumeist verschieferten Fachwerkhäusern, überragt vom *Schloß*. Es entstand in der 2. Hälfte des 13. Jh. als nassauischer Amtmannensitz und wurde im 16. bis 18. Jh. zum Witwensitz ausgebaut. Seit 1869 birgt es das nassauische Evangelisch-Theologische Landesseminar in modernisierten Räumen. Das Äußere zeigt das noch ziemlich unveränderte Bild der nie zerstörten Anlage. Reizvoll ist die talseitige Front, da hier drei Rundtürme und ein erkerartiger Anbau vorspringen, deren Helme die Dachfront beleben. Der mittlere Turm mit halbrunden strebepfeilerartigen Turmstützen (vgl. die Burgen Eigenberg und Reichenberg) gehört vielleicht noch zum Gründungsbau. Die übrigen Gebäude sind schlicht. Hofseits ein kleiner Barockflügel und ein Treppenanbau von 1930. – Auf halbem Berghang liegt die *Pfarrkirche St. Peter (e.)*. Der heutige Bau entstand an Stelle einer romanischen Kirche in drei Bauabschnitten: Chor 14. Jh., Langhaus 1598–1609 von KONRAD ROSBACH und Westturm 1801–1822 von JOHANN SCHRUMPF, nachdem der romanische Turm 1787 eingestürzt war. Das Äußere ist schlicht und schmuckarm. Das

Dilltal

Langhausinnere erweist sich als weiter, fast quadratischer dreischiffiger Saal, dessen flache Decke vier runde Steinsäulen unter Längsunterzügen tragen. An Nord-, West- und Südseite umfassen zweigeschossige Emporen belebend den Raum, ohne ihn einzuengen; an den Emporenbrüstungen Beschlagwerkornamente. Das Langhaus ist entwicklungsgeschichtlich interessant, da es den Wandel der spätgotischen Hallenkirche zum protestantischen Predigtraum zeigt. Die Unterbauten der ehemaligen Chorflankentürme schnüren den Chorbogen stark ein. Der weite Chor mit Netzgewölben (15. Jh.). Ausgrabungen im Jahre 1909 ermittelten die romanische Apsis. Im Chorpolygon sind 1909 spätgotische *Fresken*, zwei Apostelpaare, aufgedeckt und freigelegt worden. Weitere bruchstückhafte Reste von Malereien an der Nordwand unter der Empore (14. Jh.). Das Rankenwerk an den Gewölben entstand zu Beginn des 16. Jh. Die ehemalige Sakristei ist zur herrschaftlichen Gruftkapelle umgebaut.

Bei einem Besuch Herborns fesseln vor allem die gut erhaltenen *Altstadtstraßen*. Hauptstraße, Markt, Kornmarkt, Mühlbach und Mühlgasse gehören zu den schönsten, geschlossen erhaltenen Straßenbildern sowohl nassauischer als hessischer Kleinresidenzen. Sie erhielten im wesentlichen nach dem großen Stadtbrand 1626 die einheitliche und geordnete Prägung: drei- bis viergeschossige Giebelhäuser in Fachwerk, stockwerkweise vorkragend, vielfach verschiefert, Eckpfosten und Erkerstützen zuweilen figürlich oder ornamental geschnitzt, oft auch zwei Häuser unter einem Giebel zusammengefaßt. Am Markt heben sich besonders das *Nassauer Haus* (Ecke Schuhmarkt) und das *Rathaus* hervor. Letzteres erbaute 1589–91 JÖRG ZAUNSCHLIFFER als Steinbau mit marktseitigem Hauptportal. 1626–29 wurde das verschieferte Fachwerkobergeschoß aufgesetzt und das geschnitzte Seitenportal eingefügt. Originell ist die Reihe der Bürger- und Stadtwappen (Kopien, Originale im Heimatmuseum). Sehr malerisch wirkt die Verbindungsgasse zwischen Hauptstraße und Turmgasse (am Staanern Haus) mit den Fachwerkquergängen über der Gasse. Am Kornmarkt, den südlich der Holzmarkt ergänzt, ist das *Haus Bast* (Ecke Mühlgasse) erwähnenswert. In der Mühlgasse liegt die *Hohe Schule*, heute Heimat- und Stadtmuseum. 1584 gründete Graf Johann VI. d. Ä. diese betont reformierte Landesschule, eine Universität ohne Promotionsrecht. Sie bestand bis 1812. Dann entwickelte sich seit 1817 aus ihr das Evangelisch-Theologische Seminar. Im 16. und 17. Jh. gingen aus der Schule bedeutende Gelehrte wie Olevian, Zepper, Alstedt und Piscator hervor, deren Grabplatten in der Pfarrkirche stehen. Die Schule wurde zunächst im alten, bereits 1324 genannten Rathaus, an der Stelle des heutigen Heimatmuseums, eingerichtet.

Ab 1591 wurde es zu einem zweistöckigen Steinhaus mit Treppenturm und reichem Fachwerkgiebel umgebaut und straßenseits 1645 durch einen Erker vergrößert. Der hofseitige Nebenflügel aus Fachwerk mit dem charakteristischen Achteckturm ist in der 1. Hälfte des 17. Jh. hinzugefügt worden; er grenzt die Schule gegen den Mühlbach ab. Im Hauptbau ist die ehemalige Aula (17. Jh.) erhalten. Das Museum bewahrt viele Erinnerungen an die Blütezeit der Hochschule. – Der westliche, am Hang gelegene Teil der Altstadt blieb bei dem Stadtbrand verschont und zeigt noch sehr verwinkelte und unregelmäßige Gassen, besonders am ›Schulberg‹ und am ›Kirchberg‹. Im *Paulshof* (Am Schulberg 28) richtete der Buchdrucker Christoph Corvin 1591 eine Verlagsdruckerei ein, die vorwiegend für die Hochschule tätig war. Das Fachwerkhaus wurde 1606 durch einen Treppenturm bereichert. Zwischen Kirche und Burg entstand 1687 das *Döringsche Haus* (jetzt Pfarrhaus), ein stattlicher Fachwerkbau mit vier Zwerchhäusern, die dem Bau mit seinem vorgebauten Treppenturm den besonderen Charakter verleihen. Von der 1343 genannten *Stadtbefestigung* sind mehrere Rundtürme erhalten. Reizvoll ist der Mauerzug zwischen Dillturm und Leonhardstor (in der Bahnhofstraße) mit dem 1601 vor der Stadtmauer angelegten Talkirchhof (heute Park).

Im Amdorfbachtal, einem Seitental der Aar, erbaute 1650 Graf Ludwig Heinrich von Nassau-Dillenburg, etwa zwei Kilometer westlich Burg, auf einer vorspringenden Bergnase ein Jagd- und Lusthaus, das ›*Neue Haus*‹, nach des Grafen Gattin ›Katharinenborn‹ genannt (heute Gaststätte). Um die Aussicht in das Amdorf- und Donsbachtal zu genießen, umzieht eine offene Holzlaube allseitig den verschieferten Fachwerkbau. Von hier aus zog der Graf zur Jagd in den Tiergarten, jenes ausgedehnte Waldgebiet zwischen Herborn und Dillenburg.

Am Unterlauf der Aar, die von Osten der Dill zufließt, liegt BALLERSBACH. Seine *Kirche (e.)* ist durch die 1914–16 entdeckten und restaurierten spätgotischen *Fresken* bemerkenswert. An der nördlichen Langhauswand – die Kirche ist seit 1916 gewestet – befinden sich Szenen des Lebens Christi und ein großfiguriger hl. Christophorus. Die Fresken an der Ostwand von der Erschaffung Evas bis zum häuslichen Leben Adam und Evas befanden sich ursprünglich in typologischer Entsprechung über den Christusbildern der Nordwand. Die Fresken im heutigen Altarraum sind Kopien nach den Originalen der Südwand, die 1914 bei der Erweiterung der Kirche zerstört wurde. Die um 1490–1500 entstandenen Bilder verraten die gleiche, sehr originelle Künstlerhand wie in Haiger (s. d.).

NIEDERWEIDBACH, weiter aufwärts im Aartal, war vor dem Bau der Dilltal-Eisenbahn ein wichtiger Kreuzungspunkt der nordsüdlichen Handelsstraße mit der Querverbindung von Lahn zu Dill. Hoch über den Häusern thront burgartig der feste Bau der *Pfarrkirche (e.).* Ihr Äußeres ist schlicht. Schießscharten im Westgiebel des 1498 erbauten Langhauses und am Chorturm des 14. Jh. stärkten die Wehrhaftigkeit. Das Innere fällt durch seine Zweischiffigkeit auf; zwei Mittelpfeiler gliedern den mit Kreuzrippengewölben geschlossenen Raum. Bedeutsam ist der große spätgotische *Marienflügelaltar* (um 1516–20). Im Mittelschrein stehen die vorzüglich geschnitzten und farbig gefaßten Statuen der Madonna, des hl. Jakobus und des hl. Nikolaus. Die Seitenflügel malte HANS DÖRING aus Oberfranken, ein Solmser und Nassau-Dillenburger Hofmaler, wohnhaft in Wetzlar (geb. um 1483, gest. um 1558). Auf der Innenseite links die hl. Sippe mit Stifter (Graf Philipp zu Solms) und das Malerselbstbildnis(?), rechts die Himmelfahrt Mariens, auf der Außenseite rechts Tempelgang Mariens, links die Heimsuchung. Ikonographie und Figurendarstellung verraten den Einfluß Dürers, Landschaftsschilderung und Farbigkeit die Beziehung zu Lucas Cranach. Prächtige Intarsienkanzel (1568), alte Gestühlswangen, bemalte Emporenbrüstungen über schwerer Holzkonstruktion vollenden das lebendige Bild des Raumes.

Mit DILLENBURG treffen wir auf die zweite größere Stadt des Dilltales. Vermutlich in der 1. Hälfte des 12. Jh. errichteten die Grafen von Laurenburg-Nassau auf dem scharf vorgezogenen Bergausläufer eine feste Burg, die von 1303 bis 1742 Residenz der Linie Nassau-Dillenburg war. In ihr wurde 1533 Wilhelm von Oranien, der Schweiger, geboren; von hier zog er 1568 und erneut 1572 zum niederländischen Befreiungskampf aus. Die Burg wurde im Laufe der Jahrhunderte zum stark befestigten Schloß ausgebaut und 1760 durch die Truppen des Marschall Broglie zerstört. In den folgenden Jahren Ausnutzung als Steinbruch. An der Stelle der Burg ragt seit 1875 der hohe *>Wilhelmsturm<* auf, ein Kennzeichen für Stadt und Landschaft, errichtet aus Abbruchsteinen. Er enthält das *Oranische Museum.* An die Festung erinnern die steil zur Stadt abfallenden Stützmauern und die eindrucksvollen umfangreichen (zugänglichen) Kasematten; in einem Eckbau liegt die Jugendherberge.

Die *Pfarrkirche (e.)* ist ein Bau von 1490–1501 mit schlankem, von einem reichen Gewölbe überspanntem Chor und viereckigem Westturm. Unter dem hochgelegenen Chorfußboden befindet sich die Gruft der Grafen von Nassau-Oranien mit Gräbern des 16.–17. Jh., an der Südseite des Chores eine Gruftkapelle mit Särgen des frühen 18. Jh. Dort ferner das Epitaph für das Herz des Grafen Johann von Nassau, gest. 1475, hierher aus der nahe gelegenen Feldbacher Kirche (s. u.) übertragen. Das Langhaus wurde 1594–97 als protestantische Predigtkirche neu gestaltet (vgl. die Kirche in Beilstein). Den auffallend engen und steilen Raum umschließen hohe, zwei- und dreistöckige Emporen mit guten Beschlagwerk-Ornamenten; Kanzelkorb neugotisch.

Äußerst malerisch wirkt der Blick vom jenseitigen Dillufer auf die *Altstadt*; über den rückwärtigen Scheunen- und Speicherbauten der Hintergasse, über Rathaustürmchen und Pfarrkirche steigen die mächtigen Burgmauern und der stolze Wilhelmsturm auf. In den engen Gassen erhielten sich viele Häuser des 17.–18. Jh., meist in verputztem Fachwerk. Ähnlich wie in Herborn stehen an der Hauptstraße drei- bis viergeschossige Bauten mit hohen Giebeln, während die Häuser der anheimelnden Hintergasse kleiner, schmäler und traufseitig sind. Weitere alte Bauten finden sich in der Marbachstraße und am Kirchberg. Das alte *Rathaus* (Hauptstraße 19) ist ein Barockbau von 1724 mit Dachreiter. Senkrecht auf die Hauptstraße stößt die 1787 angelegte *Marktstraße* in einheitlichen Hausformen mit Zwerchgiebeln. Die an den dreieckigen Wilhelmsplatz südlich anschließenden Gebäude und Straßen bilden die *barocke Vorstadt* des 18. Jh. Das ehemalige *Rentamt* (Unterthor 7) mit dem schönen Torbau am Dillufer stammt aus der 1. Hälfte des 18. Jh. Im Winkel zu ihm liegt das ehemalige *Archiv*, 1764–66 erbaut. Es gilt als das früheste, allein für diesen Zweck errichtete Gebäude. Die Westseite der 1768 angelegten *Wilhelmstraße* zeigt noch die geschlossene Bebauung der 70er Jahre des 18. Jh., fünf- bis neunachsige Typenhäuser mit Mansarddach, Zwerchhaus, Mitteltüre und teilweise alter Innenausstattung (Nr. 10 und 16). Nur das Haus Nr. 12 aus dem 19. Jh. durchbricht die Ordnung. Wie unorganisch wirkt gegen diese abgewogene und ausgeglichene Bauweise des späten Barock die systemlose Bauweise des 19. und 20. Jh. auf der anderen Straßenseite! Am südlichen Ende der Wilhelmstraße reihen sich die Baulichkeiten des *Hessischen Landgestütes* aus dem 18. und 19. Jh. Das weit über Dillenburg hinaus bekannte Gestüt entstand 1870 aus dem Marstall der Grafen von Nassau-Dillenburg. Aus der Barockzeit stammen noch drei Gebäude: Nr. 24 Wohnhaus, ›Prinzenhaus‹ genannt, innen mit vorzüglich stukkierten Räumen im Obergeschoß, Nr. 26 Stallgebäude, niedriger und mit Satteldach, und Nr. 28 Reithalle mit Mittelrisalit und Zwerchhaus symmetrisch entsprechend zu Haus Nr. 24. Zwischen Wilhelmstraße und Dill erstreckt sich der 1768 geschaffene *Hofgarten*, heute Reitbahn und Kinderspielplatz, mit kleiner Orangerie, 1779 als reformierte, 1809 als katholische Kirche eingerichtet und heute als Speicher genutzt. Die südliche Fortsetzung der Wilhelmstraße führt am Friedhof vorbei zum alten Hofgut FELDBACH, das mit spätbarocken Scheunen und Herrenhaus des 18. Jh. (heute Gaststätte) etwas verloren in der modernen Stadtrandsiedlung liegt. Nahebei die Ruine der um 1290 erbauten, im 15. Jh. veränderten alten *Pfarrkirche* von Dillenburg, die von 1294–1490 Pfarrei war, seit 1490 als Scheune diente und seit dem Brande von 1860 Ruine mit Notdach über den Chorgewölben ist. Die Bewohner des Dorfes Feldbach siedelten 1576 nach Dillenburg um. – Da Dillenburg nur eine Landwehr mit Heckengebüsch (›Gebück‹) statt wehrhafter Mauern besaß, blieb von der Stadtbefestigung keine Spur.

Etwa drei Kilometer nördlich Dillenburg kann man auf dem HEUNSTEIN die ausgedehnten Reste von Wällen einer vorgeschichtlichen Befestigungsanlage entdecken; Grabungen ermittelten fünf Bauperioden, deren letzte vermutlich bis in römische Zeit reicht.

Am Oberlauf der Dill treffen wir auf HAIGER, das sich am Zusammenfluß dreier Täler über dem westlichen Dillufer ausbreitet. Ein Brand im Jahre 1723 vernichtete den Ort bis auf die Kirche. Der Wiederaufbau im 18. und 19. Jh. gab der Stadt das *regelmäßige Straßennetz* mit den typischen Zwerchgiebel-Häusern und dem rechteckigen *Marktplatz*. Einfaches klassizistisches *Rathaus* von 1830 (Architekt Eberhard Philipp Wolff). In der Hauptstraße verschiedene verputzte oder verschieferte Giebelhäuser in der Art Herborns und Dillenburgs. Die Ecke Hauptstraße–Rodenbachstraße füllt ein klassizistisches *Wachhäuschen* mit Säulenvorhalle aus. – Der Marktplatz wird beherrscht von der auf einem Felsen gelegenen *Pfarrkirche (e.)*, zu der eine lange Treppe hinaufführt. Der eigenwillige spätgotische Bau besteht aus dem Westturm – im Unterbau romanisch –, der dreischiffigen Halle des Langhauses mit wenig überhöhtem Mittelschiff, dem ungewöhnlich schmalen, gestreckten und polygonal schließenden Querschiff, schließlich dem breiten Chor. Eine Galerie mit gußeisernem Gitter und eine Glockenstube mit Haube und Laterne des 18. Jh. bekrönen den Turm. Der Bau (spätes 15. Jh.) zeigt offensichtlich romanisierende Tendenzen, etwa in der Außengliederung des Querschiffes mit Lisenen und Rundbogenfries oder in der Bildung der Langhauspfeiler. Romanische Formen sind im 15. und 16. Jh. auch von anderen deutschen Kirchen und Burgenbauten bekannt. Das Mitteljoch des Langhauses ist durch ein Netzgewölbe mit Wappenschlußstein und Konsolenköpfen gegenüber den übrigen Jochen ausgezeichnet. Die qualitätvollen Chorfresken des späten 15. Jh. wurden 1902 entdeckt und 1905 sowie 1952–53 (mit neuen Funden) restauriert. In detailliert erzählender Weise wird mit mancherlei ikonographischen Sonderheiten an den Chorwänden das Leben Christi vom Einzug in Jerusalem bis zur Grablegung geschildert, jedes Bild mit gemaltem

spätgotischem Architekturaufbau. Innerhalb der dezenten Farbigkeit fällt besonders das Vorherrschen von Grün auf. Die Darstellung zeigt eine zügige Strichführung. Der gleiche Meister (JOHANN VON DER LEYTEN aus Marburg?) schuf die Fresken von Ballersbach.
Hohe Berge (Kalte Eiche 547 m und Tiefenrather Höhe 554 m) trennen uns nördlich Haiger, schon im Quellgebiet der Dill, von Westfalen und dem Siegerland. Die *Pfarrkirche (e.)* von DILLBRECHT wurde 1743 als verputzter Fachwerkbau mit Dachreiter erbaut. Farbig reizvoll ist die 1783 geschaffene ländliche Ausmalung, besonders die Blumenmalerei an den geschnitzten Emporenbrüstungen. – JOH. HEINR. HOFMANN errichtete 1776 die *Pfarrkirche (e.)* von OFFDILLN, einen schlichten Saalbau mit Mansarddach, hohem barockem Dachreiter und reich geschnitzten Emporen, deren Füllungen ebenfalls eine Blumenmalerei bereichert. Origineller Griff an der Außentür. – Über NIEDERROSSBACH mit Fachwerk-*Rathaus* von 1770 und OBERROSSBACH mit *Barockkirche* von 1768 in der bergreichen Landschaft der ›Struth‹ erreichen wir EWERSBACH, das aus zwei Ortsteilen besteht. Das höher gelegene Dorf *Berg-Ewersbach* besitzt eine spätgotische dreischiffige *Hallenkirche (e.)* mit Kreuzrippengewölben und polygonalem Chor. Der gotische Bau enthält Reste einer romanischen Kirche: Turm, Chorbogen und profiliertes Rundbogenportal an der südlichen Chorwand. Emporenbauten engen den Raum ein. Kanzel Ende 15. Jh. Turmdach um 1800. In *Straß-Ewersbach* steht am Straßenrand eine kleine, im Kern spätromanische *Kapelle*. Zwei nahe gelegene Berge, Eichholzkopf (610 m) und Nordhöll (641 m), bilden die *Wasserscheide* zwischen Dill, Lahn und Sieg.
FROHNHAUSEN überrascht durch seine einheitliche *Ortsanlage*. 1778 brannte das Dorf nieder und wurde in den nachfolgenden Jahren planvoll wiederaufgebaut. Regelmäßig ist der Haustyp: Rechteckiges zweigeschossiges Bauernhaus in Fachwerk von etwa 10 m Breite, die Schmalseite mit Giebel zur Straße, Wohnteil vorn, Stall und Scheune dahinter, alles unter gemeinsamem Satteldach. Regelmäßig sind auch die Straßen: Eine 20 Meter breite Hauptstraße, in deren Mitte bis vor wenigen Jahren der offene Bach floß; senkrecht dazu eine alleeartige Querstraße und mehrere kleine Gassen; beiderseits der Hauptstraße verläuft je eine Parallelstraße. An der südlichen liegt die *Kirche (e.)* mit gotischem Westturm und 1781 neu erbautem Langhaus.
Eine ähnliche systematische, aber etwas einfachere Dorfanlage zeigt NANZENBACH, ein wenig östlich gelegen, das 1752 niederbrannte und vorwiegend 1775 entlang einer breiten Hauptstraße mit gereihten Giebelhäusern wiedererstand. Weiter nördlich erreichen wir das Einzugsgebiet der oberen Lahn und den südlichen Teil der Landschaft

des Hinterlandes (vgl. die Ausführungen in Kap. V, Biedenkopf). Hier begegnen uns wie am oberen Lahntal die gedrungenen quadratischen Chortürme des 12. und 13. Jh.
In SIMMERSBACH lehnt sich an den kräftigen Chorturm der *Pfarrkirche (e.)* ein barockes Schiff von 1774 mit Mansarddach. – In OBERHÖRLEN wurde das im Kern romanische Langhaus der *Pfarrkirche (e.)* gleichzeitig wie in Simmersbach barockisiert und mit einem ähnlichen Mansarddach versehen; Kanzelinschrift 1774. Reizvoll wölbt sich über der Kirche die breite Krone einer alten Eiche. In allen diesen *Fachwerkdörfern* noch Reste des hier heimischen Kratzputzes mit volkstümlichen Schmuckmotiven. – Westlich Simmersbach liegt der Staffelböll, ein 536 m hoher Bergrücken. An seinem kahlen, mit Wacholder bestandenen Nordhang wächst die knorrige, abgestützte *Philipps- oder Landgrafenbuche*, die zur Erinnerung an die Rückkehr Landgraf Philipps des Großmütigen aus seiner Gefangenschaft in den Niederlanden gepflanzt wurde. Weit reicht der Blick von dieser Stätte, wo Philipp das Hessenland wiedersah, in den Breidenbacher Grund und bis zu den Berghöhen des Lahntales. – Zwei evangelische Dorfkirchen mit guter Predigtraumform sind in diesem Raum noch beachtenswert, die Kirche von EIERSHAUSEN, 1826–27 von EBERHARD PHILIPP WOLFF (vgl. Haiger) als quadratischer Saalbau errichtet, und die kleine Kirche von ACHENBACH am Hommerichskopf (562 m), ein achteckiger Zentralbau von 1769. In STEINPERF ist das *Backhaus* des 18. Jh. mit seinem doppelten Mansarddach ein gutes Beispiel, mit wieviel Liebe derartige Kleinbauten damals gestaltet wurden.

2. Das Tal der Elb

Mitten durch HADAMAR fließt der Elbbach. Die alte Straße Koblenz-Montabaur-Wetzlar überquert ihn auf einer 1571 erbauten vierbogigen Brücke. Von ihr sieht man flußauf die Totenkirche, flußabwärts auf den Uferbergen zur Rechten das ehemalige Franziskanerkloster und den markant über Stadt und Landschaft stehenden historischen Bau des bischöflichen Konviktes. Zur Linken liegen unmittelbar am Fluß die drei hohen giebelreichen Flügel des mächtigen Schlosses (heute Gymnasium) der Grafen von Nassau-Hadamar. Denn seit dem 13. Jh. gehörte Hadamar zu Nassau. – Die *Friedhofskirche* war die ehemalige Pfarrkirche Unserer Liebfrauen, eine kleine ausgewogene Anlage. Auf einen ersten Bau gehen die westliche Hälfte und der Turm zurück (um 1379), auf einen größeren Ausbau um 1450 die östliche Hälfte mit dem Chor. Im Innern überspannen Sterngewölbe den Chor und reiche Netzgewölbe die dreischiffige Halle. Schöne Kapitelle mit pflanzlichen und figürlichen Darstellungen. Der Fußboden wurde 1624 im Chor erhöht, um eine Fürstengruft anzulegen. Von der barocken Ausstattung – linker Seitenaltar 1631, Hochaltar 1737 – hebt sich besonders die prachtvolle Kanzel von 1743 hervor. Das 1632 gegründete *Franziskanerkloster*, ein Geviert schlichter Klostergebäude mit Binnenhof, ist heute Psychiatrisches Krankenhaus. Die 1358 als Pfarrkirche erbaute Klosterkirche wurde 1658–66 an der heutigen Südseite neu errichtet, einschiffig mit Querschiff, jetzt profaniert und durch eine Decke unterteilt. Unter dem Chor die Gruft der Grafen und Fürsten von Hadamar. Ehemalige Ausstattung z. T. im Heimatmuseum (Kanzel in der katholischen Pfarrkirche von Frauenstein bei Wiesbaden).

Von der mittelalterlichen Burg sind nur geringe Reste im heutigen *Schloß* erhalten. Es wurde 1566 begonnen und 1628 vollendet. Ab 1616 hatte JOACHIM RUMPF die Bauleitung. Das Schloß ist – neben dem Altbau von Weilburg – eine der besten und repräsentativsten Renaissancebauten nassauischer Residenzen im Westerwald und im Taunus. Zwerchhäuser mit Rollwerk- und Volutengiebeln beleben die Dachflächen. Ein schlanker achteckiger Treppenturm mit gestufter Haube betont die Senkrechte. Zwei Erker geben der Südseite das Gepräge einer Schaufront. Vielleicht sollte der zum Fluß hin sich öffnende Hof durch einen vierten Flügel geschlossen werden. Der Südflügel enthält die Schloßküche, reich stuckierte Wohn- und Prunkräume in den Obergeschossen (zwischen 1695–1711, heute Klassenräume und Privatwohnung) und die Schloßkapelle (e.). Flußab sind dem Schloß zwei Höfe mit Marstall- und Wirtschaftsgebäuden vorgelagert (1619–25, teilweise im 19. Jh. abgebrochen), flußauf der dreiflügelige ›Neue Bau‹ (1694 vollendet, heute Amtsgericht). Alle Gebäude waren ursprünglich von Wassergräben umgeben. In seiner Weitläufigkeit läßt der Schloßkomplex barocke Residenzen vorweg ahnen. Axial gegenüber dem Schloß wurde 1630 das *Jesuitenkollegium* angelegt. Die *Kirche (k.)*, ein schlichter Saalbau des Laienbruders FRANZ PFISTERER aus Tirol (1753–55, Chor und Westturm um 1880 bis 1890), erfreut im Innern durch eine gediegene Ausstattung aus der Erbauungszeit. Neben der Kirche umschließen die Barockgebäude des ehemaligen Kollegs einen kleinen Hof (heute Franziskaner-Studienheim). 1540 brannte der *Stadtteil links der Elb* nieder und wurde im Laufe des 17. Jh. mit rechteckigem Straßennetz und zwei großen rechteckigen Plätzen, dem Unter- und dem Neumarkt, wiederaufgebaut. Trotz moderner Veränderungen hat sich der einheitliche Baucharakter des 17. und 18. Jh. im großen und ganzen erhalten. Der Neumarkt bewahrte erfreulicherweise seine alte Pflasterung und den schönen Baumbestand (nur die moderne Sternleuchte dort ist recht unproportioniert). Das *Rathaus* am Untermarkt, 1639 als Wohnhaus entstanden, zeichnet sich durch eine Freitreppe mit Laube und prächtig geschnitztem Erker aus. Bemerkenswert schöne *Fachwerkhäuser* in reicher Gestaltung findet man in der Borngasse (Nr. 7 von 1604 und Nr. 21 aus dem 17. Jh.) sowie in der Schulgasse (Nr. 15 von 1676). – Die hochgelegene *Herzenbergkapelle (k.)*, in der die Herzen mehrerer Nassau-Hadamarischer Herrscher ruhen, ist eine barocke Wallfahrtskapelle mit zentralem Chorbau (1675) und achteckigem Schiff (1690 bis 1691). Von hier bietet sich ein schöner Blick auf Hadamar und in das Limburger Becken.

Die *Friedhofskapelle* von DORCHHEIM, bis 1906 Pfarrkirche, war eine dreischiffige romanische Basilika, von der das flachgedeckte Mittelschiff und der tonnengewölbte Rechteckchor erhalten sind. Die um 1520 unter die romanische Balkendecke eingezogene neue Balkendecke ruht auf spätgotischen Eichenstützen mit hervorragend geschnitzten ornamental-figürlichen Unterlagshölzern und Streben. Gotische Westempore, barocke Seitenempore; Kanzel 1734. Die jüngste Restaurierung legte im Chor Fresken des 15. Jh. frei. – Das heutige *Rathaus* ist im alten Hof des Klosters Marienstatt aus dem Jahre 1702 untergebracht. Im Innern Holzwendeltreppe mit offener Spindel.

Der ehemalige *Lehenhof* WALDMANNSHAUSEN (zum Dorf Elbgrund gehörig, heute Schullandheim) ist der Stammsitz einer gleichnamigen Familie. Ein spätmittelalterliches, von zwei Ecktürmen gesichertes Burghaus steht in lebhaftem Gegensatz zu einem klassizistischen Wohnhaus des frühen 19. Jh. mit erhöhtem Mittelbau. Barocke Wirtschaftsbauten des 18. Jh.; im Park Ruinen der alten Wasserburg.

Über ELLAR an einem Seitental des Elbbaches, wo die Ruine eines aus gewaltigen Säulen-Basaltblöcken errichteten *Burghauses* (gotisch?) aufragt, erreicht man LAHR im gebirgsreichen Quellgebiet des Kerkerbaches. Die spätromanische *Kirche* des 13. Jh. in derben und wuchtigen Formen ist eine querschifflose Basilika mit Rechteckchor. Der Turm seitlich vom Chor.

Am Oberlauf der Elb, seit 1945 zu Rheinland-Pfalz gehörig, liegt WESTERBURG. Hoch über einer Bergnase thront das *Schloß* der Grafen von Leiningen-Westerburg. Im 12. Jh. stand hier die Burg der Vögte des Stiftes Gemünden. Sie wurde vermutlich zu Beginn des 13. Jh. durch Siegfried von Runkel neu gestaltet oder erweitert. Der jetzige schlichte hufeisenförmige Bau umfaßt noch Mauern und Räume aus der Zeit Siegfrieds. Die Sattel- und Mansarddächer sowie die Fensterformen gehören dem 16.–18. Jh. an. Über der tonnengewölbten Durchfahrt des Ostflügels liegt ein gewölbter Vorraum mit spätromanischen Fensterarkaden. Ein reiches romanisches Rundbogenportal führt von hier zur flachgedeckten Burgkapelle mit reizvoller Altarnische. Das Kreuzgewölbe der anschließenden Sakristei zeigt starke Wulstrippen auf Ecksäulen. Im Westflügel ist der große Saal mit Netzgewölben und offenem Kamin des 15. Jh. bemerkenswert. – Am nördlichen und westlichen Burghang erstreckt sich die Altstadt (Stadtrechte 1292), überragt von der *Pfarrkirche (e.)*. Sie wurde 1516 als dreischiffiger Hallenbau mit schwerem Westturm erbaut. Das kürzlich restaurierte Innere zeigt einen freien, klaren Raum. Rundpfeiler tragen das tonnenförmige Netzgewölbe. Unter dem hochgelegenen Chor die gräfliche Gruft. Im nördlichen Seitenschiff der Annen-Altar (16. Jh.) mit barock übermaltem Mittelbild. An der nördlichen Seitenschiffwand drei gräfliche Grabdenkmäler von HANS RUPRECHT HOFFMANN aus Trier (Ende 16. Jh.). An den Emporen Brüstungsmalereien (18. Jh.). Im Hauptschiff hängen zwei gute Messingleuchter aus der Zeit um 1600. – Ein Kilometer nördlich der Stadt liegt auf der Marienhöhe über dem Elbtal die katholische Pfarr- und *Wallfahrtskirche St. Marien*. Der heutige neugotische Bau von 1898–99 bildet eine spätgotische Kirche nach, die an gleicher Stelle stand und seit dem 17. Jh. verfallen war. In der westlichen Vorhalle eine Madonna des 14. Jh. in mittelrheinischem, aus Frankreich stammendem Typ. Als Gnadenbild auf dem südlichen Seitenaltar eine Pieta des späten Weichen Stils (um 1420–30) von ausgezeichneter Qualität in der Innigkeit des Ausdrucks und der Eleganz der Formen.

In GEMÜNDEN westlich von Westerburg gründeten die Grafen vom Niederlahngau das Stift St. Severus, das 879 in Anwesenheit König Ludwigs III. vom Trierer Erzbischof geweiht wurde. Die ehemalige Stiftskirche war im Mittelalter Grablege der Westerburger. Sie ist seit 1567 evangelische *Pfarrkirche*. Das heutige Bauwerk geht auf eine dreischiffige Basilika mit Querhaus und quadratischem Chor aus der Zeit um 1100 zurück, wurde jedoch 1501 stark verändert. Von den geplanten doppelten Westtürmen blieb der südliche unvollendet; der nördliche trägt einen Helm von 1856. Die Seitenschiffe wurden 1501 verbreitert und neu gebaut, und die Kirche erhielt ihr heutiges großes Satteldach. Der unschöne moderne Außenputz verbirgt an Chor und Querschiff ein sorgfältiges Quadermauerwerk. Im Innern zeigen zwei südliche Langhausarkaden und -pfeiler noch die steilen Proportionen des romanischen Baues. Die Netzgewölbe von 1501, darüber im Dachstuhl die vermauerten romanischen Obergadenfenster erhalten. Die romanischen Querschiffarme heute Sakristei und Heizungskeller. Am Chorgewölbe spätmittelalterliche Rankenmalereien.

Auf einem gestreckten Höhenrücken liegt das Nachbardorf SECK. Die hochragende *Pfarrkirche (k.)* ist ein spätromanischer Bau einfach-ländlicher Form, basilikal und dreischiffig. Nördlich neben der Apsis ragt ein kräftiger Turm empor (Obergeschosse 1879–80). Südlich der Apsis entspricht ihm eine romanische Sakristei (Unterbau für einen zweiten Turm?). Die 1637 abgebrochenen Seitenschiffe 1879–80 neu aufgeführt. 1961 großer Erweiterungsbau im Westen. Romanischer Taufstein auf sechs Säulen. Kanzel von 1644. Mehrere gute Plastiken spätgotischer Zeit. Auf dem Altar Kreuzigungsgruppe des 18. Jh.

Südlich Westerburg sind zwei Bauwerke beachtenswert: Die *Pfarrkirche (k.)* von SALZ, eine guterhaltene romanische Basilika mit spätgotischem Chor, ist außen schlicht und streng, ihr Inneres dreischiffig mit Arkaden auf Pfeilern. Im südlichen Seitenschiff spätgotisches Rippengewölbe, sonst flache Deckung. Im Chor reiches Sterngewölbe mit gezierten Schlußsteinen. Sakramentsnische um 1500. Großzügiger Hochaltar Anfang 18. Jh. Kanzel um 1680; auf dem Deckel Statue von Johannes d. T. Weiter südlich liegt *Schloß Molsberg*. Vermutlich war schon in salischer Zeit an dieser Stelle eine Burg zur Sicherung der Straße Köln–Frankfurt angelegt worden. Die im Laufe des Mittelalters stark ausgebaute Feste der Herren von Molsberg kam 1365 an Trier und 1657 an die Freiherren und späteren Grafen von Walderdorff. Johann Philipp von Walderdorff, Erzbischof von Trier, ließ die Burg abbrechen und durch den Barockarchitekten Johann Seitz, einen Schüler Balth. Neumanns, Pläne zu einem hufeisenförmigen Schloß mit großem Mittelbau anfertigen. Von der alten Burg wurde ein noch heute im Schloß befindliches hölzernes Modell angefertigt. Der Tod des Erzbischofs (1768) hinderte die Vollendung, so daß heute nur ein Seitenflügel und der anschließende Teil des Mittelbaues mit parkseitiger Terrasse stehen, einfache eindrucksvolle Baukörper mit hohen Mansarddächern, ferner zwei Wachhäuschen und das reiche Ehrenhofgitter. Im Seitenflügel stuckierte Kapelle von 1766.

3. Der westliche Westerwald (Hachenburg-Montabaur)

›Westerwald‹ hieß im Mittelalter die Landschaft des heutigen Hohen Westerwaldes = der ›Wald‹ im ›Westen‹ des Herborner Reichsgutes. Köhlerei und Kriege raubten im 15.–18. Jh. die Wälder und schufen die kahlen, wind- und schneereichen Hochflächen (seit dem 19. Jh.

Schutzholzungen). Wichtige historische Straßen durchqueren das Gebirge (Köln–Hachenburg–Frankfurt und Köln–Hachenburg–Leipzig). Neben den Erzbistümern Köln und Trier teilten sich mehrere Grafen- und Fürstenhäuser (Nassau, Sayn, Wied, Westerburg u. a.) in das Land und bestimmten letztlich die moderne Aufgliederung des Westerwaldes in Hessen, Rheinland-Pfalz und Nordrhein-Westfalen.

In MARIENBERG im Tal der Schwarzen Nister am Rande des Hohen Westerwaldes erbaute JOHANN SCHRUMPF 1818–21 die *Pfarrkirche (e.)*. Der quergelagerte Rechteckbau mit Mittelrisalit an der vorderen, quadratischem Turm an der rückseitigen Längswand und mit Kanzelaltar im Innern an der Längsseite leitet die von J. L. Rothweil (Weilburg) und Fr. J. Stengel (Grävenwiesbach) begründete Form des barocken protestantischen Predigtraumes in den Klassizismus des 19. Jh. über.

Auf beherrschender Lage über dem Tal der Großen Nister finden wir HACHENBURG mit der massigen Baugruppe des *Schlosses*. Die Grafen von Sayn erbauten an dieser verkehrsgünstigen Stelle eine Burg zur Sicherung der Köln–Leipziger Straße. Von der mittelalterlichen Anlage sieht man im heutigen Schloß nur geringe Reste. Der halbkreisförmige Vorhof folgt der Linie der alten Vorburg. Der Mitteltrakt – kenntlich an dem Satteldach – und der anstoßende Torbau des hufeisenförmigen Hauptschlosses reichen im Mauerwerk in mittelalterliche Zeit zurück, wurden im 16. Jh. aber verändert. Das heutige Schloß ist im wesentlichen ein Neubau, den der Weilburger und Waldecker Hofarchitekt J. L. ROTHWEIL 1719–32 (Hauptschloß) und 1737–46 (Vorburg) für Graf Georg Friedrich zu Sayn-Hachenburg errichtete. Der Architekt schuf aus der Unregelmäßigkeit der mittelalterlichen Anlage einen repräsentativ-machtvollen Barockbau über regelmäßigem Grundriß. Die Bauformen sind schlicht, fast karg, ausgezeichnet sind lediglich die Vorburg durch einen Torbau und der Schloßhof durch ein Portal mit dem Wappen des Bauherrn. Das *Heimatmuseum* bewahrt verschiedene Baupläne zum Schloßbau, darunter einen Entwurf zu dem im 19. Jh. abgebrochenen hufeisenförmigen Marstall am nördlichen Ende der Vorburg. Ein überdeckter Gang führt von der Vorburg über die Straße zur *Pfarrkirche (e.)*, die 1775–76 von Baumeister BRAUNSTEIN aus Altenkirchen errichtet wurde. Der polygonale Chor und der Glockenturm südlich neben dem Chor stammen noch aus spätgotischer Zeit (15. Jh.). Freitreppe, Portal und Giebel betonen die Eingangsfront am Marktplatz. Im Innern zweigeschossige Emporen; Altar, Kanzel und Orgel an der Chorseite. Der ungefähr rechteckige *Marktplatz* bietet mit seinen geschlossenen Häusergruppen des 17. und 18. Jh. ein erfreuliches Platzbild, dessen

Ostseite das Schloß und die evangelische Kirche bestimmen. An der Nordseite fallen zwei weitere wichtige Bauten auf. Das *Gasthaus Zur Krone* ist ein massiver Spätrenaissancebau um 1600 mit Erker und Rollwerkgiebel. Im Innern stuckierte Balkendecken. In diesem Gasthaus pflegte der Architekt J. L. Rothweil während des Schloßneubaues auf gräfliche Kosten zu ›logieren‹. Die 1729–39 erbaute *Pfarrkirche Mariä Himmelfahrt (k.)* war ursprünglich die Kirche eines von 1663–1813 bestehenden Franziskanerklosters. Schlanke Pilaster und ein geschwungener Giebel zeichnen die Fassade aus. Der seitliche Turm mit seiner geschweiften Haube wurde bei einer Erweiterung der Kirche 1906–09 hinzugefügt. Im innern gute barocke Ausstattung, schwungvolle Altäre (der Hochaltar 1738) und eine phantasiereiche Kanzel (1. Hälfte 18. Jh.). Der *Marktbrunnen* mit dem Stadtwappen wurde 1702 aufgestellt. In den anschließenden Gassen findet sich noch manches gefällige *Fachwerkhaus* des 17. und 18. Jh., teils verputzt, teils freiliegend, etwa in der Mittelstraße die *Alte Post*.

Einen Kilometer südlich Hachenburg liegt ALTSTADT. Vor der Gründung der Burg Hachenburg um 1200 trug dieser Ort den Namen Hachenburg. Seine *Pfarrkirche St. Bartholomäus (e.)* ist die Mutterkirche von Hachenburg. Die romanische flachgedeckte Basilika mit Westturm, gewölbtem Chor und mit Apsis reicht noch ins 12. Jh. zurück. Die beiden Nebenchöre zeigen bereits zugespitzte Bögen und wurden vermutlich im 13. Jh. hinzugefügt oder erneuert. Die Restaurierung von 1958 konnte Teile der alten Ausmalung freilegen. Das Apsisbild der Maiestas Domini ist eine moderne Kopie. Von der Ausstattung ist besonders ein auf sechs Säulen ruhendes zwölfeckiges Taufbecken mit reichem Laubfries zu beachten.

Nicht weit nördlich Hachenburg liegt im Nistertal das *Zisterzienserkloster Marienstatt*. Einsam und umgeben von Wäldern breiten sich die Klostergebäude im Tal aus, kurz bevor sich dieses zu seinem vielgewundenen und felsenreichen Lauf einengt, der ›Kroppacher Schweiz‹. Die ausgesuchte landschaftliche Lage ist charakteristisch für Zisterzienserklöster (vgl. in Hessen etwa Arnsburg, Haina, Eberbach). Mönche des Zisterzienserklosters Heisterbach im Siebengebirge ließen sich 1222 an der Stelle nieder, wo Abt Hermann mitten im Winter einen blühenden Weißdorn gesehen hatte (›locus St. Mariae‹ = Marienstatt). Abgesehen von einer Unterbrechung 1803–88 erklingen bis zum heutigen Tag in der kunstgeschichtlich überaus wertvollen frühgotischen Klosterkirche die Chorgebete der Zisterzienser und wohnen in den wohlerhaltenen barocken Klostergebäuden die Mönche. Ein barockes *Pfortengebäude* von 1754 empfängt den Besucher. Die *Klosterkirche*, ein dreischiffiger basilikaler Bau mit Querschiff, polygonalem Chor in $^7/_{12}$ Schluß und Chorumgang, entstand in drei Bauabschnitten. Der Baubeginn ist nicht genau zu ermitteln, entweder um 1222–27 unter Abt Hermann oder 1243 unter Abt Cuno. Zunächst wurde der Chor mit Umgang und Kapellenkranz errichtet. Ende des 13. Jh. trat ein Planwechsel ein, die Kirche wurde höher und größer in den Maßen. So wuchsen das Querschiff und zwei Joche des Mittelschiffes und des nördlichen Seitenschiffes empor. Die geänderte Bauführung ist außen an Mauern und Dächern, innen an den trapezartig verzogenen Gewölbejochen des Querschiffes sichtbar. Schließlich wurde in der 2. Hälfte des 14. Jh. das restliche Langhaus vollendet. Die Kirche fußt in Grund- und Aufriß auf der spätromanischen Kirche von Heisterbach (1202–37 erbaut) und führt die dort eingeleiteten originellen Baugedanken in frühgotischem Sinne weiter. Die Klosterkirche in Altenberg (1255–1379 erbaut) entwickelt die Gedanken von Marienstatt dann zur reifen hochgotischen Form. Charakteristisch für alle drei Bauwerke ist, daß sie sich von der burgundisch-zisterziensischen Bauweise (vgl. Eberbach und Haina) lösen und Formen der modernen nordfranzösischen Gotik aufnehmen, so etwa den Kapellenkranz, freie Strebepfeiler und Strebebögen. Der Marienstätter Chor gehört neben der Elisabethkirche in Marburg, der Liebfrauenkirche in Trier und der Klosterkirche in Haina zu den ersten Bauten des gotischen Systems in Deutschland.

Streng, nüchtern, jedem Ornament entsagend ist das Äußere. Lediglich die Strebebögen und -pfeiler setzen rhythmische Akzente. Bar jeder besonderen Gliederung sind die Portale; über dem Westportal eine Madonnenstatue in geschwungener wiegender Haltung (Anfang 15. Jh.). Über dem Nordportal die Steinfigur einer Madonna in strengerem Aufbau (2. Hälfte des 14. Jh.; Kopien, Originale im Innern). Einfachheit und klar überschaubare Konstruktion bestimmen auch den Innenraum. Aus kräftigen Rundsäulen steigen die Scheidbögen und die Gewölbedienste empor. Eine plastischere Durchformung kennzeichnet die frühere Entstehung des Chores und betont ihn, den Mönchraum, gegenüber dem Langhaus, dem Laienraum. So findet man im Chor reichere Kapitelle, gebündelte Dienste, verkröpfte Gesimse und Schaftringe, Blendbögen über den Scheidarkaden und einen Laufgang vor der Fensterzone. Die 1939–47 durchgeführte Restaurierung gab aufgrund aufgedeckter Reste eine dem Raum wieder gemäße Ausmalung. Glasmaler DE GRAAF fertigte die zartgrauen, farb- und bilderlosen Glasfenster nach originalen Scheiben (um 1300), die sich im nördlichen Querschiff erhalten haben. Bis auf die Fenster der Giebelwände des Querschiffes und der Westfront fehlt der Kirche jegliches Maßwerk; besonders reich ist das Westfenster (um 1400).

Ein geschmiedetes Gitter des frühen 18. Jh. trennt Mönch- und Laienraum.
Von der Ausstattung ist vor allem der dreiflügelige *Ursula-Altar* der 1. Hälfte des 14. Jh. zu nennen. Er gehört zusammen mit dem Altar der Liebfrauenkirche von Oberwesel (um 1330) zu den ältesten erhaltenen deutschen Flügelaltären. In zierlichen Arkaturen stehen zwölf Reliquienbüsten, darüber die schlanken, grazilen Gestalten der Apostel und in der Mittelnische die innig-zarte Gruppe einer Marienkrönung; die Plastiken und architektonischen Details sind engstens den Arbeiten des Kölner Domchores verwandt (Weihe 1322). Das *Chorgestühl* mit seinen ornamentalen Schnitzereien entstand etwa zur gleichen Zeit wie der Altarschrein. Auf einem Seitenaltar *Vesperbild* des Weichen Stils (um 1425, vgl. das Werk in der Westerburger Liebfrauenkirche). Von hoher künstlerischer Bedeutung ist das *Doppelgrabmal* des Grafen Gerhard II. von Sayn (gest. 1493) und seiner Gattin Elisabeth von Sierck (gest. 1484). Die aus Holz gearbeiteten und farbig gefaßten Figuren der Verstorbenen sowie die wappenhaltenden Engel fertigte 1487 Bildhauermeister THILMAN. Beachtenswert ist auch das Grabmal des Grafen Johann von Sayn (gest. 1529) und seiner Gattin (gest. 1525). Rokokobeichtstühle um 1750–60.
Südlich der Kirche gruppieren sich die *Klostergebäude*. Sie wurden unter Abt Emons (1734–41) völlig umgebaut und 1747 vollendet. Mit ihrer Hufeisenanlage geben sie einen festlichen, schloßartigen Eindruck. Die Flügelbauten enden in dreigeschossigen Pavillons (der südliche erst zu Beginn des 20. Jh. ausgebaut). Den Hauptbau beherrscht das als Mittelrisalit ausgebildete Treppenhaus mit Pilastergliederung und Balkon über dem Portal; darüber in einer Nische die Statue der Madonna. Das Innere enthält eine großartige zweiläufige Festtreppe mit überaus reich geschnitztem Rokokogeländer. Hinter diesem Gebäudeteil liegt der Kreuzgangshof.
Die vor einiger Zeit restaurierte romanische *Kirche (e.)* von KROPPACH ist eine flachgedeckte Basilika mit gewölbtem Chor des 13. Jh. und 1835 neu gebautem Westturm. – Reste der vermutlich ältesten romanischen Kirche des Westerwaldes sind in DREIFELDEN sichtbar. Das Dorf liegt am stimmungsvollen Dreifelder-Weiher, den vermutlich die Grafen von Wied im 17. Jh. durch Stauung der Wied anlegten. Die *Pfarrkirche (e.)* wurde kürzlich in moderner und ansprechender Weise erweitert, so daß die mittelalterlichen Vorgängerbauten kenntlich und erlebbar bleiben. Der Chorturm mit seiner Rundapsis gehört in die Zeit um 1200. Von einem einschiffigen Bau des 11. Jh. stehen die Langhauswände mit dem an der Südwand sichtbaren Fischgräten-Mauerwerk und mit dem mittleren kleineren Rund-

bogenfenster. Von einem Erweiterungsbau um 1200 mit Seitenschiffen in Fachwerk und höheren Langhauswänden stammen die seitlichen Arkadenöffnungen und die höher gelegenen kleinen Rundbogenfenster des einstigen Obergadens. Die Farbstimmung des Innenraumes wird bestimmt von dem warmen Rot der wiedergefundenen romanischen Ausmalung. Kanzel 1699. – Südwestlich des Sees ragt auf einem Basaltkegel der runde Bergfried – ›Schmanddippe‹ genannt – der *Burg Hartenfels* in die Landschaft, die einst Besitz der Grafen von Wied und der Grafen von Sayn und zum Schutze der Köln–Leipziger Straße angelegt war.

Besonders glücklich fügt sich MONTABAUR auf einem gedehnten Höhenzug über dem Gelbachtal in die Höhen des Westerwaldes ein. Auf der höchsten Stelle des Berges erhebt sich die Baugruppe des *Schlosses*. Seine kuppelbekrönten Türme und Mauern leuchten von weitem dem Ankömmling entgegen, besonders, wenn die Sonne auf dem Schiefer der Dächer und dem Gelb der Wände liegt. Bereits im 10. Jh. hatte der Konradiner Herzog Hermann von Schwaben an dieser exponierten Stätte eine Burg angelegt, ›Humbach‹ genannt. Ein Jahrhundert später kam sie in den Besitz der Erzbischöfe von Trier. Erzbischof Dietrich von Wied veranlaßte einen durchgreifenden Neubau, den er in Erinnerung an seine Jerusalem-Pilgerfahrt 1223–24 ›mons tabor‹ = Montabaur benannte. Die Burg, eine Grenzfeste und ein Vorposten Triers im Westerwald, diente den Erzbischöfen in den folgenden Jahrhunderten häufig als Residenz (jetzt Sitz des Regierungspräsidiums). Die heutige Anlage wurde im wesentlichen im 16.–18. Jh. geschaffen. Der von einem runden Eckturm begleitete *Torbau*, der den Besucher zunächst empfängt, entstand 1588. Er wurde 1709 von JOHANN CHRISTOPH SEBASTIANI umgestaltet und durch einen rückseitigen Galeriebau bereichert.

Vier runde Ecktürme mit geschweiften barocken Haubendächern flankieren das *Hauptschloß*, einen charakteristischen Renaissancebau. Die vierflügelige Anlage mit quadratischem Binnenhof geht auf Erzbischof Richard Greiffenclau von Vollrads (1511–31) zurück. Verschiedene Unregelmäßigkeiten des Grundrisses sind durch ältere Bauteile und Mauern bedingt. Erzbischof Hugo von Orsbeck (1676–1711) ließ durch seine Hofarchitekten JOS. HONORIUS RAVENSTEYN und JOH. CHR. SEBASTIANI das Erscheinungsbild des Bauwerks weitgehend barockisieren. Durch ein großes Steinportal von 1687 in der Südfront erreicht man den Binnenhof mit Brunnen von 1608. In der südöstlichen Ecke der runde Bergfried (Anfang 13. Jh.) mit Obergeschoß von 1687. In den übrigen Hofecken kleine viereckige Treppenbauten. An den Hoffronten Portale von 1688 mit Orsbeckschen Wappen. Im

Innern sind eine Reihe schöner Stuckdecken des 17. und 18. Jh. mit reicher Ornamentik beachtenswert.

Die *Stadt* erstreckt sich zwischen Schloß und Kirche. Am Großen Markt und in der Kirchstraße treffen wir auf viele verputzte oder verschieferte *Fachwerkbauten* des 17. und 18. Jh. mit geschweiften Giebeln oder mit Zwerchhäusern. Bemerkenswert ist das ehemalige *Salzlagerhaus* (Markt 16) von 1560 mit zwei von Knaggen abgestützten Eckürmchen. Von der *Stadtbefestigung* des späten 13. Jh. sind verschiedene Mauerstücke und der unten runde, im Oberbau polygonale *Wolfsturm* erhalten. Die *Pfarrkirche St. Peter in Ketten (k.)* am südlichen Stadtrand ist kunstgeschichtlich recht interessant und eigenwillig. Der Außenbau wirkt durch den doppeltürmigen Westbau, durch die beiden kleineren östlichen Türme und durch die unsymmetrische Verschiebung des Langhauses mit dem langgezogenen Satteldach sehr malerisch. Die Kirche wurde zu Beginn des 14. Jh. mit dem Chor begonnen und war zunächst dreischiffig geplant. Es folgte in der 2. Hälfte des 14. Jh. das Langhaus als Pseudobasilika mit einem zusätzlichen südlichen Seitenschiff, also insgesamt vierschiffig. Gegen das Ende des Jahrhunderts wurden die Türme erstellt. Schließlich wurden im 15. oder 16. Jh. die querschiffartigen Räume seitlich des Chores angefügt. Bewußt retardierende Momente, die auf die spätromanische Architektur des 13. Jh. an Mittelrhein und Lahn weisen (Andernach, Koblenz, Limburg), kennzeichnen den Kirchenbau, so etwa die doppelte Turmfront, die beiden Osttürme als eine Art Chorflankentürme und im Innern die Andeutung von Haupt- und Nebenpfeilern durch den Wechsel von Dienst und Konsole sowie der Einbau von Emporen (vgl. Niederlahnstein, Dietkirchen, Dausenau und Diez). Die am Nordportal aufgestellte Madonnenstatue des 14. Jh. (Kopie, Original im Innern) ist in Haltung und Komposition der gleichzeitigen Madonna von Marienstatt nahe verwandt und deutet auf gleiche französische Vorbilder. Die 1954–55 durchgeführte Restaurierung stimmte den Raum aufgrund alter Farbspuren in den Tönungen Weiß, Grau und Rot ab. Über dem Triumphbogen großes Weltgerichtsfresko mit Auferstehenden und Verdammten aus dem 16. Jh. (im 19. Jh. stark überarbeitet). Im nördlichen Querschiff der einzig im Westerwald erhaltene Rest eines figürlichen gotischen Glasfensters (Kreuzigung 14. Jh.). Hochaltar und Kanzel 1876–77. Chorgestühl mit geschnitzten Wangen 1489. Madonna in fülligem Faltenwurf um 1440–50. Die kleine gewölbte *St. Anna-Kapelle* südlich der Kirche, ursprünglich Totenkapelle, stammt aus dem 15. Jh. und ist seit einigen Jahren als Kriegergedächtnisstätte mit einem barocken Relief der Beweinung Christi ausgestattet.

Westerwald

Das 1668–78 errichtete hufeisenförmige Gebäude des ehemaligen *Franziskanerklosters* hat nach Abbruch der Kapelle heute das Arbeitsamt aufgenommen. Das einstige *Kurfürstliche Gestüt*, ein Barockbau von 1768 mit betontem Mittelpavillon, dient als Forstamt. In der ehemaligen *Schule*, die JOH. CHR. SEBASTIANI 1715 erbaute, befindet sich das Heimatmuseum des Kreises.

Wenige Kilometer abwärts in dem landschaftlich so reizvollen Gelbachtal, das gegenüber Kloster Arnstein in die Lahn einmündet, wurde in WIRZENBORN 1510 die vielbesuchte *Wallfahrtskirche Unserer Lieben Frau (k.)* errichtet, ein malerisch am Talhang gelegener flachgedeckter Bau, im Chor Sterngewölbe mit Wappensteinen. Das Gnadenbild ist eine schlanke, anmutige Madonna des späten 14. Jh.; barocke Altäre.

Ein Besuch von HÖHR-GRENZHAUSEN im Herzen des ›Kannenbäcker Landes‹ beendet die Westerwaldfahrt. Seit dem Mittelalter ist in dieser Stadt und Landschaft die heute noch blühende Töpfer- und Steinzeugindustrie tätig. Sie erlebte ihre künstlerische Höhe im späten 16. und im 17. Jh., als viele Meister aus Raeren (bei Aachen) und Siegburg zuzogen. Die Keramik der ›Kannenbäcker‹ ist charakterisiert durch die rotbraune und blaue Farbigkeit der Ornamente, durch die Salzglasur und durch die besondere Zeichentechnik (›Reed‹ und ›Kniebek‹). – Der kleine, etwas abseits im Brexbachtal gelegene Höhr-Grenzhäuser Stadtteil GRENZAU wird überragt von der *Burgruine*. Die kurz vor 1213 von Heinrich von Isenburg als ›grand joie‹ = Grenzau erbaute gestreckte Anlage zeichnet sich durch einen guterhaltenen Bergfried über dreieckigem Grundriß (das einzige deutsche Beispiel) und durch eine gotische Toranlage aus. Im Bergfried ein Privatmuseum, das die Entwicklung der Westerwälder Keramik und des Eisen-Kunstgusses zeigt (Besitzer Prof. Dr. Ing. Spiegel, Düsseldorf). Zu Füßen der Burg das *Gasthaus ›Zur Burg‹*, ein gepflegter Fachwerkbau von 1631 mit Erker und reichen Schnitzereien.

VII. Die Täler der Wettschaft, Wohra, Ohm, Schwalm und Efze

1. Wettschaft, Burgwald und Wohra

Die Wettschaft, ein Nebenfluß der Lahn, fließt in breitem, flachwelligem Tal am Westrand des Burgwaldes entlang. Das Tal umfaßt vielfach ehemaligen Mainzer Besitz, zu dessen Sicherung und Schutz gegen Hessen der Erzbischof um Mitte des 13. Jh. die *Gipfelburg* MELLNAU erbaute und mit einem Amtmann besetzte. 1464 Verpfändung an Hessen. Aus der Gründungszeit stammen der runde Bergfried in Gußmauerwerk mit Quaderverblendung und ein Teil der ungefähr rechteckigen Ringmauer in gleicher Mauertechnik. Das alte Burgtor 1960 neben dem Turm ergraben. Gotische Veränderungen, besonders Bau einer Wehrmauer vor dem Turm. Umfassender Rundblick auf das Tal der Wettschaft zur Amöneburg, die ebenfalls mainzisch war, und bis zu den Bergen des Hinterlandes. In dem südöstlich am Burgberg sich erstreckenden Dorf guterhaltene *Fachwerkhäuser*. Die nahe gelegene *Pfarrkirche (e.)* von OBERROSPHE mit Chor des 15. Jh. und romanischem Schiff enthält eine zum Teil barocke, zum Teil spätere Ausstattung. Jüngste Restaurierung befreite den schönen gewölbten Chorraum von eingebauten Emporen. Altarkreuz 15. Jh. Prächtige bäuerliche Kanzel 18. Jh. (vgl. Langenstein im Kreis Marburg).
WETTER, der Hauptort des Tales und ursprünglich gemeinsamer Besitz von Hessen und Mainz, ist seit dem Ende des 12. Jh. Stadt. Reste der *Stadtbefestigung* (13. und 14. Jh.) sind erhalten. Der Ort war im Mittelalter durch ein im 11. Jh. von den schottischen Königstöchtern Almudis und Digmudis gegründetes Kanonissenstift und durch eine mit dem Stift verbundene Schule bedeutsam. Aus der Schule gingen, besonders im 16. Jh., bekannte Gelehrte hervor. Die Stadt zieht sich mit alten Gassen und prächtigen *Fachwerkhäusern* (Fuhrgasse, Marktplatz) am Talhang hinauf, überragt vom gotischen Hallenbau der ehemaligen *Stiftskirche (e.)*. Der 1506 erbaute Westturm trug einst die vielgerühmte höchste Kirchturmspitze Hessens, die im letzten Jahrhundert aber aus Sicherheitsgründen abgebrochen wurde. An ihre Stelle trat ein Dachreiter zwischen den Turmgiebeln mit vier Eckürmchen. 1957 wurde dieser Dachreiter durch einen dem Kirchbau und dem Stadtbild gemäßen Helm ersetzt. Das architektonisch bedeutungsvolle Kirchenschiff, gegen Mitte des 13. Jh. mit dem Chor begonnen und um 1300 vollendet, entstand etappenweise von Osten

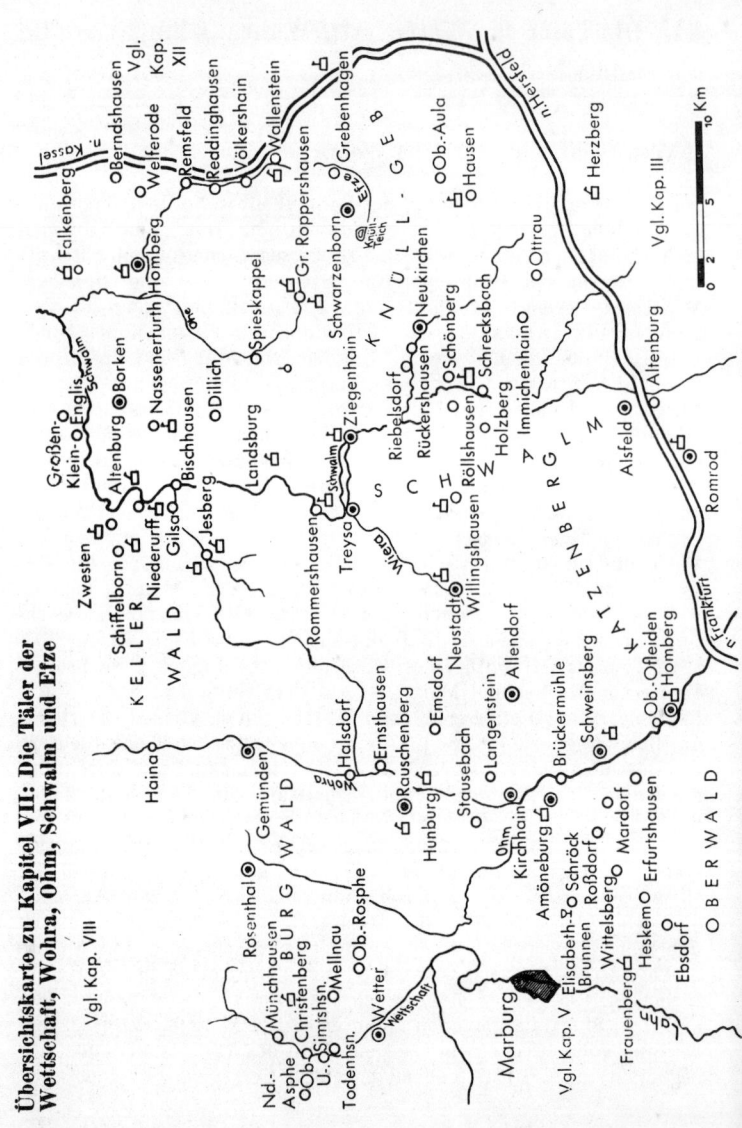

Übersichtskarte zu Kapitel VII: Die Täler der Wettschaft, Wohra, Ohm, Schwalm und Efze

nach Westen, wie die Kapitelle ausweisen. Dreischiffige Halle mit Querschiff und polygonalem Chor ($^5/_{10}$ Schluß). Bauanlage und Konstruktionssystem folgen der Elisabethkirche von Marburg. Doch die Einzelformen, wie Schaftringe, Wulststäbe, z. T. figürliche Kapitellplastik, und der breite gedrungene Raum lassen noch spätromanische Traditionen spüren. Der Raum wirkt daher weniger elegant und flüssig, seine Gliederungen sind kräftiger und kompakter als in Marburg. Fundamente einer romanischen Anlage wurden bei Einbau der Heizung im Chor festgestellt. – Die *Ausmalung* des Innenraumes wird seit 1961 der ursprünglichen Farbgebung entsprechend in leuchtend rotem Grundton mit weißen und gelben Absetzfarben durchgeführt (vgl. Haina). Nach Mitte 19. Jh. erhielt das Querschiff aus statischen Gründen die recht hart wirkenden Strebepfeiler. An der nördlichen Chorwand übermaltes Fresko mit Krönung Mariens, Anfang 16. Jh. Reich geschnitzter Zelebrantenstuhl (1466). Schöne Sakramentsnische (14. Jh.) im Frankenberger Typ. Kunstgeschichtlich sehr bedeutsam ist das hölzerne *Altarretabel* mit gemalten sieben Passionsszenen (Mitte 13. Jh.). Das Werk steht in Farbe und strenger Zeichnung unter byzantinischem Einfluß, bemerkenswert ist jedoch die elegante Schwingung einzelner Gestalten. Im rechten Querschiff der schlichte Grabstein der Almudis und Digmudis (11. Jh.?). Das ausgezeichnete, gut restaurierte Orgelwerk auf der Westempore von JOHANN ANDREAS HEINEMANN aus Laubach nach Mitte 18. Jh.

Kleine Bauernhöfe mit straßenseitigen Giebeln umsäumen in beispielhafter Geschlossenheit die Hauptstraße von TODENHAUSEN, einer vom Landgrafen angelegten Hugenottensiedlung. Auch UNTER- und OBERSIMTSHAUSEN bilden malerische Fachwerkgruppen an der Bachniederung. NIEDERASPHE, ein wenig westlich vom Tal, besitzt eine bemerkenswerte *Dorfkirche (e.)*. Ein spätgotischer Helm mit vier Wichhäuschen bekrönt den hohen Chorturm (14. Jh.). Das wohl gleichzeitige Langhaus ist als zweischiffige Halle symmetrisch zum Chor gebildet. Die Südseite des Langhauses mit dem spitzbogigen Portal kennzeichnen vorgelegte Strebepfeiler als Schaufront. An der linken Chorwand eine Sakramentsnische mit hohem Turmaufbau (Inschrift 1491). Barockemporen beeinträchtigen etwas die harmonische Raumwirkung (vgl. Niederweidbach, Kr. Biedenkopf, Bergheim Kr. Waldeck).

Weiter aufwärts im Tal der Wettschaft zeigt die *Pfarrkirche (e.)* von MÜNCHHAUSEN wieder den für diese Gegend typischen gotischen quadratischen Chorturm. Das im Kern romanische einschiffige Langhaus wurde im 18. und 19. Jh. wiederholt umgebaut. Wir steigen hinauf in den waldreichen ›Burgwald‹ zum 388 m hohen CHRISTEN-

BERG (im 13. Jh. ›Chrustenburch‹ und ›Kesterburg‹, wohl von ›castrum‹; der Name Christenberg erst seit dem 16. Jh.). Einsam auf der Spitze einer Bergnase, der Blick reicht nach Westen über Wettschaft und das Hinterland bis zum Rothaargebirge, erhebt sich auf altem Burggelände die malerische *Martinskirche* mit dem schlichten Küstergehöft daneben. Ursprünglich Dekanatskirche, heute Friedhofs- und Totenkirche der umliegenden Dörfer. Die reiche historische Tradition dieser Stätte beweisen die achtfachen *Ringwälle* mit tiefen Gräben im Walde an der angriffsgefährdeten Ostseite des Gipfelplateaus, Reste einer prähistorischen Fliehburg. Das Plateau um die Kirche begrenzt ein stark verfallener und überwachsener *Erdwall* mit steinernem Kern aus fränkischer Zeit; von der frühmittelalterlichen Burg selbst ist nichts mehr erhalten. Auch die Kirche ist alter Wehrbau. Langhaus und Westturm zeigen teilweise Fischgrätenmauerwerk und Eckquader; kleine Lichtschlitze und Wehrscharten weisen auf die Zeit um 1100 oder früher. Unter dem Fußboden ruhen noch die Fundamente eines vorromanischen Kirchenbaues. 1520 ersetzte ein eleganter Chorneubau mit 3/8-Schluß und steilem Dachreiter die romanische runde Apsis. Turmhelm mit Wichhäuschen Anfang 16. Jh. Bemerkenswert ist die guterhaltene Außenkanzel an der Südseite (13. Jh.).

ROSENTHAL im nördlichen Burgwald im Einzugsgebiet der Wohra erfreut durch seine *Fachwerkbauten* und durch das – nicht mehr ganz in ursprünglicher Form erhaltene – *Rathaus* von Meister Joh. Möller (1665). Die *Kirche (e.)* ist ein schöner gotischer Bau mit Chor des 14. Jh.; Langhaus mit Vorhalle am Turm von 1518; das nördliche Seitenschiff 1888. Der Innenraum flachgedeckt anstelle einstiger Wölbung. Kruzifix um 1500.

1188 hatten sich Zisterziensermönche aus Altenberg (bei Köln) in Aulesburg südlich Frankenau niedergelassen. 1214 verließen sie die rauhe Hochfläche (500 m) und gründeten am Oberlauf der Wohra, dreiseitig umschlossen von den waldreichen Hängen des Kellerwaldes, in stiller Einsamkeit das *Zisterzienserkloster* HAINA. 1527 erfolgte durch Landgraf Philipp den Großmütigen von Hessen die Aufhebung und 1533 die Umwandlung in ein Hospital für Geisteskranke, das erste deutsche Hospital dieser Art. Noch heute erfüllt es als Psychiatrisches Krankenhaus des Wohlfahrtsverbandes die gleiche Aufgabe. Die gesamte Klosteranlage ist mit Kirche, Kreuzgang und angrenzenden Klosterräumen weitgehend erhalten. Die Hallenform der *Kirche* gehört zu den wichtigen Schöpfungen der hessischen Frühgotik. Die Bauten der Zisterzienser sind bekanntlich vielerorts für die Entwicklung der Gotik bahnbrechend gewesen (vgl. Marienstatt, Kap. VI). Zunächst wurde offenbar eine Basilika romanischen Stils geplant und im Grundriß festgelegt. Mit dem flachschließenden Chor und dem Querschiff wurde begonnen und das mächtige Sockelgeschoß für die gesamte Kirche vermutlich noch in den ersten Baujahren 1214–24 vollendet. Nach dem zweiten östlichen Joch des Langhauses trat der Wechsel von der Basilika- zur Hallenform ein. An die basilikale Planung erinnern die Zweigeschossigkeit der Fenster im nördlichen Seitenschiff und die schmale Form der Seitenschiffe. Das Fortschreiten des Baues von Osten nach Westen vom 2. Viertel des 13. Jh. bis zum Beginn des 14. Jh. läßt sich an Kapitellen und Maßwerk leicht ablesen. Wann diese kühne moderne Hallenkonstruktion genau begonnen wurde und ob sie zeitlich vor oder nach oder gleichzeitig mit der Elisabethkirche in Marburg liegt, ist umstritten und bleibt bei dem Fehlen exakter Baunachrichten unentscheidbar. Die Formen der inneren Fensterlaufgänge, Rippen, Säulen, Kapitelle und des Maßwerks leiten sich von der nordfranzösischen Kathedralgotik her, besonders Reims und Amiens, also den gleichen Quellen wie in Marburg. Dazu kommen in Haina westfälische Anklänge und Details, die Marburg nicht kennt. Der Grundriß mit Rechteckchor und (später abgebrochenen) drei Nebenapsiden an jedem Querschiffarm gleicht dem von Eberbach und dessen Ausgangspunkt Clairvaux II.

Der Besucher erreicht den *Klosterbezirk* an der Westseite, wo außerhalb das ehemalige *Klostergästehaus* (15. Jh.), das spätere Absteigequartier des Landgrafen (heute Kreissparkasse), mit dem Torbau liegt. Mächtig springt der hohe *Küchenbau* (15. Jh.) am westlichen Kreuzgangsflügel vor, südlich mit Anbau und Treppenturm. Der westliche Kreuzgangsflügel leitet zur *Kirche* über, deren Westgiebel (14. Jh.) als jüngster und letzter Bauabschnitt mit schlichtem Portal stolz und streng aufsteigt. Man betritt das *Kloster* (Besichtigung mit Führung) durch den Westflügel (14. Jh.) des gewölbten *Kreuzganges*. Am Südflügel (14. Jh.) war einst hofseits das Brunnenhaus (Lavabo) angebaut. An der Außenseite liegt das ehemalige *Refektorium* mit reichen Rippengewölben, heute Simultankirche während der Wintermonate; an der Ostwand des Refektoriums gutes Gemälde von JOH. HEINRICH TISCHBEIN (1788). Im Ostflügel des Kreuzganges (13. Jh.) befinden sich die ehemalige *Prälatur* mit einfachen Kreuzgratgewölben und der reiche *Kapitelsaal* mit Rippengewölben auf Mittelstütze und Fenstern zum Kreuzgang; im Obergeschoß darüber das lange große *Dormitorium*, flach gedeckt, heute unterteilt, mit kleinen frühgotischen Fenstern nach außen. Der Nordflügel des Kreuzganges entstand erst 1858. Vom Hof des Kreuzganges bietet sich ein eindrucksvoller Blick auf das Langhaus der *Kirche*, das mit dichtgereihten Strebepfeilern, je einer zwischen zwei schlanken Fenstern, auf dem schmucklosen sockelartigen Untergeschoß emporwächst. Die Endigung der Strebepfeiler und die Ausbildung ihres Maßwerks wandeln sich entsprechend den fortschreitenden Bauabschnitten. Der Vierungsturm, anstelle eines schlanken Dachreiters 1889 von G. G. UNGEWITTER aufgesetzt, drückt allzu schwer auf den schlanken hochstrebenden Bau. Ein Portal im östlichen Kreuzgangsflügel – im Tympanon das Lamm Christi – vermittelt den Zugang zur Kirche.

Das *Innere* beeindruckt durch seine Weiträumigkeit, durch seine klare Architekturgliederung und durch die großartige originale *Farbgebung* Weiß, Rot und Gelb (1936–38 wieder freigelegt). Dazu kommen wesentliche Reste der alten Verglasung mit lichtgrauen Ornamentmustern (die Ordensregel verbot figürliche Darstellungen); nur im Westfenster drei kleine symbolische Bilder (Pelikan, Löwe, Lamm) und eine Kreuzigung (um 1335). Im Ostfenster Inschrift ›Lupuldus frater‹. Zu bewundern ist die Kühnheit der Größe und das Maßwerk der vier Giebelfenster im Chor, Querschiff und Westen. Querschiff und Chor sind durch tiefe Fensternischen mit innerem Laufgang gegliedert. Nach Zisterziensersitte (vgl. Eberbach und Arnsburg) werden die Dienste von Konsolen abgefangen, im Querschiff auf den Evangelistensymbolen. Eine hohe *Chorschranke* des späten 13. Jh. mit zwei Durchgängen und vier Nischen trennt den Kirchenraum für Mönche und Laienbrüder. Bemerkenswert sind die Schlußsteine über ihr, im Mittelschiff Maria mit Kind, in den Seitenschiffen Engel mit Weihrauchgefäßen (2. Hälfte 13. Jh.). Von der Ausstattung sind im Chor das Wandtabernakel (14. Jh.), TYLE VON FRANKENBERG zugeschrieben (vgl. Marburg), und ein Kruzifix (16. Jh.) erwähnenswert, ferner im Querschiff mehrere *Grabsteine* der Grafen von Ziegenhain, der Vögte des Klosters. Im rechten Seitenschiff ein großes steinernes Relief von PH. SOLDAN (16. Jh.) zum Gedenken an die Umwandlung des Klosters zum Hospital (Wiederholung als Gemälde im Refektorium). Vom gleichen Meister das Grabmal Heinrichs von Lüder (gest. 1559), des letzten Ziegenhainer Burghauptmanns.

GEMÜNDEN im breiten fruchtbaren Wohratal kündet sich durch den äußerst schlanken Helm der 1485 erbauten *Pfarrkirche* (e.) an. Das Schiff wurde im Barock verändert. Der prächtige barocke Orgelprospekt stammt aus der Klosterkirche Haina. Zahlreiche Fachwerkhäuser des 16. bis 18. Jh. zieren den langgestreckten *Marktplatz* und die anschließende Dorfstraße. – In HALSDORF kreuzt die alte Straße Marburg–Kassel das Tal. Die schlichte *Kirche* (e.) erbaute 1697 MICHAEL KRAHE.

Über ERNSTHAUSEN mit kleiner Fachwerkkirche und reizvoller romanisch-frühgotischer *Totenkirche* am Hang über dem Ortsausgang erreichen wir RAUSCHENBERG, etwas seitlich der Talniederung am Hang liegend. Die Frauen tragen hier eine eigene, die Rauschenberger Tracht. Die gegenüberliegende Talseite sicherte die *Hunburg*, eine karolingische Wehranlage (8. Jh.) auf einer von Burgholz abfallenden Bergzunge. Reste des verfallenen Mauerringes über schildförmigem Grundriß, ferner der Halsgraben an der Angriffs-(Südost-)Seite und der Zugang an der Ostseite mit Zangenmauern, sind im Buchen- und Kiefernwald noch sichtbar. Über Rauschenberg selbst liegen die Ruinen einer ringförmigen *Gipfelburg*, die nach Bodenfunden schon um 1000 angelegt, später erneuert wurde. Nach ihrer Zerstörung 1646 sind nur Reste der Ringmauer mit westlichem Zwinger und des einst gewölbten Palas (13. Jh., Marburger Bauhütte) erhalten, umgeben von alten, in dieser Landschaft seltenen Weißtannen. Zu Füßen des Burgkegels, aber noch über der Stadt, steht beherrschend die *Kirche (e.)*, ein beachtlicher gotischer Bau, Chor und Schiff 14. Jh., nördliches Seitenschiff und Westwand wohl noch 13. Jh., der Westturm, zugleich Wehr- und Flankenturm für das benachbarte bergseitige Stadttor des 14. Jh., inschriftlich bezeichnet 1517–18 (wohl nur Erneuerung). Der angenehm proportionierte breite Innenraum zeigt im Langhaus ein Kreuzrippengewölbe auf figürlichen Konsolen (1453), im Chor ein phantasievolles Netzgewölbe mit alten Malereien (Anfang 16. Jh.). An der linken Chorwand gemalte Flügel und Predella eines *Triptychons* mit Szenen aus dem Leben Christi (Verkündigung bis Himmelfahrt), Weicher Stil (Anfang 15. Jh.), ein hessisches Werk unter stark westfälischem Einfluß (Konrad von Soest) von hervorragender Qualität. Daneben als Bekrönung der Sakramentsnische von 1411 eine Maria der gleichen Zeit. Die Stadt ist äußerst reich an alten *Fachwerkhäusern* des 16. bis 18. Jh. mit hohen straßenseitigen Giebeln, vor allem an der Markt-, Schmaleichtor- und der Schloßstraße. Der Marktplatz wird vom *Rathaus* beherrscht, einem stolzen, mächtigen Fachwerkbau von 1557–58 mit Treppenturm und Portal von PHILIPP SOLDAN (1566, vgl. Haina). Ihm gegenüber ein prachtvoller *Fachwerkbau* von 1588 (Nr. 4/6, abbruchgefährdet) und der *Eckbau* mit Erker von 1567 (Nr. 1).

In SCHÖNSTADT westlich Rauschenberg steht eine ehemalige Mainzer *Wasserburg*. Hinter der großen Vorburg (heute landwirtschaftliche Gebäude des 19. Jh.) liegt inmitten eines Parkes das Herrenhaus, 1749–51 unter Mainzer Kunsteinfluß entstanden, mit östlich anstoßendem spätmittelalterlichem Turm (Fachwerkaufbau 1618) und neueren Anbauten an der Westseite (im Privatbesitz der Freiherren von Bethmann, wird zur Zeit vom Deutschen Adelsarchiv genutzt).

2. Ohmtal und Marburger Berge

Dicht bei der Einmündung der Wohra in die Ohm liegt STAUSEBACH. Die Pfarr- und ehemalige *Wallfahrtskirche (k.)* ist ein dreischiffiger Hallenbau (Ende 15. Jh.) und gehört zu den späten Nachfolgebauten der Marburger Elisabethkirche mit betont eigener Prägung. Die Kappen der fein verästelten Sterngewölbe im Mittelschiff und Netzgewölbe im Chor wurden im frühen 18. Jh. mit Bandelwerkstuck überzogen. Die Gewölbe wirken – besonders nach der kürzlich durchgeführten Restaurierung – dadurch noch schwebender, ›transzendenter‹; gotische Kanzel am Triumphbogen; Altarausstattung neugotisch; Maria des Hauptaltares spätes 15. Jh. (Christuskind modern). Zwei schöne spätgotische Plastiken, eine Pieta, das ehemalige Gnaden- und Wallfahrtsbild, und eine Madonna (Mitte 15. Jh.) einst in zwei Nischen der linken Chorwand, heute in der Sakristei aufbewahrt. An den Außenwänden fein modellierte kleine Stationsbilder aus Ton (18. Jh., vgl. Treysa, Stadtkirche).

Die äußerlich schlichte *Pfarrkirche (e.)* des nahe gelegenen LANGENSTEIN überrascht im Innern durch das herrliche zweischichtige Netzgewölbe des Chores (datiert 1527). Die jüngst wieder aufgedeckte ursprüngliche Bemalung läßt die beiden Rippenkonstruktionen, die tragende und die vorgeblendete, in ihrer trennenden und verschränkenden Weise wirksam werden. Kanzel um 1700. Emporenbrüstungen im Schiff mit ländlicher Malerei. Im ganzen ein äußerst farbiges reizvolles Raumbild. Am Außenbau, an den Kanten der Westfront, altertümliche steinerne Figuren und Masken, wohl zur Abschreckung von Dämonen. Neben dem gewölbten Friedhofstor mit schönem modernem Gitter steht der prähistorische *Menhir* noch aufrecht, der dem Ort den Namen gab.

Die Stadt KIRCHHAIN legt sich in drei ansteigenden Straßenringen kreisförmig um einen Felskegel, auf dem sowohl die Kirche thront, als auch die 1344 erbaute kleine *Burg* der Landgrafen von Hessen einst ihren Platz hatte (Mauerreste in den Fundamenten der Schule). Die Stadt ist eine planmäßige Gründung (1352) der Landgrafen in der Zeit der Mainz-Hessischen Streitigkeiten. Sie war die hessische Gegenfestung zur Amöneburg, die – auf dem schön geschwungenen Basaltrücken liegend – als unverkennbares Wahrzeichen die Landschaft beherrscht. Von der 1368 fertiggestellten *Stadtmauer* und ihren ehemals 26 Türmen nur Reste an der Gasse Hinter der Mauer. Dort auch die ehemalige Mühle des Vogtes der Deutschordensherren, denen ursprünglich Kirchhain zugehörte. 1412 wurde Kirchhain von Amöneburg aus erobert und völlig niedergebrannt. Alle heutigen Bauwerke sind nach dieser Zeit entstanden. Der langgestreckte *Marktplatz* – zur mittleren der drei Straßenringe gehörig – ist bergseits von schönen einheitlichen Fachwerkgiebelhäusern bestanden. Der machtvolle Fachwerkbau des *Rathauses* zeigt die charakteristische oberhessische Form (2. Hälfte 15. Jh., steinerner Treppenturm von 1562). Die *Kirche (e.)*, ein flachgedeckter Saal, war ursprünglich ein dreischiffiger Hallenbau des 15. Jh.; Turmbekrönung von 1582. 1929–30 farbenfrohe Neugestaltung des Innenraumes, bezeichnend für die Auffassung dieser Zeit.

AMÖNEBURG, die ›Ohmburg‹, ist reich an historischer und kultureller Bedeutung, heute aber arm an künstlerischen Zeugnissen. Bodenfunde reichen bis in die jüngere Steinzeit (3. Jahrtausend v. Chr.) zurück. Für die keltische Zeit wird eine Stadtsiedlung (oppidum), für die merowingische Zeit eine Festung vermutet. Bonifatius gründet auf dem Berg 721 eine Klosterzelle und 732 eine Michaelskirche. Seit dieser Zeit gehörte Amöneburg bis 1803 zu Mainz. Von der im 12. Jh. auf dem höchsten Punkt des Felsens angelegten, später erweiterten *Burg* stehen nach ihrer Zerstörung 1646 und 1792 nur noch Reste von Wohnbauten und Teile der Ringmauer mit Flankentürmen. Die benachbarte *Kirche (k.)*, ehemals ein Kollegiatstift, ist eine neugotische Basilika von beachtlichem Umfang und guten Detailformen, 1865–70 durch G. G. UNGEWITTER (1820–64) errichtet, dem Direktor und Professor der Kasseler Bauschule. An ihre Nordseite lehnt sich der gedrungene Kirchturm des 14. Jh. Seine barocke Haube und das hohe Kirchendach bestimmen die Silhouette des Berges. Der *Ort*, den der Erzbischof im 13. Jh. gründete und zur Stadt erhob, verlor durch Kirchhain und die Wittelsberger Warte (s. d.) seine verkehrspolitische Bedeutung. – Bemerkenswert sind der rechteckige *Marktplatz* (18. Jh.), der *Mainzer Hof* (am Lindauertor) mit Scheune und (verändertem) Herrenhaus (18. Jh.). Äußerst reizvoll ist ein Spaziergang rund um die Bergkuppe entlang der größtenteils erhaltenen *Stadtmauer* mit weit umfassender Rundsicht in die Landschaft. Am Nordhang neugotische Kapelle. Auf der südlich vorspringenden, niedrigeren Basaltspitze stand einst als Vorfestung die *Wenigenburg*, die 1273–78 von Hessen besetzt und schon im 14. Jh. zerstört wurde. Am südöstlichen Fuß des Felsens liegt die *Brückermühle* mit alter, steinerner Ohmbrücke (18. Jh.). Sie war wichtiger historischer Straßenübergang und ist bekannt durch das Gefecht der Hessen und Braunschweiger gegen die Franzosen 1762 unter Marschall Subise, an das ein barocker Obelisk erinnert.

Nur wenige Kilometer südöstlich gruppiert sich SCHWEINSBERG um einen weiteren, aus der Ohmniederung aufragenden Basaltkegel, auf dem zwei spätgotische Burghäuser markant emporragen. Es ist die Stammburg und der Wohnsitz eines Zweiges des bedeutenden oberhessischen Geschlechts der Freiherren Schenck zu Schweinsberg (vgl. auch Fronhausen). Seit 1239 sitzen sie auf diesem Allodialbesitz, drei weitere Linien wohnen auf dem Ober-, Mittel- und Unterhof. Zu Füßen der Burg, an der Seite, wo der gewaltige spätmittelalterliche Hexenturm aus der Eckflanke vorstößt, liegt die spätgotische *Pfarrkirche (e.)*. Sie wurde 1506 in Hallenform mit Netzgewölben erbaut und zeigt eine harmonische Raumwirkung. Am Chorgewölbe stuckiertes Wappen 1664 der Schencken, die den ersten Kirchenbau als ihre Grablege stifteten und im 16. Jh. die Erneuerung veranlaßten. Im Chor Grabsteine der Spätgotik und Renaissance. Im Dorf viele gute *Bauernhäuser* mit sichtbarem Fachwerk, an der Straße ›Im Tal‹ mit dem Giebel zur Straße, an der um 1680 angelegten Straße ›Neustadt‹ mit überbauter Tordurchfahrt. Hier stehen auch die drei Höfe der Schencken, der *Unterhof* (Neustadt Nr. 2) 16. und 17. Jh., der *Mittelhof* (Nr. 4) über hoher Terrasse 18. Jh., im 19. Jh. entstellt, und besonders reizvoll der *Oberhof* (Nr. 6) als kleine spätbarocke Anlage (Ende 18. Jh.) mit Terrassen-Freitreppe und zwei Flankierungsbauten, westlich Scheune, östlich ehemaliges Forstamt (Nr. 8). Die *Burganlage* trägt im wesentlichen spätmittelalterlichen Charakter. Die starke äußere Ringmauer mit Flankentürmen hinter Erdwall und Graben erbaute 1482 Baumeister JAKOB VON ETTLINGEN. Ein Torbau mit seitlichem Turm (jetzt Schweinsbergisches Archiv) sichert die Brücke über den Graben. Das doppelte innere Tor wird von dem großen, heute unbewohnten Fähnrichsbau des 16. Jh. flankiert. Der Hauptbau im oberen Burghof, die ›Neue Kemenate‹ (1459–97), mit hohen Giebeln, Eckürmchen und Treppenturm, wurde 1852 erweitert. Restaurierungen 1888–90. Ruinen und Fundamente der ersten, 1231–34 durch die Herren von Grünberg erbauten Burg im Burghof (Rundturm mit Ringmauer).

Die *Pfarrkirche (k.)* von ERFURTSHAUSEN ist ein klassizistischer Bau mit Tonne über dem Mittelschiff und flachgedeckten Seitenschiffen (Mitte 19. Jh.). – Die spätgotische *Kirche (e.)* von OBEROFLEIDEN zeichnet sich durch einen mächtigen Wehrturm mit Zinnen und Scharten, Steildach und Gaupen aus.

Die vierte größere und bedeutendere Siedlung des Ohmtales, HOMBERG, kündet sich bereits von Schweinsberg her auf einem ins Tal vorgeschobenen abfallenden Berggrat an. Von der *Burg* stehen außer der Ringmauer mit gotischem Tor nur ein schlicht klassizistisches Wohnhaus (wohl im Kern ein gotischer Wohnturm) und eine Scheune mit Fachwerkoberbau. Die Burg war – wie der ganze Ort – Besitz der hessischen Landgrafen, die auch die Stadt befestigten. Reste der

Stadtmauer an der Kirche; ferner der *Brauhausturm* erhalten. Ein einheitlich gebauter Häuserring umgibt die *Pfarrkirche (e.)*, den ältesten erhaltenen Sakralbau des Ohmtales. Sie ist eine romanische, einst flach gedeckte Basilika, deren Schiff im 14. Jh. durch einen gewölbten Chorneubau der Marburger Bauhütte anstelle eines romanischen Chorquadrates mit Apsis, ferner durch eine Langhauswölbung (2. Hälfte des 15. Jh.) bereichert wurde. Der Westturm mit vier Giebeln zeigt oberhessische Helmform. Im Chor hervorragende Kreuzigungsgruppe um 1500. Das Innere 1961 restauriert. Die Stadt mit ihren vielen, jedoch meist verputzten oder verschindelten *Fachwerkhäusern* zieht sich mit gestuften Hausgiebeln bergauf. Vor dem *Rathaus*, einem verschindelten hohen Fachwerkbau (1539), der große *Marktbrunnen* (1828). Am nördlichen Ortsausgang eine *Friedhofskapelle* (1565).

Auf den Höhen zwischen Ohm und Lahn begegnen in MARDORF und ROSSDORF weitere kräftige gotische Wehr-Kirchtürme mit Scharten, Zinnen, vorkragenden Dacherkern und – in Mardorf – mit Pechnasen. Dieses alte Mainzer, auch heute noch katholische Gebiet besaß im 18. Jh. enge künstlerische Verbindungen mit Mainz, wie die vorzügliche barocke Ausstattung im Langhaus der Mardorfer Kirche (Hochaltar 1736, Seitenaltäre und Kanzel 1751–52, Altarplastiken von CHR. JAGEMANN aus Heiligenstadt) oder der festliche Hochaltar (1796) und die hervorragenden Stuckaturen des späten Bandelwerkes (1735) in der Rossdorfer Kirche (1696 erbaut) es beweisen. In der Turmhalle (heute Sakristei) von Mardorf wurden bedeutende Fresken des 14. Jh. freigelegt.

Die 1712 neuerbaute *Kirche (k.)* von SCHRÖCK enthält prachtvolle, 1712 von JOHANN NEUDECKER aus Hadamar geschaffene *Altäre*, deren Figuren und Reliefdarstellungen zu den qualitätvollsten Arbeiten des 18. Jh. im nördlichen Hessen gehören. – Westlich Schröck ließ Landgraf Ludwig 1596 den *Elisabethbrunnen*, eine alte kräftige Quelle, neu fassen. Eine zweigeschossige Säulenarchitektur, ähnlich einem Portalaufbau, umschließt die Brunnenstube. Davor umsäumen uralte Linden einen großen runden Platz mit steinernen Bänken und Tischen.

1431 erbauten die Landgrafen bei dem hessischen WITTELSBERG auf einem Basalthügel eine *Landwarte*, einen Rundturm mit Wehrgang und Pechnasen, umgeben von einem Wallgraben. Von hier konnte die Verbindungsstraße Mainz-Amöneburg zeitweise gesperrt, auf jeden Fall aber kontrolliert werden. Neben der Warte die harmonische klassizistische *Pfarrkirche (e.)* von 1844 mit querorientiertem Schiff ähnlich wie in Wismar. Weit schweift der Blick von der Höhe ins Land, nordwestlich auf den Rimberg, nordöstlich und östlich nach Amöneburg und Schweinsberg, südlich in den Oberwald.

Südlich liegen die Dörfer HESKEM – romanischer Chorturm der Pfarrkirche im 14. Jh. als Wehrturm ausgebaut – und EBSDORF, dessen hoher, schlanker Kirchwehrturm (13. Jh.) mit Wichhäuschen besonders auffällt; das Langhaus im Kern romanisch, 1743 barockisiert. Im Dorf zahlreiche Fachwerkhäuser mit besonders kräftigem Holzwerk. Ebsdorf, der Mittelpunkt des *Ebsdorfer Grundes*, wird bereits im frühen 9. Jh. genannt. Es war im 11. Jh. mehrfach Aufenthaltsort deutscher Kaiser und Könige und im 18. Jh. wichtiger Platz für Viehmärkte.

Westlich wird die Ruine der *Gipfelburg* FRAUENBERG sichtbar, von der Landgräfin Sophie von Brabant, der Tochter der hl. Elisabeth, Mitte des 13. Jh. gegen Amöneburg erbaut. In der 2. Hälfte des 15. Jh. zerstört, ragt heute nur noch eine Mauer aufrecht. Beliebter Aussichtspunkt mit Blick nach Marburg, Amöneburg, Oberwald, Gleiberg und die Biedenkopfer Berge. Zu Füßen das Kurhaus Seebode und der *Hof Frauenberg*, einst eine französische Kolonie des 17. Jh.

3. An Schwalm und Efze

Das Wieratal und seine Umgebung ist wieder altes Mainzer und damit katholisches Gebiet. Bei seinen Kirchen herrscht der Barock in Bau und Ausstattung vor, so bei der *Kirche* in ALLENDORF (1732) mit dem besonders schönen Figurenschmuck und den bewegten Reliefszenen der Altäre und in der *Pfarrkirche* von EMSDORF (nordwestlich Allendorf), 1748 unter Mainzer Anregung erbaut, mit zartem Deckenstuck und reichen Altären.

Stadt und Burg NEUSTADT ließ Graf Ludwig II. von Ziegenhain für den Mainzer Erzbischof um 1270 in der flachen Senke des Wieratales errichten. Alter malerischer Ortskern mit den dicht beisammenliegenden historischen Bauten. Kleiner, intimer Marktplatz, begrenzt von dem alten Fachwerk-*Rathaus* (heute Kreissparkasse, im Kern 1358, Oberbau später erneuert) und der *Pfarrkirche (k.)*, einem zweischiffigen Hallenbau (1462–1515) mit gedrungenem frühgotischem Westturm. Außen am Chor ein Grabstein vom Meister der Hankratschen Kreuzigung (vgl. Fritzlar, Dom). Von der barocken Ausstattung ist der reiche Hochaltar (Ende 17. Jh.) bemerkenswert. Im linken Seitenschiff neugotisches geschnitztes Tryptichon. In den Brüstungsfeldern der Emporen kleine gotische Figuren eines ehemaligen Altarschreines. Südlich der Kirche ein bemerkenswertes *Fachwerkhaus* mit steinernem Untergeschoß (Ende 16. Jh.), daran reiche Konsole für einen nicht mehr vorhandenen Erker. Weiteres bedeutendes Fachwerkhaus (17. Jh.)

mit Eckerker Marktstraße 32. Das *Schloß*, ein schlichter Baukörper der Spätgotik und Renaissance, steht an der Stelle der mittelalterlichen Burg (seit 1950 Rathaus). Seitlich der prachtvolle hohe *Junker-Hansen-Turm*, ein Rundturm mit Fachwerkaufbau, steilem Dach und vier Erkern, das Wahrzeichen des Neustadter Stadtbildes. Er wurde im Auftrage des hessischen Hofmeisters, des Junkers Hans von Dörnberg, der seit 1477 die Stadt als Pfandlehen besaß, als Wehr- und Schutzbau für Schloß und Stadt durch Baumeister HANS JAKOB VON ETTLINGEN errichtet. An der Straße nach Ziegenhain die 1576 in gotischen Formen erbaute schlichte *Totenkapelle* mit schöner Türinschrift; im Innern ein aus Amöneburg stammender Barockaltar (1712).

Die schlichte, 1511 erbaute *Kirche (e.)* von WILLINGSHAUSEN wurde später barockisiert (Fensteränderung). Im Innern Grabmal des Georg von Schwertzell (gest. 1578) aus der Werkstatt des ANDREAS HERBER. An der Kirche liegt inmitten eines Hofgutes das *Schloß* der Herren von Schwertzell, ein stattlicher Bau des 16. Jh. mit wappengeziertem Eckerker in Renaissanceformen und verputztem Fachwerkobergeschoß von 1697. Im Treppenturm neugotisches Portal mit eisenbeschlagener mittelalterlicher Pforte. Willingshausen ist in der Kunstgeschichte vor und nach der Jahrhundertwende bekannt durch seine ›*Malerkolonie*‹, die ›Maler der Schwalm‹ (G. von Reuter, Knaus, C. Bantzer, Thielmann, v. Volkmann, Paul Baum, Kätelhön, Hanusch u. a. m.).

Im breiten, flachen SCHWALMGRUND liegen die beiden städtischen Zentren Treysa und Ziegenhain, einst bedeutsam durch alte Straßenführungen und als wechselnde Stützpunkte in den Spannungen zwischen Mainz und Hessen. Der Talgrund ist fruchtbares Acker- und Weideland. Die heimat- und traditionsverhaftete ältere bäuerliche Bevölkerung trägt noch heute ihre charakteristische *Schwälmer Tracht*, die Männer lange blaue Kittel, flachen Hut und Schnallenschuhe, die Frauen unter kurzem schwarzem Rock zahlreiche Unterröcke und langes weißes sichtbares Hemd, weiße Strümpfe, ebenfalls Schnallenschuhe und eine ›Betzel‹ über den zu einem Knoten in Kopfmitte aufgebundenen Haaren. Die Farbe dieses Käppchens kündet den Stand der Frau an, z. B. bei Kindern rot (›Rotkäppchen‹ der Grimmschen Märchen). Die Tracht wird reicher bei festlichen Gelegenheiten und schlichter im Alter. Überreich an Farben ist die Hochzeitstracht (vgl. die Museen im Pfarramt von Holzburg und in Ziegenhain).

An der Einmündung der Wiera in die Schwalm erstreckt sich TREYSA auf einem Höhenrücken zwischen beiden Flüssen und zieht sich bis hinab zur alten Schwalmbrücke. Der Aufbau der Stadt im wechselvollen Über- und Hintereinander der Häuser, überragt von den Türmen der Kirchen und des Rathauses, ist am günstigsten vom gegenüberliegenden Schwalmufer zu erleben. Mitten auf dem langgezogenen viereckigen *Marktplatz* behauptet sich das alte *Rathaus*, umgeben von reichen Fachwerkhäusern des 17. Jh. Das Bauwerk gehört zu den ältesten Rathausbauten Hessens. Die Längswände aus Bruchstein mit Spitzbogenfriesen 14. Jh. Giebel, nördlicher Anbau und kräftiger Mittelturm als Fachwerkbau mit Ecktürmchen 1649–52 neu errichtet. Vor dem Rathaus ein *Brunnen* mit Rolandplastik (datiert 1683, vgl. Fritzlar). Die alte Pfarrkirche, *Totenkirche* genannt, brannte 1834 durch Blitzschlag aus und steht seitdem als malerische Ruine. Das in der 1. Hälfte des 13. Jh. als Pfeilerbasilika begonnene Langhaus stand seit 1250 unter starker Einwirkung Marburgs. Schlanke Dienste trugen einst ein Kreuzrippengewölbe. Reizvolle Kapitellplastiken im Rest des südlichen Seitenschiffes (vgl. Gelnhausen). Von der geplanten doppeltürmigen Westfront, die Rhein-Lahn-Einflüsse verrät, nur der Südturm mit eigenwilligem Steinhelm über acht kleinen und großen Giebeln vollendet. Der mit seiner Wölbung erhaltene Chor in schlanken edlen Proportionen (um 1300) zeigt ebenfalls Marburger Bauhütten-Einfluß. Sakristeianbau mit Beinhaus darunter 1521. An der Kirchhofterrasse nördlich der Ruine Reste der *Stadtmauer* (13. Jh.); prachtvoller Blick ins Schwalmtal nach Ziegenhain und auf die Bergreihen des Knüllgebirges. Die Stadtmauer ist auch an anderen Stellen gut erhalten, etwa an der Töpfergasse mit Blick ins Wieratal. An die im 13. Jh. erbaute *Burg* der Grafen von Ziegenhain, denen Treysa als Hauptort ihres Territoriums gehörte, erinnert nach der Zerstörung 1375 nur noch der Straßenname ›Burggraben‹; die Feste lag am Marktplatz.

In den gewinkelten Straßen viele schöne *Fachwerkhäuser* des 16. bis 18. Jh. Die älteren Häuser wenden Giebel und überbautes Hoftor, die jüngeren die Traufseite mit Zwerchhäusern der Straße zu. Bemerkenswert sind besonders der Steinweg, die Wagnergasse, die Strauchgasse und ›Am Angel‹. Die ehemalige *Dominikanerkirche* ist seit 1531 evangelische Pfarrkirche. Den hohen und formstrengen Bau (14. Jh.) mit Haupt- und Seitenschiff beeinträchtigt leider das heutige, zu flach geneigte Dach; über dem Seitenschiff bestanden ehemals jochweise Satteldächer. Turmhelm 19. Jh.; Fenster und Portale nur an der Südseite. An die Nordseite lehnten sich einst die Klostergebäude. Die Säulen und Kapitelle des Chorportales von einem älteren Bau (13. Jh.). Die aus Ton gebrannten Reliefs der Kreuzwegstationen an den Strebepfeilern vielleicht von LUDWIG JUPPE. Stationsreliefs gab es im Mittelalter mehrfach am Außenbau oberhessischer Kirchen,

z. B. an der Elisabethkirche in Marburg, der Pfarrkirche in Homberg an der Efze und in Stausebach. Im Winkel von Seitenschiff und Chor eine schöne Totenleuchte (14. Jh.). Im Innern der schlichten Raumhalle, die 1960 restauriert wurde, fallen der Wechsel von Achteckpfeilern mit Säulen sowie die figürlichen Schlußsteine auf. Erwähnenswert die reiche Orgel (1723–24) von JOHANN HOFFMANN aus Würzburg, die Kanzel (Ende 18. Jh.) und im Chor das vorzügliche Grabmal für Titularbischof Hermann von Wildungen (gest. 1393) sowie der Grabstein der Margarete von Holzheim (gest. 1569), ein Spätwerk des PHILIPP SOLDAN. Südlich der Kirche verlief die Stadtmauer des 13. Jh.; die Wagnergasse und die untere Hälfte der Steingasse, die ›Unterstadt‹, wurden erst in der 1. Hälfte des 15. Jh. in den Mauerring einbezogen. Gepflegtes *Fachwerkhaus* Steingasse Nr. 29 mit Spätrenaissanceportal von 1616 und schwungvoller Rokokohaustür. Von der Stadtmauer des 15. Jh. steht noch der runde ›Hexenturm‹ nahe der 1712 erbauten *Schwalmbrücke*. Das *Heiliggeist-Hospital* und die *Hospitalkirche (e.)*, Ende des 14. Jh. an der unteren Steingasse erbaut, lagen also ursprünglich außerhalb der Stadtwehr. Die im einzelnen schlichte Gebäudegruppe des Hospitals steht reizvoll im Stadt- und Straßenbild. Ein zierlich vorgekragtes Glockentürmchen schmückt den Kirchengiebel. Die gegenüberliegende Höhe des Tales beherrschen die 1893 gegründeten *Anstalten Hephata* der Inneren Mission.

In ROMMERSHAUSEN, einen Kilometer flußab, erbaute REICHART RINCK, landgräflich hessischer Rat, 1539 auf einem Hügel einen kleinen *Schloßbau* mit gotischen Türformen und Fachwerkoberbau. 1549 kam dazu im rechten Winkel, aber isoliert, ein weiterer Flügel (Ostbau) mit Erker und Portal in reicher Steinmetzarbeit von PHILIPP SOLDAN. Figürlich-symbolischer Schmuck und Medaillon-Porträts (u. a. der Bauherr) bereichern das Portal; die antik-renaissancehaften Einzelformen sind in gotischer Weise angewandt. Ein äußeres Hoftor von 1589 und ein dritter Flügelbau von 1672 an der Westseite runden die Anlage zu offener Hufeisenform ab. Die einfache, im Kern gotische *Dorfkirche (e.)* erfreut durch ihre Fachwerkaufbauten.

In den weiten Wiesen der flachen Flußniederung breitet sich oberhalb Treysa ZIEGENHAIN aus. Zwischen alter Schwalm und neuer Schwalm dehnt sich die Altstadt, jenseits der neuen Schwalm (= Mühlbach) die jüngere Vorstadt Weichhaus. Die Stadt lag verkehrspolitisch günstig durch die Kreuzung und Flußüberschreitung zweier alter Straßen, der Straße ›durch die langen Hessen‹ (Wetterau, Niederhessen, Leipzig) und der Niederrheinischen Straße (Siegerland, Biedenkopf, Oberaula.) Nach der Stadt benannte sich ein Grafengeschlecht, das durch die Lage seiner Herrschaft zwischen den

Ziegenhain im 18. Jahrhundert

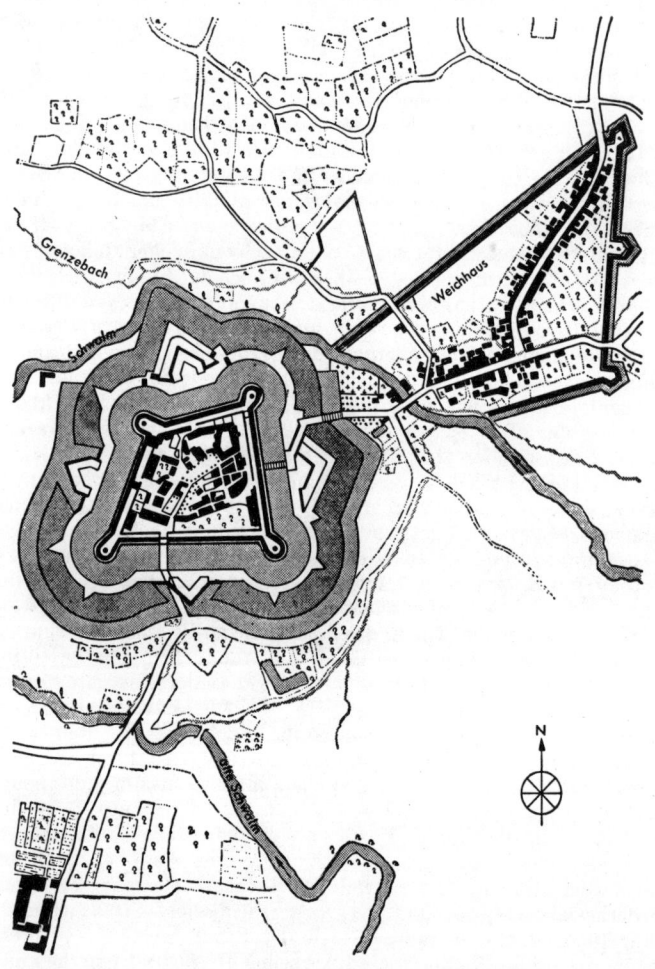

beiden Hälften Hessens und Mainz sehr einflußreich für die Geschichte des Landes wurde. 1450 kam die Grafschaft durch Testament an die hessischen Landgrafen, die während des 15. und 16. Jh. häufig in Ziegenhain wohnten. Sie bauten die mittelalterliche Burg zu einem Renaissanceschloß aus und die Stadt zur starken *Festung*. Der landgräfliche Festungsbaumeister HANS JAKOB VON ETTLINGEN entwarf die ersten Pläne mit Wällen und Palisaden. 1537–43 entstand dann der gewaltige, für Hessen sensationelle *Festungsgürtel* um die Stadt mit breiten Wassergräben und vier vorspringenden Eckrondellen, dem Greifen-, Drachen-, Löwen- und Elefantenberg. Im Schmalkaldischen Krieg bewährten sich 1547 die Wehranlagen sehr. Die Vorstadt Weichhaus wurde erst 1625 in den Befestigungsring einbezogen. 1635 erfolgten Verstärkungen der Wehranlagen. 1807 wurde die Festung geschleift, und heute spiegeln sich die Häuser, Bäume und das Schloß friedlich in den weiherartigen Wassergräben. Von der mittelalterlichen Stadtwehr steht ein *gotischer Turm* an der Landgraf-Philipp-Straße. An der Nordwestecke der Vorstadt liegt das *Schloß*, seit 1842 Strafanstalt (keine Besichtigung, am besten überschaubar von der Nordwestseite jenseits des Grabens), eine unregelmäßig vierflügelige Anlage mit Binnenhof, im Kern spätgotisch, im 18. und 19. Jh. verändert. Am Fürstenflügel (Ostflügel, 15. Jh.) springt der hohe runde Treppenturm mit laternenbekrönter Barockhaube vor. Zwerchgiebel beleben den Nordflügel. Der Westflügel bildet die östliche Begrenzung des Großen Paradeplatzes, betont durch ein Portal von PHILIPP SOLDAN (1. Hälfte 16. Jh.).

Der Paradeplatz weist eine vorzüglich erhaltene allseitige Bebauung auf. Die *Stadtkirche (e.)* an der Nordseite, ein Neubau von 1665, ist ein einfacher Saalbau mit gotischen Reminiszenzen; Kanzel um 1700; Orgel 18. Jh. Daneben (Nr. 3) ein *Fachwerkhaus* (spätes 17. Jh.), westlich anschließend der *Zeughof* mit Tordurchfahrt und das alte *Amtshaus* (16. Jh.), rückseitig mit Verwendung einer mittelalterlichen hohen Mauer (Rest einer runden Burganlage?). An der Westseite das alte *Brauhaus* der Spätgotik, 1883 renoviert, mit Steinplastik (Johannessymbol, 14. Jh.), wohl von der mittelalterlichen Pfarrkirche. Die südwestliche Begrenzung bildet das *Steinerne Haus* (seit 1949 Museum der Schwalm), 1659–60 für Oberst Jakob von Hoff erbaut, eine malerische Dreiflügelanlage mit Treppenturm. An der Südseite des Platzes eine Reihe von *Fachwerkhäusern*, darunter Haus Nr. 6 (17. Jh.) bemerkenswert. Am südlichen Ortsausgang der 1578–79 erbaute, 1882 restaurierte landgräfliche *Fruchtspeicher* (heute Frauenstrafanstalt). An der Ecke Muhlystraße das Haus ›*Rosengarten*‹, das ehemalige Haus der Herren von Ditfurth (Wappen), ein Fachwerkbau (um 1620) mit schräg gestellten Eckerkern, säulenflankiertem Portal und Rokokotüre. In der Muhlystraße selbst viele *Fachwerkbauten* des 17. Jh. (Nr. 7 mit Steinportal von 1626 und Nr. 17 mit geschnitztem Portal von 1656). Die *Vorstadt Weichhaus* trägt vorwiegend den Charakter des 18. und 19. Jh. Unter den Fachwerkbauten ist das *Rathaus* aus der Zeit um 1800 zu nennen.

Vor RIEBELSDORF in einem Seitental der Schwalm steht südlich der Straße der *Muhly-Stein* und in etwa 100 Meter Abstand auf der anderen Straßenseite ein Obelisk. Die Monumente künden von dem Kommandanten des Ziegenhainer Bürgerkorps Kapitän Muhly, der 1640 dort den kaiserlichen Fledmarschalleutnant von Breda tödlich traf und damit seine Vaterstadt vor feindlicher Belagerung rettete. Die *Kirche (e.)* von Riebelsdorf ist ein schlichter saalförmiger Bau von 1799 mit spätgotischem Westturm. – Wir erreichen RÜCKERSHAUSEN mit einer 1816 erbauten einfachen *Kapelle*. Bei der Restaurierung wurden im älteren Altarraum interessante Fresken des 16. Jh. aufgedeckt. Im Dorf einheitlich erhaltene *Fachwerkgehöfte*.

Talaufwärts folgt NEUKIRCHEN. Die ›Burgtorstraße‹ hält die Erinnerung an eine verschwundene Wasserburg der Grafen von Ziegenhain fest. Der im 14. Jh. zur Stadt erhobene kreisförmige *Ort* ist großenteils noch von den alten Mauern umgeben. Die Kurhessenstraße bildet die Mittelachse, Hospitalstraße und Hofstadt umreißen den nördlichen, Untergasse und Mühlgraben den südlichen Halbkreis. In diesen Straßen viele *Fachwerkhäuser* des 16. bis 18. Jh., so am Anfang der Untergasse (Nr. 1–11) mit breiten schweren Giebelfronten, in der Kurhessenstraße Haus Nr. 55 von 1733, das *Rathaus* von 1536, ihm gegenüber Nr. 44 ein auffallender Bau, reich geschnitzt mit Erker, 1600 von Meister Hans Weber aus Hersfeld. Am Marktplatz die *Pfarrkirche (e.)*, ein dreischiffiger gedrungener Hallenbau (14. Jh.) mit mächtigem Westturm, dessen spätgotische Brüstung und barocke Laterne über der Türmerstube weithin ins Tal grüßen. Das Langhaus wurde in der Spätgotik, vermutlich 1497 (Inschrift), neu gewölbt und erhielt zwei ungleich hohe querschiffartige Anbauten. Das Innere vermittelt noch den geschlossenen Eindruck des gotischen Hallenraumes, den neuere Emporeneinbauten beeinträchtigen. Die einst reiche Ausmalung des späten 15. Jh., ein Christophorus an der linken Chorwand, vier Evangelistensymbole am Gewölbe des rechten Querarmes und Rankenmotive an den Gewölberippen, 1908 sehr frei restauriert. – In der nordwestlichen Vorstadt liegt der klassizistische Fachwerkbau der *Schule*, auf der anderen Talseite zwischen alten Friedhofsbäumen die 1443 erbaute *Totenkapelle* mit Flachdecken des 17. Jh. (Rankenmalerei) und Kapellenanbau von 1502 (Netzgewölbe).

Das Schwalmtal wird ab RÖLLSHAUSEN enger und gebirgiger. Im Dorf zahlreiche gute Fachwerkhäuser. Schlichte *Pfarrkirche (e.)* von 1724. – Östlich erhebt sich auf einem Bergkegel die romanische *Wehrkirche* von SCHÖNBERG, umsäumt von Fachwerkhäusern, ursprünglich Fuldaer, seit dem 13. Jh. Hainaer Besitz. Einschiffiger Bau mit polygonalem Chor aus dem 12. Jh., Dachreiter barock. An Langhaus und Chor teilweise noch die ursprünglichen romanischen, aus einem Stein gearbeiteten, z. T. ornamentierten Fensterchen. Im schmucklosen Innern tragen spätmittelalterliche Holzstützen die Balkendecke. Von dem mauerumgürteten Kirchhof mit alten Grabsteinen geht der Blick weit zum Knüllgebirge und über die Landsburg zum Kellerwald und Katzenberg.

Im Nachbardorf SCHRECKSBACH erbauten die Herren, heute Freiherren von Schwertzell 1580–82 ein kleines *Schloß* in spätgotischen Formen mit Treppenturm und Spitzbogenportal (Immichenhainer Straße 5). Im benachbarten *Hof* spätklassizistisches Herrenhaus von 1860. Schlichte spätbarocke *Kirche* von 1754.

In HOLZBURG etwas seitlich auf dem Talberg verläuft um die 1789 neuerbaute schlichte *Kirche (e.)* noch die spätgotische Friedhofswehrmauer mit überdachtem Spitzbogentor und Schlüsselscharten. Im evangelischen Gemeindehaus beachtliche Sammlung Schwälmer Trachten. – Eine Kirche gleicher Art wurde 1786 in HEIDELBACH errichtet.

In einem kleinen Seitental der Schwalm liegt das 1174 gegründete ehemalige Augustinerchorfrauen-Stift IMMICHENHAIN, ursprünglich ein Doppelkloster, seit 1538 Hofgut (heute hessische Staatsdomäne). Die ehemalige *Klosterkirche*, jetzt Pfarrkirche (e.), ist ein schlichter frühgotischer Bau (13. Jh.) von kleinen Ausmaßen. Der rechteckige Chor ist so breit wie das einschiffige Langhaus und nur durch höhere Mauern (ursprünglich Chorturm?) mit barocker Dachhaube, großem Maßwerkfenster um 1250 und im Innern durch ein sechsteiliges Gewölbe mit schönen Schlußsteinen hervorgehoben. Interessanter Taufstein um 1200 mit eingeritzten figürlichen Darstellungen. Die im Kern mittelalterlichen, im 17. und 18. Jh. erneuerten *Klostergebäude* lagen westlich und südlich anstoßend an die Kirche um einen Binnenhof. Nord- und Westflügel brannten 1945 aus und sind seitdem Ruinen. Sie bildeten einst eine reizvolle Baugruppe am Hang über dem Dorfteich. Das Portal mit Treppenturm von 1605 ist erhalten.

Wo der Schwalmgrund in die nordwestlichen Ausläufer des Vogelsberges überleitet, erstreckt sich am südöstlichen Talhang die Stadt ALSFELD. Die 1938 gebaute Autobahn Frankfurt–Kassel–Leipzig tangiert die Stadt. Selbst der eiligste Autofahrer wird flüchtig den

Blick auf das reizvolle Stadtbild werfen, auf die roten Ziegeldächer und die hellen Fachwerkhäuser, auf den Leonhardsturm im Vordergrund und den Bau der Stadtkirche darüber. Die Autobahn folgt – in moderner Geradlinigkeit – der alten Handelsstraße ›durch die kurzen Hessen‹. Die Sicherung des Schwalmübergangs dieser historischen Straße führte vermutlich zur Entstehung der landgräflich-hessischen Stadt (seit 1604 Hessen-Darmstadt). Die mittelalterliche Straße führte mitten durch Alsfeld vom Mainzer Tor über Mainzer Gasse, Markt, Amtshof und Hersfelder Gasse und zum Hersfelder Tor wieder hinaus. Das Straßennetz der *Altstadt* reicht zurück bis in die Zeit der Stadtgründung (wahrscheinlich 12. Jh.) und zeigt bei aller Unregelmäßigkeit das Sreben nach Gesetzmäßigkeit. Denn die geschilderte Straßenachse wird senkrecht gekreuzt von der Gegenachse Obergasse–Fuldergasse zwischen den beiden ehemaligen Toren Obertor und Fuldertor. Im Kreuzungspunkt liegen Markt, Rathaus und Stadtkirche. Parallel zur Hauptachse (Mainzer Gasse) verläuft südöstlich eine ›Nebenachse‹ Roßmarkt und Untergasse. Von der alten *Stadtwehr* ist der *Leonhardsturm* (1386) neben dem ehemaligen Fulder Tor und ein Mauerrest hinter der ehemaligen Augustinerkirche erhalten.

Die Stadt Alsfeld ist bekannt und beliebt durch ihren so geschlossen erhaltenen Bestand an alten Wohnbauten des 15. bis 19. Jh. Der *Marktplatz* mit seinen einheitlichen Platzwänden und bedeutenden Bauten aus Stein und Fachwerk, besonders mit der Gruppe von Rathaus und Weinhaus, überragt von der Stadtkirche, ist ein lebendiges Zeugnis für die große Blütezeit Alsfelder Bürgerkultur im 16. Jh. Frei und selbstbewußt steht das *Rathaus* (1512–17). Ein hallenartig geöffnetes steinernes Untergeschoß trägt die beiden kräftig gezimmerten Fachwerkobergeschosse. An Vorder- und Rückseite springen schlanke Erkerpaare mit schmalen, spitzen Helmen vor. Ein steiles Satteldach deckt den kunstvollen Bau, der in Form und Konstruktion die Wandlung des Holzbaues von der Gotik zur Renaissance augenfällig zeigt. Eine Wendeltreppe, 1591 von JAKOB VON GLEIN und JAKOB FINCK mit kräftigem Geländer geschaffen, führt in das Obergeschoß zum Tanzboden (heute Sitzungssaal) und zur Gerichtsstube (heute Standesamt), beide Räume mit alten Türen und alten, 1911 restaurierten Malereien; besonders bemerkenswert die reiche Renaissancetür, 1604 von Meister MICHAEL FINCK, die Beschläge von KURT OBERMANN (vgl. Schloß Marburg, Rittersaal).

Neben dem Rathaus, an der Nordostseite des Marktplatzes, erbaute 1538 Meister HANS VON FRANKFURT das *Weinhaus*, einen mächtigen hochgiebeligen Steinbau. Ein eingreifender Umbau von 1840–43 gab dem Haus die gleichförmigen klassizistisch-romanisierenden Fensterbögen anstelle unsymmetrisch verteilter spätgotischer Vorhangfenster, deren Reste die Restaurierung von 1921 freilegte. An der Hausecke hängt ein altes Prangereisen. An der gleichen Platzseite jenseits der Obergasse sind das *Bückinghaus* (Markt 4) und das anschließende Haus (Nr. 5) ausgeprägte Beispiele für den spätgotischen Fachwerkbau des frühen 16. Jh. Die bewegte Gliederung der Wände erfolgt allein durch die Konstruktion und Kreuzung der Balken ohne geschnitzten Schmuck, wie ihn die späteren Häuser tragen, etwa das reiche *Stumpf-Haus* an der Südwestfront des Platzes (um 1600). An der Südecke das *Hochzeitshaus*, 1564–71 von Polier HANS MEURER erbaut. Die Wendung der Volutengiebel nach beiden Straßenfronten und die Übereckstellung des Renaissanceerkers betonen in hervorragender Weise die städtebauliche Lage. Wo einst die großen Hochzeitsfeierlichkeiten der jungen Handwerksmeister und neuen Zunftgenossen gefeiert wurden – bis zu 100 Gäste nahmen zuweilen daran teil – ist heute ein reichhaltiges *Heimatmuseum* mit qualitätvollen, geschichtlich und kunstgeschichtlich wichtigen Zeugnissen eingerichtet (spätgotisches bebildertes Meßbuch, Truhen, Möbel, Zunftschilder u. a.). Von den übrigen Bauten des Marktplatzes wäre noch besonders das *Winholthaus* zu erwähnen (Markt 14), 1561 erbaut, seit 1683 Apotheke. In der Rittergasse beim Markt sind zwei Wohnbauten besichtigenswert, das *Neurath-Haus* (Nr. 3/4) von 1688 mit schwungvollen barocken Schnitzereien an den Eckpfosten, mit Säulenportal und Tor und das *Minnigerode-Haus* (Nr. 5) von 1687, der einzige barocke Steinbau in Alsfeld, mit kräftigem, plastisch geziertem Portalerker und freitragender Spindeltreppe im inneren Flur.

Nordöstlich hinter dem Markt steigt die in mehreren Epochen gewachsene Baugruppe der *Walpurgiskirche (e.)* auf. Die eingangs geschilderte Straßenführung der Stadt bedingte es, daß die Kirche nicht genau geostet ist. Kraftvoller Westturm mit offener Durchgangshalle, anstelle eines älteren eingestürzten Turmes 1394 erbaut. Achteckiger Turmaufsatz von HANS VON FRANKFURT (1542), Turmhaube von HANS STRONZER aus Neukirchen (1543, 1836 um ein Stockwerk gekürzt). Hochragender $5/8$-Chor von 1393. Das niedrige Langhaus mehrfach umgebaut; ursprünglich bestand eine dreischiffige Basilika (13. Jh.). Im 14. Jh. das südliche Seitenschiff erhöht, 1472 das nördliche verbreitert und erhöht, sodaß in hessischer Weise ein Hallenbau entstand. Zwei gotische Portale und Quergiebel geben der Südfront einen fassadenartigen Anblick. Das Langhausinnere zeigt an der Pfeilerbildung und den ehemaligen Obergadenfenstern deutlich die Umwandlung von der frühgotischen Basilika zum spätgotischen Hallenraum. Der lichtvolle Chor setzt sich räumlich stark gegen das gedrücktere und dunklere Langhaus ab. Künstlerisch reiche Ausstattung: Barocke *Orgel* auf den 1638 im Chorpolygon eingebauten Emporen. Die Emporenbrüstungen mit Gemäldezyklus des 17. Jh. Unter diesen Emporen eine Sakramentsnische mit Kreuzigung (um 1400). Aus der gleichen Zeit der Rest des Chorgestühls. Unter der nördlichen Chorempore ein *Schnitzaltar* (frühes 16. Jh.) mit großer Kreuzigung und Nebenszenen, im 19. Jh. übermalt, die gemalten Flügel im Heimatmuseum. Hinter der Altarmensa romanischer Taufstein mit stark verwitterten Reliefs. Die 1618 von MICHAEL FINCK (vgl. Rathaus) geschnitzte *Kanzel*, ein ausgezeichnetes phantasievolles manieristisch-frühbarockes Werk, verbrannte 1913 in der Restaurierungswerkstatt und wurde durch eine genaue Nachbildung ersetzt. Im Chorbogen auf einem Balken gute spätgotische *Kreuzigungsgruppe*. An der Ostwand des nördlichen Seitenschiffes Wandfresko des Christophorus (Anfang 16. Jh.). Auf der im weiten Bogen gespannten Westempore *Fresko der Verkündigung* mit spitzbogigem Dreipaßfries (um 1500). Grabdenkmäler des 17. Jh.

Halbkreisförmig umstehen die Häuser den abgeschlossenen, von Kastanien bestandenen *Kirchplatz*. Das gotische *Beinhaus* von 1510 an der Nordseite ist heute Glaser-Werkstatt. Zu den ältesten Fachwerkhäusern Alsfelds gehört das 1960 restaurierte *Haus Kirchplatz 10*, das erste Obergeschoß mit Knaggen 15. Jh., das Erdgeschoß jedoch 1665 erneuert; Giebelaufbau Ende 16. Jh. An der Südwestseite des Kirchplatzes der *Schwälmer Brunnen* (1958, Plastik von Bildhauer ARNOLD). – Neben der Straßengabelung Mainzer Gasse – Roßmarkt entstand 1244 das *Augustinereremitenkloster*, 1527 aufgehoben. Die Klosterkirche, heute *Dreifaltigkeitskirche (e.)*, mit dem Chor in der 2. Hälfte des 14. Jh. begonnen und als unsymmetrische zweischiffige Halle mit Haupt- und Nebenschiff in der 1. Hälfte des 15. Jh. vollendet. Der langgestreckte Bau wächst in strengen Formen betont über den Fachwerkhäusern des Roßmarktes empor. Der klare einfache Innenraum 1961 restauriert. Kanzel um 1664. Die südlich bis zur Stadtmauer angrenzenden gotischen *Klostergebäude* sind teilweise Ruine, so der Kapitelsaal und die ehemaligen Mönchszellen, teilweise in neuerer Zeit umgebaut. Diesem Kloster entstammte der Augustiner D. Tileman Schnabel, ein Freund Martin Luthers, der schon 1522 die neue Lehre von der Alsfelder Stadtmauer predigte. Luther selbst hat auf der Hin- und Rückreise nach Worms in Alsfeld gewohnt.

Die vielen qualitätvollen, trotz der modernen Lebensansprüche gepflegten *Fachwerkbauten* verlebendigen die Entwicklung des Holzbaues vom 15. bis 19. Jh. Außer den schon an Markt- und Kirchplatz genannten Häusern sind von den älteren Bauten beachtenswert:

Hersfelder Straße 10/12, kürzlich freigelegt, 15. Jh., einfacher, konstruktionsklarer Aufbau mit mächtig vorkragendem Obergeschoß; Amthof 8 aus dem 15. Jh.; Obergasse 5 und 11 aus dem 15. Jh.; Markt 2 aus der 2. Hälfte des 15. Jh., besonders rückseitig am Schwälmer Brunnen gut sichtbar; in der einst offenen Halle heute ein Ladengeschäft. Untere Fuldergasse 2/4, 11/13, 15/17 um 1500, letzteres mit reizvoller Brunnenecke; Hersfelder Straße 15 um 1500, Nr. 7, 9 und 24 aus dem 17. Jh.; Untergasse Nr. 12/14 barock, Nr. 7 von 1728; Vietargasse 2 von 1628 u. v. a. – Vom *Friedhof Frauenberg* nördlich über der Altstadt, wo zwischen hohen Bäumen die 1365 errichtete *Kapelle* mit Außenkanzel von 1610 geborgen liegt, genießt der Besucher einen Abschiedsblick auf die zur Schwalm sich hinabsenkende Stadt.

Auf einer Anhöhe über dem westlichen Schwalmufer liegt *Schloß Altenburg*, Stammsitz eines gleichnamigen Geschlechtes, das an dieser Stelle im 12. Jh. eine Burg erbaute. Heute großes Hofgut mit schlichtem *Herrenhaus* (18. Jh.), an einem Seitenflügel die Jahreszahl 1744. In der Hofmitte die 1748–50 errichtete *Schloßkirche (e.)*, ein gefälliger Bau mit Turm an der Eingangsseite und polygonal geschlossenen Querflügeln. Das Innere als Querbau ausgebildet, mit dreiseitigen Emporen und schöner Rokokokanzel über dem Altar.

Südwestlich von Alsfeld wurde das an der alten Straße ›durch die kurzen Hessen‹ gelegene *Schloß Romrod* im 12. Jh. durch den Ortsadel als Wasserburg erbaut. Seit 1385 Besitz der Landgrafen von Hessen. Die ungefähr quadratische Anlage war einst von Gräben umgeben. Sie sind zugeschüttet und heute Park. Innerhalb der großen hohen Ringmauer, die ursprünglich hofseits mit alten Gebäuden bestanden war, ragt in einer Ecke, im Kern wohl 14. Jh., der wohnturmartige Bergfried mit abgerundeten Ecken hervor. Zwei andere Seiten des Hofes füllen hohe Wohngebäude mit Treppentürmen aus der Zeit Landgraf Ludwigs IV. von Hessen-Marburg (1578–87). Die Innenräume im 18. Jh. (Barocktüren) und 19. Jh. verändert. Neben der Burg die *Pfarrkirche (e.)*, ein schlichter mächtiger Bau des späten 17. Jh., auffallend die nachgotischen Formen (Maßwerk, Strebepfeiler). Zwei schöne Außenportale mit Knorpelwerk.

An den Südhängen des Knüllgebirges, zwischen Rimberg (592 m) und Gibges-Kuppe (438 m), erbaute der hessische Marschall von Romrod Ende des 13. Jh. in landgräflichem Auftrag die *Burg Herzberg*. Sie liegt in beherrschender Lage auf dem Hirschberg (mittelalterlich ›Hirzberg‹). Das hessische Lehen kam 1471 an den hessischen Hofmeister Hans von Dörnberg (vgl. Hausen und Neustadt), der die mittelalterliche Burg durch HANS JAKOB VON ETTLINGEN 1480–94 zur gewaltigen *Festungsanlage* ausbauen ließ. Machtvolle Rondell-

und Geschütztürme und glatte hohe Mauern bestimmen daher den Gesamteindruck der Burg, die seit dem 18. Jh. zur Ruine geworden, aber noch heute gepflegter von Dörnberg'scher Besitz ist. Das Tor der südlich vorgelagerten Vorburg flankiert ein Wachtturm (›Kommandantenturm‹) mit barockem Mansarddach. Gewaltige Eckrundtürme mit Schießkammern umklammern die trapezförmige Hochburg. Im südwestlichen Turm befand sich ein 1563 (neu?) eingerichteter Wohn- und Festraum (›Rittersaal‹) mit Fensternischen, heute Ruine. Der südöstliche Turm mit Fachwerkaufbau noch heute bewohnbar. Zwischen diesen beiden Türmen zur Verstärkung der Mantelmauer gegen die Vorburg der Gerichtsturm mit angebautem Treppenturm. Dahinter die Reste der mittelalterlichen Burg, zunächst der Stumpf des runden Bergfrieds (13. Jh., Gußmauerwerk mit Verblendsteinen), daneben der Eingang und die Kapelle. Letztere im Mauerwerk Ende 13. Jh., im 17. und 18. Jh. erneuert. Im Innern schöne Emporeneinbauten von 1661, viele wappenreiche Gedenk- und Grabsteine und an der Chorwand ein Freskorest (Kreuzigung) Anfang 16. Jh. Auf dem Burgplateau wurden Keller und Brunnen ergraben. Großartiger landschaftlicher Rundblick von den Bastionstürmen, lohnend auch ein Spaziergang um die Wehrmauer.

OTTRAU am Nordhang des Bechelsberges (472 m), ein schon 782 genannter Ort, besitzt eine kleine einschiffige frühgotische *Kirche* (Mitte des 13. Jh.) mit schmalen lanzettförmigen Fenstern. Auffallend gestrecktes Langhaus. Der spitzbogige Chorbogen, an den sich die mit Ranken, Wappen und Figuren geschnitzte Kanzel von 1544 lehnt, entstand erst nach der Reformation im 16. Jh. Der romanische Chorraum war erheblich kleiner. Der zu ihm gehörende Triumphbogen ist in den Ansätzen seitlich der im Osten stehenden Chororgel erkennbar. Für die heute flachgedeckte Kirche war ursprünglich eine Wölbung vorgesehen; die Dienste in den Chorecken sowie die Schildbögen-Widerlager über der heutigen Decke sind erhalten. An der Südwand eine Sakramentsnische mit dem Namen TILOMANNUS (Pfarrer um 1395) sowie ein reiches spätgotisches Grabdenkmal um 1500 mit Grabfigur eines Oberst Schleyer von 1604. Auf dem Friedhof fand der aus Ottrau gebürtige, 1952 gestorbene Dichter Wilhelm Schäfer seine letzte Ruhestätte. Südlich der Kirche am Bach der spätmittelalterliche Wohnturm einer ehemaligen *Wasserburg* (Haus Nr. 74).

Jenseits der Wasserscheide zwischen Schwalm und Fulda liegt HAUSEN, einst ein Stützpunkt der Abtei Fulda gegen die Herrschaft Ziegenhain, seit 1463 Besitz des bedeutenden Geschlechtes von Dörnberg. Die waldreichen Bergeshöhen des Knüllgebirges, besonders die markante Kuppe des Dörnberges (490 m), umrahmen das Dorf am

Quellgebiet der Aula. Am östlichen Dorfrand birgt sich zwischen hohen dichten Parkbäumen die *Wasserburg Hausen* (heutiger Besitzer Hugo Freiherr von Dörnberg), eine geschlossene Ringanlage mit eng umbautem Binnenhof frühen Typs (vgl. etwa Burg Linn am Niederrhein, Burg Steinfurt und Vischering im Münsterland, die Burgen Burgjoß, Nidda und Büdingen in Hessen), noch stellenweise vom Wasser umgeben. Bereits in spätmittelalterlicher Zeit durchbrachen Fensteröffnungen die Außenmauern. Johann Kaspar von Dörnberg gab nach einer Zerstörung 1642 der Burg in der 2. Hälfte des 17. Jh. ihre heutige Gestalt, besonders an Nord- und Westseite die vorspringenden erkerartigen Rechteckbauten mit Rollwerkgiebeln und schönem Portal (1687). In einem der Innenräume prachtvoller Renaissanceofen mit eisernem Unterteil und späterem Oberteil aus schwarz glasierten, reich bearbeiteten Kacheln. Die Vorburg besteht aus einer Gruppe unregelmäßig verteilter, z. T. noch klassizistischer Wirtschaftsgebäude. Nordwestlich am Ortsrand die langgestreckte *Kirche (e.)*, im Kern gotisch, im 19. Jh. verändert, mit barocker Grabkapelle der Familie von Dörnberg.

Im nahen OBERAULA bestimmt der ungewöhnlich hohe gotische Helm auf dem romanischen Turm der *Pfarrkirche (e.)* das Ortsbild; das Langhaus ist ein Neubau von 1717 mit gleichzeitiger Orgel. – Vorbei am Eisenberg (Aussichtsturm, 680 m), der höchsten Erhebung des Knüllgebirges, erreichen wir bei GREBENHAGEN – schlichte *Kapelle (e.)* von 1793 – das enge, wald- und wiesenreiche Efzetal. – SCHWARZENBORN unweit des stimmungsreichen Knüll-Teiches am Knüll-Köpfchen (632 m) ist bekannt durch die ›Schwarzenbörner Streiche‹, Schildbürgerstreichen vergleichbar. Die schlichte *Kirche (e.)* mit Westturm und höherem, breiterem Chor stammt aus der Zeit um 1300, wie die Fensterformen ausweisen. Rechteckiger Chorraum mit schönen Maßwerkfenstern, innen kreuzrippengewölbt.

Die Efze fließt zwischen Knüll-Köpfchen und Semmelberg (554 m) nach WALLENSTEIN, wo im Grenzbereich zwischen der Abtei Hersfeld (seit 1648 hessisch) und der Landgrafschaft Hessen zu Beginn des 13. Jh. von den Grafen von Schaumburg-Wallenstein eine *Burg* in typischer Ausläuferlage erbaut wurde. Die rechteckige Anlage ist seit dem 18. Jh. verfallen. Die erhaltenen Teile der Umfassungsmauern, an deren Innenseiten einst Gebäude angebaut waren, und ein zum Teil vorspringender mächtiger runder Treppenturm sind spätgotisch (15. Jh.). – 1250 verlegten die Grafen ihre Residenz nach NEUENSTEIN (= Neu-Wallenstein) jenseits der Höhen im Geisbachtal. Diese Feste wurde 1318 als Raubrittersitz zerstört und 1357, besonders aber 1629 neu erbaut (heute staatliches Forstamt). Der mittelalterliche Bergfried beherrscht bei der Abfahrt Aulatal die Fahrbahnen der Autobahn.

Hinter Neuenstein führt die Autobahn für einige Kilometer durch das Efzetal. Dort lenkt VÖLKERSHAIN mit seinen leuchtenden Fachwerkbauten, seiner alten Mühle und der am Hang gelegenen farbenfrohen *Fachwerkkapelle* von 1669 den Blick auf sich. Der Ort gehört zu den besten Beispielen eines kleinen hessischen Fachwerkdorfes. In der Kapelle eine Kanzel von 1681.

Über REDDINGSHAUSEN mit schlichter Fachwerkkapelle (e.) v. 1603 (1951 renoviert) kommen wir talabwärts nach REMSFELD, dessen *Pfarrkirche (e.)* am Hang über dem Dorf im späten 15. Jh. erbaut wurde. Der Westturm war wohl als Wehrturm gedacht. Im Chor sauber gearbeitete Maßwerkfenster und Rippengewölbe. Am Chorbogen eine Steinkanzel (1602). Als Altartisch dient ein vorzügliches Taufbecken des frühen 16. Jh.; Barockorgel. In der Schellbachstraße schöne *Fachwerkhäuser* des 17. und 18. Jh.

Die Kirche von WELFERODE (1732) steht mit ihrer verschieferten Barockhaube über dem Rechteckchor wirkungsvoll an der Straßenbiegung. Die einfache *Barockkirche (e.)* in BERNDSHAUSEN (1792) liegt in einem ausgezeichnet erhaltenen *Wehrfriedhof* (14. Jh.) mit hoher Wehrmauer und gotischem Steinportal (darin Holztüre von 1542). Von fernher grüßen die waldbedeckten Melsunger Berge.

Großartig ist die Lage von HOMBERG am nördlichen Hang im weit gewordenen Efzetal. Die Unterstadt, die ›Freiheit‹, und die höher gelegene Altstadt, bis 1536 zwei selbständige Städte mit eigenen Mauerringen, werden vom stolzen Turm der Kirche und von der Gipfelburg des 12. Jh., der ›Hohenberg‹ (so 1162), überragt. Seit 1190 ist die Burg an der Grenze zwischen den Grundherrschaften von Hessen und der Abtei Hersfeld landgräflich-hessischer Besitz. Homberg wurde ein beliebtes Wander- und Ausflugsziel dank seines städtebaulichen Aufbaues und des Reichtums an alten gepflegten Fachwerkhäusern, die besonders den einzigartigen *Marktplatz* umstehen. In seine Nordostecke ragt das *Rathaus*, ein Fachwerkbau von 1767 mit gemauertem Untergeschoß von 1582, hinein. An der Südostecke des Platzes steht das ›*Gasthaus zur Krone*‹ (Holzhäuser Straße 2), durch Inschrift 1480 datiert, ein hervorragendes Beispiel spätmittelalterlicher Holzarchitektur. Leicht gekehlte, lange Knaggen tragen die Schwellen der vorkragenden Obergeschosse und der mehrstöckigen Erker (der westliche Erkeranbau 16. Jh.). Die Nordseite des Platzes wird von der auf hoher Terrasse gelegenen gotischen *Stadtkirche St. Maria (e.)* beherrscht, 1340 begonnen, der Westturm laut Inschrift von HEINRICH VON HESSERODE 1374 erbaut. Grabungen haben 1961 die Fundamente einer romanischen Basilika bedeutenden Umfanges freigelegt. In der Kirche fand 1526 die Homberger Synode statt, auf der durch den hessischen Landgrafen über die Einführung der Reformation und die Aufhebung der Klöster in Hessen entschieden wurde.

Dreischiffiger Hallenbau ohne Querschiff; Westturm und langgestreckter Chor aus roten Sandsteinquadern, das Langhaus aus Basaltbruchstein. Zwei gotische Portale im Süden und Westen, das westliche durch Blattwerk und figürliche Kleinplastik betont und ursprünglich in reichem Statuenschmuck geplant. Im Innern empfängt den Besucher eine hohe Halle mit steilen Proportionen. Aus den reichen Blattkapitellen der schlank hochstrebenden Säulen wächst ein elegantes Rippengewölbe hervor. Die Schlußsteine im Chorgewölbe (Gottvater, Heiliger Geist, Lamm Gottes) deuten auf die Trinität. Die 1961 erfolgte Entfernung der 1831-32 eingebauten Emporen ermöglicht wieder das ursprüngliche Raumerlebnis. Der Bau steht unter unmittelbarem Einfluß der Marburger Bauhütte und verwirklicht – neben Friedberg, Frankenberg, Pfarrkirche Marburg, Wetter – die in der Marburger Elisabethkirche und der Hainaer Klosterkirche erstmalig geschaffene hessische gotische Raumgestaltung in besonders klarer Weise. Reicher Orgelprospekt 1732-36 von JOSEF DIETRICH GÖHRING. Die sieben *Reliefs mit Passionsdarstellungen* um 1500 werden dem MEISTER DER HANKRATSCHEN KREUZIGUNG des Fritzlarer Domes zugeschrieben; sie waren früher an der Rathausterrasse eingebaut. – Ein Rundgang durch die Stadt führt an vielen guterhaltenen *Fachwerkbauten* vorbei, so in der Holzhäuser Straße (besonders Nr. 19), in der Untergasse (besonders Nr. 8-12, 11 und 13), in der Westheimer Straße und in der Marktgasse (Nr. 3 und 4). Leider beeinträchtigen unorganische moderne Ladenbauten immer zahlreicher die harmonische Einheit der alten Häuser (z. B. die Stadtsparkasse am Markt). In der Wallstraße, der südlichen Begrenzung der Altstadt, ist noch streckenweise die *Stadtmauer* mit ihren Türmen zu verfolgen. Das 1767 gegründete *Adelige Damenstift* (ursprünglich Stift Wallenstein), ein Fachwerkbau des 16. Jh. mit Ergänzungen des 19. Jh., liegt in der im 14. Jh. angelegten *Unterstadt*. Die zu gleicher Zeit erbaute Heilig-Geist-Kirche, einst Hospital- und Pfarrkirche der Freiheit, an der Hospitalstraße, wurde 1658 abgebrochen. Die gotischen Wohngebäude des 1368 von dem Priester Heinrich Bischof gegründeten *Hospitals* sind mit einem Erweiterungsbau von 1751 noch erhalten (heute Altersheim). Die *Fachwerkhäuser der Freiheit*, einfacher und kleiner als in der Altstadt, reichen verschiedentlich noch bis ins 17. Jh. zurück (z. B. in der Langgasse). Befestigungsreste an der Freiheiter Straße (Freiheiter Tor). – Die im 30 jährigen Krieg zerstörte *Burg* war einst eine umfangreiche Gipfelanlage. Sie ist heute stark zerstört, in den Fundamenten jedoch noch gut erkennbar. Ausgrabungen ermittelten Keller-, Gebäudemauern und den Brunnen. Gotischer Torbau. Vom Turm – eine freie moderne Zutat – großartige Aussicht über das oberhessische Land.

Unterhalb Homberg mündet die Ohe in die Efze. An ihrem Mittellauf ist SPIESKAPPEL bekannt durch das ehemalige Prämonstratenser-Chorherrenstift Kappel und die hessische Landwarte auf dem Spies (352 m). Der wohl im 14. Jh. südlich des heutigen Ortes errichtete *Wartturm* (vgl. Wittelsberg) an der Grenze zwischen Ober- und Niederhessen (ursprünglich Hessengau und Oberlahngau) ist in seiner schlanken runden Form mit hochliegendem Zugang weithin sichtbar und bietet einen weiten landschaftlichen Rundblick, besonders nach Norden. Im 15. und 16. Jh. fanden hier die hessischen Landtage statt.

Das im 12. Jh. gegründete *Kloster* wurde zu Beginn des 16. Jh. wegen Verfallserscheinungen aufgelöst. Die *Kirche (e.)* ist ein bedeutsamer spätstaufischer Bau mit künstlerischen Beziehungen zu Fritzlar. Von der flachgedeckten Basilika (um 1200–1220) blieben das Langhaus und das linke Seitenschiff erhalten. Die Ostteile und das rechte Seitenschiff um 1500 abgebrochen. Im mächtigen quadratischen Westturm (1500–04 erneuert) eine Vorhalle mit reichem spätromanischem Stufenportal; im Tympanon Brustbilder Christi, Mariä und Johannes. Das Mittelschiff läßt die ursprüngliche steile Raumproportion noch eindrucksvoll erleben. Die Arkaden zum erhaltenen nördlichen Seitenschiff mit Stützenwechsel, die Säulenkapitelle mit phantasievollem plastischem Schmuck (östlich menschliche Figuren zwischen Blätterranken, westlich Männer- und Frauenköpfe mit verschlungenen Haaren). Im Seitenschiff Ansätze spätgotischer Wölbung. Der heute flache Ostabschluß mit spätgotischen Fenstern. Schöne Orgel 1769–71 von JOHANN SCHLOTTMANN. Von der Orgelbühne ist die ehemalige *Michaelskapelle* über der Turmhalle zugänglich; in der Mitte der Ostwand – also der romanischen Westgiebelwand – spätromanischer Altar mit Baldachin und zwei seitlichen Altarnischen, der übrige Raum – wie der ganze Turm – spätgotisch; das Opferlamm im Schlußstein des Gewölbes weist auf die gottesdienstliche Nutzung des Raumes auch noch in spätgotischer Zeit. Die geringen Reste der *Klostergebäude* westlich der Kirche gehören heute zu einem Farbwerk.

GROSSROPPERSHAUSEN im Quellbereich der Ohe ist der Stammsitz des Geschlechts von Gilsa (vgl. den gleichnamigen Ort weiter unten). Die Ruinen der *Burg*, erhöht im Dorf gelegen, zeigen geringe Reste eines wohl gotischen Wohnturmes, heute Besitz der Familie von Baumbach. Diese Familie erbaute am nördlichen Ortsrand das große *Hofgut* mit hufeisenförmigen Wirtschaftsflügeln des 17. und 19. Jh. und gefälligem klassizistischem Herrenhaus von 1832 (vgl. Nassen-Erfurth). – Nicht weit nördlich von Homberg am Rande des Efzetales, kurz vor seiner Einmündung in die Schwalm, taucht der bewaldete Bergkegel des FALKENBERGES auf, auf dem die Herren von Hebel-Falkenberg im 13. Jh. eine *Burg* erbauten. Zwischen den hohen Bäumen und Sträuchern erkennt man die Ruine eines spätgotischen Torturmes und einer inseitig bebauten Ringmauer sowie Keller- und Gebäudereste der einst weitläufigen Anlage. Die Burg verfiel, als 1510 die *Neue Burg* am Südrand des Berges und Dorfes entstand, vermutlich eine Wasserburg (die Weiher sind wohl Reste der Wassergräben). Die heutige moderne Gutsanlage und das zweiflügelige Herrenhaus, ein gepflegter Fachwerkbau, gehen teilweise auf das 16. Jh. zurück; an der Parkseite viereckiger Turm; Erweiterung im 19. Jh.

In und bei BORKEN am Unterlauf der Schwalm wird seit dem ersten Weltkrieg durch umfangreichen Tagebaubetrieb Braunkohle gewonnen. Die mindere Qualität der Kohle lohnt jedoch keinen Transport, so daß sie an Ort und Stelle zur Elektrizitätsgewinnung ausgewertet wird. – In GROSSENENGLIS dient ein 1431 erbauter Wachtturm der im 18. Jh. umgebauten *Pfarrkirche (e.)* als Kirchturm. Die beiden beachtlichen *Herrenhäuser* der Herren von Wildungen und von Linsingen gehen noch in das 16. Jh. zurück. – Die gotische *Pfarrkirche (e.)* von KLEINENGLIS bewahrt im Chor Fresken des späteren 15. Jh. (Evangelistensymbole, Apostel, St. Michael, Madonna).

Beherrschend liegt die *Kirche (e.)* von ZWESTEN im Dorfbild. Ihr mehrfach gestufter Barockhelm von 1791 sitzt auf dem mächtigen Westturm von 1509. Das Dorf legt sich ringförmig mit Haupt- und Ringstraße um den Kirchberg wie Wehrmauern um eine Stadt oder um eine Burg. In der Tat war die Kirche einst Wehrbau (Schießscharten am Turm und in der Friedhofsmauer). Das Langhaus, im Kern gotisch, wurde 1837 in Fachwerk mit Mansarddach erweitert. Der Innenraum mit einheitlich klassizistischer Ausstattung ist von bedeutender Wirkung und – besonders nach der vor einigen Jahren erfolgten Instandsetzung – von ruhig vornehmer Stimmung. Die zweigeschossigen Emporen erinnern an Ränge eines Theaterbaues. Die Kanzel steht vor drei Fensterarkaden wie vor einer Bühnenarchitektur. Die Orgel zeigt zarte neugotische Anklänge. (Die gleiche Raumaufteilung durch Emporen und Kanzel, nur in barocker Weise, zeigen die Kirchen von Gambach und Laubach.) Im Ort ein schlichter klassizistischer *Schloßbau*, 1782 durch WILHELM TREUSCH VON BUTTLAR erbaut. Das Innere reich an erlesenen Kunstgegenständen (Leinwandtapeten, Möbel, Teppiche, Gemälde u. a.).

Bei SCHIFFELBORN erhebt sich als Ausläufer des Kellerwaldes, der hier das Schwalmtal westlich abgrenzt, ein bewaldeter Berghügel, der die Reste der einst wichtigen und starken *Burg Loewenstein* trägt. Sie war vom 12. bis 16. Jh. Wohnsitz des im unteren Schwalmgebiet einst mächtigen Geschlechtes von Bischofshausen. Die Burg gab der umliegenden Landschaft den Namen ›Loewensteiner Grund‹. Von der großen Anlage sind die tiefen Wallgräben rund um die Burg und der runde gotische Bergfried erhalten. 1938–40 wurden die Fundamente der Wohngebäude ausgegraben.

Im Anblick des machtvollen Waldhöhenrückens der ALTENBURG (431 m) mit Ringwallresten der Spätlatènezeit liegt NIEDERURFF, ein Beispiel für das gleichzeitige Nebeneinander von Wehrkirche und Burg in einem Dorf. Die in einem Wehrfriedhof erhöht gelegene *Kirche (e.)* ist ein schlichter spätgotischer Bau von 1500 mit einigen romanischen Resten, so an der südöstlichen Ecke des Langhauses eine Sonnenuhr mit der Inschrift des Meisters ›dhideric (= Dietrich) miser fecit‹ und über dem Portal ein vermauerter Giebelsturz mit Kreuz. Daneben spätmittelalterliche Totenleuchte. Das Innere mit Emporen von 1685. Die seit 1160 bezeugte *Burg* ist der Stammsitz der Herren von Urff, die noch heute dort wohnen. Auf einer flachen Anhöhe südwestlich der Kirche inmitten eines Parkes zeigt sich zunächst ein neuzeitliches Fachwerkwohnhaus, dahinter ganz überwachsen und verwunschen die Ruinen der romanischen Anlage, ein Geviert mit tiefem Graben und Wall. Im Hof die Trümmer eines romanischen Wohnturmes, die Kernanlage, und der schlank aufragende ›Lange Bau‹, ein malerisches spätgotisches Wohnhaus mit Fachwerkobergeschoß von 1672 und alten Innenräumen (heute leer und unbewohnt).

OBERURFF überrascht durch drei gepflegte Hofanlagen. Das *Herrenhaus* der Freiherren von Buttlar ist ein barocker zweigeschossiger Fachwerkbau über hohem Kellergeschoß. Fachwerkbauten des 18. und 19. Jh. umschließen in aufgelockerter Weise das Geviert des Hofes, der heute durch seine Reitschule bekannt ist. Ein regelmäßiger viereckiger Wassergraben, jetzt größtenteils trocken, umgibt den *Schückingschen Hof*, ehemals Besitz der Familie von Trott. Das reizvolle barocke Herrenhaus – in Fachwerk erbaut – täuscht durch seinen leuchtend gelben Putz und durch die Quaderung der Eckpfosten Steinbauweise vor. Der große *Buttlarsche Hof* zeichnet sich durch ein klassizistisches Herrenhaus in Fachwerk aus. Die kleine *Dorfkirche (e.)* in Ortsmitte entstand 1778, wie die Wetterfahne auf dem geschwungenen Dachreiter verkündet. Am südwestlichen Ortsrand, erhöht am Ende einer Allee, liegt das *Hanauische Schloß*, ein neubarocker

Bau des Prinzen von Hanau von 1887 von gefälliger Form, heute Christophorus-Schule des Christlichen Jugenddorfwerkes e.V.

In BISCHHAUSEN, wo das Gilsatal mündet, ist an der *Pfarrkirche (e.)* der kleine gotische Treppenturm mit Scharten als Wehrturm ausgestattet. Chor spätes 15. Jh., Langhaus 1749. – GILSA gab dem Tal den Namen. Dort liegen links des Baches – das Dorf selbst rechts – die drei Höfe der Freiherren von Gilsa, der *Oberhof* längs der Straße, ein romantisch-neugotisches Herrenhaus des 19. Jh. mit mittelalterlichen Resten, der *Mittelhof*, ein zweiflügeliger Fachwerkbau mit Tordurchfahrt, einst eine Wasserburg, und der *Unterhof*, ein einfaches Herrenhaus von 1809 inmitten einer modernen Hofanlage.

Einige Kilometer aufwärts im Gilsatal erreichen wir JESBERG in landschaftlich herrlicher Lage zwischen Kellerwald und dem Nordhang des Ziegenkopfes (362 m). Hier besaß das Erzstift Mainz eine im frühen 13. Jh. erbaute *Burg* ›Lenswideshusen‹ (so 1241), einst wichtiger Stützpunkt gegen Hessen. Der runde Bergfried über dem großen Graben an der Angriffsseite stammt noch aus der Gründungszeit, während die Ruine des Wohngebäudes mit Schießscharten für Schußwaffen auf einem Neubau von 1426 oder von 1469 nach Eroberung und Zerstörung durch Hessen zurückgeht. Seit 1586 endgültig hessischer Besitz. Im Dorf, das sich zu Füßen der Burg erstreckt, erbaute Prinz Maximilian von Hessen an der Hauptstraße um 1723 ein anmutiges *Barockschlößchen* (heute Altersheim) in aufgelöster Grundrißform (vgl. Schloß Windhof in Weilburg), der Hauptbau gartenseits mit vorspringendem Risalit, hofseits mit Rundgiebel nach Art Kasseler Palaisbauten. Dazu gehörte einst ein reicher Garten holländischen Stils. Am Südausgang des Dorfes eine prächtige barocke *Zehntscheuer*.

Östlich der Schwalm etwas landeinwärts besitzt die Familie von Baumbach seit 1598 die kleine malerische *Wasserburg* NASSENERFURTH. Halbkreisförmig mit Torbau und Wirtschaftsbauten in Stein und Fachwerk (Inschrift 1622) legt sich die Vorburg vor die wasserumgebene ringförmige Hauptburg mit ihren zwei spätmittelalterlichen Wohnflügeln und dem Torbau von 1515 dazwischen. Hofseits schöner Treppenturm von 1600.

Die 375 m hohe bewaldete Basaltkuppe des GERSTENBERGES bei Schlierbach an der Schwalm ist ein Merkzeichen der Landschaft und von den umliegenden Höhen (etwa Burg Homberg) schon von fern zu erkennen. Im Wald befinden sich die Reste einer prähistorischen *Wallburg* (Bronzezeit?) mit Steinwällen aus Basalt, sowie die wenigen Mauerreste der *Landsburg*, die die Grafen von Ziegenhain 1344–45 als Trutzburg gegen den Mainzer Besitz Jesberg erbauten und die bereits im 16. Jh. verfiel. Aussichtsturm von 1909.

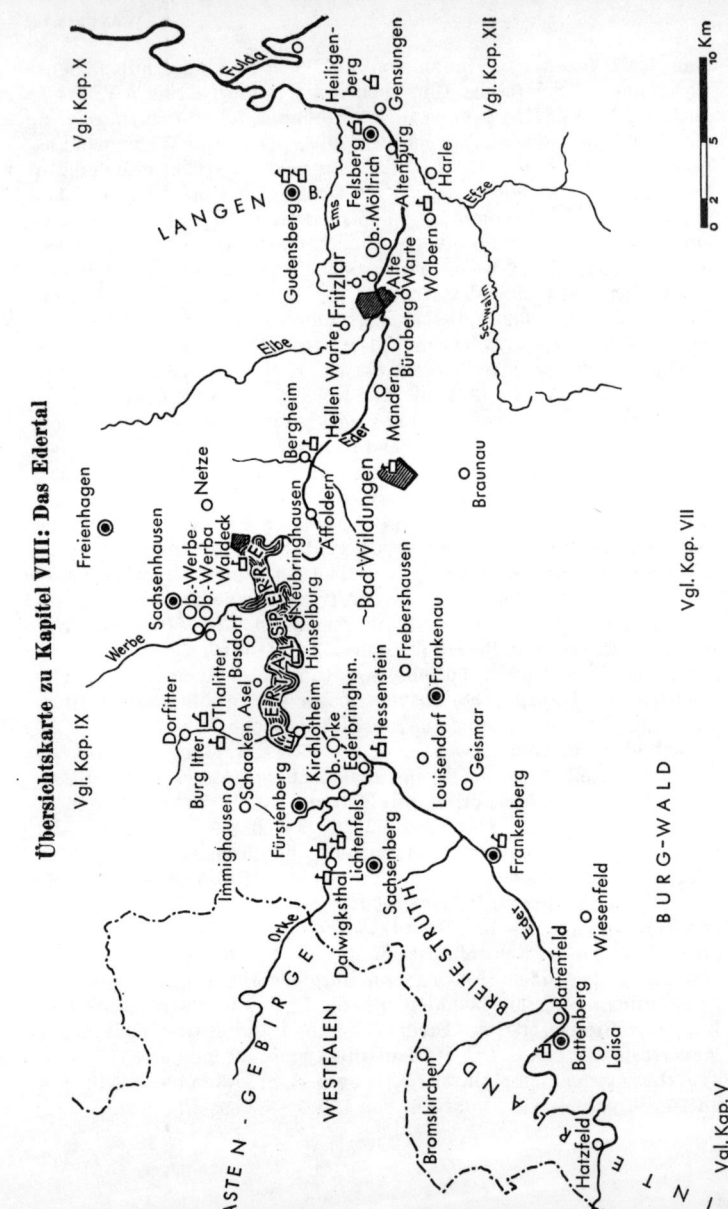

VIII. Das Edertal

1. Von der westfälischen Grenze bis zur Edertalsperre

Als breiter kräftiger Bachlauf fließt die Eder vom westfälischen Rothaargebirge ins hessische Land. Waldreiche Berge und Höhen umsäumen das enge Wiesental. HATZFELD, der erste hessische Ort an ihrem Lauf, baut sich mit dem Grau seiner Schieferdächer am nördlichen Uferhang auf, überragt von einer Bergkuppe, auf der ein Halsgraben der *Burg* der Herren von ›Hepisvelt‹ erinnert. Auf halber Höhe des Burgberges liegt die *Dorfkirche (e.)*, ein verschieferter Fachwerkbau des 17. Jh. mit geschnitztem kräftigem Portal von 1787. Im Innern stützen schwere Holzsäulen die flache Decke. Eine von ihnen, die reich gearbeitete am südlichen Eingang, steht auf einem romanischen Würfelkapitell. An der südlichen Chorwand ein eindrucksvolles, gut restauriertes Kruzifix um 1480. An den vier Enden der Kreuzbalken die Evangelistensymbole (Anfang 16. Jh.). Diese Kreuzesform wird uns häufiger in Kurhessen und Waldeck begegnen. An den Emporenbrüstungen barocke Malereien (Evangelisten und Apostel.) Glasfenster 1960 von E. KLONK, Marburg.

Auf dem gegenüberliegenden Ufer am unteren Ortsausgang befindet sich die *St. Emmaus-Friedhofskapelle*, einst die Pfarrkirche des seit dem 17. Jh. wüsten Dorfes Niederhatzfeld. Der heute einschiffige Bau war ursprünglich eine dreischiffige Basilika. Gratgewölbe zwischen breiten Gurten überspannen das Mittelschiff. Bemerkenswert ist die alte, kürzlich freigelegte Bemalung: Steinfugen auf den Gurtbögen und Gewölbeansätzen, Säulen mit Architekturbögen an den Fenstern, Sonne und Sterne auf dem Chorgewölbe, ein Figurenzyklus (vielleicht Apostel) an den seitlichen Chorwänden. Origineller Orgelprospekt 1706 von JOHANN SEBASTIAN RINDT. Der alte Fußboden besteht aus flachen, hochkant verlegten Steinen im Fischgrätenmuster.

Hoch über dem Tal der Eder liegt BATTENBERG, einst Sitz der Grafen von Battenberg, die im 13. Jh. ausstarben. 1858 erhielten die Kinder des Prinzen Alexander von Hessen den Titel ›Fürsten von Battenberg‹, von denen sich ein Zweig in England niederließ und seit 1917 ›Mountbatten‹ nannte. Über dem Dorf erhebt sich eine bewaldete Bergkuppe mit der Ruine der im 2. Viertel des 13. Jh. erbauten *Kellerburg*, von der im wesentlichen der runde Bergfried erhalten ist (Aussichtsturm). In Battenberg bestand noch eine zweite *Burg* östlich der Pfarrkirche auf der Spitze der auslaufenden Bergnase, auf welcher der Ort liegt; an und unter dem heutigen Pfarrhaus Reste der

Vorburgmauern. Südlich vom Pfarrhaus liegt beherrschend über dem Tal das *Schloß Neuburg*, 1732 durch den Landgrafen von Hessen-Darmstadt als Jagdschloß errichtet (heute Amtsgericht). Von seiner Terrasse bietet sich ein weiter Blick ins Edertal. Das ›Hügelchen‹ nördlich des Pfarrhauses ermöglicht dagegen eine großartige Rundsicht nach Norden und Osten.

Die *Kirche (e.)* wurde als spätromanischer dreischiffiger Hallenbau vermutlich im 13. Jh. erbaut (1958 restauriert). Das Äußere mit verschiefertem Dachreiter wirkt schlicht, das Innere mit den kuppligen gratlosen Gewölben, den kräftigen Rundpfeilern ohne Sockel und den Seitenschiffen mit halbierten Gewölben sehr altertümlich. Seit Entfernung der Emporen 1958 von guter weiträumiger Wirkung. Als Abschluß der Seitenschiffe kleine, aus der Mauer ausgesparte Rundnischen mit einer nach originalen Resten ergänzten Ausmalung (rote Steinfugen und große Sterne). Hauptchor quadratisch. Ostfenster 1958 von E. KLONK, Marburg. Die Kirche gehört zusammen mit der benachbarten *Pfarrkirche (e.)* von Laisa, deren Raum leider noch von Emporen eingeengt wird, und der Kirche von Breidenbach (vgl. Kap. V) zu einer Gruppe romanischer und frühgotischer Kirchenbauten mit spürbar westfälischem Einfluß.

Westlich der Kirche beherrscht der hohe Giebel der *Apotheke* in gutem Fachwerk aus dem 17. Jh. das Straßenbild. Der gleiche Zimmermeister schuf das *Rathaus* am Marktplatz. Beide Hausbauten zeigen kleine Eckerker. Das um ein Geschoß höhere Rathaus wurde an der Südseite in origineller Weise – vermutlich nachträglich – abgestützt. Das *Forstamt*, ein verschieferter Fachwerkbau von 1687 über massivem Untergeschoß mit hübschem Portal, war ursprünglich ein Burgmannensitz.

Zu Füßen Battenbergs, unmittelbar an der Eder, liegt BATTENFELD. Hier kreuzte eine alte Handelsstraße die Eder, und hier fand 778 ein heftiger Kampf zwischen Franken und Sachsen statt. Die *Pfarrkirche (e.)* wird beherrscht von dem mächtigen Westturm, einem Wehrbau mit Schießschlitzen, vier Wichhäuschen und hohem spitzem Helm. Der Turm ist wie bei vielen Wehrkirchen nur von innen zugänglich. Das Langhaus ist heute nur ein einfacher gewölbter Bau des 12. Jh. mit Querschiff und Rechteckchor. Seine Seitenschiffe, die es zur Basilika ergänzten, sind abgebrochen, die Fenster teilweise erweitert. Im Innern Emporeneinbauten von 1661 mit barocken Brüstungsmalereien. Am nördlichen und südlichen Querhausarm außen eingemauerte romanische Kopf-Reliefs (12. Jh.), wohl ehemals Bauplastik.

Eine verwandte romanische Kirche gebundenen Systems aus dem 12. Jh. steht in BROMSKIRCHEN im landschaftlich reizvollen Linspherbachtal. Auch diese Kirche verlor ihre Seitenschiffe. Doch die ehemaligen Langhauspfeiler mit den Scheidarkaden und den reich gezierten Kämpfern sind wie in Battenfeld erhalten. 1574–85 wurde der Innenraum im protestantischen Sinne neu gestaltet. Aus dieser Zeit die gotisierenden Formen am Westportal (datiert 1585) und die Vorhangbögen an den Fenstern. Die Gewölbe durch eine flache, bemalte Holzdecke ersetzt. Im Kirchenraum allseitig Emporen mit Baluster-Geländer (datiert 1580). Der Chorraum ähnlich wie in Laisa um 1700 neu errichtet. Aus dem frühen 18. Jh. stammen die Kanzel mit religiösen Bildmotiven, der Altar mit gedrehten Säulen und der reizende kleine Orgelprospekt (datiert 1704). Im ganzen ergibt sich ein farbenfreudiger malerischer Innenraum, das qualitätvolle Beispiel einer protestantischen Dorfkirche des 16. Jh. mit älterem Kern.

In WIESENFELD, südlich der Eder am Fuß des Burgwaldes, gründete Graf Werner I. von Wittgenstein-Battenberg um 1230 eine *Johanniter-Kommende*, deren um 1250–70 erbaute Kirche – ein klarer, einschiffiger, gewölbter Bau – heute als evangelische *Pfarrkirche* dient. Die Rippengewölbe ruhen auf Rund- und Bündeldiensten. Formen und Proportionen weisen auf den Marburger und Frankenberger Kunstbereich. Eine massive Wand mit spitzbogiger Öffnung teilt einen Vorraum (Laienkirche?) vom Langhaus ab. Der machtvolle Wehrturm an der Nordseite war ursprünglich nur im Obergeschoß zugänglich. Das 1507 erbaute steinerne *Ordenshaus* dient heute Wohnzwecken. Die Ordensniederlassung wurde 1527 durch Landgraf Philipp II. aufgehoben.

Schon aus weiter Ferne fängt talauf wie talab die Silhouette von FRANKENBERG den Blick ein. Auf baumreicher Anhöhe über dem Tal ragt die *Frauenkirche* empor. Im Halbkreis zieht sich die alte Stadt um die Nordseite des Kirchberges. An höchster Stelle, westlich der Kirche, lag einst die *Burg*, eine Ausläuferanlage, von der nur ein Teil der umfassenden Stützmauern blieb. Der Ortsname läßt vermuten, daß die Siedlung ursprünglich von den Franken gegen die Sachsen gebildete Burg war. Die Gegengründung ist vielleicht der Ort Sachsenberg gewesen (s. d.). Burg und Stadt waren seit dem 13. Jh. ein fester Stützpunkt der Landgrafen von Hessen gegen den Mainzer Erzbischof, dem seit 1238 die benachbarte Grafschaft Battenberg gehörte. Bereits 1376 haben die Frankenberger Bürger die landgräfliche Burg zerstört. Die *Liebfrauenkirche (e.)* wurde 1286 begonnen. Das Langhaus, ein dreischiffiger Hallenbau, war 1337 vollendet. Das Querschiff wurde mit polygonal geschlossenen Armen in Konchenform, ähnlich wie die Marburger Elisabethkirche, angelegt. Der Frankenberger Bau ist damit das getreueste Nachbild Marburgs geworden. Im Unterschied zu Marburg sind die Langhausfenster nicht in zwei Reihen übereinander geordnet, sind die Langhauspfeiler – Rundsäulen mit vier Diensten – kräftiger gehalten und ist der Gesamtraum etwas schwerer und niedriger gestaltet. Der zu diesem Bau gehörende Chor besteht nicht mehr. TYLE VON FRANKENBERG baute einen geräumigeren und höheren Chor mit steilem, das Schiff weit überragendem Dach (1353 geweiht). Er durchbrach damit die ursprünglich beabsichtigte Einheit der Dreikonchenanlage, gewann dafür aber eine wirkungsvolle Steigerung vom Langhaus zum Chorraum. Er schuf ferner die beiden westlichen Seitenschiffjoche seitlich des Westturmes und gestaltete damit die Westfassade im Gegensatz zu Marburg als Einturmfront mit eingestelltem Turm (1359 vollendet). Giebel und Helm des Turmes 1897 von GEORG GOTTLOB UNGEWITTER aus Kassel.

Tyle schenkte dem Kirchenbau weiterhin eine reiche plastische Ausstattung, so die Figuren, Konsolen und Baldachine an den Vierungspfeilern und Chordiensten, vielleicht auch das schöne Westportal und – als sein reichstes und bestes Werk – die *Marienkapelle* am nördlichen Querarm (um 1380). – Von der *Ausstattung* der Kirche blieb nach der Kirchenreform des Landgrafen Moritz und der Purifizierung des 19. Jh. wenig erhalten. Einige schlanke, biegsame Prophetenfiguren des ehemaligen Hochaltares stehen heute im Kircheninnern; zu ihnen gehört auch die Gruppe der Hl. Drei Könige vom gleichen Altar (Mitte 14. Jh.). Steinkanzel von 1554. Bei der Restaurierung 1961–62 gelang die Freilegung gotischer Rankenmalereien in den Gewölbekappen. In den Chorfenstern 12 Scheiben mit gotischer *Glasmalerei* von ausgezeichneter Qualität (Szenen aus dem Leben Christi und eine Ornamentscheibe, Mitte 14. Jh.). Das schöne *Sakramentshäuschen* mit Zinnenfries, ein Werk Tyles, wurde für viele Kirchen Kurhessens bis in die Marburger Gegend vorbildlich.

Die *Marienkapelle*, eine Stiftung des 1383 gestorbenen Johann von Cassel, ist nur von außen zugänglich (vgl. die Marienkapelle an der Fritzlarer Stiftskirche). Über unregelmäßigem Achteck-Grundriß wächst der schlanke Bau turmartig empor, ein bedeutsames Werk, entsprungen aus der symbolreichen Marienmystik der Spätgotik (Turm- und Zentralbau). Das Portal war einst sehr figurenreich; im Tympanon befand sich eine Marienkrönung, in den seitlichen Nischen standen Apostel und Propheten. Außen wie innen eine hervorragende Qualität der Steinmetzkunst und eine reiche Zierde an Fenstern, Kapitellen und Schlußsteinen. Konsolen und Baldachine, einst für (zerstörte) Statuen bestimmt, unterbrechen im Innern den Aufstieg der Dienste. Das unregelmäßige Gewölbe ruht an der Südseite auf einer originellen Konsolfigur: auf einem sitzenden Mann hockt ein Dämon (vgl. Rathaus). Von besonderem kunstgeschichtlichem Interesse für die Entwicklung der mittelalterlichen Altarform ist der erhaltene *Altaraufbau*. Antependium, Mensa und Retabel sind zu einer großen, kunstreichen Altarwand verschmolzen. Vom Figurenschmuck sind nur noch Reste vorhanden.

Als planmäßige Gründung des frühen 13. Jh. zeigt die *Stadt* einen regelmäßigen Grundriß mit gitterartigem Straßennetz um die beiden großen rechteckigen Plätze Unter- und Obermarkt. Zwischen beiden Plätzen liegt im ansteigenden Gelände des Talhanges das *Rathaus*, neben den Bauten von Alsfeld, Melsungen und Michelstadt wohl das schönste Fachwerk-Rathaus Hessens. Es wurde 1509 nach dem großen Stadtbrand erbaut. Auf steinernem Sockel erhebt sich ein kräftiger Holzbau, im Obergeschoß teilweise verschiefert. Die Gefache sind mit schmalen Ziegeln ornamental gefüllt. Man erreichte damit nicht nur ein lebendigeres Bild, sondern auch den technischen Vorteil festerer Einbindung der Vermauerung. Die Anregung dazu mag die niederdeutsche Bauweise gegeben haben. Die Dachzone ist in reicher Umrißlinie aufgelockert; an den Giebeln jeweils zwei Eck- und ein Mittelerker, an den Längsseiten je ein Mittelerker, alle mit Spitzhelmen; dazu ein Dachreiter mit Laterne und der 1535 seitlich angebaute Treppenturm, ebenfalls mit Helmspitze. Der mittlere Erker der Obermarktfront ruht auf einer Konsolenfigur in gleicher Gestaltung wie am Gewölbe der Marienkapelle. Die Uhr an der Nordseite entstand 1572. Das Untergeschoß, vom Untermarkt über eine hohe Freitreppe, vom Obermarkt ebenerdig zugänglich, zeigt noch die weiträumige mittelalterliche Kaufhalle mit drei mächtigen Stützen aus Holz.

Ober- und Untermarkt sind reich bestanden mit alten prächtigen *Fachwerkbauten*. Die Westfront beider Plätze beherrscht als besonderer städtebaulicher Reiz der Chorbau der hochgelegenen Liebfrauenkirche. Auch die übrigen Straßen und Gassen zeigen gute Fachwerkhäuser des 16.–18. Jh. Vielen von ihnen diente das Rathaus als Vorbild, indem auch bei ihnen die Gefache mit sichtbar gelassenen Ziegeln ausgesetzt sind, so Obermarkt 2,4 (18. Jh.), 5 (17. Jh.) und 20 (1575), Untermarkt 14 (17. Jh., Türe 1828) und 29 (mit Mansarddach) sowie Steingasse 1 (1564). Ferner fallen die mehrgeschossigen Eckerker (16.–17. Jh.) an Straßenkreuzungen und Plätzen auf, eine Eigenart Frankenbergs, so am Untermarkt (Ecke Dunkle Gasse und Pferdemarkt), am Obermarkt Nr. 20 (1575) und 34 (16. Jh.), an der Steingasse 1 (1564) und am schönsten und reichsten Fachwerkhaus der Stadt, Neue Gasse 34 von 1683 (heute Jugendherberge). Auch zwei *Steinhäuser* sind erhalten, Pferdemarkt 20 (16. Jh., Obergeschoß verschiefertes Fachwerk) und nördlich vom Rathaus (1538). Wenig südlich der Liebfrauenkirche stand einst das 1465 von dem Marienfelder Abt Johann Eidotter gegründete Augustinerinnen-Schwesternhaus. Die 1515 erbaute, ursprünglich zugehörende *Spitalkirche (e. ref.)* ist ein einschiffiger, spätgotischer Bau mit Holzgewölbe von 1865; Kanzel 17. Jh.

Durch die *Neustadt*, die 1335 am nordwestlichen Abhang des Burgberges, also zur Eder hin, angelegt wurde und die bis 1556 selbständig war, erreicht man das *Kloster St. Georgenberg*. Es wurde 1249 durch KONRAD VON ITTER aus Butzbach anstelle eines wüsten Dorfes gegründet, von Zisterzienserinnen besiedelt, 1567 aufgelöst und hessischer Amtssitz; seit 1902 Landratsamt. Umbau der Anlage und Neubau des westlich gelegenen Wohnbaues durch *Schulze-Naumburg*. Der Gebäudebezirk in seiner äußeren Form als Hufeisenanlage des 13. bis 16. Jh. eindrucksvoll erhalten. Das Innere modernisiert. Der architektonisch bedeutendere Nordflügel enthielt am Ostende die spätromanische einschiffige Kirche aus der Gründungszeit mit schmalen Rundbogenfenstern (innen heute Wohnräume), westlich anschließend den Kreuzgang mit spätgotischen Fensterbögen und im Obergeschoß das Dormitorium mit kleinen Rechteckfenstern. Nach Auflassen wurde dieser Gebäudeteil Zehntscheuer, heute *Heimatmuseum*. Dort befinden sich die hervorragend geschnitzten Konsolköpfe der ehemaligen Empore der Liebfrauenkirche von PHILIPP SOLDAN, ferner Möbel, Gerät und Münzen. Zwischen Kreuzgang und Kirche das Gewände eines Tores (14. Jh.) mit Totenleuchte. Im Westflügel noch einige vermauerte Kreuzgangarkaden. – Am entgegengesetzten hochgelegenen Ende der Stadt, am alten Friedhof, wo auch der mächtige runde *Hexenturm* der Stadtbefestigung steht, liegt die alte *Totenkapelle* (Linntorstraße). Auf einen massiven Unterbau des frühen 16. Jh. setzte man 1730–31 ein Fachwerkgeschoß.

Gemächlich strömt die Eder unterhalb Frankenbergs dahin. Die Nuhme, aus der Breiten Struth kommend, fließt von Westen zu. Schräg gegenüber der Mündung zweigt die Straße nach GEISMAR ab, wo 1521–1857 der Kupfererzbergbau blühte. Die 1829–30 anstelle einer romanischen Kirche errichtete geräumige *Pfarrkirche (e.)* enthält die 1745 erbaute Orgel der Marburger Elisabethkirche. LOUISENDORF wurde 1687 als französische Hugenottensiedlung durch Landgraf Karl von Hessen gegründet. Geistliche Predigt und Schulunterricht wahrten die französische Sprache bis in die 2. Hälfte des 19. Jh. Den heutigen Namen erhielt das Dorf im Jahre 1700 zu Ehren der Prinzessin Louise von Hessen. Im nahen FRANKENAU wurde nach dem 2. Weltkrieg ein Asien-Institut (Sammlung Exner) eingerichtet, das in den Sommermonaten Ausstellungen ostasiatischer Kunst mit Film- und Tonbandvorführungen veranstaltet. Die gotische *Pfarrkirche* des Nachbarortes FREBERSHAUSEN besitzt im Chor Fresken der 2. Hälfte des 15. Jh., an den Wänden Apostel und Heilige am Gewölbe Evangelistensymbole. Zur Ausstattung gehören ein schönes Kruzifix des 16. Jh., eine Kanzel von 1692 und eine Orgel des späteren 18. Jh.

An einer großen Ederschleife taucht vor dem Hintergrund weiter Waldeshöhen BURG HESSENSTEIN auf, einsam an der Mündung eines Seitentales auf dem Silberg gelegen. Die Burg wurde nach der Zerstörung der nahen Keseburg (s. u.) um 1328 durch Landgraf Heinrich II. von Hessen erbaut und von den Vögten von Keseburg als Burgmannen bewohnt. Im 15. und 16. Jh. war sie mehrfach verpfändet; daran erinnert noch das Wappen der Familie Huhn zu Ellershausen über dem Außentor (16. Jh.). Heute Forstamt und Jugendherberge. Die reizvolle, geschlossene Anlage besteht aus drei im 15. bis 17. Jh. mehrfach veränderten Gebäudeflügeln, die einen kleinen Binnenhof umschließen. Die offene Seite des Hofes sichert eine hohe Wehrmauer mit Spitzbogentor und Wehrgang.

Etwas unterhalb gegenüber Hessenstein, in EDERBRINGHAUSEN (kleine Fachwerkkapelle von 1801), mündet das enge und waldreiche ORKETAL, eines der landschaftlich reizvollsten Seitentäler der Eder. Gegenüber am östlichen Ufer lag auf einem scharfen Bergvorsprung die 1277 zerstörte KESEBURG. Ihre Spuren – u. a. Rumpf des runden Bergfrieds – sind noch erkennbar. Über OBERORKE mit einer 1739 in Fachwerk erbauten *Kirche*, die noch eine gute Innenausstattung (Kanzelaltar, Wandbemalung) aufweist, erreicht man DALWIGKSTHAL.

Östlich vor dem Dorf liegt an der Orke *Haus Sand*, einst die Wasserburg »Neu-Lichtenfels«, 1555 durch die Herren von Dalwigk gegründet, heute Gutsanlage. Aus dem 16. Jh. stammt das Wächterhaus mit dem Rundturm am Bach. Das heutige Herrenhaus mit Mansarddach ist ein Neubau von Julius Ludwig Rothweil 1744. Auf einer kleinen bewaldeten Bergnase über dem Hofgut ragt die *Burg Lichtenfels*, Ende des 12. Jh. zum Schutz der umliegenden Güter des Klosters Corvey erbaut, von 1297 ab Eigentum der Grafen von Waldeck, seit 1473 Lehensbesitz derer von Dalwigk. Die im 16. und 17. Jh. zerstörte Burg wurde 1908–14 unter Verwendung von Mauern des Beringes, des Palas und des Bergfrieds frei wiederaufgebaut und 1957 durch Fr. Bleibaum zum Erholungsheim der Anker-Werke (Bielefeld) umgestaltet. Am nordwestlichen Ortsrand links der Orke liegt ein weiteres größeres Hofgut, *Haus Kampf*, 1593 gegründet, 1741 in seiner Gesamtanlage mit Herrenhaus und Wirtschaftsbauten neu errichtet. – Die kleine *Dorfkapelle (e.)*, einst Grablege der Herren von Dalwigk, fällt durch den Gegensatz zwischen hohem gotischem Chor des 14. Jh. und niedrigerem Langhaus von 1620 auf. Im Innern zwei Altarflügel um 1520 (vgl. Braunau).

Von Dalwigksthal erreichen wir zwei Dörfer südlich und nördlich des Orketales, SACHSENBERG, dessen *Pfarrkirche (e.)* aus einem wehrhaften Kirchturm des 16. Jh. und einem Langhaus von 1770–72 mit sehr schönem Kanzelaltar (1708 von JOSIAS W. BRÜTZEL) besteht, und FÜRSTENBERG, dessen einfache, flachgedeckte romanische Kirche mit Kirchturm von 1835 ebenfalls einen Altaraufsatz von BRÜTZEL (1697) besitzt; Kanzel von JOST SCHILLING 1584.

2. Die Edertalsperre und ihre nördliche Umgebung

Unterhalb Ederbringhausen fließt der Fluß träger und langsamer und bei KIRCHLOTHEIM (Pfarrkirche 1868–72 von Kreisbaumeister LANGSDORF aus Thalitter) beginnt der Stausee der *Edertalsperre*. Sie gehört mit 202 Mill. cbm Fassung zu den größten Talsperren Europas. Der See ist 27 km lang und an der Sperrmauer 42 m tief. Hohe, dichtbewaldete Berge rahmen ihn ein (Ochsenwurzel 535 m, Dicker Kopf 604 m). Tiefe Seitentäler bilden stille Buchten und Seitenarme. Die 400 m lange Sperrmauer wurde in den Jahren 1909–13 gebaut. Die Stauung dient der Wasserregulierung (Bannung der Hochwassergefahr), Elektrizitätsgewinnung und der Wasserzufuhr zum Mittellandkanal. Oberhalb der Sperrmauer auf der Bergeshöhe befindet sich noch ein weiteres Becken, in das mit Nachtstrom Wasser heraufgepumpt wird, um in der Belastungsspitze am Tage zusätzlichen Strom erzeugen zu können. Drei Dörfer, Asel, Berich und Bringhausen versanken völlig im Stausee, zwei Dörfer, Herzhausen und Niederwerbe, nur zum Teil. Bei niedrigem Wasserstand werden die Ruinen der Häuser wieder sichtbar. Im Dorf BERICH hatte von etwa 1196 bis zum 16. Jh. ein Augustinerinnenkloster bestanden. Die gotische Kirche wurde abgebrochen und in NEU-BERICH bei Volkmarsen inmitten der neuen Wohnstätten der Bericher Bauern 1911–12 wiedererrichtet; in ihr befinden sich ein spätgotischer Dreiflügelaltar (um 1525) und drei hervorragende Glasgemälde des frühen 14. Jh. (vgl. Marburg, Elisabethkirche) aus der ehemaligen Klosterkirche. Die 1726 von JULIUS LUDWIG ROTHWEIL erbaute Kirche von BRINGHAUSEN mit ihrem originellen baldachinartigen Kanzelaltar wurde 1914 nach NEU-BRINGHAUSEN auf die Höhen über dem Südufer des Edersees übertragen. Das Dorf ASEL fand einen neuen Platz auf den nördlichen Höhen bei Vöhl. Am 17. Mai 1943 zerstörten Fliegerbomben einen Teil der Sperrmauer. Die ausbrechenden Wassermassen richteten bis Kassel schwere Verheerungen an. Sie forderten viele Menschenopfer und vernichteten in den nächstgelegenen Dörfern zahlreiche Häuser, besonders in Homfurth und AFFOLDERN. Auch das 1754–65 durch den Waldecker Hofbaumeister JOHANN MATHÄUS KITZ erbaute Langhaus der Affolderner *Kirche (e.)* wurde vernichtet. Der machtvolle, einst wehrhafte frühgotische Turm blieb als Stumpf erhalten. Er trägt heute wieder einen hohen Helm mit den kennzeichnenden vier Wichhäuschen. Das Schiff wurde 1950–52 teilweise aus dem alten Baumaterial und in Anlehnung an die alte Form wiederaufgebaut.

Unberührt vom Bau der Talsperre blieben die *Hünselburg*, eine prähistorische Befestigungsanlage der Spätlatènezeit auf dem scharf in den See vorspringenden bewaldeten Berggrat südlich Basdorf, insbesondere aber Burg und Stadt WALDECK. An der breitesten Stelle des Sees und an der fast rechtwinkligen Biegung des Tales von Osten nach Süden thront die *Burg* über den Waldbergen und beherrscht das Landschaftsbild. Auch unterhalb des Sees erscheint sie bis kurz vor Fritzlar immer wieder über den Bergeshöhen. Von ihrer Terrasse bietet sich nicht nur der beste Überblick über den Stausee, sondern auch ein umfassender Rundblick vom Eisenberg bis zum Burgberg von Homberg/Efze und bis zur Weidelsburg.

Burg Waldeck wurde wahrscheinlich zu Beginn des 12. Jh. gegründet. Seit 1178 war sie Sitz der Grafen, späteren Fürsten von Waldeck (vgl. Arolsen). Drei Tore der im frühen 16. Jh. angelegten, 1637 und 1755 erneuerten Vorburg erschließen den dreieckigen Hof der Kernanlage. Von einem Ausbau der Gipfelburg durch Graf Adolf I. von Waldeck gegen Mitte des 13. Jh. stammen der Bergfried, der in seinen Grundmauern noch vorhandene Südflügel mit dem Uhrturm und die drei Bastionen an der Ostseite mit ihren unterirdischen Gewölben (Museum) und dem Hexenturm. Der nördliche Flügelbau mit hofseitigem Treppenturm entstand 1500–1577. Der Waldecker Hofbaumeister JULIUS LUDWIG ROTHWEIL erweiterte 1733 den Torbau und ließ den baufälligen Südflügel abbrechen. Die Burg verlor damit die Enge ihres mittelalterlichen Hofes und öffnet sich in barockem Sinne mit großer Terrasse zur Landschaft. Der Sohn J. L. Rothweils, FRANZ FRIEDERICH ROTHWEIL, brach 1754 die großen Fenster in den Bergfried. Die Burg ist seit 1906 Hotel und Gaststätte (Ausbauten 1948–50 und 1959). In der Vorburg ein 120 m tiefer Brunnen. Im Museum alte Bilder vom Edertal vor dem Bau der Talsperre.

Das Edertal

Eine tiefe Senke trennt die Burg von der Stadt Waldeck, in deren Hauptstraße mehrere Fachwerkhäuser des 18. Jh. auffallen. Die *Pfarrkirche (e.)* mit Chor um 1300 wurde zu Beginn des 16. Jh. erneuert; dabei erhielt sie das unsymmetrische, zweischiffige Langhaus. Westturm von 1560. Restaurierung 1950–55. Kanzel von 1646. Wandtabernakel im Frankenberger Typ (14. Jh.). Epitaph der Gräfin Agathe von Waldeck (gest. 1636). Spätgotischer *Flügelaltar* (Ende 15. Jh.); geschnitzter Mittelschrein mit Marienkrönung, gemalte Flügel, innen Verkündigung und Anbetung der Heiligen Drei Könige, außen zwei Heilige und die Klugen und Törichten Jungfrauen; das letzte Bild ist ikonographisch interessant durch eine gemalte Stufenleiter, die hinauf zu Christus (= Seligkeit) bzw. hinab zur Hölle (= Verdammnis) führt. Das kleine Kruzifix darüber um 1500.

Ungefähr westlich des Sees, zwischen Fürstenberg und Immighausen, liegt in einer Weide des Gutes SCHAAKEN die Ruine der *Klosterkirche* eines um 1200 gegründeten Benediktinerinnenklosters. Die Kirche wurde in der 2. Hälfte des 13. Jh. mit quadratischem Chor, nördlichem Querarm und nördlichem Seitenschiff erbaut. An die Südseite lehnten sich die Klostergebäude. Nachdem der Bau lange als Scheune gedient hatte, brannte er 1914 bis auf die Umfassungsmauern aus. Besonders eindrucksvoll ist das sorgfältige Quadermauerwerk der Westfassade als Schaufront. Der anstoßende Steinbau ist ein Rest des Klosters (13. und 16. Jh.). Das Fachwerkwohnhaus des Gutshofes wurde 1733 gezimmert. Im benachbarten IMMIGHAUSEN treffen wir auf eine romanische einschiffige *Dorfkirche (e.)* mit hohem glattem Westturm und quadratischem Chor, das Schiff mit gebusten gratigen Kreuzgewölben, die Gurtbogen stark gedrückt. Diesem Typ einer Dorfkirche des 12. Jh. begegnet man häufiger im Waldecker Land. Kanzel 1588. Sakramentsnische 1494–95.

Bei Herzhausen mündet die Itter in den Edersee. An ihrem Oberlauf liegt Korbach, am Mittellauf finden wir Dorfitter und Thalitter. Die *Kapelle (e.)* von DORFITTER wurde 1628 als kleiner Fachwerkbau auf steinernem Untergeschoß errichtet. *Altartafel* mit Szenen aus dem Leben Christi 15. Jh.; das dazugehörende Kruzifix 14. Jh. Bauwerk und Innenraum mit Ausstattung sind ein gutes Beispiel einfacher religiöser dörflicher Kunst. Aus der Häusergruppe von THALITTER ragt der prachtvolle dreigeschossige Fachwerkwohnbau des *Hartwigschen Gutes* hervor, um 1720 für den hessischen Bergwerkinspektor Ludwig Balthasar Müller errichtet. Ursprünglich sollte das Haus als Jagdschloß des Landgrafen von Hessen-Darmstadt auf der Keudelburg (bei Battenberg) aufgeschlagen werden. Auf der anderen, östlichen Seite der Itter, wo ein Seitenbach zufließt, liegen im Hang die

Dorfkirche (e.) von 1660–63 mit Erweiterung von 1715–23 und gegenüber im Walde verborgen die bescheidene Ruine der *Burg Itter*, Stammsitz des 1441 erloschenen Geschlechtes von Itter. In Thalitter bestand vom 17. bis 19. Jh. ein Silberbergwerk. – BASDORF, auf freier Höhe, erhielt 1861–63 durch Baumeister PFANNMÜLLER aus Thalitter eine neugotische Pfarrkirche. Östlich von ihr wächst in Ortsmitte heute noch die alte *Gerichtslinde*. Ihre Äste ruhen auf einem von steinernen Säulen getragenen Gebälk. Dabei ein alter Steintisch und ein Portal von 1626.

Seit dem Bau der Talsperre mündet in Niederwerbe das Werbetal in die Eder. Am Oberlauf des stillen Wald- und Wiesentales trennen die Werbe und die Kreisgrenze (Kreis Frankenberg und Kreis Waldeck) die Dörfer Oberwerba und Oberwerbe. Schroffe, zerklüftete Felsen stehen über dem tief eingeschnittenen Tal. Auf dem »Langen Stein« hoch über OBERWERBE starren die geringen Ruinen eines im 12. Jh. gegründeten, im 16. Jh. aufgelösten Benediktinerklosters ins Land. Die *Pfarrkirche (e.)* des gegenüberliegenden OBERWERBA ist ein romanischer Bau des 12. Jh. mit quadratischem Chorraum und einem Langhaus, dessen Seitenschiffe schon im 13. Jh. niedergelegt wurden. Ursprünglich flach gedeckt, gehört der Bau mit seinem gebundenen System, den später eingebauten, kuppelförmig hochgezogenen Gratgewölben, den ornamentierten Kämpfern und mit dem Tympanon in eine Typenreihe romanischer Kirchen, auf die wir schon in Bromskirchen (s. d.) stießen. Steinkanzel von 1707. Einfache Barockorgel.

Einen Kilometer vor SACHSENHAUSEN entdeckt man westlich der Straße auf einer Anhöhe mit weiter Rundsicht einen spätmittelalterlichen runden *Wartturm*, der wohl einst die Waldecker Grenze sicherte (vgl. die verwandten Warttürme bei Volkmarsen und Fritzlar). Sachsenhausen selbst erstreckt sich auf einer weiten, fruchtbaren Höhe (350–450 m) nördlich des Edersees. Um 1250 erhielt der Ort Stadtrechte; sein spindelförmiger Grundriß reicht wohl in das 13. Jh. zurück. In der Ortsmitte hinter dem Rathaus liegt die *Pfarrkirche (e.)*. Aus dem dreischiffigen Hallenlanghaus der 2. Hälfte des 13. Jh. wächst an der Westseite der in der Anlage ältere, nach Einsturz 1563 erneuerte Westturm mit Spitzhelm und vier Wichhäuschen hervor. Der hochgotische Chor (14. Jh.) überragt mit seinem Dach das Mittelschiff. An der Nord- und Südseite je ein Spitzbogenportal; Rundstäbe mit Wirteln bereichern das südliche Portal. Das Kircheninnere ist breit, weiträumig und von einfachen, wuchtigen Formen. Auffallend sind die kräftigen Rechteckvorlagen vor den Rundpfeilern. Der Gurtbogen in der Langhausmitte wurde jedoch erst nach dem Turmeinsturz bei der durch ihn bedingten Gewölbeerneucrung 1563 verstärkt.

Der hohe Chor wirkt schlanker und eleganter. Bemerkenswert ist die 1934–35 freigelegte Gewölbemalerei im Schiff, Steinmuster, Sterne, Maiestas Domini mit Evangelistensymbolen (Ende 13. Jh.). Etwas unbeholfen wirkt das Fresko an der Westwand des südlichen Seitenschiffes, Einzug Christi in Jerusalem (14. Jh.). Reiches Sakramentshäuschen von 1514. Schöne Steinkanzel 1. Hälfte 16. Jh.

Von ganz anderem Charakter ist die *Hallenkirche (e.)* des Nachbardorfes FREIENHAGEN, die etwa zur gleichen Zeit entstand und mit dem Westturm um 1300 vollendet wurde. Der kraftvolle verschieferte Turmaufbau spätes 17. Jh.; Chor Anfang 19. Jh. erneuert. Schlanke Rundsäulen tragen die Langhausgewölbe mit ihren gekehlten Rippen. Die Seitenschiffe sind etwa halb so breit wie das Mittelschiff (in Sachsenhausen gleiche Breite), der Raum wirkt deshalb gestreckter und gerichteter. Beide Kirchen zeigen zwei Formen hessischen Hallenbaues, Freienhagen den Einfluß der strafferen Marburger Architektur, Sachsenhausen den der schwerfälligeren westfälischen.

Im Jahre 1228 gründeten die Grafen von Schwalenberg und Waldeck das *Zisterzienserinnenkloster Marienthal* in NETZE. Um 1550 löste sich das Kloster wieder auf, und die Klosterkirche wurde dadurch *Pfarrkirche (e.)*. Der schwere romanische Westturm geht noch auf eine Kirche vor der Klostergründung zurück. Aus der Gründungszeit stammen dagegen der Nonnenchor und der Westteil der Kirche, aus der Zeit um 1419–20 der flachgeschlossene Ostteil der zweischiffigen Hallenkirche. Die Instandsetzung 1950–59 gab dem ruhig proportionierten Raum seine ursprüngliche Farbstimmung wieder. Auf dem Gewölbejoch über dem Altar konnte eine zartlinige spätgotische Rankenmalerei freigelegt werden. Von hoher künstlerischer Qualität ist das *Altartriptychon* eines westfälischen oder Westfalen nahestehenden Meisters aus der Zeit um 1370. Dargestellt sind 12 Szenen aus dem Leben Christi von der Verkündigung bis zur Himmelfahrt und als großes Mittelbild die Kreuzigung. Die Bildkomposition beschränkt sich mit festem und klarem Aufbau auf das Figürliche vor goldenem Hintergrund. Die überschlanken Gestalten schwingen in zarten Rhythmen und sind umhüllt von dünnen, unstofflichen Gewändern. Die Farbigkeit ist gedämpft, fast dunkel gedrückt. Dunkelrot, Olivgrün, Violett und Graublau bilden vorwiegend die Farbskala. Von reifer menschlicher Ausdruckskraft sind besonders einzelne Szenen, Blicke und Gebärden, so die Gruppe der Maria mit Johannes bei der Kreuzigung, das Christusantlitz am Kreuz, der Leichnam Christi im Schoß Mariens u. a. Vom gleichen Künstler stammt ein ganz ähnliches Triptychon aus Osnabrück (heute im Wallraf-Richartz-Museum Köln, um 1370–80). Der Maler gehört zu der Generation vor Konrad von Soest.

Die südlich anschließende *Grabkapelle* aus dem 13. Jh., in der von 1270–1677 die Mitglieder des Waldeckischen Grafenhauses bestattet wurden, zeichnet sich durch vorzügliche Architekturplastik in dem um 1385 nach Westen erweiterten Teile aus: Schlußstein mit betender Nonne, am südlichen Pfeiler ruhende Nonne mit Buch, an der Nordseite Mönch in Kuttenkleidung u. a. Die Grabdenkmäler bezeugen eine teilweise hervorragende Steinmetzkunst, so an der Südwand drei gotische Grabsteine: Graf Otto I. (gest. 1306), noch in der Kunsttradition des 13. Jh. wurzelnd, Graf Heinrich IV. (gest. 1344) in strenger Haltung und mit jugendlichem Antlitz, und die beiden Gräfinnen Mathilde (gest. 1357) und Margarethe (gest. 1381) in weich geschwungenen faltigen Gewändern. Der Kasseler Bildhauer ANDREAS HERBER (um 1530–1614) fertigte jeweils Grabplatte und Wandepitaph für Graf Philipp IV. (gest. 1574), für Graf Daniel (gest. 1577) und für Gräfin Barbara (gest. 1597). Die Epitaphien zeigen den Verstorbenen in festlicher Kleidung und betender Haltung, umgeben von reichem Architekturaufbau. Da das Grabmal der Gräfin in seinen Formen entwicklungsgeschichtlich fortgeschrittener, jedoch künstlerisch trockener erscheint, ist es wohl eine Werkstattsarbeit (Sohn ANTONIUS HERBER).

3. Von der Edertalsperre bis Fritzlar

Nachdem die Eder die große Talsperre und das Ausgleichsbecken bei Affoldern verlassen hat, treten die Berge von ihren Ufern wieder mehr zurück, und fruchtbare Ackerfluren decken den Talgrund. Südlich begleiten die hohen Kuppen der Wildunger Berge (Homburg 518 m, Mühlenberg 385 m) den Talrand. Die *Pfarrkirche(e.)* von BERGHEIM, ein romanischer Bau, 1331 nach Brand wiederhergestellt, ist auf verschiedene Weise bemerkenswert. Der mächtige gotische Chorturm zeigt die gleiche Form der Wichhäuschen und des Helmes wie die Kirche von Affoldern. Das Langhaus des 12. Jh. ist eine zweischiffige Halle; Rundsäulen mit primitiven Kapitellformen tragen ein gurtloses Kreuzgratgewölbe (auch als zwei Längstonnen mit Stichkappen anzusprechen). Diese Gewölbe überspinnt eine reiche Renaissance-Rankenmalerei des Malers SELTZER von 1573 mit Blüten, Vögeln und allegorischen Figuren (Tugenden u. a.). Der Chorraum zeigt gute, 1932 freigelegte *Fresken* um 1460, die den Malereien von Frebershausen und Zierenberg nahestehen. Dargestellt sind an der Nordwand das Jüngste Gericht und in einem umlaufenden Fries die 12 Apostel. Schließlich ist das spätgotische *Altartriptychon* zu erwähnen, das mit

Das Edertal

geschnitztem Mittelschrein (Kreuzigung, Petrus und Paulus) und gemalten Flügeln (Magdalena und Katharina, Verkündigung) um 1480 entstand. – An der Talseite des Dorfes erstreckt sich am Ende eines großen Parkes *Schloß Bergheim*, Besitz der gräflichen Linie von Waldeck. Der Wirtschaftsflügel längs der Dorfstraße mit Tordurchfahrt entstand 1669. Das große Herrenhaus, im rechten Winkel zur Straße gelegen, wurde in einfacher frühklassizistischer Form mit parkseitigem Mittelrisalit 1785–86 von dem Kasseler Baumeister SIMON LOUIS DU RY erbaut. Innen eine nahezu geschlossene Folge der »Amor- und Psyche-Tapete« aus der Pariser Werkstatt von JOSEPH DUFOUR (1825). Niederwildungen im Seitental der Wilde, seit 1906 BAD WILDUNGEN, bildet den Kern der heutigen Badestadt und wurde 1942 durch die Eingemeindung der Orte Altwildungen, Reinhardshausen und Reitzenhagen vergrößert. Älter als diese vier Ortschaften war ein schon im 9. Jh. bezeugtes, seit dem 16. Jh. jedoch wüstes Dorf Wildungen unterhalb Niederwildungen. ALTWILDUNGEN, das nördlich der Stadt auf hohem Bergrücken thront, ist von den heutigen Ortsteilen durch seine im 12. Jh. erbaute Burg die älteste Siedlung. Die Burg war ursprünglich Besitz der Landgrafen von Thüringen und kam 1263 an die Grafen von Waldeck. Graf Josias II. ließ sie 1663–74 durch einen Schloßbau ersetzen; Baumeister war EMANUEL BRAND aus Mengeringhausen. 1707–14 fügte Graf Friedrich Anton Ulrich, der Erbauer Arolsens, den Südflügel hinzu und gab dem Bau den Namen *»Schloß Friedrichstein«*. So entstand die hufeisenförmige Dreiflügelanlage mit höherem Mittelbau. Der große Eckrundturm geht noch auf Graf Philipp IV. zurück. Durch ihn wurde die Burg 1550 Residenz einer Waldecker Seitenlinie. Heutiger Eigentümer ist das Land Hessen. Eine Steinbrücke führt über den einstigen Halsgraben zu der Tordurchfahrt im nördlichen Seitenflügel. Das hofseitige Portal des Hauptbaues mit den Bauherrnwappen fertigte Meister RUDOLF KIPPENHAHN. Terrassen mit Treppenaufgängen legen sich hofseits vor die Seitenflügel. ANDREA GALLASINI schuf um 1720 die vorzüglichen Stukkaturen des Festsaales im Südflügel, CARLO CASTELLI die zugehörigen Deckenmalereien. Von der Terrasse vor dem Südflügel fällt der Blick auf den malerischen Aufbau von Bad Wildungen. – Die vor dem Schloß gelegene *Kirche (e.)* ist ein äußerlich schlichter Bau von JULIUS LUDWIG ROTHWEIL (1726) mit eindrucksvollem Innenraum. Der Ort Altwildungen brannte 1763 größtenteils nieder; der planmäßige Wiederaufbau mit einheitlichen Giebelhäusern in Fachwerk ist an der Hauptstraße noch ablesbar.

NIEDERWILDUNGEN wurde um 1242 durch den thüringischen Landgrafen mit ungefähr ringförmig um eine Bergkuppe sich legendem Grundriß gegründet. An die 1319 begonnene *Stadtwehr* erinnern zum Teil in Wohnhäuser verbaute Mauerzüge, eine Bastion unterhalb der Kirche und der Rundturm »Roter Hahn« sowie die im Südosten der Stadt auf der Höhe stehende Braunauer Warte (s. u.). Die beiden T-förmig zueinander stehenden Hauptstraßen zeichnen sich durch einen vorzüglich erhaltenen Bestand an *alten Häusern* des 16. und 17. Jh. mit vielfach freigelegtem Fachwerk aus. Die Straßen steigen zum Marktplatz hin an, und die hohen, mehrgeschossigen Häusergiebel stufen sich treppenartig aufwärts. Zu den ältesten Häusern gehören Brunnenstraße 5/7 von 1540–50, 6 von Zimmermeister JAKOB WALDSCHMIDT (1582), 14 von 1582, 16 von 1570, das Eckhaus Brunnen- und Lindenstraße von 1551, seit 1630 Löwenapotheke, Lindenstraße 5 von 1545, 29/31 von 1543, 33 um 1540–50 sowie der *Hainaer Hof* (Münzstraße 7) von 1564. Das Haus Lindenstraße 9 von Zimmermeister JOHANN CASPAR ZIMMERMANN (1682) ist heute *Heimatmuseum*. Das jetzige *Rathaus* (um 1850) ersetzte einen spätgotischen Fachwerkbau (Modell im Heimatmuseum).

Der kräftige Westturm der *Stadtkirche St. Nikolaus (e.)* mit seiner eigenwilligen Dachbekrönung von THEODOR ESCHER (1809–11) beherrscht als Blickfang das obere Ende der Brunnenstraße. Die Kirche, ein dreischiffiger Hallenbau des 14. Jh., erhebt sich weithin sichtbar an höchster Stelle des Ortes. Der Chor im 15. und 19. Jh. erneuert. Westturm 1462–89 vollendet. Übersichtlicher, schlichter Außenbau. Die hohen Seitenschiffe jochweise mit Giebeln geschlossen. An der Nordwand des schlanken Chores eine kleine ehemalige Sakristei (15. Jh.), an der Südwand die heutige. Südliches Langhausportal mit Resten von Bauplastik (zwei Apostel) 2. Hälfte 14. Jh. Der weite, lichte Innenraum von Rundsäulen unterteilt, aus denen über teilweise unvollendeten Kapitellen die Kreuzrippengewölbe hervorwachsen. Emporen, Kanzel und Orgel von 1930 (FR. BLEIBAUM).

Von überragender kunstgeschichtlicher Bedeutung ist das große *Altartriptychon* des westfälischen Meisters KONRAD VON SOEST von 1403. Die Thematik des Altares ist die gleiche wie in Netze: 12 Christusszenen und die Kreuzigung. Meister Konrad war in der 1. Hälfte des 15. Jh. noch in Soest und Dortmund tätig. Sein Schaffen befruchtete besonders die westfälische und Kölner Malerei der Spätgotik. Die leuchtende Farbigkeit und die schmiegsam zarten und flüssigen Formen kennzeichnen ihn als großen Meister des Weichen Stils. Die Freude an prunkreichen, modischen Gewändern, an Vorhängen und an eleganter, fast gezierter Haltung der Figuren und ihrer Handlung verrät den Einfluß der führenden französisch-burgundischen Malerei. Die stille Intimität vieler Szenen mit der liebevollen Schilderung des

Das Edertal

Kleinen und Nebensächlichen zeugt von tiefer, herzlich-naiver Religiosität. Das Kruzifix über dem Altar entstand zu Beginn des 16. Jh. In der Kirche drei beachtliche *Grabdenkmäler* Waldecker Grafen. ANDREAS HERBER – nach anderer Überlieferung GEORG VON DER TANN aus Wildungen – schuf 1579 das Epitaph für Graf Samuel (gest. 1570) im nördlichen Seitenschiff. Eine strenge Renaissancearchitektur umschließt den selbstbewußt stehenden Verstorbenen. HEINRICH PAPE entwarf 1674 das gewaltige frühbarocke Grabmal des Grafen Josias II. Der prunkhafte Gesamtaufbau gleicht dem eines Barockaltares. Seitlich des auf dem Sarkophag ruhenden Toten, der im Türkenkampf auf Kreta fiel, stehen neben gewundenen Säulen vier lebensgroße Soldaten der Leibwache aus Alabaster, darüber auf dem Gebälk die vier personifizierten Tugenden, in der Mitte ein Relief des Jüngsten Gerichts. Auf der südlichen Chorseite fertigte MARKUS CHRISTOPH KRAU um 1765 das Rokoko-Epitaph für Fürst Karl. – Im Süden der Stadt, in der Achse der Brunnenstraße, erstreckt sich das *Kurviertel* mit seinen Bauten des 19. und 20. Jh. und dem weitreichenden Park. Die Georg-Victor-Quelle (»Stadtborn«) wurde 1378 gefaßt. Die Quelle des Talbrunnens wird 1580 genannt. Die Helenenquelle ist im 17. Jh. entdeckt worden. 1869 kam die Königsquelle hinzu. Bereits im späten Mittelalter herrschte in Niederwildungen ein reges Badeleben. 1723 baute JULIUS LUDWIG ROTHWEIL über der Georg-Victor-Quelle ein Brunnenhaus in Pavillonform mit Kuppel. JOHANN MATHÄUS KITZ schuf ein »Spacierhaus«. Beide Bauten wurden jedoch 1890 abgebrochen. Das 1856–57 erbaute klassizistische »Fürstliche Badelogierhaus« wurde 1904–05 in Formen des Jugendstiles erweitert und nach dem 2. Weltkrieg im Inneren modernisiert. P. MEISNER aus Darmstadt schuf 1928–29 die neue Wandelhalle; 1961 durch einen Saalbau erweitert (Staatliche Bauverwaltung). – Südlich von Bad Wildungen liegt BRAUNAU. In der 1728 von JULIUS LUDWIG ROTHWEIL erbauten *Dorfkirche (e.)* befindet sich ein *Dreiflügelaltar* aus der Werkstatt der Franziskaner von Meitersdorf (1523). Im geschnitzten Mittelschrein eine vielfigurige Kreuzigung, auf den gemalten Flügeln Christusszenen und Enthauptung des Johannes. Aus der gleichen Werkstatt stammen die Altäre in Külte, Kleinern und Dalwigkstal. Zwischen Bad Wildungen und Braunau liegt die *Braunauer Warte*, ein runder Wehrturm der mittelalterlichen Landwehr von Niederwildungen.

MANDERN liegt mit schlichter spätromanischer, im 17. Jh. erweiterter *Dorfkirche* im Edertal. Der BÜRABERG springt als mächtiger Bergrücken bei Ungedanken ins Tal vor. Hier befand sich einst eine vorgeschichtliche, später eine fränkische Festung, deren Mauern und

Tore 1926–31 freigelegt wurden (nordwestlich der Kirche). Vermutlich waren es iroschottische Mönche, welche die *Kapelle St. Brigida* mit quadratischem Chor, Langhaus und Westturm erbauten. 741 gründete Bonifatius an dieser Stelle den ersten hessischen Bischofssitz. Der runde Taufbrunnen aus dieser Zeit wurde bei den Grabungen ermittelt. Das Bistum Büraberg wurde schon nach dem Tode des hl. Bonifatius aufgelöst und dem Bistum Mainz zugeordnet. Die Kapelle hatte in romanischer Zeit, besonders dann im 17. Jh. nach der Zerstörung im Dreißigjährigen Krieg, eingreifende Erneuerungen erfahren. Sie dient heute den Dörfern Ungedanken und Rothelmshausen als Totenkapelle. Vom Friedhof bietet sich ein umfassender Blick auf das Edertal und die Stadt FRITZLAR, die sich mit ihren Türmen und Bauten in großartiger Lage am nördlichen Uferhang entfaltet, bekrönt von der mächtigen Baugruppe der Stiftskirche St. Peter.

Vier entscheidende Geschehnisse bestimmten den geschichtlichen und kunstgeschichtlichen Werdegang der Stadt: 721–22 kam der hl. Bonifatius von Amöneburg nach Fritzlar. Seine erfolgreiche Missionierung der Chatten gipfelte in der Fällung der Donareiche im Raum Fritzlar (vgl. Kapitel IX), der Einrichtung des Bistums Büraberg und der Gründung eines Benediktinerklosters in Fritzlar 724. Der erste Abt dieses Klosters war der hl. Wigbert (gest. 736); sein Grab befindet sich noch heute in der Krypta der Fritzlarer Stiftskirche. Die erste, 732 geweihte steinerne Kirche, ein kleiner dreischiffiger Bau, wurde 1916 unter der heutigen festgestellt. Neue Bedeutung gewann die Stadt, als Karl der Große westlich der Stiftskirche eine Königspfalz anlegte. Sie war als Mittelpunkt Niederhessens und Vorposten gegen die Sachsen gedacht und erlebte im 10. bis 11. Jh. viele Reichsversammlungen. 919 fand in Fritzlar die Königswahl Heinrich I. statt. 1079 zerstörten die Sachsen die Pfalz, die Stiftskirche und die Stadt. Nachdem Fritzlar 1066 von Reichsbesitz in den Besitz des Mainzer Erzbischofs übergegangen war, begann um 1100 die dritte Blütezeit der Stadt. An die bisherige Siedlung um Stiftskirche und Pfalz schloß sich eine neue Stadt mit Marktplatz und nahezu radial von ihm ausstrahlendem Straßennetz. Die Stiftskirche wurde in der 2. Hälfte des 12. Jh. ausgebaut, die erste Stadtbefestigung errichtet und eine erzbischöfliche Burg 1225 angelegt. Fritzlar war der bedeutendste und stärkste Stützpunkt des Erzstiftes Mainz in Hessen und oft heftig umkämpft (so z. B. 1232). Mehrfach wurde die Stadtumwehrung erweitert, so 1232 bis 1237 im Osten und 1320–27 im Westen, oder verstärkt, so gegen Ende des 14. Jh. Erst 1802 kam Fritzlar im Zuge der Säkularisation an Kurhessen. Als sich Fritzlar durch ein strebsames Kaufmanns-Patriziat im 13. bis 14. Jh. zu einem der wichtigsten niederhessischen

Handelsplätze entwickelte, begann die letzte mittelalterliche Blüte der Stadt. Die Stadtwehr wurde ausgebaut, die Stiftskirche vergrößert, ein Hospital gegründet, eine Neustadt entwickelte sich, und viele stolze Bürgerhäuser entstanden in Stein und in Fachwerk. Aus dieser bewegten Geschichte des mittelalterlichen Fritzlar erklärt sich das künstlerische und städtebauliche Bild der Stadt.

Machtvoll und beherrschend liegt die *Stiftskirche St. Peter*, jetzt katholische Pfarrkirche, als dreischiffige Basilika mit Querschiff am Südrand. Die doppeltürmige Westfront mit dem vorgebauten Paradies (Vorhalle) wächst über dem Domplatz empor, die nördliche Langseite mit der nachträglich angebauten Bonifatiuskapelle und dem »Roten Hals« (Eingangsbau von 1735) wendet sich dem mittelalterlichen Rathaus zu, und die reiche Ostpartie, die Hauptapsis mit Zwerchgalerie, stehen zum Dr.-Jestädt-Platz. Die Südseite des Stiftsgebäudes mit dem Kreuzgang – im 11. Jh. wandelte sich das Kloster des Bonifatius in ein Chorherrenstift – ist in den Talhang vorgebaut. Nach der Stadtzerstörung 1079 entstand bis zum Beginn des 12. Jh. ein Neubau der Kirche als flachgedeckte Basilika. Davon sind im heutigen Bau erhalten: der Unterbau der Westtürme, Mauerteile des nördlichen Seitenschiffes und des Querschiffes, die gesamte Krypta außer dem östlichen Abschluß des Hauptraumes. In den Jahren nach 1232 (Zerstörung Fritzlars durch Landgraf Konrad von Thüringen), nach neueren Angaben vielleicht schon in der Zeit nach 1171 (Bericht des Erzbischofs über schlechten Bauzustand und Neubauabsichten) wurde die beschädigte Kirche durch eine oberrheinische (Worms-Mainzer) Bauschule neu und »moderner«, d. h. mit Wölbung, wiederaufgebaut. Das Bauwerk erhielt im wesentlichen seine heutige Form. Der Bau der westlichen Vorhalle um 1230–40 in seltsamer Mischung von Spätromanik und Frühgotik beendete diesen großen Bauabschnitt.

Sorgfältige Quaderung des Mauerwerks und reiche Schmuckformen in vorzüglicher Steinmetzkunst zeichnen den gesamten Baukörper aus. Hinzuweisen ist besonders auf das Portal und die Fensterbögen, die Säulen und Kapitelle der Vorhalle mit ihren vielfältigen Durchblicken und Überschneidungen, auf die straffen Lisenen und profilierten Rundbogenfriese des Langhauses und auf die phantasievollen Gesimsbänder und Bogenreihen der polygonalen Ostapsis (das hohe östliche Fenster der Apsis 15. Jh.). Das Fachwerkobergeschoß des nördlichen Nebenchores, in dem die Bibliothek untergebracht ist, zimmerte 1560 Meister HOFERT. Die Bonifatiuskapelle vor dem nördlichen Querarm, ursprünglich der Jungfrau Maria geweiht, heute Sakramentskapelle, wurde gegen Mitte des 14. Jh. in klaren hochgotischen Formen angebaut. Die Turmhelme stammen aus dem späten 19. Jh. Umfangreiche Restaurierung der Kirche 1913–20. Der *Innenraum* zeigt in seinem gebundenen Wölbungssystem, in seinen großen Wandflächen und kräftigen Gliederungen spätromanische Formen, in seinen zugespitzten Bögen und Rippengewölben auf Bündeldiensten gotische Bauweise. Eine zweigeschossige, dreigliedrige Arkadenfolge mit Halle im Erdgeschoß und Emporenraum (Kaiserloge?) bildet den westlichen Abschluß des Langhauses. Das südliche romanische Seitenschiff wurde zu Beginn des 14. Jh. durch ein zweischiffiges, hallenartiges Seitenschiff mit edlen und reichen Formen der Pfeiler und des Fenstermaßwerks ersetzt.

Die umfangreiche spätgotische und barocke *Ausstattung* bestimmt wesentlich den festlichen Eindruck des Innenraumes, verbunden mit der farbigen Behandlung der Architekturglieder, die nach alten Resten bei der großen Instandsetzung erneuert wurde. Das hohe, in steilem Aufbau sich verjüngende und filigranhaft auflösende *Sakramentshäuschen* meißelte kurz vor 1524 Meister BERND BUNEKEMANN aus Münster in Westfalen, von dem auch das Sakramentshäuschen der Korbacher Kilianskirche (s. d.) stammt. Die Kanzel schuf 1696 HEINRICH GROENE aus Paderborn, der auch die beiden Seitenaltäre 1693–95 fertigte. Mehrere kunstgeschichtlich wertvolle Plastiken sind besonders beachtenswert: der *Gnadenstuhl* (Trinitas) von einem rheinisch-westfälischen Meister (um 1300) ist in seinem strengen, festen Aufbau noch romanischer Kunst verhaftet, in der innigen Zartheit, der Neigung des Kopfes und der Bewegung der Gewandfalten von französisch-gotischer Plastik angeregt. Die Statue der *Maria als Himmelskönigin* auf der Weltkugel mit Christuskind und Zepter ist eine qualitätvolle Rokokoarbeit vom ehemaligen Pfarraltar, 1724 von Johann Neudecker d. J. Das *Vesperbild* (auf dem rechten Seitenaltar, 2. Hälfte des 14. Jh.) erschüttert durch seine expressive Darstellung des Todes Christi und des Schmerzes Mariä; ein ganz ähnliches, etwas älteres Werk des gleichen mittelrheinischen Kunstkreises befindet sich im Landesmuseum Bonn. Auf den Zwischenpfeilern des östlichen Langhausjoches stehen zu beiden Seiten die romanischen *Holzfiguren von Johannes und Maria* (Kopien, die Originale des 12. Jh. im noch nicht wiedereröffneten Dommuseum), schlanke, säulenhafte Gestalten mit linearer Gewandzeichnung, die Gestik und Kopfhaltung voll tiefer Innerlichkeit. Die Gotik hatte die beiden Statuen mit einer Stuckleinwand überdeckt und verändert; 1913 wurde der ursprüngliche Zustand wiederhergestellt. Diese Figuren assistierten ehedem dem Triumphkreuz, das am Vierungsbogen aufgehängt ist, ein reifes Werk der Gotik (14. Jh.).

Das Edertal

An den Ostwänden des Querschiffes konnten bei der Restaurierung zwei bedeutsame *gotische Fresken* freigelegt werden, im nördlichen Querarm St. Martin zu Pferde (2. Hälfte 15. Jh., die linke Bildhälfte ergänzt) und im südlichen Querarm eine ikonographisch interessante Verherrlichung Mariens in turmartigem Gehäuse mit Propheten, Mariensymbolen und Marienkrönung (um 1320). Im Chor eine Diakonfigur als Pultträger (vgl. Johannisberg/Rhg. und Kilianskirche in Korbach), spätromanisch 13. Jh., ferner seitlich ein großer Reliquienaltar von Meister Heinrich Pape aus Giershagen (1699-1703) und ein prachtvoller Hochaltar (1685-86). Im südlichen, gotischen Seitenschiff ein guter spätgotischer dreiflügeliger Schnitzaltar (Umrahmung modern). In der Sonntagssakristei einige Glasfenster des 14. und 15. Jh. – In der *Hauptkrypta* zeigt sich die spätere Erbauungszeit der Apsis mit $^5/_{10}$-Schluß an den reicheren Kapitellformen. Am Westende der Krypta die Confessio. Das Hochgrab des ersten Abtes Wigbert mit Tumba und Sitzfigur des Heiligen entstand 1340. Die *Nebenkrypta*, teilweise unter dem Nebenchor, teilweise unter dem Querschiff, enthält ein eindringliches und wuchtiges spätromanisches *Relief des thronenden Petrus* – eine freie Nachbildung der spätantiken Bronzestatue des Petrus aus dem Petersdom zu Rom – sowie verschiedene vorromanische Sarkophage. Der westliche Teil dieser Nebenkrypta (unter dem Querschiff) mit ornamentierten Kapitellen wird auch als der ursprüngliche Kapitelsaal oder als die ältere Marienkapelle gedeutet.

Der um 1370 vollendete *Kreuzgang* ist mit drei Flügeln an der Südseite der Kirche in ganzer Geschlossenheit erhalten. Seine offenen Maßwerkarkaden und sein auf phantasievollen figürlichen Konsolen ruhendes Rippengewölbe bietet ein bewegtes Licht- und Schattenspiel. Von dem kleinen Binnenhof erfaßt der Blick die ganze Länge und Wucht des massigen Dombaues. Im Kreuzgang fällt unter den vielen Grabdenkmälern besonders das 1510 geschaffene *Epitaph des Scholastikers Hankrat* mit einer Kreuzigung in flachem Relief auf. Die unruhig gefalteten und geknickten Gewänder und ausdrucksstarken Gesichter lassen auf einen höchst befähigten Plastiker schließen, dessen Wirken auch andernorts in Hessen stilistisch nachweisbar ist (Oberkaufungen und Neustadt an der Wiera). An den Ostflügel wurde um 1360 die *Kapelle St. Philipp und Jakobus* angebaut; darin ein spätgotischer Schnitzaltar, die gotische Steinplastik eines Schmerzensmannes und einige gotische Grabsteine, von denen besonders der des Ditmar von Hanstein (gest. 1351) zu beachten ist. Denn dieses Grabmal wurde wie die beiden Falkensteiner Grabmäler in der Wochensakristei (von 1348) und wie der Grabstein des Werner Comitis (gest. 1351) in der Vorhalle vor der Hauptkrypta von dem gleichen fähigen Meister geschaffen, der auch die gotischen Grabsteine in Netze meißelte. Die in den Binnenhof vorspringende *Allerheiligenkapelle* am Westflügel des Kreuzganges wurde bereits gegen Ende des 13. Jh., also vor dem heutigen Kreuzgang, gebaut. Das Musikzimmer im Obergeschoß des östlichen Kreuzgangsflügels enthält hervorragende spätgotische Wand- und Deckenfresken um 1470 (Dommuseum). – In der *Schatzkammer* eine Reihe kostbarster Werke der romanischen Goldschmiedekunst, so ein Scheibenreliquiar (3. Viertel 12. Jh.) mit reichen figürlichen Treibarbeiten, ein Werk aus Fritzlar mit Einwirkung maasländischer Werkstätten, ferner ein Altarkreuz (Mitte 12. Jh.) unter Einfluß Rogers von Helmarshausen und ein Tragaltärchen der gleichen Art. Auch verschiedene gotische Arbeiten (Leuchter, Reliquienkasten, Monstranz) und solche des Barock und Rokoko sind beachtenswert.

Dicht bei der Stiftskirche stehen zwei ehemalige *Stiftskurien*, gotische Steinbauten mit Staffelgiebeln, das Haus Dr.-Jestädt-Platz 11 (1828 renoviert) und das Haus in der Fischergasse (14. Jh.), letzteres mit schönen Maßwerkblenden. Das *Rathaus*, im Kern ein romanischer Bau, gilt als eines der ältesten in Deutschland (1107 als Vogtei bezeichnet); an der westlichen Langseite zwei vermauerte romanische Arkaden der ehemaligen Gerichtslaube. Um 1440 wurde ein reichgeziertes Fachwerkgeschoß aufgesetzt, das jedoch 1839 abgebrochen und durch ein Mansarddach ersetzt wurde. Sein Wiederaufbau aufgrund alter Abbildungen ist geplant. Am Eingang zum Standesamt ein Martinsrelief (datiert 1441), das sich ursprünglich über dem Hauptportal an der südlichen Schmalseite befand. Die Straße Unter den Krämen wirkt mit ihren alten verwinkelten *Fachwerkbauten* recht anheimelnd; bemerkenswert das Eckhaus Nr. 12 mit Knaggen und Andreaskreuzen (Ende 15. Jh.). Der längsrechteckige *Markt* hat sein Platzbild in hervorragender Geschlossenheit bewahrt. In der Mitte plätschern aus einer Säule mit dem Rolandritter (1564) die Wasserstrahlen in einen großen Brunnenkump. An der kurzen östlichen Seite (Nr. 4) steht auf schmalem, tiefem Grundstück das schlanke *Alte Kaufhaus* (spätes 15. Jh.) mit viergeschossigem Mittelerker, von zwei jüngeren Fachwerkbauten eingezwängt. Neben Häusern des 17. und 18. Jh. umsäumen weitere Fachwerkbauten des späten Mittelalters den Marktplatz, so an der Nordseite die Häuser Nr. 20 und 22 (spätes 15. Jh.), die Geschosse auf Knaggen vorgekragt, die Gefache durch Andreas-Kreuze verziert. Die Wohnhäuser Markt 10 und 24 zeigen bereits die Bauweise des 16. Jh. Aber auch in anderen Straßen der so reichen Altstadt ist noch manch altes Wohnhaus zu entdecken, so Steinweg 1 (1588), Am Hochzeitshaus 8 (1526), Nikolausstraße 14 und

Gießener Straße 23. In der Kasseler Straße ziehen die Staffelgiebel zweier Steinhäuser des 14. Jh. (Nr. 6 und 8, letzteres mit alten Fensterformen) den Blick auf sich. Reizvoll wirkt das gegenüberliegende Fachwerkhaus (Nr. 9) von 1637 mit zwei mehrgeschossigen Erkern. Der größte Fachwerkbau Fritzlars ist jedoch das *Hochzeitshaus* (um 1580–90). Auf gemauertem Untergeschoß baut sich der hohe, stolze Bau mehrgeschossig mit vorkragenden Stockwerken auf. Die Südseite belebt ein Erker auf Steinkonsole, die nördliche Hoffront ein Vorbau mit Treppenhaus (Spindeltreppe). Der Bau diente, wie das gleichnamige Haus in Alsfeld, den großen, oft drei Tage währenden Bürgerfesten bei Hochzeiten und Taufen. Das schöne Renaissanceportal schuf 1590 ANDREAS HERBER aus Kassel. Im großen Saal des Erdgeschosses heute ur- und vorgeschichtliche Sammlungen. Der ehemalige *Hof des Deutschen Ordens* (Fraumünsterstraße 23) ist ein schlichter zweiflügeliger Bau von 1717 mit malerischem, von Bäumen bestandenem Hofraum und straßenseitigem Hoftor von 1559.

Am östlichen Rande der Altstadt dicht bei der ehemaligen Stadtmauer liegt das 1237 gegründete *Minoritenkloster*, nach Aufhebung 1811 Hospital. Die um 1240 erbaute *Klosterkirche* (heute ev. Pfarrkirche) ist ein gestreckter, gewölbter Bau mit Haupt- und einem Nebenschiff in den für Franziskanerbauten typischen einfachen und bescheidenen, aber im Detail guten Formen. Über dem zweiteiligen Südportal im Wimperg eine Kreuzigungsgruppe. Im Innern an der Nordwand des Langhauses eingezogene Strebepfeiler und ein Laufgang in halber Höhe. Seit dem Einbau der Orgel im Chorraum (1929) ist der Altar des 18. Jh. auf der Westempore abgestellt. Die Chor-Fresken des 14. Jh. teilweise verdeckt. Kanzeldeckel 1682 von HEINRICH PAPE.

Südlich der Stiftskirche erstreckt sich bis zum Talgrund am Mühlbach die gegen Mitte des 13. Jh. angelegte und bis 1464 selbständige Neustadt. Das seit 1712 bestehende *Ursulinenkloster* (Internat und höhere Mädchenschule) besitzt eine schlichte einschiffige Kirche (14. Jh. mit barockem Dachreiter, 1961 instandgesetzt). Im Innern prächtige gotische Marienfigur. Die Klosteranlage bestimmt durch ihren großen, gestreckten, sehr einfachen Baukomplex des Fuldaer Baumeisters MEINWOLF (1713–19) wesentlich das Stadtbild.

Außerhalb und westlich der Neustadt lag das 1308 gegründete *Krankenhospital*. Seine kleine *Heilig-Geist-Kapelle* (14. Jh.) und die benachbarten Gebäude bilden eine malerische Gruppe vor der alten Eder-Brücke. – Von der fränkischen und der erzbischöflichen Burg, die am Ende und südlich des Burggrabens lag, sind keine Spuren geblieben. Ausgezeichnet erhalten ist dagegen die mittelalterliche *Stadtbefesti*-

gung. Die Torbauten wurden zwar sämtlich abgerissen. Von den ursprünglichen 14 Mauertürmen stehen jedoch noch 12 aufrecht. Sie sind rund und schlank bis auf den mächtigen halbkreisförmigen »*Grauen Turm*«; im wesentlichen gotische Zeit (Ende 14. Jh.). Die ältere Form der Stadtbefestigung (13. Jh.) mit den schweren Basaltmauern und breiten Halbkreistürmen, auf die die Rundtürme später aufgemauert wurden, ist besonders gut an der Nordseite, an der »Allee«, zu erkennen. Die fortwährenden Spannungen zwischen Mainz und Hessen erforderten eine besondere Wachsamkeit der Mainzer Exklave. Deshalb entstanden im späten 14. Jh. auf sieben Anhöhen rings um die Stadt *Landwarten*, runde Wachttürme, die untereinander und mit der Stadt in Sichtverbindung standen (vgl. Frankfurt/Main, Steinau und Gießen). Sechs davon sind noch erhalten: die teilweise noch von einer Ringmauer mit Graben umgebene Hellen-Warte im Norden zwischen der Straße nach Züschen und Hadamar, die Kasseler Warte im Nordosten an der Straße nach Werkel, die Möllricher Warte im Westen an der Straße nach Obermöllrich, die Zennersche oder Aue-Warte im Süden zwischen den Straßen nach Wabern und Zwesten sowie zwei Warten im Westen, die Dalberger und Eckerich-Warte. Bei der Dalberger Warte wurde während des ganzen Mittelalters am Südhang zur Eder hin Wein angebaut, der »Dalberger«. –
Am Ostende der Stadt, am Rande einer modernen Wohnsiedlung, findet man die *Fraumünsterkirche (e.)*, die alte Pfarrkirche von Obermöllrich. Eine hohe, 1731 gebaute Mauer umschließt den von Bäumen bewachsenen Bezirk, in dem der malerische Bau mit seinem leuchtenden Fachwerk im Obergeschoß (von 1676) steht. Das steinerne Untergeschoß reicht bis in frühromanische Zeit zurück und läßt mehrfache Umbauten während des Mittelalters erkennen. Im Innern des Rechteckchores (13. Jh.) Reste von Wandfresken um 1300, Kreuzigung, Jüngstes Gericht und Anbetung der Drei Könige.

4. Die Landschaft östlich von Fritzlar

Breit und ruhig fließt die Eder hinter Fritzlar im flachen fruchtbaren Tal dahin. Nach Süden öffnet sich die weite Ebene von Schwalm und Efze. In OBERMÖLLRICH am nördlichen Ederufer vor den Toren Fritzlars gründete der Deutsche Orden 1258 eine Vogtei. Die 1388 erbaute Deutschordenskapelle ging in der heutigen *Pfarrkirche (e.)* auf, die 1755 durch einen Fachwerkbau und 1887–88 durch einen historisierenden Anbau erweitert wurde. Das Deutschordenshaus, ein reicher Fachwerkbau des 17. Jh., wurde erst vor wenigen Jahren abgebrochen. In WABERN auf der südlichen Ederseite ließ Landgraf Karl von Hessen 1704 für seine Gattin Maria Amalie ein Jagd- und *Lustschloß* erbauen (heute Erziehungsanstalt Karlshof des Wohlfahrtsverbandes Hessen). Zwei Medaillons mit den Porträtreliefs des Ehepaares zieren den vorgezogenen Mittelrisalit der parkseitigen Hauptfassade. Landgraf Friedrich II. gab dem Schloß durch seinen Architekten SIMON LOUIS DU RY die heutige Gestalt mit den isolierten Seitenbauten, die sich durch Arkadengänge dem Hauptbau anschließen. Im Obergeschoß ein Festsaal mit reicher Stuckdecke aus der ersten Bauzeit. Die *Pfarrkirche (e.)*, ein schlichter Saalbau von 1722, wurde ebenfalls durch Landgraf Karl errichtet.

Das benachbarte HARLE, nun schon jenseits der Schwalm gelegen, wird überragt durch die kleine einschiffige spätgotische *Pfarrkirche (e.)* von 1492. Chor mit schönen Rippengewölben auf Konsolenköpfen. Der wuchtige Westturm, einst ein Wehrturm, frühes 13. Jh.; sein Spitzhelm mit vier Wichhäuschen ist weithin sichtbar. – Bewaldete Basaltkuppen, die unvermittelt und hoch aus der Talebene von Schwalm, Efze, Eder und Ems (ein kleiner westlicher Seitenbach der Eder) aufsteigen, bestimmen das Bild der Landschaft. Die Kuppen scheinen ihrer guten Fernsicht wegen wie geschaffen für wehrhafte Anlagen. Und so wurden auch zu mittelalterlicher Zeit auf vielen von ihnen Burgen errichtet. Zwei markante Bauwerke erschließt die Schwalmfahrt, Homberg und Falkenberg (Kapitel VII). Vier weitere begegnen uns jetzt: Altenburg, Heiligenberg, Felsberg und Gudensberg. Von ihren Gipfeln und Türmen bietet sich bei klarem Wetter eine weitumfassende Rundsicht in das Kerngebiet des hessischen Landes. Diese Burgen standen in Sichtverbindung; denn sie waren teils gegeneinander gebaut, teils einander zugeordnet. Auf niedrigem, aber steilem Fels erhebt sich die ALTENBURG über der Mündung der Schwalm in die Eder mit rundem Bergfried und Resten der Ringmauer und des Palas. Sie wurde vermutlich von den Grafen von Felsberg erbaut. 1322 kam sie an die Landgrafen von Hessen, die 1388 den jetzigen Bergfried errichteten. Das Gut zu Füßen der Burg und die Ruine gehören seit 1537 der Familie von Boyneburg-Lengsfeld.

Die Nachbarburg FELSBERG, durch ihren schlanken runden Bergfried in Butterfaßform (vgl. Idstein) ein charakteristisches Kennzeichen in der Landschaft, entstand bereits im 11. Jh. Sie war Sitz des 1090–1286 blühenden Grafengeschlechtes von Felsberg. Seit dem späten 13. Jh. landgräflich-hessisch, Sitz eines Amtmannes und Stützpunkt gegen das mainzische Fritzlar. Im 14. Jh. wurde die Burg erneuert, westlich eine Vorburg angelegt und nördlich ein Zwinger vorgebaut. Flankentürme verstärken die Ringmauern. Der Bergfried stammt von 1388; der Wehrgang des Turmes war ursprünglich von einem Fachwerkgeschoß überbaut. Die im Dreißigjährigen Krieg zerstörte Anlage ist heute Besitz des Landes Hessen. An Nord- und Südseite der Kernburg standen Wohnbauten des 13. bis 14. Jh. Die Reste weiterer Wohngebäude an der Ostseite gehen teilweise auf einen Ausbau der Burg als Witwensitz im 15. bis 16. Jh. zurück. Die Kapelle St. Pankratius an der Südseite wurde 1544 Pulvermagazin.

Um den Fuß des Burgberges, wo die schwarzen, schroffen Basaltblöcke so eindrucksvoll bloßliegen, hat sich im Süden und Osten der gleichnamige Ort entwickelt. Gegen Mitte des 13. Jh. wurde er zur Stadt erhoben. Von den alten *Burgmannensitzen* künden noch der Hof Hauptstraße 41/42 (1653–60) und der Bessenhof (Graf von Besse) westlich oberhalb der Kirche (1650). An betonter Stelle erhebt sich die *Pfarrkirche (e.)* mit Westturm des 14. Jh., spätgotischem flachgedecktem Langhaus und überhöhtem gewölbtem Chor. Die Kirche unterstand 1427–1809 dem Deutschen Orden, dessen Komturei sich westlich an die Kirche anschloß. Das *Pfarrhaus*, ein Fachwerkbau von 1726, sowie eine Umfassungsmauer mit gotischer Pforte bilden die geringen baulichen Reste der Ordensniederlassung. Die kleine *St. Jakobskapelle* auf dem Friedhof ist ein schlichter romanischer Bau; Chorgewölbe 16. Jh. Ausstattung 17. Jh. Wiederherstellung 1950. –

Gegenüber Felsberg liegt GENSUNGEN mit einer *Saalkirche (e.)* von 1824. Der spätgotische Kirchturm war ursprünglich ein Wehrbau. Auch der Friedhof mit kräftigem Portal war befestigt. Der Ort wird überragt von dem machtvollen Bergkegel des HEILIGENBERGES (392 m). 1186 erbaute der Erzbischof Konrad von Mainz auf dem Berg eine Burg. 1232 und 1272 eroberten und zerstörten die hessischen Landgrafen die Trutzburg. Ihre verschütteten Trümmer wurden 1939 bei der Anlage des »Gau-Ehrenmals« ausgegraben und teilweise aufgemauert. Dadurch ist die Anlage der dreieckigen Vorburg an der Zugangsseite, des runden Bergfrieds hinter der breiten Schildmauer und der rückwärts liegenden Wohngebäude wieder erkennbar.

Nördlich Felsberg, jenseits des Emsbachtales, steigen zwei weitere Basalthügel dicht beieinander aus der Landschaft auf. An ihren Hängen liegt die Stadt GUDENSBERG. Der Stadtname (= Wodansberg) läßt auf ein altes germanisches Heiligtum schließen. Beide Bergkuppen trugen je eine in hessischem Besitz befindliche Burg, auf dem größeren östlichen Berg die *Obernburg* und auf dem kleineren westlichen die *Wenigenburg*. Die ältere Obernburg diente im frühen 12. Jh. zeitweise den Gisonen als Residenz. Beide Burgen, die Stützpunkte gegen Fritzlar waren, wurden 1378 vom Mainzer Erzbischof zerstört. Heute sind nur noch der Stumpf des Bergfrieds, Wehrmauern und

Fundamentreste vorhanden. Der am steil ansteigenden Hang gelegene *Marktplatz* besitzt einige gute ältere Fachwerkhäuser, die in den letzten Jahren freigelegt wurden. Die *Stadtkirche (e.)* ist ein gotischer Bau des 14. Jh. mit älterem Chor des 13. Jh. und Turmhaube von 1736. Im 19. Jh. wurde das Langhausgewölbe entfernt und durch eine Holztonne ersetzt. Zugleich Einbau von Emporen. 1961 wurden bei der Restaurierung die neugotischen Einbauten entfernt. Das *Rathaus* ist ein schlichter Bau (Mitte 19. Jh.) mit Balkonvorbau über dorischen Säulen. Sehr reizvoll wirkt die Baugruppe des ehemaligen *Hospitals* (heute Altersheim), das ursprünglich außerhalb der Stadtmauer lag. Die langgestreckte Reihe der kleinen Fachwerkbauten mit Zwerchhäusern entstand 1692. Das Haus am östlichen Ende mit der – vor einigen Jahren geöffneten – Vorhalle wurde 1737, das Doppelhaus am westlichen Ende 1777 hinzugefügt. Aus dem 14. Jh. stammt der vordere massive Bau (heute evangelisches Jugendheim) mit kleinem steinernem Dachreiter am Giebel und spätgotischem Kreuzigungsrelief an der Westfront. Der Ostteil dieses Baues wurde zur Vergrößerung der Kapelle im 15. Jh. erweitert; innen Sterngewölbe.

IX. Das Waldecker und Wolfhagener Land

1. Von Fritzlar nach Wolfhagen, Zierenberg und Volkmarsen

Das Dorf GEISMAR im romantischen engen Elbetal, das bei Fritzlar in die Eder mündet, ist bekannt durch die *Donareiche*, die als religiöses Heiligtum der Chatten, der germanischen Bewohner Niederhessens, auf dem Boden der Gemeinde stand und 723 durch den hl. Bonifatius (672–754) bei der Germanen-Missionierung gefällt wurde. Aus ihrem Holze soll die erste Kirche auf dem Büraberg (s. d.) erbaut worden sein. Die *Pfarrkirche (e.)* von Geismar, ein Neubau von 1743–44, ist umgeben von einem einst stark befestigten Friedhof mit teilweise erhaltenen Mauern und Eckrundtürmen. An der Straße nach Züschen, bei der Elbebrücke, liegt die *Donarquelle*, ein Sauerbrunnen mit einem kleinen Brunnenhaus von 1777.

Eine hübsche Barockbrücke führt nach ZÜSCHEN, dessen Dorfstraßen reich an guten Fachwerkgehöften des 16. bis 19. Jh. sind. Am östlichen Dorfrand erbaute Wilhelm von Garven 1897–1908 inmitten eines Parkes die romantisch-historistische *Garvensburg*. In das zugehörige, 1891 entstandene Gut sind teilweise die alten Wehrmauern und ein Wehrturm der *Ortsbefestigung* einbezogen. Weitere Reste der einst starken Wehr im Dorf. Die *Kirche (e.)* ist ein bemerkenswerter Bau um 1600. Trapezförmiger Grundriß, Rundfenster mit Maßwerk, der östliche Giebel seitlich von zwei Treppentürmen flankiert. Gute Spätrenaissance-Portale mit Beschlagwerk und Voluten; schlichter Innenraum; Kanzel 1611 mit Relief. Östlich des Ortes wurde 1894 ein 20 Meter langes *Steinkammergrab* (um 2000 v. Chr.) mit figürlichen und geometrischen Zeichnungen und einem ›Seelenloch‹ entdeckt.

Ein wenig abseits vom Elbetal liegt HEIMARSHAUSEN mit einer bedeutenden klassizistischen Kirche, 1833–34 von DANIEL ENGELHARD aus Kassel erbaut. Der achteckige Zentralbau mit Dachreiter und Spitzhelm enthält im Innern umlaufende Emporen auf toskanischen Säulen. Altar, Kanzel und Orgel an der Ostseite. – Flußaufwärts erreichen wir ELBEN mit alter *Pfarrkirche (e.)*. Ihr Turm stammt aus romanischer Zeit, das Langhaus wurde 1788 nach einem Plan von J. F. JUSSOW D. Ä. aus dem Jahre 1754 gebaut. Auf der Talhöhe liegt in waldreicher Umgebung ELBERBERG. An die Stelle der *Burg* der Herren von Elben, seit 1537 der Herren von Buttlar, ist heute ein großer Gutshof (Besitz von Buttlar) getreten, dessen *Herrenhaus* einfache klassizistische Formen von 1835 mit Veränderungen von 1860 bis 1861 zeigt. An seiner nördlichen Rückfront der ehemalige Palas

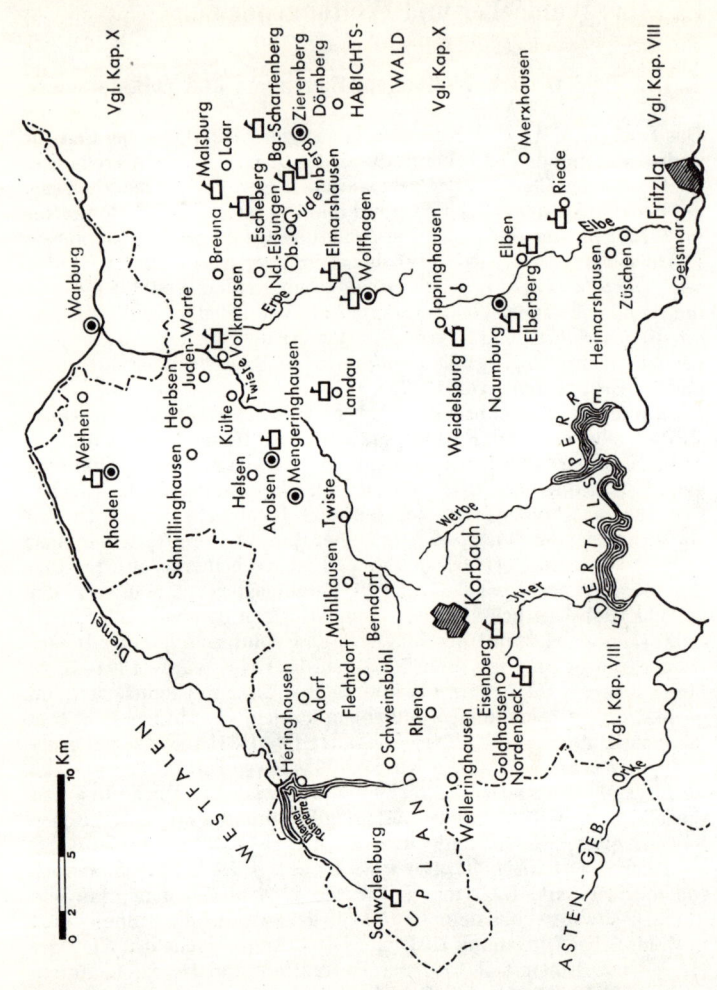

Übersichtskarte zu Kapitel IX: Das Waldecker und Wolfhagener Land

der Burg, das *Alte Schloß*, ein Wohnbau von 1413 mit Treppenturm von 1583, heute leer und unbewohnt. Im Wirtschaftshof südlich vor dem Herrenhaus ein gefälliger Fachwerkwohnbau von 1752. Buttlarscher Besitz (seit 1824) ist auch das *Schloß* im Nachbardorf RIEDE. Der ursprünglich dem Kloster Merxhausen gehörige Besitz kam 1443 an die Herren von Meisenburg, die 1563 einen Neubau mit Treppenturm und Portal unter Verwendung älteren Mauerwerks errichteten; Westflügel 1579. Das Mansarddach mit den originellen Giebelaufbauten ist 18. Jh. Zum vorgelagerten Wirtschaftshof (17. bis 19. Jh.) gehört die Kapelle (e.) von 1674 mit Fachwerkturm.

In MERXHAUSEN nördlich Riede bestand vom 13. bis 16. Jh. ein Augustinerchorherren-Doppelstift zum hl. Johannes (seit 1533 Frauen-Hospital, heute Landesheilanstalt), von dem eine dreiflügelige Gebäudegruppe erhalten blieb. Der straßenseitige Westflügel ist barock (1. Hälfte 18. Jh.); der seitliche Südflügel stammt aus der Gründungszeit (um 1213), wurde in der Spätgotik verändert – davon hofseits die Kreuzgangsfenster und außen der vorspringende Erker – und 1733 durch ein Mansarddach dem Westflügel angeglichen. Der Nordbau enthält die *Kirche (e.)*. An den Bau der 1. Hälfte des 13. Jh. erinnert das gestufte Rundbogenportal der nördlichen Außenwand und die äußere Wandgliederung mit Lisenen und profiliertem Gesimsband. Polygonaler gewölbter Chor um 1300. An der Ostseite innen ein Fresko (Kruzifix 14. Jh., 1935 freigelegt). Die bedeutenden gemalten Altarflügel (2. Hälfte 14. Jh.) sind heute im Landesmuseum Kassel. Das flachgedeckte Langhaus wurde 1767–68 restauriert; seine westliche Hälfte heute profaniert. – Von der im 14. Jh. erbauten, im 17. Jh. zerstörten hessischen *Burg* FALKENSTEIN nordöstlich von Merxhausen und nördlich der Falkenspitze (463 m) haben sich nur geringe Mauerreste erhalten.

Sehr malerisch schmiegt sich NAUMBURG, das bis 1802 zu Mainz gehörte, an den Osthang eines bewaldeten Basaltkegels, überragt von der *Pfarrkirche (k.)*. Der Westturm, im Unterbau 13. Jh., erhielt 1512 seine heutige Höhe; Haube barock. Der Hallenbau (Pseudobasilika) wurde im 14. und 15. Jh. errichtet und mußte nach einem Brand, der im Jahre 1684 Stadt und Kirche verheerte, im Innern neu ausgebaut werden. Aus dieser Zeit stammen die hölzernen Rippengewölbe des Langhauses. Ausstattung neugotisch. An den südlichen Strebepfeilern des Langhauses zwei stark verwitterte Plastiken des 14. Jh., Madonna und hl. Sebastian. Der reiche Bestand an alten *Fachwerkhäusern*, besonders in der Burgstraße und Unterstraße, entstand im wesentlichen kurz nach dem Brand (Inschriften 1685, 1688). Mit breiter Front und hohem Giebel stehen die Häuser zur Straße, vielfach mit ursprünglichem großem Tor in der Mitte, ein Zeichen für den Einflußbereich des niedersächsisch-diemelländischen Bauernhauses. Von der *Burg* auf der südwestlichen Bergeshöhe über dem Ort sind kaum Reste erhalten. Sie war im 12. Jh. von den Grafen von Naumburg erbaut und 1626 zerstört worden.

Nördlich von Naumburg steht auf einer 347 m hohen Anhöhe östlich der Straße nach Ippinghausen-Wolfhagen eine spätmittelalterliche *Landwarte* in Gestalt eines runden Wehrturmes. Westlich dieser Straße erhebt sich der mächtige Basaltkegel des 504 m hohen Weidelsberges mit der bedeutendsten *Burgruine* Niederhessens, der *Weidelsburg*. Leider ist die ausgezeichnet erhaltene Anlage fast ganz durch hohen Waldwuchs verdeckt. Die Burg war in der 2. Hälfte des 12. Jh. im Besitz eines Grafengeschlechtes, das sich nach der später gegründeten Burg Naumburg benannte. Diese Grafen erbauten wohl noch den mächtigen westlichen Wohnturm mit abgerundeten Ecken, ehe sie 1266 die Burg dem Erzstift Mainz verkauften. Nachdem die Anlage 1273 von Hessen erobert und zerstört worden war, begannen der Landgraf von Hessen und der Graf von Waldeck 1380 gemeinsam einen Neubau. Die Zweizahl der Bauherren bedingte den Bau eines zweiten, des östlichen Wohnturmes mit dem tiefen Keller und den großen Fenstern. Die Bauarbeiten wurden jedoch schon 1382 eingestellt und erst 1398, nachdem die Burg wieder Mainzer Besitz war, weitergeführt. Das Bauwerk erhielt damals seine endgültige Form, den kleinen Innenhof der Kernburg zwischen den beiden Wohntürmen, den östlichen Vorhof, den rechteckigen Mauerbering mit den runden Flankentürmen und die nördlich angebaute Vorburg mit Torzugang an der West- und Ostseite. Die gesamte Anlage wirkt ungeheuer eindrucksvoll durch das dunkle kantige Basaltgestein der schweren Mauern, die nur bei den Fenster- und Schartenumrahmungen von Sandgestein aufgelockert werden. Von dem besteigbaren östlichen Wohnturm bietet sich ein Rundblick, der in seiner Weite und Übersicht die übrigen Punkte des an guten Aussichten so reichen Niederhessen (Homberg/Efze, Heiligenberg, Eisenberg u. a.) noch übertrifft. Beim Abstieg kann man einen Blick in den eindrucksvollen Steinbruch mit seinen hohen Basaltsäulen werfen.

Nördlich am Fuße des Weidelsberges, wo die Elbe in scharfem Knick von der Ost- auf die Südrichtung abbiegt, liegt IPPINGHAUSEN mit schlichter *Kirche (e.)* von 1772 und alter *Elbebrücke* von 1782. – Wir überqueren weiter nördlich die Wasserscheide Eder–Diemel, folgen dem Tal der Erpe, die am Grauen Berg (315 m) entspringt, und erreichen WOLFHAGEN, wo der Duse-Bach einmündet. Die Stadt erstreckt sich auf einem langen Höhenrücken über dem Duse-Tal, weit ins Land grüßend. Sie wird beherrscht von der Stadtkirche mit ihrem wuchtigen Westturm, den seit dem Brand von 1561 eine gedrungene Haube statt des ursprünglichen Spitzhelmes krönt. Die Kirche liegt inmitten des *Kirchplatzes*, den in geschlossener Folge vorzügliche Fachwerkbauten umgeben; das breitgelagerte *Rathaus* mit massivem Untergeschoß von 1611 und zweigeschossigem Fachwerkaufbau von 1657–59, darüber Krüppelwalmdach, die *Alte Wache* (heute Stadtmuseum), ein zweistöckiger Fachwerkbau von 1667 mit ursprünglich offener Halle im Erdgeschoß, und das große *Fachwerkwohnhaus* (Kirchplatz 6) von 1684 mit zweistöckigem Untergeschoß und mehrfachen Vorkragungen.

Die *Stadtkirche St. Anna (e.)* ist ein frühgotischer dreischiffiger Hallenbau mit Langhaus und Westturm (2. Hälfte 13. Jh., Vollendung des Turmes 1. Hälfte 14. Jh.). Chorneubau Anfang 15. Jh. (Vollendung 1420). Die doppelgeschossige Marienkapelle nördlich neben dem Chor 1389 vollendet (heute Sakristei und Jugendraum). Das Äußere ist in klaren einfachen Formen gehalten. Von den fünf Portalen an Nord-, West- und Südseite besaß das letztere ursprünglich einen Figurenschmuck und ist durch einen eigenartigen Dreipaßbogen hervorgehoben; der Aufbau des gestuften Säulenportals mit seitlichen Fialen und Wimperg darüber gleicht den Portalen der Volkmarser Kirche. Über dem Nordportal ein Spitzbogenfenster mit Maßwerkrosette. Der Innenraum ist seit der Restaurierung 1957 und der Erneuerung der Ausmalung auf Grund der freigelegten Reste der ursprünglichen Farbgebung von eindringlicher Wirkung. Die Farbstimmung Hellgrau und Rot herrscht vor. Die runden Säulen zeigen kräftige Rechteckvorlagen für die Gurte (wie in Sachsenhausen). Im Mittelschiff Rippengewölbe; die gratig gewölbten Seitenschiffe haben halbe Mittelschiffbreite (wie in Volkmarsen). Ein Querschiff ist nicht vorhanden. Aber die östlichen Joche der drei Schiffe trugen ehemals betont kräftig rot gestrichene Gewölbekappen mit Fugenteilung, während die übigen Kappen nur lockere Rankenmalereien zeigten. Bei der Restaurierung unterblieb auf Wunsch der Gemeinde die kräftige Tönung des Mitteljoches. Beachtenswert sind die Schlußsteine des Langhauses, deren figürliche Darstellungen zusammen ein Jüngstes Gericht ergeben. Der gegenüber seinem Vorgänger geräumigere Chorraum ist etwas höher als das Mittelschiff. Hinter der modernen Westempore von 1958 im Turmjoch der barocke Orgelprospekt von 1725.

Die *Fachwerkbauten* bestimmen das Gesicht der Stadt in einem Reichtum und einer Geschlossenheit, die so manchen Ort im Waldeckischen kennzeichnen (Korbach, Mengeringhausen, Landau, Rhoden, Bad Wildungen u. a.). Charakteristisch ist das Vorherrschen des *diemel-*

sächsischen Haustyps. Mit breiter und hoher Giebelfront stehen die Häuser zur Straße. Die Mitte nimmt ein großes viergeteiltes Tor ein, hinter dem sich die weiträumige Diele befindet. Seitlich der Diele liegen – in zwei Geschossen übereinander – die Küchen-, Vorrats-, Wohn- und Schlafräume, rückwärtig die Ställe. Ein zumeist unter dem Dach angeordnetes Speichergeschoß ist heute in der Regel ebenfalls zu Wohn- und Schlafzwecken ausgebaut. Der Spitzboden birgt die Tenne (= Heuboden). Besonders bemerkenswerte Häuser dieses Typs sind Burgstraße 1 (1659), 6 (Afg. 18. Jh.), 35 (2. Hälfte 17. Jh.), 39 (18. Jh.) und 53 (1663), Schützenberger Straße 1 (19. Jh.), 11 (18. Jh.) und 65 (1664), Dellbrückenstraße 9 (18. Jh.) und Kleine Teichstraße 4 (18. Jh.).

Am östlichen Ende der Stadt, am Anfang der Burgstraße und ursprünglich außerhalb der mittelalterlichen Umwehrung, liegt die *Hospitalkirche*, ein kleiner, einschiffiger, aber vorzüglicher Bau in schlanken Proportionen (1337 geweiht). Das Gewölbe mit figürlichen Schlußsteinen. Westliches Joch und Dachreiter um 1900 (heute Totenkapelle). – Am westlichen Ende der Burgstraße befinden sich die Gebäude der ehemaligen *Burg*, die der Landgraf von Thüringen um 1226 gleichzeitig mit der Stadt gegründet hatte und in der ein hessischer Burgamtmann residierte. Der Uslar-Platz bezeichnet den Bereich der einstigen Vorburg. Westlich des Platzes liegt erhöht die ehemalige Hauptburg. Ihre langgestreckte Zehntscheuer von 1513 dient seit 1888 als Landratsamt. – Die als ›Kolonien‹ der Stadt angelegten Außensiedlungen *Philippinendorf*, *Philippinenthal* und *Philippinenburg* sind Gründungen des Landgrafen Friedrich II. von Hessen. Der Landgraf siedelte hier im Jahre 1778, jeweils entlang einer Hauptstraße und mit einheitlichen Typenhäusern, französische Kolonisten an.

Dicht bei Wolfhagen liegt, eingebettet im Erpetal, die *Wasserburg* ELMARSHAUSEN, einst Besitz der Herren von Gudenberg. 1534 erwarb Feldmarschall Hermann von der Malsburg die Burg und baute sie schloßartig aus. Sein Sohn Christoph vollendete 1563 den Neubau. Die noch heute dieser Familie gehörende malerische Anlage ist mit ihren Wassergräben, über die zwei Brücken führen, gut erhalten. Mehrgeschossige Erker, ein quadratischer und ein polygonaler Eckturm beleben den geschlossenen vierflügeligen Gebäudekomplex. Der Südflügel reicht noch in das 15. Jh. zurück. Die Zwerchhäuser auf den Dächern erhielten leider anstelle ihres reizvollen Renaissanceabschlusses im 19. Jh. paarweise flache Dreiecksgiebel. Die alte Form ist nur an der Ostseite erhalten, wo ein runder Treppenturm das Eingangsportal flankiert. Im kleinen Binnenhof ein Treppenturm mit

Wappensteinen. Im Innern kleine Barockkapelle (1740–42). Nordflügel 1881. Westlich anschließend ein großer Park.
Der Stammsitz des Geschlechtes von der Malsburg ist die *Burg Malsburg*, die auf einem Basaltkegel zwischen Breuna und Hohenborn über der zur Diemel fließenden Warme liegt. Die vermutlich zu Beginn des 12. Jh. errichtete Burg, von der heute nur geringe Reste erhalten sind, war seit 1143 Besitz der Ministerialen von der Malsburg, die im Dienste des Mainzer Erzbischofs standen. Die nahe gelegene *Burg Schartenberg*, eine Doppelburg, die seit dem frühen 12. Jh. Mainzer, seit 1270 nach einer Eroberung hessischer Besitz war, gehörte 1565 als Pfandbesitz Hermann von der Malsburg, dem Bauherren von Elmarshausen. Von der im 16. und 17. Jh. zerfallenen Anlage stehen nur noch die Ruine des runden Bergfrieds der Hauptburg und Reste der nordwestlich gelegenen kleinen Burg. Das an der Warme gelegene große Gut LAAR mit einfachem *Herrenhaus* des späten 18. Jh. gehörte ebenfalls von 1322–1688 der Familie von der Malsburg. Ein weiteres Gut in NIEDERELSUNGEN mit *Herrenhaus* von 1767–68 ist noch heute Eigentum der Familie, ebenso wie das *Schloßgut* ESCHEBERG südlich der Malsburg, das vermutlich ursprünglich eine Wasserburg war. Das *Herrenhaus* geht im Kern auf das 16. Jh. zurück und erhielt sein vornehmes, zurückhaltendes Aussehen mit Mansarddach und breitem Giebelaufbau 1789 und um 1800. Im 1752 errichteten Ostflügel des hufeisenförmigen Anbaues befindet sich eine zweigeschossige Kapelle. Der weitläufige, gepflegte Park war ursprünglich als Rokokogarten angelegt, wurde aber zur Biedermeierzeit im englischen Stil umgeformt. Im 19. Jh. war das Schloß ein bedeutendes kulturelles Zentrum, als sich um Ernst Otto und Karl von der Malsburg führende Künstler der deutschen Romantik versammelten, so Emanuel Geibel, Moritz von Schwind, Friedrich von Bodenstedt, Franz Kugler.
Südlich des Escheberges liegt der 566 m hohe Gudenberg; zwischen beiden Bergkuppen schlängelt sich die Eisenbahnlinie aus dem Erpetal von Wolfhagen in das Warmetal nach Zierenberg. Auf dem GUDENBERG standen zwei Burgen, die Mainzer Lehensbesitz waren und 1279 von Hessen zerstört wurden. Die geringen Reste der einst ausgedehnten Anlagen sind heute von Bäumen überwachsen. An der Ostseite von Gudenberg und Bärenberg (598 m) finden wir im Warmetal die Stadt ZIERENBERG, eine planmäßige Gründung des Landgrafen Heinrich I. von Hessen gegen Ende des 13. Jh. Der *Stadtgrundriß* ist von strenger Regelmäßigkeit. Innerhalb eines Rechtecks besteht ein fast rechtwinkliges Straßengitter mit vier parallelen Hauptstraßen, mehreren ungleichmäßigen kleineren Querstraßen und einer abschließenden größeren Querstraße an der Ostseite. In der

Ortsmitte sind zwei quadratische Plätze für Kirche und Markt ausgespart. In den Straßen und Gassen manch altes *Fachwerkhaus* des 16. bis 18. Jh., besonders in der Langen Straße und Mittelgasse; bemerkenswert ist dort ein Haus von 1567. Die *Stadtkirche (e.)* erhebt sich mit mächtigem frühgotischem Westturm, der sich nach oben in einem abgesetzten Achteckaufbau von 1586 mit Balustrade und Haube von 1738 auflockert. Breites Langhaus in Hallenform mit Rundsäulen; Seitenschiffe in halber Mittelschiffbreite; teilweise figürliche Schlußsteine. Turm und polygonaler Chor entstanden 1292–1343; das Langhaus wurde 1430 von Meister HANS MEYNWORTEN neu erbaut. 1934 konnten an den Wänden und Gewölben von Chor und Langhaus reiche *Freskenzyklen* von teilweise ausgezeichneter Qualität freigelegt werden, wertvoll durch die Geschlossenheit, mit der sie die gesamten Wandflächen überziehen, und bedeutsam durch das weitgespannte thematische Programm und viele ikonographische Einzelheiten. Die Fresken des Chores stammen überwiegend aus der 1. Hälfte des 14. Jh., die des Langhauses von 1476–88. Unter reicher Architekturbekrönung sind im Chor die zwölf Apostel dargestellt; an der Nordwand blickt eine hohe Christophorusgestalt in ernster Frontalität aus dem Bildgrund. Das Fresko der Majestas Domini östlich daneben wurde im 15. Jh. größtenteils von einer Weltgerichtsdarstellung überdeckt. Das gleiche Thema des Weltgerichtes kehrt auf dem östlichen Gewölbejoch des Mittelschiffes – hier jedoch ohne Auferstehende – und an der Ostwand des südlichen Seitenschiffes wieder. An der Südwand des Langhauses sind die Marter der Zehntausend, sechs überlebensgroße Apostel (auf ihren Schriftbändern das Glaubensbekenntnis), vier Bilder der Lazarus-Geschichte, der hl. Christophorus (besonders qualitätvoll) u. a. Heilige dargestellt. Die Westwand des südlichen Seitenschiffes zeigt die monumentale Gestalt des Moses mit den Zehn Geboten, mit Schilderungen der entsprechenden zehn Sünden (rechts) und den ägyptischen Landplagen (links). Im nördlichen Seitenschiff sind Szenen aus dem Alten und Neuen Testament und die der Südwand korrespondierenden sechs übrigen Apostel gemalt.

An der Südseite des Marktes das langgestreckte *Rathaus*, ein zweigeschossiger Fachwerkbau mit hohem Krüppelwalmdach, 1450 von Meister HEINRICH BRANT errichtet. Der Überstand des Obergeschosses wird durch stark geschweifte Knaggen getragen. Andreaskreuze zieren die Brüstungsgefache. Das Erdgeschoß (Ratskeller) bildete eine große Halle mit mächtigem Unterzug auf achteckigen Stützen. Das Gebäude ist das älteste datierte Fachwerkhaus Hessens.

Einige Kilometer südlich liegt an den Höhen des Habichtswaldes das Dorf DÖRNBERG mit schlichter *Kirche (e.)*. Schwerer romanischer

Westturm mit gotischem Helm und vier Wichhäuschen; einfaches rechteckiges, 1508 und 1588 erneuertes Langhaus. Erst im Innern wird durch den spitzen Chorbogen die Trennung von Langhaus und Chor deutlich. Ein reich verzweigtes *Sterngewölbe* (1509) spannt sich über den quadratischen Chorraum; 21 Schlußsteine sind mit vielfältigen figürlichen Darstellungen geziert (die gekrönte Maria, die Evangelistensymbole, Apostel, Heilige u. a.). Ein ländlicher, aber phantasiereicher Künstler bemalte die drei Chorwände und den Chorbogen zu Beginn des 16. Jh. mit einer Fülle religiöser *Fresken:* Maria mit Kind, Verkündigung, Anbetung der Heiligen Drei Könige, Apostel, St. Sebastian, Christophorus, St. Martin, St. Georg, hl. Katharina und Elisabeth. Die Zeichnung ist vielfach flott und flüssig, in den Angaben von Landschaft und architektonischem Hintergrund etwas unbeholfen. Farblich sind die Malereien von Rot-Braun, Gelb und Olivgrün bestimmt. Im Dorf eine Reihe guter *Häuser* und *Höfe* des 17. und 18. Jh. in fränkisch-sächsischem Fachwerk (Wohnhaus, Stall und Scheune unter einem Dach mit Traufe zur Straße).

Die *Kirche (e.)* von NIEDERELSUNGEN ist ein frühgotischer Bau des 13. Jh., der Westturm mit Staffelgiebel und Dachreiter, das einschiffige Langhaus mit Mansarddach und gleich breitem quadratischem Chor; Strebepfeiler 1564 zugefügt. Innenraum mit flacher Decke. Steinkanzel 17. Jh. mit Schalldeckel von 1792. – Etwas reicher ist die gotische *Kirche (e.)* von BREUNA, deren einschiffiges Langhaus drei Rippengewölbe überdecken. Quadratischer Chorturm (Obergeschoß 1876). An der Nordseite zwei 1342 und 1624 angebaute Kapellen. Im Innern ist neben dem romanischen, reich ornamentierten Taufstein und der Steinkanzel von 1561 das große bemalte Epitaph des Eckbrecht von der Malsburg (gest. 1609) und seiner Gattin von ANTONIUS HERBER, dem Sohn des bekannten Kasseler Andreas Herber, bemerkenswert.

Wo die Erpe in die Twiste einmündet, breitet sich VOLKMARSEN aus, beherrscht von der markanten Ruinensilhouette der *Kugelsburg,* die auf einem ins Tal auslaufenden Höhenzug westlich der Stadt über der Erpe thront. Sie hieß ursprünglich Kogelnburg und wurde um 1200 von den Grafen von Everstein gegründet. Aus dieser Zeit stammt vermutlich der hohe quadratische Wohnturm an der Südseite der Hauptburg. Im 2. Viertel des 13. Jh. Corveyer Besitz; 1304 zur Hälfte an Kurköln verpfändet; der runde Bergfried an der Angriffsseite über dem Halsgraben 14. Jh.; nach einer Eroberung 1475 vorübergehend landgräflich-hessischer Besitz. Um 1500 wurde der viereckige Palas an den älteren Bergfried und im Turm ein neuer Eingang gebaut. – Die *Stadt* wurde bald nach der Burg zu Beginn des 13. Jh. gegründet.

Der eiförmige Grundriß mit rechtwinkeligem Straßensystem und der Anordnung des rechteckigen Marktplatzes mit der Marienkirche in der Stadtmitte läßt die planmäßige spätstaufische Anlage erkennen. Mit der Burg kam die Stadt aus Corveyer Besitz 1304 zur Hälfte und 1440 ganz an das Kölner Erzstift, dem sie bis 1802 angehörte.

Die *Pfarrkirche (k.)* entstand als einheitlicher dreischiffiger Hallenbau mit Rechteckchor und Westturm, die Seitenschiffe in halber Mittelschiffbreite, von etwa 1260–1317. Sie zeigt das Wirken dreier Baumeister. Ein erster Meister schuf den Chor und den östlichen Teil des Mittelschiffes mit dem Nordportal, ein zweiter die Langhauspfeiler und -gewölbe sowie das Südportal, ein dritter den Westabschluß des Langhauses und den Westturm. Gedrungene Turmbekrönung von 1564. Besonders reich ist das *Südportal* mit gestuftem Gewände und mittlerer Bündelsäule, die zwei Dreipaßbogen trägt (um 1280). Die qualitätvollen Steinfiguren von 1404. Die beiden kräftigen, breithäuptigen Apostelgestalten kontrastieren auffallend mit der anmutvollen Erscheinung der Madonna und ihrem schlanken, fast spitzen Antlitz. Man wird an rheinisch-kölnische Kunst erinnert. Das Westportal um 1300 wiederholt die Anlageform des Nordportals mit den beiden flankierenden Fialen (vgl. auch Wolfhagen). Statuennischen mit Baldachin, einst für Figuren bestimmt, unterbrechen die Gewändesäulen. Im Tympanon die Darstellung der Deesis (Christus mit Dornenkrone, Maria und Johannes Bapt. als Fürbitter). An der Nordseite des Turmes ein Beinhaus mit Marienkapelle (1504), heute *Taufkapelle*, außen mit kleiner Totenleuchte. An der südlichen Schiffswand die eingeritzte Darstellung eines Baukrans mit der ›Klaue‹ zum Greifen der Quader. Diese Art des Steintransportes ist in Hessen seit etwa 1230 bekannt. Im Innern üppige Bündelpfeiler mit kleinen, auf Konsolen abgesetzten Zwischendiensten und phantasievollen Kapitellen. Die Formen sind, ähnlich wie beim Südportal, sehr eng der Altstadtkirche von Warburg an der Diemel verwandt und lassen einen gleichen Meister (JOHANN PARDAN aus Scherfede) vermuten. In der Tauf- (Marien-) Kapelle ein Taufstein von ANDREAS HERBER (spätes 16. Jh.) in romanisierenden Formen und das Relief einer Anbetung der Hirten vom ehemaligen Hochaltar 1671 von HEINRICH PAPE (weitere Reste des Altars in der Wittmarkapelle, s. u.). Beachtenswert die geschnitzten Wangen des Kirchengestühls aus verschiedenen Jahrzehnten des 17. Jh.

Das *Rathaus*, ein zweigeschossiger Steinbau des 14. Jh., war zur Scheune profaniert. 1934–35 wurde es auf Anregung der Denkmalpflege (Fr. Bleibaum) wieder zum Rathaus ausgebaut. Der Turmbau über der rekonstruierten Freitreppe ist eine maßstäblich gut empfundene Zutat. Im Erdgeschoß noch teilweise die alten Eichenstützen. – Die meisten Häuser der Stadt sind in *Fachwerk* errichtet, die besten Bauten rings um die Kirche und in der Geilingstraße (17. und 18. Jh.). Zwei teilweise modern veränderte gotische *Steinhäuser* am Niederen Steinweg 48 und am Mönchepfuhl 17. Am Südrand der Stadt im neuen Friedhof die 1749–56 erbaute schlichte *Totenkapelle*. Über dem Portal eine Holzmadonna in stuckierter Nische von 1770; Hochaltar von 1773.

Etwa drei Kilometer abwärts im Twistetal an der Straße nach Warburg liegt die *Wittmar-Kapelle* malerisch im Kranz alter Linden. Die Kirche hält die Erinnerung an das im 16. Jh. untergegangene Dorf Wittmar fest und ist am Tage Christi Himmelfahrt das Ziel einer großen Wallfahrt von Volkmarsen. Von einem romanischen Bau, einer vermutlich mehrschiffigen Halle, blieb nach einem vereinfachenden Umbau des 17. Jh. das gewölbte Mittelschiff mit den Pfeilern und vermauerten Arkaden erhalten; im Westen kam eine Vorhalle hinzu. –
Ein schlichtes *Heiligenhäuschen* von 1834 unter Buchen an der Straße nach Herbsen erinnert an die Dorfwüstung Mederich. An der gleichen Straße die *Judenwarte*, ein stark beschädigter Rundturm, Rest der spätmittelalterlichen Landwehr; schöner Blick auf die Stadt und die Kugelsburg in der Ferne. Ein ähnlicher Wachtturm, die *Scheidwarte*, steht südlich der Stadt halbwegs Ehringen nahe der alten Waldecker Grenze.

2. Von Rhoden über Arolsen und Korbach zur Diemeltalsperre

Die auf einem flachen Höhenzug gelegene Stadt RHODEN gehört seit 1236 zur Grafschaft Waldeck. Die ältere, bereits 1021 erwähnte Siedlung ALT-RHODEN lag 1 km nördlich der jetzigen Stadt im Tal. Dort findet man inmitten eines alten Kirchhofs mit prächtigen Schriftgrabsteinen die *Ruine* der einstigen *Pfarrkirche*. Der Ort ist seit dem 14. Jh. wüst. Die Kirche verfiel im 19. Jh. Von dem romanischen gewölbten Bau sind Reste von Querschiff und Chor sowie ein *Tympanon* mit einem Flachrelief des Pfingstwunders (wohl 12. Jh.) erhalten. Die heutige Ortschaft Rhoden entwickelte sich um eine hochgelegene mittelalterliche Burg der Grafen von Waldeck und erhielt zu Beginn des 13. Jh. Stadtrechte. Graf Georg Friedrich von Waldeck ließ 1645 bis 1655 die Burg nach Plänen des französischen Architekten BELLE-ROCHE zum *Schloß* ausbauen. Die örtliche Bauleitung hatte der Holländer PETER JEANSON. Geplant war ein langgestreckter Vierflügelbau mit Binnenhof. Das Projekt konnte jedoch wegen der hohen Kosten nur teilweise verwirklicht werden. Es entstand der östliche, sehr schlichte Längsflügel, der nördliche schmalseitige Flügel mit der Tordurchfahrt zum Hof und dem repräsentativen, weit vorgezogenen Mittelrisalit, ferner ein kleiner Teil des westlichen Längsflügels. Von den beabsichtigten dreigeschossigen, mit Arkaden, Pilastern und Gesimsen gegliederten Hoffronten wurden nur zwei Geschosse an der Nordseite ausgeführt. Der kunstgeschichtlich interessante Bau zeigt die Formen des holländischen barocken Klassizismus. Die architektonischen Gliederungen sind sauber und gut gearbeitet. Der Graf residierte von 1660–1664 in seinem Schloß, dann zog er nach Arolsen. Um 1800 wohnte Prinz Georg mit seiner Gattin über ein Jahrzehnt im Schloß, nachdem die Innenräume durch den Hofbaumeister JOHANN MATHÄUS KITZ erneuert worden waren. Heute befindet sich im Schloß ein Altersheim.

1735 vernichtete ein Großfeuer, das von einer Schmiede ausging, Altstadt und Kirche von Rhoden. Der Wiederaufbau der *Stadt* geschah mit Hilfe der fürstlich waldeckischen Regierung und unter Leitung des Hofarchitekten JULIUS LUDWIG ROTHWEIL. Die in einheitlichen Formen und Größen erbauten Häuser sind am besten in der Langen Straße und Hinteren Gasse erhalten (teilweise bereits unbewohnt). Sie zeigen die niedersächsisch-diemellsche Bauweise mit Diele und Tenne. Auch die *Pfarrkirche (e.)* wurde von ROTHWEIL unter Verwendung der Außenmauern und des Westturmes der alten, 1560–1592 erbauten Kirche neu hergerichtet. Schlichter Saal mit Holztonne; dreiseitige doppelte Emporen; Kanzel hinter dem frei stehenden Altar an der Ostwand. Das *Rathaus* bildet mit der Kirche eine einheitliche Baugruppe. Die in der Mitte des 17. Jh. durch Graf Georg Friedrich angelegte *Neustadt* wurde von dem Großfeuer nicht so sehr betroffen, so daß dort noch mehrere Fachwerkhäuser des 17. Jh. und ein Steinhaus erhalten sind (Neustadtstraße).

Dicht bei der westfälischen Grenze nordöstlich Rhoden liegt WETHEN. Seine *Dorfkirche (e.)*, ein verputzter Fachwerkbau von 1812 mit mächtigem Westturm des 13. Jh., überrascht durch eine eindrucksvolle, gewölbte, dreischiffige Krypta (12. Jh.). Pfeiler wechseln mit Säulen, die Würfelkapitelle tragen. Diese Unterkirche stand ursprünglich frei und war vermutlich die Kapelle der im 12. Jh. bezeugten Burg ›Weten‹.

In der 1653–57 erbauten *Pfarrkirche (e.)* von HERBSEN erfreut ein bilderreicher Altaraufbau von 1670. – Die 1605 begonnene, 1717 erneuerte *Pfarrkirche (e.)* von SCHMILLINGHAUSEN zeigt eine 1721 bemalte Holztonne mit Sinnsprüchen und Darstellungen aus der protestantischen Theologie (Evangelisten, Moses, Christus, Gnadenstuhl, Martin Luther und Guter Hirte). – Die *Kirche* von HELSEN,

1653–87 von PETER JEANSON als dreischiffige gotisierende Halle errichtet, verdient durch den originellen Altar- und Kanzelaufbau Beachtung. Vier Palmen tragen über dem Altar einen Baldachin in Pyramidenform mit eingebauter Kanzel (vgl. Neu-Bringhausen).

Auf einer etwa 290 m hohen Hochfläche zwischen dem Tränketal, in dem Helsen liegt, und dem Aartal erstreckt sich längs einer Straßenachse die Stadt AROLSEN. Trotz des modernen Verkehrs und der stetig zunehmenden modernen Geschäfts- und Ladeneinbauten bewahrt die Stadt noch weitgehend die aufgeschlossene und heiter-festliche Stimmung der einstigen *fürstlichen Barockresidenz des 18. Jh.* Vor etwas mehr als zwei Jahrhunderten entstanden Kirche, Stadt und Schloß praktisch aus dem Nichts, allein durch den Willen eines absolutistischen Herrschers, des Fürsten Anton Ulrich (1676–1728), und seines Hofarchitekten, Majors und Baudirektors JULIUS LUDWIG ROTHWEIL (gest. 1749). An Stelle der Stadt hatte im Mittelalter ein Augustinerinnenkloster bestanden, das 1526 Eigentum der Grafen von Waldeck und nach einem Ausbau Residenz der Eisenberger Linie wurde. Als nach dem Tode des Grafen Georg Friedrich 1677 sich alle Waldecker Nebenlinien vereinigten, wurden der gräfliche Wohnsitz und die Verwaltung des Landes nach Arolsen verlegt, und Graf Anton Ulrich, der 1706 zur Regierung kam und 1711 gefürstet wurde, konnte den Bau eines standesgemäßen und repräsentativen *Residenzschlosses* erwägen. Nach mehreren Vorprojekten, deren Pläne teilweise in der fürstlichen Bibliothek erhalten sind, begann 1710 der Bau des Schlosses.

Da Rothweil noch in Weilburg tätig war, beaufsichtigte der Ingenieur MAYER bis 1719 die Bauarbeiten. Infolge der Geldschwierigkeiten zog sich die Vollendung des Außenbaues bis 1729 und der Innenausstattung bis ins 19. Jh. hin. Der *Marstall*, der in einem großen Halbkreis als ›Rondell‹ der Schloßfront gegenübertreten sollte, wurde 1749–55 durch FRANZ FRIEDRICH ROTHWEIL (Sohn des Julius Ludwig) nur in seiner westlichen Hälfte vollendet. Das an den Marstall stoßende, den Auftakt zur Hauptstraße bildende *Regierungshaus* entstand 1755–61. Eine von zwei Schilder- und zwei Wachhäuschen flankierte Brücke geleitet den Besucher in den weiten *Ehrenhof*, den das Schloß hufeisenförmig umgreift und stufenweise einengt. Die Baukörper steigern sich rhythmisch von den niedrigen Seitenflügeln über die höheren Innenflügel zum repräsentativen Mittelbau, dessen drei Geschosse die Dachzone machtvoll durchbrechen (neben Schloß Pommersfelden das früheste Beispiel eines solchen Mittelbaues im deutschen Barock). Die überaus sparsame Baudekoration konzentriert sich auf die (ursprünglich offenen) Arkaden des ›Corps de Logis‹ und den Mittelbau (Kolossalordnung und reiches Giebelrelief). Grundriß und Gestalt des Schlosses verraten die Schulung des Architekten bei J. Hardouin-Mansart, besonders an dessen Versailler Bauten.

Das *Schloßinnere* empfängt den Besucher mit einem doppelten Treppenhaus; darin Rokokostukkaturen, Porträt-Büsten von ALEXANDER TRIPPEL (Friedrich der Große und Johann Wolfgang von Goethe, 1789) und Figuren der vier Tugenden von CHRISTIAN RAUCH, das Treppengeländer von 1810. Hinter dem Treppenhaus der Gartensaal mit üppigen und plastisch lebendigen Stukkaturen an Wänden und Decke von ANDREA GALLASINI und Deckenmalereien von CARLO CASTELLI. Der große zweigeschossige Festsaal (›Weißer Saal‹) im Obergeschoß wurde mit umlaufender Galerie 1809–11 von dem Waldecker Baudirektor THEODOR ESCHER eingerichtet. Zu beiden Seiten des Mittelbaues im Erd- wie im Obergeschoß je ein volles ›Appartement‹ mit Vorzimmer, Empfangs- und Schlafzimmer, Arbeitszimmer beziehungsweise Boudoir und Kabinett. In den Zimmern gute Stukkaturen, Möbel, Gobelins und Gemälde (JOHANN HEINRICH und JOHANN FRIEDRICH AUGUST TISCHBEIN). Bemerkenswert im Erdgeschoß das Rote Gesellschaftszimmer mit Rokoko-Schnitzereien von LOUIS DOUMERGUE und im Obergeschoß das Garteneckzimmer mit Stukkaturen von ANDREA GALLASINI. Im östlichen Außenflügel die Kapelle. Schloßbesichtigung durch Führung; im westlichen Seitenflügel *Heimat- und Stadtmuseum*. Nördlich des Schlosses ein ausgedehnter *Park* englischen Stils, der jenseits des Tränkebachtales mit gerader Allee, der ›Stellung‹, im Tiergarten ausläuft.

Die *Stadt Arolsen*, offiziell am 20. September 1719 gegründet, sollte nach den ursprünglichen Plänen ROTHWEILS symmetrisch zu beiden Seiten des Schlosses angelegt werden, die Achse der Hauptstraße im rechten Winkel zu der Achse des Schlosses. Zu Lebzeiten des Stadtgründers Graf Anton Ulrich wurde die westliche Hälfte bis zur Kaulbachstraße begonnen. Der nachfolgende Fürst Karl (1728–63) verlängerte die Hauptstraße und schloß sie mit der Kirche als Blickfang ab. In der Folgezeit entwickelte sich bis zum heutigen Tage nur diese Stadthälfte. Nebenstraßen kamen hinzu, und die Hauptstraße setzte sich seit etwa 1800 jenseits der Kirche (Bahnhofstraße) mit einem vereinfachten Häuserschema fort. So entstand das eigenartig gezerrte, etwas unorganische heutige Stadtgefüge. Die *Häuser* der ersten Bauzeit (etwa bis Mitte des 18. Jh.) haben einheitliche zweigeschossige Form mit Mittelrisalit und Mansarddach sowie gefälligen Wechsel von drei und fünf Fensterachsen. Ein besonders reiches Beispiel dieses Typs ist das *Cansteinsche Palais* (1734), jetzt Rathaus. Die *Kirche (e.)*, 1735–70 von Rothweil (Vater und Sohn) in Kreuzform mit Turm an der Eingangsseite erbaut, ist aus städtebaulichen Gründen gewestet. Eine symmetrisch entsprechende Kirche sollte im geplanten Ostteil der Stadt entstehen. Die gute klassizistische Innenausstattung schuf 1786–87 Schreinermeister J. WILHELM KAULBACH, der Großvater des bekannten Malers. Die parallel zur Hauptstraße verlaufende *Große Allee* hatte Graf Georg Friedrich im 17. Jh. anpflanzen lassen. An ihrem Anfang (Nr. 1) steht das *Neue Schloß*, 1763 von FRANZ FRIEDRICH ROTHWEIL als fürstlicher Witwensitz begonnen und 1853 durch FRANZ CURTZE in klassizistischen Formen verändert. – Arolsen ist die Geburtsstadt zweier bedeutender Künstler, des Bildhauers Christian Rauch (geb. 1777) und des Malers Wilhelm von Kaulbach (geb. 1805).

Nordöstlich von Arolsen im Twistetal liegt KÜLTE. Die Silhouette des nahen Volkmarsen mit den Türmen der Kirche und Burg zeichnet sich von hier aus vor dem Hintergrund der hohen Berggipfel zwischen Erpe- und Warmetal (Igelsbett 374 m, Escheberg 477 m und Gudenberg 566 m) wirkungsvoll ab. Die *Pfarrkirche (e.)* ist ein romanischer Bau in der schon mehrfach angetroffenen Form (vgl. etwa Bromskirchen, Kap. VIII). Die Kirche war ursprünglich dreischiffig; die Seitenschiffe wurden abgebrochen. Nach starker Kriegsbeschädigung 1949–53 sorgfältig instand gesetzt. Das Äußere wirkt durch die originelle Turmbekrönung – verschieferter Fachwerkaufbau mit Satteldach und Dachreiter – und durch den leuchtenden Fachwerkgiebel über dem Ostchor von 1609 sehr lebendig. Das Innere fällt durch seine hohe Raumproportion im Vergleich zu den sonst häufig gedrückten romanischen Dorfkirchen Waldecks auf, selbst wenn man sich die zerstörten romanischen Gewölbe ergänzt. Der vor einigen Jahren in der Werkstatt des Landeskonservators restaurierte dreiflügelige *Altarschrein* besitzt noch die alte Fassung. Sie läßt die Qualität der Schnitzereien im Mittelschrein (Kreuzigung, hl. Dionysius, hl. Georg) und Malereien auf den Flügeln (Leben Christi) besonders eindringlich erleben. Der Altar wurde, wie die Werke von Braunau, Kleinern und Dalwigksthal, in der Werkstatt der Franziskaner von Meitersdorf 1521 gemalt.

Auf einem gegen das Wattertal vorgeschobenen Berghügel dehnt sich LANDAU aus. An der steil ins Tal abfallenden Spitze des Bergrückens erbauten die Grafen von Waldeck in der 2. Hälfte des 13. Jh. eine Burg als Stützpunkt gegen die Bischöfe von Köln und Paderborn. Von 1397 bis zum 18. Jh. war der Ort Residenz der Landauer Linie der Waldecker Grafen. Der Kasseler Architekt JOHANN SCHIEFELMANN erbaute 1679–81 das heutige *Schloß* mit dem schlichten Hauptbau an der Südseite (jetzt Altersheim). Von einem Ausbau des 16. Jh. datieren der hofseitige Treppenturm (1549) und das malerische *Torhaus* der ehemaligen Vorburg (1563). Die an höchster Stelle im Ort erbaute *Kirche (e.)* setzt sich aus einem frühgotischen Rechteckchor (13. Jh.) und einem hochgotischen Langhaus mit Westturm (Ende 14. Jh., Turmobergeschoß 16. Jh.) zusammen. Das Innere bildet eine dreischiffige, von Rundsäulen unterteilte Halle. Am westlichen Säulenpaar tragen statt Dienste kräftige charaktervolle Büsten auf Konsolen die Gewölberippen (letztes Jahrzehnt des 14. Jh., Einfluß der Parlerkunst). Gutes Kruzifix des späten 15. Jh. Im Ort viele gepflegte *Fachwerkhäuser* des 16. bis 18. Jh. Am kleinen *Marktplatz* ein Fachwerkhaus von 1588 und ein barocker Steinbau von 1752. – Wenige Kilometer südwestlich nahe der Warte-Quelle bestand vom 13. bis 16. Jh. das *Augustinerkloster* VOLKHARDINGHAUSEN, von dem noch ein spätgotischer zweigeschossiger Steinbau mit hohem Staffelgiebel und Ruinen des Kreuzganges künden.

Der Flügelaltar in der *Dorfkirche (e.)* des nahegelegenen NIEDERWAROLDERN wurde 1519 im Auftrage des Grafen Philipp IV. von Waldeck von einem Korbacher Franziskanermönch gemalt, auf dem Hauptbild die Kreuzabnahme und auf den Flügeln die Franziskuslegende.

Die *Pfarrkirche (e.)* von MENGERINGHAUSEN mit Westturm von 1343–1423 und Chor von 1552 zeigt die bekannte hessische Hallenform, die Seitenschiffe in halber Mittelschiffbreite und Rundsäulen im Langhaus. Die beachtenswerte *Chorausmalung* schuf 1572 FRIEDRICH THORWART. Reiche Renaissanceornamentik umrankt die Architekturglieder; ein gemalter Teppich deckt die untere Hälfte der Chorwände, religiöse Darstellungen füllen die obere Hälfte (an der Nordwand Verlorener Sohn und Hiobsgeschichte, an der Südwand Jüngstes Gericht, Sündenfall und Auferstehung). Die Evangelisten wurden 1677 hinzugefügt. Wappen- und Inschriftkartuschen überziehen die Gewölbekappen. Hoher barocker Altaraufbau mit gedrehten Säulen und zwei Gemälden (Abendmahl und Ölberg) um 1680. Etwa hundert Jahre älter ist die Steinkanzel mit Relieffiguren in theologisch bemerkenswerter Anordnung und Reihung: Adam und Eva, Moses mit den Gesetzestafeln, Christus, Paulus und Martin Luther. Die Reste eines spätgotischen Flügelaltars seit 1929 im Kasseler Landesmuseum. Am südöstlichen Langhauspfeiler ein hervorragendes gotisches Kruzifix (15. Jh.). Zwei Renaissance-Grabmäler – im Chor Graf Johann von Waldeck (gest. 1567) und Gattin, im südlichen Seitenschiff Graf Franz von Waldeck (gest. 1597) – aus der HERBER-Schule.

In der weitgehend erhaltenen Fachwerk-*Altstadt* haben die Häuser breite Giebelfronten, häufig im niedersächsisch-diemelländischen Typ. Besonders reizvoll wirkt die Umgebung der Kirche mit Nikolai-,

Rathaus- und Neuepfortenstraße, ferner der Marktplatz mit altem Kump und die Lange Straße (Nr. 7 von 1665 und Nr. 14/16 mit geschnitzten Drachen). Im Haus Nikolaistraße 3 von 1568 wurde der Pfarrer und Dichter Philipp Nikolai (1556–1608) geboren (›Wie schön leucht't uns der Morgenstern‹). In der um 1300 entstandenen *Neustadt* (Entenpfuhl und Landstraße) erbaute JULIUS LUDWIG ROTHWEIL 1733 mit dem *herrschaftlichen Hause* (Landstraße 22) das erste Steinhaus. Am westlichen Ende der Landstraße erinnert das ›Gasthaus zur Burg‹ an eine im 14. Jh. von den Waldecker Grafen erbaute, später mehrfach veränderte *Wasserburg*. Ein spätmittelalterlicher runder *Wartturm* auf der Höhe südwestlich der Stadt (295 m) wurde als Bismarck-Turm ausgebaut.

Die *Pfarrkirche (e.)* von TWISTE, das im gleichnamigen Tal liegt, ist eine dreischiffige, gut erhaltene Basilika aus der 1. Hälfte des 12. Jh. Die runde Apsis stößt unmittelbar an das breite Querschiff, dessen Giebelwände hohe, schmale Rundbogenfenster zeigen und aus dessen Mauerstärke östliche Nebenapsiden ausgespart sind. Vom schweren kräftigen Westturm steht nur das Untergeschoß; darüber ein verschieferter Dachreiter. Das Innere atmet die ganze Schwere und Strenge eines romanischen Raumes westfälischer Prägung. Im Mittelschiff Kreuzgratgewölbe mit Haupt- und Nebenpfeilern, in den Seitenschiffen Längstonnen mit Stichkappen. Die kürzlich durchgeführte Instandsetzung legte Teile der alten Ausmalung frei, an den drei Apsidenfenstern Säulen und Bogen als Umrahmung, auf dem Vierungsgewölbe Lebensbäume. Reich geschnitzter Kanzelkorb von JOST SCHILLING 1602.

Die 1960 restaurierte *Pfarrkirche (e.)*, 12. Jh., von MÜHLHAUSEN zeigt die Bauart der Kirchen von Bromskirchen und Külte, d. h. Westturm, Rechteckchor und gebundenes System; die Seitenschiffe abgebrochen. Turmobergeschoß mit teilweise verschiefertem Fachwerk 1786–87. – Zum gleichen Typ gehört auch die *Pfarrkirche (e.)* des im flachen oberen Twistetales gelegenen Ortes BERNDORF. Die Seitenschiffe sind noch vorhanden und wie in Twiste tonnengewölbt; an ihren Ostenden ursprünglich Apsidiolen. Die Staffelgiebel des Westturmes modern, jedoch in der Landschaft nicht ungewohnt (z. B. Niederelsungen). Die in üppigen Barockformen dekorierte Kanzel von JOSIAS BRÜTZEL 1709. An den Außenwänden eiserne Schrift-Grabplatten.

Ab Berndorf wird die Landschaft flach und weit. Wälder und Wiesen verlieren sich. Ackerfluren laufen in langen gewellten Bahnen über das Land: Die Korbacher Hochebene dehnt sich in 350–400 m Höhe zwischen Immighausen im Süden und Flechtdorf im Norden. Der

EISENBERG, ein markanter bewaldeter Berggipfel (562 m) und Ausläufer des Astengebirges, ermöglicht von dem 1905 erbauten Georg-Victor-Turm eine großartige Rundsicht auf die umliegenden Gebirge (Rothaar- und Astengebirge, Waldecker Bergland bis zum Reinhards- und Habichtswald, Edersee-Berge und Kellerwald) und die breite Hochebene zu Füßen, in deren Mitte Korbach ›wie eine Spinne‹ mit den radial von allen Seiten zuführenden Straßenlinien sitzt (allein acht größere Landstraßen münden in die Stadt ein). In Korbach kreuzt die Westostlinie Köln–Kassel–Thüringen die Südnordlinie Frankfurt–Bremen. Auf dem Eisenberg stand eine *Burg* der Grafen von Waldeck, die im 15. Jh. zur Residenz der Eisenberger Linie ausgebaut wurde und seit dem 17. Jh. zerfiel. Vom 13. bis 17. Jh. betrieben die Grafen von Waldeck am Eisenberg ein *Goldbergwerk*; die Arbeiter wohnten in dem nahen Dorf GOLDHAUSEN.

Im Dorf NORDENBECK südlich des Eisenberges liegt die *Wasserburg* der Herren von Nordenbeck, später der Herren von Viermünden, eine gepflegte, teilweise noch von Wassergräben umgebene Gutsanlage mit einem gewaltigen viereckigen, sechsgeschossigen Wohnturm, erbaut 1412 von Broseke von Viermünden. Die Kapelle im 3. Geschoß zeigt Reste von Wandmalereien ›al secco‹ (Mitte 15. Jh.).

KORBACH erhielt bereits 1188 Stadtrechte. Seit dem 12. bis 13. Jh. unterstand die Stadt den Grafen von Schwalenburg, den späteren Grafen von Waldeck. Nordwestlich der Altstadt entwickelte sich im 13. Jh. eine Neustadt. Alt- und Neustadt schlossen sich 1377 zusammen. An der Grenze beider Städte wurde im gleichen Jahre das *Rathaus* erbaut, ein Steinbau mit hohem verziertem Treppengiebel. Das schlanke Türmchen und die spitzbogigen Arkaden wurden bei einer Restaurierung 1929–30 durch den Landeskonservator (Fr. Bleibaum) gestaltet. An einer Ecke des Baues die Ritterfigur des Roland (15. Jh.). Die *Stadtmauer*, im 12. Jh. angelegt, 1414 vollendet, ist besonders an der Westseite mit ihrem doppelten Mauerverlauf, mit Enser Tor, Tylenturm und Rotem Turm gut erhalten. Der zwischen beiden Mauerzügen liegende Zwinger, der ›Hagen‹, wurde in gepflegte Grünanlagen umgewandelt. Die vorteilhafte Verkehrslage der Stadt führte im hohen und späten Mittelalter zu einer lebhaften Entwicklung der Handwerkerschaft und des Handels (Mitglied der Hanse). Davon künden die vier *Steinkammern* (14. Jh.). Diese massiven Lager- und Speicherhäuser boten den Waren – und im Notfall gewiß auch den Bürgern – bei Feuer und Gefahr sicheren Schutz. Das Steinhaus Kirchplatz 2 birgt heute das reichhaltige *Stadt- und Heimatmuseum*. Bei den Steinhäusern am Enser Tor und in der Violinenstraße sind die Staffelgiebel wie am Rathaus teilweise von offenen Vierpässen durchbrochen. Von der Wohlhabenheit Korbachs im Mittelalter zeugen ferner die beiden großen gotischen Kirchenbauten der Alt- und Neustadt.

Die *St. Kilians-Kirche*, bereits im 8. Jh. genannt, im 14. bis 15. Jh. als Pfarrkirche der Altstadt neu errichtet (Baubeginn am Chor 1353, Turmvollendung 1392, Langhaus 1388–1450), ist eine dreischiffige und dreijochige Hallenkirche mit dreiseitigem Chor und quadratischem Westturm; an Stelle des ehemaligen hohen Spitzhelmes, nach Brand, vier Giebel mit Dachreiter. Der Bau gehört durch seine klare Grundrißdisposition, die vorzügliche architektonische Einzeldurchbildung, die reiche plastische Ausgestaltung der Portale und die lichtvolle, elegante Weite des Hallenraumes zu den besten und bedeutendsten gotischen Kirchenbauten des Waldecker und Wolfhagener Landes (Mengeringhausen, Bad Wildungen, Sachsenhausen, Freienhagen, Landau, Naumburg, Wolfhagen, Zierenberg und Volkmarsen). Strebepfeiler und Fialen rahmen wie in Wolfhagen und Volkmarsen die drei Portale der Kirche ein. Das schlanke Westportal umfaßt mit einem Bogen Tür und Fenster. Das *Südportal* entwickelt mit ausgedehntem figürlichem Schmuck ein reiches ikonographisches Programm. Am Gewände Heiligenstatuen; am Mittelpfosten Maria mit Kind (Kopie, Original im Heimatmuseum); in den Archivolten Engel mit Leidenswerkzeugen, die 12 Apostel, 14 Heilige und im Tympanon das Jüngste Gericht. Die im 1. Viertel des 15. Jh. entstandenen Skulpturen sind von guter Qualität und den 1404 datierten Werken von Volkmarsen (s. d.) eng verwandt. Vom gleichen Meister verschiedene plastische Werke im Innern der Kirche. Die Heiligenfiguren an den beiden Strebepfeilern seitlich des Portals Mitte 15. Jh. Beachtenswert sind die phantasievollen Wasserspeier, z. B. am Chor, wo ein Teufel eine nackte Frau fortzerrt. Über den einzelnen Seitenschiffjochen sind die ursprünglich vorhandenen Giebel und Querdächer zu ergänzen. Südlich am Turm die *Marienkapelle* des 14. Jh., im 15. und 16. Jh. Münze, seit 1958 Kriegergedächtnisstätte (Denkmal von Bildhauer JARITZ 1958, eisernes Gittertor von Kunstschmied CORNELIUS).

Der *Innenraum* der Kirche wirkt durch die gleichen Breitenmaße von Mittel- und Seitenschiffen sehr weit und breit gelagert. Der Grundriß ist mit drei mal drei Jochen ein etwas breiteres als tiefes Rechteck. Der Einfluß westfälischer Baumeister wird spürbar. Die Hallenform war in Westfalen ähnlich wie in Hessen beliebt, fand jedoch auf Grund ihrer Herkunft vom romanischen Hallenbau dort zu breiteren und gedrückteren Raumformen als in Hessen. Bei der engen geographischen und im Mittelalter auch kirchenpolitischen Verbindung Hessens bzw. Waldecks mit Westfalen ist das Wirken westfälischer oder in

Westfalen geschulter Künstler verständlich. Der 1957 restaurierte Innenraum (Fr. Bleibaum) zeigt wieder die ursprüngliche, aufgrund alter Reste erneuerte Farbgebung mit Rot, Gelb und Grün. Auf den Gewölbeschlußsteinen plastische Darstellungen, im Chor Marienkrönung und Christus als Weltenherrscher, in den Seitenschiffen Stifterwappen und Christusszenen. Die reichen Maßwerkfenster sind in der Mitte durch Vierpaßstreifen horizontal geteilt. Um die Kapitelle der Langhausarkaden ranken sich Laubkränze.

Auf dem Hochaltar mit gotischer Mensa ein großer gemalter *Flügelschrein*, in der Mitte eine vielfigurige Kreuzigung, auf den Flügeln innen vier Szenen des Leidens Christi, außen sechs Heilige, auf der Predella das jüdische Passahmahl und das Abendmahl Christi. In der unteren Mitte der Haupttafel der Künstler mit seiner Palette, ein unbekannter Franziskanermönch. Das in den Farben etwas matte, in den Figuren herb-kräftige, im Szenenaufbau altertümelnde Werk entstand laut Inschrift 1521. Das zwölf Meter hohe *Sakramentshäuschen* von Bernd und Johann Bunekemann (Vater und Sohn) aus dem Jahre 1525 wiederholt das Fritzlarer Sakramentshäuschen, das nach dem Vertrag als Vorbild dienen sollte: die strebsame Stadt Korbach wollte dem reichen Fritzlar nicht nachstehen. Verwandt ist auch das Sakramentshäuschen von Lippstadt. Der steinerne Diakon als Pultträger, ein Werk des Meisters vom Südportal (frühes 15. Jh.), begegnete schon in zeitlich früheren Schöpfungen in Fritzlar und Johannisberg/Rheingau. An der nördlichen Chorwand gutes hölzernes Kruzifix (frühes 14. Jh.). Gotischer Taufstein (Taufschale 1958), Steinkanzel Ende 14. Jh.; in ihren Nischen unter Baldachinen schlanke Figuren von Heiligen. Die alte farbige Fassung 1958 freigelegt. Der moderne Schalldeckel ruht auf Figurenkonsolen von 1400. Darüber eine *Madonnenstatue* aus Lindenholz, eine ausgezeichnete Arbeit aus dem letzten Viertel des 15. Jh. in neuer farbiger Fassung (1959), hervorragend in Ausdruck, Haltung und Gewandbildung. Am östlichen Ende des südlichen Seitenschiffes vier Steinfiguren einer *Anbetung der Heiligen Drei Könige* vom Meister des Südportals (1. Viertel 15. Jh.); vorzügliche Steinmetzkunst; die alte Fassung restauriert. Die moderne Orgel wurde 1958 eingebaut (Entwurf des Prospektes Fr. Bleibaum).

Die im ehemaligen Kirchhof gelegene *Nikolaikirche (e.)* der Neustadt zeigt verschiedene Bauetappen: Westturm 1359, Chor 1450—54 und Langhaus 1454—60. Als mächtiger geschlossener Baublock steigt der Westturm auf und läuft in einem hohen spitzen Helm aus. Einfache und schlanke Formen bestimmen das Äußere. Im Innern vermittelt die dreischiffige Halle durch die Vierzahl der Joche und die größere Schmalheit der Seitenschiffe einen gestreckteren und stärker zum Chor ausgerichteten Raumeindruck als die Kilianskirche. Eine andere, die hessische Kunsttradition setzt sich durch (Elisabethkirche Marburg, Klosterkirche Haina, Friedberg, Homberg a. d. Efze, Wetter und Frankenberg). Die Einzelformen (Kapitele und Rippen) sind entsprechend der späteren Entstehung im Vergleich zu St. Kilian trockener und härter. Eine Restaurierung des Innern, vielleicht verbunden mit einer Entfernung der Emporen, würde das künstlerische Raumerlebnis bedeutend steigern können. Im Chorgewölbe sind wiederum die plastisch-figürlichen Schlußsteine beachtenswert. Das große *Altartriptychon* von 1518 verrät die Hand des gleichen Franziskanermönchs wie die Altartafel von St. Kilian. Auf dem Mittelbild die Anbetung der Heiligen Drei Könige, auf den Seitenflügeln innen das Leben Christi von der Verkündigung bis zur Darbringung im Tempel, außen Maria und Katharina. Kruzifix über dem Altar um 1500. Das gewaltige *Grabdenkmal* des Fürsten Georg Friedrich von Waldeck (gest. 1692) fertigte der Bildhauer HEINRICH PAPE aus Giershagen nach einem Entwurf des Goldschmiedemeisters GEORG FRIEDRICH ESAU aus Mengeringhausen. Das etwas überladen und kleinteilig wirkende Denkmal gleicht in Aufbau und Anlage dem Grabmal des Grafen Josias der Wildunger Stadtkirche vom gleichen Bildhauer. Auch hier stehen seitlich des Sarkophages Soldaten und Türken als Totenwächter und darüber vier Tugend-Allegorien. In der Mitte das Reiterbild des Toten. Interessant ist das Motiv der Palmen (vgl. die Baldachinkanzel auf Palmen in Helsen). Steinerner Kanzelkorb um 1460–65 (Treppe und Schalldeckel modern).

Nordwestlich bei der Nikolaikirche lag an der Stadtmauer die Burg der Grafen zu Waldeck, die vom 15. bis 17. Jh. häufig als Residenz diente. 1715 wurde sie abgebrochen. Pläne zu einem Neubau blieben unausgeführt. Der 1505 errichtete massive halbrunde *Herrschaftliche Turm* ist ein Rest der alten Burg. – An der Klosterstraße befand sich einst das Franziskanerkloster, in dessen Baulichkeiten das im Jahre 1577 gegründete *Gymnasium* eingerichtet wurde. Das jetzige Gebäude, das ›Friedericianum‹ (Alte Landschule), von JOH. MATHÄUS KITZ 1770–74; Dachausbau 1932–33. Am rückwärtigen Flügel geringe Reste des alten Kreuzganges. – An den 1298 gestifteten *Mönchhof* des Klosters Bredelar erinnert ein gotisches Spitzbogenportal am Pfarrgarten östlich der Nikolaikirche.

In der Stadt erhielt sich eine Vielzahl gepflegter *Fachwerkbauten*, überwiegend aus dem 18. Jh. Die großen *Kumpen* auf dem Marktplatz, auf der Stechbahn und am Rathaus speist der Lindenborn (bei Lengefeld) durch eine 1367 erstmals geschaffene Wasserleitung. Die *Alte*

Waage am Marktplatz, ein Fachwerkbau auf Fundamenten des 14. Jh., nimmt den Platz des einstigen Altstadt-Rathauses ein; der *Pranger* mit Halseisen an der Südostecke des Gebäudes berichtet davon. Einige Hausbauten fallen besonders auf: Enser Straße 7 von 1606 (über das gotische Steinhaus daneben vgl. die Beschreibung oben), Katthagen 13 von 1593 (1780 renoviert), das älteste Fachwerkhaus von Korbach mit reichen Schnitzereien an den Fußbändern, Kirchstraße 18 von 1694 und 22 von 1665, Lengefelder Straße 3 (›Zur Krone‹) von 1671 und Prof.-Kümmel-Straße 8, Anfang 18. Jh. Das prachtvolle Wohnhaus Stechbahn 9, das durch ein tiefliegendes Portal mit phantasievoll-kräftigen Schnitzereien auffällt, schuf Meister JOSIAS WOLRAD BRÜTZEL um 1712–20. Korbach war die Vaterstadt von Christian Freiherr von Bunsen, dem Staatsmann und Gelehrten, und dem Chirurgen August Bier.

Das Waldecker Land ist reich an romanischen Dorfkirchen. (Bromskirchen, Immighausen, Oberwerba, Külte, Twiste, Mühlhausen, Berndorf). Sie sind meist im gebundenen System mit zweijochigem Hauptschiff, Westturm und Rechteckchor, seltener mit Rundapsis, noch seltener mit Querschiff angelegt. Die Gewölbe bestehen im allgemeinen im Mittelschiff aus Gratkuppelgewölben, in den Seitenschiffen aus Tonnen mit Stichkappen. Die Reformation ließ oft die Seitenschiffe abbrechen. Sechs weitere Kirchen dieser urtümlich schweren, kräftigen und gedrungenen, dabei sehr schlichten romanischen Bauweise findet man nordwestlich von Korbach bis zum Upland und zur Diemeltalsperre.

Am westlichen Rande der Korbacher Hochebene liegt RHENA. Die erhöht im Dorf gelegene *Kirche (e.)*, 2. Hälfte 12. Jh., wirkt außen besonders malerisch durch die dreifache Stufung der Giebel am quadratischen Chor, einschiffigen Langhaus und Westturm. An der Südseite ein Rundbogenportal mit Tympanon, das in flachem Relief Christus und die vier Evangelistensymbole zeigt. Der Turm war ursprünglich nur von innen zugänglich, so daß die Kirche zugleich Wehrbau war. 1950 restauriert. – Von ganz ähnlicher Anlage, nur etwas kleiner, ist die *Kirche (e.)* von WELLERINGHAUSEN, bei der im 15. und 18. Jh. die Fenster vergrößert wurden. Origineller Altaraufbau und geschnitztes Gestühl 1675 von JOSIAS WOLRAD BRÜTZEL. – Auch die *Dorfkirche (e.)* des weiter nördlich gelegenen SCHWEINSBÜHL (12. Jh.) ist wie Welleringhausen einschiffig und einjochig. Statt des Rechteckchores schließt sich eine Rundapsis an das Schiff. Der Westturm blieb unvollendet (statt dessen ein Dachreiter); sein rechteckiger Unterbau verlängert das Schiff nach Westen. Die Turmtreppe führt wie bei Burgtürmen in der Mauerdicke hoch (vgl.

Niederelsungen). Der Altaraufsatz wiederum von J. W. Brützel (1699); Kanzel 1656.

Die umgebende Landschaft, das UPLAND, wird von tiefen Tälern durchschnitten und hohen Bergkuppen überragt. Dieser kleine, nach Westfalen hineinragende Zipfel Waldecks mit den Ausläufern des Rothaargebirges ist rauh und herb wie die Hohe Rhön. Über 800 m steigen die Berge auf. In 570 m Höhe findet man auf einer Bergkuppe bei Schwalefeld die Wälle der *Schwalenburg*, einer bemerkenswerten spätkarolingisch-ottonischen Festung mit ovaler Kernburg (Durchmesser 70–100 m) und einer doppelten östlichen Vorburg.

Bei Deisfeld beginnt das liebliche Diemeltal, und über GIEBRINGHAUSEN mit Fachwerkkapelle von 1841 erreichen wir die 1922 vollendete *Diemeltalsperre*, die – wesentlich kleiner als die Edertalsperre (nur 22 Mill. m³) – von anmutigerem Landschaftscharakter ist. An der Mitte des westlichen Seeufers, in einer kleinen Bucht, bettet sich HERINGHAUSEN. Seine *Dorfkirche (e.)*, eine kleine romanische Basilika, liegt mit alter Linde überaus reizvoll in der Landschaft. Westturm und Rechteckchor um 1100, innen kupplig-gratige Gewölbe. Die Seitenschiffe – das nördliche 1922 erneuert – hatten ursprünglich kleine Apsiden; die Fundamentmauern der südlichen sind noch erkennbar. Das Innere wirkt, vielleicht durch einen Brand im Dreißigjährigen Krieg, etwas grob. Holzstatue einer hl. Barbara, süddeutsch um 1500. Auf dem Altar barocke Kopie eines Abendmahlbildes von Rubens 1632. – Einige Kilometer östlich in ADORF, das im Mittelalter zur Erzdiözese Paderborn gehörte, die größte romanische Dorfkirche der Gegend. Nicht nur die Maße des Bauwerkes, auch die Einzelformen der Bauornamentik sind großzügiger und reicher. Emporeneinbauten von 1613 und eine Ausmalung von 1900 beeinträchtigen die Raumwirkung.

In FLECHTDORF bestand bis 1598 das älteste, von Benediktinern besetzte *Kloster* Waldecks; Graf Erpo von Padberg hatte es 1101 gegründet. Die Reste der ehemaligen Klostergebäude sind in dem heutigen Klostergut, dem Damenstift der Waldecker Ritterschaft, aufgegangen. Die einstige *Klosterkirche*, jetzt evangelische Pfarrkirche, ist mit ihrer eindrucksvollen zweitürmigen Westfront schon von weitem sichtbar. Die ungewöhnliche Gestalt des eigenwilligen Bauwerkes erklärt sich aus der Baugeschichte. Von einer dreischiffigen Basilika (Mitte 12. Jh.) sind die beiden Doppeljoche des Mittelschiffes und das nördliche Seitenschiff fertiggestellt. In der 2. Hälfte des 12. Jh. wurde der Westbau errichtet, bestehend aus zwei querschiffartigen, hallenförmigen Räumen mit gleichen Höhen von Mittel- und Seitenschiffen. Über dem westlichen Querarm die beiden Türme mit den schwerfälligen Rundbogenöffnungen in den Obergeschossen. An der Westseite ein einfaches Rundbogenportal. Das vermauerte Portal der Nordseite mit originellem Tympanon. Das südliche Seitenschiff, zu Beginn des 13. Jh. in den Formen der mittelrheinischen Spätromanik errichtet, hat die volle Höhe des Mittelschiffes, so daß zur Hälfte der Eindruck einer Hallenkirche gewonnen ist (westfälische Einflüsse). 1639 brannte die Kirche nieder, insbesondere der romanische Chor. Der 1669 vollendete Wiederaufbau schloß das Langhaus durch eine glatte Wand ohne Chor ab und überdeckte den gesamten Bau mit dem heutigen Satteldach.

X. Kassel und seine Gebirge

(Habichtswald, Reinhardswald, Kaufunger Wald, Meißner)

1. Kassel, Innenstadt

Wie in Frankfurt, Darmstadt und Hanau so wurde auch in Kassel während des 2. Weltkrieges die historische Innenstadt mit ihren kunstgeschichtlichen Bauten fast vollständig vernichtet. Der Reiz des alten Kassel lag einmal in der einzigartigen landschaftlichen Lage zwischen dem 600 m hohen Habichtswald und der Fuldaniederung, zum anderen in den Gegensätzen zwischen den mittelalterlichen winkeligen Altstadtgassen mit ihren malerischen Fachwerkhäusern und der barocken Neustadt mit ihren großräumigen Platzanlagen. Fünf Stadtteile mit jeweils eigener städtebaulicher Prägung entstanden im Laufe von sieben Jahrhunderten nebeneinander und bildeten die Innenstadt: die *Altstadt* des 12. Jh. zwischen Brüderkirche und Zeughaus, die *Unterneustadt* östlich der Fulda, vor 1283 anläßlich des Baues einer Fuldabrücke angelegt, die *›Freiheit‹* westlich und nordwestlich vor der Altstadt, um 1330 gegründet, die *Oberneustadt*, um 1700 südwestlich der Stadt für die französischen Hugenotten-Ansiedler geschaffen, und die *Friedrich-Wilhelm-Stadt*, seit 1833 nordwestlich der Oberneustadt vorgelegt mit dem Ständeplatz als Mittelpunkt. An diese schließen sich heute weitere Vororte, in denen eine umfangreiche Industrie heimisch wurde, nachdem die Lokomotivfabrik Henschel, die 1848 aus einer 1710 gegründeten landgräflichen Glocken- und Geschützgießerei entstanden war, den Namen Kassels auch von dieser Seite in der Welt bekannt machte. Von den historischen Stadtteilen sind die ersten vier so gut wie vollständig verschwunden. Der Wiederaufbau seit 1945 verschleift zwangsläufig die ehedem vorhandenen baulichen und stilistischen Eigenarten der einzelnen Stadtteile und berücksichtigt durch Verbreiterung eines Teiles der Straßen oder durch Neuanlagen den modernen Großstadtverkehr. Das Geschäftszentrum, Königstraße und Treppenstraße, ist dem Fußgänger weitgehend vorbehalten.

Der 913 zuerst genannte Ort ›Chassella‹ (wohl von castella = Königshof) wurde in der 2. Hälfte des 12. Jh. zur Stadt und 1277 durch Landgraf Heinrich I. zur landgräflichen Residenz erhoben. Der *Keim der Stadt* liegt auf einem steil zur Fulda abfallenden Plateau, auf dessen südlichem Ende der Neubau des Regierungspräsidiums (1957 bis 1960) emporragt. Ursprünglich stand hier ein Königshof, und

Übersichtskarte zu Kapitel X: Kassel und seine Gebirge

später befanden sich dort Burg und Schloß der Landgrafen von Hessen. An den im 16. Jh. erweiterten und befestigten, 1811 abgebrannten Schloßbau erinnert nur noch das große *Rondell* am Flußufer. Ein Neubau des frühen 19. Jh. kam nicht über das Sockelgeschoß hinaus.
Dicht daneben liegen die Bauten des ehemaligen Renthofes und der *Brüderkirche*. 1262 hatte Landgraf Heinrich I. die Karmeliterbrüder nach Kassel berufen. Es war die zweite Niederlassung des Ordens. Die 1292 entstandene Klosterkirche, das älteste erhaltene Bauwerk Kassels, war durch Bomben beschädigt worden und wurde 1953–55 renoviert. Sie ist eine unsymmetrische Hallenkirche aus Haupt- und nördlichem Seitenschiff in schlichten strengen Formen. An der Nordseite Portal mit Tympanon-Relief der Beweinung Christi. Im Innern Rippengewölbe auf Achteckpfeilern. Die Westwand von 1527, als das Langhaus nach der Aufhebung des Klosters um ein Joch verkürzt wurde. Nördlich am Chor der ehemalige *Kapitelsaal* (heute Gemeindesaal und Sakristei) mit reichem Netzgewölbe; an seiner Außenfront ein Mahnmal (1958 von KURT LEHMANN) für die Opfer der Stadtvernichtung am 22. Oktober 1943. Der anschließende *Renthof* nimmt den Platz der ehemaligen Klostergebäude ein. Die 1589 und 1618 umgebauten Gebäude nächst der Kirche umschließen den ehemaligen Kreuzganghof; im Innern schöne Barocktreppe (heute Altersheim). Der einstige *Kanzleibau* von 1579–80 am Fluß wurde in seinem äußeren Umriß als Lagerhaus des Staatstheaters wiederhergestellt. Ein Zwischenbau von 1618 längs der Kettengasse verbindet die Baukörper. In dem zum Schloß geöffneten Hof ein Wandbrunnen von WILHELM VERNUKKEN um 1600. Hier ist von der ehemaligen besonderen Atmosphäre Alt-Kassels noch etwas zu spüren.
Gegenüber am Marställer Platz liegen die Ruinen des *Marstalles*, einer Vierflügelanlage mit Binnenhof (1591–93), deren Wiederaufbau durch die Stadt erfolgt. Dabei werden die zur Zeit abgetragenen reichen Volutengiebel wieder aufgesetzt. Nordöstlich über die heutige breite Durchgangsstraße (Schumacherstraße) hinweg bis zum *Zeughaus*, das 1581–83 unter Landgraf Wilhelm IV. entstand und seit dem Krieg Ruine ist (vgl. die ähnliche wieder instand gesetzte Anlage in Gießen), erstreckte sich die mittelalterliche Fachwerk-Altstadt. Der nordwestlich beim Marstall verlaufende ›Graben‹ bezeichnet die alte Grenze zur ›Freiheit‹. Er war eine der reizvollsten Altstadtstraßen mit prächtigen Fachwerkbauten. Erhalten sind allein am ›Graben‹ die Reste der ausgebrannten *Lutherischen Kirche* (1734–38 von GIOVANNI GHEZZI als rechteckiger Saalbau errichtet).
Die *Martinskirche (e.)* wurde gegen Mitte des 14. Jh. als Hauptkirche der ›Freiheit‹ begonnen. Die ›Große Kirche von Kassel‹ sollte ur-

Kassel im Jahre 1781

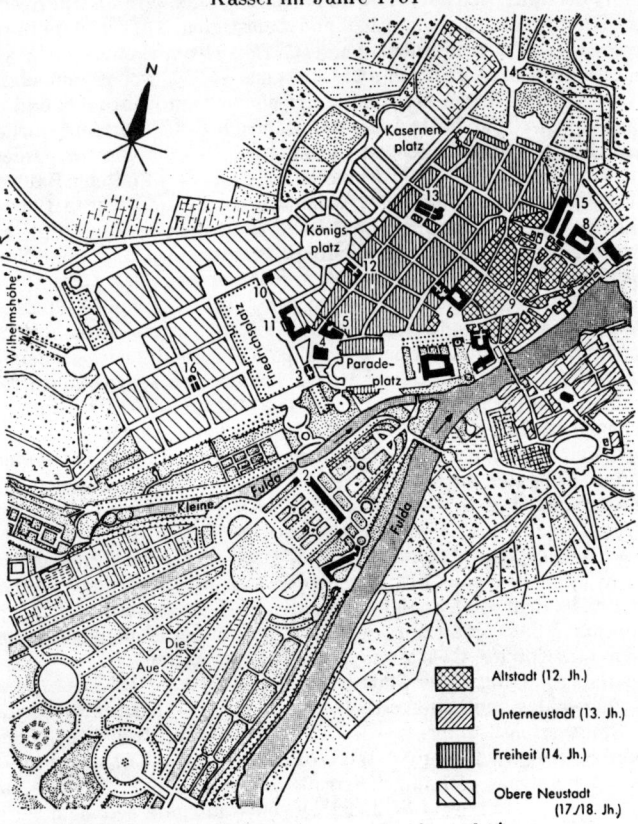

Altstadt (12. Jh.)

Unterneustadt (13. Jh.)

Freiheit (14. Jh.)

Obere Neustadt (17./18. Jh.)

1 ehemaliges Schloß*
2 Orangerieschloß Karlsaue*
3 Elisabethkirche*
4 Kunsthaus
5 Hospital St. Elisabeth
6 Marstall und Lutherkirche*
7 Renthof und Brüderkirche
8 Annaberger Kloster*
9 Altmarkt*
10 Residenzpalast*
11 Museum Fridericianum
12 Garnisonkirche*
13 Martinskirche
14 Holländisches Tor*
15 Zeughaus*
16 Oberneustädter Kirche

* heute nicht mehr oder nur teilweise vorhanden

sprünglich nach den Ideen des Landgrafen Heinrich II. (1328–76), dem Gründer der ›Freiheit‹, ein ›Hessischer Dom‹, d. h. der Mittelpunkt eines gegen Kurmainz gerichteten Bistums Hessen werden. Deshalb erhob der Landgraf die Pfarrkirche sogleich zur Stiftskirche mit zwölf Stiftsherren. Philipp der Großmütige bestimmte die Kirche zur Grablege seines Geschlechtes. Die Chorweihe war 1376. Die Bauarbeiten zogen sich über ein Jahrhundert hin. Die Westtürme blieben mit zwei Geschossen unvollendet. Der Südturm erhielt 1483–87 ein drittes, 1564–65 durch Hans von Ulm ein viertes Geschoß. Erst 1889–92 erfolgte der entsprechende Aufbau des Nordturmes; Verzicht auf die barocke Haube des Südturmes, Aufbau schlanker Helme über einem neugotischen fünften Geschoß auf beiden Türmen. Grund- und Aufriß des Bauwerkes zeigten die ausgeprägte hochgotische Form der dreischiffigen hessischen Hallenkirche mit zwei Westtürmen. Im Oktober 1943 verbrannte die reiche Holzausstattung. Die Schiffsgewölbe stürzten ein. Es blieben die Turmstümpfe, Langhauswände und der Chor samt der Wölbung, wenn auch schwer beschädigt.

Der Wiederaufbau durch H. O. Vogel, Trier (1953–60), erfüllte drei Forderungen. 1. Die städtebauliche: die Kirche mußte ihre stadtbestimmende Außenwirkung auch in der höheren, neugestalteten Umgebung wiedergewinnen. Die Aufgabe wurde durch Aufsetzen von vier modernen Turmobergeschossen, unter Verzicht auf die neugotischen, sehr ansprechend gelöst. 2. Sollte der Neubau die Außenmauern bewahren. So entstand wieder eine dreischiffige Halle mit Faltgewölben auf sehr schlanken, wenig raumtrennenden Rundsäulen. 3. War ein kleiner gottesdienstlicher Raum für die Gemeinde erwünscht, der mit dem Großraum der Kirche für Konzerte vereint werden kann. Die Lösung fand der Architekt in einer trennenden und doch verbindenden Glaswand zwischen Chor und Langhaus. Betonteile bilden den Rahmen. Die untersten Scheiben können in den Boden gelassen werden, um auch die Luftverbindung herzustellen. Der Achteckbau nördlich des Chores steht an der Stelle des Kapitelsaales. Das 12 m hohe, figurenreiche Marmor- und *Alabastergrabmal Philipps des Großmütigen* (gest. 1567) in Form eines römischen Triumphbogens, heute im nördlichen Seitenschiff, früher an der Ostwand des Chorpolygones, wurde von Elias Godefroy aus Cambrai begonnen und von seinem Schüler A. L. Beaumont 1572 vollendet. Das Werk ist die Verherrlichung eines glorreichen Renaissance-Herrschers und Vorstufe für die großen Grabdenkmäler der Spätrenaissance und des Barock in Marburg (Luth. Marienkirche), Bad Wildungen und Korbach. Im Chor Epitaph der Landgräfin Christine (gest. 1549) mit Relief von Philipp Soldan. Fürstengruft mit Prunksärgen jetzt im Turmuntergeschoß. Von der neuen Ausstattung sind zu erwähnen: Mosaik-Retabel auf dem Choraltar von CHRISTIANE BRENNER, Kruzifix am Hauptaltar von ALBERT SCHILLING, die Glasfenster im Chor von H. GOTTFRIED VON STOCKHAUSEN, im Langhaus von H. LEISTIKOW.

Am *Kirchplatz* steht der barocke Säulenportikus eines Wohnhauses. Er ist das einzige derartige an Ort und Stelle erhaltene Beispiel. An der Hofseite noch der quadratische barocke Treppenbau. An der Obersten Gasse, einst ebenfalls eine der malerischen Altstadtgassen, die teilweise profan genutzte Ruine der 1757-70 erbauten *Garnisonkirche*. Der 1415 errichtete, 1960 wieder mit einem Dach versehene *Druselturm* ist ein Teil der mittelalterlichen Stadtwehr.

In der *Oberneustadt* siedelte Landgraf Karl (1670-1730) ab 1688 Hugenotten an. Auf Landgraf Friedrich II. (1760-85) und seinen bedeutenden Hofarchitekten SIMON LOUIS DU RY (1724-99) geht die Planung mit dem runden *Königsplatz*, dem großen längsrechteckigen Friedrichsplatz, dem fünfeckigen Brüder-Grimm-Platz und den winklig sich schneidenden Straßenzügen zurück. Die vielen angenehm proportionierten Barockbauten mit ihren charakteristischen Giebelaufsätzen sanken im 2. Weltkrieg in Trümmer, mit ihnen auch das reich stuckierte ›Brühlsche Haus‹ am Königsplatz. Das im wesentlichen erhaltene ›Nahlsche Haus‹ mit prächtigem Fassadenschmuck an der Nordseite des Friedrichsplatzes mußte dagegen erst nach dem Kriege einem Geschäftshaus Platz machen. Es war das Wohnhaus des bedeutenden Stukkateurs und Bildhauers I. A. NAHL, dessen Arbeiten sich außer in Kassel noch in Wilhelmsthal und Potsdam befinden. So steht von der Fülle der Barockbauten nur noch ein einziges Beispiel an der nordwestlichen Schmalseite des Friedrichsplatzes, dort wo ihn die Obere Königstraße tangiert, das ehemalige *Kommandanturgebäude* von S. L. du Ry.

Die Anordnung der Straßen und Plätze läßt selbst in der modernen Bebauung noch die Großzügigkeit und Eleganz der Planung des 18. Jh. erleben, die sich im *Friedrichsplatz* die größte Platzanlage des deutschen Städtebaues schuf. Der Platz ist langgestreckt mit sehr bedeutendem Gefälle zum Fuldahang. Seine Eigenart und sein Reiz liegen darin, daß die südliche Schmalseite unbebaut war. Der Blick sollte in die Weite gehen und die Höhen jenseits der Fulda und ihre Aue als natürlichen Abschluß umfassen. Dieser Absicht widersprach nicht das Auetor, das dort in Form eines Triumphbogens 1779-83 von du Ry errichtet wurde, wohl aber der Theaterbau von 1909, der maßstäblich wenig glücklich die Platzwand schloß und den Blick verbaute. Hier hat die Kriegszerstörung die erwünschte Korrektur ermöglicht. Der Neubau ist zur Seite gerückt. Der Blick schweift wieder in die Weite, ja das Auge wird um so mehr auf die einzigartige Situation hingeleitet, als die neue Treppenstraße dem vom Bahnhof kommenden Besucher bereits über den Platz hinweg den Blick in die Landschaft erschließt. Die gegenüberliegende nördliche Schmalseite des Platzes, von der schon die Rede war, weitet sich jenseits der tangierenden Oberen Königstraße zum *Opernplatz*. Dort hatte seitlich das barocke Theater gestanden, dem Kommandanturgebäude gegenüber. Die dritte Seite schloß einstens das Palais Waitz von Eschen. In der Mitte überdauerte das *Standbild* des berühmten Kasseler Hofkapellmeisters, Komponisten und Geigers Louis Spohr (1784–1859) den Bombenhagel. Der Opernplatz steht im glücklichen Maßverhältnis zum Friedrichsplatz, und man hatte von ihm einen umfassenden Überblick auf dessen Ostwand mit allen Repräsentationsbauten. An der Ecke zur Königstraße stand das Residenzpalais, das *Weiße Palais* von S. L. du Ry. Unmittelbar schloß das *Rote Palais* von J. C. BROMEIS (1821–26) an. Das Weiße Palais wurde vollständig zerstört, das Rote brannte samt seiner kostbaren, für das 19. Jh. so bezeichnenden Raumausstattung aus und wurde bis auf den Portikus abgebrochen. An beider Stelle trat das Bilka-Kaufhaus, dessen Baukörper SEPP RUF unter Beibehalten des Portikus maßstäblich geschickt in die Platzwand einfügte.

Nach Einmünden der unteren Karlstraße folgt das *Museum Fridericianum*, 1769–76 von S. L. du Ry für die Kunstsammlungen und die Bibliothek des Landgrafen erbaut. Es brannte 1943 vollständig aus, konnte aber in seinem Äußeren wieder hergerichtet werden und wird als Museum dienen. Es bildet das Repräsentationsgebäude des Platzes, der von ihm her seinen Maßstab erhält. Der langgezogene zweigeschossige Bau, von Pilastern gleichmäßig gegliedert, durch eine tempelartige Vorhalle mit Dreieckgiebel in der Mitte akzentuiert und von einer Balustrade mit allegorischen Figuren bekrönt, greift die Formen des englischen Palladianismus auf. König Jérôme ließ 1808 bis 1810 bei der Umgestaltung des Gebäudes zum Ständehaus rückwärtig einen halbrunden Saal (heute Treppenhaus) anbauen. Mit dem Museum ist der *Zwehrenturm* verbunden, ein Rest der Stadtbefestigung, der 1707 als Sternwarte ausgebaut worden war; über der spitzbogigen Tordurchfahrt das landgräfliche Wappen von 1554. Nach dem Museum Fridericianum durchschneidet die Friedrichstraße den Platz und trennt mit ihrem Großstadtverkehr den Südteil zweifellos in ganz anderem Umfang ab, als es zur Zeit der Erbauung geschah. Dem hat die neue Städteplanung Rechnung getragen und auch im Gelände einen kräftigen Absatz vorgesehen. Entlang der Ostseite des unteren

Platzteiles befand sich ursprünglich die landgräfliche Hofkanzlei und die katholische Elisabethkirche (1770–76) von S. L. du Ry, die seinerzeit auf Wunsch der protestantischen Bürgerschaft nur in Palaisform ohne Turm errichtet werden durfte und erst im frühen 19. Jh. einen schlichten Dachreiter erhielt. An beider Stelle heute der leicht geschwenkte moderne Opernbau (Architekt Paul Bode – 1960). Die Westseite des Platzes war schlichten Bürgerhäusern vorbehalten, die ebenfalls alle zerstört wurden. In der Mitte der gesamten Anlage stand seit 1783 das *Standbild des Landgrafen Friedrich II.* von Nahl, welches heute in der Achse des Museums Fridericianum, westlich zurückgeschoben, steht.

Gegenüber dem Zwehrentrum (Ecke Steinweg und Oberste Gasse) hatte die zweite Gattin des Landgrafen Heinrich I., Mechtbild von Kleve, 1297 das *Hospital St. Elisabeth* gegründet. Es befand sich ursprünglich – wie jedes mittelalterliche Hospital – außerhalb der Stadtmauern und wurde erst durch die Anlage der Freiheit (Zwehrenturm) in den Stadtbering einbezogen. Die schlichten, 1586–87 erneuerten Baulichkeiten brannten 1943 aus und wurden in alter Form wieder aufgebaut. An der allein originalen Giebelwand in einer Nische eine gut gearbeitete Sandsteinplastik der hl. Elisabeth (1. Hälfte 15. Jh.) und ein Wappenrelief von 1587.

Das auf der anderen Straßenseite gelegene *Ottoneum* oder *Kunsthaus* (heute Naturkundemuseum) diente ebenfalls seit Beginn des 18. Jh. als ›Observatorium‹. Es war 1604–05 von WILHELM VERNUKKEN, dem Erbauer der berühmten Kölner Rathausvorhalle, als Schauspielhaus erbaut worden und gilt als das älteste Theatergebäude Deutschlands. 1696 erfolgte der Umbau für die landgräfliche Kunstsammlung durch PAUL DU RY. Von Vernukken stammt die hohe Fassade mit dem geschweiften Giebel, von du Ry der Portalbau mit zweifachem Balkon.

Auf dem nahen Karlsplatz inmitten der Hugenottenstadt steht das *Denkmal des Landgrafen Karl* aus dem Jahre 1686 von BARTHOLOMÄUS EGGERS (heute Kopie von F. Sommer 1936, das Original z. Z. im Schloß Wilhelmshöhe). Die *Oberneustädter Kirche (e.)*, auch *Karlskirche* genannt, hatte Paul du Ry 1698–1710 für die französischen Hugenotten als achteckigen Zentralbau mit Kuppel und Laterne erbaut. Nach Zerstörung 1943 wurde sie mit neuem Dachreiter in schlichter moderner Raumgestaltung wieder errichtet. Das reiche Glockenspiel der Kirche klingt stündlich über Neustadt und Karlsaue hinweg.

An der Straße ›Schöne Aussicht‹ standen einst die niedrigen und heiteren Palaisbauten des 18. Jh. von Paul und Simon Louis du Ry, das Georg's Palais, die Akademie. Die nur einseitige Bebauung der

Straße wertete die landschaftliche Lage mit dem Blick über die Karlsaue und das Fuldatal bis zum Kaufungerwald bewußt aus. An ihre Stelle traten die neuen Gebäude der Justizverwaltung. Nur noch zwei Häuser, ein schlichter restaurierter Bürgerbau und das *Palais Bellevue* (Schöne Aussicht 2) künden von der einstigen Wohnkultur dieser Straße. Das Palais entstand 1714 durch Paul du Ry für Landgraf Karl, wurde um 1790 von S. L. du Ry verändert (Mansarddach). Heute dient es wechselnden Ausstellungen und den städtischen Kunstsammlungen (vorwiegend Malerei des 19. Jh., so von der Malerfamilie Tischbein, der Willingshäuser Schule, C. Bantzer, Paul Baum u. a.). Der benachbarte Bau der *Staatlichen Gemäldegalerie* (Schöne Aussicht 1), ein historisierendes Werk von HEINRICH VON DEHN-ROTFELSER (1872–77), z. Z. noch Ruine, barg die von Landgraf Wilhelm VIII. gegen Mitte des 18. Jh. begründete berühmte Gemäldegalerie, die größte Sammlung holländischer und flämischer Malerei in Deutschland mit Werken von Rembrandt, Rubens, van Dyck, Jordaens, (z. Z. im Hessischen Landesmuseum ausgestellt; sie wird im Schloß Wilhelmshöhe ihr neues Heim finden). Am Endpunkt dieser schönen Straße mit weitem Ausblick in die Landschaft ein klassizistischer *Rundtempel*, den DANIEL ENGELHARD 1805 als Frühstücks-Pavillon für Landgraf Wilhelm I. erbaute.

Eine Bogenbrücke führt heute über die Frankfurter Straße in den höher gelegenen kleinen Park, durch den man – vorbei an der Murhardschen Bibliothek (Stiftung der Brüder Murhard 1845) – das *Landesmuseum* (Jugendstil 1911–13 von THEODOR FISCHER erbaut) am *Brüder-Grimm-Platz* erreicht. Das Museum birgt die sehr wertvolle und einzigartige Sammlung physikalischer Instrumente und Uhren, ferner reiche volkstümliche Bestände neben mittelalterlichen Altären und Figuren. Der fünfeckige Platz ist der Gelenkpunkt zweier wichtiger Straßenzüge, der Wilhelmshöher Allee, einer fünf Kilometer langen Achse nach Schloß Wilhelmshöhe, und der Oberen Königstraße, die über Friedrichs- und Königsplatz zur Altstadt leitet und an der KARL ROTH das neubarocke Rathaus (1905–09) erbaute. Am Beginn der Allee das *Wilhelmshöher Tor*, zwei 1803–13 von HEINRICH CHRISTOPH JUSSOW erbaute Wachthäuser mit schweren Säulenfronten. Das ehemalige *Hofverwaltungsgebäude*, von J. K. BROMEIS 1826–29 neben dem nördlichen Wachthaus errichtet, wurde in schlichter Form wiederaufgebaut. Ihm gegenüber (Nr. 4) ist die Fassade eines repräsentativen klassizistischen *Wohnhauses* der Freiherren von Wendt und von Lüninck erhalten (jetzt Kasseler Post).

Der fast 400 m lange *Ständeplatz*, von dessen nordöstlichem Ende die moderne Treppenstraße hinab zur Königstraße und zum Friedrichsplatz führt, bewahrte an seiner nördlichen Längsseite zwei ältere Bauten, das *Ständehaus* (1834–36 von JULIUS EUGEN RUHL), bedeutsam durch seine Abwendung von dem bisher in Kassel vorherrschenden Klassizismus englisch-palladianischer Prägung und durch seine Hinwendung zum italienischen Palazzo-Stil, und das *Kulturhaus* der Stadt (1873) gleichfalls in historisierenden Formen. Die Ruine der neugotischen Lutherkirche (1893–95) erhebt sich inmitten des ehemaligen *Altstädter Friedhofes*, umgeben von bedeutenden Grabdenkmälern der 2. Hälfte des 18. und der 1. Hälfte des 19. Jh. Zu erwähnen sind das Denkmal der Friederike von Schmerfeld (gest. 1821), des Grafen Reichenbach (gest. 1822, das Denkmal von A. KRAUS, das Bronzegitter mit Engelfiguren von WERNER HENSCHEL), der Schwestern der Gebrüder Grimm (gest. 1843, das Grabmal von Werner Henschel) und das klassizistische tempelartige Mausoleum der Kurfürstin Wilhelmine Karoline, der Gattin Friedrich Wilhelm I. (vgl. Löwenburg), erbaut von FR. JUSSOW. In diesem Mausoleum ruhen auch der letzte hessische Kurfürst, Wilhelm I., und seine Gattin, Prinzessin Auguste von Preußen.

Außerhalb der Innenstadt an der Frankfurter Straße (beim Bahnhof Kassel-Niederzwehren) lädt der in ein kleines Tal gebettete Park Schönfeld mit dem *Lustschloß Schönfeld* auf der Höhe zum Besuch ein. Das Schlößchen entstand 1777 für den Obersten von Schönfeld in Form zweier getrennter Flügelbauten und wurde 1809 und 1821 durch einen verbindenden Mitteltrakt mit achteckigem Pavillon vergrößert. In diesem Schloß waren 1806–08 Bettina von Arnim, Achim von Arnim und Clemens Brentano sowie die Gebrüder Grimm häufig zu Gast; 1803–13 war es der ländliche Sommersitz für König Jérôme Bonaparte, der in diesen Jahren als König von Westfalen seinen Sitz in Kassel hatte (heute Gaststätte, der westliche Flügelbau noch zerstört). Die auf dem rechten Fuldaufer gelegene *Unterneustadt* bewahrt wenige historische Zeugnisse. Das Haus der Jugend neben der Fuldabrücke steht auf den Mauern des 1786 von Landgraf Karl errichteten ›Castels‹ mit teilweise erhaltenen Kasematten. Die *Unterneustädter Kirche* (1801–08 von H. Chr. Jussow) wurde zerstört und nicht wieder aufgebaut.

Nach den Verlusten durch die Bomben von 1943 gewinnt die erhaltene *Pfarrkirche (e.)* des östlichen Vorortes KIRCHDITMOLD eine besondere Bedeutung für die Kirchenbaukunst S. L. du Rys (1790–92). Lisenen gliedern den schlichten Längsrechteckbau. Im Innern umziehen zweigeschossige Emporen logenartig den Raum; auf den Säulen der Emporen ruht die Decke. Die Kanzel ist hinter dem Altar. Der Raum unter der Orgelempore wird jetzt als Gemeinderaum genutzt und ist durch Glastüren abgetrennt. Der Westturm wurde nach Brand 1910 verändert.

2. Karlsaue, Wilhelmshöhe, Wilhelmsthal

Unterhalb der *Oberneustadt*, vom Friedrichsplatz durch Treppen zugänglich, dehnt sich in der Flußniederung der Fulda die KARLSAUE. Bereits im 16. Jh. entstanden in dem von zwei Armen der Fulda umschlossenen Raum Parkanlagen mit ›Lustbarkeiten‹ (Wasserkünste, Schützenhaus, Badhaus, Pomeranzenhaus). Doch erst Landgraf Karl begann mit dem *Orangerie-Schloß* (1701–11) den großzügigen Ausbau. Sein gestreckter Baukörper mit Mittel- und zwei Eckpavillons ist heute Ruine. Attika und Balustrade mit Statuen von JOH. GEORG KÖTSCHAU sind teilweise erhalten. Der Mittelbau diente im Erdgeschoß als Tor zwischen Voraue (heute Sportgelände ›Hessenkampfbahn‹) und dem eigentlichen Auegarten; im Obergeschoß befand sich der Apollosaal. Die beiden Eckpavillons waren als Sommerwohnung für Landgraf und Landgräfin gedacht (der westliche wiederhergestellt). Erhalten und renoviert sind die beiden isolierten Pavillonbauten, der *Küchenpavillon* im Osten, 1765–70 von S. L. DU RY, und der westliche, das *Marmorbad*, 1722–28 von PIERRE ETIENNE MONNOT phantasievoll ausgestattet. Um einen achteckigen, durch Treppenstufen vertieften und durch eine Kuppel überhöhten Mittelraum legt sich ein gewölbter Umgang. In Nischen und zwischen den Pfeilern zwölf Statuen, Darstellungen aus der antiken Mythologie, die Monnot in freier Nachgestaltung der Kunst Berninis teilweise 1692 in Rom, teilweise 1720 in Kassel schuf. Ebenfalls von Monnot stammen die großen Wandreliefs und die Kaminaufsätze mit den Porträts von Landgraf Karl und seiner Gattin. Vermutlich hat das ›Bad‹ seiner ursprünglichen Bestimmung nie gedient, sondern war nur eine ›höfische Ergötzlichkeit‹. In der Gesamtanlage der Orangerie treffen, wie bei der Wilhelmshöhe, italienische und französische Kunst unmittelbar zusammen, so daß man ein gemeinsames Wirken von GIOV. FRANCESCO GUERNIERO und PAUL DU RY vermutet. Vor der im 2. Weltkrieg zerstörten Schloßterrasse dehnt sich das einst blumenreiche Gartenparterre, das Bowlinggreen, heute die ›Karlswiese‹. Rund um diese Wiesen sind barocke Gartenskulpturen aufgestellt; besonders beachtenswert die beiden 1767 von J. A. NAHL geschaffenen *Rossebändiger* am Beginn der Mittelallee. Der 1729 vollendete Barockgarten der Karlsaue, dessen sehr genialer Schöpfer noch unbekannt ist (Landgraf Karl persönlich?), wurde unter Landgraf Wilhelm IX.

gegen Ende des 18. Jh. anglisiert. Doch die großen Linien der ursprünglichen Anlage blieben erkennbar. Vom Gartenparterre strahlen radial Alleen aus. Seitlich begrenzen Wasserkanäle (Küchen- und Hirschgraben) den Park. Halbkreisbuchten gliedern symmetrisch einen Teich mit kleiner Insel, auf der zwischen Bäumen ein klassizistisches Tempelchen sichtbar wird. Am Ende des Parkes liegt die künstlich aufgeschüttete Insel ›Siebenbergen‹, berühmt durch den Reichtum an seltenen Pflanzen. Der nördliche, zur Stadt überleitende Teil der Karlsaue war mit seinen Blumenbeeten und dem Rosenhang 1955 Mittelpunkt der Kasseler Bundesgartenschau.

Ist die Karlsaue eine Schloß- und Parkanlage in der Ebene, so bildet WILHELMSHÖHE eine grandiose Barockplanung am Berghang. Landgraf Karl von Hessen (1670–1730) faßte gegen 1696 den Plan, Residenzstadt, Lustschloß, Barockpark, Wasserfälle, Herkulesstatue und Gebirgslandschaft zu einem gewaltigen Natur-Kunstdenkmal zu vereinen, wie es in dieser Kühnheit und diesen Größenmaßen in der europäischen Kunstgeschichte ohne Beispiel ist. Der Habichtswald, jener waldreiche vulkanische Gebirgszug westlich von Kassel mit Höhen bis über 600 m, wurde der Ausgangspunkt dieser Ideen. Italienische und französische Barockkunst des 17. Jh. begegnen und vermischen sich in den Gedankengängen des Landgrafen, und letztlich zielt alles auf eine mythologische Verherrlichung des absolutistischen Herrschers. Herkules, dem Barock Symbol des mutigen und siegenden Heros, stürzt den letzten Todfeind der Götter, den Giganten Enkelades, die Felsen hinab. Der zerschmettert unter einem Felsblock sterbende Gegner speit nach dem stolz stehenden Sieger. Aus dem Wasserstrahl wird die Kaskade, die sich von dem phantastischen, erdhaften Felsenschloß der Giganten den HABICHTSWALD hinab in Richtung auf das Sommerschloß des hessischen Landgrafen ergießt und deren Achse als lange schnurgerade Allee bis zur Residenzstadt ihre Fortsetzung findet. Das ist die symbolisch-thematische Grundidee von Wilhelmshöhe. Doch wie so viele überdimensionale Baupläne des Barock wurde auch diese Idee nur teilweise verwirklicht und in späteren Jahrzehnten abgewandelt.

Landgraf Karl berief 1701 den italienischen Architekten Giov. Francesco Guerniero nach Kassel, der sogleich mit den Arbeiten begann. Ein großes Kupferstichwerk des Architekten von 1706 schildert alle Planungen. In 525 m Höhe ragt der unbewohnbare blockhafte Schloßbau in Gestalt eines *Oktogons* (1718 vollendet). Aus der Frontseite des Baues steigt eine Pyramide hoch, auf der die neun Meter hohe *Statue des Herkules* thront, eine von JOH. JAK. ANTHONI 1713–17 gefertigte Bronzekopie des farnesischen Herkules (Gesamthöhe von

Schloß, Pyramide und Statue 71 m). Am Fuße des ›Oktogons‹ beginnen die *Kaskaden*, aus Tuff- und Lungstein gemauert, von Treppenläufen flankiert, von Wasserbecken unterbrochen und durch Grotten mit mythologischen Gestalten (nur zum kleineren Teil ausgeführt) bereichert. Nur etwa das obere Drittel der geplanten Kaskaden ist gebaut; die beiden unteren Drittel bis hinab zum Schloß Wilhelmshöhe sind unvollendet. Die Höhendifferenz zwischen Herkules und Schloß Wilhelmshöhe beträgt 236 m. Wegen der komplizierten Wasserbeschaffung (die durch entlegene Quellen gespeisten Zisternen laufen langsam leer) ›springen‹ die Wasser nur in den Sommermonaten mittwoch- und sonntagnachmittags.
Erst Landgraf Friedrich II. (1760–85) und sein Nachfolger Wilhelm IX. (1785–1806, 1813–21) gestalteten die Waldlandschaft zwischen den Kaskaden und Schloß Wilhelmshöhe zu einem ausgedehnten Parkgelände mit reichen pflanzlichen, architektonischen und wassertechnischen Effekten, aus denen einerseits die von England beeinflußte, erwachende Natur- und Ruinenschwärmerei der Romantik, andererseits die – letztlich in der Renaissance wurzelnde – Begeisterung für die Antike und ihre symbolreiche Mythologie spricht: Der Park wird zur ›arkadischen‹ Landschaft und zu einer Vergegenwärtigung geschichtlicher Erinnerungen (die Beschreibung folgt einem Spaziergang hinab von den Kaskaden zum Schloß): Steinhöfer Wasserfall 1793, Teufelsbrücke 1791–93 von H. Chr. Jussow, gußeiserne Brücke von W. Henschel 1826, Plutogrotte um 1780 (darin seit 1794 die großen Plastiken aus Wilhelmsthal, s. d.), Eremitage des Sokrates um 1780, Rundtempel des Merkur von 1782, Aquädukt von 1788–92 von Jussow mit 43 m tiefem Wasserfall, Cestius-Pyramide und Grabmal des Vergil, beide um 1780, und der Apollo- oder Freundschaftstempel von 1817–18 von Jussow. Aus dem großen Teich (1792) schießen schließlich die Wasser in einer Fontäne 52 m hoch. Im Park wachsen viele seltene und kostbare Bäume und Gehölze aus allen Teilen der Welt; sie wurden zumeist durch Friedrich II. angepflanzt.
Von dem ›chinesischen‹ Dörfchen MULANG am Südrand des Parkes (1781) haben sich die Pagode und einige kleinere Häuser erhalten (vgl. den Schwetzinger Park). Die künstliche Ruine der *Löwenburg* wurde 1793–98 von H. Chr. Jussow nach Vorbildern der englischen und schottischen Neugotik erbaut (vgl. die Moosburg in Wiesbaden-Biebrich und die Burg in Hanau-Wilhelmsbad). Die in malerisch zerfallendem Mauerwerk errichtete Anlage besteht aus Torbauten, Rundtürmen, Bergfried, Wohnturm, Binnenhof, Kapelle, Museums- und Wohnbauten. Der Landgraf suchte hier ein intimes, burghaft abgeschiedenes, der Vergangenheit zugewandtes Leben. Entspre-

chend ist die Ausstattung mit originalen Stücken (Waffen, Rüstungen, Möbeln, Glasfenstern aus hessischen Kirchen, Altarbildern, Glassammlung) und historisierenden Kopien ausgewählt (heute Museum, nach Kriegsbeschädigung restauriert). In der Kapelle wurde Landgraf Wilhelm zur letzten Ruhe gebettet; Sarkophag nach Entwurf Jussows.

Das *Schloß* bildet den Glanzpunkt der Anlage von Wilhelmshöhe. Ehemals stand an seiner Stelle das Augustinerkloster Weißenstein, nach dessen Aufhebung umgebaut zum kleinen landgräflichen Landschloß. Bereits die Landgrafen Karl und Friedrich II. planten durch viele namhafte Architekten einen großzügigen Neubau, der jedoch infolge der umfangreichen Arbeiten im Park nicht zustande kam. Erst Wilhelm IX. ließ 1786 durch S. L. du Ry den Schloßbau beginnen. Er besteht aus einem Mittelbau und zwei Seitenflügeln, die, dem Gelände sich anpassend, schräg zum Mittelbau stehen und im Sinne einer barocken Pavillonanlage ursprünglich nur durch Terrassen mit dem Hauptbau verbunden waren. Aus der Situation ergab sich, daß der westliche Pavillon, der Weißenstein-Flügel, ein Rechteckbau mit apsidialen Anbauten an den Schmalseiten und Säulenrisaliten an den Längsseiten, als erster 1786 begonnen und 1790 fertiggestellt wurde. 1787–92 folgte in gleicher Form der östliche Flügel, der Kirchflügel. Dann erst wurde der Mittelbau entworfen, den der Landgraf zunächst in ruinenhafter romantischer Form plante. Die Architekten konnten jedoch den Landgrafen überzeugen, daß ein derartiges Gebäude die notwendige Aufgabe, Hauptgebäude der Schloßanlage zu sein, nicht erfülle. So entstand unter Aufnahme von Ideen du Rys der heutige Mittelbau nach Plänen Jussows 1791–98. Die Ausstattung zog sich bis 1803 hin. Erst 1805 erfolgte die Überbauung der verbindenden Terrassen mit einem Geschoß und Ende der 20er Jahre des 19. Jh. kamen die dreistöckigen Zwischenbauten zustande, um ein Raumbedürfnis zu befriedigen, das nach dem Brand des Stadtschlosses offenbar bestand. Damit hatte sich die ursprünglich geplante aufgelockerte Baugruppe zu einer geschlossenen Anlage gewandelt, wobei die Nahtstellen noch deutlich sichtbar sind.

Gleichzeitig wurde das Innere des Weißensteinflügels, der die fürstlichen Wohngemächer enthielt, in den Formen des Klassizismus und Empire neugestaltet (Schloßführung: bemerkenswert Audienzsaal, Bibliothek, Badezimmer, ferner Gemälde von J. H. TISCHBEIN D. Ä., hervorragende Möbel, Schloßprojekte und Ansichten vor dem Bau der Verbindungsflügel; im Obergeschoß richtete der Verband der deutschen Tapetenfabrikanten nach dem Kriege das ›Tapetenmuseum‹ mit Sammlungen vom 16. bis 20. Jh. ein). Im 2. Weltkrieg brannte der

Mittelbau aus, und seine bekrönende runde Kuppel stürzte ein. Der Ausbau zu einer Galerie ist eingeleitet. Sie wird die berühmte Sammlung niederländischer Bilder aufnehmen, die Landgraf Wilhelm VIII. begründete und deren Gebäude an der Schönen Aussicht schwer von den Bomben getroffen wurde. Nördlich vor dem Kirchflügel das ehemalige *Hoftheater*, ein schlichter klassizistischer Bau von LEO VON KLENZE (1808–09), durch JOH. KONRAD BROMEIS zum *Ballhaus* umgebaut (1828). Von Bromeis stammt auch das benachbarte *Gewächshaus* (1822) mit seinen erlesenen und seltenen Pflanzen, ein sehr frühes Beispiel für Holz-Eisenkonstruktion (Mittelkuppel 1887 erhöht). Jenseits der Straße liegen die klassizistischen Bauten des *Gärtnerhauses*, des *Marstalls* und der ehemaligen *Schloßwache*. Das moderne Hotel übernimmt nur sinngemäß die Tradition des im 2. Weltkrieg zerstörten Schloßhotels von Bromeis.

Die etwa 8 km lange Rasenallee führt von Wilhelmshöhe nach *Schloß* WILHELMSTHAL. Landgraf Wilhelm VIII. ist der Schöpfer dieses einzigartigen Rokokoschlosses, das nordwestlich von Kassel in ländlicher Abgeschiedenheit zwischen Parkwäldern und Wiesen ruht, im Gegensatz zu den repräsentativen Bauten von Wilhelmshöhe. Der Münchner Hofarchitekt FRANÇOIS R. DE CUVILLIÉS D. Ä. (1695 bis 1768), bekannt durch seine Schöpfungen in München (Amalienburg) und Brühl (Falkenlust), entwarf um 1743–44 die Baupläne. 1747–55 wurde der Rohbau unter der örtlichen Bauleitung von J. G. FÜNCK, einem Schüler des Berliner Architekten Knobelsdorff, erstellt. Vor einen zweigeschossigen Hauptbau mit Souterrain und Mansarddach, mit Mittelrisaliten und seitlichen Altanbauten legen sich rechtwinkelig zwei niedrigere isolierte Seitenflügel; kleine Zwischengalerien verbinden die Baukörper. Die beiden vorgelagerten Wachtpavillons schuf 1756–58 S. L. du Ry. In der Höhenstufung und Größensteigerung der Baukörper und Dachgruppen vom Entrée bis zum Hauptbau ist Wilhelmsthal eine der phantasievollsten Gestaltungen des Typs der aufgelösten dreigeteilten Schloßanlage. Diese Bauform war in der französischen und holländischen Baukunst des späten 17. Jh. aus ländlichen Bausitten und unter dem Einfluß Palladios entwickelt worden und zu Beginn des 18. Jh. in Deutschland eingedrungen (Schloß Windhof bei Weilburg/Lahn ist eines der frühesten deutschen Beispiele). Durch wohlproportionierte Gliederung und sparsame Dekoration gab Cuvilliés dem Außenbau eine anmutvolle, elegante und leichte Erscheinung. Das Innere (Schloßführung) beglückt durch eine einheitliche und künstlerisch reiche Rokokoausstattung (Dekoration und Mobiliar), die den wohnlich-privaten Charakter des Bauwerkes vertieft. Die Raumaufteilung des Hauptbaues gleicht der von

Schloß Falkenlust im Brühler Park bei Bonn: Speise- und Musensaal im Mittelteil des Hauptbaues, seitlich das Treppenhaus, die Nebenräume in der Form intimer Kabinette. Die Stukkaturen der Decken und Schnitzereien der Wandvertäfelungen fertigten die Hofbildhauer JOH. AUGUST NAHL und JOH. MICHAEL BRÜHL aus Kassel, die Malereien (Supraporten und Gemälde der Schönheitsgalerie) Hofmaler JOH. HEINRICH TISCHBEIN D. Ä. Dazu englische Tapeten und Möbel von D. Roentgen.

François R. de Cuvilliés entwarf 1744 auch die Pläne zu dem einst reizvollen *Rokokogarten* mit seinen Lustbauten. Von den fächerartig ausstrahlenden drei Alleeachsen wurde nur die südliche vollendet. Nach Neugestaltung des Parkes im englischen Stil (neugotischer Aussichtsturm 1799–1801 nach Plan von S. L. du Ry auf dem ›Weinberg‹) blieb von den Rokokoanlagen nur die *Grotte* in der Südachse erhalten, die CHARLS LOUIS DU RY nach einem Plan Cuvilliés 1745–49 errichtete. Ausgestaltung der Anlage durch Künstler vom Hofe des Kölner Erzbischofs, an dem Cuvilliés tätig war (Grottierung durch P. LAPORTERIE, Puttenfiguren von W. ROTTERMONT). Weitere zugehörige Rokokoplastiken im Gartensaal des Schlosses. Nahe der Grotte eine unvollendete Ziervase von J. A. Nahl aus dem Jahre 1757.

3. Von Kassel über Hofgeismar nach Helmarshausen

Bei Wilhelmsthal entspringt der Essebach, der nördlich der Diemel zustrebt. An seinem Oberlauf liegt BURGUFFELN. Das Hofgut, eine Domäne, war ursprünglich eine *Burg* der Herren von Uffeln. Die hohe Ringmauer ist teilweise erhalten. Die befestigte, im Domänenhof gelegene Kirche war eine dreischiffige Basilika. Aus dem 13. Jh. der Westturm mit Pechnase über dem Portal, die nördliche Mittelschiffswand mit den vermauerten Seitenschiffarkaden sowie der rechteckige Chor mit Kreuzgratgewölben. Dicht bei der Kirche das alte *Herrenhaus*, ein kräftiger zweiflügeliger Steinbau (16. Jh.). Andere Gebäude der Domäne teilweise 18. Jh.

Wenige Kilometer westlich liegt IMMENHAUSEN mit vielen alten *Fachwerkhäusern*, besonders in der Hauptstraße (hoher diemelsächsischer Bau von 1634 gegenüber dem Rathaus). Die ovale Stadtanlage geht mit ihrem rechteckigen Straßennetz und den umfangreichen Resten der *Stadtbefestigung* (ein seltenes Beispiel für Nordhessen) auf eine Gründung durch Landgraf Heinrich I. von Hessen 1297 zurück. In Ortsmitte erhebt sich der stolze dreigeschossige Fachwerkbau des *Rathauses* von 1662 mit massivem Untergeschoß, Freitreppe und

Dachreiter. Die *Stadtkirche (e.)* ist ein dreischiffiger Hallenbau mit polygonalem Chor und Westturm in der in Hessen üblichen Form. Unterbau und Gewölbe des Westturmes vermutlich schon nach der großen Stadtzerstörung 1385 durch Mainz und seine Verbündeten errichtet (eine Inschrift außen an der Südseite des Langhauses erinnert an dieses Unglücksjahr). Das Langhaus war erheblich breiter geplant, wie ein Achteckpfeiler mit Gewölbeansätzen an der inneren Westwand des nördlichen Seitenschiffes bestätigt. Klare, einfache Raumverhältnisse, die Seitenschiffe in halber Mittelschiffbreite. Der höhere, schlankere Chor von edlen Formen. Die Wallfahrtskirche von Gottsbüren und die Kirche von Grebenstein waren Vorbild; die Kirche von Trendelburg ist eine späte Nachfolge. Spätgotische *Malereien* an der südlichen Seitenschiffwand, einzelne Szenenbilder von guter Qualität, aber sehr vergangen (in der Mitte eine Kreuzigung erkennbar). In der nördlichen Seitenschiffwand eine Nische in gotischer Umrahmung um 1400. Schöner Taufstein von 1497. Einfaches spätgotisches Chorgestühl, 1601 und 1607 überarbeitet.

Im breiten und flachen Essetal liegt am Fuße des Burgberges die Stadt GREBENSTEIN. Graf Ludolf von Dassel hatte die *Burg* ›Grafenstein‹ im 13. Jh. gegründet. Seit 1297 landgräflich-hessischer Besitz. Im letzten Viertel des 14. Jh., als die Burg zeitweise landgräfliche Residenz war, entstand der längsrechteckige, mehrgeschossige Palas, dessen Ruine weithin sichtbar ist. Die Auflager für die Unterzüge der Holzdecken, mehrere offene Kaminstellen, trauliche Fenstersitznischen und zwei Erker sind größtenteils erhalten. Sie zeigen saubere Steinbearbeitung. Die *Stadt* Grebenstein, die sich an den Nordhang des Essetales schmiegt, wurde durch die hessischen Landgrafen vermutlich gleichzeitig mit Immenhausen gegründet. Gegen Mitte des 14. Jh. entstand im Talgrund zwischen Altstadt und Burgberg als Neustadt die ›Freiheit‹. Die *Stadtbefestigung* der Altstadt (frühes 14. Jh.) und die Befestigung der Freiheit (um 1360) wurden gegen 1370 zu einer einheitlichen Stadtwehr mit 13 Türmen von der gleichen Bauhütte, die auch den Burgpalas erstellte, ausgebaut. Größere Teile der Mauer und fünf Rundtürme mit Steinhelmen und Pechnasen gut erhalten. Am Turm des Burgtores Fratzen als Wasserspeier; besonders machtvoll der Turm des Obertores.

Die *Stadtkirche (e.)* des 14. Jh. gehört als dreischiffige Hallenkirche mit mächtigem Westturm und gestrecktem dreiseitigem Chor in den Kreis der verwandten Bauten von Gottsbüren und Immenhausen. Ihr Außenbau wirkt aber reicher durch die Seitenschiffgiebel, durch die Fialen auf den Strebepfeilern sowie durch die Nord- und Südportale. Das abgesetzte Turmobergeschoß und die Maßwerkbrüstung stammen aus dem späten 15. Jh.; die Turmhaube um 1600. An der Ostseite des Chores ein stark zerstörtes Kreuzigungsrelief von 1448. Im Wimperg des Südportals eine Marienkrönung (stark beschädigt); aus den Portalflanken wachsen schlanke Fialen hervor. Am einfachen Nordportal ursprünglich sieben Figuren. Das ein wenig überhöhte Mittelschiff ist von ungewöhnlicher Breite, dabei niedrig, so daß sehr gedrückte und gelagerte Raumproportionen entstehen. Chor in Mittelschiffbreite (im Gegensatz zum Chor von Immenhausen). Eine Restaurierung des Innenraumes ist vorgesehen. Bemerkenswertes reiches *Gestühl* (1639–69) im Langhaus und im Chor mit Sprüchen, Wappen und Ornamenten. Im Chor zwei schöne Wandtabernakel 14. und 15. Jh., letzteres mit Christuskopf. Reicher gotischer Levitensitz. Taufstein mit aufgemalter Spitzbogenarkatur 14. Jh. Phantasievoll dekorierter Orgelprospekt von 1732–36. Langhausemporen 1638 (1637 hatte ein Brand das Kircheninnere beschädigt). Östlich vor dem Chor das *Rathaus*, ein breit gelagerter Rechteckbau mit mittelalterlichem steinernem Untergeschoß und Fachwerkobergeschoß (17. Jh.). An der Ostfront ein Portal von 1726 mit Relief des hl. Georg von 1591. Davor ein Brunnenkump.

Das Stadtbild zeichnet sich durch einen reichen Bestand an *Fachwerkhäusern* mit hohen und stolzen Giebeln niedersächsisch-diemelländischer Prägung aus; meist frühes 18. Jh., nur wenige älter. Die Diele ist oft anders ausgenutzt und zugebaut. Die Balken am Dielenportal, gelegentlich auch die Eckpfosten und andere Teile, sind durch Schnitzereien hervorgehoben. Bei den meisten Häusern werden Sinnsprüche, Erbauer und Baujahr genannt. Bemerkenswert sind einige gotische Steinhäuser, ehemals Fruchtspeicher, so am Eulenberg und am Hospitälertor. Spätgotische Knaggenkonstruktion mit weit vorgelagertem Ober- und Giebelgeschoß, dazu zweiteiliges Untergeschoß, zeigen noch die Häuser Ecke Hochzeitsberg–Leimberg (bei der alten Esse-Brücke) und in der Neustadt das Lecksche Haus (Oberstraße 257, soll Museum werden).

Weiter abwärts im Essebachtal ist die Kreisstadt HOFGEISMAR in einer weiten, flachwelligen Hochebene zwischen sanft abfallende Talhänge gebettet. Wie viele niederhessische Stadtanlagen setzt sich auch Hofgeismar aus mehreren, im Laufe des 13. Jh. entstandenen Teilen mit eigenen Kirchen zusammen, der Alt-, Neu- und Petersstadt. Die Alt- und Neustädter Kirchen sind erhalten, während die Peterskirche unterging. Die um 1220–30 mit Stadtrechten versehene Siedlung war bis 1462 erzbischöflich Mainzer Besitz und kam dann als Pfand, seit 1583 endgültig an Hessen. Die wohl im 11. Jh. zuerst angelegte *Liebfrauenkirche (e.)* war Pfarrkirche der Altstadt und zugleich Kollegiatskirche eines im 12. Jh. gegründeten Chorherrenstiftes. Von einer in der 2. Hälfte des 12. Jh. neugebauten, im 13. Jh. weitergeführten dreischiffigen Basilika mit Querschiff sind in dem heutigen gotischen Hallenbau der wuchtige Westturm mit den zwei- und dreiteiligen Klangarkaden, die Mittelschiffpfeiler mit vorgelegten Dienstbündeln (13. Jh.) und die ehemaligen Vierungspfeiler mit Rechteckvorlagen auf Konsolen (12. Jh.) erhalten. Gewölbe und Außenwände sowie die Seitenschiffe in Breite des Mittelschiffs aus gotischer Zeit, das südliche Seitenschiff von 1330, das nördliche von 1446. Chor 19. Jh. Turmhaube 1738. Im westlichen Mittelschiffgewölbe schöne Schlußsteine mit Kreuzigung, Petrus und Paulus. An einem südlichen Langhauspfeiler ein Wandgemälde (15. Jh.), ein Gnadenstuhl (ohne die Taube des heiligen Geistes) mit dem toten Adam, dazu Stifter. Von höchstem kunstgeschichtlichem Wert ist die *Altartafel*, zwei nachträglich zusammengefügte Seitenflügel eines Triptychons um 1320. Die Mitteltafel mit der Kreuzigung ist verloren. Der rechte Flügel zeigt die Auferstehung und die Engel am Grabe, der linke Flügel Ölberg und Judaskuß mit Petrus-Malchus-Szene und Gefangennahme Christi; auf beiden Flügeln in den Zwickeln schwebende Engel. Die Malerei ist ein sehr frühes Beispiel hessischer Tafelmalerei und von hervorragender Qualität, charakteristisch die säulenhafte Schlankheit der Gestalten, die scharf ausgeprägte Zeichnung der Gesichter, die heftige Gestik (besonders in der Judasszene) und die gedeckte Farbigkeit (olivgrün, dunkelrot, violett und goldgelb). Die Ölbergszene mit zwei Bäumen auf Hügeln läßt die ersten Anfänge einer Landschaftsdarstellung erkennen. *Taufstein* mit Darstellungen von Christus und den 12 Aposteln 1. Hälfte 14. Jh.; aus der gleichen Zeit das Chorgestühl. Beim Verlassen der Kirche beachte man noch die Portale, das romanische Westportal mit Rundstäben und Schaftringen (Tympanon 19. Jh.) und das gotische Südportal von 1330 mit Marienkrönung (stark beschädigt) im Wimperg und seitlichen Figurennischen.

Das *Evangelische Dekanat* und Pfarrhaus vor der Südseite der Kirche ist in einem alten landgräflichen Gebäude eingerichtet, in dem *Haus der Margarethe von Falkenberg;* massives Untergeschoß 14. Jh. (vermauertes gotisches Fenster), 1568 erneuert, und Fachwerkobergeschoß 17. Jh. Die Neustädter *Pfarrkirche St. Maria (e.)* ist ebenfalls ein dreischiffiger Hallenbau, Langhaus 1341 und Westturm 1349 begonnen. Der heutige Chorbau 1414. Der Oberbau des Turmes gegen 1460, die Turmhaube frühes Barock (wohl nach Brand 1589). Der einfache, unkomplizierte Bau zeigt im Gegensatz zur Altstädter Kirche sehr breite Seitenschiffe und eine gelagerte Raumwirkung bei gedrückten Höhenproportionen. In der Stadt viele gepflegte *Fachwerkhäuser* des 16. bis 18. Jh., zumeist an der Marktstraße (Nr. 13, 15 und 17) und am Marktplatz, so Nr. 5 von 1560 mit radförmig geschnitzten Ständerfüßen, Nr. 9 (Stadtbücherei und Volkshochschule) von 1653 mit verzierten Eckpfosten, Nr. 18 von 1719, Nr. 19 dreigeschossig mit kräftig vorgekragtem Obergeschoß und auf Knaggen vorgesetztem Giebel mit Fußstreben und Andreaskreuzen 16. Jh. und Nr. 21, ein zweigeschossiges Giebelhaus des 18. Jh. mit Mansarddach. Aufschlußreich ist der Unterschied zwischen den beiden letztgenannten Häusern, die trotz verschiedener Geschoßzahl gleiche Giebel- und Firsthöhe zeigen; das barocke Haus erfüllt durch höhere Stockwerke und durch einen ausgebauten Giebel repräsentativere Wohnansprüche. Ferner sind beachtenswert Baustraße 1 von 1654, Steinweg 18 von 1684, ein besonders prächtiger dreigeschossiger Bau mit zweigeschossigem Giebel, die Schnitzereien der Eckpfosten ähnlich denen von Marktplatz Nr. 9, Hinterm Teich 1 von 1780 mit Mansarddach, sowie Töpfermarkt 6 um 1600, 1913 modernisiert und 1952 renoviert.

Bereits im Dreißigjährigen Krieg waren dicht nordöstlich vor den Toren der Stadt heilsame Mineralquellen, der *Gesundbrunnen*, entdeckt worden. Landgraf Karl förderte ihre Fassung und den Ausbau eines Badebetriebes. Über der Quelle erbaute S. L. DU RY 1792 einen Rundtempel. Symmetrisch zur Quelle stehen die *Badehäuser*, das Wilhelmsbad von 1745 und das Friedrichsbad von 1770 (heute Evangelisches Predigerseminar und Gästehaus der ev. Akademie), zwei gleichgestaltete gewinkelte Flügelbauten, zweigeschossig mit Mansarddächern, mit Mittelrisaliten und vorspringenden Eckbauten (der rückseitige Flügel des linken Baues modern). Gegenüber auf der anderen Straßenseite ein älteres Badehaus, der *Karlsbau* (1728–32) mit rückseitigem neuerem Anbau (um 1770). Der 1747 errichtete *Marstall* heute in das angrenzende Altersheim einbezogen. Hinter den Flügelbauten dehnt sich ein ursprünglich barocker, dann im englischen Stil veränderter *Park*. Darin liegt das überaus reizvolle *Schlößchen Montcheri* (heute Evangelische Akademie), 1787–89 von S. L. du Ry für Landgraf Wilhelm IX. erbaut. Die Frontseite mit mittlerer Kolonnade und Dreieckgiebel spiegelt sich in einem geschwungenen Schwanenweiher. Der einfache Bau wirkt durch abgewogene Proportionen und sparsame Gliederung. Rückseitig springt ein Risalit für das im frühen 19. Jh. neu gestaltete Treppenhaus vor. Im großen Mittelsaal Pilastergliederung, in den beiden Seitenräumen bemalte Empire-Decken; das Badezimmer noch ursprünglich, als grüne Laube ausgemalt. Die Diemel (vgl. Kap. IX) fließt, von Westfalen kommend, bei Liebenau in hessisches Gebiet ein. Von der Höhe über dem Tal sind in der westlichen Ferne die markante Bergkuppe und Burgruine des Desenberges (bei Warburg) sichtbar. Die auf einer Insel zwischen Mühlbach und Diemel gebaute Stadt LIEBENAU lag im Interessengebiet von Paderborn, Waldeck und Hessen und kam 1471 endgültig an Hessen. Der Ort besitzt noch zahlreiche *Fachwerkbauten*, so Vorderste Straße Nr. 11 von 1668 mit reichem Portal, Mittelste Straße Nr. 49 von 1728 und Nr. 56 aus dem 18. Jh. Östlich vor der Kirche ein gefälliger Barockbau (1787) mit Mansarddach, ehemals Schule und *Rathaus*. Die *Kirche (e.)* ist durch einen mächtigen gotischen Chorturm des 13. Jh. mit Fachwerkaufbau und Haube von 1750 gekennzeichnet; das einschiffige Langhaus 1750 modernisiert. Im Chorraum umfangreiche Wandmalereien des frühen 15. Jh., leider stark zerstört, nur die Gesamtumrisse ohne Binnenzeichnung erkennbar, schwungvolle, stark bewegte Apostelgestalten, darüber Krönung und Himmelfahrt Mariens und auf dem Gewölbe Christus als Weltenrichter. Die am besten erhaltene liebliche Gestalt des Johannes im Schiff hinter dem Pfarrstuhl bei der Kanzel läßt die ungewöhnlich hohe Qualität dieser Malereien ahnen.

Bei Liebenau mündet das Warmetal (vgl. Zierenberg Kapitel IX) in die Diemel. – In ZWERGEN am Unterlauf der Warme steht in dem 1744 erbauten schlichten saalförmigen Langhaus der *Kirche (e.)* eine ganz ähnliche Kanzel wie in Liebenau, wohl vom gleichen Meister, nur etwas einfacher (17. Jh.). Auf dem Tonnengewölbe im Untergeschoß des noch mittelalterlichen Westturmes Reste von Fresken mit Blütenranken vom gleichen Maler wie in Deisel (s. d.). – Auf der EBERSCHÜTZER KLIPPE, einem Bergrücken über der Diemel bei Eberschütz, sind die Mauer- und Wallreste einer karolingischen *Curtis* (Königshof) mit Vor- und Hauptburg zu finden.

Burg und Ort TRENDELBURG liegen malerisch auf einem steilen Sandsteinfelsen, den an drei Seiten die Diemel umfließt. Die dreibogige Diemelbrücke entstand 1747 anstelle einer alten, vielleicht prähistorischen Furt, die zwei Straßen seitlich der Diemel, die Königstraße (Kassel–Grebenstein–Gottsbüren–Bremen) und den Pilgerweg (auf den Höhen westlich des Tales), verband. Die *Stadt* ist mit ihrem regelmäßigen gitterartigen Straßennetz und mit ihren diemelsächsischen Fachwerkhäusern der Burg wie eine Vorburg vorgelagert. Eindrucksvoll ist die wehrhaft abweisende stadtseitige Front der *Burg*. Sie wurde um 1300 von den Grafen von Schöneberg erbaut; seit 1305 hessischer Besitz. Der mächtige runde Bergfried, in seiner unteren Hälfte noch aus der Gründungszeit, steigt unmittelbar aus dem tiefen Halsgraben empor. Seitlich des Turmes die jüngere gotische Schildmauer. Eine kleine, später hinzugefügte Fußgängerbrücke spannt sich über den Graben. Nach einem Brand (1443) wurde die Burg gegen Mitte des 15. Jh. wieder neugebaut; aus dieser Zeit stammt der Oberbau des Bergfrieds mit Pechnasen und die vier schweren bastionsartigen Eckrundtürme. Isoliert im Burghof steht der Palas, ein hoher spätgotischer Steinbau, das Dach noch mit Wesersandsteinplatten gedeckt; an der Nordseite die ehemalige gewölbte Kapelle. Die Burg kam 1901 an die Familie von Stockhausen (heute als Hotel genutzt). Der dreischiffige Hallenbau der *Pfarrkirche (e.)* mit quadratischem Chor und Glockenturm an der Nordseite wurde anstelle eines älteren Bauwerkes 1448–57 errichtet. Schwerfällige Rechteckpfeiler tragen Gratgewölbe in den Seitenschiffen und von Konsolen abgefangene Rippengewölbe im Mittelschiff. Qualitätvolle Fresken um 1500, im südlichen Seitenschiff die Anbetung der Heiligen Drei Könige sowie die Apostel Johannes und Thomas, im nördlichen Seitenschiff Kreuzigung und hl. Christophorus, Bilder von gebrochener Farbigkeit (orange-rotbraun, grün und dunkelgrau), von harter und scharfer Zeichnung und plastisch-faltenreicher Gewandung. Kanzel 1633. Instandsetzung 1961. Figürliches Glasfenster von H. G. v. Stockhausen. Außen an einem Strebepfeiler der nördlichen Seitenschiffwand der Grabstein eines 1578 gestorbenen Ritters von Stockhausen von ANDREAS HERBER. Dicht bei der Kirche das *Rathaus*, ein zweigeschossiger Fachwerkbau von 1582.

Die alte Form der Dachdeckung mit Wesersandsteinplatten hat sich verschiedentlich in der Umgebung noch erhalten, so etwa bei Kirche und Rathaus von DEISEL. Die 1516 erbaute *Dorfkirche (e.)* ist ein einschiffiger Bau mit dreiseitigem, ursprünglich gewölbtem Chor. 1560 erfolgte eine Gesamtausmalung der Kirche durch einen ländlichen Meister der Gegend: im Chor 12 Apostel, Petrus und Paulus lebensgroß, an der südlichen Schiffswand Jüngstes Gericht, Kreuzigung, Opfer Abrahams, an der nördlichen Schiffswand Erschaffung Evas, Sündenfall und Vertreibung, in den unteren Zonen reiches Rankenwerk mit Blättern und Früchten. Emporen, Kanzel und Holztonne sowie der Dachreiter mit doppelter Haube von 1736. Das Dorf ist besonders reich an *Fachwerkgehöften* niederdeutschen Typs mit Schnitzereien, Malereien und Sprüchen, vorwiegend 18. Jh. – Zwei Kilometer westlich Deisel liegen auf einem Bergrücken die Spuren der frühgeschichtlichen *Burg Hahn*, wohl eine Curtis.

Weiter abwärts windet sich die Diemel durch die fruchtbaren Felder und Wiesen des breiten Talgrundes. Das heutige *Hofgut Wülmersen* war einst ein Schloß mit Meierei der Paderborner Bischöfe und des Klosters Helmarshausen und kam später an die Familie von Stockhausen. Die dicht am Fluß gelegene, ausgedehnte unregelmäßige

Anlage setzt sich aus verschiedenen, malerisch gruppierten alten Gebäuden zusammen, die leider nach Aufsiedelung des Besitzes dem Verfall preisgegeben sind. Im Vorhof neuere Wirtschaftsgebäude (19. und 20. Jh.) mit zweistöckigem klassizistischem Herrenhaus. Ein Torbau mit bossiertem Portal und Wappen von 1610 führt zum Haupthof. Das östlich an ihn stoßende Gebäude 1. Hälfte 16. Jh.; das massive Untergeschoß mit Kreuzsprossenfenster, das Fachwerkobergeschoß mit einem auf Knaggen vorgekragten Giebel. Hofseits ein Treppenturm mit malerischer Dachhaube des 17. Jh. Der südlich anschließende Bau (bereits teilweise eingestürzt) 18. Jh., der kleine diemelseitige Fachwerkverbindungsbau mit reizvoll vorgekragtem Erker. Südwestlich tiefer gelegener Hof mit Scheunen und Wirtschaftsbauten in Stein und Fachwerk (18. Jh.), im Hochwassergebiet der Diemel.

Besonders reizvoll liegt HELMARSHAUSEN an der Diemel und ihren abgezweigten Mühlbächen. Das gegen Ende des 10. Jh. gegründete *Benediktiner-Reichskloster St. Mariä und Petri* und die bedeutsame künstlerische Tätigkeit der Mönche während des Mittelalters machten den Namen der Stadt weit über Hessen hinaus bekannt. Aufgrund einer kaiserlichen Schenkung unterstand das Kloster seit 1017 dem Bistum Paderborn, während die Stadt seit dem 13. Jh. zur Hälfte dem Kölner Erzbistum gehörte. 1527 hob Landgraf Philipp das Kloster auf. Die Blütezeit der Abtei lag im 11. und 12. Jh., als der Mönch ROGER VON HELMARSHAUSEN die überaus kunstvollen und für die spätromanische Goldschmiedekunst einflußreichen Goldmetallarbeiten fertigte, besonders die beiden Tragaltäre in Paderborn (Domschatz und Franziskanerkirche). In Roger wird auch der Verfasser der ›Schedula diversarum artium‹, des bedeutendsten mittelalterlichen kunsttechnischen Lehrbuches, vermutet. Von der hohen Kultur der Handschriftenmalerei des Klosters kündet das Evangeliar Heinrichs des Löwen, entstanden um 1175 (heute Privatbesitz des Herzogs von Braunschweig). Die Gebäude und vermutlich auch die Kirche der am westlichen Stadtrande gelegenen Abtei wurden im 12. Jh. gänzlich neu gestaltet. Doch davon steht heute kaum noch etwas. – Der ehemalige *Klosterhof*, mit Rundbogenportal zur Straße und kleiner spitzbogiger Pforte zur Stadt, ist teilweise erhalten. Die im Kern romanischen ehemaligen *Klostergebäude* bestehen aus einem zweigeschossigen massiven Ostflügel und einem Südflügel mit Fachwerkobergeschoß von 1670; aus dieser Zeit auch die Zwerchhäuser beider Bauten. Auf den Dächern Wesersandsteinplatten. Im Südflügel eine ehemalige romanische Kapelle von zwei Jochen mit Kreuzgratgewölben; außen springt eine halbrunde Apsis mit ehemals drei

Rundbogenfenstern vor (12. Jh.). Am Ostflügel hofseits ein vermauerter romanischer Rundbogen mit Scheitelstein und rückwärts eine doppelbogige Arkadenreihe mit figürlichen Kapitellen (Rest des Kreuzganges?). Dicht an den Klosterhof stößt die vom Kloster unabhängige *Pfarrkirche*. Romanischer Chorturm mit gotischen Staffelgiebeln; der Chorraum mit Kreuzgratgewölben. Das romanische Langhaus stammt aus dem Jahre 1464 und wurde 1799 erneuert; Kanzel um 1700; Orgel 1732.

Der auffallend regelmäßige Grundriß der *Stadt* – zwei parallele Hauptstraßen mit dem Marktplatz in der Mitte – geht auf eine Gründung des frühen 13. Jh. zurück (Stadtrechtverleihung durch Köln). Breite behäbige *Fachwerkhäuser* diemelsächsischer Bauart mit schweren Giebeln stehen an den Straßen, so Steinstraße Nr. 49 von 1755 (Deutsches Haus), 48 von 1710, 34 von 1730 und besonders prachtvoll Nr. 20 von 1645 und 16 von 1676, beide Häuser mit viermaliger Vorkragung; ferner Poststraße Nr. 76 von 1670. Östlich beim Kloster liegt der *Edelhof*, ein verputzter Fachwerkbau von 1699. Von der *Stadtbefestigung* sind talseitig ein Turm und Teile der Mauer erhalten.

Von hohem kunstgeschichtlichem Interesse ist die *Krukenburg* oberhalb Helmarshausen. Aufgrund der Zwistigkeiten zwischen Paderborn und Köln ließ Erzbischof Engelbert I. von Köln (1216–25) die Burg ausbauen. Die ungefähr kreisförmige Anlage mit mächtigen Flankentürmen und rundem, isoliert stehendem Bergfried zeigt die charakteristische Form Kölner Burgbauten (z. B. Godesburg, 1210 begonnen). Unter Bischof Wilhelm von Paderborn (1401–15) entstand ein neuer Palast am nordöstlichen Rande des Burgbezirkes, dessen Ruine noch mehrgeschossig aufragt. Inmitten des Burghofes erheben sich die gewaltigen Mauern der zerstörten *Johanneskirche*. Sie ist älter als die Burg, die um die Kirche herum gebaut wurde. Der Bau entstand vermutlich in der 2. Hälfte des 11. Jh. Für 1126 ist eine Weihe durch Bischof Heinrich II. von Paderborn überliefert, die aber wegen der frühromanischen Formen des Bauwerkes als Baudatum zu spät erscheint. An einen kreisrunden, einst von einer Kuppel überwölbten Mittelbau (Durchmesser 13 m) legen sich vier niedrigere tonnengewölbte Kreuzarme, der östliche mit Chorraum und halbrunder Apsis, der westliche mit Vorhalle, über der sich ehemals ein Glockenturm erhob (der seitliche Treppenaufgang teilweise erhalten). Sorgfältiges Mauerwerk und saubere Sockelbildung. In der Mitte des Zentralbaues eine (ausgegrabene und wieder zugeschüttete) tonnengewölbte viereckige Krypta mit zwei Treppenzugängen, die einen Prozessionsrundgang ermöglichten; denn vermutlich enthielt sie eine Nachbildung des Heiligen

Grabes. Die Gesamtanlage der Kirche gleicht auffallend der Busdorf-Kirche von Paderborn (1036). Sie ist eine freie Nachschöpfung der Jerusalemer Grabeskirche. Abt Wino von Helmarshausen hatte 1032 für Bischof Meinward von Paderborn Architekturstudien in Jerusalem unternommen, und der Bau der Krukenburger Johanneskirche erfolgte vermutlich statt einer gelobten Jerusalem-Wallfahrt des Bischofs Heinrich II.

4. Von Karlshafen nach Kassel

KARLSHAFEN, zwischen Reinhardswald und den Hessischen Klippen an der Mündung der Diemel in die Weser gelegen, ist die nördlichste Stadt Hessens. Als Tor und ›Portalanlage‹ ließ Landgraf Karl (1670-1730) die Stadt 1699 in sumpfigem Gelände nach den Plänen PAUL DU RYS und FRIEDRICH CONRADIS gründen und anfänglich durch Hugenotten und Waldenser, später auch durch Deutsche besiedeln. Zur Umgehung des störenden Weserzolles und -stapels von Hannoversch-Münden entwarf der Landgraf ein gewaltiges, die technischen Voraussetzungen seiner Zeit weit übersteigendes Projekt. Ein *Schiffskanal* sollte Weser, Eder, Lahn, Rhein und Main verbinden und mitten durch Hessen führen. Der erste Abschnitt Weser–Kassel wurde mit dem Bau der Hafenstadt Karlshafen und des Diemelkanals Karlshafen-Hümme (südlich Trendelburg) begonnen. Doch mit dem Tod des Landgrafen 1730 blieben die weiteren Pläne unausgeführt, und nur das einheitlich geordnete Bild der Barockstadt Karlshafen mit ihrem Hafenbecken und den verbindenden Schleusen und Kanalstücken erinnert an die kühnen Gedanken dieses für die Kunst Kassels und Hessens so bedeutsamen Landgrafen. Nach der Zerstörung Hanaus und der Oberneustadt von Kassel ist Karlshafen neben Arolsen das besterhaltene Beispiel einer planmäßigen Stadtgründung des Barock in Hessen, die so angenehm durch proportionierte und rhythmisierte Bauweise der Straßen und Häuser erfreut. Aber wie in Arolsen, so löste auch in Karlshafen die Bauentwicklung nach dem Tode des Schöpfers die ursprünglichen Planungsideen auf. Die neue Stadt trug zunächst den Namen ›Sieburg‹ nach einem gleichnamigen Bergrücken zwischen Diemel und Weser im Staatsforst Karlshafen, wo seit altersher Wall und Graben einer vor- und frühgeschichtlichen Siedlungs- oder Befestigungsanlage bekannt sind. Erst 1715 benannte man die Stadt nach ihrem Gründer Karlshafen.

Der Bau der Stadt begann 1699 mit dem im Jahre 1700 vollendeten Eckhaus Hafenplatz Nr. 2 ›Zum Landgraf Carl‹. Bis zur Mitte des

18. Jh. wurden unter Leitung Conradis' nach einheitlichem Plan alle öffentlichen Bauten sowie 63 Wohnbauten erstellt. Auf diese Weise entstand beiderseits des Hafenbeckens je ein großes, *Gebäudegeviert* (Carré) aus schlichten zweigeschossigen Wohnhäusern mit Zwerchgiebeln, die Eckbauten durch Eckquaderung und Giebelaufbauten, die Mitte zum Hafenbecken durch repräsentative Bauten hervorgehoben. Das *Packhaus* an der Südseite des Hafens (1715-18) enthielt im Untergeschoß die Packräume, im Obergeschoß die Ratsstube und sollte gelegentlich als gräfliches Jagdschloß dienen (heute Rathaus). Das Bauwerk ist von doppelten Maßverhältnissen wie die Wohnbauten, das Untergeschoß durch Arkaden, der Mittelrisalit durch Pilaster und Rundgiebel, das Dach durch einen Dachreiter ausgezeichnet. Die äußere Gestalt ist bemerkenswerterweise nicht von der praktischen Funktion, sondern von der künstlerischen Bestimmung innerhalb des Rhythmus der Stadtanlage abgeleitet. Im Innern Festsaal mit Stukkaturen von ANDREA GALLASINI (1960 renoviert). Das auf der nördlichen Hafenseite gelegene korrespondierende, jedoch viel schlichtere Gebäude von 1768 (1961 renoviert) enthielt einstmals die *Thurn- und Taxissche Post* (das dritte Geschoß im 19. Jh. aufgesetzt). Die östliche Schmalseite des Hafens, an der sich der moderne Kirchenbau erhebt (Arch. Dr. Ing. NEUMANN), sollte sich nach einem Plan Conradis von 1722 in zwei halbkreisförmigen Gebäudereihen mit einer beherrschenden mittleren Triumphbogenarchitektur aufstufen. Es hätte sich damit jedem, der von der Weser her in den Hafen einfuhr, ein effektvoll gesteigertes, schloßartiges Stadtentrée geboten. Indem dieser Plan nicht ausgeführt und in der 2. Hälfte des 18. Jh. die ganze Nordwestseite der Oberen und Unteren Weserstraße bebaut wurde, verlor die Stadt ihre einladende barocke Schaufront und ihre landschaftliche Öffnung zur Weser hin. Zum ursprünglichen Bebauungsplan gehören dagegen noch die beiden Straßen hinter den Carrés (Karl- und Friedrichstraße) sowie das 1704-10 errichtete *Invalidenhaus* an der Karlstraße. Dieser vierflügelige Bau mit rechteckigem Binnenhof und geschweiften Eckgiebeln enthält hinter dem von Pilastern gegliederten Mittelrisalit eine einfache Kapelle. An der Friedrichstraße war ein gleiches vierflügeliges Gebäude vorgesehen. Die Bauten der 2. Hälfte des 18. Jh. bringen zuweilen einige neue architektonische Motive, so *Haus Suchier* (Weserstraße 7) eine zweiläufige Freitreppe (um 1770), Haus Hafenplatz 13 einen Altanvorbau (um 1770) und das *zweite Packhaus* (heute Zollgebäude, Ecke Hafenplatz und Invalidenstraße) von 1766 ein Mansarddach. Von den übrigen Häusern sind hervorzuheben das *Freihaus* in der Karlstraße gegenüber dem Invalidenhaus, 1723 von Friedrich Conradi für die Familien von Spiegel und von Stockhausen

erbaut (Balkonvorbauten um 1780 zugefügt) und das *Haus ›Zum Schwan‹* in der Invalidenstraße, als Hotel weit bekannt geworden wegen seiner Stukkaturen im Erdgeschoß aus dem künstlerischen Umkreis J. A. NAHLS. – 1730 hatte der Hugenottenarzt Galland in Karlshafen eine Salzquelle entdeckt, die seit 1838 die Grundlage für einen anfangs bescheidenen, heute aber sehr beliebten und stetig steigenden *Kurbadebetrieb* gibt. Die neuzeitlichen Baulichkeiten des Badelebens (Kurhaus) schließen sich nördlich der Barockstadt an.

Am Ende des 12. Jh. gründete Erzbischof Ruthard von Mainz (1089 bis 1109) auf der anderen Seite der Weser, dort, wo Erzbischof Luippold (1051–59) eine Holzkirche gestiftet hatte, das *Benediktinerinnenkloster* LIPPOLDSBERG nach der Hirsauer Regel. Das Kloster war einer der nördlichsten Vorposten des Mainzer Bistums im Weserraum und erlebte unter Propst Gunther, einem ehemaligen Augustinerchorherren aus Hamersleben (bei Halberstadt), seine größte kulturelle Blütezeit. 1151 ließ die Priorin Margarethe eine ausführliche und kulturgeschichtlich aufschlußreiche Klostergeschichte verfassen, das sog. ›Chronikon Lippoldesbergense‹. Das berühmte ›Lippoldsberger (Hardehauser) Evangeliar‹ des 12. Jh., im Kloster Helmarshausen entstanden, ging leider 1945 verloren. Gunther begann auch den Bau der *Klosterkirche* (heute evangelische Pfarrkirche), die in ursprünglicher Größe und Eindringlichkeit erhalten ist, besonders nach der sorgfältigen Restaurierung 1958–59. Als Bauzeit ist das 5. Jahrzehnt des 12. Jh. anzunehmen, also die gleiche Entstehungszeit wie bei dem stilistisch nah verwandten, ebenfalls mit Hirsau verbundenen Kloster Breitenau an der Fulda (vgl. Kap. XII). Als Baumeister, zumindest aber als stark bestimmender Bauherr ist Propst Gunther selbst zu vermuten. Die Kirche gehört durch die reife Ausbildung der romanischen Stilformen und durch ihren weitreichenden kunstgeschichtlichen Einfluß zu den wichtigsten Bauwerken Hessens aus dem 12. Jh. – Der Außenbau der dreischiffigen gewölbten Basilika mit Querschiff, Nebenchören, halbrunden Apsiden sowie ursprünglich zwei Westtürmen wirkt einfach, sachlich und herb in der Zusammenfügung der schweren Baukörper. Die obere Westpartie im Dreißigjährigen Krieg zerstört; der verschieferte Helmaufbau des erhaltenen Südturmes von 1722. Schlichte kleine Portale, an der Südseite mit Giebelsturz, das südliche an der Westfront mit unterteiltem Tympanon in niedersächsischer Art. – Der gewölbte Innenraum zeigt eine klare räumliche Gliederung – gebundenes System – und anspruchslose einfache Formen von wuchtiger Eindringlichkeit. Im Westteil der Kirche die Nonnenempore (heute Orgelempore). Der niedrige Raum unter ihr gleicht in seiner Dreischiffigkeit und mit seinen Säulen und Kreuzgratgewölben, die wie die Gewölbe der Seitenschiffe gurtlos sind, einer romanischen Krypta (›Nonnenkrypta‹). Die Basen und Kapitele der Säulen teilweise mit Lilien und Palmetten plastisch dekoriert. Die Architekturplastik des Kirchenraumes beschränkt sich auf kleine Ecksäulchen an den Zwischenpfeilern und auf die Kapitelle und Kämpfer. Ornamentierte Konsolen an den Hauptpfeilern fangen die Vorlagen für die Gurtbögen auf. Eine über hoher Sattelmauer ansetzende Doppelarkade verbindet die Nebenchöre mit dem Hauptchor. – Bedingt durch die Bauherren (Erzbischof und Propst) treffen in der Kirche vielfältige Anregungen aus sächsischen und hessischen Kunstbereichen zusammen, besonders aus Hildesheim (St. Godehard), Königslutter und Mainz. Nachhaltig ist aber auch die künstlerische Wirkung gewesen, die von Lippoldsberg ausging, da die Klosterkirche der erste Wölbungsbau (neben St. Johannes auf der Krukenburg) Niederhessens und der angrenzenden Landschaften war. Zu den zahlreichen Nachfolgebauten gehört z. B. die Klosterkirche Germerode (s. u.). Von der alten Ausstattung sind der Taufstein (um 1230–40) mit reichen figürlichen und szenischen Darstellungen sowie das Sakramentshäuschen (frühes 16. Jh., heute im nördlichen Seitenchor) erwähnenswert. Kanzel, Altar, Kreuzigung (Bildhauer Hueghes), Orgel und Glasfenster von 1958–59. – Die Baulichkeiten des 1569 aufgelösten *Klosters* sind größtenteils abgebrochen. Westflügel und restlicher Nordflügel wurden durch Landgraf Karl 1713 als kleines *Jagdschloß* ausgebaut. An ihm, dem Klosterhaus, verschiedene Arkaden des romanischen Kreuzganges noch sichtbar.

In GIESELWERDER sicherte einst eine Wasserburg der Grafen von Northeim, später der Erzbischöfe von Mainz den Flußübergang und den Weg nach Lippoldsberg. Der REINHARDSWALD erstreckt sich zwischen Weser und Esse als ausgedehntes Waldgebiet und erreicht im Staufenberg (472 m) und im Gahrenberg (464 m) seine größten Höhen. GOTTSBÜREN ist die einzige alte Dorfsiedlung des Gebirges. Im Mittelalter war der nördliche Teil des Reinhardswaldes weitaus dichter besiedelt als heute; die Dörfer und Gehöfte wurden meist im 14. und 15. Jh. wüst. Gottsbüren wurde vor diesem Schicksal durch seine damals berühmte Wallfahrtskirche bewahrt. Eine teilweise Neubesiedlung der Landschaft erfolgte erst im 17. und 18. Jh. unter Landgraf Karl, der in kluger Wirtschaftspolitik Hugenotten ansiedelte (vgl. Kassel und Karlshafen) und unter Friedrich II. Doch diese Neubesiedlung beschränkte sich auf die Randzonen des Reinhardswaldes.

So entstanden unter Landgraf Karl zwei Dörfer östlich und nordöstlich Hofgeismar, CARLSDORF 1686 mit Fachwerkkirche von

Paul du Ry (1704) und SCHÖNEBERG 1699 zu Füßen der im 12. Jh. von Graf Hermann II. von Winzenburg erbauten, heute fast ganz verschwundenen *Burg Schöneberg*. Die reizvolle *Fachwerkkirche (e.)* von Schöneberg (1705) wendet sich mit Giebel und Portal zur Straße wie ein Fachwerkhaus. Auf die Bestimmung als Kirche weisen der Dachreiter und die Inschriften mit ihrer streng-gläubigen Gesinnung:

> *C'est icy le temple de Dieu.*
> *Chrétiens venez dans ce saint lieu*
> *Avec amour, respect et crainte,*
> *L'adorer dedans sa maison sainte.*

1722 wurden östlich des Reinhardswaldes an der Weser die Dörfer GOTTSTREU mit Kirche von 1730 und GEWISSENRUH mit Kirche von 1749 angelegt. Auf Landgraf Friedrich gehen die Siedlungen Friedrichsfeld östlich Trendelburg, Friedrichsdorf westlich Hofgeismar von 1775 und Friedrichsthal westlich Grebenstein zurück. Das Herz des Reinhardswaldes im Raum von Sababurg und Beberbeck ist Naturschutzgebiet. Prachtvolle alte Waldbestände, Eichen von 600–800 Jahren, Reste des mittelalterlichen klösterlichen Hutewaldes, befinden sich besonders auf dem Kuhberg. Viele Teiche waren einstmals Lippoldsberger und Bursfelder Kloster-Fischteiche. An die zahlreichen, in früheren Jahrhunderten tätigen Schmelzhütten, vor allem Glashütten und Köhlereien, erinnern nur noch Flurnamen.

Um 1330 fand man in dem abgelegenen Gebirgsdorf GOTTSBÜREN eine wundersame Hostie, die bald darauf viele Wallfahrten hervorrief und im Jahre 1331 zum Bau einer *Wallfahrtskirche* (heute evangelische Pfarrkirche) führte. Im 14. und 15. Jh. bestand bei der Kirche ein Tochterkloster von Lippoldsberg. Die dreischiffige Hallenkirche, das mächtige Dach mit Wesersandsteinplatten gedeckt, zeigt eine vorzügliche Raumwirkung. Da das Langhaus nur zwei Joche zählt, erscheint es als Querrechteck, obwohl die Seitenschiffe halbe Mittelschiffbreite haben. Achteckpfeiler tragen die Rippengewölbe; das Mittelschiffgewölbe setzt über kleinen Säulchen etwas höher an. Der Chor hat längsrechteckige Form. Bemerkenswert ist die phantasievolle Architekturplastik am Turmgewölbe (Figuren von Maria und Christus), am nördlichen Mittelschiffpfeiler und an den Chorkapitellen. Maßwerk in den Seitenschiffen 15. Jh. Die kürzlich erfolgte Restaurierung stimmte den Raum aufgrund freigelegter alter Fassungen wieder in den ursprünglichen wohltuenden Farben Rot, Hellgrau und Weiß ab und konnte darüber hinaus größere Reste spätgotischer figürlicher Malereien (um 1500) freilegen; an der nördlichen Langhauswand zwei Christophorus-Darstellungen, an der Ostwand des nördlichen Seitenschiffes acht Szenen zu Heiligenlegenden, an der Ostwand des südlichen Seitenschiffes eine vielfigurige Kreuzigung und an der Südwand eine hl. Margarete. Das Dorf ist reich an niederdeutschen *Fachwerkgehöften* des 17. und 18. Jh.

In BEBERBECK, einige Kilometer südlich, bestand ein berühmtes *Hessisches Pferdegestüt* (heute Staatsdomäne), das Landgraf Karl 1724 gegründet und Kurfürst Wilhelm II. 1826–29 in großzügiger Weise ausgebaut hatte. Vorausgegangen war eine seit 1490 überlieferte Wildpferdezucht (›Zapfenberger‹) auf Jagdschloß Sababurg. Die weitläufigen klassizistischen Gebäude von Beberbeck gruppieren sich symmetrisch um eine Mittelachse, die sich nach Westen und Osten jenseits des Gestüts als Allee fortsetzt. Flügelbauten und Pavillons bilden isolierte und aufgelockerte Gebäudegruppen um mehrere Höfe. Die großzügige Gesamtanlage entspringt dem Geiste des späten Barock, die Einzelgliederung ist in schlicht klassizistischen Formen gehalten. Das 1827 errichtete Herren- oder Verwalterhaus zeichnet sich durch einen dreigeschossigen Mittelbau mit Uhrtürmchen aus. Am westlichen Ende der Achse, eingebettet in einen heute verwilderten Park, liegt das *Schloß* (heute Altersheim), ein rechteckiger Bau mit hoher Freitreppe, Mittelrisalit und Kuppel; seitlich flügelartige Anbauten. Der große runde Saal unter der Kuppel (heute Kapelle) springt rückseitig vor; seine Wände sind außen und innen durch Pilaster gegliedert. Im Treppenhaus gemalte Zeltdachdecke, im Kuppelsaal gemalte Kassettendecke.

Die *Sababurg* erhebt sich auf einem Basaltkegel inmitten der weitgedehnten, einsamen, wildreichen Wälder des Reinhardswaldes. Die gegen 1300 angelegte und 1334 neu gebaute Burg, ursprünglich ›Zapfenberg‹ geheißen, war Besitz der Mainzer Erzbischöfe und sicherte deren Interessen im nördlichen Hessen (Lippoldsberg, Hofgeismar). Seit 1429 in hessischem Besitz. Landgraf Wilhelm II. baute die zerfallenden Gebäude zum *Jagdschloß* aus. Dabei entstand der zweigeschossige längsrechteckige Steinbau mit den beiden Giebeln an den Schmalseiten und den zwei mächtigen bastionsartigen Rundtürmen (daran Scharten für Schußwaffen und Geschütze). Bis auf die barocken Hauben der Türme (von 1644) sind die Dächer und Geschoßdecken heute verfallen. An der nördlichen Giebelwand ein Erker. Rückseitig (Ostseite) ein Treppenturm; daneben Zugang zum Keller. Das Erdgeschoß bestand aus einem großen Raum mit zwei Achtecksäulen und einem kleineren Raum mit runder Mittelsäule; letzterer enthielt ursprünglich die Küche (Kamin und Brunnen noch erkennbar). Im anstoßenden Torbau des 16. Jh. (heute Gaststätte) schrieben die Brüder Grimm einen Teil ihrer Märchensammlung nieder. Aus gotischer Zeit stammen die rundum begehbaren Ringmauern mit runden und fünfeckigen Flankentürmen. Die Hauptburg war durch einen trockenen Graben gesondert gesichert. Landgraf Wilhelm IV. schuf südlich der Burg einen ausgedehnten Tierpark für Jagdveranstaltungen mit nahezu 3 m hoher Ringmauer.

Zwischen Bramberg und Reinhardswald durchströmt die Weser ein anmutiges, berg- und waldreiches Tal. VECKERHAGEN weist einige gepflegte alte *Fachwerkhäuser* niederdeutschen Typs auf. Die Kirche *(e.)* entstand 1778 über kreuzförmigem Grundriß mit Dachreiter in der Mitte, an jeder Seite ein Portal. Nahebei zur Weser hin liegt ein gefälliger *Schloßbau* mit Mittelrisalit und Freitreppe, den Landgraf Karl 1689 (durch Paul du Ry?) anstelle einer Burg errichten ließ; seit 1782 Farbenfabriken Habich. Von 1666–1903 bestand in Veckerhagen eine bedeutsame *Eisenhütte*, deren Erze aus einem Bergwerk in Hohenkirchen (zwischen Kassel und Immenhausen) und deren notwendige Holzkohle aus den Köhlereien des Reinhardswaldes kamen. Diese Hütte fertigte Ofenplatten, Wasserröhren, Kanonenrohre und -kugeln und 1699 den Dampfkessel des Denis Papin für das von ihm konstruierte Dampfschiff (1647–1710). Der Transport der Waren geschah über die Weser.

Wenig flußauf zeigt VAAKE eine unberührte Weserfront mit vielen *Fachwerkhäusern*. Dicht am Ufer unter den Bäumen des ehemaligen Kirchhofs die *Kirche (e.)*, ein schlichter frühgotischer Saalbau (13. Jh.) mit quadratischem Chor. Die Staffelgiebel des Westturms im 19. Jh. renoviert. Die Holzeinfassung der beiden Portale an der Südseite von 1678 in nachgotischer Konstruktion. Eine Holzdecke (17. Jh.) mit Mittelstütze ersetzt die mittelalterlichen Gewölbe. Bemerkenswert die 1937 freigelegte Ausmalung des Chores (1. Hälfte 15. Jh.): an den drei Chorwänden in der oberen Zone Kreuzigung, Grablegung, Auferstehung und Christus in der Vorhölle. In der unteren Zone Reste jüngerer Fresken (gegen Ende des 15. Jh.). Am Gewölbe – ein gebustes Gratgewölbe – Jüngstes Gericht, Marienkrönung und die vier Evangelistensymbole. Im Gewände des nördlichen Chor- und des südlichen Langhausfensters Heiligenfiguren.

HANNOVERSCH-MÜNDEN liegt malerisch auf der östlichen niedersächsischen Seite der Fulda, von ihr und der Werra eingeschlossen, ehe sie sich zur Weser vereinigen. Aus der bewegten Stadtsilhouette ragen das im 16. Jh. ausgebaute *Schloß*, die spätgotische *St. Blasiuskirche*, das frühbarocke *Rathaus* und die Türme der spätmittelalterlichen *Stadtbefestigung* hervor. Bis in den Kasseler Raum bildet die Fulda die Grenze zwischen Hessen und Niedersachsen. Wehre mit Schleusen stauen den Fluß und machen ihn schiffbar. Wald überzieht die Talhänge, Wiesen bedecken den Talgrund. Die Höhen des Kaufunger Waldes reichen bis nahe an das östliche Ufer. Das *Zisterzienserinnenkloster Wallershausen* wurde 1527 aufgehoben. An seiner Stelle gründete Landgraf Wilhelm IV. 1572 das Dorf WILHELMSHAUSEN. Die ehemalige *Klosterkirche*, heute Pfarrkirche (e.), wurde 1142–52 als dreischiffige flachgedeckte Basilika mit Querschiff errichtet und 1892–93 eingreifend restauriert, wobei die Seitenschiffe und Nebenapsiden wieder aufgemauert wurden. Ein Turm kam neu hinzu. Dem 12. Jh. gehören an: Hauptapsis mit Rundbogenfries auf Konsolköpfen und das Westportal mit ornamentierten Kämpfern, innen die Arkaden mit Stützenwechsel aus Pfeilern und kräftigen Säulen. Taufstein mit Reliefs um 1200.

5. Von Kassel zum Hohen Meißner

OBERKAUFUNGEN erstreckt sich am Südhang des unteren Lossetales. Wuchtig liegt die geschlossene Baumasse der ehemaligen Klosterkirche mit ihren umfangreichen Dachflächen und dem machtvollen Block des Westturmes über dem Ort. 1008–11 hatte Kaiser Heinrich II. hier eine *Kaiserpfalz* erbaut, in der die Kaiserin Kunigunde aufgrund eines Gelübdes 1017 ein *Benediktinerinnenkloster* stiftete. 1025, ein Jahr nach dem Tode des Kaisers, trat die Kaiserin in das Reichskloster als Nonne ein. Im 13. Jh. wurde es in ein Kanonissenstift umgewandelt, 1527 aufgehoben und 1532 mit seinen Liegenschaften der Hessischen Ritterschaft zur Ausstattung ihrer Töchter zur Verfügung gestellt.

Die 1025 geweihte *Klosterkirche*, heute Pfarrkirche (e.), war eine dreischiffige flachgedeckte kreuzförmige Basilika mit Rechteckchor und Rundapsis, mit Seitenapsiden an den Querschiffarmen und mit mächtigem Westturm, den zwei Treppenspindeln seitlich begleiteten. Sie war in ihren Maßen und Proportionen (Länge ca. 60 m) ein zwar nicht übergroßer, aber doch wahrhaft kaiserlicher Bau. Von einer Wölbung des Chores im 12. Jh. zeugen Wandvorlagen mit eingestellten Säulchen (wie in Lippoldsberg). Von einem Ausbau zur dreischiffigen Halle im 13. Jh. künden die beiderseitigen hohen, weiten Spitzbogenarkaden, die anstelle von jeweils zwei frühromanischen Langhausarkaden traten. In der 2. Hälfte des 15. Jh. wurden das südliche Querschiff erneuert und ein dreiseitiges Chorhaupt mit reichem Sterngewölbe anstelle der romanischen Apsis erbaut; Holzdecken von 1564. Die schweren romanischen Formen des 11. Jh. sind noch am besten im nördlichen

Querarm erkennbar, wo der ursprüngliche Bogen zum Seitenschiff, die kleinen Rundbogenfenster, die Seitenapsis in ihrer für das 11. Jh. charakteristischen hohen und schlanken Form und die Pfeiler und Bögen der ausgeschiedenen Vierung erhalten blieben. Die umfangreiche Restaurierung von 1935–38 legte ferner die im 13. Jh. vermauerten schlanken, auf einer Brüstung stehenden Arkaden der ehemaligen Empore der Kaiserin im Westbau frei; die kühnen 5 m hohen Säulen zeigen sorgfältig bearbeitete Würfelkapitelle. – Die gotische Zeit stattete die Kirche mit zahlreichen Fresken aus. Der Passionszyklus an der nördlichen Seitenschiffwand (Ende 15. Jh.) wertet teilweise oberrheinische Vorlagen aus (Schongauer) und ahmt einen Wandbehang nach. An der nördlichen Querschiffswand ist die Darstellung der Heiligen Drei Könige (Anfang 15. Jh.) beachtenswert. An den Mittelschiffpfeilern sind große Heiligenfiguren, Christus in der Kelter und Kaiser Heinrich dargestellt (1. Hälfte 15. Jh.). Ornamentale Malereien am Chorgewölbe mit den vier Evangelistensymbolen und Christus am Kreuz (frühes 16. Jh.); spätgotisches Wandtabernakel; ein gotischer und ein spätgotischer Taufstein. Orgelprospekt von 1799. In den Chorfenstern die Wappen der hessischen Ritterschaft. Der qualitätvolle *Grabstein* der Äbtissin Anna von der Borch 1512 ist ein Werk des MEISTERS DER HANKRATSCHEN KREUZIGUNG im Fritzlarer Domkreuzgang. Der Außenbau der Klosterkirche wird besonders durch den Westturm mit seinen teils frühromanischen, teils gotischen doppelbögigen Schallarkaden bestimmt. Der Turmhelm ist mit Wesersandsteinplatten gedeckt. Anstelle der seitlichen runden romanischen Treppentürme der Nord- und Südseite (vgl. auch Gernrode, Neuenheerse, Freckenhorst u. a.) wurde auf der Nordseite der Sechseckturm, vermutlich im Jahre 1580, an den Westturm angebaut.

Östlich am malerischen, dreiseitig umbauten *Stiftshof* liegt die *Renterei*, ein stolzer Fachwerkbau von 1606 mit Zwerchgiebel und reichen Gesimsen. An der Nordseite folgt das *Herrenhaus* der Hessischen Ritterschaft, ein Fachwerkbau von 1714; daneben der Torbau. Südlich der Kirche ehemals der Kreuzgang (heute Garten). Vom ehemaligen Refektorium und Dormitorium ist ein Teilgebäude erhalten. Daneben die *St. Georgskapelle*, ein einschiffiger flachgedeckter Bau mit gewölbter Rundapsis, vielleicht die zwischen 1011–17 erbaute ehemalige Pfarrkirche von Oberkaufungen (oder die ehemalige Pfalzkapelle?), heute *Heimatmuseum*. Am östlichen Ausgang des Stiftsbezirks *Haus des Stiftspropstes*, zweigeschossiger Fachwerkbau (17. Jh.).
HELSA weiter aufwärts im Lossetal zeigt viele prächtige *Fachwerkbauten* des 18. Jh. mit Zwerchhäusern an der Straßenfront; so das

Haus südlich gegenüber der Kirche (Berliner Straße 147) mit starken Vorkragungen und figürlich geschnitzten Eckpfosten (1. Hälfte 18. Jh., Untergeschoß 1847 verändert). Aus diesem alten Ortsbild erhebt sich malerisch die *Kirche (e.)*, einst eine Wehranlage innerhalb des erhöht liegenden Wehrfriedhofes, den man durch den isoliert vom Kirchbau stehenden Kirchturm, zugleich Wehr- und Torturm, betritt. Die gotische Kirche hat quadratischen, gewölbten Chor. Das flachgedeckte Langhaus wurde 1594 umgebaut. Aus dieser Zeit stammen die vier steinernen Rundsäulen im Innern und die reich geschnitzten, farbenfreudigen Emporen von HANS HEITENER; spätgotische Steinkanzel mit Maßwerkblenden.

Ausgedehnte Wälder begleiten das Lossetal. Die östlichen Berge gehören zum KAUFUNGER WALD (Großer Stein 545 m, Hirschberg 615 m), dem waldreichen Naturschutz- und Wandergebiet. Bereits 811 als Besitz Karls des Großen genannt, kam dieser im hohen Mittelalter als Lehen an die Landgrafen von Thüringen und wurde nach deren Aussterben 1247 zwischen Braunschweig und Hessen geteilt. Daraus ergab sich die heutige Verteilung des Waldgebietes auf Hessen und Niedersachsen. – Am Südrand des Kaufunger Waldes wurde im 15. Jh. GROSSALMERODE durch Rodung angelegt, um die berühmten Glashütten aufzunehmen. 1537 wurde der Ort zur Hauptstätte des Hessischen Gläsnerbundes, der sich über Mittel- und Norddeutschland ausdehnte. Später löste die noch heute blühende Tonindustrie (Tonpfeifenexport nach Amerika im 19. Jh.) die Glashütten ab.

Im Lossetal folgt oberhalb Helsa ESCHENSTRUTH mit im Kern romanischer *Kirche (e.)*, deren querrechteckiger Westturm sich in einer Doppelarkade zum Schiff öffnet (vgl. Dörnhagen und Schwebda). Erweiterungen in gotischer und Umbauten in barocker Zeit. – Die 1498 erbaute, im 18. Jh. veränderte *Dorfkirche (e.)* von FÜRSTENHAGEN ragt reizvoll zwischen schweren Baumwipfeln hervor. – Bei HESSISCH-LICHTENAU nimmt das Land den Charakter einer Hochebene an; denn der Ort liegt an der Wasserscheide zwischen Losse und Wohra (Nebenfluß der Werra). Die kurz vor 1289 von Landgraf Heinrich I. gegründete *Stadt* hat eine regelmäßige ovale Form mit einer Straßenachse (Landgrafenstraße) und mit Rathaus und Kirche in der Stadtmitte. Das 1651 errichtete Rathaus ist ein vorzüglicher Fachwerkbau mit gequaderten Eckpfosten und geschnitzten Ecksäulen, mit reichem Portal und dreigeschossigem Erker. Die *Pfarrkirche (e.)*, ein schlanker Hallenbau mit Haupt- und nördlichem Seitenschiff, stammt aus der Mitte des 14. Jh. Frühgotischer Westturm mit spitzem Helm des 19. Jh. Gute, saubere Einzelformen. Im Innern eckige Pfeiler mit Runddiensten. Die *Stadtmauer* ist besonders an der Südost- und Südwestseite der Stadt erhalten; das ehemalige Obertor mit kräftigem Rundturm. Die einstige landgräfliche *Burg* in der Burgstraße ist heute ein Wohnbau von 1707 mit Mansarddach unter Verwendung spätgotischen Mauerwerks (Fenster mit Vorhangbogen, datiert 1536). – Nördlich vor der Stadt die kleine spätgotische *Kilianskapelle*, ein Rest der 1826 abgebrochenen Pfarrkirche des einstigen Dorfes Vortriden. Lichtenau zeigt vorwiegend schlichte *Fachwerkbauten* des 18. und 19. Jh., nur wenige sind älter. Gelegentlich entdeckt man einige Schnitzereien (Landgrafenstraße) oder malerische Hinterhöfe (Burgstraße).

In REICHENBACH, am Ende eines kleinen lieblichen Seitentales, bestand einst ein *Nonnenkloster*. Nach seiner Auflösung war die Kirche 1207 dem Deutschen Orden geschenkt worden, der 1221–25 eine *Kommende* gründete (1806 aufgehoben), die älteste Niederlassung des Ordens in Deutschland. Die hochgelegene *Klosterkirche*, heute Pfarrkirche (e.), war eine dreischiffige flachgedeckte Basilika des 12. Jh. Chor, Apsis und vermutliches Querschiff wurden abgebrochen. Gotischer Westturm mit romanischem Portal. Schwere Rundsäulen mit ornamentierten Würfelkapitellen tragen sechs Langhausarkaden; in der Langhausmitte ein Pfeilerpaar statt Säulen (Stützenwechsel). Die qualitätvollen Steinmetzarbeiten an Kapitellen und Gesimsen sind den Arbeiten von Kloster Breitenau an der Fulda (vgl. Kap. XII) verwandt. Das Innere wurde in den letzten Jahren vorzüglich restauriert. Die Kasseler Kunstmaler WITTIG und GRÜNEWALD gestalteten die kahle Ostwand mit einem sgrafittoartigen Gemälde, das mit seiner braunroten Sandsteinfarbe den Farbklang der romanischen Arkaden aufnimmt und somit wieder einen organischen Raumabschluß schafft.
– Einige Kilometer nordwestlich des Dorfes liegt einsam auf einem bewaldeten Felskegel die Ruine der *Burg Reichenbach*, Stammsitz der 1089–1272 bezeugten Grafen von Reichenbach, einer Seitenlinie der Grafen von Ziegenhain. Seit 1490 Verfall. Der 1821 eingestürzte runde Bergfried 1899–1901 wiedererrichtet. Sonst nur Mauerreste der Schildmauer und der doppelte, tiefe Halsgraben erhalten. Weitere Mauerzüge durch Grabungen festgestellt.

Die interessante *Kirche (e.)* von KÜCHEN wurde 1827–28 von Landbaumeister JOHANN FRIEDRICH MATHEI erbaut. Äußerlich schlichter zweigeschossiger Saalbau. Der Glockenturm an der südlichen Langseite über dem Eingang mit lebendig gestalteter Haube und Kuppellaterne. Im Innern sind die Sitzbänke in ansteigendem Halbkreis (wie bei einem Amphitheater) um den Kanzelaltar an der Nordwand angeordnet. An der Südseite die Empore für die Orgel (1840). Derselbe Architekt wiederholte diesen Bautyp 1829–30 in Stadthosbach und –

etwas abgewandelt – 1838 in Ötmannshausen (vgl. Kap. XI). – Im flachen Tal breitet sich WALDKAPPEL aus, das in früheren Jahrhunderten durch seine ›Hessischen Fuhrleute‹ auf den europäischen Landstraßen bekannt war. Inmitten des weiten, im Viertelkreis umbauten Kirchplatzes erhebt sich die *Pfarrkirche (e.)*, ein einheitlicher Hallenbau von 1501–21. 1637 stürzten bei der Zerstörung von Stadt und Kirche durch die Kroaten die Gewölbe ein. Ein verheerender Stadtbrand von 1854 beschädigte erneut die Kirche. Die Raumwirkung des Innern ist durch das Fehlen der Gewölbe – statt dessen flache Kassettendecke von 1856 – beeinträchtigt. Der Ort hat im 2. Weltkrieg wiederum erheblich gelitten.

Das bis 750 m hohe, von vielen Märchen (Frau Holle) umrankte Vulkanmassiv des MEISSNER schiebt sich als gewaltiger bewaldeter Basaltbergrücken mit einem oberen Plateau von 2 × 5 km zwischen Wohra und Werra und gipfelt in zwei breitgezogenen Höhenkuppen, der Kalbe mit der ›Kitzkammer‹ (715 m, mächtige Säulenbasalte, Braunkohlenabbau seit dem 16. Jh.) und dem Hohen Meißner (750 m, Sendestation). Von den Höhen bietet sich eine überwältigende Fernsicht westlich nach Niederhessen und östlich nach dem Eichsfeld. Die herbe Gebirgslandschaft kennzeichnen Brachlandstellen mit Wacholderbüschen, Kiefern und seltener Steppenflora.

In den Dörfern herrscht ausschließlich der *Fachwerkbau* vor, meist fränkisch-thüringischer Art mit geschwungenen Streben, etwa in VOCKERODE, wo die Hauptstraße ein hübsches einheitliches Straßenbild mit gereihten Giebelhäusern aufweist. – In der Dorfmitte von RODEBACH befindet sich noch die alte *Gerichtsstätte*, ein kreisförmiger niedriger Mauerring mit drei Zugängen; innerhalb des Beringes wachsen Linden, stehen Steinbänke und Steintisch. Solchen Gerichtsstätten begegnet man häufig am Meißner, aber auch weiter südlich im Wohratal, östlich im Werratal und im Ringgau. – In ERMSCHWERD an der Werra (bei Witzenhausen, vgl. Kap. XI) erhielt sich an der Westseite des Mauerringes der Gerichtsstein mit beiderseitigem Flachrelief eines gleicharmigen Kreuzes. Als weitere Beispiele seien die Dörfer Jestädt (Werra), Grebendorf (Werra), Bischhausen (Wehre), Hoheneiche (Sontra) und Schenklengsfeld (Kr. Hersfeld) genannt.

Am Südostrand des Hohen Meißner gründete Graf Rugger II. von Bilstein 1144–45 das *Prämonstratenserinnenkloster* GERMERODE (1527 aufgelöst). Beherrschend an höchster Stelle des Ortes liegt die Klosteranlage. Die langgestreckte dreischiffige romanische *Kirche (e.)* überragt den ehemaligen *Kloster-Torbau* des 17. und 18. Jh. Die etwa zwischen 1150 und 1175 erbaute Kirche steht in der künstlerischen Nachfolge der Klosterkirche von Lippoldsberg. Sie ist ein hervorragendes und reifes Werk der romanischen Architektur Niederhessens. Vom Hof der ehemaligen Kloster-Wirtschaftsbauten (heute Gehöft) überschaut man die eindrucksvolle Choranlage, den hohen, sockelartigen Unterbau, darüber die Krypta (heute z. T. Kellerräume) und die Chorpartie mit den drei Chorapsiden, die in einer Flucht liegen, da die Kirche kein Querschiff hat. Das nördliche Seitenschiff ist ganz, das südliche z.T. abgebrochen, ebenso die nördlich gelegene Klausur, von der nur Teile des Westbaues mit romanischen Fenstern und Portal erhalten blieben. Wie in Lippoldsberg besaß die Kirche ursprünglich eine Doppelturmfront; der jetzige Westabschluß wurde 1905 in ursprünglicher Form erneuert. Das Innere der in gebundenem System gewölbten Basilika wirkt wie eine verkleinerte Wiederholung von Lippoldsberg, besonders nach der kürzlich durchgeführten Restaurierung (Werksteinglieder hellgrau bis hellbraun, sonst heller Putz). Nur das Mittelschiff hat Gurtbögen. Die Pfeilervorlagen enden auf Konsolen, in den Zwischenstützen sind Ecksäulchen eingestellt, und die ›Nonnenkrypta‹ unter der Empore zeigt wieder die vorzüglich gearbeiteten Säulen und ornamentierten Kapitelle, auf denen die gurtlosen Gratgewölbe ruhen. Zum Unterschied von Lippoldsberg ist eine Ostkrypta vorhanden. An den Enden der Seitenschiffe liegen die Treppen (heute nur noch an der Südseite) zu der niedrigen, durch quadratische Pfeiler in vier Schiffe geteilten *Krypta*. Von besonderer Eigenart ist die Ausbildung der Holzemporen (1606) im Langhaus in schwerer Eichenkonstruktion mit gedrehten Docken (vgl. Helsa).

Im benachbarten ABTERODE – die Ortsnamen auf ›rode‹ herrschen im Bereich von Meißner und Kaufunger Wald vor – wurde 1867 die *Pfarrkirche (e.)* in spätklassizistischen historistischen Formen neu gebaut. Sie überrascht innen durch einen für diese Zeit seltenen Wohlklang des Raumes, unterstützt durch die jüngst renovierte Farbigkeit. Die Kirche steht anstelle einer im 11. Jh. gegründeten Benediktinerpropstei. – Am östlichen Ortsausgang liegt auf einer kleinen Bodenerhebung die *Ruine der alten Pfarrkirche;* rechteckiger gewölbter Chor 14. bis 15. Jh., Langhaus mit Westturm 1523. Die burgartig erhöhte und isolierte Lage und die Scharten am Langhaus kennzeichnen den Bau als ehemalige Wehranlage. – Zwei bis drei Kilometer südlich Abterode bildet der MÖNCHHOF eine vermutlich frühmittelalterliche Befestigungs- und Siedlungsanlage von rautenförmigem Grundriß mit Wall und Graben. Die *Pfarrkirche (e.)* des nordwestlich Abterode gelegenen FRANKENHAIN setzt sich aus einem quadratischen gotischen Chorturm (um 1400) und einem querrechteckigen klassizistischen Saalbau (1839) von einfacher, angenehm proportionierter Form zusammen. Verschieferte Glockenstube und Helmhaube

1727. Im rippengewölbten Chorraum wurde 1954 ein bedeutender Freskenzyklus (1. Hälfte 15. Jh.) freigelegt, an den Chorwänden die Flucht nach Ägypten(?), die Dornenkrönung, Kreuztragung und Kreuzigung, im Gewölbescheitel der Ostwand die Anbetung der Heiligen Drei Könige, im Gewände des Ostfensters zwei Heilige (Petrus und Paulus?) und an den Gewölbekappen die vier Evangelistensymbole, dazu Rankenwerk (ergänzt). Erhalten haben sich im wesentlichen nur die roten, in den nassen Putz gemalten Umrißlinien, dazu ockergelbe Töne der auf den trockenen Putz aufgetragenen Ausmalung. Die blauen oder grünen Binnenfarben sind dagegen vergangen.

XI. Von der Werra zum Ringgau

1. Witzenhausen – Bad Sooden-Allendorf – Eschwege – Wanfried

Die Stadt WITZENHAUSEN ist eine thüringische Gründung: 1225 erhob Landgraf Ludwig IV. von Thüringen den in karolingischer Zeit entstandenen Ort zum Markt. Doch schon 1256 kam Witzenhausen an Hessen. Die Stadt ist anmutig in die flache Talsohle der Werra gebettet. Der Turm der Kirche ragt mit seiner Holzgalerie beherrschend aus den bewegten Dächern hervor.

Die *Stadtkirche (e.)* ist kunst- und baugeschichtlich recht aufschlußreich. Der untere Teil des Westturmes gehört in romanische, der Oberbau in früh- und hochgotische Zeit; Portal um 1700, Helm und Holzgalerie barock. Ein Neubau des Langhauses wurde im 14. Jh. mit dem Chor begonnen (Vollendung 1404). Geplant war auffallenderweise eine Emporenkirche. Doch bald nach Baubeginn entschloß man sich zu einer dreischiffigen Halle mit überhöhtem Mittelschiff (Pseudobasilika). Noch zum ersten Bauplan gehört das Südportal mit seinem vielfach gestuften Gewände und seiner gewölbten Vorhalle; der unverputzte Fachwerkaufbau 18. Jh. Die Südfront der Kirche, dazu das hohe Steildach des Chores und das Mansarddach des Langhauses (1725) ergeben gemeinsam ein lebhaftes Außenbild. Der schlanke Chor von schöner harmonischer Raumwirkung. Seine Gewölbe ruhen auf dünnen Diensten. Südlich neben dem Chor ist eine der geplanten gewölbten Emporen ausgeführt. Im Langhaus originelle Achteckpfeiler mit Birnstabdiensten. Brände und Kriegszerstörungen erforderten 1479 und 1632–38 mehrfache Veränderungen. Eine hölzerne Tonne deckt das Mittelschiff. Flache Decken von 1879 schließen die Seitenschiffe ab. Der tief ins Schiff vorspringende Westturm sollte ursprünglich abgebrochen und das Langhaus über ihn hinaus verlängert werden. – Beachtenswert sind die Wand- und Deckenfresken des frühen 16. Jh. im östlichen, nach dem Emporensystem angelegten Joch des südlichen Seitenschiffes. Auf den vier Gewölbekappen jeweils paarweise zwischen pflanzlichen Ranken die weiblichen Personifikationen von Spes und Caritas, Justitia und Temperantia, Prudentia und Fortitudo, Cognitia und Fides; die Gestalten in der modischen Kleidung ihrer Zeit, dazu die entsprechenden Attribute. Am Bogen zum Chor Medaillons mit Apostelköpfen. Dieses humanistische Bildprogramm entwarf wohl Schulmeister Israel Engelhart. Er ließ sich an der Südwand neben dem Fenster gemeinsam mit einer anderen Person als Stifter malen und benennen. Kanzel 1575. Aus dem gleichen

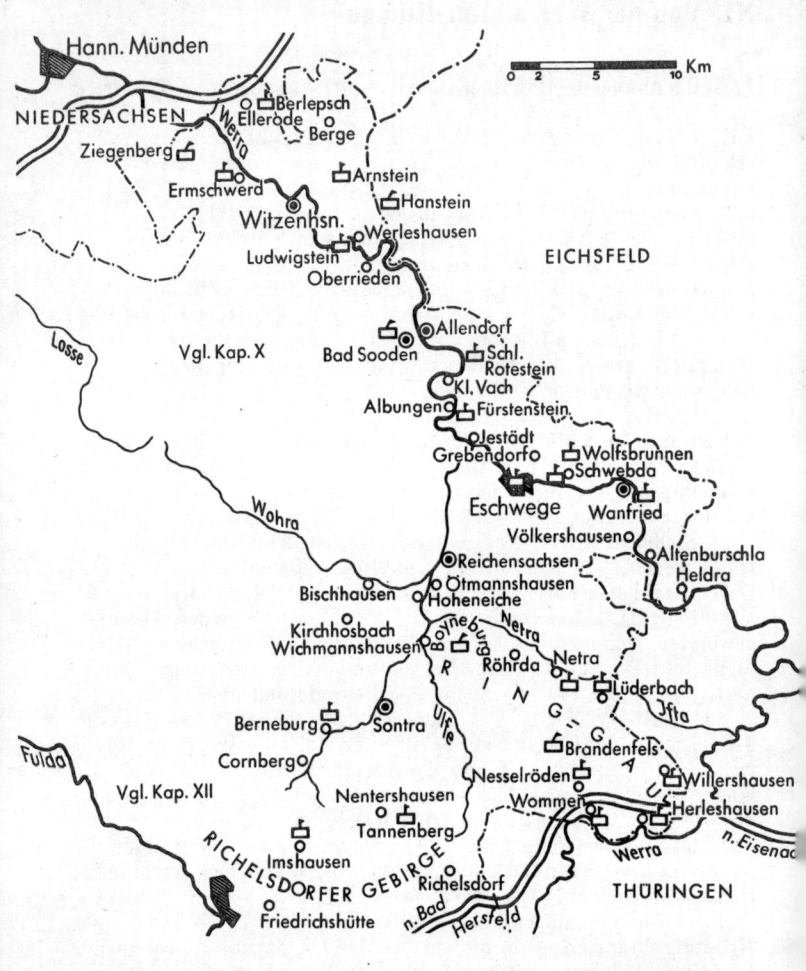

Übersichtskarte zu Kapitel XI: Von der Werra zum Ringgau

Jahr im Chor ein Grabmal der Familie von Bodenhausen in großzügigem architektonischem Rahmen, die plastische Gestaltung der Figuren dagegen bescheiden. Nördlich des Chores die Grablege der Familie von Berlepsch, durch ein Holzgitter von 1577 vom übrigen Kirchenraum abgetrennt; verschiedene Grabplatten; das Denkmal an der Nordwand wohl von ANDREAS HERBER aus Kassel, 1570. Der prunkreiche Orgelprospekt um 1730–40 über doppelter Empore schließt in ganzer Fläche die Westwand des Mittelschiffes wie ein Ornament ab. Die vielen alten Wohnbauten der Stadt verlebendigen die *Entwicklung der Fachwerkarchitektur* von der Gotik bis zum 19. Jh. Am Kirchplatz (Nr. 2) steht das ›Deutsche Haus‹ von 1480. Spitzbogenportal und durchgehende Ständer im zweigeschossigen Unterbau, Knaggen zum Abstützen des vorgekragten Obergeschosses und Giebels sowie Andreaskreuze in den Brüstungsfeldern charakterisieren die gotische Bauweise; die Seite zur Marktgasse in der 1. Hälfte des 19. Jh. durch einen Giebelaufbau verändert. Vom Haus Kirchplatz 15/16, ebenfalls Ende 15. Jh. und ursprünglich in gleicher Weise gebaut, ist jedoch nur die Vorderseite der Untergeschosse erhalten. Ganz ähnlich auch das Haus Mittelburgstraße 14 (spätes 15. Jh.); Giebel im 17. Jh. durch ein traufseitiges Dach mit Zwerchhaus ersetzt. Das Gebäude Kirchplatz 8 (Bergescher Burgsitz) von 1585–90 zeigt den Wechsel von der Gotik zur Renaissance; die Knaggen nehmen Volutenform an und werden ornamental ohne wirksam stützende Funktion. Das Haus ›Zur Krone‹ (Krespermarkt 11) um 1600 gestaltet mit massivem Untergeschoß und Spätrenaissanceportal, mit zwei Fachwerkgeschossen und doppeltem Zwerchhaus eine betonte Fassadenwirkung am südlichen Ende der Marktgasse.

Die Südseite des *Marktes* begrenzt der breitgelagerte Steinbau des *Rathauses* (1590, 1819 nach Brand verändert) mit achteckigem Treppenturm, daran Stadtwappen. Marktbrunnen um 1800. Am Markt sind hervorzuheben Nr. 4 (1605), dreigeschossig in Fachwerk mit Zwerchgiebeln; Nr. 5 ›Rotes Haus‹, etwa gleichzeitig, leider verputzt; Nr. 7 (1584). Besonders prachtvoll das Eckhaus zur Ermschwerdstraße; auf hohem zweigeschossigem Steinunterbau zwei Geschosse in Fachwerk und darüber ein zweigeschossiger Giebel; das bossierte Portal mit vorgestellten Säulen, an der Ecke polygonaler Erker auf reich profiliertem Sockel. Die Bauweise ist dem Haus ›Zur Krone‹ verwandt, aber reicher und stattlicher. Die *Brückenstraße*, einheitlich von traufseitig zur Straße gestellten Häusern mit Zwerchgiebeln Ende des 18. und in der 1. Hälfte des 19. Jh. bebaut, führt hinab zur *Werrabrücke*. Die Mittelbögen der 1608 neugebauten Brücke bei Kriegsende gesprengt und 1950 durch eiserne Vollwandträger ersetzt. Erhalten sind zwei Bögen an jeder Uferseite. Besonders geschlossene alte Bebauung an der engen *Ermschwerdstraße*. Nr. 4 (1579), massives Untergeschoß, darüber zwei vorgekragte Fachwerkgeschosse, Traufseite mit Zwerchhaus, fächerförmige Fußstreben. Haus 7/11 (Ende 15. Jh.), Obergeschoß auf Knaggen vorgesetzt; der ursprüngliche Giebel wie bei Haus Mittelburgstraße 14 zur Modernisierung durch ein Zwerchhaus ersetzt. Haus Nr. 18 (Ende 15. Jh.), in der gleichen Art wie das ›Deutsche Haus‹. Nr. 17 ein Eckbau von 1511; im hohen Untergeschoß großes Mitteltor; dreigeschossiger polygonaler Eckerker; begrüßenswert ist der unaufdringliche Einbau des Geschäftslokales (Metzgerei Sommer). – Von dem 1291 gegründeten *Wilhelmitenkloster* (heute Höhere Landbauschule) unweit der Werra und dicht an der Stadtmauer sind im wesentlichen nur drei Flügel der Klostergebäude um den Kreuzhof erhalten; sie stehen teilweise über der überbauten Herrengelster, einem Nebenflüßchen der Werra. Die zum größten Teil dem 14. Jh. angehörende Anlage wurde im 18. und 19. Jh. stark verändert. Im Nordflügel sind das ehemalige zweischiffige Refektorium (›Großer Saal‹) und der Kapitelsaal mit achteckigen Pfeilern und Rippengewölben aus dem 14. Jh. erhalten; im Südflügel erinnert ein spätromanisches Portal an die ehemalige Klosterkirche. 1898 wurde in den alten Klosterräumen die bekannte ›Kolonialschule‹ eingerichtet (heute Institut für tropische und subtropische Landwirtschaft). – Von der *Stadtbefestigung* aus der Mitte des 13. Jh. stehen zwei Rundtürme südwestlich nahe der Kirche (Ende Philosophenweg und Ende Oberburgstraße) sowie ein Mauerstück zwischen beiden Türmen; der letztgenannte Turm besitzt Aborterker und Kragsteine für einen Wehrgang, der von der Mauer aus an der Stadtseite des Turmes herumgeführt war. Am nordöstlichen Stadtrand liegt das *Hospital St. Michael*, Walburger Straße 43, ein allseitig mit Almeroder Pfannen – typisch für das Werratal – verkleideter Bau des 18. Jh. mit Mansarddach und Zwerchhäuschen. Dahinter im Garten die ehemalige *Hospitalkapelle*, ein schlichter flachgedeckter gotischer Bau, bemerkenswert durch sein kleines, in Maßwerk aufgelöstes Werksteintürmchen in der Art einer Totenleuchte.

Südöstlich von ERMSCHWERD lag auf einer Terrasse über der Werra, dem ›Burgberg‹, eine karolingische *Curtis* (befestigter königlicher Hof), eine Abschnitts- oder Spornanlage, deren Angriffseite durch Wall und Graben sowie durch eine Vorburg mit Wallgraben gesichert war. Hier hielt Kaiser Heinrich II. 1022 das Hofgericht ab. Das *Schloß* von Ermschwerd, ein ehemaliger Hof derer von Buttlar, heute Gemeindebesitz, ist ein großartiger Fachwerkbau von 1580 mit steinernem Untergeschoß und zwei Fachwerkobergeschossen. An der

Frontseite Freitreppe und Portal (daran Wappen von 1616) sowie ein zweigeschossiger Fachwerkerker und ein seitlicher Steinerker von 1585 (1795 restauriert). Andreaskreuze und Wilder Mann beleben die Fachwerkkonstruktion. Anbau zur Straße um 1801. An der Rückseite ein Treppenturm mit barocker Haube und seitliche Fachwerkanbauten (16. und 17. Jh.). Die malerische *Dorfkirche (e.)* besteht aus einem romanischen Chorturm, den ein Fachwerkaufbau und eine verschieferte Haube des 17. Jh. krönen, und aus einem in spätgotischer Zeit und besonders im 17. Jh. erweiterten Langhaus. Im Innern flache Decke, romanischer Triumphbogen und schöne Kanzel des späten 17. Jh. Südlich vor der Kirche der ehemalige *Gerichtsplatz* (vgl. die Ausführungen in Kap. X unter Rodebach).

Die *Burg Ziegenberg*, in einem westlichen Seitental der Werra, nordwestlich von Ermschwerd, einst Stammsitz eines gleichnamigen Edelherrengeschlechtes, ist bis auf geringe Reste zerfallen, nachdem die mit der Burg belehnte Familie von Buttlar in den zu Füßen des Burgberges im 16. Jh. angelegten Gutshof übergesiedelt war.

In einem östlichen Seitental der Werra thront einsam und abgelegen die *Burg Berlepsch* auf einem bewaldeten Höhenrücken, weithin das Tal beherrschend. In der Fernsicht überwiegt der romantisch-historische Eindruck des Ausbaues von 1885–94. Doch in der Nähe zeigt sich eine kleine übersichtliche, aber recht wehrhafte Burganlage, die Arnold von Berlepsch 1369 gegründet hatte, nachdem sein Geschlecht von der Stammburg Barlissen bei Hannoversch-Münden vertrieben worden war. Die Burg ist noch heute im Besitz der gräflichen Familie (Hotel). Zwei Mauerringe, durch gewaltig vorspringende Flankentürme mit Schlüsselscharten verstärkt, und ein doppelter Torzwinger schützen die Kernburg, eine kleine hochgebaute Dreiflügelanlage ohne Bergfried (vgl. Burg Hessenstein, Kap. VIII). Eine Wehrmauer mit Spitzbogentor (1369) schließt die freie Hofseite ab. Der südwestliche (rechte) Flügel (1369) wurde im 19. Jh. verändert. Der Treppenturm mit schönem Renaissanceportal von 1595. Die beiden anderen Flügel sind ebenfalls mittelalterlich, wurden aber im 19. Jh. völlig umgestaltet. Freie Zutat des 19. Jh. ist der vorspringende halbrunde Anbau an der Südostseite.

Auf der Höhe zwischen Leine- und Werratal liegt BERGE. Von hier geht der Blick weit in das Eichsfeld, an dessen Westrand der markante Kegel des Rustenberges mit der Ruine der Burg der Herren von Rusteberg sichtbar wird. Der romanische querrechteckige Westturm der *Dorfkirche (e.)* von Berge, ein mächtiger fensterloser Baublock mit niedrigem gedrücktem Eingang, hatte ursprünglich Wehrfunktion. Obergeschoß 16. Jh. Der schlichte rechteckige Saalbau im Kern romanisch, Satteldach und östlicher Fachwerkgiebel um 1600. Die Fenster im 18. und 19. Jh. verändert. Innen Mittelsäule (16. Jh.) und klassizistische Ausstattung (Kanzelaltar mit Empore in Logenform). An der nördlichen Wand das Grabmal eines Herren von Bischoffshausen, spätes 16. Jh.

Auf einem gestreckten und steil abfallenden Felsrücken wieder zwischen Leine und Werra erhebt sich die reizvolle Baugruppe von *Burg Arnstein*. Sie sicherte einst den Zugang vom Eichsfeld zum Werratal. Beiderseits des Berges, dicht an seinem Fuße, führen die wichtigen Eisenbahnlinien Frankfurt-Hamburg und Kassel-Halle vorbei, die sich bei Eichenberg, nur wenige hundert Meter von der Grenze zum Eichsfeld entfernt, vereinigen. Die Gründungszeit der Burg ist unbekannt. 1337 erscheint sie als Pfandbesitz derer von Rusteburg, seit 1434 hessischer Lehensbesitz derer von Bodenhausen, die ihn 1938 verkauften. Auf der höchsten Stelle des Burgberges liegt das *Herrenhaus*, ein mächtiger zweigeschossiger Baukörper mit Kreuzsprossenfenstern und kleinen Gewehrschießscharten, um 1600 erbaut, im 18. Jh. verändert und mit Mansarddach versehen. Seitlich ein Torbau von 1611 (der symmetrisch entsprechende Bau 19. Jh.). Davor ehemals der Halsgraben Von den Wirtschaftsgebäuden der Vorburg sind ein reizvolles Fachwerkhaus mit Mansarddach und eine Scheune gleicher Art aus der 1. Hälfte des 18. Jh. bemerkenswert.

In vielen Windungen bahnt sich die Werra zwischen hohen, von Wäldern bedeckten Bergen (Roßkuppe 482 m, Hoher Berg 452 m) ihren Weg. Am westlichen Ufer schiebt sich ein felsiger Bergrücken gegen das Tal vor, beherrscht von *Burg Ludwigstein*. Wir kommen zum ›Zwei-Burgen-Blick‹, denn jenseits des Tales und schon hinter der Grenze zum Eichsfeld taucht über den Kirschbäumen der Flußwiesen die charakteristische Silhouette der bereits im 9. Jh. genannten *Burg Hanstein* auf, gegen die Landgraf Ludwig I. 1415 den Ludwigstein als Trutzburg gründete. Der Ludwigstein ist einer der spätesten deutschen Burggründungen; die Wehranlagen berücksichtigen jedoch noch nicht die Feuerwaffen. Umbau der Wohngebäude im 16. Jh. Nachdem die Feste im 17. Jh. zerfallen war, wurde sie nach dem 1. Weltkrieg Versammlungsort der bündischen Jugend und als Jugendherberge ausgebaut. Drei Flügel gruppieren sich um einen schmalen, längsrechteckigen Binnenhof. Neben dem Eingang der fünfgeschossige runde Bergfried. Der Außenbau wirkt wehrhaft und geschlossen, nur einige Pechnasen und Aborterker kragen vor. Helle Fachwerkwände beleben dagegen den Binnenhof und betonen den Wohncharakter – dieser Gegensatz zwischen Wehr und Wohnen ist kennzeichnend für die späte Entstehungszeit. Von den Burgterrassen blickt man weit ins Werratal und ins Eichsfeld. – In WERLESHAUSEN, am jenseitigen Flußufer, besitzen die Herren von Hanstein einen *Hof* von 1556, einen gepflegten großen zweistöckigen Fachwerkbau über massivem Untergeschoß mit Treppenturm und erkerartigen Eckbauten. Schlichte *Pfarrkirche (e.)* von 1806. – Die *Kirche (e.)* von OBERRIEDEN, 1786–90 vom Landbaumeister Reutel erbaut, erscheint außen als quergerichteter Bau mit Turm über dem Eingang, innen als längsorientierter Predigtsaal mit Kanzelaltar.

Bad Sooden und Allendorf waren bis zu ihrem Zusammenschluß 1929 zwei selbständige Ortschaften, und auch heute noch ist in geographischer Lage und städtebaulichem Charakter die Eigenständigkeit eines jeden Ortsteiles lebendig. BAD SOODEN zieht sich mit seiner Altstadt am auslaufenden Gebirgshang westlich der Werra hin. Die *Marienkirche (e.)* ist mit dem Chor in den Hang gebaut. Schwerer quadratischer gotischer Chorturm mit leichterem barockem Achteckaufbau. Einfacher Innenraum, belebt durch die schöne Kanzel von 1702 mit guten Intarsien und durch die prachtvolle Orgel mit Rückpositiv aus der Zeit um 1700 (1956 restauriert). In dem gepflegten und sauberen Badeort mit seinen modernen Kuranlagen überwiegen *Fachwerkbauten* aus dem 18. und der 1. Hälfte des 19. Jh. Von einheitlicher Geschlossenheit sind besonders die ›Lange Reihe‹ und die ›Weinreihe‹, die sich ringförmig um die Kuranlage legen. Malerisch ist der Straßenwinkel ›Am Thor‹, wo das ehemalige *Salzamt* (heute Kurverwaltung) von 1782, die *Pfennigstube* von 1631 (jetzt Stadtbücherei) mit Fachwerkobergeschoß und Dachtürmchen sowie das *Stadttor* von 1705 mit Giebelaufbauten und Glockentürmchen stehen. In dem Fachwerkhaus neben dem Torbau (Rosenstraße 1) das *Heimatmuseum*. Gegenüber im Park rieselt das salzreiche Wasser über das Reisig des Gradierwerkes. Die Salzquellen von Bad Sooden sind seit karolingischer Zeit bekannt. Die nordwestlich bei Bad Sooden auf einer Bergzunge gelegene *Westerburg*, von der noch Gräben zeugen, diente der Sicherung der Salzquellen. Sooden entstand aus einer Ansiedlung der Salzarbeiter. Die Salzgewinnung durch Pfannen bildete vom 13. bis 19. Jh. die wirtschaftliche Grundlage des Ortes. Von 1586–1866 war das Salzwerk an den Landgrafen von Hessen verpachtet (›Ewige Lokation‹). 1829 wurde aufgrund der Heilwirkung der jod- und bromhaltigen Quellen das noch heute blühende Solbad gegründet.

ALLENDORF, das zu den schönsten Fachwerkstädten Niederhessens gehört, ist reizvoll am östlichen Ufer der in drei Arme geteilten Werra gelegen. Seit dem 14. Jh. spannen sich steinerne Brücken über den Fluß. Der Grundstein eines Brückenneubaues von 1578 durch Meister

HANS WETZEL ist zwischen der mittleren und östlichen Brücke am Rande der Straße aufgestellt. Die Stadt wurde als Ort ›ze dem alden dorfe‹ (gemeint ist eine ältere Dorfsiedlung) 1212–18 durch die Landgrafen von Thüringen mit regelmäßigem Straßennetz gegründet und befestigt. An der Flußseite sind die *Stadtmauern* noch gut sichtbar. Am höchsten Punkt der Stadtumwehrung der runde Diebsturm. Die *Heilig-Kreuz-Kirche (e.)* erhebt sich mit schwerem Westturm (1424) und malerischem Umgang am Helmansatz dicht am Ufer. Unter Verwendung der Südwand der ehemaligen romanischen Kirche wurde ein gotischer Neubau errichtet (14. Jh.) und 1424 zur zweischiffigen Halle ausgebaut. Heute nur noch der Chor gewölbt. Die Gewölbeanfänger des jetzt flachgedeckten weiten Rechtecksaales sind noch sichtbar. Überreich dekorierte Kanzel mit figürlichen, pflanzlichen und architektonischen Motiven ohne farbige Fassung, 1684 von HENRICH ERDINGER aus Schmalkalden. Aus gleicher Zeit und von gleicher Hand der Pfarrstand. Moderne Orgelempore auf barocken Säulen, darunter Gemeindesaal. Im Winkel von Turm und Langhaus zweigeschossige gotische *Kapelle* mit Rippengewölben.

Im Dreißigjährigen Krieg wurde die Stadt durch die Kroaten niedergebrannt und in den folgenden Jahren von den Bürgern wieder aufgebaut. Seitdem bietet Allendorf ein ungewöhnlich reiches und gänzlich ungetrübtes Bild an unverputzten *Fachwerkhäusern* des 17. Jh. Die Traufseite ist zur Straße gewendet; die Zwerchhäuser nehmen oft Giebelgröße an. In vorzüglicher baulicher Geschlossenheit zieht sich die baumbestandene *Kirchstraße* längs durch die Stadt. Aus der Fülle seien einige Häuser hervorgehoben: Kirchstraße 29 (Haus Bürger) von JAKOB ODENWALDT 1639 errichtet, dreigeschossig mit zweigeschossigem Giebel, geschnitztes Portal in kräftiger Gliederung, bewegt gestaltete Gesimse und verzierte Brüstungsgefache; Nr. 46 mit zweigeschossigem Erker Ende 17. Jh. und Nr. 59 (Haus Eschstruth) von 1637 (1790 und 1898 renoviert) mit doppelgiebligem Erker und überreich geschnitzten Brüstungsstreben, am Untergeschoß ornamentierte Halbsäulen. Das Haus Kreger Nr. 79, schon am Markt gelegen, ist ein interessanter klassizistischer Bau von 1837 mit Balkon und antikisierenden Stuckornamenten, an der Holztüre Pilaster und Gorgonenköpfe. Der Bauherr betrieb umfangreichen Rotweinhandel mit Frankreich und brachte von dort den Architekten mit. Auf dem *Markt* schöner Kump mit Röhrenbrunnen und Viehtränke.

Im *Rathaus*, einem Fachwerkbau von 1666 mit kleinem marktseitigem Turm, ist die Pfännerstube erhalten, in der die ›Pfännerschaft‹, die Inhaber der Salzpfannen, zu Rate saßen. Am Kopf der vom Markt ausgehenden Ringgaustraße liegt der *Rathof*, ein gotischer Steinbau mit Staffelgiebel und Balkonvorbau in der Giebelspitze (wohl Wahrschau für Stadtbrände), ursprünglich Kemenate derer von Bischoffshausen, im 19. Jh. teilweise verbaut (heute hessisches Forstamt). Weitere reiche und reizvolle Straßenbilder erlebt man in den beiden östlichen Parallelstraßen, der Schusterstraße mit einfacheren und kleineren, aber ebenfalls gepflegten Fachwerkhäusern und der *Ackerstraße*, wieder mit anspruchsvolleren Bauten, so Nr. 5 mit geschnitzten Gesimsen (Eierstab- und Konsölchenfries); Nr. 14, das mit seinen 14 Gefachen neben den Häusern Kirchplatz 29 und 59 zu den drei größten Fachwerkhäusern Allendorfs zählt, und Nr. 22 mit Schnitzereien wie Nr. 5. Aber auch in kleineren Neben- und Quergassen reihen sich die Fachwerkhäuser, wenn auch bescheidener und nicht so prunkhaft, in der ›Fischerstad‹, ›Hohlen Gasse‹, ›Weberstraße‹ und ›Schulzengasse‹. Der am Steintor gelegene Friedhof zeigt eine eigenartige, an südliche Gepflogenheiten erinnernde *Friedhofs-Vorhalle* des 17. oder 18. Jh., bestehend aus einem breiten, dreiflügeligen, hölzernen Laubengang mit kleinem, straßenseitig durch eine Mauer verschlossenem Binnenhof (heute Kriegergedächtnisstätte). Am nördlichen Ende der Kirchstraße, über die mittelalterliche Stadtgrenze hinaus, liegt das schon 1363 erwähnte *Hospital*, ein schlichter zweigeschossiger, mit Mansarddach überdeckter Fachwerkbau und die anstoßende *Kapelle (e.)*, im Unterbau gotisch, im Oberbau 18. Jh., Chor abgebrochen. Die jüngst durchgeführte Restaurierung konnte eine bedeutende allseitige gotische Ausmalung, die sich unter gleichfalls beachtenswerten Malereien der Biedermeierzeit zeigte, freilegen. An der Nordwand Reste einer Darstellung der zehn klugen und törichten Jungfrauen (14. Jh.). Die übrigen Fresken (2. Hälfte des 15. Jh.) zeigen vorwiegend Heilige aus dem Bereich der Krankenheilung, so St. Alexius, St. Jodokus und St. Jakobus. Ikonographisch selten ist die Darstellung der Hostienmühle. An der Wand unter dem einstigen Triumphbogen befindet sich eine Kreuzigung.

Von Allendorf aufwärts verengt sich das Tal. Das Ostufer begleiten 450–500 m hohe waldreiche Berge, die schon hinüber ins Eichsfeld nach Thüringen führen. Zwischen den Fichtenwäldern wird *Schloß Rothestein* sichtbar, ein neugotischer, 1891 von Adolf von Gilsa errichteter Bau (heutiger Besitzer Freiherr von Lüninck). Das ›Römerlager‹ auf dem nahegelegenen HIRSCHENBERG ist ein frühgeschichtlicher Ringwall. Eine weitere frühgeschichtliche Befestigungsanlage, die ›Römerschanze‹, befand sich auf dem WEIDSCHEN KOPF. – In KLEINVACH, das sich dicht am Werrauer bettet, erbaute Tobias von Hombergk 1598 eine kleine *Kapelle (e.)* und inmitten eines (heute modernisierten) Hofgutes ein *Renaissance-Herrenhaus* mit Treppenturm und geschwungenen Giebeln. Oberhalb in der Talenge die als Friedhofs-Kapelle benutzte *Andreaskapelle*, von Tobias von Hombergk 1600 gestiftet, 1640 verändert.

ALBUNGEN, im Talgrund der Werra, wird überragt von der Burg Fürstenstein auf dem jenseitigen Ufer. Im Dorf zahlreiche, wenn auch kleine *Fachwerkhäuser;* dazu ein großes hufeisenförmiges *Gehöft* mit Tordurchfahrt und freistehendem einfachem *Herrenhaus* in den Formen des späten Rokoko und frühen Klassizismus (1781). Westlich Albungen auf einem schroffen Felsen über dem ›Höllental‹ künden geringe Mauerspuren von der *Burg Bilstein*, dem Stammsitz des gleichnamigen und einflußreichen Grafengeschlechtes (vgl. Germerode). – Die genannte Burg Fürstenberg erreichen wir über JESTÄDT, wo die Sontra von Süden in die Werra einmündet. Im Dorf ein dreiflügeliger *Edelhof*, der durch Wallrab von Boyneburg-Hohenstein 1561–62 erbaut und 1906 durchgreifend durch Aufsetzen von Mittelgiebel und Mansarddach verändert wurde (Besitzer Freiherr von Eschwege). Die benachbarte *Kirche (e.)* ist eine einschiffige romanische, 1588–99 umgebaute Anlage; anstelle des mittelalterlichen Chorturmes ein Neubau von 1890. Im jüngst restaurierten Innern ein qualitätvolles Kruzifix der Renaissancezeit, ein Taufstein von 1564 und das Grabmal des Wallrab von Boyneburg (gest. 1572). In der Ortsmitte eine Gerichtsstätte der gleichen Anlage wie in Rodebach (vgl. Kap. X).

Die *Burg Fürstenstein*, von den Grafen von Bilstein zur Sicherung ihres Werrazolles erbaut und seit dem 14. Jh. hessisch, liegt auf einem hohen, gegen das Werratal vorgeschobenen, abschüssigen Felsen gegenüber der Mündung des Höllentales. Ein U-förmiger Wirtschaftsvorhof empfängt den Besucher. Ein Glockentürmchen krönt die überbaute Hofeinfahrt; der südliche Flügel mit Fachwerkobergeschoß von 1696. Ein Torbau mit Fachwerk führt zu der höher gelegenen Hauptburg, einem mächtigen rechteckigen mehrgeschossigen Wohnturm des späten Mittelalters mit angebautem Treppenturm in Fachwerk. Das oberste Geschoß des Wohnbaues teilweise aus verschaltem Fachwerk; darüber Walmdach mit Wetterfahne von 1767. Neben dem Turm eine kleine flachgedeckte spätgotische Kapelle. Von hier großartiger Blick auf das tief gelegene Albungen, in das gewundene Werratal und auf die wald- und schluchtenreichen Berge der ›Hessischen Schweiz‹.

Die *Pfarrkirche (e.)* von GREBENDORF ist ein klassizistischer Quersaal (1. Hälfte des 19. Jh.) mit dreiseitigen Emporen; der Turm im Unterbau mittelalterlich. In der Dorfmitte die alte Gerichtsstätte wie in Rodebach (vgl. Kap. X). Das *von Keudellsche Schloß* entstand

1610 in verputztem Fachwerk mit bossiertem Steinportal. Schloßbesitz der Familie von Keudell treffen wir auch in dem um 800 ›Suabada‹ genannten SCHWEBDA an. Die südöstlich von der Kirche gelegene *Burg,* der ›Wallrabshof‹, eine ehemalige Wasserburg, ist das Stammhaus des seit dem 13. Jh. in Schwebda ansässigen Rittergeschlechtes von Keudell. Am Rande des heutigen Gutshofes das ehemalige Herrenhaus von 1529, ein spätmittelalterlicher, rechteckiger, dreigeschossiger Wohnbau mit hohen Giebeln (am östlichen zwei Aborterker); die unregelmäßig angeordneten Fenster durch Vorhangbögen verziert, am Portal das Wappen des Erbauers. Im Innern zwei Kamine des 16. Jh. Der gut erhaltene stattliche Bau (heute Scheune und Lager) ist ein aufschlußreiches Beispiel für den Wandel vom gotischen Burgpalas zum Herrenhaus der Renaissance (vgl. die ähnliche historische Situation beim Stockheimer Hof in Geisenheim/Rheingau, Kap. I). – Südwestlich der Kirche ein weiteres, jedoch kleineres *Hofgut,* dessen 1838 erbautes schlichtes klassizistisches Herrenhaus heute Wohnsitz der Familie von Keudell ist. Im Innern Treppenhaus in klassizistischen Formen, aber in barocker Tradition und Aufwendigkeit. Gute Möbel und Inneneinrichtung des 17. bis 19. Jh. Der westlich anstoßende niedrige Altbauflügel 1517–36. Die *Dorfkirche (e.)* wurde unter Beibehaltung des romanischen Westturmes 1785 neu erbaut. Außen am Langhaus Grabdenkmäler der Familie von Keudell. – Im Walde über dem Dorf, weithin im Werratal sichtbar, erbaute Alexander von Keudell 1904–06 das historisierende *Schloß Wolfsbrunnen.*

Zwischen der Sontra-Mündung und Wanfried verbreitert sich das Werratal zu einer fruchtbaren Ebene, in der sich ESCHWEGE ausdehnt. Auf je einem kleinen, aber steil zur Werra abfallenden Hügel lagen die beiden historischen Keimzellen der Stadt, das ehemalige Kanonissenstift St. Cyriax und die einstige Burg. Das Stift wurde um 997 anstelle eines Königshofes durch die Gandersheimer Äbtissin Sophie, die Schwester König Ottos III., gegründet und 1527 aufgehoben. Die Burg, 1386 von den Landgrafen von Thüringen erbaut, kam mit der Stadt in der 1. Hälfte des 15. Jh. an Hessen und wurde zum Schloß ausgebaut. Die Stadt entwickelte sich seit Beginn des 13. Jh. südlich des St. Cyriax-Berges. Um 1249 wurde sie durch Markgraf Heinrich von Meißen (1221–88) befestigt. Der *Marktplatz,* praktisch ein breiter Straßenzug, wird fast allseitig von Fachwerkhäusern umstanden, die – im einzelnen zwar einfach – durch ihre Geschlossenheit ein gutes, einheitliches Platzbild ergeben. Wie andere Städte der Umgegend, etwa Allendorf und Rotenburg, so wurde auch Eschwege 1637 durch die kaiserlichen Kroaten niedergebrannt. Dabei ging auch das mittelalterliche *Rathaus* in Flammen auf. Der Fachwerk-Neubau von 1660 ist durch Schnitzereien hervorgehoben. Westlich daneben errichtete Landbaumeister SPANGENBERG 1845 ein zweites Rathaus in schlichter Palazzoform mit Dachreiter. Die zahlreichen *Fachwerkhäuser* des 17. und 18. Jh. sind im allgemeinen sehr schlicht bis auf das viergeschossige Haus Staad 44 (Raiffeisen) von 1679 mit phantasievollen Schnitzereien. Abwechslungsreich ist die Gruppe der *Speicher- und Lagerhäuser* am Werraufer. Die *Marktkirche St. Dionys (e.)*, vor deren Südseite eine breitstämmige Linde mit weiter Krone wächst, ist ein schlichter Hallenbau von 1450–66 mit hohem Satteldach. In der Halle des frühgotischen Westturmes Kelchknospenkapitelle und Birnstabrippen. Da der Turm in das dreijochige Langhaus eingestellt ist, wirkt der Raum des Schiffes kurz und breit. Rundsäulen mit vier Diensten fangen das Netzgewölbe (1521) auf; spätgotisches Fischblasenmaßwerk. Die Einzelformen wie die Gesamtanlage waren vorbildlich für die größere und elegantere *Neustädter Kirche*. Überaus prachtvoller und festlicher Orgelprospekt 1676–78 von J. F. SCHÄFFER aus Thüringen. Gut gestaltete Emporenbrüstungen und reiche Kanzel aus der gleichen Zeit. Am St. Cyriaxberg steht das steinerne zweigeschossige ehemalige *Hochzeitshaus*, heute Schule, 1578 erbaut (kürzlich durch maßstablose Fenster verunziert). Ein Portalturm und ein Treppenturm beleben die Frontseite. Der quadratische Binnenhof wurde zu einem modernen Licht- und Pausenhof mit Glasdecke umgestaltet. Westlich daneben auf dem höchsten Punkt des ›Berges‹ der *Schwarze Turm*, der Rest des St. Cyriakus-Stiftes. Die sorgfältig gefügten schweren Steinblöcke und die kleinen Rundbogenfenster an der Südseite weisen auf eine Entstehung im 12. Jh.; Turmoberbau um 1290. Westlich neben dem Turm an der Stelle der ehemaligen Stiftskirche ein gut proportionierter klassizistischer Schulbau mit Rundbogenfenstern im Erdgeschoß und schönem Treppenhaus, 1828 von JOHANN FRIEDRICH MATHEI errichtet. Von der Terrasse am schwarzen Turm fällt der Blick ins Werratal und auf die Vorstadt Brückenhausen, die ehemals auf einer Werrainsel lag.

Am Westrand der Stadt erhebt sich das malerische repräsentative *Schloß*. Drei Gebäudeflügel umschließen einen Hof, der sich in drei Arkaden (die mittlere spitz, die seitlichen rund) zum vorgelagerten Schloßplatz öffnet. Die hohen, schlanken Renaissancebauten des Landgrafen Wilhelm IV. (im Kern 14. Jh., 1581 neugestaltet) an der Fluß- und Rückseite des Hofes zeichnen sich durch Rollwerkgiebel und hofseitige Treppentürme aus. An der Giebelwand zum Schloßplatz anmutiger zweigeschossiger Erker. Im Erdgeschoß des rückwärtigen Flügels eine zweischiffige gewölbte Halle, die 1736 als

Schloßkapelle eingerichtet wurde. Im rechten Flügel an der Werra ein Kabinett mit Holzvertäfelung, in die Gemälde eingelassen sind. An der Südseite des Hofes, 1617 von Landgraf Moritz errichtet, ein machtvoller Eckbau in barocker Pavillonform. Seine geschweifte Haube bekrönt ein Türmchen mit einer 1650 im Auftrage des Landgrafen Friedrich von Hessen-Eschwege geschaffenen Kunstuhr, aus der zu jeder vollen Stunde ein Turmwächter, der ›Dietemann‹, hervortritt. Hinter diesem Eckbau der Südflügel von 1562 mit Fachwerkobergeschoß und Mansarddach. Im Hof der Märchenbrunnen von Bildhauer SAUTTER. – Auf dem Nikolaiplatz reckt sich der quadratische *Klausturm* (1455) der ehemaligen Kirche St. Nikolaus mit offenem Galerieaufbau (1733–36) hoch empor. An dem mit Bäumen bestandenen Hospitalplatz steht die Südwand der einstigen gotischen *Hospitalkirche* (ursprünglich Augustinereremiten-Klosterkirche) noch aufrecht. Dahinter sind drei gewölbte Joche des ehemaligen gotischen Kreuzganges erhalten (heute Evangelisch-Freikirchliche Gemeinschaft). Der östliche Bau des einstigen Klosters ist heute als Altersheim (Fachwerkbau), der westliche als Brauerei (Eschweger Klosterbräu) genützt.

Gegen 1300 hatte sich südlich der Stadt eine Neustadt gebildet, die sich durch ihre regelmäßigen Straßen- und Platzformen von der älteren Siedlung abhebt. Die 1436–92 neugebaute *St. Katharinenkirche (e.)* ist die Pfarrkirche dieser Neustadt. Westturm von 1374; Langhausgewölbe 1520 vollendet. Die Baudaten ergeben sich aus Inschriften am Bauwerk. Die Kirche erhebt sich frei auf dem weiten, viereckigen Neustädter Marktplatz, ein klarer, übersichtlicher Außenbau mit Walmdächern jochweise über den Seitenschiffen. Die Turmbekrönung des 19. Jh. von GEORG GOTTLOB UNGEWITTER ist unaufdringlich und gut angepaßt. In den Chorstrebepfeilern kleine Nischen für Heiligenfiguren, wie sie ähnlich an anderen Kirchen der Umgebung vorkommen. Im Innern schlanke Rundsäulen mit Diensten. Breiter und freier Raum; die Seitenschiffe in halber Mittelschiffbreite. Das Bauwerk ist ein gutes Beispiel für die Entwicklung der Hallenkirche zur breiten, alle Schiffe zu einem Raum zusammenfassenden vorreformatorischen Predigtkirche. Ausgezeichnete *Steinkanzel* mit reicher Ornamentik und kräftigen Halbfiguren-Reliefs, 1509 von HEINRICH VON ESCHWEGE. Harmonisch eingefügte und gut gegliederte Orgel 1839 von FRIEDRICH KREBAUM. Am östlichen Stadtrand der *Dünzebacher Torturm*, der einzige Rest der mittelalterlichen Stadtbefestigung, 1531 erbaut, der Helm in der ursprünglichen spätgotischen Form mit den kräftig vorspringenden drei Fachwerk-Ecktürmchen 1690 erneuert.

In AUE, weiter aufwärts im Werratal, liegt eine von 1435 bis heute den Freiherren von Eschwege gehörende ehemalige *Wasserburg*, jetzt Gutshof. Das Herrenhaus ist ein Fachwerkbau von 1576 mit zwei Erkern. Die Berge treten nun wieder dichter an den Fluß heran, so südlich der Hohe Rain (339 m) und nördlich der Plesseberg (483 m) und die Keudel-Kuppe (484 m), zwischen den beiden letztgenannten die thüringische Grenze. – Die durch den Flußübergang der alten Leipziger Straße bedeutsame Stadt WANFRIED erscheint bereits um 800 als ›Wanenrodum‹. Seit 1306 gehört sie zu Hessen. Doch erst 1608 wurde Wanfried zur Stadt erhoben. Der jetzt straßenartig gestreckte *Marktplatz*, auf dem einst das Rathaus stand, zeichnet sich durch eine Reihe alter Fachwerkbauten aus, darunter das heutige *Rathaus*, ein ehemaliger Privatbau aus der 2. Hälfte des 17. Jh., dreigeschossig mit hohem Giebel und seitlichem Hofportal; in dem jenseits des Hofes liegenden schmalen Bau das *Heimatmuseum* (Ofenplatten und Wanfrieder Keramik des 17. Jh.). Das benachbarte Wohnhaus (Markt Nr. 16) von 1608 mit Schnitzereien an den Pfosten. Schräg gegenüber (Nr. 15) im ehemaligen *Posthof* ein reizvoller Binnenhof mit offenen Holzgalerien (1751). Besonders prachtvoll der Eckbau ›*Zum Schwan*‹ (Nr. 20) von 1690 mit zweigeschossigem Erker und ornamentierten Gesimsen; Spätrenaissance-Portal mit Hermenpilaster, seitliches Hofportal von 1679. Das Eckhaus an der Seitenstraße Vor dem Gatter (Nr. 13) aus dem frühen 18. Jh. mit geschmackvollen Verzierungen und Rokokotüre. Am Ende der Straße (Nr. 56) eine Hofanlage: gestreckter Fachwerkbau auf spätmittelalterlichem Untergeschoß, in der vorgesetzten Hofmauer ein kleines Portal, davor Brunnen. – Die im 14. Jh. von dem Landgrafen von Hessen angelegte *Stadtburg* wurde 1536 und 1589 schloßartig ausgebaut und 1609–19 durch tiefe Wassergräben erneut befestigt (heute ›Wanfrieder Konservenfabrik‹). Die teilweise erhaltenen Gräben sind jetzt ausgetrocknet. Ein zweigeschossiger Steinbau an der Nordseite des einstigen Burghofes. Dicht am Werraufer bei der Straßenbrücke liegen die alten *Stapelhäuser*, zwei- und dreigeschossige Fachwerkbauten über massiven, teilweise spätmittelalterlichen, teilweise barocken (1787) Untergeschossen; 1919–20 restauriert.

VÖLKERSHAUSEN ist das letzte Dorf am westlichen Werraufer vor der thüringischen Grenze. Am Ortsende liegt – die Rückfront unmittelbar am Fluß – ein großes *Hofgut* mit Barockportal von 1728 und mit einfachen Fachwerkbauten, in welche die *Pfarrkirche (e.)*, ein schlichter Saalbau von 1729 mit gotischem Westturm und Helm von 1880, eingebaut ist. Das *Herrenhaus* ist ein Fachwerkbau um 1800, die übrigen Wirtschaftsgebäude sind von 1880 und 1922. – ALTEN-

BURSCHLA, ein gepflegtes Dorf auf der anderen Werraseite, besitzt eine malerische *Dorfkirche (e.)*, Chorturm von 1564 mit Fachwerkobergeschoß von 1762 und Haube von 1825, saalförmiges Langhaus von 1752–74 mit massivem Untergeschoß und Fachwerkobergeschoß. Im Dorf gute *Fachwerkhäuser*.

2. Sontra-Tal, Richelsdorfer Gebirge und Ringgau

Die *Pfarrkirche (e.)* von REICHENSACHSEN fällt durch ihren ungewöhnlich schlanken spätgotischen Turmhelm auf. An den romanischen Westturm ist unter Verwendung älterer gotischer Mauerteile 1773 ein neues Langhaus mit Mansarddach und reichen Emporeneinbauten angefügt worden. Im Ort eine Reihe alter Fachwerkgehöfte. – BISCHHAUSEN, im unteren Wohratal, unweit der Einmündung in die Sontra gelegen, wird überragt von der *Pfarrkirche (e.)* mit spätgotischem Chor, gotischem Westturm (14. Jh.) und barock erweitertem Langhaus. Im Innern ein gut gearbeitetes Epitaph des Kasseler Bildhauers ANDREAS HERBER von 1575 für Reichard von Boyneburg und seine Gattin. Der östlich vor der Kirche am Hang erbaute *Junkerhof* ist ein dreigeschossiger Fachwerkbau des 16.Jh. mit zwei mehrgeschossigen Eckerkern und mit Portal von 1695. Er bildet mit dem Gotteshaus eine malerische Baugruppe, besonders im Blick vom Osten auf das Dorf. Nördlich und nordöstlich der Kirche Reste weiterer ehemaliger *Höfe* der Herren von Boyneburg, meist spätgotisch, kenntlich an der Steinbauweise, während sonst im Dorf Fachwerk vorherrscht. In Dorfmitte eine Gerichtsstätte (vgl. Rodebach Kap. X). – Bauanlage und Form der 1838 errichteten *Kirche (e.)* von ÖTMANNSHAUSEN gleichen sehr der Kirche von Küchen im oberen Wohratal (vgl. Kap. X). Vermutlich war derselbe Baumeister, JOH. FRIEDRICH MATHEI, tätig, ebenso wie bei der nahe gelegenen klassizistischen *Kirche (e.)* von STADTHOSBACH (1829–30).
In HOHENEICHE an der Sontra erwartet uns eine kleine *Dorfkirche (e.)* mit gotischem Chorturm, den ein Fachwerkaufbau mit Krüppelwalmdach und Dachreiter malerisch bekrönt. Schlichtes einschiffiges Langhaus mit bemalter Holztonne (vgl. Wichmannshausen) und einfachen barocken Emporen; Orgel 1730. — Die *Pfarrkirche (e.)* des flußauf gelegenen Nachbardorfes WICHMANNSHAUSEN trägt auf dem Chorturm des 13.Jh. einen Aufbau in verputztem Fachwerk mit Krüppelwalmdach ähnlich wie in Hoheneiche (um 1484). Der quadratische zweijochige Chorraum zeigt Gratgewölbe mit schweren Gurten

und gute spätgotische Fresken, reiches rotes Rankenwerk und eine St. Martin-Gruppe, die den Gegensatz zwischen dem edlen Antlitz des Ritters und dem derben Gesicht des Bettlers besonders verdeutlicht (Anfang 16. Jh.). Das 1702 neu gebaute Langhaus wird allseitig ohne Raumeinengung von zweigeschossigen Holzemporen umfangen, die auf Holzsäulen ruhen, welche bis zur Holztonnendecke reichen und diese tragen. Emporenbrüstungen, Geländer und Säulen wurden 1714 ornamental sehr dekorativ bemalt, die Deckentonne mit Wolken, ähnlich wie in Hoheneiche. Gestühl und Kanzel aus der Erbauungszeit des Langhauses. Im Chor ist noch ein frühklassizistisches Grabmal einer Gräfin von Boyneburg aus dem Ende des 18. Jh. mit zwei trauernden Gestalten bemerkenswert. Die Orgel stammt von 1768.

Diese barocke Form des protestantischen, dörflichen Predigtraumes findet sich häufig im hessisch-thüringischen Grenzbereich, so in MITTERODE auf der Höhe der westlich gegenüberliegenden Seite des Sontratales (14. und Anfang 18. Jh.). Den Ausgangspunkt dieser Entwicklung bilden die Schloßkirche von Schmalkalden (Ende 16. Jh.) und die Residenzkirche Marksuhl (1667). – Nordöstlich an die Kirche von Wichmannshausen schließt sich ein ehemaliger *Hof der Herren von Boyneburg* mit Herrenhaus in verputztem Fachwerk von 1757 an; gegenüber in der östlichen Kirchenachse ein einfacher Steinbau des 18. Jh. (heute Mietwohnungen).

Von Wichmannshausen aus ersteigt man die ein wenig einwärts über dem Sontratal sich erhebende *Boyneburg* (513 m). Der alte Burghof *Datterpfeife* zu Füßen des Berges dient seit dem 16. Jh. als herrschaftlicher Wohnsitz und trägt heute den Namen Boyneburgk. Das Burgplateau war bereits durch eine prähistorische Wallburg befestigt. Die mittelalterliche Burg wurde vermutlich von den Grafen von Northeim um 1100 gegründet und durch Abt Marquard I. von Fulda (1150–65) ausgebaut. Kaiser Friedrich I. Barbarossa weilte selbst dreimal auf der Reichsburg, die ein Ministerialengeschlecht (seit dem 13. Jh. die Herren von Boyneburg) verwaltete. Seit dem 15. Jh. ist die Burg unbewohnt, seit dem 17. Jh. zerstört. Von der einst gewaltigen Anlage sind nur wenige Ruinen geblieben. Viele Tore sicherten den Zugang. Über dem innersten Torbau befand sich nach staufischer Sitte (vgl. Münzenberg, Gelnhausen) die Burgkapelle St. Maria und Petrus, die 1188 in Anwesenheit Kaiser Barbarossas geweiht worden war. Der teilweise erhaltene Bergfried war fünfeckig.

Die Boyneburg bildet den nordwestlichen Ausläufer des RINGGAUES, jener im Durchschnitt 400–450 m hohen Hochfläche aus Muschelkalk zwischen Sontra und Creuzburg (Thür.). Die Landschaft wird unter diesem Namen bereits im 10. Jh. als hessisch-thüringisches

Grenzgebiet genannt. – Im Netratal, einem östlichen Seitental der Sontra, das den Ringgau nördlich begrenzt, liegt DATTERODE. Hoch über dem Ort ragt die einfache *Dorfkirche (e.)* mit mächtigem frühgotischem Westturm und barock verändertem saalförmigem kleinen Langhaus. Im dreiseitig geschlossenen Chor und an den Langhauswänden Reste gotischer figürlicher Malereien. Im benachbarten RÖHRDA liegt die *Kirche (e.)* ebenfalls hoch über dem Dorf, das sich am Talhang hinaufzieht. Ein achtseitiger Fachwerkaufbau und eine Haubenlaterne des 17. Jh. krönen den spätgotischen hohen Westturm. Das flachgedeckte, einschiffige gotische Langhaus und der eingezogene quadratische Chor wurden im Barock umgestaltet und zweigeschossige Emporen sowie Kanzel und Orgel eingebaut. Die Kirche war einst ein Wehrbau; im Turmuntergeschoß kann man innen noch die Balkenlöcher zum Verrammeln des Westportales sehen. Von der Friedhofsummauerung ist der schöne spitzbogige Torbogen erhalten. Südöstlich bei der Kirche ein großes *Gehöft*. Das *Herrenhaus* besteht aus einem dreigeschossigen spätgotischen Wohnturm mit Giebel und Satteldach und einem westlich anstoßenden Bau mit Fachwerkobergeschoß und Barockportal des 18. Jh., daran Wappen der Familien von Maisenbuch (Meisenbug). Die Stallbauten sind klassizistisch. Am Oberlauf des Tales erreichen wir die Ortschaft NETRA (die häufige Ortsnamen-Endung auf -a in dieser Landschaft weist schon nach Thüringen). Die *Pfarrkirche (e.)* zeigt einen mächtigen quadratischen, von Gesimsen unterteilten Chorturm mit charakteristischem Spitzhelm und vier Wichhäuschen. Das einschiffige flachgedeckte Langhaus wurde 1842–43 in ansprechenden klassizistischen Formen neu erbaut. In dem freundlichen und hellen Innenraum dreiseitige Emporen und eine Barockorgel. Im Chorraum unter dem Turm schönes Sterngewölbe. Auf dem Altar Kreuzigungsgruppe, Rest eines spätgotischen Altares um 1500 (vgl. Lüderbach), zu dem auch das Relief der Beweinung Christi sowie zwei Heiligenstatuen im Chor gehören; Taufstein 16. Jh. An der Chorwand Epitaph einer Herrin von Boyneburg von 1600. – Im *Dorf* viele schöne Fachwerkgehöfte, besonders einheitlich in der Rimbachstraße. Am südwestlichen Rande des Dorfes in der Bachniederung die ehemalige *Wasserburg* der Herren von Netra. Anfangs thüringischer, seit 1431 hessischer Lehensbesitz; im 16. Jh. schloßartig ausgebaut. Das Herrenhaus ist ein machtvoller dreigeschossiger Baublock mit vier durchgehenden Eckerkern und schlichtem Renaissanceportal. An der Südseite steht ein polygonaler Treppenturm (1922 eingestürzt, 1960 wiederaufgebaut). Über dem gesamten Bau ein Mansarddach (18. Jh.). Im Innern holzgeschnitzte Türrahmungen der Renaissance. Die Vorburg, ein Winkelbau mit einem eingestellten Treppenturm, ebenfalls 16. Jh., im 19. Jh. aber stark verändert.

Jenseits der Wasserscheide zwischen Netra und Ifta, d. h. aber zwischen Sontra und Werra, stoßen wir auf LÜDERBACH. Die schlichte *Kirche (e.)*, ein Saalbau mit Mansarddach und Fachwerkdachreiter, entstand 1838 durch Umbau einer mittelalterlichen Anlage. Bemerkenswert ist der um 1500 geschaffene dreiflügelige *Schnitzaltar* aus der Werkstatt der Eisenacher Beweinungsaltäre. Im Mittelfeld die Beweinung Christi, seitlich vier Heilige, auf den Flügeln die 12 Apostel. Die Außenseiten der Flügel waren ehemals bemalt. – Das *Schloß* der Herren von Capellan ist ein einfacher zweigeschossiger Bau von 1560. Auf einem kleinen Hügel vor dem Dorf erhebt sich eine *Pyramide*, die 1779 von dem letzten Namensträger der Familie Capellan-Berg errichtet wurde.

Südlich des Iftatales, zwischen Markershausen und Holzhausen, liegen auf einem steilen, gänzlich bewachsenen Bergkegel die Ruinen der *Burg Brandenfels*. Sie wurde wahrscheinlich gegen Mitte des 13. Jh. von Burgmannen der Boyneburg erbaut. Als die Burg im 14. Jh. der Ausgangspunkt zahlreicher Raubüberfälle war, wurde sie von Landgraf Balthasar von Thüringen 1384 belagert und nur durch den Einfluß von Freunden vor der Vernichtung bewahrt. Von der im 17. Jh. verfallenen Bauanlage sind der Unterbau der Zugbrücke, die den tiefen Halsgraben überspannte, ferner der Rest des ungefähr viereckigen Beringes, eines Tores, eines dreigeschossigen Gebäudes an der Nordostseite und der Kapelle des 13. Jh. sichtbar.

In dem weiter östlich dicht bei der thüringischen Grenze gelegenen WILLERSHAUSEN überrascht die *Pfarrkirche (e.)* aus frühgotischer Zeit. Sie ist äußerlich schlicht, aber innen von einer reichen, für solch kleine Dorfgemeinden seltenen Raumgestaltung. Diese geht auf einen spätgotischen Umbau zurück. Eine dreischiffige Halle – die Seitenschiffe in halber Mittelschiffbreite – wird von einem lebendigen Sterngewölbe auf Rundsäulen überspannt. Die acht Dienste der Säulen winden sich korkenzieherartig um die Schäfte. Der quadratische Chorraum mit Netzgewölbe ist breiter und höher als das Mittelschiff. Der kleine Turm an der Südseite entstand im Oberbau (Fachwerk) erst im 19. Jh.; Steinkanzel 1567. Unten im Tal die Reste einer ehemaligen *Wasserburg* der Herren Treusch von Buttlar (heute Landgraf von Hessen-Philippsthal-Barchfeld). Sie wurde mehrfach ausgebaut und verändert. Die Gräben sind teilweise verlandet. Am Herrenhaus ein schwerer Rundturm sowie weitere Reste des 16. Jh.

Einige Kilometer südlich erreicht man HERLESHAUSEN, bekannt als Übergangsstation nach Thüringen. Die *Kirche (e.)*, auf einem

Hügel gelegen, ist teilweise von alten Wehrmauern umgeben, teilweise von schlichten Fachwerkhäusern umbaut. Durch ein Spitzbogentor von 1521 betritt man den Kirchhof. Die Kirche bildet eine Baugruppe aus quadratischem Chor des 13. Jh., einschiffigem Langhaus von 1457 und nördlich angefügtem Querbau von 1606. Im kreuzrippengewölbten Chorraum gotische Fresken: Gnadenstuhl und Kreuzigung, 12 Apostel und weitere, stark zerstörte Szenen; am Chorbogen Krabbenmuster. Die schwungvollen, weichen Darstellungen zeigen die flüssigen Formen und schlanken Proportionen der 2. Hälfte des 14. Jh. Farblich überwiegen Rot und Gelb. Im Querbau eingeschossige, im Hauptschiff zweigeschossige Emporen; Kanzel 18. Jh. – An die Südseite der Kirche stößt mit direktem Zugang zum herrschaftlichen Kirchstuhl das *Schloß Augustenau*, ein Gebäudekomplex des 16. Jh. Er besteht aus Wirtschaftshof und Herrenhaus, mit durchgreifenden Umgestaltungen des 19. Jh. Aus spätmittelalterlicher Zeit der Torbau der Vorburg mit Flankenturm sowie der Westflügel und ein Treppenturm des Herrenhauses. – Südwestlich von Herleshausen, über dem jenseitigen thüringischen Ufer der Werra, beherrscht die machtvolle Ruine der *Brandenburg* mit zwei hohen Türmen und großer Palasruine des Landschaftsbild.

Die *Pfarrkirche (e.)* des Nachbardorfes WOMMEN ist ein gefälliger Barockbau (1739–44) mit Mansarddach, der Westturm mit achteckigem Fachwerkaufsatz und Haube. An der Stelle der spätmittelalterlichen Burg der Herren von Colmatsch steht heute ein großes *Hofgut*, das in seiner jetzigen Erscheinung mit bergfriedartigem Turm auf einen Neubau Bodo Ebhardts von 1911–12 zurückgeht (heute Martin-Luther-Stift und Altersheim).

Das *Schloß* am südwestlichen Ortsrand von NESSELRÖDEN ist eine vortreffliche Renaissanceanlage, die im 16. Jh. von den Herren Treusch von Buttlar erbaut wurde (jetzt Besitz des Landgrafen von Hessen-Philippsthal-Barchfeld). Die Wirtschaftsbauten von 1548 und 1592 zeigen Hufeisenform, außen mit fest geschlossenen Mauern und teilweise mit Wehreinrichtungen. An der offenen Nordseite des Hofes das stolze *Herrenhaus* (1592), ein hoher dreigeschossiger Steinbau mit Rollwerkgiebeln an den Schmalseiten. Die zum Hof gelegene Längsseite ist Schaufront, in der Mitte ein achtseitiger Treppenturm mit Fachwerkaufsatz, seitlich je ein vorgezogener schlanker Risalit mit Giebel. Rückseitig in der Mitte ein erkerartiger Risalitvorbau mit nachträglich vermauerten Seitenfenstern. Im Innern Spindeltreppe, gute Kamine und Türrahmungen. Die großen Renaissanceräume sind für Mietwohnungen unterteilt und entstellt. Die künstlerische Wirkung des Bauwerkes liegt nicht im reichen Ornament begründet, sondern in der guten Komposition der Baukörper. Die Schlankheit der vorgesetzten Bauteile (Risalite) bewirkt eine auffallend vertikale Tendenz des Baues, in der gotische Baugedanken nachwirken. Oberhalb des Dorfes eine kleine klassizistische *Kirche (e.)* von 1852 mit schlichter Inneneinrichtung; Baumeister war ANTON JAKOB SPANGENBERG.

SONTRA erhielt 1368 durch Landgraf Heinrich II. Stadtrechte. Die am südlichen Ende des Ortes auf dem über Treppen zugänglichen Kirchplatz gelegene *Stadtkirche St. Maria (e.)* ist ein einfacher, anspruchsloser Bau, eine unsymmetrische Hallenanlage von 1483-93 mit auffallend breitem Hauptschiff und südlichem Seitenschiff. An den Säulen Rankenmalereien in grauer Tönung aus dem Jahre 1558. Prächtiger Orgelprospekt 1711 von JOHANN ADAM GUNDERMANN aus Wommen. Der quadratische massive Westturm ist im Kern spätromanisch. An den Kanten der Rundbogenfenster das seltene Ornament kleiner Kugeln. Der Oberteil des Turmes nur von außen durch eine hochgelegene Tür an der Südseite zugänglich (Wehrturm). Achteckaufsatz und Haube von 1619. – Der kleine viereckige *Marktplatz* steigt, wie die gesamte Ortslage, an. Der wirtschaftliche Aufschwung der Stadt im hohen und späteren Mittelalter durch den Kupferbergbau im Richelsdorfer Gebirge machte eine zweimalige Vergrößerung und Verlegung des Rathauses notwendig. Das heutige *Rathaus* bildet den oberen Abschluß des Marktplatzes, ein zweigeschossiger Fachwerkbau von 1588 über hohem steinernem Sockelgeschoß und mit hohem Giebel; Portal von 1668. Vorwiegend aus dem 18. und 19. Jh. stammen die schlichten *Fachwerkhäuser* um den Markt und im Ort. Erwähnenswert ist das Giebelhaus Markt 16 aus dem 17. Jh.

Talaufwärts in BERNEBURG bestand auf dem bewaldeten Bergrücken über dem Dorfe einst eine feste *Burg*, der Stammsitz der Herren von Berneburg. Als die Grafen von Thüringen diese Burg 1385 zerstörten, zogen die Berneburger ins Tal und errichteten zu Füßen des Burgberges einen neuen Burgbau, eine ›*Kemenate*‹. Dieser Vorgang ist ein sehr frühes Beispiel für die im Spätmittelalter häufige Siedlungswanderung vom Berg ins Tal. Der kraftvolle, fünfgeschossige Wohnturm mit kleinen Fenstern im Obergeschoß, Aborterkern und hochgelegenem Eingang ragt beherrschend aus den umliegenden Dorfhäusern hervor. An den Wohnturm schließen zwei Fachwerkbauten, ein Wohnbau von 1656 und eine Scheuer an. Schlichte *Dorfkirche (e.)* von 1743-47. – Die Bundesstraße trennt die 1937-38 neugeschaffene Siedlung KORNBERG von dem dicht neben der Straße gelegenen ehemaligen *Benediktinerinnenkloster*, das kurz nach 1292 gegründet wurde. Die reizvolle Gesamtanlage gotischer Zeit mit Kirche und

Klostergeviert an der Südseite sowie östlich vorgelagerter Propstei blieb auch nach der Klosteraufhebung 1527 geschlossen erhalten. 1831 bis 1938 Staatsdomäne, dann aufgesiedelt und ungenutzt. Die *Kirche* ist ein gestreckter einschiffiger Bau mit kleinem viereckigem Westturm, Nonnenempore, zweischiffiger gewölbter ›Nonnenkrypta‹ und gewölbtem Chor (die Langhausgewölbe zerstört). Die einfachen zweigeschossigen *Klostergebäude* umschließen einen quadratischen Binnenhof, der ursprünglich Kreuzgangshof war. Die ehemalige *Propstei* (Anfang 16. Jh.) wird von zwei machtvollen Turmbauten flankiert.

Im RICHELSDORFER GEBIRGE, jenem Landstrich zwischen Nentershausen, Iba und Richelsdorf, wurde von prähistorischer Zeit bis zum 20. Jh. Kupfer gewonnen. Im 15. Jh. werden 13 Schmelzhütten am Gebirgsrand genannt. Sie wurden zu Beginn des 18. Jh. auf die Friedrichshütte (bei Bebra) und die Richelsdorfer Hütte (bei Richelsdorf) beschränkt. – In FRIEDRICHSHÜTTE steht noch das 1732 von Landgraf Friedrich I. erbaute Verwaltungsgebäude des Kupferbergbaues, ein zweigeschossiger Steinbau. Bergamt und Berggericht saßen im Mittelalter in Sontra, später in Richelsdorf. Im 17. Jh. löste der modernere Schachtbau den mittelalterlichen Stollenbau ab. Das seit 1708 abgebaute Kobalt wurde nach englischen und amerikanischen Porzellanmanufakturen exportiert. Gegen Ende des 19. Jh. wurde der Bergbau wegen Unrentabilität eingestellt. 1935–45 versuchte man ihn mit staatlicher Unterstützung wieder zu beleben, es entstanden neue Schachtanlagen und die Siedlungsbauten in Kornberg, Sontra und Nentershausen.

Die Befestigungsanlagen von NENTERSHAUSEN, ein ins Tal vorgeschobener Wartturm und die rückwärtig liegende Burg Tannenberg, sicherten im Mittelalter den Zugang zu den Kupferbergwerken. Um den hoch überm Dorf gelegenen *Wartturm* entstand im späten 15. Jh. die *Dorfkirche (e.)*. Der Wartturm dient seitdem als Kirchturm. Die Kirche wurde 1613 verändert und nach einem Brand 1694 in den Jahren 1696–1706 im Innern neu gestaltet. Emporen umschließen den Ràum, eine bemalte Holztonne überwölbt ihn. Die 1706 von Simon Steffen gefertigte Deckenmalerei eröffnet einen Einblick in den Himmel; Engel halten drei Kartuschen mit den Szenen: Johannes schaut das Himmlische Jerusalem, Opferung Isaaks, Gottes Geist über dem Wasser. Die einfachen Emporenmalereien von Johann Fabarius aus Schmalkalden erläutern 25 Bibelworte; Kanzel 1697; Orgel 1696 von Jost Friedrich Schäffer aus Eschwege. Diese Neugestaltung des Innenraumes leitete eine Reihe barocker Raumausstattungen protestantischer Dorfkirchen ein, die im Aufbau des Predigtraumes verwandte Züge zeigen (vgl. die Ausführungen bei Wichmannshausen und bei Mansbach in Kap. XII). – Um 1340 erbaute Ludwig von Baumbach die *Burg Tannenberg*. Aufschlußreich ist ein 1371 ausgefertigter Vertrag mit der Stadt Erfurt, worin sich diese zur Erstellung von Baugeld und der Burgherr zur Sicherung der Erfurter Handelswagen im Seulingswald verpflichtete. Ein tiefer Halsgraben und eine durch Flankentürme bewehrte Ringmauer schützen die Angriffsseite der Ausläuferburg. Aus der Gründungszeit stammt der machtvolle mehrgeschossige Wohnturm (›Kemenate‹); darin ein kleines Museum und im Obergeschoß die Kapelle, deren reichgezierter Altarerker an der Angriffsfront vorkragt. Das auf der anderen Seite des kleinen schmalen Burghofes gelegene Gebäude entstand 1546 (heute freie Jugendherberge). Weitere Baulichkeiten des 16. und 17. Jh. sind Ruinen. Die Burg ist noch heute im Besitz der Familie von Baumbach.

Auch die *Pfarrkirche (e.)* von RICHELSDORF gehört zu der Gruppe der Wichmannshausener Barock-Dorfkirchen. An den wuchtigen gotischen Chorturm mit barocker verschieferter Haube und Laterne fügt sich ein einschiffiges Langhaus, das 1705–16 mit zweigeschossigen Emporen auf Holzstützen, mit Holztonne und reicher Ausmalung an Decke, Wänden und Emporen neu gestaltet wurde. Gestühl 2. Hälfte des 17. Jh. Kanzel 1706. – In IMSHAUSEN errichteten die Herren von Trott zu Solz Ende des 18. Jh. eine spätbarocke schlichte *Schloßanlage* in aufgelöster Hufeisenform mit drei isolierten, einfachen Gebäudeflügeln (vgl. Wilhelmsthal).

XII. Fuldatal und Rhön

1. Von Breitenau bis Bad Hersfeld

Die Fulda ist der größte Fluß Hessens. Von ihrem Ursprung bis zur Vereinigung mit der Werra durchströmt sie hessisches Land. Wir folgen ihrem Lauf aufwärts bis zur Quelle. Zunächst durchqueren wir oberhalb des Kasseler Raumes altes kurhessisches Land. In der ›breiten Aue‹ zwischen Fulda und Eder, die wenige Kilometer unterhalb von BREITENAU einmündet, gründete Graf Werner IV. von Grüningen 1113 ein *Benediktinerkloster* und siedelte dort Hirsauer Mönche an. Abt Heinrich (1132–70) begann den Bau der großen *Klosterkirche St. Maria* und weihte den Ostbau 1142. Landgraf Philipp von Hessen hob das Kloster bei der Einführung der Reformation auf. Landgraf Moritz baute 1607–22 die Klostergebäude zu einem herrschaftlichen Lustschloß um, das jedoch schon im Dreißigjährigen Krieg vernichtet wurde. 1874 wurde eine Landesarmenanstalt, 1949 ein Landesfürsorgeheim in den ausgebauten Kirchen- und Klosterräumen eingerichtet. Der Baukomplex liegt wirkungsvoll in der Landschaft, besonders beim Blick von der Autobahn. Drei Baukörper bestimmen das äußere Bild: Das *Alte Torhaus* an der Westseite, die eindrucksvoll wuchtige *Klosterkirche* und die spätgotische *Zehntscheune* mit Staffelgiebel an der Südwestseite (der einzige Rest der ehemaligen Klosterbaulichkeiten).

Trotz eingreifender Veränderungen des 19. Jh. ist die romanische Kirchenanlage noch gut erkennbar. Es war eine dreischiffige Basilika mit Querschiff und ursprünglich dreifach gestufter Choranlage von insgesamt fünf Apsiden, wie sie für Cluniazensische und Hirsauer Bauten typisch ist (vgl. Paulinzella). Ein spätgotischer Chorneubau, 1508 vollendet, ersetzte die romanische Hauptapsis. Die beiden seitlichen Nebenchöre wurden 1874 niedergelegt; ihre einstigen Öffnungen zum Hauptchor in Gestalt einer Doppelarkade sind noch zu sehen (vgl. Lippoldsberg). Chor und Querschiff wurden seit 1579 als Speicher und Stall genutzt und erst 1874 wieder für den Gottesdienst eingerichtet. Im Chor Netzgewölbe von 1508. Das Querschiff zeigt dagegen noch die schlichte romanische Form mit Flachdecke und hoher Raumproportion. Die Seitenschiffe des Langhauses wurden 1874 abgebrochen und das ursprünglich flachgedeckte Mittelschiff durch Zwischendecken verbaut (u. a. heute Festsaal und Sporthalle). Doch außen wie innen blieben die sieben Scheidarkaden mit ihren quadratischen Pfeilern und dem phantasievollen plastischen Schmuck (Fabel-

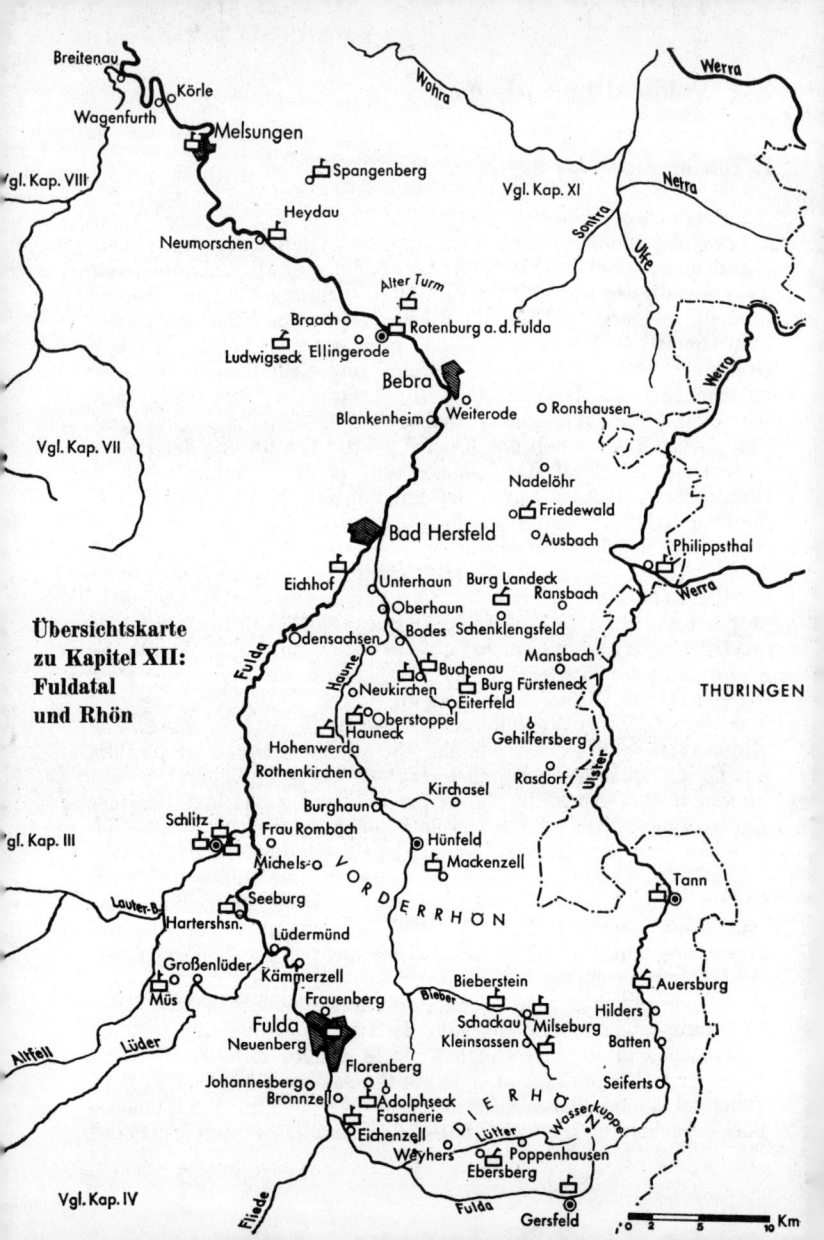

tiere, Rankenornamente) sichtbar. Charakteristisch für die Hirsauer Bauschule sind die lisenenartigen, plastisch reich dekorierten Bänder, die im Mittelschiff senkrecht über den Kapitellen bis zum Horizontalgesims aufsteigen (gut erhalten im Festsaal). In romanische Zeit gehören die drei Untergeschosse der Westseite mit Rundbogenfries und Halbsäulenvorlagen. Der hohe Glockenturm stammt von 1898. Die ehemalige westliche Eingangshalle und die einst darüberliegende Westempore wurden 1898 als Treppenhaus verbaut. Halle und Empore öffneten sich ursprünglich in dreifach gekuppelten Arkaden mit gutem Kapitellschmuck (Henricus-Kapitell) gegen das Mittelschiff. Die gesamte Kirchenanlage wie ihre vorzügliche Steinbearbeitung und ihr qualitätvoller plastischer Dekor sind ein bedeutendes Zeugnis romanischer Benediktiner-Baukunst in Hessen.

In einer großen S-förmigen Schleife durchbricht die Fulda ein Sandsteinmassiv. Hier liegen in malerischer Gruppe die *Fachwerkgehöfte* des Dorfes WAGENFURTH. Eingeengt zwischen den Häusern, selbst wie ein Haus wirkend und nur durch einen Dachreiter ausgezeichnet, steht die spätmittelalterliche *Dorfkapelle (e.)*, 16. Jh., restauriert (1961). Sie ist ein zweigeschossiger Fachwerkbau, der untere Raum als Kapelle durch ein hölzernes Spitzbogenportal zugänglich, der obere Raum, wohl Zehntscheuer und Fruchtspeicher, nur von außen durch eine Leiter erreichbar. – Schräg gegenüber auf der anderen Fuldaseite findet man KÖRLE mit seiner schlichten *Pfarrkirche (e.)*. Am spätromanischen, im 18. Jh. erhöhten Wehrturm ein klassizistisches Langhaus (1829).

Das Bild der Landschaft mit dem breiten Talgrund der Fulda ist anmutig, fast lieblich. In MELSUNGEN quert die von Bad Sooden kommende Sälzer Straße über eine monumentale fünfbogige *Steinbrücke* von 1595 den Fluß. Der Grundstein mit dem Baudatum ist neben der stadtseitigen Auffahrt eingemauert. Die Namen der vier vom Marktplatz ausstrahlenden Fernstraßen deuten die zentrale Lage Melsungens an: Kasseler und Rothenburger Straße, Fritzlarer und Brückenstraße (nach Bad Sooden-Allendorf). Nachdem die Stadt 1193 im Streit zwischen Mainz und Hessen zerstört worden war, wurde sie um 1200 mit rechteckigem Straßennetz und viereckigem Marktplatz neu angelegt. Auf ihm steht stolz und frei das *Rathaus*, 1556 als dreigeschossiger Fachwerkbau mit vorkragenden Geschossen, Krüppelwalmdach und kleinem Dachreiter anstelle eines früheren Baues errichtet. Vier kleine polygonale Ecktürme am Dachansatz erinnern an gotische Burghäuser. Das Portal zeichnet sich durch profilierte Stäbe und Halbkreisrosetten aus; die Fachwerkkonstruktion mit ›Wildem Mann‹ erscheint hier an einem frühen und sicher datierten Beispiel. – Lebendig und reizvoll ist das gesamte *Stadtbild.* Denn bis auf wenige Ausnahmen sind die Häuser der Altstadt *Fachwerkbauten* (17. bis 19. Jh.). Ihr größtenteils freiliegendes Holzwerk bestimmt in seltener Geschlossenheit den Charakter der geradlinigen Straßen. Einige Wohnbauten des 17. Jh. heben sich durch Schnitzereien an den Gesimsen und Pfosten hervor (Tau- und Flechtwerk, Eckfiguren), so das Haus Ecke Markt- und Brückenstraße mit zwei prachtvollen Giebelaufsätzen, Kasseler Straße 19 ein viergeschossiger Giebelbau und Fritzlarer Straße 3 um 1600 mit reich geschnitztem Portal, mit Andreaskreuzen in den Brüstungsgefachen und mit Eierstabornamenten an den Gesimsen.

Westlich vom Markt die *Pfarrkirche (e.)*, ein schlichter Bau von guten Formen, dreischiffige Halle mit eingezogenem Chor 1415–25. Über den Seitenschiffen zwei quergestellte Walmdächer. Der schwere Westturm ist romanisch. In der Turmhalle ein zweifach gestuftes Rundbogenportal Anfang 13. Jh. mit schönen Kapitellen. Im Innern Rundpfeiler und Rippengewölbe. Die mittelalterliche *Burg* am Ende der Kasseler Straße wurde 1550–57 durch drei repräsentative, aber ganz einfache Steinbauten ersetzt. Am rechteckigen dreigeschossigen Hauptbau (heute Landratsamt) hofseits und an den Schmalseiten vorspringende viereckige Treppentürme und rückseitig zum Graben ein zweigeschossiger Erker. Rechtwinkelig dazu ein Nebengebäude mit ähnlichen Treppentürmen. Das heutige Amtsgericht befindet sich im ehemaligen Marstall. Westlich vom Herrenhaus vor der mittelalterlichen Stadtmauer der alte *Schloßpark*. Reizvoll ist die Baugruppe am Parkeingang: ein gedrungener Batterieturm (16. Jh.) mit geschweifter Haube und ein kleiner Anbau von 1699. Von der im 13. Jh. angelegten *Stadtbefestigung* ist der 1556 erneuerte Eulenturm erhalten.

Oberhalb von Melsungen mündet das Tal der Pfieffe. An ihrem Mittellauf fällt ein markanter Bergkegel aus Kalkschiefer in die Augen, auf dem eine Burg thront und auf dessen Südostseite sich eine Stadt mit vielen Fachwerkhäusern schmiegt: SPANGENBERG. Ort und umliegende Herrschaft gehörten ursprünglich einer Nebenlinie des thüringischen Geschlechtes von Treffurt, das sich ›von Spangenberg‹ nannte. Die im 13. Jh. gegründete Stadt ist in ihrer Anlage mit regelmäßigem Straßennetz, frei stehendem Rathaus auf viereckigem Marktplatz und seitlich der Hauptstraße gelegener Pfarrkirche der Stadtform von Melsungen sehr verwandt. Nur sind hier durch die abschüssige Berglage Straßen und Häuser mehr verschoben, malerisch unregelmäßiger und ländlich einfacher. Zwischen dem 1338 außerhalb gegründeten Elisabeth-Hospital und der Stadt entwickelte sich die

›Neustadt‹, eine ansteigende geradlinige Straße. 1350 verkauften die Treffurter Spangenberg an die hessischen Landgrafen.

Die *Pfarrkirche St. Johann Bapt.* ist ein kleiner gedrückter dreischiffiger Hallenbau mit origineller Chorpartie und eingestelltem Westturm. Sie hat eine verwickelte Baugeschichte: Turm 1. Hälfte 13. Jh., Turmaufbau mit den für Hessen charakteristischen vier Giebeln 14. Jh.; das spätromanische Langhaus durch Seitenschiffe erweitert: südliches Seitenschiff mit Kreuzgewölben über Birnstabrippen und Rundsäulen wohl um 1300, nördliches Seitenschiff mit gekehlten Rippen und Achteckpfeilern um 1400, gleichzeitig die Rippengewölbe im Mittelschiff. Der Turm drängt machtvoll ins Schiff vor, so daß die Seitenschiffe dreijochig sind, das Mittelschiff aber nur zwei Joche aufweist. Die kleine Vorhalle an der Nordseite 1421. Der stark erhöhte Chor mit dreiseitigem Schluß und der südlich daneben angebaute große Seitenraum, der sich in einer Doppelarkade zum Chor öffnet, im Kern wohl 14. Jh., aber im 15. Jh. neu gestaltet (Netzgewölbe, Fischblasenmaßwerk). Der Innenraum wirkt etwas eingeengt und bedrängt, zeigt aber Durchblicke von malerischem Reiz. Im Chor ein spätgotisches *Vesperbild* aus thüringischem Kunstkreis. Orgel 1694. Bemerkenswert in der Vorhalle die *Tumba* der hessischen Landgräfin Anna (gest. 1462) und das Grabmal der Magarethe von der Saale (gest. 1566), der zur linken Hand getrauten Gattin des Landgrafen Philipp des Großmütigen (wegen dieser umstrittenen Ehe durfte das Grab nicht in der Kirche sein). Am Westportal (um 1400) Spuren alter Bemalung.

Das spätgotische *Rathaus* war ein zweigeschossiger Bau mit steinernem Untergeschoß und reichem Fachwerkobergeschoß, die Ecken durch polygonale Fachwerktürmchen akzentuiert. 1840 ersetzte ein massives Obergeschoß in klassizistischer Form das Fachwerk; erst 1881 wurde das dritte unproportionierte Stockwerk aufgesetzt. Die anschließenden Gassen und Straßen sind reich an alten *Fachwerkbauten*. An mehreren Wohnbauten noch spätgotische Holzkonstruktionen mit Knaggen, Andreaskreuzen und gekreuzten Streben, so am Markt Nr. 198 Ende 15. Jh. (die Ständer und Pfosten vorne durch zwei und an den Seiten durch drei Geschosse hochgezogen); an der Ecke Markt- und Burgstraße Nr. 121 um 1500, die Obergeschosse barock verändert, und Nr. 119, die beiden Untergeschosse 1. Hälfte 16. Jh., Giebel und Dachaufbau barock (in diesem Hause wohnte 1540–65 Margarethe von der Saale); in der Bädergasse Nr. 102 um 1500 und in der Klosterstraße Nr. 103 um 1500 (das Erdgeschoß in klassizistischer Zeit verändert). Verschiedene gute Fachwerkbauten der Spätrenaissance mit reichen geschnitzten Taustab-Gesimsen, ähnlich wie in Melsungen, so etwa Klosterstraße 101, ein stolzer viergeschossiger Giebelbau; am Markt Nr. 123 mit steinernem Untergeschoß und reichem Steinportal (beide um 1600). Von den jüngeren Häusern der ›Goldene Löwe‹ (Nr. 225) von 1682 und der hübsche frühklassizistische Bau von 1791 am Markt (Nr. 141) bemerkenswert. Nordöstlich der Kirche der alte *Burgsitz* der Herren von Lindau aus dem 16. Jh. Der Junkerhof (Haus Nr. 216) von 1516 mit massivem Untergeschoß. – Das gegen Mitte des 15. Jh. gegründete *Karmeliterkloster* wurde 1527 aufgehoben. Die Gebäude, besonders die 1486 errichtete Klosterkirche, seit einem großen Brand 1888 völlig verbaut (Reste in der Klosterstraße hinter den Häusern Nr. 70 und 68). Am Ende der Neustadt das ehemalige *Elisabeth-Hospital*, ein zweigeschossiger Fachwerkbau (2. Hälfte 16. Jh.) mit kleiner einschiffiger Kirche der Spätgotik (im Innern frühbarocke Wandmalereien). Angrenzend der ehemalige Friedhof mit vielen alten Grabsteinen.

Oberhalb der Stadt die *Burg Spangenberg*, bis 1945 eine wohlerhaltene Anlage der Gotik und Renaissance. In diesem Jahre brannte sie, von Brandbomben getroffen, völlig aus. Der äußere Wiederaufbau ist in alter Form ganz, der innere in moderner Gestalt erst teilweise vollendet (Besitzer Land Hessen, heute Heim der Nordhessischen Jägerschaft und Gaststätte, die Einrichtung eines Museums geplant). Kräftige Bastionen des späten 16. Jh. sichern den Zugangsweg. Ein tiefer und breiter, von je trockener Graben, der Steinbruch zum Burgbau, schützt die Hauptburg, die über eine Holzbrücke zugänglich ist. Unmittelbar vor der Kernburg ein spätgotischer Zwinger mit Flankentürmen. Trotz heftiger Belagerung konnte die Burg im Dreißigjährigen Krieg nicht erobert werden. Spätgotisches Zwingertor und viereckiger Torturm, zugleich Bergfried, mit Walmdach und vier Wichhäuschen. Schmaler rechteckiger Binnenhof, allseitig von mehrgeschossigen Gebäuden umschlossen. Von der Burg der Treffurter sind nur der Brunnen und das Kellergewölbe darüber erhalten. Die übrigen schlichten und schmucklosen Bauten aus hessischer Zeit (15. bis 17. Jh., besonders unter Landgraf Wilhelm IV., 1567–92). In der Südecke des Hofes ein polygonaler Treppenturm; daneben ein restaurierter Fachwerkbau. Von den Terrassen und Bastionen herrliche landschaftliche Rundsicht.

Auf dem südwestlichen Ausläufer (270 m) des gegenüber Beiseförth gelegenen WILDSBERGES (467 m), den die Fulda in einer scharfen Schleife umfließt und die Eisenbahn durch einen Tunnel abschneidet, wurde vor einiger Zeit eine prähistorische oder frühmittelalterliche *Wallanlage* entdeckt. – Etwas flußabwärts liegt das ehemalige *Zisterzienserinnenkloster* HEYDAU bei ALTMORSCHEN, von Hermann I.

von Spangenberg 1234–35 gegründet. Kirche und Kloster wurden gegen 1240–50 errichtet und kamen 1350 an Hessen; 1527 aufgehoben und als landgräfliches Jagdschloß genutzt. Obrist HEINRICH VON SIEGROTH leitete 1616–19 für Juliane von Nassau, die zweite Gemahlin des Grafen Moritz, verschiedene Umbauten. Landgraf Karl fügte Ende 17. Jh. einige Gebäude hinzu. Seit 1830 Staatsdomäne, die in den dreißiger Jahren des 20. Jh. aufgesiedelt wurde. In den Klostergebäuden Gemeindesaal, Wohnungen und ungenutzte Räume. Die *Klosterkirche* ist jetzt Pfarrkirche (e.) von Altmorschen. Der Kloster- und Schloßkomplex ist in seiner gesamten äußeren Anlage erhalten. Ein Gitter zwischen Steinpfeilern (1694) trennt den weiträumigen, locker umbauten Wirtschaftshof der späteren Schloßanlage von dem eigentlichen Kloster. Vier Gebäudeflügel umschließen den quadratischen Kreuzgang. An der Nordseite die Kirche, ein schlanker gestreckter einschiffiger Bau mit dreiseitigem Chor aus der ersten Bauzeit (vgl. Kornberg). In der Nordwand ein kleines Spitzbogenportal mit Blattrankengewände. Die Gewölbe, Kreuzrippen mit Birnstabprofil, nach einem Brand von 1319. In den beiden letzten westlichen Jochen die Nonnenempore, seit 1527 als Fürstenstand genutzt. Im schlichten Kreuzgang Spitzbogenarkaden, teilweise mit Birnstabprofil, und Kreuzgratgewölbe. Im Südflügel der ehemalige Kapitelsaal, der Äbtissinnenraum und das 1319 gebaute Refektorium. – Beim Umbau zum Jagdschloß 1616–19 wurden die Fenster vergrößert, mehrere Zwerchhäuser und Giebel aufgesetzt, an der Nordostecke neben dem Chor ein quadratischer Treppenturm mit Laternenhaube und frühbarockem Portal angefügt und der Westflügel mit vorspringendem schlankem quadratischem Treppenturm ganz neu erbaut. In beiden Treppentürmen gegenläufige Stiegen. Über dem Kreuzgang ein Fachwerkgeschoß aufgesetzt. Von den Innenräumen das gewölbte *Refektorium* und der *Engelsaal* mit bemalter Holztonne und verziertem Kamin (1619) erhalten. – Das 1606–08 erbaute *Burggrafenhaus* an der Ostseite des Wirtschaftshofes ist ein dreigeschossiger Steinbau mit Giebeln, schlichtem Portal und alter Küche (Rauchfang) im Innern. An der Südseite des Hofes das von Landgraf Karl 1696 errichtete *Herrenhaus*, zweigeschossig mit Walmdach. Dahinter die barocke *Orangerie;* die Gartenfront durch Arkaden auf Pilastern und durch einen flachen Mittelrisalit gut gegliedert (vgl. Philippsthal). Axial vor der Orangerie der ehemalige Lustgarten des Landgrafen Karl mit Terrassen, Treppen, Wasserbecken und Figurennischen. Hübscher Blick ins Fuldatal.

Gegenüber auf der anderen Fuldaseite liegt NEUMORSCHEN. Inmitten des ehemals befestigten Kirchhofes mit hoher Wehrmauer an der Südseite und Spitzbogenportal an der Ostseite erhebt sich die *Kirche (e.)*. Der schwere quadratische Chorturm aus spätromanischer Zeit (1. Hälfte 13. Jh.), die verschieferte Haube von 1783; die gotischen Fenster und die Gewölbe im Untergeschoß 14. Jh. Das Langhaus im Kern ebenfalls spätromanisch, aber im 14. Jh. westlich verlängert und im 18. Jh. durch verputztes Fachwerk erhöht. Steinkanzel mit reichen Maßwerkblenden Anfang 16. Jh., Emporen von 1554, Orgel mit geschnitztem Prospekt um 1730. Verschiedene gute *Fachwerkhäuser* 17. Jh., so vor allem das *Rathaus*. Recht einheitlich die Giebelbauten der Hauptstraße (17. bis 19. Jh.). Die Landschaft ist hier reich an Zechsteinkalk- und Gipslagerungen, die bei Oberellenbach und Heinebach über Tage abgebaut werden; sie enthalten viele fossile Funde.

Die Fulda strömt gemächlich in vielen Windungen durch die breite, wiesenreiche Talsohle. Hügelkuppen mit Äckern begleiten in wechselvollem Bild die Talseiten. Hinter ihnen steigen hohe bewaldete Berge auf (Katzenstein 487 m, Alheimer 550 m, Sandkopf 499 m). Westlich des Dammskopfes (518 m), an der Wasserscheide zwischen Ellenbach und Rohrbach, zwei Nebenbächen der Fulda, ließ Landgraf Ludwig eine Trutzfeste gegen die Abtei Hersfeld errichten, die Burg LUDWIGSECK. Die auf einer bewaldeten Waldkuppe gelegene Burg war 1419 vollendet. Sie gehört gemeinsam mit dem in der Anlage ähnlichen Ludwigsstein an der Werra (s. d.) zu den spätesten Burggründungen in Deutschland. Seit 1432 bis heute Besitz der Freiherren von Riedesel. Rechteckige Anlage: Zwei Wohngebäude schließen einen schmalen Binnenhof ein. Die südliche Schmalseite des Hofes ist durch eine Wehrmauer mit gotischem Torbogen, die nördliche Rückseite durch einen kleinen Verbindungsflügel von 1593 abgeschlossen. Der westliche Wohnbau mit spätgotischem Erker. Die Anlage brannte im Dreißigjährigen Krieg nieder, wurde wiederaufgebaut und 1858 restauriert, besonders der Westflügel.

Die auf einer steilen Höhe am westlichen Fuldaufer gelegene *Pfarrkirche (e.)* von BRAACH ist ein im Kern romanischer Bau (1. Hälfte 12. Jh.) mit quadratischem Chor, einschiffigem Langhaus und quadratischem Westturm. Obergeschoß und Helm des Turmes von 1820. Innen Flachdecke von 1728. Die Emporen im Langhaus von 1594, mit Taustabgesimsen und Balkenköpfen ein besonders gutes Beispiel für die Anwendung einer Fachwerkkonstruktion bei Kirchenemporen. Die 1704 angefügte Chor- und Orgelempore mit jüngeren Eierstabornamenten. Orgelprospekt 1787, schöner Taufstein von 1517.

An beiden Ufern der Fulda liegt ROTENBURG, westlich die Alt-, östlich die Neustadt. Jeder Teil mit eigener Pfarrkirche und reichem Bestand an alten Fachwerkhäusern. Von der verbindenden Brücke bietet besonders die Altstadt ein lebhaftes Stadtbild durch die Baugruppe des Schlosses und die alten Häuser, die sich auf der Stadtmauer in gebrochener Dachlinie drängen, teilweise vorkragen, teilweise sich gegenseitig stützen. Die Geschichte der Stadt beginnt auf dem 418 m hohen, über dem östlichen Fuldaufer gelegenen *Hausberg*, auf dem die Landgrafen von Hessen dicht neben der Hersfelder Grenze im 12. Jh. eine Burg (›Alter Turm‹ oder ›Trottenburg‹) erbauten. Durch die heute stark zerfallene Anlage konnte das von Bergausläufern eingeengte Tal leicht gesperrt werden. Zu Beginn des 13. Jh. verlegten die Grafen die Burg ins Tal an die Stelle des heutigen Schlosses – nun bereits direkt auf Hersfelder Gebiet – und gründeten dazu am westlichen Ufer die Stadt Rotenburg, deren Befestigungen 1290 erheblich verstärkt wurden. Die 1340 angelegte Neustadt blieb unbefestigt und vereinte sich erst 1607 mit der Altstadt. Landgraf Wilhelm IV. begann 1570 anstelle der mittelalterlichen Burg den Bau des *Schlosses*, den Landgraf Moritz 1607 vollendete.

Es war ein Vierflügelbau mit Binnenhof. Im 1798 abgebrochenen Ostflügel befand sich die berühmte, für die Entwicklung hessischer protestantischer Kirchenarchitektur bedeutsame Schloßkapelle. Die Landgrafen von Hessen-Rotenburg, die 1627–1834 in Rotenburg residierten, bauten das Schloß in der Folgezeit mehrfach um (heute hessische Landesfinanzschule). Mit den drei noch vorhandenen Flügeln lagert das Schloß wirkungsvoll am Fuldaufer. Die Cour d'honneur (Ehrenhof) öffnet sich nach Osten zum ehemaligen, mit alten Bäumen bestandenen Schloßpark. Jeder der drei Flügel vertritt eine Stilepoche: der Südflügel mit schmuckreichen Zwerchgiebeln und Treppenturm die Renaissance (1570–1607), der repräsentative Westflügel mit Eck- und Mittelrisaliten und mit Mansarddach den Barock (um 1764) und der schlichte Nordflügel den Klassizismus (1790). An der Hofseite des Südflügels ein vom zerstörten ›Weißen Hof‹ in Kassel nach dem letzten Krieg übertragenes Portal (1572). Im Innern des Flügels eine Kirche (k.) 1705 mit barockem Hochaltar und guter Kanzel (1739). Der festliche, repräsentativ wirkende Barockflügel deutet auf den künstlerischen Einfluß von SIMON LOUIS DU RY (vgl. Wabern). Der Vorhof (teilweise 18. Jh.) mit Marstall (1. Hälfte 17. Jh.) grenzt den Schloßbezirk gegen die Stadt ab. – Die nahe dem Schloß gelegene *Pfarrkirche St. Jakob* (e.) der Altstadt (1478–95) war als zweischiffiger unsymmetrischer Hallenbau mit Haupt- und Seitenschiff geplant. Die Scheidarkaden und die Wölbung blieben jedoch unausgeführt; daher der heutige flachgedeckte und breitgelagerte Raum. Dreiseitig geschlossener, gewölbter Chor. Emporen in Fachwerkkonstruktion (1572), die zweite westliche Empore 1731. Vorzüglicher Alabasteraltartisch mit sechs antikisierenden Säulchen (um 1580 von WILHELM VERNUKKEN), ehemals in der alten Schloßkapelle. Reiche, ornamentierte Kanzel 1663. Die Orgel im Chor 1682 von JOST FRIEDRICH SCHÄFFER aus Thüringen. Holzfigur des Johannes des Täufers neben dem Triumphbogen (um 1740). Nördlich neben dem Chor der Glockenturm (1500–48, Steinkuppel 1818–19). Vor der Kirche ein alter Kump.

Am Markt das *Rathaus*, ein stolzer massiver Bau von 1597 mit prachtvollem Fachwerkgiebel von 1656. In der Altstadt eine Fülle guter Häuser mit meist freiliegendem *Fachwerk:* Breitenstraße 39 und 43 um 1500 mit Knaggen und hohen zweigeschossigen Ständern; Nr. 20 (Hofapotheke) 17. Jh. mit Rokokotüre, Zwerchhaus 19. Jh.; Nr. 37 mit schönem altem Wirtshausschild 18. Jh. (leider daneben moderne Glasreklame). Am kleinen Schloßtor-Platz Nr. 2 (Schloßapotheke) mit reichen Eierstabgesimsen und Rokokotüre (18. Jh.), das Fachwerk verputzt; Nr. 3 und 6 mit phantasievollen Schnitzereien (1. Hälfte 18. Jh.).

Am Steinweg, der Hauptstraße der Neustadt, mehrere historische Bauten und Fachwerkhäuser: Nr. 1 ›*Steinernes Haus*‹, ehemals Stiftskanonie (14. Jh.), Keller spätromanisch, Fachwerkaufbau mit reichen Eierstabornamenten um 1700; an der Ecke gotische Steinplastik einer hockenden Mönchsfigur (›Türke‹); Nr. 11 *Alheimer Klause* (heute Volksbank) 1595, Fachwerkgeschosse Mitte 17. Jh., Türe und Fenster 1785; Nr. 15 *alte Landvogtei* (heute Apotheke) 1555 mit Fachwerkobergeschoß. Daneben und ehemals zugehörig (Nr. 13) zweigeschossiger Barockbau mit Mansarddach. Nr. 12 und 30 um 1700 mit schönem Fachwerk. Reizvoll auch Bahnhofstraße 1, ferner die Brotgasse. – Die *Pfarrkirche (e.)* der Neustadt (1370–1501 mit Unterbrechung), ehemals Stiftskirche St. Elisabeth, ist ein Hallenbau mit unvollendeten Chorflankentürmen. Die beiden westlichen Joche 1822–27 durch eine breite Rundapsis ersetzt; 1859–61 und 1892 Veränderungen (Chorschluß, Nordturm, neue Gewölbe). Dadurch der mittelalterliche Bestand der einst geräumigen und großen Kirche stark beeinträchtigt. Taufstein (14. Jh.) auf romanischer Säulenbasis. Gruft des Landgrafen Hermann und seiner Gattin mit allegorischen Malereien 1651. –

Das *Gutshaus* in ELLINGERODE westlich Rotenburg ist ein hervorragender, reich gezierter Fachwerkbau um 1685. Bei BEBRA weitet sich das Tal zu einem breiten Becken. Der bereits 786 bezeugte Ort, seit 1935 Stadt, wurde Mitte des 19. Jh. ein wichtiger Eisenbahnknotenpunkt.

In einem östlichen Seitental der Fulda oberhalb Bebra liegen zwei protestantische Dorfkirchen, in Weiterode und Ronshausen, deren barocke Innengestaltung und Ausmalung charakteristisch für einen Kreis thüringisch-hessischer Grenzkirchen ist (vgl. die Ausführungen bei Wichmannshausen Kap. XI).

Die gotische *Kirche (e.)* von WEITERODE wurde 1609 gewestet; aus dieser Zeit stammt das Portal im ehemaligen Chorturm. 1719 kamen der heutige Chorraum und die Innenausstattung mit zweigeschossigen Emporen und Brettertonne hinzu. Die Malereien der Emporenbrüstungen zeigen die 12 Apostel sowie Gestalten und Motive des Alten Testamentes. Auf den gerahmten Feldermalereien der Decke verkünden musizierende Engel und eine strahlende Sonne die Herrlichkeit Gottes. – Die ganz ähnliche *Kirche (e.)* in dem benachbarten RONSHAUSEN mit spätromanischem Chorturm und gotischem, 1715–19 neugestaltetem Langhaus schenkt einen etwas reicheren und festlicheren Eindruck, da Brüstungen und Geländer, Pfosten und Emporendecken figürlich und ornamental und die Tonnendecke mit einem Sternen- und Wolkenhimmel bemalt sind (Maler JOHANN KAUFULD aus Kleinalmerode). Kanzel von 1658 mit Schalldeckel von 1675. Orgel 1716 von J. E. DAUPHIN.

In BLANKENHEIM an der Fulda bestand von 1229 bis zum 16. Jh. ein Augustinerinnenkloster (seit 1415 hersfeldische Propstei), von dessen mehrfach zerstörter spätromanischer *Klosterkirche* nur der rechteckige Chor und das Querschiff (heute Pfarrkirche) erhalten blieben. Am Chor Ecklisenen mit ornamentiertem Rundbogenfries und Fenster mit frühgotischen Säulchen. Am Querschiff ein reiches Portal mit Tympanon, darin ein aus Stäben gestecktes und mit einem Kreis durchflochtenes Kreuz.

2. Bad Hersfeld und das Haunetal bis Hünfeld

BAD HERSFELD ist als Badestadt noch sehr jung. 1904 wurde der *Lullusbrunnen* erbohrt und 1906 das Kurbad eingerichtet. Die beiden übrigen Quellen sprudeln erst seit 1928 *(Linggbrunnen)* und 1947 *(Vitalisbrunnen)*. Die alkalisch-sulfatischen Quellen sind bekannt und geschätzt wegen ihres Gehaltes an Glaubersalz, das sonst in keiner hessischen Quelle mehr vorkommt. Historisch und baugeschichtlich reicht Hersfeld bis in die frühe karolingische Zeit zurück, als Sturmius, ein Schüler des hl. Bonifatius, 736 eine Einsiedelei und der hl. Lull, Mainzer Erzbischof und Nachfolger des hl. Bonifatius, 769 eine *Benediktinerabtei*, seit 775 Reichskloster, gründeten. Das Kloster blieb während des ganzen Mittelalters reichstreu, diente den deutschen Königen oft als Stützpunkt und verfügte seit dem 13. Jh. über einen ansehnlichen Besitz, dessen Verwaltung sich oft mit der Territorialpolitik der hessischen Landgrafen überschnitt. Die Differenzen zwischen der erstarkenden hessenfreundlichen Stadt (Stadtrechte 12. Jh.) und der Abtei führten zu einem vergeblichen Überfall auf die Stadt in der Vitalisnacht 1378, an die das Vitaliskreuz in den Anlagen an der alten Stadtmauer erinnert. Am 1. Mai 1521 predigte Luther in Hersfeld. Nach Einführung der Reformation lebten die Mönche jedoch bis zum Tode des letzten Abtes Joachim noch im Stift. Seit 1648 gehörte die Abtei endgültig zu Kurhessen.

Im Siebenjährigen Krieg ließ Marschall Broglie die *Klosterkirche* anzünden, damit das in der Kirche lagernde Getreide und Pferdefutter nicht in Feindeshände fiel. Seitdem gehört das Bauwerk zu den eindrucksvollsten und bedeutendsten Kirchenruinen nicht nur Hessens. Mit 103 m Gesamtlänge zählt sie zu den größten romanischen Gotteshäusern in Deutschland. Die kleinen Kirchenbauten des Sturmius und des Lullus, jeweils einschiffig mit halbrunder Apsis, sowie die 831 bis 850 erbaute erste Klosterkirche wurden durch Grabungen im südl. Querhausbereich der heutigen Ruine festgestellt. Sie brannte 1038 nieder. Der nachfolgende, veränderte und vergrößerte Wiederaufbau führte zu der heutigen, als Ruine erhaltenen Kirche (Weihe der Krypta 1040, des Langhauses 1144).

Sie ist nach dem Vorbild Fuldas doppelchörig gestaltet. Im *Westbau* sind in origineller Weise die Doppelturmfront und die Eingangshalle mit einer darüberliegenden Westapsis verbunden. Der nicht vollendete nördl. Turm ist eingestürzt. Die tonnengewölbte Halle war ursprünglich in großem Bogen nach außen geöffnet. Apsis mit schlanken Lisenen. Von den offenen Arkaden des Südturmes weite Rundsicht auf Stadt und Land. Von dem dreischiffigen basilikalen, ursprünglich flachgedeckten *Langhaus* sind nur die Außenwände der Seitenschiffe, die Fundamente der Säulen sowie Reste der Basen und Kapitelle erhalten. Das noch in voller Höhe und Größe aufragende *Querschiff* gibt einen Eindruck von den monumentalen Dimensionen des Bauwerkes. Weite Vierungsbögen trennen Mittelschiff und Langchor ab, während das Querhaus selbst keine Trennwände aufweist (vgl. die altchristlichen Kirchen Roms und auch die Fuldaer Abteikirche). Hohe, schlanke Nebenapsiden an der Ostseite des Querschiffes; darüber Vierpaßfenster. Im nördlichen Querarm eine Brunnenschale aus Eichhof um 1580. An der Nordseite außen eine spätromanische Vorhalle mit reichem plastischem Kapitellschmuck. Der *Langchor* (11. Jh.) über dreischiffiger, ursprünglich nur vom Querschiff aus zugänglicher *Krypta*. Die Chorwände durch Blendarkaden belebt. Über der Apsis ursprünglich Halbkuppelgewölbe. Die Außenseite der Apsis durch Lisenen und durch eine Reihe rundbogiger Nischen (eine Vorstufe der späteren Zwerggalerien) gegliedert. In der Krypta Säulen mit kräftigen Kapitellen in einer Vorform des romanischen Würfelkapitells. Im östlichen Teil der Krypta stand vermutlich der Schrein des hl. Wigbert (vgl. Fulda), der 780 von Büraberg nach Hersfeld überführt worden war. In der Krypta sind in der Mittelachse ein durch Grabungen ermittelter Altar und ein Brunnen gekennzeichnet. Von den *Klostergebäuden* ist nur der Dormitoriumsflügel in der Verlängerung des südlichen Querschiffarmes erhalten; im Erdgeschoß dreibogige Arkade (Eingang vom Kreuzgang zum ehemaligen Kapitelsaal?); im Obergeschoß (heute Städtisches Museum) vermauerte Okuli. In der vermutlichen Abtskapelle bedeutende romanische Fresken des 11. Jh. (Engelchor mit thronendem Christus). Die Fundamente des romanischen Kreuzganges an der Südseite der Kirche 1955 ergraben. Östlich der Abteikirche der isoliert stehende *Katharinenturm* (1. Hälfte 12. Jh.) mit der bienenkorbförmigen Lullusglocke aus dem 11. Jh., die einmal im Jahr am Festtage des hl. Lullus geläutet wird. Die alte Klostermauer scheidet größtenteils noch den einstigen Abteibereich von der Stadt (›Burggasse‹). Seit 1950 finden in der Ruine jährlich im Juli die ›Hersfelder Festspiele‹ statt.

Nordöstlich an den Stiftsbezirk schließt sich die Altstadt von Hersfeld an. Sie ist größtenteils eine Fachwerkstadt mit Giebelhäusern (17. und 18. Jh.). Leider sind die meisten verputzt und werden durch moderne Geschäftseinbauten immer mehr entstellt. Der *Linggplatz*, der sich zwischen Stiftsbezirk und Marktplatz spannt, zeigt – abgesehen von der modernen westlichen Platzwand – noch den ganzen Reiz seiner malerischen Fachwerkanlage. Nur das Haus ›Zum Stern‹ an der Ostseite des Platzes ist ein Steinbau (16. Jh.). Der anschließende *Marktplatz* fällt durch seine ungewöhnliche Weiträumigkeit auf. Mehrere alte Häuser fassen ihn ein: An der Nordostseite zwei Steinhäuser (Nr. 28 und 29) um 1600, das östliche ein ehemaliges Kaufhaus, im Kern 13.Jh. Markt 16, das ehemalige Freigut des Freiherrn von Schachten und 1788 Kurhessisches Postamt (heute städtische Verwaltung) ist ein prachtvoller dreigeschossiger Fachwerkbau mit Zwerchhäusern (2. Hälfte 18. Jh.). Der Steinbau Markt 8 entstand im Untergeschoß 1582, die Obergeschosse 19. Jh. Daneben (Nr. 7) ein Fachwerkhaus mit spätgotischem Untergeschoß um 1500, Rokokotüren; die Obergeschosse – wie beim Nachbarhaus Nr. 6 – 17. Jh. mit Brüstungskreuzen und geschweiftem Giebel. Vom Markt führt ein Gang unter einem Fachwerkhaus (um 1600) zum *Kirchplatz*, einem weiteren erfreulichen Beispiel geschlossener Platzarchitektur, die fast ringförmig die in ihrer Mitte stehende Kirche umschließt. Kirchplatz 1,

Pfarrhaus, prachtvoller Fachwerkbau von 1714, Nr. 6, *Küsterhaus*, ein vorzügliches gotisches Fachwerkhaus auf hohen, zweigeschossigen Ständern, Obergeschoß und Giebel von Knaggen abgestützt; verzierte Brüstungsgefache.

Die *Stadtkirche (e.)* ist ein dreischiffiger Hallenbau. Chor 1323 geweiht, Langhaus um 1350–70, Westturm um 1330, Obergeschoß Anfang 16. Jh., Dachaufbau 1760 an Stelle des durch Blitz zerstörten gotischen Spitzhelmes. Gute, klare, ein wenig nüchterne Raumwirkung. Schlanke Achteckpfeiler ohne Kapitelle, Seitenschiffe schmäler als das Hauptschiff. An den Langhaus-Rippengewölben ornamentale und figürliche Schlußsteine. Der schlanke Chor in Mittelschiffbreite mit eingezogenen Strebepfeilern (vgl. die Stadtkirche von Marburg), die an den Chorlängswänden in Form von Durchgängen geöffnet sind. Daran schlecht erhaltene gotische Fresken: je eine stehende Heilige. Vier Sakramentsnischen, eine davon mit hübschen gotischen Fresken (zwei Engel halten eine Monstranz). In den drei Chorfenstern Glasmalereien von H. G. VON STOCKHAUSEN. Orgelprospekte 1953–54 von FR. BLEIBAUM. Vom romanischen Vorgängerbau Südostecke des Querhauses noch sichtbar. Ursprünglich einschiffig mit rechteckigem Altarhaus (11. Jh.). Erweiterung mit Querhaus und unmittelbar anschließender Rundapsis durch Grabung ermittelt.

Das *Rathaus*, ursprünglich ein gotischer Steinbau, wurde 1597–1612 in reicher Weserrenaissance mit phantasievollen Steingiebeln umgestaltet. Im Sitzungssaal noch Getäfel gleicher Zeit. Äußerst reizvoll der kleine Platz mit dem Lullusbrunnen und mit Blick auf Tor und Turm der Kirche. In der Wein- und Klausstraße wieder ältere *Wohnbauten:* Haus Weinstraße 10 (um 1500) mit Knaggen und gekreuzten Streben, die auch die gebogenen Brüstungsstreben überschneiden; Nr. 11, Apotheke (17. Jh.), Mansarddach und Zwerchhaus 18. Jh.; Klausstraße 34, erbaut von Zimmermeister HANS WEBER (1609), prachtvoll dekoriert mit geschnitzter Beschlagwerkornamentik, reichen Gesimsen und nasengezierten Kreuzstreben in den Brüstungsgefachen. Am Ende der Straße der *Klausturm*, ein Rest der Stadtbefestigung. Am Neumarkt *Städtisches Lyzeum* (1836) in guten klassizistischen Formen von Landbaumeister LEONHARD MÜLLER. Dieser schuf auch anstelle der mittelalterlichen Wehrgräben die Anlagen an der Vitalisstraße. An der Hospitalstraße das ehemalige *Hospital* mit Fachwerkbauten des 18. bis 19. Jh., die sich um einen Hof gruppieren. Die gotische Kirche ist ein schlichter Rechteckbau mit hohen Giebeln und Dachreiter.

Auf dem *Frauenberg* ermittelten Grabungen 1929 Reste einer karolingischen einschiffigen *Kapelle* mit Rundapsis. Sie wurde in roma-

nischer Zeit von der Kirche einer Benediktinerinnenpropstei überbaut, die, in der Gotik verändert, heute als Kapelle für das neugeschaffene Jugendheim dient. Eine *Benediktinerpropstei*, um 1020 gegründet, bestand auf dem *Johannesberg*. Ihr einschiffiger Grundriß mit Querhaus und Rechteckchor wurde ergraben; Westabschluß mit Rundturm. Die Querhaussüdwand und der anschließende östliche und südliche Klausurflügel mit Eingang zum Kapitelsaal und den Fenstern des Dormitoriums im Obergeschoß erhalten; heute Stall.
Der EICHHOF südwestlich von Hersfeld im Fuldatal wurde im 14. Jh. von den Äbten des Klosters Hersfeld als Wasserburg ›zu den Eichen‹ über regelmäßigem Grundriß mit mächtigem quadratischem Bergfried neben dem Tor und rückseitigem Rundturm erbaut. Die Burg diente den Äbten als Stützpunkt in den Auseinandersetzungen mit der Stadt. Über dem Portal ehemals eine Gedenktafel von 1370 mit den Plastiken zweier Äbte (heute im Innern). Abt Ludwig IV. (1571 bis 1588) ließ die mittelalterliche Anlage zu einer Sommerresidenz ausbauen, insbesondere die Hofseite der Gebäude erneuern, ein Fachwerkgeschoß und Renaissancegiebel aufsetzen und das Erdgeschoß des Bergfrieds mit kunstreicher Wandvertäfelung ausstatten (›Lutherzimmer‹ 1582); heute Staatl. Lehr- und Versuchsanstalt für Grünlandwirtschaft und Futterbau.
Auf den Höhen des Seulingswaldes (Dreienberg 525 m) ließ Landgraf Heinrich III. durch HANS JAKOB VON ETTLINGEN anstelle einer Hersfeldischen Burg 1476-87 *Schloß Friedewald*, eine quadratische Wasserfestung, erbauen. Der Baumeister war bestrebt, die gewohnte mittelalterliche Burgenbauweise durch vier kräftige runde Eckbastionen auf die moderne Schußwaffentechnik abzustimmen und zugleich durch einen regelmäßigen quadratischen Grundriß die künstlerischen Forderungen der Renaissance zu erfüllen. Seit Zerstörung durch die Franzosen 1762 Ruine. Doppelter Torbau (für Wagen und Fußgänger) mit Wappen und Pechnase. Zweigeschossiger Palas an der Nordseite mit gutem Renaissanceportal (16. Jh.). An der Ostseite Wirtschafts- oder Wohngebäude mit tonnengewölbten Kellerräumen. Westlich vor den Gräben der Hauptburg eine *Vorburg* mit Wirtschaftsgebäuden, zwei parallele Flügelbauten des 16. Jh.; die Portale an den Treppentürmen Anfang 17. Jh. Aus der gleichen Zeit im Hof der reizvolle dreischalige Brunnen mit Beschlagwerkverzierung. Im Dorf schlichte *Kirche (e.)* von 1740. – An der Straße Friedewald–Hönebach das *Nadelöhr* (1561), ein niedriger, torähnlicher Steinaufbau. Dem Menschen, der die Öffnung durchkriecht, schreibt die Sage Heilung von bestimmten Krankheiten zu. Daneben ein Opferstock von 1747.
Die von der Abtei Hersfeld um 1190 gegründete, 1527 aufgehobene

Benediktinerinnenpropstei PHILIPPSTHAL – ursprünglicher Name ›Kreuzberg‹ – kam 1685 an Philipp von Hessen (gest. 1721), den Begründer der Linie Hessen-Philippsthal. Er ließ das an der Werra nahe der thüringischen Grenze gelegene Kloster zum Schloß umbauen. Ein westlicher Torbau (Ende 17. Jh.) und ein östlicher Torbau (1734) vermitteln den Zugang zum hufeisenförmigen *Wirtschaftshof* (Ende 17. Jh. größtenteils neu erbaut, im 18. Jh. verändert). An der offenen Südseite liegt der *Schloßbau* von 1690, der im Jahre 1731 erneuert wurde (Wappen oberhalb der Durchfahrt), das zweite Obergeschoß 19. Jh. anstelle eines barocken Mansarddaches. – Die *Klosterkirche (e.)* des späten 12. Jh., eine dreischiffige flachgedeckte Säulenbasilika mit runder Hauptapsis und ehemals runden Nebenapsiden an den Seitenschiffen, wurde im 18. Jh. stark verändert, doch ist die romanische Anlage noch leicht erkennbar. Die Seitenschiffe 1733 erneuert, das nördliche zum Wirtschaftshof hin mit langen Barockfenstern, das südliche zum Park hin mit zwei Fensterreihen im Charakter einer Schloßfassade; über beiden Schiffen Mansarddächer. Die strengen romanischen Formen sollten dadurch gemildert und dem barocken Schloßbau angeglichen werden. Die romanische Gliederung der durch drei spätgotische Fenster veränderten Apsis ist in dieser Landschaft ungewohnt: Am Untergeschoß Lisenen mit Wulststäben, am Obergeschoß vorgeblendete Halbsäulen, darüber kleine Blendgalerie mit Vollrundsäulen und horizontalem Gebälk, statt Kapitellen zum Teil Tierköpfe. An der Westfront der Kirche ein verbautes romanisches Säulenportal und ein viereckiger Turm mit Barockhaube; ursprünglich war eine Doppelturmfassade vorgesehen. Im Innern wurden die östliche der südlichen Seitenschiffarkaden vermauert, die drei mittleren zu Herrschaftslogen mit bleiverglasten Fenstern und barocker Umrahmung umgestaltet und die restlichen zwei westlichen Arkaden verbaut. An der Nordseite ersetzten zwei hohe Bogen auf Steinpfeilern die vier östlichen Arkaden, und nur die zwei westlichen sind in ursprünglicher Form und Größe über geschwellten Säulen mit gedrückten Würfelkapitellen erhalten. Das große Mittelschiff zeigt noch die ursprüngliche steile Höhenproportionierung. Am Obergarden kleine, dicht gereihte Rundbogenfenster, die in keiner axialen Beziehung zu den Arkaden stehen. Der Triumphbogen mit eingelegtem Rundstab. Das Apsisgewölbe im 19. Jh. renoviert. Gotischer Taufstein, Kanzel 1581, Orgel mit großflächigem Prospekt 1779. Beachtenswerter Grabstein um 1260 eines Ritters von Kreuzberg. Die romanische westliche Vorhalle 1743 zur Fürstengruft umgebaut.

Südlich von Kirche und Schloß der ehemalige *Schloßpark*. Gerade Baumalleen führen zu der 1731 errichteten *Orangerie*, deren Gliederung an der Südseite – flacher vierachsiger Risalit mit Arkaden auf breiten Pilastern – der Heydauer Anlage sehr verwandt ist. Im Innern Festsaal mit Stuckdecke. Südlich der Orangerie zur Werra hin der anglisierte Lustgarten mit großem Teich. Eine alte Mauer umzieht noch größtenteils den Schloßpark. – Die vor dem Schloßpark verlaufende Mühlstraße wurde um 1800 einheitlich bebaut, bemerkenswert das *Fürstenhaus* (Nr. 18). An der Marktstraße 7 eine spätbarocke Hofanlage in Hufeisenform, an den vorderen Enden dreigeschossige und dreiachsige Wohnpavillons in verputztem Fachwerk mit Mansarddach (Ende 18. Jh., der östliche modern erweitert). – Seit Beginn des 20. Jh. bestimmen berghohe Schutthalden und stählerne Fördertürme der modernen Kali-Industrie in Hattorf bei Philippsthal das Landschaftsbild (Vereinigte Kali-Werke Salzdetfurth AG).

Die *Kirche (e.)* von AUSBACH liegt in einem wehrhaften Kirchhof, dessen Eingang Zangenmauern verstärken. Schlichter Saalbau von 1730 mit Mansarddach; schlankes sechseckiges Türmchen an der Westseite mit verschieferter Glockenstube. Im festlichen Innenraum zweigeschossige Emporen mit bemalten Brüstungen; das hölzerne Tonnengewölbe als Himmel mit musizierenden Engeln bemalt; Orgel von 1734. Die Raumgliederung ist den Kirchen von Weiterode und Ronshausen sehr verwandt, jedoch ruht hier die Tonne auf den Emporensäulen und nicht auf den Außenwänden. – Vor der 1764 erbauten schlichten *Kirche (e.)* von RANSBACH wächst eine alte mächtige Linde.

Die vermutlich zu Beginn des 13. Jh. auf einem südöstlichen Ausläufer des Landecker Berges (503 m) nordöstlich SCHENKLENGSFELD angelegte *Burg Landeck* war ein wichtiger Stützpunkt der Abtei Hersfeld gegen die hessischen Landgrafen. Von der ungefähr rechteckigen, im Dreißigjährigen Krieg zerstörten Anlage sind außer dem Halsgraben nur Mauertrümmer erhalten. – Die Schenklengsfelder *Kirche (e.)* liegt auf einem Hügel, zu dem von der Landecker Straße eine reizvolle Treppe zwischen Fachwerkhäusern hinaufführt. Schwerer befestigter gotischer Chorturm, in den Obergeschossen später eingesetzte Schießscharten für Pulverwaffen; Turmaufsatz 1822. Langhaus 1736–42, vermutlich von Landbaumeister Adam Johann Erdinger, ein Saalbau mit Mansarddach und dreiseitigem Schluß im Westen. Das Innere zeigt mit zweigeschossigen Emporen und Brettertonne auf den Außenwänden die Bauweise hessisch-thüringischer Grenzkirchen (vgl. Weiterode und Mansbach). Auffallend sind die größere und weitere Räumlichkeit und die helle Farbigkeit (jüngst restauriert). Spätgot. Taufstein mit reicher Ornamentik. Schönes spätgotisches Sakramentshäuschen Mitte 15. Jh. mit alter Bemalung (restauriert, durch spätgotischen Fenstereinbruch beschädigt). An der Nordwand des Altarraumes Rest eines gotischen Freskos. Im Schlußstein des halb gratig, halb mit Rippen gewölbten Chores das Siegeslamm. Im Dorf steht die größte der in Hessen erhaltenen *Gerichtslinden* mit abgestütztem Astwerk; der Platz ist von Sandsteinen eingefaßt.

Die *Pfarrkirche (e.)* von MANSBACH, die 1682 durch Zimmermeister SEBASTIAN BAMBERGER aus Schmalkalden zweigeschossige Emporen und eine Holztonne (bemalt) erhielt, ist eines der frühsten und zugleich reichsten Beispiele osthessischer protestantischer Barockkirchen (vgl. Weiterode und Wichmannshausen, Kap. XI). Die Emporen wirken nicht einengend, sondern raumgestaltend. Ihr Logencharakter läßt den Einfluß der zeitgenössischen Theaterarchitektur deutlich spüren. Besonders reizvoll der kleine spätgotische Chorraum mit reichen Netzgewölben (um 1500). Von der Ausstattung sind der Taufstein um 1520, die barocke Kanzel, die Orgel von 1732 sowie drei Grabsteine der Herren von Mansbach erwähnenswert. Über dem spätgotischen Chor außen ein Achteckturm von 1569 mit verschieferter Haube von 1756. Die Herren von Mansbach waren ein Ministerialengeschlecht, das bereits im 13. Jh. westlich vor der Kirche eine *Burg* besaß. Von ihr ist ein zweigeschossiger steinerner Flügelbau erhalten, laut Wappeninschrift 1569 erbaut oder erneuert.

Südwestlich der Burg entstand 1576–77 das *Geysosche Schloß*, benannt nach dem hessischen Generalleutnant Johann Geyso, der im 17. Jh. in diesem Schlosse wohnte. Massiver Rechteckbau mit geschweiften Giebeln, rückseits kleiner Erkerturm und polygonaler Treppenturm mit runder Spindel. Anschließend kleiner Park mit barockem Wohnpavillon in verputztem Fachwerk. Südlich der Kirche das *Kavaliershaus* derer von Mansbach, ein schlichtes hufeisenförmiges Sommerschlößchen in klassizistischen Formen.

Bei Bad Hersfeld mündet die Haune in die Fulda. Beide Flüsse entspringen in der Rhön und fließen nahezu parallel von Süden nach Norden. Ein vom 13. bis zum 17. Jh. blühendes Adelsgeschlecht trug den Namen ›von Haune‹ und erbaute längs des Haunetales zur Sicherung seiner Herrschaft gegen die Abteien Fulda und Hersfeld verschiedene Burgen. Die gegen sie rivalisierenden streitfreudigen Herren von Buchenau hatten ihren Stammsitz im Eitratal, einem östlichen Seitental der Haune.

Der alte Friedhof von UNTERHAUN liegt burgartig auf einer Bergnase. In seinem Gelände wurden 1937 die Grundmauern einer frühmittelalterlichen *Kreuzkapelle* (wohl 9. Jh.) freigelegt: ein kleiner Zentralbau, bestehend aus quadratischem Mittelraum mit vier Konchen,

Durchmesser etwas über 6 m. Die Anlage wurde im späteren Mittelalter durch einen größeren einschiffigen Bau mit Westturm überbaut, jetzt Ruine und teilweise abgetragen. In ihm monolithes Fenster, wohl von dem Kreuzbau. Vom Friedhof ein schöner Blick auf den Ort und ins Haunetal. Schlichte *Pfarrkirche (e.)* 1736 von ADAM JOHANN ERDINGER, ein Saalbau mit dreiseitigem Schluß und Haubendachreiter; innen Holztonne und zweigeschossige dreiseitige Emporen. Kanzel an der Ostwand. – In OBERHAUN eine kleine *Fachwerkkapelle (e.)* des 17.oder 18. Jh. über gemauertem gotischem Rechteckchor.

BUCHENAU liegt im engen lieblichen Eitratal an der Ostseite einer vorgeschobenen Bergnase, auf der die *Alte Burg* thront. Ein tiefer Graben trennt die ungefähr längsrechteckige Burg vom Dorf. Die Hauptburg besteht aus einem mächtigen spätgotischen Wohnturm mit bossierten Eckquadern, an den im rechten Winkel ein zweiter Wohnturm, ebenfalls mit Eckquadern gleicher Art stößt. Südlich anschließend ein Wohnflügel (um 1570–80), über massivem Untergeschoß zwei Fachwerkgeschosse; schwerer runder Treppenturm. Südlich vorgelagert zwei rechtwinklige Flügelbauten der Vorburg, Fachwerk über zwei massiven Untergeschossen, am halbrunden Treppenturm Wappen von 1575. Etwas höher auf dem Berggrat ein zweiter ehemaliger *Burgsitz* (heute Schule), Fachwerkbau des 17. Jh. über spätgotischem Keller; der ›Bergfried‹ von 1903. – Das seitlich und höher gelegene *Schloß* (heute Hermann-Lietz-Schule) ist ein reicher Spätrenaissancebau von 1611–18 mit zwei rechtwinkligen Flügelbauten und eingestelltem rundem Treppenturm. Die reiche Beschlagwerkornamentik der Giebel erinnert an die Weserrenaissance. Schlichte hofseitige Portale. Rückseitig Anbauten des 19. Jh. Im Hof ein reizvoller Brunnen, Anfang 17.Jh. Die *Kirche (e.)*, 1568–73 mit kräftigem niedrigem Chorturm und einschiffigem flachgedecktem Langhaus erbaut, ist ein interessantes Beispiel für das Weiterleben mittelalterlicher Baugewohnheiten (Chorturm) in protestantischer Zeit. Die dreiseitigen zweigeschossigen Emporen und die Kanzel 18.Jh. Im Chor das Grabdenkmal des Eberhard von Buchenau (gest. 1584) mit Gattin, eine ländliche Arbeit. Am Triumphbogen zwei spätgotische Reliefs, Mutter Anna und Maria mit Kind, qualitätvolle Arbeiten von gutem Ausdruck um 1500.

Die *Pfarrkirche (k.)* des einst zur Fürstabtei Fulda gehörenden Ortes EITERFELD ist ein schlichter Barockbau (1728–31) mit reicher Ausstattung, vermutlich von ANDREA GALLASINI erbaut. 2 km nordöstlich errichteten die Fuldaer Äbte auf kahlem Berggrat die *Burg Fürsteneck* mit weitem Blick auf die Kuppen der Vorderrhön, eine ungefähr längsrechteckige Anlage, im Kern 14.Jh. An der Nordseite quadratischer Bergfried mit hoher Wehrmauer. An der Ostseite spätgotischer Palas mit (renovierten) Staffelgiebeln. Gegenüber auf der Westseite ehemalige Wirtschaftsbauten; im Gebäude neben dem heutigen Eingang vermauerte Fenster und Bögen gotischer Zeit. Am (modernen) Eingang ein spätgotischer Zwinger mit Scharten für Schußwaffen. An verschiedenen Stellen fuldische Wappensteine von Umbauten des 18.Jh. Nach Aufsiedlung der Domäne Ausbau durch OTTO BARTNING als Heimvolkshochschule.

Die *Kirche (e.)* von BODES, wo die Eitra in die Haune mündet, wiederholt 1576 mit Chorturm und einschiffigem Langhaus die Buchenauer Kirche in kleineren, intimeren Maßen. Die Dörfer des Haunetales und der Vorderrhön zeichnen sich durch viele *Fachwerkhäuser* des 17. und 18.Jh. aus. Das Fachwerk ist meist schmucklos und von strenger, einfacher Konstruktion, nur gelegentlich verzierte Gesimse, häufiger das Motiv des Wilden Mannes. Ein besonders gepflegtes und einheitliches Beispiel ist ODENSACHSEN. Die 1707–08 erbaute, 1740–41 von GUSTAV ALTMÖLLER ausgemalte *Kirche (e.)* dieses Dorfes zeigt die gewohnte osthessische Barockbauweise mit zweigeschossigen dreiseitigen Emporen und Holztonne (vgl. Mansbach). Gotischer Chorturm, Helm mit Wichhäuschen, von 1511; guter Taufstein von 1582.

Die Haune windet sich in vielen Schleifen durch den wiesenreichen Talgrund, von zahlreichen kleinen und größeren Steinbrücken des 17. bis 19.Jh. überspannt. Die 1515 errichtete, 1630 vergrößerte *Pfarrkirche (e.)* von NEUKIRCHEN im Haunetal mit steilem, von vier Wichhäuschen bereichertem Turm birgt einen spätgotischen dreiflügeligen *Schnitzaltar*. Im Mittelschrein Christus am Kreuz, Maria, Magdalena und Johannes, seitlich je ein Heiliger. Auf den Flügeln innen Reliefs mit dem hl. Georg und der Bekehrung des Paulus, außen Gemälde mit Passionsszenen, am rechten Flügel 1522; Sakramentsnische 1465; Taufstein 1588. Von den Fachwerkbauten des Dorfes das *Pfarrhaus* (1686) erwähnenswert. Dorfbrunnen von 1616.

Zwei mächtige Burgen herrschen über das Haunetal, HOHENWERDA auf einem Hügel östlich Wehrda, im 12.Jh. durch das Ministerialengeschlecht von Trümbach angelegt, heute nur geringe Reste, und HAUNECK auf dem gegenüberliegenden Stoppelsberg (527 m). Die im 13.Jh. größtenteils aus Basaltblöcken über fast quadratischem Grundriß gefügte Burg ist als Ruine gut erhalten. Frei im Hof auf Basaltfelsen der quadratische, teilweise zerfallene Bergfried (um 1200), die Kanten aus Buckelquadern. Die Ringmauer ohne Zwinger, teilweise mit Eck-Buckelquadern, größtenteils noch um 1200. Der Eingang, ein Zwingertor mit Scharten für Schußwaffen, und der seitlich links vom Eingang gelegene dreigeschossige Palas – nach der Zerstörung der Burg 1469 durch die Herren von Buchenau – um 1480–90 neu gebaut. Vom Bergfried großartige Rundsicht. – Nordöstlich zu Füßen der Burg liegt OBERSTOPPEL, mit *Pfarrkirche (e.)* von 1754. Die Berge drängen näher heran und engen das Tal ein. Aus den teilweise recht guten Fachwerkhäusern des kleinen Dorfes ROTHENKIRCHEN ragt der spätgotische Chorturm der 1746 neuerbauten *Kirche (e.)* hervor, ein schlichter Saalbau mit dreiseitigem Schluß. Das Innere folgt der Bautradition der barocken Dorfkirchen dieser Gegend (zweigeschossige dreiseitige Emporen, mit Wolken und Engeln bemalte Holztonne); Orgel 18. Jh.; Taufstein 2. Hälfte 16. Jh. – Auf der gegenüberliegenden Seite des Tales, über die schmale Totenbrücke erreichbar, auf einem Berggrat weithin sichtbar, die *Totenkirche* (›Rote Kirche‹), eine frühromanische Wehrkirche mit schwerem Chorturm. Das einschiffige flachgedeckte Langhaus (Rundbogenportal, Schlüsselschießscharten) wurde in spätgotischer Zeit verändert. Am kleinen Fenster der Westseite eine reizvolle Kopfmaske. Im Chor mehrere Grabsteine der Herren von Haune, provinzielle Arbeiten.

Bei BURGHAUN umsäumen flache Hügelwellen das breit gewordene Tal. Aus dem geschlossenen Ortsbild hebt sich auf einer alten Burgstelle über fast 9 m hohem Unterbau die barocke Baugruppe der unter Fürstabt Adolf von Dalberg errichteten *katholischen* und *evangelischen Kirchen* wirkungsvoll hervor. Auch am Kirchvorplatz bietet sich eine reizvolle bauliche Situation. Eine monumentale Freitreppe führt zu der durch Pilaster und Figuren (von CHRISTIAN JOSEF WINTERSTEIN) gegliederten Fassade der katholischen Kirche. Seitlich gibt das Torhaus (heute Kriegergedächtnisstätte) einen vorzüglichen Maßstab für die Gesamtgruppe. Zwischen beiden wird der Turm der evangelischen Kirche sichtbar. Das katholische Pfarrhaus (1728), ebenfalls durch Fürstabt von Dalberg errichtet, bildet den Abschluß zur Rechten.

Die katholische Kirche entstand 1707–17 nach Plänen JOHANN DIENTZENHOFERS. Über dem Chor steigt ein schlanker Glockenturm mit schwungvoller Haubenlaterne auf. Drei schmale, querrechteckige, gewölbte Joche bilden den Innenraum. Besonders reich ist die stark eingezogene Chorpartie mit hoher Kuppel, seitlichen Galerien und prachtvollem Hochaltar. Die in ihrer alten leuchtenden Farbgebung 1961 restaurierte Ausstattung (Altäre, Kanzel, Orgel) um 1720–30. Die evangelische Kirche von 1728 ist ein schlichter Saalbau mit Chorturm in kleinerem Maßstab. Außen am Portal und innen am Altar das Wappen des Erbauers, des Fürstabtes von Dalberg. Der Altar in prächtigem Aufbau mit Säulen und Figuren, wie sie sonst in protestantischen Kirchen Hessens selten sind. Eine Reihe von Grabsteinen der Herren von Haune an der Ostwand und im Chorraum.

In HÜNFELD, der größten Stadt der Rhön (Stadtrechte 1310), gründete die Abtei Fulda um 800 ein Kloster, später *Kollegiatstift*. Von den mittelalterlichen Bauten sind geringe Reste am Chorpolygon und an der Nordwand der evangelischen Pfarrkirche (1857, 1895-96 erweitert), erhalten. Die katholische *Pfarrkirche* am südlichen Ortsrand im ehemaligen, mit der alten Stadtummauerung burgartig verbundenen Wehrfriedhof, reicht mit dem Chorturm in spätromanische Zeit zurück; Obergeschoß 1613; Langhaus 1517 vollendet, 1858 renoviert, eine flachgedeckte Pseudobasilika mit Achteckpfeilern von guter Raumwirkung. Einheitliche, gut eingefügte neugotische Ausstattung, besonders die Kanzel mit Schalldeckel; Taufstein von 1496. Beide Kirchen bezeichnen die nördliche und südliche Grenze der mittelalterlichen Stadt, die nach Brandzerstörung im 19. Jh. modernen Charakter trägt (pompöser Rathausbau von 1890). Reste der *Stadtmauer* sind besonders an der Ostseite erhalten.

In KIRCHHASEL auf der Höhe steht eine alte romanische Dorfkirche. Gedrungener schwerer Chorturm mit abgestuften Geschossen, mit doppelten Schallarkaden im Obergeschoß und spätgotischem Rippengewölbe im Untergeschoß (heute Sakristei). An der Nordseite des flachgedeckten einschiffigen Langhauses einige romanische kleine Rundbogenfenster, sonst gotisch vergrößerte Fensteröffnungen; Westportal 1797. Das Innere wurde für Jugendräume umgebaut. Rechtwinklig zum alten Bau entstand 1948 eine neue Pfarrkirche (k.).

Die 600-700 m hohen Basaltkuppen der Vorderrhön werden wegen ihrer bewaldeten gerundeten Formen scherzhaft als ›Fuldaer Kegelspiel‹ bezeichnet. Ein solch charakteristischer Kegel ist der GEHILFERSBERG (453 m) nordwestlich von Rasdorf mit seiner *Wallfahrtskapelle* zu den Vierzehn Nothelfern von 1675.

Wie in Hünfeld, so wurde auch in RASDORF um 800 ein Benediktinerkloster, seit dem 10. Jh. Kollegiatstift, von Fulda aus gegründet. Seine 1274 unter Benutzung älterer Reste neugebaute *Klosterkirche* ist als Pfarrkirche (k.) in eindrucksvoller Lage am Ende des großen freien Dorfplatzes erhalten: dreischiffige flachgedeckte Basilika mit Querhaus, achteckigem Turm über der gewölbten Vierung (vgl. Blankenau in Kap. III) und gewölbtem Chor in $5/8$-Schluß. Im Innern Pfeiler und Säulen mit vorzüglichen älteren *Kapitellen*, die vermutlich von den Vorgängerbauten stammen: sechs antikisierende Kapitelle korinthischer Form, vielleicht karolingisch, die beiden figürlichen unter der Westempore vermutlich romanisch. Auf dem Altar große Kreuzigungsgruppe aus Holz (18. Jh.), Kanzel um 1720 (Wappen des

Fürstabtes Konstantin von Buttlar). An der Ostwand des Querhauses zwei Seitenaltäre (1669) aus der Fulda-Neuenberger Klosterkirche 1959 übertragen; Orgel 1739–56 (aus der Stadtpfarrkirche Fulda). Am Ostrand des Dorfes lag die 1836 abgebrochene Pfarrkirche; geblieben ist der *Wehrfriedhof*, ein regelmäßiges Viereck mit hoher Mauer und vier Rundtürmen in den Ecken, der größte und bedeutendste befestigte Kirchhof in Hessen.

Auf dem steilen Basaltkegel des malerischen HASELSTEIN über dem gleichnamigen Dorf entstand spätestens um 1100 eine *Burg*, die als Fuldaer Besitz um 1120 ausgebaut wurde und im 17. bis 18. Jh. zerfiel; heute nur geringe Reste. An ihre Stelle trat im Ort ein barockes *Amthaus* (›Schloß‹). Die *Kirche (k.)* wurde 1732 neu gebaut, ihre Ausstattung stammt aus der gleichen Zeit.

Am südwestlichen Rande von MACKENZELL liegt, reizvoll in den Talwiesen, eine fuldische *Wasserburg:* rechteckige Anlage mit zweibogiger Steinbrücke über dem einst wassergefüllten Graben. Zweigeschossiges Herrenhaus von 1515 mit Satteldach, viereckig vorspringender Treppenturm mit Spindeltreppe. Das seitliche ehemalige Wirtschaftsgebäude ist im Unterbau wohl Anfang 16. Jh., Fachwerkobergeschoß von 1923 in Formen des 17. Jh. An der nordwestlichen Ecke ein runder Wehrturm mit Scharten. Die barocke *Pfarrkirche (k.)* kriegszerstört und 1948 durch einen Neubau ersetzt. Erhalten sind zwei Steinstatuen (1728) vor der Fassade. An der Talstraße, die den Ort südlich berührt, eine *Mühle* mit unterschlächtigem, noch tätigem Wasserrad; neuzeitliche Fachwerkbauten. Etwas oberhalb die nicht mehr betriebene *Herrenmühle* der Fuldaer Äbte, ein dreigeschossiger Steinbau des 17. Jh. – An der *Mühle* von MICHELSROMBACH jenseits des Haunetales, einer Baugruppe aus Fachwerkhäusern des 18. bis 19. Jh., läuft noch ein oberschlächtiges Mühlenrad.

3. Das Fuldatal von Schlitz bis Fulda

Lauterbach und Altfell, aus dem Vogelsberg kommend, bilden die Schlitz, an deren Unterlauf sich auf flachem Bergrücken die Burgenstadt SCHLITZ malerisch aufbaut: Mittelpunkt des Schlitzer Landes mit seinen farbenfrohen Trachten. Die Stadt war alter fuldischer Besitz und Lehen des heute noch lebenden Geschlechts derer von Schlitz (seit 1408 gen. von Görtz, seit 1726 Reichsgrafen). Sie befestigten die Stadt durch Mauern und Burgen, deren Türme und Giebel – zusammen mit der Pfarrkirche und den Fachwerkhäusern – ein einzigartiges spätmittelalterliches Stadtbild ergeben; ein ›hessisches Rothenburg/Tauber‹. Die fast kreisförmig um einen Bergkegel gebaute Altstadt umfaßt die Straßen und Plätze zwischen Markt, Kirche, Hinter- und Vorderburg und ist nur durch zwei schmale Gassen zugänglich, die im Mittelalter durch Nieder- und Obertor verschließbar waren. Die *Stadtmauer* ist an West- und Südseite gut erhalten (Stadtrechte Mitte 14. Jh.).

Die reich gegliederte Baugruppe der *Pfarrkirche (e.)* hat eine sehr komplizierte Baugeschichte. Abt Ratgar von Fulda weihte 812 in Gegenwart des Mainzer Erzbischofs eine kleine dreischiffige Basilika, von der vielleicht noch Reste in den Seitenschiffmauern des heutigen Baues vorhanden sind. Anfang des 13. Jh. ersetzte der heutige Chor, bestehend aus gewölbtem Chorquadrat mit Apsis und zwei Seitenkapellen, die karolingische Rundapsis. Die südliche Nebenkapelle St. Barbara wurde später Gruft der Grafen von Schlitz. Die nördliche Heiligkreuz-Kapelle mit der erkerartigen Apsidiole außen ist heute Sakristei. Gleichzeitig entstand ein im Unterbau quadratischer, im Oberbau achteckiger Westturm. Seit einer westlichen Verlängerung des Langhauses noch im 13. Jh. über den Turm hinaus steht dieser in der Mitte der Kirche; 1712–13 brach man die heutigen großen Bögen in das Turmuntergeschoß. Im Westen reiches frühgotisches Stufenportal (13. Jh.) mit Tympanon von Graf Emil Friedrich von Schlitz gen. von Görtz (1912). In der Gotik entfernte man die karolingischen Mittelschiffarkaden, erhöhte die Seitenschiffwände und schuf damit den querhausartigen lichten Raum zwischen Chor und Turm. 1505 kamen Portal und Vorhalle an der Südseite hinzu. Nach Einführung der Reformation (1546–63) erfolgten Ende des 16. Jh. verschiedene Ergänzungen: stuckierte Kassettendecke (1597 bis 1598, vgl. die ähnliche geometrische, zwanzig Jahre jüngere Dekoration von Nidda, Wohnbach und Niederweisel); Treppentürme an der Nordseite 1596 und an der Südseite 1598 als Zugänge zu den Emporen und Ständen. Die lateinische Inschrift an dem Renaissancegiebel unter der Sonnenuhr (16. Jh.) kündet von dem neuen reformatorischen Geist: »Wer du auch seist, trete ein, hier wird allein Christus durch Christum zum Lobe Christi verkündet«. Gegen Mitte des 17. Jh. wurden die westlichen Teile der Kirche zur heutigen Breite vergrößert und 1720–21 die Emporen eingesetzt, welche die Längsrichtung des Raumes betonen; 1807 die Fenster im westlichen Teil gotisiert. 1880–82 und 1933 Restaurierungen. Taufstein mit plastischem Dekor 1467. Ausdrucksvolles Holzkruzifix 15. Jh. Orgel 1718 von JOHANN EICHENBERG. Viele Grabdenkmäler der Herren von Schlitz-Görtz (15. bis 18. Jh.), die des Georg von Schachten (gest. 1582) und Hans von Görtz (gest. 1585) im Chor von ANDREAS HERBER aus Kassel.

Am Kirchplatz das *Pfarrhaus* (um 1610) mit Empiretür, die alte *Schule* (1709) und das *Heimatmuseum*. Die *Hinterburg* ist gekennzeichnet durch einen hohen runden Bergfried (13. Jh., Steinhelm 1907 erneuert, moderner Aufzug, weite Rundsicht), durch das anstoßende Burghaus (1553) mit Fachwerkobergeschoß und das gegenüberliegende massive Renaissancehaus (1561—65) mit rundem Treppenturm und geschwungenen ornamentierten Giebeln (heute Altersheim). Kleiner gepflegter Burggarten. Östlich davon die *Schachtenburg*, zwei prachtvolle Fachwerkhäuser mit hohen Giebeln und mit rückseitigen Fachwerkerkern, 1557 durch Elisabeth von Schachten, geborene von Schlitz, erbaut. Spätgotisches Steinportal mit symbolischen Lebenszeichen. *Fachwerkhäuser* des 17. bis 19. Jh. umgrenzen den unregelmäßig dreieckigen, zur Kirche hin ansteigenden *Marktplatz* mit seinem alten Steinpflaster und dem großen Brunnenkump (16. Jh., Steinfigur des hl. Georg 1930). Haus ›Zum Schwarzen Adler‹ 17. Jh. — Das *Rathaus* ist ein dreigeschossiger Steinbau mit barockem Dachreiter, im Kern spätgotisch. An der Nordostseite des Platzes auf der gotischen Stadtmauer die *Ottoburg* (nach Brand 1955 heute Jugendherberge), 1653—81 in symmetrischer frühbarocker Form mit zwei rückseitigen runden Ecktürmen ausgebaut (der kleinere der beiden Türme war ursprünglich ein Flankenturm der Stadtmauer). Im Innern hervorragende Türen mit Intarsien und eisernen Beschlägen. Die *Vorderburg* besteht aus zwei gewinkelten Gebäudeflügeln mit mächtigem, viereckigem Bergfried, im Kern mittelalterlich, in der Renaissancezeit ausgebaut und hohe Steingiebel aufgesetzt; der östliche Flügel mit gotisierendem Portal 1565, der südliche 1600 (heute Graf Görtz'sche Rentkammer). Im Turm ein reiches Glockenspiel (1950). Auf dem Hof hölzernes Brunnenhaus mit altem Räderwerk (16. Jh.). Südlich längs der Stadtmauer die Wirtschaftsbauten. Gegenüber dem Hofeingang das *Benderhaus*, ein stattlicher Fachwerkbau über einem steinernen Untergeschoß (um 1600), war früher Kornspeicher und Faßbinderei.

Innerhalb wie auch vor der Stadt eine Fülle von guten *Fachwerkhäusern* des 16. bis 18. Jh. an unregelmäßigen verwinkelten Gassen, im Hanggelände übereinandergestuft und verschachtelt, häufig mit Schnitzereien an den Eckpfosten und Brüstungen. An der Günthersgasse ein steinerner *Brunnen* von 1630. Nahe dabei das *Spital*, 1547 gestiftet, 1810 erneuert und erweitert. Außerhalb der Altstadt im Tal die *Hallenburg*, 1755 errichtet und durch Graf Karl Heinrich klassizistisch verändert (Mezzaningeschoß statt Mansarddach), seit 1954

Gymnasium. Bemerkenswert ein Zimmer mit chinesischer Tapete. Der barocke, von der Schlitz durchflossene *Schloßpark* ist anglisiert. Klassizistische *Orangerie* (heute Kindergarten); das zugehörende *Burggut* mit barocken Fachwerkbauten (Fuldaer Straße). Am Parkeingang die klassizistische *Hallenmühle* (Elektrizitätswerk). Nördlich der Altstadt, hinter der *Ziegelei*, einem Fachwerkbau von 1721, an der ›Hainbuche‹ eine *Scheune* mit Kratzputz. Auf dem Friedhof die *Sandkirche* (Friedhofskapelle), 1612 als Saalbau mit dreiseitiger Empore erbaut, eine der frühesten querorientierten protestantischen Kirchen Hessens. Die Kanzel ist an der südlichen Längswand durch eine Tür mit einer steinernen Außenkanzel verbunden. An der westlichen Schmalseite wurde 1645 eine Gruft angefügt. Vom Kirchplatz prachtvoller Blick über die Stadtanlage.

Jenseits der Fulda auf der Höhe liegt FRAUROMBACH, mit schlichter *Dorfkirche (e.)*, ehemals Wallfahrtskirche: romanisches einschiffiges flachgedecktes Langhaus, spätgotischer Chor mit Netzgewölbe; der spätromanische Triumphbogen mit plastisch gezierten Kämpfern wurde um 1500 teilweise zugemauert. Im Innern kunstgeschichtlich bedeutende *Wandfresken* des 14. Jh., leider stark verblaßt. Erhalten die Grundzeichnung und die Farben Gelb, Ocker und Blau. In drei Streifen ist an der Langhaus-Ostwand die Legende von der wundersamen Wiedergewinnung des geraubten Kreuzes durch Kaiser Eraclius im 7. Jh. dargestellt, vermutlich nach einer Romandichtung des mittelalterlichen hessischen Dichters Otte (Anfang 13. Jh.). Besonders lebendig wirken die dramatischen Reiter- und Kampfszenen.

HARTERSHAUSEN ist mit seinen Fachwerkhäusern reizvoll an der westlichen Uferterrasse der Fulda gelegen, überragt von der kleinen *Kirche (e.)*, einem einfachen mittelalterlichen Rechteckbau mit frühgotischem Portal und Emporeneinbauten von 1701–02. Zwei Kilometer nordwestlich vom Ort liegt in einer flachen Senke einsam zwischen Feldfluren die Ruine der *Seeburg*, die um 1200 als wasserumwehrte Turmburg von der Fuldaer Abtei errichtet wurde. Der mit einer Wand erhaltene Wohnturm zeigt sorgfältige Eckbuckelquadern und gut geschichtetes Schalenmauerwerk; ehemals Holzdecken. Im 1. Geschoß Zugang und Wohnraum mit einst offenem Kamin, darüber Geschoß mit doppelbogiger Fensterarkade.

Bei LÜDERMUND mündet die am Vogelsberg entspringende Lüder in die Fulda. Der romanische Turm der *Pfarrkirche (k.)* mit bewegter hoher Haubenlaterne von 1775 war ehemals ein Wehrturm mit Eingang im Obergeschoß; Langhausneubau 1891–92. Auf der unbewaldeten Anhöhe über dem Ort, um welche die Fulda in großer Schleife fließt, eine spätgotische *Landwarte* (15. bis 16. Jh.) mit Eingang im Obergeschoß und einem Aussichtserker.

In GROSSENLÜDER, das im Lüdertal an einem Ausläufer des Vogelsberges liegt, weihte der Mainzer Erzbischof bereits 822 eine schlichte rechteckige Kirche mit eingezogener Rundapsis, deren Fundamente vielleicht in der Sakristei (11. Jh.?) der heutigen *Pfarrkirche (k.)* erhalten blieben. Chorturm und dreiseitige Apsis stammen von einem größeren Neubau zu Beginn des 13. Jh. Zu beachten die Gliederung der Apsis mit übereinandergestellten Säulen. Der spätromanische gewölbte Chor mit kräftigen Rundstabrippen und Wirteln an den Diensten ist vom Langhaus abgetrennt und durch ein Kleeblattbogen-Portal an der Südseite zugänglich. Die alte Chorausmalung wurde 1913 stark erneuert; Majestas Domini am Apsisgewölbe und die vier Kirchenväter zwischen den Apsisfenstern sind spätgotisch, die übrige ornamentale Ausmalung um 1600. Spätgotische Sakramentsnische. Erweiterung der Kirche mit breitem Querschiff, Langhaus und festlich gegliederter wappenreicher Fassade 1734–35 durch ANDREA GALLASINI. Im Innern reiche, farbenfrohe Barockausstattung durch Fuldaer Künstler (E. WOHLHAUPTER, ANDREAS HERRLEIN). Spätgotische Holz-Pieta am Kriegerehrenmal. An der Straßenkreuzung das alte *Gerichtsgebäude* (16. Jh.) mit Treppenturm und Portal von 1700.

Nördlich KÄMMERZELL wurde 1638 über dem jenseitigen Fuldaufer die *Wallfahrtskapelle St. Rochus* in gotisierenden Formen erbaut; Dachreiter 1874; der östliche Anbau und die Kreuzwegstationen 1901. Im Innern einfacher Barockaltar aus Lüdermund. Kämmerzell hat eine der wenigen klassizistischen *Kirchen (k.)* des Fuldaer Landes, 1802–04 von WILHELM ARND. Im qualitätvollen barocken Hochaltar und an den Langhauswänden Gemälde von E. WOHLHAUPTER aus der Gymnasiumsaula in Fulda. Gute klassizistische Kanzel. Südöstlich des Ortes auf der Höhe über der Straße eine Fuldaer *Landwarte*, ein spätmittelalterlicher Rundturm. Zwei weitere solche Warten (um 1500, vgl. Fritzlar) sind auf den Höhen östlich der Stadt Fulda zwischen Fulda- und Haunetal erhalten, eine nördlich des Petersberges und eine bei Dirlos an der modernen Siedlung ›Dicker Turm‹ (heute Aussichtsturm, großartige Fernsicht zum Rhön). Eine vierte Warte bei Eichenzell dicht am Park von Schloß Fasanerie.

FULDA, von den Vernichtungen des 2. Weltkrieges weniger betroffen, ist eine frohe festliche Stadt des Barock. Reich gegliederte Bauten und weite Platz- und Parkanlagen prägen die großzügige städtebauliche Gestalt. Schlanke Türme mit geschwungenen Hauben, dazu die mächtige hohe Domkuppel ragen über den Barockhäusern her-

Fuldatal und Rhön

vor. Auf vier, die Stadt und das breite Fuldabecken einrahmenden Bergen thronen die Kirchen alter Klöster. Seit dem 11. Jh. wird ihre Lage symbolisch auf die Endpunkte eines lateinischen Kreuzes gedeutet. Am südöstlichen Horizont zeichnet sich die blaue Linie der Rhön-Kuppen ab. Doch Geschichte und Kunst Fuldas sind viel älter als sein Barock. Von dem entbehrungsreichen Beginn dieser Kulturstätte berichtete der hl. Bonifatius 751 an Papst Zacharius: »Zwischen den Völkern meines Missionsbereiches habe ich in weiter Waldeinsamkeit ein Kloster erbaut und Mönche angesiedelt. Sie leben nach der Regel des hl. Vaters Benedikt in strengster Enthaltsamkeit, ohne Fleisch und Wein, ohne Met und Knechte.« Die Fuldaer Talaue ist zwar seit der Jungsteinzeit besiedelt. Doch die an der Stelle der heutigen Stadt vom 1. Jh. v. Chr. bis um 700 bestehende Siedlung verödete durch einen Großbrand. In dieser Öde ließ Bonifatius 744 durch Sturmius (vgl. Bad Hersfeld) die Abtei gründen, in deren Kirche er begraben wurde.

Die Abtei entfaltete im frühen Mittelalter durch bedeutende Persönlichkeiten (Rabanus Maurus, Eigil, Einhard, Walafried Strabo, Otfried von Weißenburg, Servatus Lupus von Ferrières) ein reges kulturelles Leben: Eigene Malschule (vgl. Petersberg und Neuenberg), Werkstätten für Buchmalerei (Werke heute in Wien, Würzburg u. a.), Goldschmiedekunst (Ambo Kaiser Heinrich II. in Aachen), Sammlung wichtiger antiker Schriften (Tacitus) und germanisch-christliche Texte (Hildebrandslied, Merseburger Zaubersprüche, Sächsisches und Ostfränkisches Taufgelöbnis u. a.). – Abt Marquard (1150–65) befestigte die Stadt (Stadtrechte um 1114, das Heertor 1959 freigelegt). Abtei und Stadt bildeten – nebeneinanderliegend – eigene wehrhafte Bezirke. Seit 1220 war der Abt Reichsfürst mit eigenem Territorium und seit 1356 Erzkanzler der Kaiserin. Viele Kaiserbesuche und Hoftage fanden im Kloster statt. Seit 1312 wohnte der Abt aus Repräsentationsgründen in einer eigenen Burg vor der Abtei, dem späteren Schloß (einmalig in Deutschland). Fürstabt Walter von Dernbach (1570–1606) konnte die Reformation erfolgreich unterdrücken. Unter den vier Fürstäbten Adalbert von Schleifras (1700–14), Konstantin von Buttlar (1714–26), Adolf von Dalberg (1726–37) und Amand von Buseck (1737–56) erlebten Abtei, Stadt und Land ihre letzte, bis heute entscheidend wirksame Blütezeit. Seit 1756 bestand das Fürstbistum. 1816 kam Fulda an Hessen.

Der heutige Fuldaer *Stadtgrundriß* läßt noch deutlich die drei historischen Zentren erkennen, den ehemaligen Abteibezirk mit Dom, Michaelskirche und umgebenden Barockbauten, das fürstäbtliche Schloß an der Nordostseite der Altstadt mit Park und Orangerie und

Fulda um das Jahr 1500

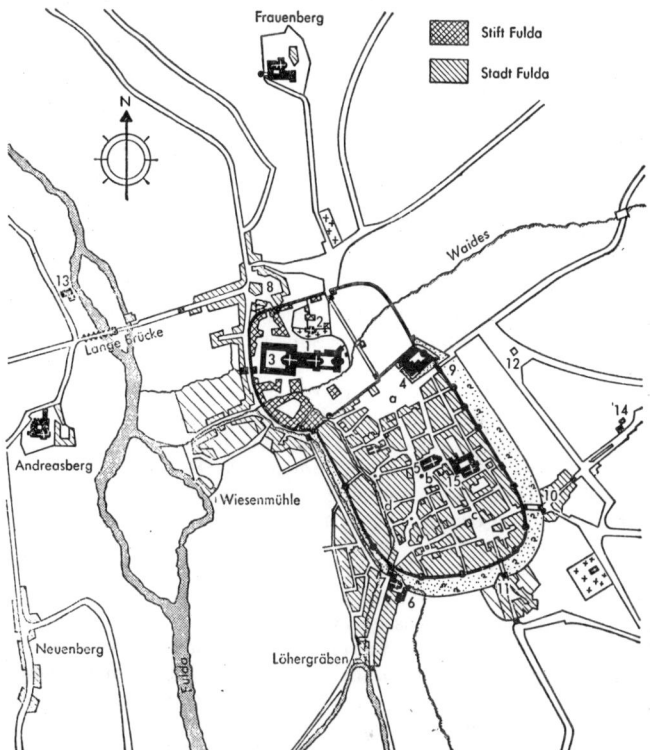

1 Dom
2 Michaeliskirche
3 ehemalige Benediktiner-Abtei
4 Abtsburg (Schloß)
5 Stadtpfarrkirche
6 Heilig-Geist-Kirche und Spital
7 Kohlhäuser Tor*
8 Hinterburg*
9 Heertor
10 Peterstor*
11 Florentor*
12 Centgericht*
13 Katharinen-Hospital*
14 Nikolaus-Hospital*
15 Barfüßerkloster*

a) Bonifatiusplatz, b) Unterm Heilig-Kreuz,
c) Buttermarkt, früher Sonnabendsmarkt, d) Gemüsemarkt

* heute nicht mehr vorhanden

schließlich die Altstadt mit der Stadtkirche in ihrer Mitte. Diese Stadtgebiete sind in glücklicher Weise aufeinander bezogen. Die Architekten des Barock, vor allem Dientzenhofer und Gallasini, entfernten die trennenden mittelalterlichen Mauern und stimmten die verschiedenen Bauwerke, Gebäudegruppen, Straßen und Platzanlagen mit einem Empfinden für Proportionen und Blickachsen aufeinander ab.

Die *karolingische Klosterkirche* war eine große, dreischiffige, doppelchörige Basilika (819 geweiht) mit weit ausladendem westlichem Querhaus und östlichem Atrium (Paradies), erbaut durch Abt Ratgar. Die Kirche, für viele Jahrhunderte das größte Gotteshaus nördlich der Alpen (98 m Länge), knüpfte unmittelbar an die altchristlichen Basiliken Roms an und fand in der Abteikirche zu Bad Hersfeld eine variierte Nachfolge. Abgesehen von einer Vergrößerung des Paradieses im 10. Jh. stand das Bauwerk unverändert bis 1704. – In diesem Jahre begann JOHANN DIENTZENHOFER, der Schöpfer von Kloster Banz und Schloß Kleinheubach, im Auftrage von Fürstabt Adalbert von Schleifras den Bau einer neuen Abteikirche, des heutigen *Domes St. Salvator und St. Bonifatius* (Vollendung 1712). Der fränkische Architekt war 1700 von Rom nach Fulda gekommen. Das Römische am Fuldaer Dom zeigt sich in der kompakten Zusammenfügung der einzelnen Baukörper (Hauptschiff, Querschiff, Chor und Seitenkapellen), im Motiv der belichteten Vierungskuppel und in den strengen Formen der Wandgliederung mit Säulen und Pilastern. Das Fränkische und Deutsche äußert sich dagegen in der Gestaltung der Fassade (eine Weiterentwicklung der Fassade von St. Michael in Bamberg, die der Bruder LEONHARD DIENTZENHOFER erbaute) und im Motiv der schlanken, in zierlichen Hauben und Laternen sich auflösenden Doppeltürme; die scheinbar beziehungslosen Obelisken seitlich der Fassade sind, gemeinsam mit den beiden kuppelbedeckten Seitenkapellen, wichtig für die maßstäbliche und rhythmische Gliederung der Domfront. Das Persönliche und Fuldaische des Bauwerks liegt in der Verbindung mit dem karolingisch-ottonischen Bau begründet, dessen Anlage mit dem Grab des hl. Bonifatius im Westen die Westorientierung des Barockbaues bedingte. 1954 Gestaltung des Domvorplatzes mit axial verschobener monumentaler Freitreppe (Entwurf H. KÖHLER). Die Statuen der Fassade (von ANDREAS BALTHASAR WEBER) verkünden das historische und theologische Programm der Abteikirche, unten St. Bonifatius und St. Sturmius, oben die Stadtheiligen Simplicius und Faustinus, auf dem Giebel der Welterlöser (1954 nach Kriegszerstörung restauriert).

Der *Innenraum* ist hell und licht, zugleich auch farbenarm, fast nüchtern. Die Schwere der Pfeiler und Gebälke sowie die rhythmische

Travee und das häufige Palladiomotiv der stark isolierten Seitenschiffe, die gewaltig aufgipfelnde, dennoch lastende Kuppel lassen den italienisch-römischen Barock des 17. Jh. deutlich spüren. Durch den baldachinartigen *Hochaltar*, entworfen von Dientzenhofer, gleitet der Blick in den dahinterliegenden gestreckten ehemaligen Stiftschor. Die bildhauerische Ausstattung der Kirche schuf größtenteils GIOV. BATT. ARTARI aus Lugano (tätig u. a. in Rastatt), so die Statuen in den Nischen des Mittelschiffes, des Chores und des Stiftschores, die Engel an der Vierungskuppel, die Gruppe der hl. Dreifaltigkeit über dem Chorbogen, die plastischen Figuren der Seitenschiff- und Querschiffaltäre (besonders bedeutsam der Sakramentsaltar) und die Statuen in der Andreas- und Johanneskapelle. JOHANN NEUDECKER d. Ä. aus Miltenberg fertigte ergänzend mehrere Altarfiguren, so die Gruppe der Himmelfahrt Mariä und die seitlichen Prophetengestalten am Hauptaltar. Das bedeutendste Werk Neudeckers ist der *Bonifatiusaltar* in der (1893 veränderten) Krypta mit dem eindringlichen realistischen Relief des Märtyrertodes und der lebensnahen Gestalt des aus dem Grabe auferstehenden Heiligen. Die für den Gesamteindruck des Langhauses untergeordneten Gewölbemalereien sind von MELCHIOR STEIDL aus Innsbruck; Kanzel mit Schnitzarbeit von A. B. Weber (um 1712); Chororgel von JOHANN HOFFMANN aus Würzburg (1719); Hauptorgel von ADAM OEHNINGER aus Miltenberg 1708–13, der Prospektschmuck von A. B. Weber. In der 1854 eingerichteten Marienkapelle eine hervorragende *Schutzmantelmadonna* (um 1500). In einer karolingischen Säule rechts am Haupteingang *Relief Karls des Großen* (Anfang 15. Jh.). Verschiedene gute *Barockgrabmäler* von Fürstäbten, so an den westlichen Vierungspfeilern Adalbert von Schleifras, 1722 von JOHANN HEINRICH ERNST MOCKSTATT aus Fulda, und Adalbert von Dalberg, 1732 von CHRISTOPH JOSEPH WINTER aus Hadamar. – Im Dommuseum (Führung) der *Domschatz*, darin die kostbaren barocken Augsburger Silberarbeiten (›Silberner Altar‹, an Festtagen für den Hochaltar verwendet) mit wertvollen Reliquien, u. a. das Haupt des hl. Bonifatius (der Silberschrein 19. Jh.), der Dolch seines Märtyrertodes, der Ragyndrudis-Kodex (8. Jh. aus Burgund) mit den Spuren der Schwerthiebe, der sog. Abtsstab des hl. Bonifatius (11. Jh.); bemerkenswert der Ornat des Abtes Amand von Buseck und im Lapidarium die karolingischen Kapitelle u. v. a. m.

Wohlgeformte und trotz verschiedener Entstehungszeiten aufeinander abgestimmte Barockbauten umgeben den Dom: An der Südseite die *Domdechanei*, ein frühbarocker Winkelbau mit großer Pilasterordnung und hohem Stirngiebel, 1702–04 von ANTON PEYER errichtet (bis 1312 stand hier die Abtsburg); Domdechanei 1–11 eine lockere

Fuldatal und Rhön

Folge guter klassizistischer Bauten in rhythmischem Größenwechsel (Anfang 19. Jh.). An der Rückseite die ehemaligen *Abteigebäude* von 1688 (heute Priesterseminar) mit figurenbekröntem Portal, reizvollen Steinerkern und geschlossenem Kreuzgang; im 18. Jh. durch zwei westliche Flügel erweitert. Gegenüber die ehemalige *Öffentliche Bibliothek* (heute Generalvikariat), 1771–78 von KARL PHILIPP ARND.

822 weihte der Mainzer Erzbischof die nördlich des Domes, der damaligen Abteikirche, auf einer Anhöhe inmitten des ehemaligen Mönchsfriedhofes gelegene *Michaelskirche*, ein zweigeschossiger runder Zentralbau mit rechteckig ummantelter Ostapsis. Die Kirche ist das älteste deutsche Beispiel für die Nachbildung der Grabeskirche von Jerusalem. Das Michaelspatrozinium weist auf die Bestimmung als Friedhofskapelle (Michael der Seelengeleiter). Das Untergeschoß bildet einen tonnengewölbten Umgang, um eine Mittelsäule mit Volutenkapitell gewölbt, die der Fuldaer Mönch Candidus Bruun (9. Jh.) als Christus, der die Welt trägt, deutete. An der Ostseite das Grab des Abtes Eigil. Die Krypta diente vermutlich als Beinhaus. Zu Beginn des 11. Jh. erfolgte ein Neubau des Obergeschosses. Der karolingische Bauplan (Kranz von 8 Säulen mit Umgang und Ostapsis) wurde beibehalten, jedoch ein zweites Umgangsgeschoß mit zweibogigen Arkadenöffnungen zum Mittelraum aufgesetzt, ferner ein westliches Langhaus mit Wehrturm gebaut und ein südlicher Anbau ergänzt. Nachträglich erhielt das Langhaus ein Obergeschoß. Die Ausmalung dieser Zeit wurde bei der Restaurierung 1934–37 freigelegt: ornamentale Umrahmung der Bogen und figürliche Szenen an den Apsiden im Erd- und Obergeschoß. Vier der Säulenkapitelle zeigen frühromanische Formen. Die vier anderen, mit antikisierenden Blattformen, wurden vermutlich von dem karolingischen Bau übernommen (vgl. die verwandten Kapitelle in Rasdorf/Rhön). 1315 Aufstockung des Westturmes; 1618 Erhöhung der Rotunde und Aufsetzen des schlanken Spitzhelmes; 1715–16 Anbau des nördlichen Querarmes (Rochuskapelle). Nach Kriegsbeschädigung 1945–46 renoviert. Der Außenbau ist schlicht und ohne Detailgliederung. Am Südgiebel eine Totenleuchte.

Das Innere ist von eindringlicher, herber, durch das Ockerrot der Fresken abgedämpfter Stimmung. Der vom Kuppelraum belichtete moderne Altar in der Mitte nimmt die Stelle einer im 18. Jh. abgebrochenen Nachbildung des Hl. Grabes ein. Im Langhaus und in der Turmhalle Holzplastiken eines spätgotischen Schnitzaltares. In der Rochuskapelle eine Grabplatte (14. Jh.) mit ikonographisch interessanter eingeritzter Darstellung (Christus an der Martersäule zwischen Maria und Johannes, dazu die Leidenswerkzeuge). Im südlichen

Seitenraum eine schmerzerfüllte Pieta von Andreas Balthasar Weber aus Unterfranken; das qualitätvolle Werk steht im starken Gegensatz zu der strengen frühromanischen Architektur. Nördlich anstoßend an die Kapelle die Gebäude der ehemaligen *Propstei Michaelsberg*, heute Bischöfliches Palais, im wesentlichen 1. Hälfte 18. Jh.

An der Nordseite des Bonifatiusplatzes das *Palais Buseck*, 1732 vermutlich von dem Fuldaer Hofarchitekten ANDREA GALLASINI erbaut, mit seitlichen Erweiterungen des 19. Jh.; im Obergeschoß großer Festsaal mit Regencestuck (jetzt Stift Wallenstein). Davor an der Paulusallee die *Hauptwache* (um 1758), vermutlich noch nach Plänen Gallasinis (gest. 1756). Auf dem Bonifatius-Platz das 1842 von WERNER HENSCHEL geschaffene *Bonifatius-Denkmal*.

Gegenüber liegt das *Schloß*, die ehemalige Residenz der Fürstäbte (heute Behörden, Verwaltung und Vonderau-Museum mit prähistorischen Funden, Fuldaer Kunstwerken und Erzeugnissen der 1741–90 blühenden Fuldaer Porzellan-Manufaktur). Es ist ein langgestreckter Bau mit hufeisenförmiger Cour d'honneur (Ehrenhof) und geschlossenem Binnenhof westlich dahinter. Die dreigeschossigen Gebäude um den Binnenhof 1707–14 von JOHANN DIENTZENHOFER in schlichter Außengliederung und mit ›deutschem Dach‹ (Satteldach), hofseits Kolonnaden und Pilastergliederung. An der Marstallseite ein figurenreicher *Wandbrunnen* 1710, von A. B. Weber nach Entwurf von Giov. Batt. Artari (Brunnenschale um 1600). An der Gartenfront wurde der gotische Bergfried mit einbezogen, sein Obergeschoß als Sternwarte ausgebaut. Die Seitenflügel des Ehrenhofs von Andrea Gallasini und Friedrich Joachim Stengel nach Plänen Dientzenhofers 1734 vollendet. Die Steinfiguren des vorderen Hofgitters von Johann Neudecker d. Ä. Im *Innern* zahlreiche Räume mit Stukkaturen des fürstlichen Hofstukkateurs ANDREAS SCHWARZMANN aus Waldsassen und mit Deckengemälden des Hofmalers EMANUEL WOHLHAUPTER. Die prachtvolle Decke des 1946 restaurierten *Fürstensaales* zeigt Malereien von JOHANN MELCHIOR STEIDL, im Mittelfeld den Götterhimmel des Olymp, auf den Randfeldern Szenen aus der griechischen Mythologie, an den Wänden Porträts Fuldaer Fürstäbte, über den Türen Supraporten von JOHANN ANDREAS HERRLEIN in Originalrahmen. – Der 1727 bis 1731 überaus reich ausgestattete *Kaisersaal* an der Gartenfront entstand in einer typisch barocken Gemeinschaftsarbeit der Architekten Dientzenhofer, M. VON WELSCH, Gallasini und Stengel. Die Stukkaturen der Decke von A. Schwarzmann und C. M. Pozzi, die der Schmalwände von Schwarzmann und Gallasini. Die vollplastischen Hermenpilaster von JOH. FR. HUMBACH aus Bamberg. Schwarzmann und Steidl gestalteten auch die *Schloßkapelle*. Die Ausstattung des von

JOHANN KOCH 1757 stuckierten *Spiegelkabinetts* mit den Gemälden Herrleins und reichen Rokokorahmen von Weber und VALENTIN SCHAUM war für viele Jahrzehnte nach Schloß Philippsruhe in Hanau übertragen worden und wurde 1962 an alter Stelle wieder eingearbeitet.

Nördlich vom Schloß der im englischen Stil umgestaltete *Schloßgarten*. An der Schloßterrasse, von der eine große doppelläufige Freitreppe zu dem niedrigeren Gartenparterre hinabführt, steinerne Gartenplastiken von JOHANN NEUDECKER D. Ä. und D. J. Das schmiedeeiserne Gartentor an der Paulusallee von GOTTFRIED SPANSAHL 1731 (Monogramm von Kurfürst Wilhelm II. von Hessen 19. Jh.). Die ovalen Linien der breiten Orangerie-Freitreppe umspannen die spielerisch gelöste *Floravase* (1728) von J. Fr. Humbach. Mit ihren springenden Putten, der vielfach verschlungenen Fruchtgirlande und der frühlingshaften Gestalt der Flora ist sie ein Meisterwerk barocker Gartenplastik.

Die Orangerie, nach Plänen des Mainzer Baudirektors Maximilian von Welsch 1721–30 durch A. Gallasini und J. Fr. Stengel ausgeführt, ist eines der reichsten Werke dieser Baugattung in Hessen. Zu ihrer schloßartigen Gartenfassade sind zwei im 19. Jh. abgebrochene Seitenpavillons zu ergänzen. Der kraftvolle, durch hohe Pilaster und Dreieckgiebel gegliederte Mittelbau, dessen Form sehr an den Mittelbau von Schloß Arolsen erinnert, enthält einen bis ins Dachgeschoß reichenden *Festsaal* (Weißer Saal) mit großer Pilasterordnung und feinen Stukkaturen von A. SCHWARZMANN (1730–34). Die scheinarchitektonischen Deckenmalereien von EMANUEL WOHLHAUPTER (1730) setzen nach italienischen Vorbildern die Saalarchitektur perspektivisch nach oben fort und eröffnen einen Einblick in den olympischen Himmel. Seitlich des Festsaales je ein weiterer hoher Saal, rückwärtig ein kleinerer, niedrigerer Saal mit Gemälden aus der Werkstatt Wohlhaupters (1737). Nach Norden seitlich im 20. Jh. ein Theaterraum angebaut.

Das *Paulustor*, ursprünglich von Johann Dientzenhofer 1711 zwischen Schloß und Hauptwache errichtet, also an der Grenze zwischen Stadt und Abtei, steht seit 1771, durch Seitenbauten von K. Ph. Arnd ergänzt, westlich der Orangerie als Abschluß des Barockviertels gegen den Frauenberg.

Die *Kavaliershäuser*, die beiderseits den Anfang der Friedrichstraße flankieren und gegen 1737 von ANDREA GALLASINI für Hofbeamte erbaut wurden (heute Hotel ›Zum Kurfürst‹ und Landesleihbank), bilden ein repräsentatives Stadtentrée, ähnlich barocken Wachhäusern einer Schloßauffahrt; am östlichen Bau vor den Balustern des Vorgartens ein Delphinbrunnen. Die Friedrichstraße, welche als Blickfang das *Palais des Fuldischen Kanzlers* (18. Jh., jetzt Städtische Sparkasse) hat und von den Doppeltürmen der Stadtkirche beherrscht wird, ist noch in ganz einheitlicher barocker Bebauung erhalten. Die auf Gallasini zurückgehenden Hausformen sind zweigeschossig mit Mansarddach und zeigen flache gerahmte Putzfelder unter den Fenstern (so Nr. 24, 9, 7 – datiert 1749 – und 5).

Die geschwungene Fassade der *Stadtkirche (k.)* mit ihrer vorgebuchteten Terrasse wurde 1770–78 nach Entwürfen des Jesuitenpaters JOHANN ANDERJOCH anstelle einer gotischen Kirche erbaut, von der nur der Nordturm verwendet wurde. Die späten Rokokostukkaturen des Innenraumes schuf JOHANN MICHAEL HOIS; von ihm auch der Hauptaltar mit den seitlichen Figuren der hl. Blasius und Bonifatius. Deckenfresken (1783) und die Gemälde der Seitenaltäre von A. Herrlein. Die strengen, fast trockenen Formen des Innenraumes lassen den künftigen Klassizismus ahnen. Taufstein von 1483. Vor der Kirche ein *Brunnen-Obelisk* mit Kreuz von 1669.

Südöstlich der Kirche zwei barocke Profanbauten, Universität und Seminar. Adolf von Dalberg hatte 1733 eine *Universität* mit allen Fakultäten begründet (1805 aufgehoben, seit 1835 Gymnasium). A. Gallasini errichtete dazu einen dreigeschossigen Hufeisenbau mit schönem Portal; die ehemalige Marienkapelle (heute Aula) mit Stukkaturen von Schwarzmann und Gemälden von Wohlhaupter (Kopien, die Originale sind in der Kirche von Kämmerzell). Daneben der ausgedehnte Vierflügelkomplex des ehemaligen, 1584 gegründeten *Päpstlichen Jesuitenseminars* (heute Volksschule), im Kern spätes 16. Jh., 1732 von Gallasini in dreigeschossiger Form mit Mansarddach und teilweise mit offenen Hofarkaden umgestaltet; im 19. Jh. durch ein viertes Obergeschoß entstellt, wodurch die architektonische Abstimmung von Universität und Seminar zerstört wurde. Besonders aufwendig die Außengliederung der Westecke (Pilaster über Sockelgeschoß), die das Refektorium und die ehemalige Kapelle in Winkelform enthält; Ausstattung durch Schwarzmann und Wohlhaupter.

Zwei kirchliche Bauten zeigen noch ältere Stilformen, und zwar die kleine einschiffige *Severikirche (k.)* am Severiberg von 1438 mit Netzgewölben im Chor und die Benediktinerinnen-*Klosterkirche (k.)* in der Nonnengasse, 1626–31 erbaut, infolge des Dreißigjährigen Krieges erst 1678 vollendet. Manieristischer Bau mit Formen der Spätrenaissance (Giebelornamentik), der Spätgotik (Spitzbogenfenster mit Maßwerk, eingezogene Strebepfeiler, Netzgewölbe in dreiseitig geschlossenem Chor) und des Barock (Portal). Die schlichten anschließenden Klostergebäude aus gleicher Bauzeit. Rückwärtig die Stadtmauer z. T. mit Fischgrätenmauerwerk und ein alter Backofenbau. Das *Kollegiengebäude* (18. Jh.) seitlich westlich des Klosters, das kürzlich aus verkehrstechnischen Gründen um zwei Achsen gekürzt wurde, enthält einen reich stuckierten und ausgemalten Saal und prächtigen Stuck in anderen Räumen, dazu eine repräsentative Treppe mit Schmiedegeländer. In der Stadt viele *Wohnbauten* des 18. Jh. in der Art der geschilderten Häuser der Friedrichstraße (s. o.), so Nonnengasse 1, Buttermarkt 15, Unterm Hl. Kreuz 9 (Löwenapotheke), Rittergasse 3 und 5, Severiberg 5, datiert 1772. Häufig zieren schwungvolle Holz- oder Steinmadonnen die Mitte oder Ecke eines Hauses. Verschiedene *Fachwerkbauten* reichen bis ins Spätmittelalter zurück. So das ehemalige *Rathaus* (Unterm Hl. Kreuz 10), ein gotischer Bau, der westliche Teil aus Stein mit großer doppelter Spitzbogenarkade im Obergeschoß Ende 13. Jh. Das Untergeschoß mit breiten, ursprünglich offenen Spitzbogenarkaden, 1513 erneuert. Die Schmalseite am Steinweg mit spätgotischem Fachwerk (gekreuzte Streben). Daneben (Steinweg 2a) spätmittelalterliches schmales Patrizierhaus mit Staffelgiebel. Unterm Hl. Kreuz 7 von 1540 (1921 und 1945 renoviert); Steinarkaden im Untergeschoß; zwei spätgotische Fachwerkobergeschosse mit gekreuzten Streben, Andreaskreuzen und Wildem Mann (das vierte Geschoß modern); in der Mitte schlanker fünfseitiger Fachwerkerker (Dachgeschoß modern). Pfandhausstraße 14, Fachwerk des 16. Jh., das Obergeschoß auf Knaggen vorgekragt. Severiberg 4 von 1548 mit massivem Untergeschoß, stark restauriert. Buttermarkt 1 aus dem 16. Jh., mit barockem Mansarddach. Haus ›Zum Schwarzen Bären‹ (Buttermarkt 6), dreigeschossiger Steinbau von 1544 mit hohem Fachwerkgiebel, die Platzfront barockisiert. An der Hausecke Steinplastik eines gefesselten, nach einem Hund greifenden Bären (1544). Haus ›Zur Windmühle‹ (Karlstraße 17) 17. Jh., mit reichen Schnitzereien an Gesimsen und Eckpfosten.

Das *Heilig-Geist-Hospital* in der Löher Straße wurde 1732 durch den Architekten Andrea Gallasini anstelle einer mittelalterlichen Anlage neu erbaut. Seitdem bildet das Hospital eine geschlossene Straßenfront mit der Kirche in der Mitte. Die Kirchenfassade ist in origineller Weise durch drei im Dreieck angeordnete Dreieckgiebel gegliedert, ein Sinnbild der Trinität. Das Hochaltarbild, die Ausgießung des Heiligen Geistes, von E. Wohlhaupter. Auf dem *Friedhof* an der Goethestraße viele barocke und klassizistische Grabdenkmäler und eine schlichte spätmittelalterliche *Friedhofskapelle* (16. Jh.).

Die *Fuldaer Landesbibliothek*, hervorgegangen aus der alten Stiftsbibliothek und der bischöflichen Hof- und Handbibliothek, 1803 vermehrt durch die Handschriftensammlung des aufgehobenen Klosters Weingarten, umfaßt wertvolle Bestände an mittelalterlichen Handschriften (Italafragmente 5. Jh., Prunkevangeliar und Judithevangeliar 11. Jh., Welfenchronik 12. Jh., Weltchronik des Rudolf von Ems 14. Jh.) und an Frühdrucken (42zeilige Gutenbergbibel, Schedelsche Weltchronik 1493, Breidenbachs Reise nach Jerusalem 1486 und ›Theuerdank‹ 1519). Aus der karolingischen Klosterbibliothek stammen noch die Evangelienharmonie des Bischofs Viktor (vollendet 547), das Cadmug-Evangeliar (1. Drittel 8. Jh.) und ein Totenbuch Fuldaer Äbte (9. Jh.). Die Handschriften der Fuldaer Maler-Klosterschule sind heute in europäischen Museen verstreut (Kassel, Göttingen, Merseburg, München, Basel, Rom).

Umgebung von Fulda: Von den vier Klosterbergen gehört der *Frauenberg*, bis zum 13. Jh. Bischofsberg genannt, noch zum Stadtgebiet. Mit den langgestreckten, turmlosen Bauten des *Franziskanerklosters* wächst er unmittelbar aus dem Stadtbild hervor. In der breiten Ahornallee, die vom Paulustor zum Frauenberg hinaufführt, die 15 m hohe *Pestsäule* (1651) mit vergoldeter Marienstatue, errichtet zur Erinnerung an die Pest in Fulda 1351 (heute noch Pestwallfahrt zum Frauenberg) und als Friedensdenkmal zur Beendigung des Dreißigjährigen Krieges. Vom gepflasterten Klosterweg, mit Bildstöcken von 1678, wechselvoller Blick auf Fulda und seine Landschaft. Abt **Ratgar** gründete zu Beginn des 9. Jh. ein Chorherrenstift. Seit dem 11. Jh. Benediktinerpropstei und seit 1623 Franziskanerkloster. Reformationskämpfe, Dreißigjähriger Krieg und ein Großbrand (1757) vernichteten alle älteren Bauten. Die jetzige Kirche, der einzige Rokokobau Fuldas, 1758–63 durch Franziskanerpater Cornelius Schmitt aus Wessobrunn erbaut, ist ein gewölbter Saalbau mit kräftigen Pilastern (eingezogene Strebepfeiler). An den Gewölben leichter Rokokostuck. Die nach Franziskanerregel einfache, unkomplizierte Architektur lebt durch die prachtvolle *Ausstattung:* Triumphaler Hochaltar (1763) mit strahlender Dreifaltigkeitsgloriole über dem Gebälk und mit Gnadenbild, einer spätgotischen, barock überarbeiteten stehenden Madonna. Reiche Kanzel mit Engeln und Evangelistensymbolen auf dem Schalldeckel. Die Malereien der Kirche und Altäre von Joh. Andreas Herrlein aus Münnerstadt, die bildhauerischen Arbeiten von Pater Melchior Egenolf. Auch die übrigen Arbeiten sind von Franziskanerpatres, den gleichen Künstlern, die in Salmünster an der Kinzig (vgl. Kap. IV) tätig waren. Die einfachen *Klostergebäude* 1762–66 ebenfalls von Cornelius Schmitt. Jenseits, nördlich des Klosters ein barocker *Kalvarienberg* mit 14 Kreuzwegstationen, 1737 von Pater Wenzeslaus Marx aus Böhmen, mit großer figurenreicher Kreuzigungsgruppe auf erhöhter Terrasse.

Der *Petersberg* (400 m) mit weiter Fernsicht auf Rhön und Vogelsberg ist kunsthistorisch der bedeutendste der vier Klosterberge. Der mächtige gedrungene Baukörper der ehemaligen Benediktiner-*Klosterkirche*, heute Pfarrkirche (k.), umfaßt eine nahezu 1000jährige Baugeschichte. Hohe kräftige Stützmauern (1738) rahmen das Bauwerk ein und steigern seine monumentale Wirkung. Mauerreste der Kirche des Abtes Baugulf (779–802) wurden durch Grabungen östlich des heutigen Baues festgestellt. Neubau durch Abt Rabanus Maurus. 836 Übertragung der Gebeine der hl. Lioba, der geistigen Gefährtin des hl. Bonifatius, und Weihe der Kirche. In den Jahren zwischen der Niederlegung der Abtswürde (842) und der Ernennung zum Mainzer Erzbischof (847) lebte Rabanus im Kloster Petersberg. Von der karolingischen, einst dreischiffigen Kirche sind der breite Unterbau des Westturmes mit Portalresten und die Krypta mit Quergang und drei Altarnischen erhalten, die mittlere Nische ursprünglich mit Apsis. Erneuerung nach Zerstörung durch die Ungarneinfälle (920) – Abbruch der Ostapside – und unter Propst Gundelaus um 1170. Der heutige dreiteilige Chorbau stammt vielleicht aus dem 10. Jh. in Anlehnung an den karolingischen; von Gundelaus der Oberbau des gestuften Westturmes und der achtseitige, im 18. Jh. neugestaltete Vierungsturm. Das Langhaus wurde 1479 mit hohem Satteldach und in einschiffiger flachgedeckter Form neu gebaut und ein südlicher Querarm angesetzt; Säulenportal an der Südseite von 1685. Im Innern mehrere romanische *Steinreliefs*, vielleicht aus der Zeit des Gundelaus, die ältesten erhaltenen mittelalterlichen Plastiken Fuldas: Thronender segnender Christus und Mutter Gottes seitlich des Triumphbogens, hl. Bonifatius und zwei Könige im Querarm, ferner Bruchstücke einer Schlüsselübergabe an Petrus; im Langhaus eine Jagdszene. Die 1928 freigelegten Kapitelle im Vierungsbogen sind vielleicht noch karolingisch. Aufbau des Hochaltares um 1720–30. Reicher Nebenaltar im Querarm Anfang 18. Jh. Im Langhaus Altargemälde (1750) von Andreas Herrlein. Kanzel 17. Jh.; Orgelprospekt 18. Jh. Im südlichen Nebenchor Grabmal des Ritters Otto von Dernbach (gest. 1597). In den Nischen der *Krypta* die wiederaufgefundenen steinernen karolingischen Altarfrontplatten (Antependien) mit den Inschrifttexten des Rabanus Maurus. Der mittlere Altar ist der Gottesmutter und allen heiligen Jungfrauen geweiht, in seiner Mensa das Sepulchrum (Reliquiennische) der hl. Lioba. Dahinter ihr Steinsarg mit dem Namen der Heiligen im Innern in Bronzebuchstaben (wohl 838). An den Kryptagewölben *Fresken*, deren auf die Weihetitel der Altäre abgestimmte Themen und Darstellungen Rabanus Maurus bereits beschrieb. Die erhaltenen Malereien stammen aber erst aus romanischer Zeit; in der Mittelnische Madonna in der Mandorla, seitlich weibliche und männliche Heilige, in den nördlichen Nischen Taufe Christi mit Engel, die das Gewand halten. Grabstein des Dekan Johann Gribe aus Hünfeld (gest. 1584).

Die Benediktinerabtei *St. Andreas* auf dem *Neuenberg*, auch Andreasberg genannt, ist die jüngste fuldaische Klostergründung (1019, heute Pallotiner). Von der 1023 nach dem Vorbild der Fuldaer Abteikirche angelegten *Klosterkirche* sind die eindrucksvolle, geschlossene Ostpartie mit Querschiff, unmittelbar anschließender Mittelapsis und Krypta erhalten. Aus romanischer Zeit der Westturm, im 15. Jh. verändert (im Obergeschoß 1480 Kapelleneinbau); barocke Zwiebelhaube. Das heute einschiffige, gewölbte Langhaus wurde 1750–66 neu gebaut und dabei das Querhaus verändert. Vierungs- und Apsisbogen noch 11. Jh. Seitlich der Chorstufen Reste der romanischen Ambonen (Lese- und Predigtpulte). Gute barocke Kanzel; Rokoko-Orgelprospekt. In der Vorhalle Holzpieta um 1500. Vier Säulen tragen die Tonnengewölbe der *Krypta;* die Kapitelle sind Frühformen des romanischen Würfelkapitells (vgl. die Hersfelder Krypta). Von großer kunstgeschichtlicher Bedeutung sind die *Gewölbemalereien* (um 1023–25), die ältesten erhaltenen Fresken Fuldas und wichtige Zeugnisse der spätottonischen Malerei. Ornamentale Formen betonen die Architekturglieder. Die figürlichen Szenen in den drei Fensternischen geben durch die Gegenüberstellung von Christus und alttestamentlicher Darstellung (Opfer Abels, Abrahams und Melchisedechs) typologische Hinweise auf das Meßopfer. Zwischen den Fenstern ein Engelzyklus von insgesamt 22 Gestalten. An den Gurtbögen Medaillons mit allegorischen Köpfen. – Nördlich der Kirche zwei flachgedeckte Flügel des mittelalterlichen *Kreuzganges*.

Die alte Straße Frankfurt–Leipzig durchquert zwischen Kohlhaus und Johannesberg auf einer langen, 1765 erbauten *Brücke* die breite Fuldaniederung. 1813 und 1945 wurden Teile der Brücke gesprengt und wiederaufgebaut. Auf der Steinbrüstung Vasen und vier barocke Heiligenstatuen. 811 gründete Abt Ratgar auf der westlichen Uferterrasse die *Benediktinerpropstei Johannesberg*. Aus der mittelalterlichen Zeit ist nur noch der romanische Westturm der ehemaligen *Klosterkirche*, heute Pfarrkirche (k.), mit rundbogigem Säulenportal erhalten. In der Turmkapelle Reste von Wandmalereien (um 1300, St. Michael und apokalyptisches Weib). Unter der barocken Haube der romanische achteckige Steinhelm. Das einschiffige saalförmige Langhaus und der dreiseitige Chor 1686 mit gotischen Reminiszenzen (hölzernes Rippengewölbe, Spitzbogenfenster) neu gebaut. Aus dieser Zeit auch die Ausstattung mit kräftig schwellenden frühbarocken

Formen an Altären, Kanzel, Beichtstuhl und Orgelempore. An der Südseite die *Quirinuskapelle* mit Wandstuck in frühem Bandelwerk und Wand-(ursprünglich Decken-) gemälde von EMANUEL WOHLHAUPTER. Im Chor das Epitaph des Propstes Fr. von Buttlar (gest. 1715). – Die teilweise noch dem 16. bis 17. Jh. angehörenden *Propsteigebäude* gruppieren sich südlich der Kirche. 1732–36 begann ANDREA GALLASINI einen großzügig geplanten Neubau: An der Straße zwei vierachsige Pavillonbauten. Südöstlich der Kirche ein stattliches dreigeschossiges Herrenhaus mit Wappenportal (1736). Ein symmetrisch entsprechender Baukörper war nordöstlich der Kirche beabsichtigt. Vor der Ostseite der Kirche, die nach der Planung die Mittelachse gebildet hätte, zur architektonischen Angleichung eine zweigeschossige Sakristei mit geschwungenem Giebel. Im Obergeschoß des Herrenhauses ein Festsaal mit Stukkaturen, vermutlich von A. SCHWARZMANN, und Gemälden von E. WOHLHAUPTER. Östlich am Hang zur Fulda hin ehemals ein terrassenförmig abfallender *Barockgarten* mit zwei kleinen seitlichen Pavillons (1733), Steinbalustrade und Wasserbecken, einst eine reizvolle Anlage mit Blick auf Fulda und das weite flache Tal.

Östlich des Flusses erhebt sich auf hohem bewaldetem Bergkegel die *Kirche (k.)* von FLORENBERG, umgeben von einem burgartig bewehrten Friedhof, ein einfacher spätgotischer Bau (1515), der kräftige romanische Westturm mit dreifachen Rücksprüngen. Im Chor Netzgewölbe; Decke mit Stuckleisten, die Ausstattung (Altäre, Kanzel) von 1740; spätgotische Sakramentsnische (1515); Taufstein, datiert 1500, in der Art der Taufsteine von Weyhers und Eichenzell. In der Nähe die fuldische *Landwarte* ›Dicker Turm‹ von Dirlos, um 1500.

Eine lange Allee führt von der Talstraße oberhalb BRONNZELL (Gutshof mit Wohngebäude des 18. Jh.) nach SCHLOSS FASANERIE, dem Sommerschloß der Fuldaer Fürstäbte, heute Besitz des Landgrafen von Hessen. Die streng symmetrische, durch Türme, Pavillonbauten und mehrere Höfe aufgelockerte weitläufige Anlage wurde durch Hofbaumeister Andrea Gallasini, einem Schüler J. L. Rothweils, unter starker persönlicher Mitgestaltung des Bauherrn, Fürstabt Amand von Buseck, der selbst Entwurfszeichnungen anfertigte, um 1740 errichtet. Drei Gittertore und zwei Wachhäuschen muß der Ankommende passieren, ehe er im hufeisenförmigen Ehrenhof (Cour d'honneur) steht, der sich wirkungsvoll über die seitlichen Kavalierhäuser und höheren Eckpavillons bis zu dem beherrschenden Mittelbau mit der Tordurchfahrt steigert und aufstuft. Dahinter ein Binnenhof; die Seitenflügel durch Pavillons akzentuiert. Der östliche Mittelbau mit dem schmalen Giebel und dem Satteldach gehört noch zum ›Alten Schloß‹ aus dem Anfang des 18. Jh. In der Achse dieses

Baues sind seitlich je ein Turm mit welscher Haube vorgebaut; denn im südlichen Flügel befand sich bis zum 19. Jh. die Schloßkapelle. Östlich in der Schloßachse folgen noch zwei weitere Hofräume mit einfachen und niedrigeren Diener- und Wirtschaftsgebäuden. Die Einzelformen sparsam und streng, auf den Hauptgebäuden schwere Mansarddächer. Die festliche Südfront leitet mit Terrasse und Freitreppe in den ausgedehnten *Park* über, dessen barocke Regelmäßigkeit der Kasseler Hofgartendirektor WILHELM HENTZE zu Beginn des 19. Jh. in einen romantischen Landschaftsgarten umgestaltete. An die Gartenkunst des 18. Jh. erinnern ein chinesisches und japanisches *Teehäuschen*. – In den *Innenräumen* des Schlosses, besonders im Nordflügel, viele stuckierte und bemalte Decken, die auf Gallasini, seine Rokokostukkateure (STURTZENHÖFFER, KOCH und ALBIN) und den Hofmaler Wohlhaupter zurückgehen, so vor allem im nördlichen Mittelpavillon das prachtvolle, hochräumige *Treppenhaus* mit der großen Pilastergliederung und dem farbreichen Deckengemälde (1746, die Vier Weltteile) und der *Festsaal* mit Deckengemälde. Kurfürst Wilhelm II. von Hessen, in dessen Hände das Schloß – wie die ganze Stadt Fulda – 1815 kam, ließ durch den Kasseler Architekten JOHANN KONRAD BROMEIS verschiedene bauliche Änderungen durchführen, insbesondere an mehreren Innenräumen. Beachtenswert der klassizistische, flach tonnengewölbte *Thronsaal* mit gemalter Kassettendecke. In einem Teil der Räume sind kostbare Sammlungsstücke des Landgrafen von Hessen ausgestellt, barocke und Empire-Möbel, Gobelins, Porzellangruppen des 18. Jh. (u. a. aus Fulda) sowie antike Kunstwerke, besonders griechische Vasen (Führung durch Schloß und Sammlungen).

4. Das obere Fuldatal, die Rhön und das Ulstertal

Oberhalb Fuldas mündet die Fliede in die Fulda, die am Landrücken, der Wasserscheide zwischen Rhein und Weser, entspringt. In EICHENZELL oberhalb der Fliedemündung steht auf einer Anhöhe die basilikale klassizistische *Kirche (k.)* von 1832 mit guter Rokokoausstattung, der Hauptaltar in Ziborienform, die Kanzel mit fuldischem Wappen. Der Taufstein (um 1500) in der gleichen Art wie der von Weyhers an der Lütter. Etwas unterhalb der Kirche das *Schloß* der Herren von Ebersberg, ein großer Rechteckbau von 1548 mit rundem Treppenturm, an der Nordwestecke kräftiger Rundturm mit Vorhangbögen. Bei der Umwandlung zur Sommerresidenz der Fuldaer Fürstäbte 1715 wurden die Fenster vergrößert und das Portal mit

Wappen vorgesetzt. Gegenüber ehemalige Wirtschaftsbauten mit einem Fachwerkhaus (17. Jh.). Wenige Kilometer in Richtung des Parkes von Schloß Fasanerie eine Fuldaer Landwarte, ein runder Wartturm mit hochgelegenem Eingang.

Zwischen den Rhönbergen am Oberlauf der Fulda bettet sich GERSFELD. Der kleine dreieckige Marktplatz mündet auf die *Pfarrkirche (e.)* mit ihrem schlank hochstrebenden Glockenturm. Der weite kreuzförmige Saalbau mit abgerundeten Ecken, eine beachtliche Leistung des protestantischen hessischen Barock, entstand 1780–85 durch JOHANN KASPAR HEYM. Die dreiseitigen und zweigeschossigen Emporen negieren im Innern räumlich die Querarme. Überaus prachtvoller ornamentreicher Architekturaufbau von Kanzel und Orgel hinter dem Altar, vor dem der Taufstein steht: diese vier Stätten der Verkündigung sind künstlerisch und räumlich eng zusammengefaßt. Orgel (1784–87) von JOH. MICHAEL WAGNER aus Schmiedefeld. Seitlich in der Kirche ein Baumodell von 1778 mit Querorientierung des Innenraumes (vgl. Weilburg, Grävenwiesbach, Erbach im Odenwald). Hinter der Kirche das klassizistische *Pfarrhaus*. Nahebei, jenseits der Fulda, die hier noch ein kleiner Bach ist, liegt das *Untere Schloß* der Herren von Ebersberg-Weyhers (seit 1903 von Waldthausen), ein stattlicher dreigeschossiger Wohnbau von 5:11 Achsen mit hohem Mansarddach, ohne Schmuckformen, aber von guter Proportionierung. Im Innern Möbel, Fuldaer Porzellan, Gemälde des 18. Jh. und *Festsaal* mit großen Bildnissen Fuldaer Fürstäbte und mit reichem Rokokostuck, der in zartlinigem Dekor Jagdmotive umrankt (Mitte 18. Jh.). Gegenüber das ›*Mittlere Schloß*‹ von 1607 und das ›*Obere Schloß*‹, 1605 von Otto Heinrich von Ebersberg anstelle einer mittelalterlichen Wasserburg der Herren von Schneeberg erbaut. Zwischen unterem und mittlerem Schloß ein im 18. Jh. angelegter Park. An seinem oberen Rande das neubarocke *Sanatorium* (1905-07). Die *Friedhofskapelle* entstand 1632 als Gruftkirche der Ebersberger. Kanzel und Emporengemälde aus der alten Pfarrkirche (1664).

Etwas nördlich ragen auf hohem bewaldetem Basaltgipfel (689 m) zwischen Fulda und Lütter in kühner Lage die Trümmer der *Burg* EBERSBERG auf, Stammsitz der gegenüber Fulda lehenspflichtigen Herren von Ebersberg. Ringförmige, im Kern wohl staufische Anlage mit vieleckigem Mauerbering, das Aufgehende gotisch (teilweise renoviert). An der Eingangsseite der Bergfried; Unterbau quadratisch mit Eck-Buckelquadern, Oberbau rund um 1400; aus dieser Zeit auch der zweite schlanke Rundturm an der anderen Seite des Beringes. Die Vorburg nutzt geschickt ein natürliches Felsmassiv aus. Großartige Rundsicht auf Wasserkuppe und die mächtigen Gipfel der Rhönberge.

Tief unterhalb der Burg im Lüttertal liegt das Dorf POPPENHAUSEN. Die *Pfarrkirche St. Georg (k.)* wurde vor einigen Jahren im Innern neu gestaltet. Der Glockenturm (Anfang 17. Jh.) war ehemals Chorturm. Südwestlich des Ortes der *Kalvarienberg*, eine barocke Anlage mit großer Kreuzigungsgruppe von 1735 und schlichter Kapelle, davor Steinkanzel von 1736. Ein Bildstock von 1639 zeigt die für Rhön- und Fuldalandschaft typische, wohl von Franken beeinflußte Form: auf einem Sockel eine Säule, die die Bildnische mit einem Steinrelief trägt. Auf der östlich angrenzenden Bergkuppe befand sich die 1459 zerstörte *Burg* der Herren von Eberstein.

Fulda und Lütter entspringen auf der WASSERKUPPE (950 m), der höchsten Erhebung der Rhön, auf deren langgezogenem Kamm Oskar Ursinus 1920 den deutschen Segelflugsport begründete. Hochragende Basaltkegel und tief eingeschnittene Täler, steile und steinige Äcker, einschurige Hochwiesen und Hochmoore, viele einzeln liegende Gehöfte und in den Dörfern schlichtes, schmuckarmes Fachwerk, die Hauswände mit langen dünnen Brettschindeln geschützt, kennzeichnen die Rhönlandschaft. Über die hohen Gipfel und Wasserscheiden im Süden und Osten (Hohe Kammer, Gammersfelder Kopf, Heidelstein, Stirnberg, Ellenbogen, alle 800–930 m) läuft die Grenze zwischen Hessen und Franken bzw. Thüringen.

Die hochragende MILSEBURG (835 m) ist durch ihre eigenwillige Form (›Sargdeckel‹), zerklüftete Steilhänge und große Steinsammlungen (›Felsenmeer‹) bekannt. Auf dem Gipfel die moderne *St. Gangolfkapelle* und eine barocke Kreuzigungsgruppe. Um den Gipfel zieht sich ein vermutlich keltischer *Ringwall*. Grabungen ermittelten in der Nähe am Kälberhutstein Siedlungsspuren der Spät-La-Tène-Zeit (1. Jh. v. Chr., die Funde im Vonderau-Museum, Fulda).

Das zu Füßen des mächtigen Bergkegels im Quellgebiet der Bieber, einem Seitenbach der Haune, gelegene KLEINSASSEN erfreut durch seine 1783 erbaute *Pfarrkirche (k.)*, ein spätes Beispiel für die Ausstrahlung des Fuldaer Barock bis in die entlegenen Dorfgemeinden der Rhön. – Im benachbarten SCHACKAU an der Bieber ein alter umfriedeter *Burgsitz*. Schlicht rechteckiges dreigeschossiges Wohnhaus mit hohem Krüppelwalmdach, an der Eingangs-Schmalseite reizvoller fünfeckiger Fachwerkerker. Über der Tür Wappen und Erbauungsjahr 1630. Im Innern Stuckleisten an den Decken und ein Türsturz mit Jahreszahl 1673 (Freiherr von und zu Guttenberg).

Auf einem hohen Berggrat über dem Gebirgstal der Bieber, durch Baumwuchs fast verdeckt, thront *Schloß* BIEBERSTEIN, von dem Fuldaer Fürstabt Adalbert von Schleifras an Stelle einer mittelalterlichen Burg 1711–13 durch JOHANN DIENTZENHOFER als Sommer-

sitz erbaut (heute Hermann-Lietz-Schule). Vier zwei- bis dreigeschossige Flügel umschließen einen Binnenhof. Halsgraben, Torbau mit Steinbrücke und eine talseitige Bastion ergänzte Fürstäbt Amand von Buseck durch den Ingenieur J. E. LINDNER. 1908 brannte das Schloß teilweise aus. Von dem nachfolgenden Wiederaufbau stammen die Obergeschosse der vier Eckpavillons und die heutigen Mansarddächer (ursprünglich Satteldächer wie am Fuldaer Schloß).
Die Ulster entspringt im Grenzbereich zwischen Hessen und Franken am Heidelstein (926 m). Zwischen hohen Rhönbergen (in Hessen Tannenfels 669 m und Findloser Berg 635 m, in Franken Rhönkopf 774 m, in Thüringen Ellenbogen 813 m) bahnt sich der Bach durch das anmutige Tal, in dessen Dörfer und Siedlungen die schwungvoll bewegten Zwiebelhauben barocker Kirchen grüßen. – Die *Pfarrkirche (k.)* von SEIFERTS, 1880 in den Formen des Fuldaer Barock erbaut, ist ein Beispiel für die Anpassung des Historismus an die jeweils gegebene Kunstlandschaft. Im Innern zwei Rokoko-Altäre von 1775–76. Der Hauptaltar (17. Jh.) aus der Kirche von Fulda-Neuenberg 1959 übertragen. – Die *Kirche (k.)* von BATTEN entstand 1737–41. Heiligenstatuen beleben die schlanke Giebelfront mit ihrem kleinen Glockenturm. Altäre und Kanzel von NIKOLAUS ZENTGRAF in üppigen Rokokoformen (1756). Gemälde des Hochaltares von ANDREAS HERRLEIN. – In HILDERS, das ursprünglich zu Fulda und von 1342–1803 zu Würzburg gehörte, erbaute JOHANN MICHAEL SCHAUER 1793–96 die *Pfarrkirche (k.)*. Eine lange hohe Treppe führt zu der schmalen Einturmfassade hinauf. Die reiche barocke Ausstattung des flachgedeckten Saalbaues leitet in der strengen symmetrischen Führung der Linien und Bogen zum Klassizismus über, welchem der Hauptaltar angehört. Vor der Kirche ein Bildstock von 1726; weitere Bildstöcke in der gleichen Art – Säule mit kleinem Relief (vgl. Poppenhausen) – im Ort und im Ulstertal. Nördlich des Ortes, am Abhang des Auersberges, die Ruinen der *Auersburg*, einst Sitz des Würzburger Amtmannes (Herren von der Tann), im 17. Jh. zerstört.
TANN, die älteste Ortschaft des Ulstertales, ist der Stammsitz der Herren von der Tann. Sie spalteten sich im 14. Jh. in drei Linien, von denen jede anstelle der mittelalterlichen Burg ein *Schloß* erbaute. Der stadtseitige *Rote Bau* enthält die Tordurchfahrt zum rechteckigen Hof und wurde laut Inschrift am hofseitigen Treppenturm 1558 errichtet. Der *Blaue Bau* in der Nordostecke des Hofes im Kern 16. Jh., im Innern 1716 neu gestaltet (Inschrift am Treppenhaus); außen ein Rundturm von 1574 mit vielen Ahnenwappen. *Der Gelbe Bau* von 1699 schließt als repräsentative hufeisenförmige Anlage mit Mittelrisalit und Säulenportal die Westseite des Hofes. Im Innern ein weit-

räumiges Treppenhaus und verschiedene Gemächer mit Renaissance- und Barockmöbel, barocken Stuckdecken (um 1700), Velours- und bemalten Leinentapeten; im Obergeschoß großer Ahnensaal mit Porträtgemälden, u. a. von Lucas Cranach d. J., Tischbein, Lenbach u. a. Vor dem Schloß ein steinerner *Brunnen* in Vierpaßform mit Delphinen (17. Jh.). – Ecke Schloßstraße und Markt das *Neue Schloß* von 1689 mit Säulenportal. Daneben (Markt 4) das *Apostelhaus*, ein reichgezierter Fachwerkbau, an der Brüstung des Obergeschosses die Reliefs von 11 Aposteln (um 1600). Auf dem Markt großer Brunnenkump. Ludwig von der Tann (1815–81), dessen Denkmal in Ortsmitte steht, erwarb sich als General des 1. bayerischen Armeekorps 1870–71 Verdienste. Verschiedene ältere, durchweg schlichte Fachwerkhäuser. Bemerkenswert der klassizistische Bau ›Am Stadttor 3‹ (1. Hälfte 19. Jh.). Von der Stadtbefestigung ist außer Mauerresten das von zwei Rundtürmen flankierte *Stadttor* erhalten: 1557 erbaut, die Durchfahrt mit bossierten Pilastern 1677, die geschweiften Turmhauben und das Mansarddach 1767. Am Ende der Marktstraße die *Friedhofskapelle* von 1741; auf dem Chorturm Zwiebelhaube und Laterne. Außen und innen viele Grabsteine des 16. bis 18. Jh.; bemerkenswert ein Epitaph der Herren von der Tann von 1608. Gegenüber das ehemalige *Hospital zu St. Claus* (1617).

Die Ulster durchfließt nun thüringisches Land, erreicht erst wieder bei Philippsthal hessisches Gebiet und mündet in die Werra.

Übersichtskarte zu Kapitel XIII:
Südliche Mainebene, Darmstadt, Hessisches Ried und Bergstraße

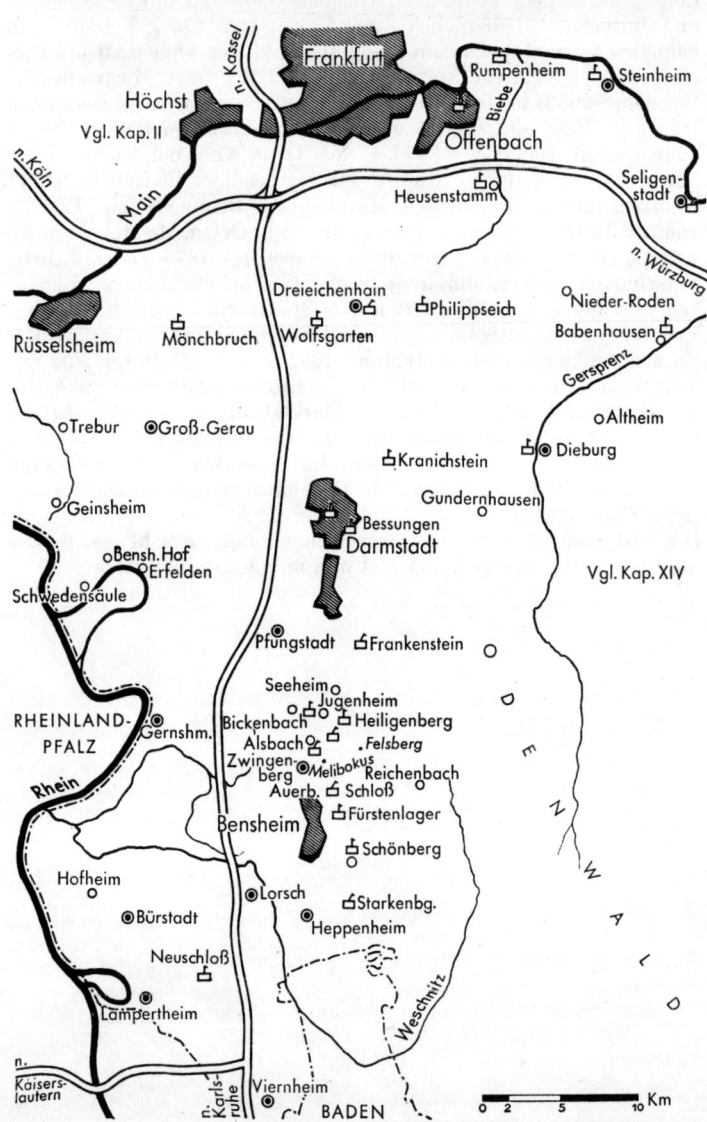

XIII. Südliche Mainebene,
Darmstadt, Hessisches Ried und Bergstraße

1. Von Offenbach über Seligenstadt nach Babenhausen und Darmstadt

Wenn OFFENBACH – heute eine moderne Industriestadt vor den Toren Frankfurts – im 2. Weltkrieg auch stark zerstört wurde, so sind einige historische Bauwerke doch noch anzutreffen. Am Mainufer hinter dem modernen Hochwasserdamm liegt das *Schloß*, einer der besten Renaissance-Steinbauten in Hessen. 1486–1816 war Offenbach Besitz der Grafen von Isenburg-Büdingen; dann kam es an Hessen-Darmstadt. Die mittelalterliche, 1556–59 von Graf Reinhard erneuerte Wasserburg wurde 1570–78 zum Schloß ausgebaut. Aus spätgotischer Zeit stammen noch die meterdicken Mauern des Untergeschosses, die beiden runden Ecktürme an der Mainseite und der Rundbogenfries längs der ganzen Mainfront. Beim Ausbau zum Schloß entstand die große hofseitige Prunkfront, der offene Arkadengang, die zweigeschossigen Loggien darüber und die beiden seitlichen achteckigen Treppentürme. Ein reicher plastischer (1901 restaurierter) Dekor mit antikhumanistischem Programm (Karyatiden, Tugenden, Götterfiguren, Heroen) überzieht Pfeiler, Bögen, Gebälk und Zwickel. Auf den Brüstungen ein Wappenfries. Als Künstler ist KONRAD BÜTTNER anzunehmen. Nach einem bestimmten Proportionssystem verkürzen sich die einzelnen Stockwerke: das Erdgeschoß ist so hoch wie beide Obergeschosse zusammen, und das Größenverhältnis der beiden Obergeschosse beträgt 4:3 (d. h. ungefähr Goldener Schnitt). Vermutlich war der Ausbau des Schlosses zum Vierflügelbau mit Binnenhof geplant. Die Wendeltreppen in den Ecktürmen haben offene Spindeln. Im Untergeschoß zwei Säle mit Rippengewölben. Im 18. Jh. wurden Obergeschoß und Mansarddach sowie die Steinbalustraden auf den Türmen an der Mainseite hinzugefügt (1951 instand gesetzt). Ursprünglich trug das Bauwerk ein Satteldach mit Zwerchhäusern (vgl. Matthäus Merians Ansicht von Offenbach).

Südwestlich beim Schloß befindet sich das moderne evangelische Gemeindezentrum mit dem Turmstumpf der 1703–13 erbauten, im 2. Weltkrieg ausgebrannten *Schloßkirche*. Städtebaulich reizvoll ist der Durchblick von der Kirchgasse zum Schloß. An der Herrnstraße die hohlen Mauern des im 2. Weltkrieg zerstörten *Büsing-Palais*, einst ein entzückender zweigeschossiger Rokokobau mit beiderseitigem halbrundem Mittelrisalit und kurzen Nebenflügeln, um 1780 von Peter Bernard und Johann Georg d'Orville errichtet. Die heutige große Ehrenhofanlage mit den langen Seitenflügeln entstand erst um 1900. In den nach Brandzerstörung wieder ausgebauten Teilen befinden sich jetzt die Stadtbücherei und das Klingspor-Museum für Buch- und Schriftkunst. Im Park hinter dem Palais ein kleiner *Rundtempel* aus dem frühen 19. Jh., in dem benachbarten Lilipark – benannt nach der Freundin Goethes, Lili Schönemann – ein gartenarchitektonisch interessanter, leider schwer beschädigter *Bade-Pavillon* von Nicolas Alexander Salins de Montfort, eine Mischung von Grotte und Tempelform (um 1805). – 1542 wurde in Offenbach die Reformation eingeführt, 1596 der Kalvinismus. Um 1600 ließen sich Wallonen und Niederländer, um 1700 Hugenotten nieder. An der Herrnstraße liegen die *Französisch-Reformierte Kirche* (1717–18), aus deren im späten 19. Jh. bereicherten Fassade in origineller Komposition der Turm hervorwächst, und die *Stadtkirche (e.)*, ein strenger und einfacher Bau (1739–49) mit neuem westlichem Ausbau für einen Gemeinderaum. Beide kriegszerstörten Kirchen wurden wiederhergerichtet. Von den barocken *Wohnhäusern* der Herrenstraße ist nur noch Nr. 35 mit Mansarddach erhalten (renoviert). In der Frankfurter Straße das *Deutsche Ledermuseum*.

Unmittelbar vor dem südlichen Waldgürtel von Offenbach steht in HEUSENSTAMM eine von Balthasar Neumann 1739–40 erbaute *Pfarrkirche (k.)*, 1955 restauriert. Sie gehört zu Hessens schönsten Rokokokirchen. Im 17. und 18. Jh. war Heusenstamm eine kleine, aber den Künsten aufgeschlossene Schönbornsche Residenz. Die Witwe des Grafen Anselm Franz von Schönborn, Maria Theresia, geborene Gräfin von Montfort, rief den Schönbornschen Hofarchitekten Balthasar Neumann (geb. 1687 in Eger, gest. 1753 in Würzburg) nach Heusenstamm, unterstützt durch ihren kunstsinnigen Schwager, den Würzburger Fürstbischof Friedrich Karl von Schönborn. – Aufbau und Anlage sind einfach: ein einschiffiges Langhaus, ein Querschiff in Form zweier Konchen, dreiseitig geschlossen wie der Chor, der nur durch ein Chorjoch etwas länger als ein Querarm ist. Aus der Fassade steigt in zierlicher Schlankheit der Westturm empor, seitlich flankiert von Giebelvoluten mit aufgesetzten Vasen und bekrönt von elegant geschwungener Zwiebelhaube. Der farblich auf Weiß und Rot abgestimmte Außenbau ist sonst schlicht und anspruchslos (vgl. Vierzehnheiligen). Der Innenraum atmet eine gelöste Leichtigkeit. In den Vierungsecken stehen marmorierte Säulen, die das Vierungsgewölbe wie einen Baldachin tragen. Obwohl der Raum breit und gedrückt proportioniert ist, wirken die Gewölbe leicht und schwebend durch die Malereien von CHRISTIAN THOMAS SCHEFFLER aus Augsburg (1741, 1955 durch Kirchenmaler KIENZLE restauriert). Die gedämpften, gebrochenen Farben (grau, dunkelrot, dunkelblau) sind charakteristisch für das Rokoko und auf den Stuckmarmor der Säulen abgestimmt. Die eschatologische Thematik der Fresken – Auferweckung des Lazarus, Auferstehung Christi, die ewige Gottesschau der Seligen – entspricht der Bestimmung der Kirche als Schönbornsche Begräbnisstätte. Originell ist der Altaraufbau des JOHANN WOLFGANG VON DER AUWERA (1744, nach Zeichnungen Neumanns?). Die lockere vergoldete Rokokoornamentik strahlt besonders im Sonnenlicht in vielfältiger Gebrochenheit, wirkungsvoll hinterfangen durch den blaugrünen gemalten Vorhang. Chorgestühl, Kanzel und Ewige Lampe fügen sich harmonisch ein. Klassizistische Seitenaltäre (Anfang 19. Jh.).

Das *Rathaus* an der Südseite des regelmäßig umbauten kleinen Kirchvorplatzes entstand 1744, ein zweigeschossiger Steinbau mit Satteldach und Zwerchhaus. Der prachtvolle Bau des *Triumphtores* erinnert an den einwöchigen Besuch von Kaiser Franz I. im März 1764, der hier auf der Fahrt nach Frankfurt mit seinem Sohn Joseph II. vor dessen Wahl und Krönung zum deutschen König weilte. Der aus Anlaß des Besuches erbaute Kaisersaal wurde 1830 abgebrochen. Östlich hinter dem Chor der Kirche der schlichte *Pfarrhof* (17. Jh.), einst Schönbornscher Besitz. Die *Schloßstraße* verbindet in gerader Achse das Triumphtor mit dem Schönbornschen Schloß am südlichen Ortsrand; einige gute Fachwerkhäuser sind beachtenswert (z. B. Nr. 20, ein Hof des 18. Jh.). – Das *Schloß*, im Mittelalter eine Wasserburg der Grafen von Eppstein, ist seit 1661 Besitz der Schönborns (heute als Postschule verpachtet). Die Grafen von Schönborn planten durch den Architekten CLEMENS HINKH bald nach 1661 eine großzügige Vierflügelanlage mit Binnenhof, vier runden Ecktürmen und Wassergräben. Vollendet wurde jedoch nur der hufeisenförmige Eingangsflügel mit schlichten Einzelformen. Seitlich vor dem Schloß die alte *Mühle* (18. Jh.) mit Wohnhaus, Scheune und Hoftor; der Mühlgraben wurde vor kurzem zugeschüttet. Östlich hinter dem Schloß, durch einen Graben getrennt, die alte *Burg*, eine gotische Wohnturmruine und ein Wohngebäude des 16. Jh. (Inschriften 1533 und 1561). Beide Gebäude im 19. Jh. neugotisch verändert.

Das bei Offenbach ein wenig mainaufwärts gelegene RUMPENHEIM ist heute jener Stadt eingemeindet. Der kleine Ort gehörte ursprünglich zu Hanau und wurde 1736 hessischer Besitz. Landgraf Friedrich von Hessen-Kassel erbaute 1781–90 am südöstlichen Dorfrand dicht am Main ein dreiflügeliges *Schloß*. Die eingeschossigen Seitenflügel sind in der Mitte durch Portal und Giebel und an den Enden durch Pavillons betont und haben Mansarddächer. Der im 2. Weltkrieg ausgebrannte und seitdem in Trümmern liegende Hauptbau war ursprünglich zweigeschossig. 1804 wurde an der Mainseite ein drittes Geschoß aufgestockt und die Gebäudeenden turmartig erhöht. Der angrenzende Park ist heute Vogelschutzgebiet. Die *Kirche (e.)* nahe beim Schloß im Park ist ein einfacher Saalbau von 1761. Vor dem Schloß liegen die ehemaligen *Marstall-* und *Remisenbauten* des 18. und 19. Jh.

Die Stadt STEINHEIM schräg gegenüber Hanau setzt sich aus zwei, erst 1938 vereinigten Siedlungen zusammen, dem nördlich der Burg gelegenen historisch älteren Dorf Niedersteinheim (Klein-Steinheim) und der zwischen Burg und heutiger Pfarrkirche sich erstreckenden jüngeren Stadt Obersteinheim (Groß-Steinheim). – Das auf einem flachen Basaltfelsen, der den Namen ›Steinheim‹ veranlaßte, dicht über dem Main gelegene *Schloß* war ursprünglich Eppsteiner Besitz und wurde 1425 an die Mainzer Erzbischöfe verkauft. Die heutige Anlage geht im wesentlichen auf einen Um- und Neubau durch Erzbischof Konrad III. von Daun (um 1430) zurück. Der an der Angriffsseite über einem tiefen Graben errichtete Bergfried beherrscht mit seinem Steinhelm und den vier vorkragenden steinernen Ecktürmchen (vgl. Burg Friedberg und Eschersheimer Torturm in Frankfurt) die Stadtsilhouette und die Mainlandschaft. Gute Rundsicht vom Turm. Der aus zwei gewinkelten Flügeln bestehende Wohnbau, dessen Fachwerkobergeschoß im 18. Jh. abgetragen worden war, wurde 1804 durchgreifend erneuert; Treppenbau mit Portal von 1572. Seitlich der spätgotische Marstall. Der kleine *Ziehbrunnen* von 1564 bezeichnet den Bereich der einstigen Vorburg. Die gesamte Burganlage springt bollwerkartig aus dem *Stadtmauerring* vor, dessen Mauerzüge mit einigen Türmen, besonders an der Südseite, noch erhalten sind.

Die Stadtwehr wurde wohl bald nach der Stadtrechtverleihung 1320 angelegt. Zu ihr gehört auch der Turm der *Pfarrkirche St. Johann Bapt. (k.)* mit seinen Schießscharten, Zinnen und Ecktürmchen. Er sicherte das unmittelbar westlich vor der Kirche gelegene einstige Obertor, an das heute nur noch ein klassizistisches *Wachhäuschen* erinnert. Kirche und Turm waren um 1449 anstelle einer Kapelle erbaut worden; zugleich waren die Patronatsrechte von dem unbefestigten Niedersteinheim auf die neue Kirche in der befestigten Stadt Obersteinheim übertragen worden. Eine 1948 erneuerte flache Holztonne überspannt das einschiffige Langhaus. Der Chor der Kirche entstand 1505–06. Die Gewölbeschlußsteine zeigen Wappen mehrerer Mainzer Erzbischöfe, die Gewölbekappen spätgotische Blumenranken.

Das Chorgestühl mit den schön geschnitzten Reliefs einer Madonna und des hl. Christophorus wurde 1510 und 1514, die qualitätvolle Madonnenstatue auf dem südlichen Seitenaltar um 1420–30 und der hl. Sebastian auf dem nördlichen Nebenaltar zu Anfang des 16. Jh. geschaffen. Bemerkenswert sind verschiedene Grabdenkmäler der Renaissance; an der Südwand das Doppelgrabmal für Diether von Erlenbach und Anna von Reifenberg (gest. 1507) und das Einzelgrabmal für Jörg Truchseß von Henneberg (gest. 1564), an der Nordwand das Doppelepitaph für Frowin von Hutten (gest. 1528) und seine Gattin Kunigunde von Hattstein (gest. 1548), 1548 und 1553 vermutlich durch CONRAD FORSTER gearbeitet und von ausgezeichneter Qualität.

Westlich vor der Kirche erstreckt sich mit Markt und langer Querachse die im späten 17. Jh. mit Traufenhäusern einheitlich angelegte *Vorstadt*. In der *Altstadt* überwiegen die meist verputzten Fachwerkhäuser. Das alte *Pfarrhaus* (am Obertor) ist ein Fachwerkbau des 15. Jh.; das *Fischerzunft-Haus* in der Brauhausstraße, bei dem Knaggen das vorgekragte Obergeschoß abstützen, gehört vielleicht noch dem 14. Jh. an. Die ehemaligen Wirtschaftsgebäude des Mainzer Erzstiftes nehmen fast den ganzen Südrand der Stadt zwischen Brauhausstraße, südlicher und östlicher Stadtmauer ein, so *Brauhaus*, *Fronhof* und *Kellereihof* mit *Zehntscheuer*. Am *Huttenhof*, einem Spätrenaissancebau (um 1600) mit Eckerker über einer Säule, ein Barockportal mit kleiner Madonnenstatue (1. Hälfte 14. Jh.). Gegenüber das *Haus Ulrich Bender* von 1535 und das ehemalige *Rathaus* (Ende 18. Jh.) mit Balkon und Dreieckgiebel am schwach vorgezogenen Mittelrisalit. Am dreieckigen *Platz des Friedens*, dem alten Marktplatz, ein großes zweigeschossiges, einst Schönbornsches Giebelhaus (16. Jh.) mit steinernem Untergeschoß und Eckerker. Das Eckhaus zur Maintorstraße stammt von 1579. Außen vor dem *Maintor*, einem Steinbau des frühen 16. Jh. mit Fachwerkaufsatz, steht am Mainufer die alte *Gerichtslinde*.

An einer weich geschwungenen Schleife des Mains erstreckt sich SELIGENSTADT, mit seiner lebendigen Uferfront ein Kleinod unter den südhessischen Städten. Die Gassen und Plätze bewahren noch weithin das ruhige, beschauliche Wesen einer kleinen, kunstgeschichtlich wertvollen Stadt. Bedeutende Künstlerpersönlichkeiten sind mit Seligenstadt verbunden, so HANS MEMLING, der hier 1434 geboren wurde (gest. in Brügge), und MATHIAS GRÜNEWALD, der 1500–25 in Seligenstadt wohnte und wirkte (vgl. Mosbach). Der seit 847 überlieferte Name Seligenstadt – früher Obermühlheim – soll nach der Sage durch Kaiser Karl d. Gr. geprägt worden sein. Als der Kaiser seine von Einhard entführte Tochter hier wiederfand, rief er aus: »Selig sei die Stadt genannt, da ich meine Tochter wieder fand« (so zu lesen am Einhard-Haus auf dem Marktplatz). Historisch entstand der Stadtname jedoch durch eine Tat Einhards, des Geschichtsschreibers und Hofgelehrten Karls des Großen (um 770-840). Er ließ aufgrund einer Traumerscheinung im Jahre 828 die Gebeine der Märtyrer Marcellinus und Petrus (304 in Rom enthauptet) von Steinbach nach Seligenstadt (= Stätte der Seligen) überführen und eine Grabes- und Wallfahrtskirche, die Einhardsbasilika, über ihren Gräbern erbauen. Dabei gründete er eine *Benediktinerabtei* als Eigenkloster, dem er als Laienabt vorstand. 1063 kam die Abtei an das Erzstift Mainz, 1803 wurde sie aufgehoben.

Die *Einhardsbasilika* bewahrt trotz späterer Erweiterungs- und Umbauten noch wesentliche Teile des 840 vollendeten Gründungsbaues. Die Arkaden und Wände des Mittelschiffes bis in Deckenhöhe sowie die Wände des Querschiffes mit den Ostfenstern sind noch karolingisch. Vierungspfeiler und -kuppel sowie der Chorbau entstanden im 2. Viertel des 13. Jh. (Altarweihe 1253). Die neuromanische Westfassade wurde 1868 anstelle einer Doppelturmfront des 11. Jh. aufgeführt. Von einem Atrium des 11. Jh. blieb die südliche Abschlußwand vor der heutigen Westfront teilweise erhalten. Die Außenwände der Seitenschiffe 19. Jh. Der Außenbau läßt in der Nordansicht noch am besten Gestalt und Proportion des karolingischen Bauwerkes erleben. Die 1937-55 durchgeführte Restaurierung beseitigte Einbauten des 19. Jh. und erstrebte eine Wiedergewinnung der karolingischen Raumform; gehört der Bau doch zu den ältesten Basiliken in Deutschland und neben Höchst, Lorsch, Steinbach und Fulda zu den bedeutendsten karolingischen Bauwerken in Hessen. Die barocken stuckierten Scheingewölbe waren bereits im 19. Jh. glatt verputzt worden und fielen jüngst zugunsten einer Flachdecke. Bei der letzten Restaurierung wurden sämtliche Obergadenfenster nach vier erhaltenen ursprünglichen Querhaus-Fenstern ergänzt und die durchlaufenden horizontalen Gesimse des Mittelschiffs sowie die Basis- und Kämpfergesimse der Pfeiler aufgrund zuverlässiger Reste nachgebildet. Das karolingische Mauerwerk ist außen an der Ostwand des nördlichen Querschiffes (Bruch-Sandstein), das der Pfeiler innen an einigen unverputzt gelassenen Stellen (flache Backsteinziegel) sichtbar. An der Westseite des nördlichen Querarmes ein karolingisches Portal (Fischertür). Der Raumeindruck des Langhauses ist schlicht. In ruhiger Folge reihen sich die Pfeiler. Es fehlt die spätere Akzentuierung romanischer Bauten. Das Vorbild der altchristlichen Basiliken Roms ist deutlich spürbar. Bedeutsam aber ist die Verwendung schwerer

Seligenstadt: Einhardsbasilika

Pfeiler statt der eleganteren römischen Säulen. Zum ursprünglichen Bild des Raumes sind Bilderzyklen auf den heute leeren Wandflächen zu ergänzen (vgl. die Klosterkirche Müstair in der Schweiz). Bauuntersuchungen ermittelten die karolingische Chorform: an das Querschiff schloß sich unmittelbar eine halbrunde Apsis; die Kirche hatte also T-förmigen Grundriß. Der erhöhte Altarraum war weit in die Vierung vorgezogen und gegen die Querschiffarme durch Schranken oder Zwischenwände abgeschlossen. Unter dem in der Vierung stehenden Altar befand sich die Confessio (Stätte der Märtyrergräber). Sie war an der Ostseite durch eine im inneren Apsisrund herumgeführte Ringkrypta zugänglich. Die im 13. Jh. zugeschüttete Anlage wurde 1937 freigelegt. Der gewölbte Anbau des nördlichen Querarmes (11. Jh.) enthielt das Abteiarchiv. Seit 1872 steht dort der Sarkophag Einhards und seiner Gattin Imma, angeblich eine flandrische Arbeit von 1722. Die reiche und in vorzüglicher Qualität durchgebildete spätromanische Ostpartie stößt etwas hart und unvermittelt an das karolingische Langhaus. Die schönen Kelchknospenkapitelle an den Vierungspfeilern, die Gewölbekonsolen an der Kuppel und die Blendarkaden des Chorraumes entwickeln die Bauweise der älteren Marienkirche von Gelnhausen weiter. Von dort scheint der Gedanke einer wuchtig gruppierten Choranlage mit Vierungsturm und Chorflankentürmen übernommen, wie ein Blick vom Konventgarten auf die sich eindrucksvoll darbietende Chorpartie bestätigt (von den Flankentürmen sind nur die unteren Geschosse vollendet); Glockengeschoß des Vierungsturmes 2. Hälfte 13. Jh.; Haube mit offener Laterne 1725, die vergoldete Kupferstatue des Erzengels Gabriel 1743. – Der *Hochaltar* des frühen 18. Jh. stammt aus dem Karthäuser-Kloster in Mainz und befindet sich seit 1792 in Seligenstadt. Der Entwurf wird MAXIMILIAN VON WELSCH zugeschrieben. Die in Alabaster gearbeiteten Altarfiguren fertigte BURKARD ZAMELS. Mainzer Arbeiten sind auch die Querschiffaltäre. Kanzel um 1720. Das etwa gleichalte Chorgitter war ursprünglich mehr ins Langhaus vorgesetzt, um Mönch- und Laienraum zu trennen. Im südlichen Seitenschiff, im modernen Kriegerdenkmal, Engel vom Chorlesepult, aus Marmor (um 1720). Burkard Zamels schuf auch die schwungvollen Steinplastiken der hl. Marcellinus und Petrus vor dem Westportal und des Erzengels Gabriel (datiert 1729) an der Klostermauer beim Freihofplatz.

Südlich der Kirche erstreckt sich der *Klosterbezirk*, vielleicht auf karolingischen Grundmauern, mit Bauresten des 11. Jh. und mit mehreren Gebäudeflügeln der Barockzeit. Vom dreieckigen Freihof, an dem das alte *Schulhaus* (1703) steht, betritt man durch ein prunkreiches Barockportal den Klosterhof. Zu seiner Rechten erhebt sich mit getreppten Giebeln die alte *Klostermühle* (1574), zur Linken die ehemalige *Prälatur* (Abtswohnung und Gästehaus, heute Museum) von 1699, ein zweigeschossiger Bau mit Walmdach. Im Innern schönes Treppenhaus mit reichem Rokokogitter; der prachtvoll dekorierte Kaisersaal mit angrenzendem Schlafappartement für hohe Gäste und die Bibliothek mit Ausmalung von 1730 (1942 ergänzt). An der Südseite der Kirche der schlichte barocke *Kreuzgang* mit Ziehbrunnen. Der Westflügel am Kreuzgang (im Kern 11. Jh.) enthält das *Sommerrefektorium*, einen gewölbten Saal mit scheinarchitektonischer Ausmalung von G. F. MARCHINI (Como) aus dem Jahre 1729, die alte *Klosterküche* mit großem spätgotischem Rauchfang und Durchreiche nach außen zur Speisung der Armen. Der 1685 neuerbaute Ostflügel war einst *Konventbau*. Im ehemaligen Kapitelsaal stuckierte Decke von 1730. Die Klosterzellen befanden sich im Obergeschoß (heute Wohnungen). An der Südseite des Kreuzgangs der sog. *Krankenbau* mit Fenstergewänden (16. Jh.). Rechtwinkelig dazu liegt als östlicher Abschluß des Klosterhofs die sog. *Alte Abtei* (1686). Der in seiner gesamten barocken Ummauerung erhaltene *Konventgarten*, der zur Klausur gehörte, war als regelmäßiger barocker Ziergarten mit Figuren und Brunnen angelegt; seit 1960 ist er im ursprünglichen Sinne angelegt. Ein festliches Portal von 1720 mit Sandsteinfiguren öffnet den Garten an der Südseite zur Stadt hin. Östlich an den Konventgarten schließt sich der Friedhof; er reichte ursprünglich bis zur Stadtmauer und wurde erst in neuerer Zeit darüber hinaus erweitert. Die Nordostecke des alten Friedhofs markiert ein *Rundturm der Stadtbefestigung* mit Steinhelm und vorgekragtem Wehrgang, die Nordwestecke die *Notgottes-Kapelle* mit schönem Steinportal von 1722 (bis 1873 am nördlichen Seitenschiff der Basilika). Auf dem Friedhof eine Madonna auf Steinsäule (1704). In der kleinen neugotischen Kapelle (Südostecke) eine Pieta (15. Jh.).

Dicht am Main, wenig unterhalb des Klosterbereiches, liegt die *Kaiserpfalz*. Seit Kaiser Friedrich I. Barbarossa, der 1188 in Seligenstadt weilte, empfingen die staufischen Kaiser die Stadt Seligenstadt vom Mainzer Erzbischof zu Lehen. Vermutlich erbaute Kaiser Friedrich II. (1212–50) das ›Rote Schloß‹, jenes langgestreckte rechteckige Wohn- und Repräsentationsgebäude (Palas) am Flußufer. Es brannte vor 1462 nieder. Seine Mainfront wurde in die damals neu angelegte Stadtbefestigung einbezogen und blieb damit erhalten. 1938 wurde der Gebäuderest in seinem ganzen Umfang freigelegt und behutsam ergänzt. 1961 erfolgte eine Sicherung der Mauerkronen. Der zweigeschossige Bau zeigt an der dem Fluß zugewandten Schaufront im Untergeschoß kleine schlitzartige Rundbogenfenster, im Obergeschoß doppelte und dreifache Arkadenfenster unter größeren Blendbögen in symmetrischer Anordnung. Die östliche Fenstergruppe auf Verglasung berechnet. Der Altanvorbau wurde 1938 nach Resten rekonstruiert; darunter die Zugänge zum Erdgeschoß. An der heute verbauten Rückseite des Gebäudes ist eine Freitreppe mit Zugang zum Obergeschoß zu vermuten. Dieses Geschoß enthielt die Haupträume, einen Mittelraum (Schlafgemach) und je einen seitlichen Raum mit Zugang zum Altan. Der ungefähr längsovale *Bering der mittelalterlichen Stadt* zeichnet sich im heutigen Grundrißbild sowie in der streckenweise erhaltenen Wehrmauer (1462 erneuert und verstärkt) und einigen runden Stadttürmen deutlich ab.

Vom unregelmäßig viereckigen *Marktplatz* mit seiner alten Linde gehen die Straßen – die verkehrspolitisch günstige Lage der Stadt kennzeichnend – allseitig nach Frankfurt, Aschaffenburg, Steinheim und jenseits des Mains. Die Pfosten eines vermutlich von Einhard errichteten Brückenbaues wurden wenig unterhalb der heutigen Fähre gefunden. Das *Rathaus* (1823), in Anlage und Gliederung ein guter klassizistischer Bau, wirkt für den kleinen Platzraum etwas übermächtig. Ringsum stehen zwei- bis dreigeschossige *Fachwerkhäuser*, vorwiegend 17. und 18. Jh. Erwähnenswert sind die alte Schmiede (Nr. 13) mit Dachvorbau (18. Jh.); Markt 7 mit Knaggen (1. Hälfte 16. Jh.); Nr. 10 (1584); ›Zum Ochsen‹ Aschaffenburger Straße 1/3; das *Einhard-Haus* (1596) mit massivem Erdgeschoß und reich dekoriertem Eckerker (im Giebel-Fensterchen der Kopf Einhards) und Aschaffenburger Straße Nr. 5 (1444), Oberbau in Fachwerk mit Mansarddach (18. Jh.). Reizvoll ist auch die Steinheimer Straße, die ›Niederstadt‹, mit zweigeschossigen traufseitigen Fachwerkhäusern: das Haus Ecke Stadtmühlgasse (1697), Haus Nr. 24 mit schönem Steinportal (1696). Das große *Steinheimer Tor* (1603–05) mit origineller Haube über der Steinbalustrade bildet den optischen Abschluß der Straße. An seiner Außenseite sind die Steinklammern für das ehemalige Fallgatter erhalten. Malerische *Häuser- und Straßenbilder* bieten auch Kleine und Große Fischergasse: Nr. 1 (um 1480) mit Renaissanceportal (1. Hälfte 16. Jh.); Kleine und Große Maingasse Nr. 18 (16. Jh.); Große Rathausgasse Nr. 1 mit Steinportal (1713); Nr. 5, im Kern romanisch, mit Arkadenfenster am seitlichen Stufengiebel; Freihofplatz Nr. 3 (1567) und Aschaffenburger Straße Nr. 79, Pfarrhaus (18. Jh.). Verschiedentlich zieren barocke *Madonnenstatuen* eine Hauswand oder Hausecke, so Schafgasse 11 und Aschaffenburger Straße 17.

Südöstlich vor der Stadt bei den alten Klosterfischteichen erbaute sich der Seligenstädter Abt 1707 einen kleinen Sommersitz, ein Lust- und Gartenhaus in Form einer *Wasserburg*. Ein Wassergraben und eine niedrige Ringmauer mit vier spielerischen runden Ecktürmchen umgeben ein zweigeschossiges pavillonartiges Wohnhaus mit Mansarddach. Die Anlage ist ein ungewöhnlich frühes Beispiel für ›Burgenromantik‹ und Nachbildung mittelalterlicher Burgenarchitektur (wenn auch ganz in barockem Gewande).

An der Gersprenz, einem Seitental des Main, liegt BABENHAUSEN, um 1200 Besitz der Herren von Münzenberg, seit 1458 Residenz der Grafen von Hanau-Lichtenberg. Bedeutende Bauwerke zeugen von dem kulturellen Leben der einstigen Residenzstadt. – Das *Schloß* liegt mit eigenem Mauerring vor den Mauern der Stadt. Die Gersprenz speiste die Gräben des in seiner architektonischen Geschlossenheit und mit wichtigen spätromanischen Resten erhaltenen Bauwerkes. Ein Torturm von 1525 mit barockem Mansarddach und schlankem Treppentürmchen sperrt den Schloßweg. Wassergräben (heute Parkanlagen) trennten die im Viereck geführte Ringmauer mit Eckbastionen für Pulverwaffen (3. Viertel 15. Jh.) vom Hauptschloß. Die nordwestliche Eckbastion wurde im 18. Jh. zu Wohnzwecken ausgebaut. Das Schloß bildet ein malerisches Geviert mit Binnenhof, Fachwerkgeschossen, Erkern, Zwerchhäusern und Treppentürmen aus vier Bauzeiten: 1. Anfang 13. Jh. der Westflügel (wohl der ehemalige Palas), im Erdgeschoß hofseits mit sechs Arkaden (die beiden nördlich des Portals 1961 im Gebäudeinnern freigelegt, an den vier übrigen die ursprünglichen Kapitelle ausgewechselt), kräftige Außenmauern mit kleinen Rundbogenfenstern; 2. 1460–75 der östliche Teil des Nordflügels und der nördliche Teil des Ostflügels, Fachwerkobergeschosse, Bauinschrift am runden Treppenturm; 3. 16. Jh. (vor 1570) der Renaissancebau im nordwestlichen Winkel des Hofes, teilweise vor dem spätromanischen Altbau, mit zwei Treppentürmen und steinernem Erker; 4. 1570–78 der ganze Südflügel mit großem Treppenturm und der südliche Teil des Ostflügels, außen und innen am Treppenturm gute Renaissanceportale. Ursprünglich bereicherten Eckgiebel die Dachlinie dieses jüngsten Bauteiles. Vor dem Südflügel im Hof die plastische Gruppe einer Hirschjagd von 1713.

Die *Pfarrkirche (e.)* ist ein dreischiffiger Hallenbau: Das Langhaus wurde anstelle eines romanischen Baues 1472, der eingezogene Chor mit anstoßendem Glockenturm 1383 erbaut. Sie hat eine lebendige Außenwirkung durch reiche Giebelbauten an West-, Süd- und Nordseite. Spätgotisches Westportal mit Heiligenfiguren und Schmerzensmann. Im Langhausinnern weite Spitzbogenarkaden auf Säulen, flache Decken und etwas erhöhtes Mittelschiff (Pseudobasilika). Die weite, offene Räumlichkeit entspricht dem Charakter spätmittelalterlicher Volks- und Predigtkirchen. Die *Ausmalung* des Langhauses um

1580–90, an Säulen und Bögen Beschlagwerk, in den Bogenzwickeln Medaillons mit Szenen aus dem Leben Christi von der Anbetung bis zur Himmelfahrt, dazu ergänzende Bibelsprüche. Im Chor an der Nordwand Fresken (um 1380), Marientod, Marienbegräbnis und Christi Auferstehung. An der Ostwand des nördlichen Seitenschiffes drei Schichten übereinander, die älteste vielleicht 13. Jh. (von der ersten Kirche), die zweite gotisch 2. Hälfte 14. Jh. (hl. Margarethe und hl. Barbara), ferner eine spätgotische Rankenmalerei. Malereien des späten 15. Jh. an der Außenwand des südlichen Seitenschiffes (Pieta unter dem Kreuz, zwei Heilige, Nikolauslegende) und des nördlichen Seitenschiffes (Meeresfahrt der hl. Magdalena). An der Ostwand des südlichen Seitenschiffes Martyrium des hl. Sebastian (Anfang 16. Jh.). Darunter das *Grabmal* des hessischen Amtmannes Borckhart von Hertingshausen (gest. 1570) mit Malereiumrahmung. Künstlerisch bedeutend ist der Altar, ein holzgeschnitztes, ungefaßtes *Triptychon* (kurz vor 1518). Im Mittelschrein die vollplastischen Figuren des hl. Cornelius (Titelheiliger), Nikolaus und Valentin, darunter Reliquienbüsten und Armreliquiare; auf den Seitenflügeln Reliefs stehender Heiliger, darunter ebenfalls Reliquienbüsten. Die Figuren stehen in ruhiger, strenger Haltung nebeneinander, lebendige knittrige Gewandbildung, stark ausgeprägte Köpfe. Die Reliquienbehälter scheinen von anderer Hand und nicht gleichzeitig entstanden zu sein. In dem Altarwerk verarbeitete ein mittelrheinischer Meister fränkische (Riemenschneider) und mainzische (Backoffen) Einflüsse. (Der Altar in Kirch-Brombach scheint vom gleichen Künstler gearbeitet; der Altar im nördlichen Seitenschiff der 1895–98 erbauten Kirche des Nachbardorfes Nieder-Roden wiederholt in einfacherer, stilistisch aber fortgeschrittener Form das Babenhäusener Werk um 1520–30.) An der Südwand des Chores vier *Grabplatten* für Philipp d. Ä. von Hanau, seine Gattin und seine beiden Söhne, 1475 von Meister HANS MERKEL aus Babenhausen geschaffen. Im Chorfußboden steinerne Grabplatten der Grafen von Hanau-Lichtenberg mit Bronzeauflagen aus Nürnberg (15. und frühes 16. Jh.); spätgotischer Taufstein; Kanzelkorb 1594; Kanzeldeckel 1612; neben der Kanzel eine barocke Sanduhr für die Zeitberechnung der Predigt. Chor und Langhaus trennte ein spätgotisches schmiedeeisernes Gitter, von dem drei Bögen in Kielform mit Krabben und Fialen erhalten sind; darin gemalt Christus, Maria und Johannes (zum Teil im Barock erneuert). Orgelprospekt 18. Jh.; im Chor moderne Glasfenster, Entwurf G. STEIN 1957. In der Sakristei Sterngewölbe und spätgotische Fresken.

Vor der Kirche der kleine viereckige *Marktplatz* mit alter Pyramiden-Eiche. Rundum repräsentative *Wohnbauten*, so an der Südseite ein zweigeschossiger Fachwerkbau mit Mansarddach, ›Zum Löwen‹, 18. Jh.; daneben kleineres Fachwerkhaus, Markt 3 (1691); an der Westseite (Fahrgasse) das Fleischbeinsche Haus, Nr. 24 (1544) mit Holzerker auf Konsolen und der stolze dreigeschossige Bau ›Zum Schwan‹, Nr. 26 (1689) mit massivem Untergeschoß; Zwerchgiebel, Hofeinfahrt, reiche Brüstungsgefache. An der Nordseite das nach Kriegszerstörung 1952 neuerbaute *Rathaus* (Vorgängerbau 1803–04). In den übrigen Straßen und Gassen herrscht das zweigeschossige traufseitige Fachwerkhaus des 17. und 18. Jh. vor. Als massiver Eckbau an der Gersprenzbrücke steht Fahrgasse 1 das ehemalige *Spital* (heute Schule) von 1754 mit Relief eines Gnadenstuhls von 1464. Dahinter ist ein Rest der 1295 angelegten, 1445 ausgebauten *Stadtmauer* mit Wehrgang erhalten (Zwingergasse). Bei einem Spaziergang durch die Gassen fallen viele ältere Häuser ins Auge: in der Schloßgasse Nr. 21 (1717) mit Hoftor (1750); in der besonders reizvollen Mühlgasse, neben dem mächtigen quadratischen Schalen-Turm der Stadtbefestigung, Nr. 22 (2. Hälfte 15. Jh.) mit kräftigen Knaggen und gebogenen Streben (die am Haus vermerkte Jahreszahl 1442 ist moderne, historisch unbegründete Zutat). Das alte *Burgmannenhaus* (Amtsgasse 43), ein Rechteckbau von 1544 mit Staffelgiebeln an den Schmalseiten und hoher Freitreppe, stößt unmittelbar an die Stadtmauer. Dicht daneben ein Stadtturm. Amtsgasse Nr. 30–32, *Adelshof* der Geiling von Altheim mit Hoftor (1556); Westbau, Nr. 32, (1555–56) mit halbrundem Treppenturm und mehrgeschossigem Erker; Ostbau, Nr. 30 (1578–80), mit originell im Innern eingebauter Treppenspindel (beide Bauten 1956 restauriert). Daneben Nr. 28, der *Hof* derer von Bernstorff (1697); gegenüber Nr. 31/33 die ehemalige *Kommandantur* (1620) und Nr. 29 ein *Amtshaus* von 1560 mit doppeltem straßenseitigem Giebelbau und großem Hoftor; hofseits ein Treppenturm von 1602 mit Fachwerkobergeschoß. Alle diese Bauten zeigen Untergeschosse in Stein und Obergeschosse in Fachwerk.

Die Landschaft der mittleren Gersprenz ist flach. In gerader Linie durchschneiden die Straßen mit ihren Baumreihen das Land. Auf dem sandigen Boden gedeiht Spargel und wachsen Kiefernwälder.

In ALTHEIM trägt der Westturm (1518) der *Pfarrkirche (e.)* die typisch hessischen Dreiecksgiebel mit hohem Spitzhelm. Das niedrige einschiffige Langhaus, im Kern romanisch, wurde 1520 und im 18. Jh. durchgreifend verändert. In der Turmhalle ein Rundbogenportal und an der nördlichen Langhauswand innen ein kleines Fenster aus romanischer Zeit. Der Chor (1466) ist höher als das Schiff und mit steilem Dach. Im Inneren Netzgewölbe auf Konsolen. An der Langhaussüdwand Rest der Ausmalung des 13. Jh. (hl. Christophorus). Die etwas bedrängenden Emporeneinbauten sind 18. Jh.; auf der Chorempore die Orgel (1726 von JOH. NIKOLAUS SCHÄFER aus Hanau). Neben dem Sakristeieingang ein *Weihwasserbecken* spätstaufischer Zeit (um 1220 bis 1230); zwei schlanke, springende oder kniende(?) jugendliche Gestalten (Engel?) tragen mit verschränkten Armen das Becken (das Kunstwerk erinnert an den Laacher Samson-Meister).

In DIEBURG kreuzen sich zwei wichtige Straßen. Die Hauptstraße Darmstadt-Aschaffenburg durchschneidet als Mittelachse die regelmäßig angelegte Stadt. Von Norden (Frankfurt) nach Süden (Odenwald) führt eine Querstraße. Durch diese Straßenkreuzung entwickelte sich schon in römischer Zeit eine ummauerte Siedlung (civitas Auderiensium), die größer als die mittelalterliche Stadt und ein wichtiger Stützpunkt im Hinterland des Odenwald-Limes war. Viele römische Funde, darunter ein berühmtes Mithras-Kultbild, bewahrt das Kreismuseum in Dieburg. Die Stadt wird von der Gersprenz und dem abgezweigten Herrngraben im Rechteck umflossen, während der Leergraben die alte Burg (Albinisches Schloß) umfaßt.

Östlich des Herrngrabens liegt der bereits im 9. Jh. genannte Vorort Altenstadt (heute die Altstadt-Straße) mit der *Wallfahrtskirche (k.,* bis 1569 Pfarrkirche). Die originelle T-Form des gewesteten Kirchenbaues erklärt sich aus seiner Baugeschichte. Eine dreischiffige Basilika des späten 12. Jh. mit isoliert stehendem Glockenturm wurde 1216 zerstört und – vermutlich erst im 14. Jh. – mit vermauerten Arkaden einschiffig wiederhergestellt. Davon stammen die heutigen Langhauswände. Die zugemauerten Arkaden mit Pfeilern und Kämpfern sind am Außenbau noch sichtbar. Im 14. Jh. Bau des heutigen Chores mit den schönen Maßwerkfenstern und des jetzigen Westturms. Um 1232 wurde südlich neben der Kirche an der Stelle des romanischen Glockenturmes eine eigene Marienkapelle aufgeführt. 1697–1715 erfolgte ein gründlicher Umbau: die Marienkapelle wurde abgebrochen, dafür erhielt die Kirche ein langes westliches Querschiff mit südlichem zentralem Altarraum, überdeckt von einer belichteten Kuppel. Der ganze Bau bekam eine einheitliche Gewölbe mit ornamentreichen Malereien (1934 restauriert). – Eine teilweise recht qualitätvolle Ausstattung unterstützt die geschlossene barocke Prägung des Innenraumes. Der prunkreiche *Hochaltar* an der Westwand des Querschiffes 1749 von JOH. PETER JÄGER aus Mainz: vier Säulen tragen einen perspektivischen Baldachin, Engel halten die Krone Mariens, zwischen den Säulen Heilige in bewegter Gestik. Das Gnadenbild im Mittelfeld, eine hervorragend gearbeitete *Pieta* aus Leder mit Kreideüberzug (um 1420), ist von ähnlicher, aber gestalterisch reiferer Form wie die Pieta der Pfarrkirche (s. d.). Die künstlerische

Verarbeitung dieses Materials ist sehr selten. Josefsaltar in einfacherem und strengerem Aufbau von 1715 (ehemals Hochaltar) am Südende des Querschiffes, die beiden Seitenaltäre von 1733. Gute Kanzel Mitte 18. Jh. im Winkel beider Schiffe. Im gotischen Chor ein *Renaissancealtar*, zugleich Grabdenkmal (›Grabaltar‹), 1604 von der Familie Ulner gestiftet. Im Mittelfeld Alabaster-Relief der Hirtenanbetung, seitlich die anbetenden Mitglieder der Familie und ihre Wappen, eine qualitätvolle Arbeit, den Altarwerken im Mainzer Dom verwandt. Außer verschiedenen guten Rokokofiguren und der Orgel von 1759 eine Steinmadonna des späten 14. Jh. außen über dem Südeingang erwähnenswert, ferner daneben ein spätgotisches Holzkruzifix.

Gegenüber der Kirche die schlichten Gebäude des *Kapuzinerklosters* (1692–1732). Trotz moderner Nutzung als Strafanstalt und baulicher Veränderung blieben in der äußeren Form die Kirche mit ihrem eingezogenen Chor und die anstoßenden Klostergebäude kenntlich. An der Ecke Altstadtstraße–Spitalgasse das ehemalige, 1336 gegründete *Hospital*, ein klassizistischer Umbau (1816) eines Baues von 1578. Die *Pfarrkirche (k.)* entstand 1890–93 anstelle der Minoritenkirche, von der nur Reste im Unterbau des Turmes blieben. In der dreischiffigen, hohen neugotischen Hallenkirche eine hervorragende *Pieta* in dreiviertel Lebensgröße (um 1400), sehr ausdrucksvoll in der Darstellung des erstarrten, ausgezehrten Christuskörpers und der fülligen Gewandung Mariens (rechte Hand Mariens erneuert). Vom gleichen Meister das etwas jüngere Gnadenbild der Wallfahrtskirche. Im Westteil der Pfarrkirche ein origineller Taufstein (2. Hälfte 17. Jh.); auf dem Deckel freiplastische Darstellung der Taufe Christi in Holz.

In der Marktstraße, die auf die Westfassade der Kirche stößt, das klassizistische *Rathaus*, ein schlichter zweigeschossiger Bau von je drei Achsen mit Rundbogenfenstern und Dachreiter (1828 von Landbaumeister G. Lerch). Vom gleichen Architekten stammt der nördliche Erweiterungsbau (1834), das ehemalige Landratsamt. Eine kurze Parkallee führt zum früheren *Fechenbachschen Schloß* (heute Kreismuseum), einem feinen zweigeschossigen dreiflügeligen Bau (Anfang 19. Jh.), die Seitenflügel mit Dreieckgiebel und eingeschossigen Vorbauten, dazwischen Freitreppe. Am *Markt* stehen meist verputzte Fachwerkhäuser (Ende des 18. und 1. Hälfte des 19. Jh.). Nur wenige sind älter, so Markt 2 von 1515 (das Fachwerk freigelegt) und Nr. 18–19 von 1566, im 18. Jh. umgebaut. In der Stadt überwiegen die traufseitigen zweigeschossigen Häuser des 18. Jh. mit großem, oft überbautem Hofportal (Rheingaustraße, Zuckerstraße, Klosterstraße u. a.). Zuweilen nutzen aus Sparsamkeit zwei Häuser ein gemeinsames

Portal (z. B. Rheingaustraße 12 und 14). Ältere Bauten stehen noch Rheingaustraße 5 (1566); Zuckerstraße 17 (noch mit Knaggen aus dem 16. Jh.); Pfarrgasse 4 (17. Jh.); Badgasse 10, das ehemalige Badhaus mit massivem Erdgeschoß (datiert 1594); Zuckerstraße 23 (Anfang 17. Jh.) mit steinernem Untergeschoß.

Die *Burg* (heute Landratsamt) gehörte von 1294–1803 zu Kurmainz, dann zu Hessen-Darmstadt. Der ›Schloßhof‹ bezeichnet noch den Bezirk der ehemaligen quadratischen Wasserburg. An seiner Südseite erbaute Freiherr von Albini 1809 auf mittelalterlichen Mauern einen langen, schmucklosen, zweigeschossigen Bau mit Eckpavillons. An der Ostseite des Hofes entstand 1900–02 unter Verwendung eines runden, renovierten Wehrturmes ein historisierender Neubau; in der Mitte des Hofes ein Verwaltungsbau von 1961. Von der alten *Stadtbefestigung* stehen einige spätgotische Rundtürme in der Art des Burgturmes, so hinter dem heutigen Krankenhaus und am Ende der Mühlgasse, wo die ehemalige *Kurmainzer Mühle* stand (Torbogen 1712, Kellertür 1585 bezeichnet). Das südwestlich der Altstadt an der Groß-Zimmerner Straße gelegene *Schloß Stockau*, 1685–99 von Geheimrat von Groschlag erbaut, wurde 1850 abgebrochen und durch einen Fabrikbau ersetzt. Nur der im späten 19. Jh. erweiterte, von einem Seitenarm der Gersprenz umschlossene, einst berühmte Park und ein Nebengebäude erinnern noch an die Schloßanlage.

GUNDERNHAUSEN breitet sich noch in der großen Ebene aus, aber südlich beginnen die ersten Hügel und Höhen des Odenwaldes. Die *Kirche (e.)* ist ein einfacher, aber origineller Bau des Pfarrers JOH. KONRAD LICHTENBERG (1747 unter Verwendung eines spätgotischen Chorturmes errichtet). Der Pfarrer J. K. Lichtenberg entwarf Pläne für viele evangelische Kirchenbauten der Umgegend von Darmstadt (vgl. Pfungstadt), auch für evangelische Pfarrhäuser (z. B. Wersau) und das zerstörte Waisenhaus in Darmstadt. Die Gundernhausener Kirche ist ein besonders gutes Werk dieser Gruppe: einschiffiger Saalbau mit dreiseitigem Schluß an der westlichen Schmalseite; der Ostturm mit Achteckaufbau, verschieferter Haube und Laterne. In geschickter Raumausnutzung sind die Emporen in den dreiseitigen Westteil verlegt. An der Turmseite der Altar, hinter und über ihm ist die Orgel aufgestellt. Auf diese Weise ist eine Predigtkirche von guter Raumwirkung gewonnen (Restaurierung 1961). – Vor der Kirche das alte *Rathaus*, ein einfacher Steinbau (16. Jh.). Ein schlichter klassizistischer Neubau mit Dachreiter steht an der Hauptstraße. Gegenüber der Kirche liegt das barocke Pfarrhaus mit einem Steinportal des 18. Jh., ehemals das *Herrenhaus* eines angrenzenden Hofgutes (Nimptsches Gut).

2. Darmstadt

Darmstadt gehört zu den bedeutenden Residenzen in Hessen. Ursprünglich herrschten hier die Grafen von Katzenelnbogen, denen die Grafschaft Bessungen zu Lehen gehörte (Bessungen ist heute ein Darmstädter Vorort, s. u.). 1330 ließ Graf Wilhelm von Katzenelnbogen Darmstadt durch Stadtmauern befestigen und neben St. Goar (Burg Rheinfels) zur zweiten Katzenelnbogener Residenz ausbauen. 1479 kam die Stadt mit der Grafschaft Katzenelnbogen durch Erbgang an die Landgrafen von Hessen. 1567 entstand durch Erbteilung die Linie der Landgrafen von Hessen-Darmstadt. Damit begann ein kultureller Aufstieg der Stadt, der das künstlerische Schaffen vom 16. bis zum 18. Jh. befruchtete. 1806 wurde das Großherzogtum Hessen gegründet. Eine neue künstlerische Blütezeit setzte mit dem Klassizismus ein und fand im Jugendstil des frühen 20. Jh. einen bedeutsamen Abschluß. Einschneidend und umwandelnd wirkten die Zerstörung 1944–45 und der nachfolgende Wiederaufbau.

Ein Blick auf den Stadtgrundriß verdeutlicht die verschiedenen Entwicklungsstufen: die *Altstadt* gruppiert sich mit kurzen, unregelmäßigen Straßen um Markt, Stadtkirche und Kapellplatz. Sie wird vom heute ganz überbauten Darm-(= Damb-)Bach durchflossen (Straßenname Am kleinen Woog und Bachgasse). Das Schloß war als Katzenelnbogische Wasserburg der Altstadt nordwestlich vorgelagert. Von der 1330 angelegten, zu Anfang des 15. Jh. erneuerten *Stadtbefestigung* sind erhalten: der schlanke runde ›Weiße Turm‹ am Ernst-Ludwig-Platz mit fensterlosem Verlies im Erdgeschoß und 1706–08 aufgesetztem Obergeschoß (1953 nochmals erhöht und als Glockenturm wiederhergestellt), der viereckige Hinkelsturm mit einem größeren Mauerstück an der Kaplaneigasse und ein weiterer Mauerzug zwischen Alexander- und Landgraf-Georg-Straße, leider aber fast ganz für die Hochschulerweiterung geschleift. Der erste Hessen-Darmstädtische Landgraf Georg I. (1567–97) veranlaßte eine Stadterweiterung, die *Alte Vorstadt* (westliche Alexanderstraße und Magdalenenstraße). Die Bebauung zog sich infolge des Dreißigjährigen Krieges bis in die Zeit Landgraf Ludwigs VI. (1661–78) hin. Ernst Ludwig (1678–1739) setzte sich für die zweite Erweiterung, die *Neue Vorstadt*, ein (obere Rheinstraße, Luisenstraße, Mathildenplatz). Damit war die Voraussetzung für die dritte, bis heute wichtigste Stadterweiterung durch Landgraf Ludwig I. (1790–1830) geschaffen, für die *Neustadt* (Luisenplatz, untere Rheinstraße, die nördlichen Karrees zwischen Mathildenplatz und Grafenstraße und die südlichen Karrees zwischen Neckar- und Wilhelminenstraße). Von den Typen und Formen der

Wohnhäuser, die J. Wustmann und J. W. Pfannmüller bei der ersten, J. N. Schäfer bei der zweiten und J. Helfrich Müller und Georg Moller bei der dritten Erweiterung entworfen hatten, sind nach der furchtbaren Stadtvernichtung durch die Bombardierung in der Nacht vom 11. zum 12. September 1944, dem Abbruch vieler Hausruinen 1946–50 und dem Ausbau der modernen Großstadt kaum Beispiele erhalten. Lediglich einige Bauten der Alten Vorstadt in der Alexanderstraße (Nr. 19, 21, 27–33) und Magdalenenstraße (Nr. 15, 19, 21 und 27) stehen mit ihren charakteristischen geschweiften Straßengiebeln heute noch aufrecht. Im übrigen sprechen nur die breiten rechtwinkeligen Straßen und die großzügigen räumlichen und axialen Verbindungen zwischen den teilweise wiederaufgebauten Hauptbauwerken für die geistvollen städtebaulichen Ideen besonders der klassizistischen Epoche. Die künstlerischen Fäden der klassizistischen Stadtplanung spannen sich dabei zu den Höfen in Berlin und Karlsruhe. Von den späteren Stadterweiterungen ist vor allem die 1900–14 angelegte *Mathildenhöhe* beachtenswert.

Das Schloß. Anstelle des Residenzschlosses stand ursprünglich ein *Jagdschloß*, das im 14. Jh. als Katzenelnbogener Witwen- und Verwaltungssitz ausgebaut wurde; im 16. und 17. Jh. unter hessischer Regie mehrfache Veränderungen und Errichtung neuer Gebäude. 1693 Abbruch des mittelalterlichen Bergfrieds. 1715 veranlaßte ein großer Brand großzügige Neubaupläne des von Kassel nach Darmstadt übergesiedelten Architekten Louis Remy de la Fosse. Ein ausgedehnter Gebäudekomplex, das *Neue Schloß*, sollte drei quadratische Binnenhöfe umschließen, die Gebäudeecken durch fünfgeschossige Pavillonbauten betont, in der Mitte des Bauwerkes ein hoher Uhrturm. Von diesen Planungen wurden jedoch nur zwei Flügel 1716 bis 1727 im Rohbau fertiggestellt und erst 1804–10 von M. Mittermayer und Georg Moller vollendet. Der Altbau blieb bestehen.

Ein Graben, der bis 1814 Wasser führte, umgibt die ganze Schloßanlage. Am Markt oder Ernst-Ludwig-Platz bestimmen die Bauflügel des de la Fosse mit ihrem sockelhaften Erd- und Mezzaningeschoß, ihren Eck- und Mittelpavillons und ihren kräftigen Dachbalustraden den Gesamteindruck. Es sind schlichte, fast nüchterne Formen, wie allgemein im hessischen protestantischen Barock. Nur der marktseitige Mittelbau ist durch Balkon, große Pilasterordnung, Löwen, Reliefs und Attikafiguren ausgezeichnet. Die vier Statuen vor der Attika (Kopien, Originale im Schloßhof unter den Arkaden) von Hofbildhauer Johann Wendel Eckhard (1724) symbolisieren die vier Tugenden; die beiden Reliefs vom gleichen Künstler sind Allegorien auf Krieg und Ruhm. Wie bei den Projekten für Kassel-Wilhelmshöhe, so durchdringen sich auch am Darmstädter Schloß italienische und französische Baugedanken, etwa die italienischen Motive ›Binnenhof‹, ›Hauptturm‹ und ›Kombinierung kompakter Baukörper‹ mit den französischen Formen dreiachsiger Pavillons und Mansarddächer. Dank der Wucht seiner Baumassen und seiner gut gewählten Proportionen vermag sich der Schloßbau auch heute noch zwischen den modernen Geschäfts- und Wohnbauten zu behaupten. Die ausgebrannten Bauten des Altschlosses befinden sich seit 1961 im Aufbau. Der *Glockenbau*, 1663 durch J. W. PFANNMÜLLER für den Landgrafen Ludwig VI. errichtet, ist bereits fertiggestellt, ein viergeschossiger Spätrenaissancebau mit reichen Volutengiebeln und einem 1671 vollendeten schlanken Glockenturm. Das Glockenspiel des Holländers SALOMON VERBEEK wurde 1951 mit elektrischer Mechanik wiederhergestellt. Ein Verbindungsflügel, der *Prinz-Christian-Bau* (1671–78), trennt den westlichen Parforcehof vom Glockenhof ab. Die nördlich angrenzenden Altbauten umschließen den Kirchenhof. Der *Kaisersaalbau* (1595–97) mit schönem Steinportal scheidet Glocken- und Kirchenhof. Der *Weiße Saalbau* (1. Hälfte 16. Jh., 1718 erneuert) begrenzt die Westseite und der *Herrenbau* (im Kern der gotische Burgpalas, im 17. bis 19. Jh. erweitert) die Nordwestseite des Kirchenhofes. Die Ostseite beschließt der *Kirchenbau* (1595–97) mit gutem Steinportal von 1709 und mit der ehemaligen Schloßkapelle. Kirchenbau und Herrenbau verbindet der *Paukergang* (1595–97) mit reizvollen Loggien. Im Neuen Schloß heute die Landes- und Hochschulbibliothek sowie das Staatsarchiv, im Glockenbau das Schloßmuseum. Die Räume der übrigen Bauteile stehen der Technischen Hochschule zur Verfügung.

Die *Altstadt*. An dem geschlossen umbauten *Marktplatz* bildet das *Rathaus* (1588–90) des Baumeisters JAKOB WUSTMANN die Gegenfront zum Schloß. Es ist ein dreigeschossiger Steinbau mit geschweiften Giebeln und Säulenportal am Treppenbau. Bauliche Veränderungen 1675: die Giebel (außer am Treppenbau) mit Pilastern, Voluten und Zacken und die Marktfront durch das große Rundbogenportal mit diamantierten Quadern bereichert (1944 ausgebrannt, 1952–53 wiederaufgebaut). Auf dem Platz der *Marktbrunnen* (1780) von JOHANN HELFRICH MÜLLER. – Die *Stadtkirche (e.)* springt wirkungsvoll gegen die sich ausbuchtende Kirchgasse vor. Der Turm gehört zur ältesten Kirche des 13. Jh., wurde in spätgotischer Zeit verändert und 1627 bis 1631 erhöht. Anstelle der zerstörten phantasievollen barocken Turmhaube seit 1953 eine zierliche offene Laterne mit sichtbarem Geläut (Architekt: K. GRUBER). Der schlanke Chor wurde um 1420 bis 1430 erbaut. Sein reiches Netzgewölbe mit figürlichen Schlußsteinen überstand die Kriegszerstörung. Das Langhaus, ursprünglich eine gotische dreischiffige Basilika, wurde 1685–87 zur dreischiffigen flachgedeckten Halle bei größerer Breite als Länge erweitert und 1844–45 durch Stadtbaumeister JOHANN JORDAN nach Entwurf GEORG MOLLERS im Innern verändert (neugotische Holzgewölbe u. a.). Wiederaufbau 1952–53 durch Karl Gruber unter Verwendung der Außenwände als flachgedeckte dreischiffige Halle von ausgezeichneter räumlicher Wirkung: statt bisher drei Scheidarkaden jetzt nur noch zwei; Altar unter dem Chorbogen, Emporen in den Seitenschiffen und im Westen. Das *Epitaph* der Landgräfin Magdalene zur Lippe, 1588 bis 1589 von PETER OSTEN aus Ypern (tätig in Mainz und Würzburg) nach einem Entwurf von NIKOLAUS BERGNER aus Thüringen gefertigt, gleicht einer großen Altar-Bilderwand; phantastische und verworrene Ornamentik von guter Einzeldurchbildung. Die Thematik der Reliefs (die betende gräfliche Familie unter dem Kreuz und die Aufnahme der Verstorbenen in den Himmel) und die ausführlichen Textinschriften, verfaßt von dem Theologen und Schulrektor Hack, sind charakteristisch sowohl für die sichere Selbstherrlichkeit wie auch für die Glaubensintensität dieser Epoche des Umbruchs. An der Nordwand des Chores zwei weitere, stark ausgeglühte landgräfliche Epitaphien der Renaissance, ein gutes Kinderepitaph des Erbprinzen Philipp Wilhelm (gest. 1579) und das Grabmal des Prinzen Georg Wilhelm (gest. 1782). Diese Grabmäler weisen auf die *Fürstengruft* unter dem Chor, die Landgraf Georg I. 1587 anlegen ließ und die 1615 mit einer reichen Stuckdecke nach Entwurf von PHILIPP UFFENBACH (1566–1636) durch Modelleur L. ROSENACKER und Stukkateur CHR. STEFFAN versehen wurde (vgl. die Gruft in Butzbach). – In der Pädagogstraße steht die Ruine des 1627–29 von Landgraf Georg II. (1626–61) erbauten *Gymnasiums* ›Pädagog‹, im wesentlichen ein quadratischer Treppenturm mit Achteckaufsatz und hessischem Wappen. Auf dem benachbarten Kapellplatz wurde die Ruine der ehemaligen *Stadtkapelle* zum Mahnmal für die Toten von 1939–45 gestaltet. Das Bauwerk war 1868–70 in neugotischen Formen anstelle einer Barockkapelle errichtet worden.

Die Neue Vorstadt und die Neustadt. Der weiträumige *Luisenplatz*, heute das Verkehrszentrum der Stadt, gehört zu den prachtvollsten städtebaulichen Platzanlagen Hessens. In seiner Mitte die von Georg Moller 1838 entworfene, 28 m hohe *Säule* mit der von LUDWIG V. SCHWANTHALER modellierten und von J. B. STIGLMAYER gegossenen *Bronzestatue* Großherzog Ludwigs I., scherzhaft der ›Lange Ludwig‹ genannt. Der quadratische, ursprünglich geschlossen umbaute Platz lagert sich symmetrisch zur Rheinstraßen-Achse, die östlich auf die kulissenartig den Blick fangende Schloßfront stößt, während sie sich westlich in gerader Linie in der Ferne verliert: eine typisch barocke, sehr wirkungsvolle städtebauliche Bauweise mit dem Platz als besonderem künstlerischem Akzent. Die heute offene Südfront des Luisenplatzes hinter den flachen *Brunnenschalen* von JOSEF MARIA OLBRICH 1905, die ursprünglich je eine vor dem Kollegiengebäude und dem alten Palais standen, schloß früher das im Kriege zerstörte Alte Palais (1802 von M. Mittermayer) ab. Die Errichtung eines modernen Bauwerkes mit der gleichen städtebaulichen Funktion wäre wünschenswert. Die Nordfront wird durch das *Kollegiengebäude* wandartig begrenzt. Das nach Kriegszerstörung 1952–54 wiederhergestellte Gebäude (jetzt Regierungspräsidium) ist heute, nachdem die einst so eleganten Straßenzeilen und vornehmen Bauten (Altes Palais, Ständehaus, Kasino, Marstall) versanken, ein besonders wichtiges Zeugnis des barocken und klassizistischen Darmstadt. Der dreigeschossige Südflügel am Luisenplatz mit flachem Mittelrisalit und Mansarddach 1777–80 nach kombinierten Entwürfen von FRANZ LUDWIG VON CANCRIN und JOHANN MARTIN SCHUHKNECHT aus Darmstadt erbaut. Der schlichte rückwärtige Flügel am Mathildenplatz 1825–26 von GEORG MOLLER. Der westliche Verbindungsflügel 1845, der östliche 1889. Im Innern des Südflügels ein gegenläufiges zwei- und einarmiges Treppenhaus mit kunstvollem (restauriertem) Gitter von 1784. Das im Untergeschoß drückend enge Treppenhaus des rückwärtigen Flügels entfaltet sich im 2. Obergeschoß zu einer weiten Halle mit kassettiertem Tonnengewölbe (vgl. Schloß Wiesbaden). So wie der Cancrinsche Bau bestimmend ist für die Abschlußgestaltung des Luisenplatzes, so der Mollersche Bau für den *Mathildenplatz*. Das Gegenstück am nördlichen Ende des schmalen gestreckten Mathildenplatzes bildet das 1872 in spätklassizistischen Formen errichtete *Gerichtsgebäude*. Der schöne *Schalenbrunnen*, 1824 von Hofbaumeister FRANZ HEGER, stand bis 1840 auf dem Luisenplatz. Denkmal des Würzburger Musikers Abt Vogler (1890). – Am Ende der Wilhelminenstraße, auf dem Riedeselberg, liegt beherrschend im Stadtbild die *St.-Ludwigs-Kirche (k.).* Die 1816–20 von Georg Moller entworfenen Pläne berücksichtigen in der Größe des Bauwerkes (trotz kleiner katholischer Gemeinde) und in der Südorientierung allein die städtebauliche Bedeutung des Bauplatzes, damit die Kirche ihre ›angemessenen bedeutenden Dimensionen erhalte‹ (Moller). Der zentrale Rundbau mit Halbkuppel ist eine Nachschöpfung des Pantheon in Rom. Baubeginn 1822, Vollendung 1838. Nach Zerstörung 1944 – nur die Umfassungsmauern und Säulen waren erhalten – Erneuerung durch CLEMENS HOLZMEISTER aus Wien. Ein triumphbogenartiger Vorbau mit kassettiertem Tonnengewölbe (vgl. Mollers Kirchen in Bensheim-Schönberg und Schwanheim) geleitet in den monumentalen Innenraum; 28 schwere Rundsäulen tragen die belichtete Kuppel, in deren Lichtauge ein modernes Trinitätssymbol schwebt. Die ursprüngliche Holzkuppel zeigte eine gemalte Kassettierung; an den Säulen ehemals reiche Kompositkapitelle. Anordnung und Aufstellung von Altar und Kanzel bereiteten schon 1834 liturgische Schwierigkeiten. Die jetzige Lösung erscheint günstiger. Das Mosaik hinter dem Altar, eine Darstellung der Neun Chöre der Engel, von CLARISSE PRAUN aus Darmstadt (1957–60). An der Ostseite das Grabmal des Prinzen Friedrich von Hessen (gest. 1867) in triumphbogenartigem Architekturaufbau von FRIEDRICH WILHELM MÜLLER (Neffe Mollers). An der gegenüberliegenden Seite befand sich früher das Grabmal der Großherzogin Mathilde (gest. 1862); jetzt nur eine Inschriftplatte. – Vor der Kirche das 1902 in Jugendstilformen entworfene *Denkmal der Großherzogin Alice* von Hessen und bei Rhein. In der Sandstraße (Nr. 10) die Ruine des Gebäudes der ehemaligen ›*Johannes-Loge zur Eintracht*‹, 1820 von Georg Moller errichtet, ein festlich strenger Säulenportikus über breiter Freitreppe. Der Wiederaufbau ist geplant.

Der Schloßgarten. Zwei monumentale öffentliche Bauwerke, Theater und Museum, ordnen sich axial auf die Nordseite des Schlosses und flankieren den Theaterplatz und Eingang zum Herrngarten, eine städtebaulich glückliche Baugruppe. Das ehemalige Hoftheater und spätere *Landestheater* (1811–19), ein Hauptwerk Georg Mollers, gehört in die Reihe der bedeutenden klassizistischen Theaterbauten von Berlin (Neues Schauspielhaus von Schinkel), München (Nationaltheater von Karl von Fischer) und Karlsruhe (Hoftheater von Friedrich Weinbrenner). Das nach Brand 1875–79 durch Architekt HORST wiederaufgebaute, 1904 im Innern neu gestaltete und 1944 erneut ausgebrannte Gebäude ist in seiner Bausubstanz voll erhalten und soll außen in alter, innen in neuzeitlicher Form als Stadthalle renoviert werden. Der schlichte rechteckige Baublock Mollers zeigt frontseitig einen repräsentativen Portikus für die Wagenauffahrten. ALFRED MESSEL erbaute 1897–1902 anstelle des barocken Exerzierhauses das benachbarte *Landesmuseum*. Das Museum wurde von Großherzog Ludwig I. gegründet und besitzt außer den Kunstsammlungen auch naturwissenschaftliche Bestände. Im 19. Jh. wurde es durch Stiftungen und Käufe erheblich vergrößert, besonders durch die bedeutenden gotischen Flügelaltäre aus hessischen Kirchen (Friedberg, Ortenberg, Bad Orb, Seligenstadt und Wolfskehlen) und durch bedeutende mittelalterliche Glasfenster. – Hinter Museum und Theater liegt der *Schloßgarten* (Herrngarten), dessen Ostseite die Bauten der

Technischen Hochschule begrenzen. Die ersten Erwerbungen des Gartengeländes gehen auf Landgraf Georg I. 1580 zurück. Landgräfin Elisabeth Dorothea richtete Ende des 17. Jh. einen französischen Lustgarten ein, Landgräfin Caroline 1766 teilweise einen englischen Park. Das *Prinz-Georg-Palais*, in der 1. Hälfte des 18. Jh. für Landgraf Ernst Ludwig erbaut, begrenzt die Nordseite des Prinz-Georg-Gartens. Der zweigeschossige Hauptbau mit zart stuckierten Innenräumen (Holzschnitzereien von JOHANN PAUL ECKARD) enthält seit 1907 die großherzogliche *Porzellansammlung*. Seitlich isoliert die beiden Wirtschaftsbauten, Gewächshaus und Remise (vgl. Schloß Windhof bei Weilburg). Zugang zum Hauptbau vom Schloßgartenplatz durch ein prachtvolles, 1681 von DAVID SCHIEFFER geschaffenes Barockportal (1818 vom Herrngarten an diese Stelle versetzt). Im Prinz-Georg-Garten zwei steinerne Sonnenuhren (Mitte 18. Jh.). Eine hölzerne *Gartenlaube*, das ›Teehäuschen‹, aus der gleichen Zeit erinnert an das ehemalige Naturtheater. Hier saß die landgräfliche Familie während der Theatervorführungen. An der Stelle des Bühnenpodiums steht heute ein Vogelkäfig. Am Ostrand (Straßenseite) des Prettlackschen Gartens ein reizvolles langgestrecktes *Gartenhaus* (um 1710, heute Gartenverwaltung) mit zweigeschossigem Mittelbau und kleinen pavillonartigen Eckbauten, von Louis Remy de la Fosse für Generalleutnant von Prettlack entworfen. Der *Prettlacksche* und der *Prinz-Georg-Garten* wurden nach dem 2. Weltkrieg aufgrund alter Pläne wieder mit ornamentalen farbenprächtigen Blumenbeeten und Boskets angelegt.

Der 1888 eingemeindete *Vorort Bessungen* ist historisch älter als Darmstadt. Doch heute sind die baulichen Grenzen zwischen Innenstadt und Vorstadt gänzlich verwischt. – An der Heidelberger Straße ließ der Reichshofrat und hessische Minister Carl von Moser 1772 durch Gärtner Siebert aus Dieburg einen englischen Garten anlegen. JOHANN MARTIN SCHUHKNECHT und JOHANN HELFRICH MÜLLER entwarfen das durch seine Hügellage beherrschende Gartenhaus, *Prinz-Emil-Schlößchen* genannt, ein anmutiger zweigeschossiger Bau mit kleinen Seitenflügeln (nach Zerstörung wiederaufgebaut, heute Nachbarschaftsheim). Angeregt von verwandten Anlagen in Kassel (Karlsaue) und Hannover (Herrengarten) schuf Landgraf Ernst Ludwig ab 1714 den *Bessunger Orangerie-Garten* nach den Plänen von Louis Remy de la Fosse. 1719–21 entstand das von französischer Kunst beeinflußte *Orangeriegebäude*. Ein östlich entsprechender Bau war geplant. Der Lustgarten breitet sich südlich in dreifach stufenweise ansteigendem Gelände aus. Auf der obersten Terrasse war ursprünglich ein Palais geplant. Die Orangerie ist ein eingeschossiger Bau mit Mansarddach und Risaliten, die Gartenfront wie bei anderen hessischen Orangerien (vgl. Weilburg, Heydau, Fulda) durch Pilaster und Rundbogenfenster gegliedert. Eine Allee führt von Norden auf die Orangerie zu. 1947 wurde in der Orangerie das Hessische Landestheater notdürftig eingebaut. Die dadurch notwendig gewordenen störenden Um- und Anbauten sollen nach Fertigstellung des Theaterneubaues beseitigt werden.

Auf der *Mathildenhöhe* bestand ursprünglich ein Weinberg und seit dem 19. Jh. ein der Erbprinzessin Mathilde gehöriger Platanenhain. 1898–99 erbaute Architekt BENOIS aus St. Petersburg die *Russische Kapelle*, veranlaßt durch die Heirat der Prinzessin Alexandra von Hessen mit dem russischen Zaren. Der byzantinisch-neuromanische Bau mit seinen vergoldeten Kuppeln ist einer der vier orthodoxen Kirchenbauten Hessens und Nassaus (vgl. Wiesbaden, Bad Ems und Bad Homburg). – Der letzte regierende (1892–1918) Großherzog von Hessen und bei Rhein, Ernst Ludwig (1868–1937), eine kunstsinnige, den Bestrebungen des Jugendstiles aufgeschlossene Persönlichkeit, vermittelte 1899 einem Kreis junger begabter Künstler die Möglichkeit, auf dem Gelände der Mathildenhöhe eine Künstlerkolonie unter der Leitung von Architekt JOSEF MARIA OLBRICH (geb. 1867 in Troppau, gest. 1908) zu schaffen. Diese auf das gemeinsame künstlerische Arbeiten und Wohnen abgestimmte und sich in neuzeitlichen Bauten ausdrückende Künstlergruppe hat ihre Bau- und Kunstwerke in mehreren Ausstellungen der Öffentlichkeit vorgeführt und der modernen Architektur- und Kunstentwicklung entscheidende Impulse gegeben. Für die 1. Ausstellung 1901 entstand das als Künstleratelier eingerichtete *Ernst-Ludwig-Haus* (»Dort gilt gleichsam die Arbeit als heiliger Gottesdienst«, Olbrich), heute Sitz der Deutschen Akademie für Sprache und Dichtung. Reiche Flächenornamentik überzieht die Portalwand, die den charakteristischen Spruch von HERMANN BAHR trägt: »Seine Welt zeige der Künstler, die niemals war, noch jemals sein wird.« Seitlich große Steinplastiken von LUDWIG HABICH (geb. 1872 in Darmstadt). Eine Freitreppe führt hinab zur Alexandrastraße mit den einzelnen *Wohnhäusern der Künstler* (teilweise zerstört), »gleich ein friedlicher Ort, zu dem nach des Tages emsiger Arbeit von dem Tempel des Fleißes herabgestiegen wird, um der Künstler mit dem Menschen einzutauschen« (Olbrich). Das Haus des Architekten PETER BEHRENS (1868–1940) am Westende der Kolonie mit seinen roten und grünen Klinkerrahmungen ist am besten erhalten. Für die Ausstellung 1908 (›Großhessische Landesausstellung für freie und angewandte Kunst‹) schuf Olbrich jene Gebäudegruppe, die den Hauptruhm der Künstlerkolonie begründete und die ein Wahrzeichen der Stadtsilhouette Darmstadts wurde: *Hochzeitsturm* und *Ausstellungshallen*. Der 48,5 m hohe Turm in Backsteinverkleidung mit gestufter Dachform ist ein Geschenk der Stadt Darmstadt an den Großherzog anläßlich seiner Hochzeit. HEINRICH JOBST entwarf den plastischen Schmuck, RUDOLF G. BINDING den tiefsinnigen Spruch an der Sonnenuhr. Ferner entstand 1908 das *Oberhessische Haus*. Für die Ausstellung 1914, die der Architekt und Kunstgewerbler ALBIN-MÜLLER (Alwin Müller, geb. 1871) leitete, wurden der kleine *Schwanentempel* südöstlich bei der Russischen Kapelle, das große *Wasserbecken* vor der Kapelle und vor allem die architektonische Rahmung des *Platanenhains* mit dem symbolreichen Skulpturenschmuck von BERNHARD HOETGER (1874–1949), Reliefs von Frühling, Sommer, Schlaf und Aufwachen, Denkmal Mutter und Kind, geschaffen. Die Kapelle als Vertreterin einer Epoche, die gerade die Künstlerkolonie mutig und radikal zu überwinden strebte, war damit ganz in den Kreis der neuen Architektur eingeschlossen. Der 1. Weltkrieg setzte diesem Streben ein Ende. – Auf der etwas östlich gelegenen *Rosenhöhe*, wo 1955 die *Neue Künstlerkolonie* begründet wurde, steht als Eingang das *Löwentor* mit den sechs kraftvollen Löwenplastiken Hoetgers, die einst auf hohen doppelten Säulen den Zugang zur Ausstellung 1914 geschirmt hatten. Die Säulen sind heute am Hochschulstadion aufgestellt. GEORG MOLLER erbaute 1826 am nordöstlichen Rande der Rosenhöhe das *Mausoleum* der Prinzessin Elisabeth. Darin der 1837 von CHR. RAUCH geschaffene Sarkophag der Großherzogin. 1870 eine Erweiterung durch HEINRICH WAGNER. Das 1894 von Architekt JACOBI auf der Rosenhöhe erbaute großherzogliche *Schloß*, die spätere Preußische Gesandtschaft, wurde im 2. Weltkrieg zerstört.

An der Kranichsteiner Straße (Nr. 61–65) ließ Freiherr von Barkhausen-Wiesenhütten den *Karlshof*, eine ehemalige Meierei, 1797–1803 durch JOHANN HELFRICH MÜLLER anlegen. Das Wohnhaus 1816 durch GEORG MOLLER (halbkreisförmige Rotunde) und 1907 durch PAUL MEISSNER verändert. Das wenige Kilometer nordöstlich vor der Stadt gelegene *Schloß Kranichstein* ist nach einem Katzenelnbogener Burglehen des Henne Kranich zu Dirnstein benannt und hieß ursprünglich Kranichrod. Landgraf Georg I. erbaute 1571–72 durch JAKOB KESSELHUT (gest. 1610) ein neues dreiflügeliges Schloß mit schwungvollen Spätrenaissancegiebeln; in den beiden Hofecken je ein Treppenbau. an der äußeren Nordwestecke ein kräftiger Rundturm, dessen vorgekragtes Obergeschoß und dessen offene Haubenlaterne unter Landgraf Ludwig VIII. (1739–68) hinzugefügt wurden. Das Schloß war Aufenthalt und Ausgangspunkt bei höfischen Jagdveranstaltungen, und von den acht Fenstern des Rundturmes konnte der Landgraf die Hetzjagden in acht Waldschneisen überblicken. Der hofseitig vorspringende Mittelbau mit dem Treppenhaus im Innern ist von 1826, die Renaissanceformen des Giebels und die vorgesetzte Altane von 1863. Georg Moller erwog 1839 eine klassizistisch-neugotische Umgestaltung des Schlosses. 1917–18 richtete Großherzog Ernst Ludwig im Schloß das 1952 an die Stiftung Hessischer Jägerhof übergegangene *Jagdmuseum* ein. Südlich am Schloß in der Verlängerung des Mittelflügels wurde im 18. Jh. der eingeschossige *Küchenbau* mit Mansarddach angefügt (heute Café). Südlich vor dem Schloß das 1689 errichtete, im 18. Jh. durch Mansarddach veränderte langgestreckte *Jagdzeughaus*.

3. Dreieichenhain, Groß-Gerau und das Hessische Ried

In der flachen Mainebene nördlich von Darmstadt, im Bereich der drei ehemaligen Kaiserpfalzen Frankfurt, Trebur und Seligenstadt, erstreckt sich das weite Waldgebiet des Reichsforstes und späteren Wildbannes Dreieich. Die wildreichen Waldflächen, die man wie Inseln zwischen den Siedlungen und Fluren heute antrifft, sind die Reste des einstigen ausgedehnten Reichswaldes. In der Mitte dieses Forstes entstand – wie Ausgrabungen 1924–25 im Gelände der heutigen Burg und Stadt DREIEICHENHAIN ergaben – gegen Mitte des 9. Jh. ein königliches Jagdhaus, und an seiner Stelle im 10. bis 11. Jh. ein größerer Jagdhof mit zweigeschossigem Herrenhaus und Nebengebäuden, genannt ›Hain in der Dreieich‹. Bei diesem Hof erbauten die Herren von Hagen (= Hain), die späteren Herren von Arnsburg und Münzenberg, als Reichsministerialen und Vögte des Reichsforstes vermutlich in der 2. Hälfte des 11. Jh. eine wasserumwehrte Turmburg, deren Ruine zu den besterhaltenen frühen Turmburg-Anlagen Hessens gehört. Ein vom Hengstbach gespeister Graben und zwei Ringmauern umgaben einen mächtigen, fast quadratischen Wohnturm (Durchmesser ungefähr 13 m), dessen fünfgeschossige Westwand noch heute in der nordöstlichen Ecke der *Burg* Dreieichenhain aufragt. Die Burg war in staufischer Zeit (um 1170) mit schwerem rundem Bergfried (Quaderverblendung mit Füllmauerwerk), rechteckigem Palas und mit Kapelle vor die Turmburg bei ungefähr viereckigem Grundriß gebaut worden. Der Palas wurde im 13. Jh. vergrößert, im 15. und 16. Jh. erfolgten Umbauten und Veränderungen, seit dem 16. Jh. Verfall. 1713–16 wurde die Burgkapelle zur heutigen evangelischen *Kirche* ausgebaut, Kanzel und Altar stammen aus der Bauzeit, die Orgel (1791) aus der berühmten Werkstatt STUMM in Sulzbach. In einem Neubau an der Burg das *Dreieich-Museum*. Von Osten reizvoller Blick über den breiten Teich auf die Burg und die Stadt. Die gegen Ende des 12. Jh. geschaffene, im 14. und 15. Jh. erweiterte *Stadtbefestigung* ist mit Ober- und Untertor und mit den Wassergräben teilweise erhalten.

An der in ganzer Länge den Ort durchziehenden Hauptstraße sowie in den anschließenden Seitengassen eine Reihe stattlicher *Fachwerkbauten* (16. bis 18. Jh.). Sie prägen das anheimelnde Antlitz dieses Städtchens, das bisher von der modernen Industrie der umliegenden Städte unberührt blieb. Hervorzuheben ist der *Saalhof* beim Obertor (1640 und 1660) in Fachwerk auf festem Untergeschoß, mit reichen Gesimsen und Brüstungsgefachen und mit schönem Treppenturm; ferner der Trierische, früher *Solmssche Hof* (1558) mit steinernem Renaissanceportal im Untergeschoß und Hoftor von 1710; das Gasthaus ›*Zur alten Burg*‹ (16. Jh.) und weiterhin verschiedene Häuser in der Fahrgasse aus dem 18. Jh. (Nr. 7–9, 11 und 13–15, Nr. 63 von 1610).

Südwestlich von Dreieichenhain erbaute Graf Johann Philipp von Isenburg-Offenbach (gest. 1718) das *Lustschloß* PHILIPPSEICH. Nach seinem Tode diente das Schloß der Seitenlinie Isenburg-Philippseich bis 1920 als Wohnsitz. Das von JOHANN DANIEL SCHNORR 1744 geschaffene Grabmal des Grafen Wilhelm Moritz und das 1794–1800 erbaute *Herrenhaus* erinnern an diese Residenzzeit. – Westlich von Dreieichenhain liegt einsam mitten in weitem Wald- und Parkgelände *Schloß* WOLFSGARTEN, 1721–24 nach Plänen von LOUIS REMY DE LA FOSSE als Jagdschloß erbaut (Privatbesitz des Prinzen von Hessen und bei Rhein). Die Anlage besteht aus einem Gebäudekarree mit isolierten Einzelgebäuden, seitlich je zwei niedrige Bauten mit Zwerchhäusern; der Hauptbau durch größere Maße, Mansarddach und frontseitige offene Arkaden mit breiter Freitreppe ausgezeichnet. Gegenüber die ehemaligen Stallungen mit dreigeschossigem Uhrturm, an den Ecken zwei Ziehbrunnen. Zwischen den Gebäuden Tore, deren Holzflügel reiche Bandelwerkornamentik aufweisen. Im weitläufigen Park Kleinbauten des Jugendstils, besonders das niedliche Prinzessinnenhaus, 1902 von JOSEF MARIA OLBRICH erbaut.

Westlich, jenseits von MÖRFELDEN (schlichte evangelische Kirche von 1730), liegt in den weiten Waldungen des ›Mönchwaldes‹ das ehemalige hessische *Jagdschloß* MÖNCHBRUCH, 1729 von HELFRICH MÜLLER in lockerer Bauweise errichtet (heute Altersheim der Inneren Mission). Längs der Straße ein großer eingeschossiger Fachwerkbau mit Mansarddach und großem Hoftor. Rückseitig zwei kleine Seitenflügel in Hufeisenform. An der offenen Hofseite drei isolierte zweigeschossige Pavillons mit Mansarddächern. Drei weitere Pavillons 1855 abgebrochen. Auf der anderen Straßenseite die ehemalige *Mühle*, eine Fachwerkgruppe des 18. und 19. Jh. (Gaststätte).

GROSS-GERAU am südlichen Rande des Mönchwaldes war mit der benachbarten *Wasserburg Dornberg*, von der nur geringe Reste künden, ursprünglich Katzenelnbogener, seit 1479 hessischer Besitz. Wirkungsvoll stellt sich das *Rathaus* von 1578–79 in die Blickachse der Frankfurter Straße. Über massivem Untergeschoß mit großer Halle auf zwei Eichenstützen erhebt sich ein Fachwerkobergeschoß mit Krüppelwalmdach und Uhrtürmchen. Schnitzereien, gezierte Fensterumrahmungen und reiches Balkenwerk lockern das Fachwerk auf. Auf dem Marktplatz ein *Ziehbrunnen* von 1595. Im Ort überwiegend ein- bis zweigeschossige verputzte Fachwerkbauten des 18. und 19. Jh. Einheitlich wirkt die Straße Am Burggraben. Das kleine *Palais für Prinz August Wilhelm von Hessen* (Mainzer Straße 11) ist ein spätbarocker Bau mit Mansarddach und Zwerchhaus und schönem Gartenportal im Hof. Am ehemaligen Gasthaus ›Zur Goldenen Krone‹ (Frankfurter Straße 15, Eckhaus zur Kirchgasse) ein reizvoller Erker auf Stützen. Das entsprechende Gebäude der gegenüberliegenden Ecke wurde im 2. Weltkrieg zerstört. Durch die Kirchgasse fällt der Blick auf den mächtigen Westturm der *Pfarrkirche (e.)* mit barocker Haube (1950 vereinfacht erneuert). Turm und Chor (Gewölbe modern) aus gotischer Zeit (1470). Das 1870 neu gebaute Langhaus wurde nach Kriegsbeschädigung in modernisierter Form wiederhergestellt. Eine qualitätvolle *Steinmadonna* von 1470 schmückt das Westportal. – Im 18. Jh. veranstaltete der Darmstädter Hof ein ›Lustlager‹ bei Groß-Gerau, an das ein Gemälde von Schmidt-Fornaro mit Johann Wolfg. von Goethe im Vordergrund (Landesmuseum Darmstadt) und eine 1782 vor der Stadt errichtete *Gedenksäule* (3 km nordöstlich Groß-Gerau) erinnern. 2 km südlich der Stadt bestand ein *römisches Kastell* mit Lagerdorf zur Sicherung des Mainzer Brückenkopfes.

Das HESSISCHE RIED bildet den nordöstlichen Teil der Oberrheinischen Tiefebene zwischen Main und badischer Grenze, eine Flachlandschaft mit alten Rheinarmen, Wiesen und Auwäldern. Vor langen Zeiten floß der Neckar durch das Ried und mündete bei TREBUR in den Rhein. Am südöstlichen Ortsrand erhebt sich auf einem Hügel die *Pfarrkirche (e.)*. Nur die exponierte Lage und die Ummauerung weisen auf die geschichtliche Bedeutung dieser Stätte. Denn hier bestand seit karolingischer Zeit die Kaiserpfalz ›Palatium Regium Triburiae‹. Hier tagten vom 9. bis zum 12. Jh. bedeutungsvolle Reichsversammlungen und Synoden, die die Reichspolitik dieser Jahrhunderte bestimmten. 1248 kam Trebur an die Grafen von Katzenelnbogen, 1479 an Hessen. Die verputzten Außenwände der heutigen Kirche stammen z. T. noch aus karolingischer Zeit. Sie ist im übrigen ein gefälliger Barockbau des Darmstädter Baumeisters JOH. WILH. PFANNMÜLLER mit Westturm und dreiseitigem Chor. Die äußere Eckquaderung der mittelalterlichen Bauteile (Querschiff) ist unverputzt und sichtbar. Der Einbau der vierseitigen Emporen (Ende 18. Jh.) negiert die gebaute Raumform und schafft eine eigene längsrechteckige Raumhülle; die marmorierten Emporenpfeiler tragen ein Volutengewölbe, so daß die Emporen wie Logen wirken. Auf der Ostempore die Orgel (18. Jh.); Sakristei und Pfarrstand unter der Ostempore durch Glastüren abgetrennt. Im Westen unter dem Turm die romanische Vorhalle mit hohen Rundbögen; außen spätgotisches Portal. Westlich vor der Kirche das *Pfarrhaus* (um 1800). In der Kirchgasse ein schönes steinernes Hofportal (18. Jh.). An der breiten Hauptstraße das 1577 erbaute, im 19. Jh. stark restaurierte *Rathaus* mit massivem Untergeschoß und größtenteils verschindeltem Fachwerkobergeschoß; auf dem Dach ein kleiner barocker Dachreiter. Das Rathaus von GEINSHEIM (1619) ist in ganz ähnlicher Weise gebaut.

Wir durchqueren fruchtbares Land mit moorig schwarzer Erde. Gelegentlich erblickt man eine in gleichmäßigem Takt arbeitende Erdölpumpe. Zuweilen tauchen flache Hügel auf (so bei Mörfelden, Bickenbach und Viernheim), Dünen aus Flugsand, auf denen Kiefern, Gras und, besonders gut, Spargel wachsen. Jenseits des Rheinstromes zeichnen sich die Weinberge und die Stadtsilhouette von Oppenheim und weiter südlich die Türme von Worms ab. Große Gehöfte liegen einsam zwischen den weiten Feldfluren, so etwa der BENSHEIMER HOF (an der Straße Leeheim–Erfelden), eine regelmäßige viereckige Hofanlage (spätes 18. Jh. und 1. Hälfte 19. Jh.) mit Hoftor von 1775 und zweigeschossigem *Herrenhaus* von 1828. Wenig südlich des Hofes zweigt die Straße zum Forsthaus Knoblauchaue im Bereich des Altrheins ab (Naturschutzgebiet). Erlen, Weiden, Pappeln und stille Wasserarme mit hohem Schilf, eine eigene Vogel- und Insektenwelt gestalten das Landschaftsbild. Die Altwasser des einst vielverzweigten und gewundenen, seit 1840 regulierten Rheines umschließen zwei Halbinseln, Knoblauchsaue und Kühkopf. Im Walde an der Schwedenschneise steht die *Schwedensäule*, ein hoher Obelisk, auf seiner Spitze ein behelmter Löwe mit Schwert. Ringsum Steinbänke, seitwärts die mehrhundertjährige Feulner-Eiche. Die barocke Säule wurde zum Gedenken an den Rheinübergang von König Gustav Adolf am 7. Dezember 1631 aufgestellt. – Nahebei am Altrhein gegenüber dem Kühkopf das Dorf ERFELDEN. Die klassizistische *Kirche (e.)* an der Hauptstraße ist ein unverputzter Saalbau von 1834 (Entwurf

Landbaumeister G. LERCH) mit schlankem Westturm. Auf der Ostempore eine prachtvolle Rokokoorgel aus der Abteikirche von Amorbach (1746 von Orgelbauer BARTHEL BRUNNER geschaffen, 1838 übertragen). Davor an der Empore die Kanzel; der Raum unter der Empore ist verglast und als Sakristei abgetrennt.

Unmittelbar am rechten Rheinufer, an der Spitze einer weitgezogenen Stromschleife, liegt GERNSHEIM, einst ein römisches Kastell mit großem, bis zum 3. Jh. bewohntem Lagerdorf. Die *Pfarrkirche (k.)* wurde 1750 durch KASPAR VALERIUS (Heidelberg) nach Plänen von JOH. VAL. THOMANN erbaut. Der schlank aus der Fassade emporragende Westturm, der mit seiner beschwingten Zwiebelhaube weithin die Rheinlandschaft beherrscht, zeigt deutlich den Einfluß der Kunst Balthasar Neumanns (vgl. St. Paulin in Trier, Heusenstamm, Hofheim, u. a.). Vor der Fassade die barocke Statue des hl. Josef (Mitte 18. Jh., 1945 schwer beschädigt). Von dem barocken Langhaus blieb nicht mehr viel übrig, nachdem 1887 Querschiff, Nebenkapellen und Chor hinzugefügt wurden und 1945 die Kirche ausbrannte. Der Hauptaltar mit vier im Halbkreis angeordneten Säulen und den Figuren des Aaron und Melchisedech, 1770 von SEBASTIAN PFAFF geschaffen, wurde wiederaufgebaut. Von den Seitenaltären sind nur die Figuren des hl. Johannes von Nepomuk (im nördlichen Querarm) und des hl. Eulogius (im südlichen Querarm) erhalten, qualitätvolle Arbeiten von JOHANN JOACHIM GÜNTHER aus Bruchsal. Die *Hauptstraße* ist ziemlich einheitlich mit traufseitigen zweigeschossigen Häusern bestanden, überwiegend verputztes Fachwerk (18. Jh.). Nur am *Markt* wenden einige Bauten ihre hohen Giebel dem Platz zu. Die Ostseite des Platzes nimmt der etwas überdimensionierte klassizistische *Rathausbau* ein. Das von G. MOLLER entworfene Gebäude brannte 1945 aus und wurde wiederaufgebaut. Südöstlich vor dem Ort in freiem Gelände die *Wallfahrtskapelle Maria Einsiedel;* Chor von 1495, der übrige Bau neugotisch. Bemerkenswert die beiden Gnadenbilder, das ältere, eine Pieta um 1400 auf dem Hochaltar und das jüngere, eine feine stehende Madonna um 1480 auf dem nördlichen Seitenaltar.

In HOFHEIM, unweit am Rhein gegenüber Worms gelegen, ließ Franz Georg von Schönborn, Fürstbischof von Worms und Erzbischof von Trier, 1747–50 durch BALTHASAR NEUMANN eine neue *Pfarrkirche (k.)* errichten. Die Westfront wölbt sich halbkreisförmig vor, den vorspringenden schlanken Glockenturm umschließend. Beiderseits des Turmes ist der Giebel in geschwungener Volutenform hochgezogen. Die lebendige Außengliederung in Sandstein. Besonders prunkvolles Portal mit dem von Löwen gestützten Schönbornschen Wappen. Der

Innenraum wird wesentlich durch die drei steinernen, vorzüglich einkomponierten Altäre architektonisch und dekorativ gestaltet; sie entstammen dem künstlerischen Umkreis PAUL EGELLS. Aufwändige Kanzel mit Intarsienarbeiten, die Brüstungsfelder parkettartig, die Rückwand mit Darstellung des hl. Johannes Baptist. An der Nordwand Barockgemälde ›Maria verleiht den Rosenkranz‹ (Mitte 18. Jh.). Neben der Westfassade gutes steinernes Kruzifix auf hohem Rokokosockel (Mitte 18. Jh., Kopie, Original im Mainzer Dommuseum). Einfaches *Rathaus* von 1711, in klassizistischer Zeit verändert.

Der im 16. Jh. erb. Turm der *Kirche St. Michael* (*k.*) von BÜRSTADT ist mit seiner vollen runden Zwiebelhaube von 1756 schon aus der Ferne sichtbar. Der moderne, 1926 geweihte und 1957 überarbeitete Bau benutzt die 1734–39 errichtete einschiffige Barockkirche als Querhaus. Die schöne tonnenförmige Decke mit den reichen pflanzlichen und ornamentalen Stukkaturen in spätem Bandelwerk blieb dadurch erhalten. Einige barocke Figuren, besonders die elegante Madonna auf dem linken Seitenaltar, erinnern an die ehemalige Ausstattung. Über dem Hochaltar ein neuromanisches Ziborium aus dem Mainzer Dom. Das betont an einer Straßenkreuzung stehende *Rathaus* ist ein zweigeschossiger, verputzter Fachwerkbau mit Mansarddach, Dachreiter und kleinem Erkervorbau an der Längsseite (um 1730). Im Festsaal feine Bandelwerk-Stuckdecke. Im *Ort* verschiedene Wohnbauten des 18. Jh., so gegenüber der Kirche (Peterstraße 11) ein Fachwerkbau mit Steinplastik des hl. Valentin im Giebel (um 1740).

Auf dem Wege nach LAMPERTHEIM zeichnet sich am östlichen Rande der Oberrheinischen Tiefebene die bewegte Linie der Odenwaldberge mit den Burgen der Bergstraße ab. Der 832 zuerst erwähnte Ort erhielt 1951 Stadtrechte. Die alte *katholische Pfarrkirche* ist ein schlichter Bau von 1770–71. Eine schwungvolle Haube bekrönt den im Kern mittelalterlichen Glockenturm. Kanzel und andere Ausstattungsstücke aus der Bauzeit. Südlich vor der Kirche das freistehende *Rathaus*, ein zweigeschossiger Barockbau mit hübschem Portal und Balkon. Kirche und Rathaus bilden mit den hohen Kastanien eine schöne Gruppe. An der Westwand des Rathauses ein spätromanisches Tympanon (Christus segnend zwischen zwei Heiligen) eingemauert. Die mit Bäumen bestandene breite *Hauptstraße* (Römerstraße) ist typisch für die Dörfer und Kleinstädte des Hessischen Rieds. Längs der Straße verschiedene *Fachwerkbauten* (18. Jh.). Ecke Römer- und Kaiserstraße das heutige Zollamt, ehemals *Rentamt* (18. Jh.) mit Mansarddach und hübscher Sandsteinmadonna an der Gebäudeecke. Hofportal und Remisenbau ebenfalls barock. Klassizistisches Schulgebäude an der Römerstraße, ein unverputzter zweigeschossiger Bruchsteinbau mit rundbogigen Fenstern (1. Hälfte 19. Jh.). Die *evangelische Pfarrkirche*, ein großer neugotischer Bau von 1863–68, nach schweren Bombenschäden 1955 durch KARL GRUBER verändert. – An der Straße nach Hüttenfeld liegt das NEUSCHLOSS, 1468 von Kurfürst Friedrich I. von der Pfalz als Jagdschloß angelegt und 1504 neu gestaltet (1821 Brand und Wiederaufbau), ein schlichter längsrechteckiger Bau mit Krüppelwalmdach und Treppenturm in der Mitte einer Längsseite (heute Armenhaus).

In einem zwischen dem badischen Weinheim und Mannheim vorstoßenden Zipfel Hessens liegt VIERNHEIM. Der sehr alte Ort – erste Erwähnung 777 – besitzt viele einfache Fachwerkbauten und die charakteristischen Tabakscheunen. Die *Kirche St. Marien (k.)* an der Mannheimer Straße ist ein schlichter einschiffiger Barockbau mit neugotischem Westturm; Querschiff in dreiseitigem Schluß 1804 (Portalinschrift); Chorbau aus neuerer Zeit. Im Innern Haupt- und zwei Seitenaltäre in Ziborienform (vgl. Gernsheim), der Hauptaltar mit guter Rokokomarienfigur (3. Viertel 18. Jh.), Kanzel aus der gleichen Zeit. Frühklassizistische Orgel um 1800. Die neugotische *Apostelkirche (k.)* in der Stadtmitte, geweiht 1900, eine Pseudobasilika mit recht guter Raumwirkung, enthält in den im 19. Jh. neu geschaffenen oder überarbeiteten Altären verschiedene wertvolle spätgotische Werke, so besonders im Marienaltar der nördlichen Seitenkapelle eine etwa ¾ lebensgroße stehende fränkische Madonna in Holz (spätes 15. Jh.), von innigem Ausdruck und mit vielfach gebrochenen Gewandfalten, das Kind im Segensgestus.

4. Westhang des Odenwaldes und Bergstraße

Die vielgerühmte *Bergstraße*, die ihre Schönheit keineswegs nur im Blütenzauber des Frühlings entfaltet, ist überreich an geschichtlichen Geschehnissen und Stätten. Schon in keltischer und römischer Zeit war das Land besiedelt. Mehrere Funde weisen sogar auf die Bronzezeit. Das Pflaster der römischen ›strata montana‹, über die vom 2. bis zum 4. Jh. Legionen und Kohorten zu den Kastellen und Lagerdörfern am Odenwald-Limes zogen, ruht an einigen Stellen noch unter der heutigen Straßendecke (so in Heppenheim). Doch im Gegensatz zu der heutigen Bundesstraße verlief der alte Römerweg – wie viele römische und vorgeschichtliche Straßenzüge – nicht unten im Tal, sondern auf halber Hanghöhe. Heute zeigt er sich deshalb oft nur noch als Feldweg. Der Name Bergstraße übertrug sich auf die ganze Landschaft, d. h. auf den etwa 70 km langen Westrand des

Odenwaldes von Darmstadt über Bensheim und Heidelberg bis Wiesloch. Ab Laudenbach gehört die Bergstraße heute zu Baden-Württemberg (vgl. den Band ›Kunstwanderungen in Baden‹). Im Mittelalter herrschten die Reichsabtei Lorsch und anschließend das Mainzer Erzstift, dann die Grafen von Katzenelnbogen und von Kurpfalz, schließlich die Landgrafen und späteren Großherzöge von Hessen über die Bergstraße. Die Romantik des 19. Jh. begeisterte sich an den Burgruinen und an dem von ihren Türmen erlebbaren einzigartigen Rundblick auf die Odenwaldberge und in die weite Rheinebene. – In Eberstadt, heute zum Stadtbezirk von Darmstadt gehörig, teilt sich der Weg in die Alte Bergstraße über Seeheim, Jugenheim und Alsbach und in die Neue Bergstraße über Bickenbach. In Zwingenberg treffen beide Richtungen wieder zusammen.

Etwas abseits liegt PFUNGSTADT. Mitten durch den Ort und die Kirchstraße fließt der Dorfbach, die Modau, die bei Stockstadt in den Altrhein mündet. Das *Rathaus*, ein zweigeschossiger Steinbau von 1614 mit hohen Volutengiebeln und eigenem Treppenbau, ist teilweise über den Bach gebaut. Auf dem Rathausdach thront – wie vielerorts in der Darmstädter und Bergsträßer Gegend – ein Storchennest. Die vom Markt ausgehende *Borngasse* zeigt mehrere gute Hofanlagen fränkischer Form (so Nr. 18 aus dem 18. Jh. und Nr. 17 aus dem 17. Jh., aber verändert). Das Haus Borngasse 8 entstammt noch dem 16. Jh., am Wohnhaus Treppengiebel (restauriert), am Hoftor die Jahreszahl 1550, das seitliche Hofgebäude barock mit Mansarddach. Die *Kirche(e.)* neben dem Dorfbach ist ein strenger Bau von 1746–52 nach Zeichnungen des Pfarrers JOH. KONRAD LICHTENBERG, die der Ingenieur JOHANN FRIEDRICH KARGE überarbeitete. Der am Ende des 19. Jh. neugestaltete Innenraum ist von vorzüglicher Wirkung.

Mit *Burg* FRANKENSTEIN, hoch und beherrschend auf einem Höhenrücken zwischen Bergstraße und Beerbachtal gelegen, beginnt die Reihe bedeutender Burgruinen an der Bergstraße. Für den steilen Aufstieg entschädigt eine weite Rundsicht auf den vorderen Odenwald, die Rheinebene und das Land um Darmstadt. Die Burg wurde gegen Mitte des 13. Jh. durch Konrad Reiz von Breuberg angelegt. Seine Nachkommen, die Herren von Frankenstein, begründeten um den Burgsitz ein kleines Territorium, das 1661–62 im Tausch gegen Ockstadt an Hessen-Darmstadt kam. Die seit dem 18. Jh. verfallene Burg wurde in der Romantik (1835) und im Historismus (1893) baulich gesichert. Die gestreckte, unregelmäßig rechteckige Hauptburg besteht aus einer kräftigen, an Angriffs- und Zugangsseite schildmauerartig verstärkten Ringmauer. An diese ist inseitig ein quadratischer dreigeschossiger Turm gebaut (datiert 1527, Oberbau und

Helm 19. Jh.). Daneben steht die Ruine eines spätgotischen Wohnbaues (wohl ebenfalls von 1527); an dessen nordwestlichem Ende zwei schwere gewölbte Räume. Um diese Kernburg legt sich ein tieferer Zwinger mit quadratischem Schalen-Torturm (Oberbau 19. Jh.) und kräftigem halbrunden Flankenturm neben dem Vorburgzugang. Eine barocke Bastion sicherte zusätzlich den 1863 erneuerten Eingang zur Vorburg. In der Vorburg die Kapelle, ein gotischer Rechteckbau, 1853 stark restauriert, und das ehemalige großherzogliche Forsthaus, heute Gaststätte (1765, das Obergeschoß im 19. Jh. aufgesetzt). Die Silhouette der Burg wird bestimmt durch die Restaurierungen der Romantik.

SEEHEIM besitzt neben Heppenheim das schönste *Rathaus* der hessischen Bergstraße, einen Fachwerkgiebelbau von 1599 mit ornamental ausgestalteten Brüstungsgefachen und reichen Fensterumrahmungen; auf dem Dach ein kleiner Uhrturm. Vor dem Rathaus, das dem von Groß-Gerau verwandt ist, ein *Laufbrunnen*. An der Haupt-(Berg)straße, die im rechten Winkel durch den Ort führt, alte, meist verputzte *Fachwerkhäuser*. Zuweilen entdeckt man an einem Hofportal eine Jahreszahl des 16. Jh. Die am Friedhof gelegene *Pfarrkirche (e.)* besteht aus einem frühgotischen Chorturm und einem einschiffigen Langhaus von 1609 mit Änderungen von 1819–20. An der Westseite ein moderner Erweiterungsbau mit offener Eingangshalle. Das Innere ist flachgedeckt, mit dreiseitigen Emporen, an der Südseite zweigeschossig. Auf der Nordempore die moderne Orgel mit kleinem Prospekt (18. Jh.); im Chorraum Gratgewölbe. Bei der jüngsten Restaurierung wurden am nördlichen Chorfenster Fresken (Ende 15. Jh.) freigelegt (im Fenstergewände zwei hl. Bischöfe in kräftiger Farbigkeit). Am Hang das ehemalige *Großherzogliche Hoflager*, ein langes schlichtes Sommerhaus (Mitte 19. Jh., jetzt Bibelschule) mit kleinem Park.

An einem Ausläufer des Odenwaldes erstreckt sich JUGENHEIM. Über dem Ort liegt am Waldrand die *Pfarrkirche (e.)* mit Westturm (1575), einschiffigem flachgedecktem Langhaus und Rundapsis von 1855–56. In den Fenstern neugotisches Maßwerk. Am Triumphbogen Kruzifix von 1739. Etwas höher auf einem Berggrat lag das 1230 gegründete *Kloster Heiligenberg*. In seiner Nähe steht in einer parkartigen Waldlandschaft die im frühen 19. Jh. größtenteils wieder aufgerichtete Ruine einer einschiffigen gotischen Kirche; daneben befindet sich eine vielhundertjährige *Zent-Linde*, etwas abseits hiervon sieht man das 1865 errichtete ›*Goldene Kreuz*‹ und das *Mausoleum* des Prinzen Alexander von Hessen, gest. 1888, Begründer der Familie Battenberg-Mountbatten (vgl. Battenberg Kap. VIII). Über den

Mauern des ehemaligen Klosters erhebt sich *Schloß Heiligenberg*, Stammsitz der Battenberger (heute Institut für Lehrerbildung des Landes Hessen). Eine freundliche, unregelmäßige Gruppe von Baukörpern umgibt einen reizvollen intimen Binnenhof mit Bäumen und rauschendem Brunnen. Der älteste Teil ist der klassizistisch abgewogene Südflügel von 1811–16. Die übrigen Bauteile entstanden 1867, 1873 und 1875. Die umgebende Landschaft ist mit Teich, Wald und Wiesen zu einem großen Naturpark englischen Stils umgestaltet.
– Unweit Jugenheim und Seeheim lag die *Burg Tannenberg*, einst Münzenberger, dann stark aufgesplitterter Besitz. Die im 13. Jh. errichtete Anlage wurde, als Hartmut d. J. von Kronberg einen unruhvollen Raubrittersitz aus ihr machte, 1399 durch die Kurfürsten von Trier, Mainz und von der Pfalz zerstört. Die Grundmauern 1848–49 ausgegraben, wobei berühmte Waffenfunde gelangen.

Die *Pfarrkirche (e.)* von BICKENBACH liegt wehrhaft auf einem nach allen Seiten abfallenden Hügel, den die alte Kirchmauer einfaßt. Das Untergeschoß des Westturmes ist spätgotisch; die Obergeschosse und die Westfront der Kirche nach Brand 1622 neu gebaut; 1809 gründliche Neugestaltung. Schlichtes, fast quadratisches einschiffiges Langhaus; dreiseitige Emporen. Im dreiseitig geschlossenen Chor klassizistische Kanzel und Orgel hinter und über dem Altar. Neben dem Kirchaufgang hübsches *Pfarrhaus* (um 1800). Am westlichen Dorfende erbaute Landgraf Ernst Ludwig von Hessen 1720–21 ein *Jagdschloß* mit großem zweigeschossigem herrschaftlichem Wohnbau und mit einem Wirtschaftshof, bestehend aus zwei rechtwinkeligen Flügelbauten mit Eckpavillons (heute Wohnungen, in der Mitte des Hofes ein Neubau von 1961–62).

ALSBACH liegt – charakteristisch für die Bergsträßer Orte – am auslaufenden Hang, und die Straßenzüge und Häuser steigen teilweise bergan, so daß sich eine reizvoll gestufte Ortslage ergibt. Die schlichte *Pfarrkirche (e.)* wurde 1610 durch Umbau einer gotischen Kapelle gewonnen. Der Glockenturm befindet sich in der nordwestlichen Ecke des kleinen einschiffigen Langhauses; dreiseitiger Chorschluß, im Innern Empore mit ländlichen Malereien (1628). – Im Ort zahlreiche gute *Gehöfte* in verputztem Fachwerk und mit charakteristischen Hoftoren, deren Sturz zwei Balken mit kleinem Dach bilden. Gegen Mitte des 13. Jh. erbauten die Herren von Bickenbach auf der westlichen Spitze eines 260 m hohen, heute bewaldeten Berggrates eine Burg, das *Alsbacher Schloß*. Es war seit dem 14. Jh. Ganerbenburg. Die Raubüberfälle des Ganerben Ulner von Dieburg zwangen 1463 die Stadt Frankfurt zur Zerstörung der Burg durch Niederbrennen. Die bald wiederaufgebaute Anlage kam 1504 an Hessen und verfiel im 17. bis

18. Jh. Von der in Dreiecksform angelegten Kernburg sind die äußere Ringmauer und ein schmaler, rundum vorgelegter Zwinger erhalten. An der Angriffsseite liegt dicht hinter dem Mauerbering der mächtige runde Bergfried (restauriert), zugänglich von der Wehrmauer. In spätgotischer Zeit wurden an der westlichen Ringmauer Fenster eingebrochen. Die Kernburg wurde um 1360–70 durch eine Vorburg mit guterhaltenem Torzwinger befestigt. Zwei gewaltige bastionsartige Eckrundtürme (15. Jh.) für Schußwaffen verstärkten an den Enden des tief eingeschnittenen Halsgrabens die Vorburg. Durch den Halsgraben führt heute der Zugangsweg.

Wo die Gebirgszüge des Odenwaldes sich bis dicht an die ehemaligen, heute trockenen, aber im Mittelalter sumpfigen Flußläufe des alten Neckars (vgl. Trebur) heranschieben, besaßen die Grafen von Katzenelnbogen als wirksame Straßensperre die Wasserburg ZWINGENBERG, die 1308 von Kaiser Albrecht zerstört wurde und heute verschwunden ist. Sie lag in der Südwestecke des heutigen Marktes. Der 1012 zuerst genannte Ort gehört durch seine anmutige Hanglage neben Heppenheim zu den malerischsten Orten der hessischen Bergstraße. Er wird überragt von dem 515 m hohen *Melibokus* (Malchen), dessen markanter Kegel weithin die Landschaft charakterisiert. Auf der Bergspitze ließ Landgraf Ludwig IX. 1772 einen 21 m hohen Aussichtsturm errichten, der 1945 gesprengt wurde und in den nächsten Jahren wiederaufgebaut werden soll. Vom kleinen, regelmäßig quadratischen *Marktplatz*, in dessen Mitte ein Brunnen (19. Jh.) rauscht, führen Treppen und gepflasterte Gassen steil zur Kirche hinan, die, auf starker Futtermauer und von wehrhaften Mauern umgeben, hoch über der Stadt thront. Vom alten Kirchhof überblickt man die roten Ziegeldächer, aus denen verschiedentlich der reichere Giebel eines Fachwerkhauses oder gar das Mansarddach eines aufwendigeren Wohnbaues der Barockzeit hervorragt (Marktplatz und Obergasse). Die *Kirche (e.)*, 1258 von Graf Diether III. von Katzenelnbogen erbaut, ist einschiffig mit rechteckigem, etwas eingezogenem Chor. Um 1400 kam ein östliches niedriges Querschiff hinzu (östliche Langhausarkade). Von 1706 stammen die Seitenschiffe. Der weithin sichtbare Westgiebel und der seitlich gestellte Turm wenden sich der Rheinebene zu. Östlich der Kirche, an höchster Stelle des Ortes, stand die *Oberburg*, auf deren Kellern 1928 die Jugendherberge entstand. Zwischen Burg und Kirche und nördlich der Kirche liegt der älteste Ortskern, umgeben von den Resten der *Stadtbefestigung*. Ober- und Untergasse und Markt entstanden erst gegen Mitte des 13. Jh. als Vorstadt mit jüngerer Befestigung. Die Obergasse bezeichnet die mittelalterliche Führung der Bergstraße. – An der Untergasse liegt das *Schlößchen*, ein zweigeschossiger, verputzter steinerner Bau (frühes 16. Jh.) mit Vorhangbögen und Fachwerkgiebeln. Rechtwinklig dazu ein quadratischer Treppenturm in sichtbarem Bruchstein und mit schönem Barockportal (1779). Eine Mauer mit doppeltem Hoftor schließt den Hof gegen die Straße ab und säumt einen kleinen Park, den ehemaligen Stadtgraben, ein. In der Oberthorstraße (Nr. 1) liegt – schon außerhalb der Stadtmauern – die ehemalige *Amtskellerei*, ein schlichter steinerner Rechteckbau von 1561–62 mit Volutengiebel an der südlichen Schmalseite. Im Hof ein Stück der Stadtmauer mit Wehrgangresten. Der *Löwenplatz* mit einigen reizvollen Häusergruppen des 18. und frühen 19. Jh. und mit Brunnen gehört zu einer gegen Ende des 16. Jh. entstandenen Vorstadt. An seiner Südseite das Haus ›Zum Löwen‹ (1595) mit geschweiftem Giebel (im 19. Jh. erweitert und verändert).

AUERBACH ist heute zu Bensheim eingemeindet. Die *Pfarrkirche (e.)* liegt malerisch zwischen Bäumen über dem Ort an der Einmündung des Mühltales. Der Westturm (1479) mit schöner innerer Pforte (daran gotische Beschläge), Langhaus und Chor gehen auf Erweiterungen und Vergrößerungen von 1713, 1849 und 1900 zurück. Der alte Ort erstreckt sich bei ungefähr T-förmigem Grundriß entlang der Bergstraße und aufwärts im Mühltal. Er wird überragt von einer eindrucksvollen *Burgruine* auf dem steilen und hohen Auerberg (›Auerbacher Schloß‹). Die von der Abtei Lorsch zum Schutze ihrer reichen umliegenden Güter erbaute Burg wurde im 13. Jh. von Kurmainz an die Grafen von Katzenelnbogen verlehnt. Sie erbauten im 14. Jh. die heutige Anlage mit regelmäßigem dreieckigem Grundriß (vgl. die Katzenelnbogener Marksburg und Hohenstein). Um die Kernburg zieht sich – ebenfalls wie auf der Marksburg – ein größerer (wohl jüngerer) und ein engerer Zwinger mit Ringmauern und Wehrgang. Gegen den rückwärtigen nordöstlichen Berggrat schützten ein tiefer Halsgraben und eine Schildmauer. An der Südseite ist der Palas mit Keller und drei Geschossen angebaut (heute Ruine). Seine nordöstliche Schmalfront – zugleich die angriffsgefährdete Ostecke des Dreiecks – ist bastionsartig verstärkt; darin ehemals die Kapelle. Die südwestliche Schmalseite des Palas hat Eckürmchen. An der Westwand des Burghofes lagen ursprünglich wohl Wirtschaftsbauten in Fachwerk. In den beiden übrigen Ecken des Dreiecks Rundtürme. Der südliche Eckturm neben dem Eingang ist bergfriedartig vergrößert mit vorgekragtem Wehrgang und rundem verjüngtem Aufsatz (also Butterfaßform wie auf der Marksburg, frühestes Beispiel dieses Typs, vgl. Idstein). In der Ostecke des Hofes tiefer, in den Felsen geschlagener Brunnen. Restaurierung der Ruine 1903–05.

In einem stillen Seitental des Odenwaldes östlich Auerbach wurde die Landschaft mit Brunnen, Wiesen, exotischen Bäumen, gewundenen Wegen und Alleen, Aussichtspunkten und Denkmälern durch C. L. GEIGER in einen englischen Park umgewandelt, in den eine Gruppe barocker Wohnbauten eingebettet ist: das *Fürstenlager*. 1739 waren heilsame Quellen ›In der Roßbach‹ zum erstenmal gefaßt worden. Der Landgraf von Hessen-Darmstadt ließ 1766–70 durch PHILIPP JAKOB MANN und um 1800 durch JAKOB MARTIN SCHUHKNECHT die lockere und zwanglose Gebäudefolge anlegen. Sie zeigt nicht fürstlichen, sondern ländlich-abgeschiedenen Charakter, eine intime Kuranlage, zum Sommeraufenthalt des Hofes bestimmt. Das zweigeschossige Herrenhaus trägt mit zartem Risalit und flach geneigtem Satteldach schon klassizistischen Charakter (heute Café).

Am nördlichen Stadteingang von BENSHEIM liegt ein unter Großherzog Ludwig IV. 1879–82 erbauter Komplex von Schulgebäuden, der durch seine für die späte Entstehungszeit recht guten klassizistischen Formen auffällt. Die Stadt, seit dem 8. Jh. Lorscher, seit 1232 Mainzer Besitz, wurde im 13. Jh. befestigt. Die regelmäßige staufische, am Hang ansteigende Stadtanlage wird von der Bergstraße längs durchschnitten. Um den Markt gruppiert sich die ältere Stadt, während sich südlich jenseits des Lauterbaches eine Vorstadt des 14. Jh. anschließt. Am südöstlichen Ortsrand, hoch über dem Markt, erbaute GEORG MOLLER 1826 die klassizistische *Pfarrkirche (k.)*. Die zweitürmige Westfassade und die beiden Chortürme nach Zerstörungen im 2. Weltkrieg neu geschaffen. Die Kirche ist ein gut proportionierter, dreischiffiger Bau mit Rundbogenfenstern und Rundapsis. Im Innern reihen sich, in Anlehnung an frühchristliche Basiliken, dicht gestellte Säulen mit Kompositkapitellen und Arkaden. Im Mittelschiff seit 1948 eine Längstonne, die Moller ursprünglich mit Kassettierung entworfen hatte. In den Seitenschiffen Flachdecken. An der Südostecke des Marktplatzes, im ehemaligen Lorscher Klosterhof, das *Bergsträsser Heimatmuseum*. In der Klostergasse das 1628 gegründete, nach dem 2. Weltkrieg neugestaltete *Kapuzinerkloster*. Mehrere *Brunnen*, meist aus neuerer Zeit (19. und 20. Jh.), beleben das Stadtbild. In den verwinkelten Gassen viele, meist verputzte, oft auch ungepflegte Fachwerkhäuser; so an der Nordseite des Marktplatzes und an seiner südwestlichen Ecke, wo ein Wohnhaus mit polygonalem Eckerker und ein bedeutendes Eckgebäude (etwa 1500), das ehemalige *Hochzeitshaus*, mit St. Josefsfigur (1757) stehen. Nahebei die reizvolle Platzanlage ›Am Bürgerwehrbrunnen‹ mit dem früheren *Kreisamt* von 1732 (modernisiert). Auf der 1733 erbauten zweibogigen Mittelbrücke über den Lauterbach zwei gute Steinplastiken, der hl. Johannes von Nepomuk (1740) und der hl. Franz Xaver (1744). Bensheim war einst reich an alten Adelshöfen: Wambolderhofstraße Nr. 6 der zweigeschossige Bau des *Wambolder Hofes* (1743) mit Mansarddach; Hintergasse Nr. 8 der *Hohenecker Hof* mit prachtvollem Fachwerkgiebel (17. Jh.). Gegenüber (Schlinkengasse 17) ein gutes Fachwerkhaus. Am Ende der Hintergasse der *Dalberger Hof* mit Torbau; am neuzeitlichen Hauptgebäude ein quadratischer Turm der Stadtbefestigung. Am Ritterplatz der *Rodensteiner Hof* (heute Stadtverwaltung), ein zweigeschossiger gestreckter Bau (1739) mit Steinportal, Hofdurchfahrt und schwungvoller Rokokomadonna an der Gebäudeecke; rückseitig moderne Erweiterungsbauten. Der kleine dazugehörige Garten ist heute Städtischer Kurpark. An der Ecke des Parkes zum Ritterplatz ein kleines, 1950 erweitertes *Gartenhaus* von GEORG MOLLER (heute Parkcafé). In der Obergasse das *älteste Fachwerkhaus* Bensheims (um 1480): das weit vorkragende Obergeschoß ist von Knaggen gestützt; überbaute Hofdurchfahrt. Im Hof ein Rest der *Stadtmauer* mit Wehrgang. Am östlichen Ende der Obergasse ein weiterer quadratischer Stadtturm. In der Vorstadt das *Heiliggeisthospital*. Zu ihm gehört ein guter Fachwerkbau (um 1600) mit kräftig vorgekragtem Obergeschoß. Hospitalkapelle im 15. Jh. erbaut und 1872 vergrößert.

Im eng gewundenen Lauterbachtal schmiegt sich das heute zu Bensheim eingemeindete Dorf SCHÖNBERG zwischen die Odenwaldberge. Über dem Ort ragen auf zwei Bergvorsprüngen das namengebende Schloß und die Kirche bestimmend in die Landschaft. Die *Kirche (e.)* wurde 1832 von IGNAZ OPFERMANN, Landbaumeister zu Bensheim, später in Mainz, unter Mollers Einfluß erbaut: ein Rechteckbau mit quadratischem Ostturm und westlicher, triumphbogenartiger Vorhalle (vgl. St. Ludwig in Darmstadt). Das Innere wurde nach Brand 1900 erheblich verändert (Scheingewölbe). – Das aus einer mittelalterlichen Burg hervorgegangene *Schloß* der Grafen zu Erbach besteht aus einem langgestreckten zweigeschossigen Herrenhaus (›Schloß‹) von 1616 mit Treppengiebeln an den Schmalseiten und halbrundem Treppenturm in der Mitte der Längsseite. Um diesen Bau im Halbkreis die ehemaligen Wirtschaftsbauten (16., 17. und 18. Jh.): der Eckbau am Südende des Halbkreises (›Holländischer Bau‹) 1728–29 mit Mansarddach, der Bau an der Eingangsfront (›Altbau‹) von 1613 mit vorspringendem schlankem Rundturm. Fast alle Bauten, besonders aber die Satteldächer, wurden im 19. Jh. durchgreifend erneuert (seit 1717 Sitz der Linie Erbach-Schönberg, heute Knappschafts-Erholungsheim). Hochgelegener *Schloßgarten* mit vielen immergrünen Gehölzen.

Weiter aufwärts im Lauterbachtal liegt in REICHENBACH die *Pfarrkirche (e.)*, ein Saalbau von 1747–48 mit dreiseitigem Chorschluß, hoch über dem Ort. Westturm mit schwungvoller Laternenhaube. Innen umlaufende Emporen, an der Westseite zweigeschossig. Gute, weite Raumwirkung. Kanzel und Orgel, beide mit Rokokoornamenten im Chorraum über dem Altar. Nördlich des Ortes erhebt sich der 515 m hohe FELSBERG, ein breites, bewaldetes Bergmassiv, berühmt wegen des *Felsenmeeres*. Gewaltige, überdimensionale und wirr übereinandergeschichtete Felsblöcke aus Granit erstrecken sich in Rissen und Bergfalten am Süd- und Südosthang des Felsberges zu Tal. Regen und Sturzbäche glätteten und rundeten in Jahrtausenden die kantigen Oberflächen der Felsbrocken. Es ist besonders bemerkenswert, daß die Steinblöcke durch Steinmetze und Bildhauer des römischen Besatzungsheeres an Ort und Stelle bearbeitet wurden, um als Säulen und Gebälk bei Villenbauten und als Sockel für Standbilder verwendet zu werden. Eine Reihe von behauenen Steinen konnte durch den Einbruch der Germanen 327 n. Chr. nicht vollendet bzw. nicht mehr abtransportiert werden, so die ›Riesensäule‹, der ›Altarstein‹, die ›Pyramide‹, das ›Schiff‹ und die ›Kreisplatte‹. Auf dem Berggipfel steht der Ohly-Turm mit prachtvoller Aussicht.

Westlich Bensheim, an der von Worms über den Rhein nach Osten führenden ›Nibelungenstraße‹, liegt LORSCH, berühmt durch seine karolingische Torhalle, die – obwohl Kloster und Kirche untergingen – heute wie vor nahezu 1200 Jahren noch ihre volle reiche künstlerische Wirkung besitzt. Cancor und Williswind, Mitglieder eines führenden Grafengeschlechtes, stifteten im Jahre 764 das *Benediktinerkloster* Lorsch. Die erste Klosteranlage lag etwa einen halben Kilometer östlich der heutigen. Die Mönche kamen aus Kloster Gorze (20 km südwestlich Metz, bekannt durch die Gorzer Reform des 10. bis 12. Jh.). Lorsch unterstand dem Erzbischof Rutgang von Metz, dessen Bruder Gundelang erster Abt wurde. Gundelang gab Lorsch 772 Kaiser Karl d. Gr. zu eigen und gab damit dem Kloster den Rang einer Reichsabtei. Der Kaiser bewies seine Gunst durch reiche Schenkungen, so daß das Kloster zur führenden wirtschaftlichen und politischen Macht am Oberrhein wurde. 768–774 entstand der architektonisch bedeutsame Kirchenbau. Im 10. Jh. wurde in Lorsch die Gorzer Reform eingeführt. Die enge kirchliche und politische Verbindung zwischen König und Kloster blieb auch in ottonischer und salischer Zeit bestehen. Im 12. Jahrhundert begann der Niedergang des Klosters. 1232 ging die Abtei in den Besitz des Erzstiftes Mainz über. 1248 wurde sie in eine Prämonstratenserpropstei umgewandelt. 1555 hob Kurfürst Ottheinrich von der Pfalz das Kloster auf. Die kostbare Bibliothek kam durch eine Schenkung Tillys nach Rom in den Vatikan (dort heute u. a. die berühmte karolingische Lorscher Handschrift). 1621 wurden Kloster und Kirche verwüstet, und heute steht nur noch die *Torhalle* oder *Michaelskapelle* aufrecht. – Der Eingang zum Kloster, der äußere Torbau, befand sich westlich der Michaelskapelle am unteren Hang eines flachgeneigten Hügels (etwa dort, wo heute die Straße verläuft). Auf der höchsten Stelle des Hügels lag die Kirche, an der Südseite befanden sich die Klostergebäude. Ein geräumiges Atrium verband den äußeren Torbau mit der Kirche. Frei inmitten dieses Atriums stand die erhaltene Torhalle, ein zweigeschossiger Rechteckbau, im Unterbau mit offenen Durchgängen, im Obergeschoß ein geschlossener Saalraum, seitlich Treppenspindeln. Das heutige hohe Dach ist gotisch. Das ursprüngliche, viel flacher geneigte Satteldach ist nach den karolingischen Giebelansätzen leicht rekonstruierbar. Die historische Bestimmung des Bauwerkes ist nicht ganz eindeutig: Wächterhaus (Dehio), Gerichtshalle (Selzer), Königshalle (Fuchs), Königskapelle (Meyer-Barkhausen) oder Triumphpforte (Illert). In diesem Bauwerk werden antike Architekturformen nachgestaltet (Rundbogen, kannelierte Pilaster, Kompositkapitelle, Palmettenfries). Die 1934–35 freigelegte architektonische Bemalung der Wände gehört zu den umfangreichsten Beispielen karolingischer Freskomalerei in Deutschland und zeigt ähnliche künstlerische Vorstellungen wie der Außenbau. Unter dieser Wandmalerei sind geringe Spuren älterer karolingischer Malschichten. Die Fresken des 8. Jh. werden teilweise überdeckt durch eine qualitätvolle Malschicht um 1385: musizierende und singende Engel und eine Marienkrönung an der Nordwand, Christus und Maria als Fürbitter bei Gottvater, dazu ein Schmerzensmann an der Südwand. Vom gleichen Meister stammen Fresken im Heppenheimer Amtshof.

Die große *Klosterkirche* bestand auf dem Höhepunkt ihrer baulichen Entwicklung (um 1200) aus dreischiffiger basilikaler Vorkirche mit doppeltürmiger Westfront und aus der Hauptkirche. Türme und Vorkirche waren nach einem großen Brand 1090 anstelle eines karolingischen offenen Vorhofes erbaut und 1130 geweiht worden. Dieser Brand war am 21. März 1090 bei der Feier des Frühlings- und Benediktusfestes ausgebrochen, als ein in die Luft geworfenes brennendes Rad auf das Dach der Kirche fiel. Die beiden Türme wurden 1358 durch Blitzschlag vernichtet. Von der Vorkirche steht nach der Zerstörung der gesamten Anlage 1621 nur noch das Mittelschiff. Die Hauptkirche war eine dreischiffige Basilika ohne Querschiff und mit rechteckigem flachem Chor. Östlich an den Chor schloß sich die 876 errichtete *Gruftkirche* (ecclesia varia‹, d. h. bunte Kirche) Kaiser Ludwigs des Deutschen an, in der außer dem Kaiser auch sein Sohn und sein

Enkel ruhten. Der heute in der Vorkirche stehende Steinsarkophag mit ionischer Pilastergliederung ist vermutlich der Sarkophag Ludwigs. Der äußere Umriß der Klosterkirche ist jetzt durch Ligustersträucher angedeutet, die Lage der Grabkapelle durch Feuerdorn-Sträucher. Von den Klostergebäuden ist nur die 80 m lange Zehntscheuer des 15. Jh. mit lang herabgezogenem Dach erhalten.

Das Lorscher *Rathaus*, ein malerischer Bau (1715) mit massivem Untergeschoß und zwei Fachwerkobergeschossen, wiederholt die Form des wenig älteren Heppenheimer Rathauses: aus der Giebelmitte steigt ein schlanker, verschieferter Turm mit Haube und Laterne auf, an den Ecken kragen Erker mit geschweiften Giebeln vor. Der rückwärtige Teil des Gebäudes wurde um 1900 erweitert. Die 1725 errichtete *Kirche (k.)* vergrößerte man 1930 durch Seitenschiffe; Hochaltar 18. Jh.

Die Kreisstadt HEPPENHEIM ist der südlichste hessische Ort an der Bergstraße. 773 schenkte Karl der Große Ort und Mark Heppenheim dem Kloster Lorsch. Beide Stätten blieben seitdem geschichtlich eng verbunden. 1065 erbaute die Abtei zur Sicherung ihres Besitzes die Starkenburg (s. u.). Vermutlich unter Abt Diemo von Lorsch (1126–39) wurde die Heppenheimer *Stadtbefestigung* errichtet, deren Wehranlagen bis 1823 erhalten waren. Die Grabenstraße, heute eine Allee, bezeichnet noch den westlichen Stadtrand. Das *Wormser Tor*, heute eine Hauspassage, zeigt sich nur an der Marktstraße noch als mittelalterlicher Torbau mit Barockhaube. Die *Stadt* zieht sich an einem Talhang hinauf, und ihre alten Hausbauten schichten sich über- und hintereinander. Recht malerisch wirken die Fachwerkhäuser über massivem Untergeschoß an der Marktstraße (17. bis 18. Jh.) und die unregelmäßigen gewinkelten Seitengassen (Bogen-, Johannesgasse, Altes Gäßchen u. a.). Im Hof des Gebäudes Marktstraße 6 ist das saubere Buckelquadermauerwerk des *Mönchsturmes* (2. Hälfte 12. Jh.) erhalten, des ehemaligen Bergfrieds des in romanischer Zeit burgartig ausgebauten Lorscher Hofes. Die Fundamente dieses Hofes liegen heute unter dem *Stadtschloß* (jetzt Schloßschule), einem einfachen Bau des frühen 18. Jh. mit wappengeziertem Sandsteinportal. Das dritte Obergeschoß wurde im 19. Jh. statt des ursprünglichen Mansarddaches aufgesetzt. Westlich schließt sich das *Vautsche* (= Vogteiliche) *Viertel* (fälschlich das Faule Viertel genannt) an, ein enges Gewinkel alter Fachwerkhäuser.

Der *Marktplatz* wird beherrscht von dem prunkvollen Fachwerkbau des *Rathauses:* steinernes Untergeschoß mit weiter Halle (1551), Fachwerkoberbau mit verzierten Brüstungsgefachen (1693). Ein verschieferter Uhrturm mit Glockenspiel wächst über der Fassade aus einem zweigeschossigen Mittelerker hervor; Erker betonen die Gebäudeecken. Auf der Platzmitte steht der *Marienbrunnen* (1729) mit schöner Statue der Immaculata. Um den Platz stehen noch größtenteils Fachwerkhäuser des 17. und 18. Jh., so neben dem Rathaus das *Haus ›Zum Goldenen Engel‹* (Anfang des 18. Jh.) mit gutem Steinportal und gegenüber die *Apotheke* (1700), eine vereinfachte Wiederholung des Rathauses mit Mittel- und Eckerkern. – Vom Markt strahlen die Straßen nach allen Seiten zu den wichtigen Baudenkmälern aus: die Kirchgasse steigt hinauf zur *Pfarrkirche (k.)*, einem aufwendigen historisierenden Bau in spätromanisch-frühgotischen Formen mit zwei Westtürmen und einer Vierungskuppel (1900–04). Im Innern die Kopie der *Heppenheimer Madonna* (Orignal im Mainzer Dommuseum), ein hervorragendes plastisches Werk (2. Hälfte 13. Jh.). Die Kellereigasse führt vom Markt hinab zur ehemaligen *Vogtei* (heute Landratsamt). Der in neuerer Zeit mehrfach erweiterte Bau enthält einen Kernbau des 16. Jh. mit vorspringendem Treppenhaus. In der Kellereigasse fallen ferner die Häuser Nr. 1 und 3 mit steinernem Untergeschoß und traufseitigem Fachwerkobergeschoß auf; ein Kellerportal bezeichnet mit 1574. Die Schunkengasse bringt uns zum Hinteren Graben und zum Würzburger Tor, Straßennamen, die die alte östliche Stadtbegrenzung anzeigen. Die Mühlgasse senkt sich hinab ins Mühltal, durch das die ›Siegfriedstraße‹ in den Odenwald führt. In der Amtsgasse liegt die großartig geschlossene Baugruppe des kurfürstlich mainzischen *Amtshofes*. An der Südseite das hohe zweigeschossige Hauptgebäude (Winzerkeller), im Kern 13. Jh., hofseits mit achtseitigem Treppenturm von 1380 und mit vorspringendem Turmbau, der im Obergeschoß eine Kapelle von 1369 mit Chorerker enthält. An der Westseite das Kelterhaus (1710) mit Fachwerkobergeschoß. An der Nordseite der ehemalige Marstall, ein zweigeschossiger Steinbau des 17. Jh. (heute Jugendherberge). Von den Innenräumen des Hauptbaues ist der Kurfürstensaal wegen seiner Fresken hervorzuheben. Die Ostwand bemalte der Künstler der Engelchöre in der Lorscher Torhalle; dargestellt sind stehende Engel mit Wappen. Der Raumcharakter wird jedoch durch eine Architekturmalerei von 1576 mit reichen Roll- und Beschlagwerkformen bestimmt (die Malereien des Erdgeschosses sind eine moderne Nachahmung der Renaissancefresken). Neben dem Sickinger Tor liegt der *Sickinger Hof*. Er ist ein stolzer Fachwerkbau (18. Jh.). Schöne traufseitige Fachwerkhäuser mit massiven Untergeschossen und großen Hofeinfahrten (17. und 18. Jh.) enthält auch die westliche *Vorstadt*, besonders Friedrichstraße, Darmstädter Straße (Nr. 1–3 ehemaliger Thurn- und Taxisscher Posthof) und Lehrstraße.

Auf einem knapp 300 m hohen Bergrücken gegenüber Heppenheim thront die STARKENBURG. Von ihrer Höhe beherrscht der Blick die Orte und die Landschaft der Bergstraße und der Rheinebene. Diese günstige Lage nutzte die Abtei Lorsch um 1065 zur Anlage einer Burg. Sie war seit dem 13. Jh. im Besitz des Mainzer Erzstiftes. Auf der Burg saßen Mainzer Burggrafen zur Verwaltung des Amtes Starkenburg, d. h. des ehemaligen reichen Lorscher Besitzes an der Bergstraße und im Odenwald. Seit dem 17. Jh. residierte der Burggraf unten im Amtshof zu Heppenheim. Die Burg aber blieb eine starke Festung und widerstand allen französischen Belagerungen 1688–89 und 1693. Erst im 18. Jh. wurde sie Ruine. Der um 1100 erbaute, frei im Hof stehende Bergfried wurde 1924, angeblich wegen Einsturzgefahr, gesprengt (Fundamentfläche noch sichtbar). Dafür entstand an der Eingangsseite ein neuer, hochragender, als Jugendherberge dienender Turm. Die Ruine des Palas wurde 1959 zur Erweiterung der Jugendherberge ausgebaut. Von der ursprünglichen Burg- und Festungsanlage sind seitdem nur noch erhalten: die innere Ringmauer über regelmäßigem längsrechteckigem Grundriß, an drei Ecken von gotischen Rundtürmen flankiert; davor ein schmaler Zwinger und ein zweiter mittlerer Mauerring, an der Nordwestecke bastionsartig um 1680 verstärkt; ein größerer, wohl spätgotischer Zwinger mit starker Außenmauer an der Ost- und Südseite; tiefer Halsgraben und Wallreste an den östlichen und nördlichen Angriffsfronten; schließlich Reste von Bastionen (1680) an der West- und Nordwestseite. Im Burghof der alte Brunnen.

Übersichtskarte zu Kapitel XIV: Durch den Odenwald zum Neckar

XIV. Durch den Odenwald zum Neckar

1. Groß-Umstadt und der Nordrand des Odenwaldes

GROSS-UMSTADT empfängt seine Besucher auf einem viereckigen, allseitig umbauten *Marktplatz*. Auf ihm plätschert ein Röhrenbrunnen (1714). Die Nordseite des Platzes ist von Rathaus und Kirche in großartiger architektonischer Kulisse abgeschlossen. Die *Pfarrkirche (e.)* bildet einen malerischen Baukörper. Auf dem gedrungenen quadratischen Westturm (Unterbau 13. Jh.) sitzt ein achteckiges Obergeschoß (spätes 15. Jh.) mit kleinen Giebeln und Spitzhelm. Der schlanke hohe Chor (1490–94) überragt das unter einem Satteldach zusammengefaßte gleichzeitige pseudobasilikale Langhaus. Im Chor ein reiches tonnenförmiges Netzgewölbe auf kapitellosen Diensten. Weite, etwas gedrückte Arkaden auf Achteckpfeilern trennen die drei flachgedeckten Schiffe des Langhauses. Der Raumeindruck erinnert sehr an die etwa zwanzig Jahre ältere Kirche von Babenhausen. Kanzel 17. Jh.; Chorgestühl Anfang 16. Jh.; Reste von Wandmalereien im Langhaus um 1500. An der Ostwand des südlichen Seitenschiffes ein Epitaph des Wolf von Bettendorf (gest. 1555); der verstorbene Ritter stehend in Renaissancearchitektur mit Beschlagwerkornamentik. An der Ostwand des nördlichen Seitenschiffes Epitaph des Balthasar Schelm von Bergen (gest. 1546); überraschend die altertümliche gotische Form und Haltung. Festlicher Orgelaufbau, 1699 von ADAM PHILIPP SCHLEICH aus Bamberg. Außen an der Südseite der Kirche mahnt eine gotische Inschrift an die Gefallenen der Mainzer Stiftsfehde 1461–63. – Das *Rathaus*, ein zweigeschossiger rechteckiger Steinbau von 1596–1625, gehört zu den schönsten Rathausbauten Südhessens. Reiche Giebel mit Beschlagwerk, Voluten, kleinen Obelisken und Rollwerkspitzen schmücken das Bauwerk; auf dem Dachfuß zwei steinerne Statuen, Klugheit und Gerechtigkeit. Die Bauformen zeigen die Wandlung von der Spätrenaissance zum Manierismus. Die ausführenden Handwerker stammten aus Aschaffenburg, Heidelberg und Chur, der leitende Werkmeister, HANS MARIAN, aus Darmstadt. Die Kunstformen weisen nach der Kurpfalz (Heidelberg), zu der Groß-Umstadt seit dem Mittelalter teilweise gehörte. Hinter dem Rathaus ein gefälliger *Wohnbau* von 1761, in neuerer Zeit dem Rathaus angegliedert. – Die Stadt erlebte im 16. und in der 1. Hälfte des 17. Jh. eine bauliche Blütezeit, die eine große Anzahl stattlicher Adelshöfe aus dieser Zeit und zahlreiche Jahresangaben an Keller- und Hofportalen bestätigen. Das *Wamboldt-Schloß* in der Curtigasse, einst Sitz der Freiherren von Wamboldt, ist ein dreiflügeliger Renaissancebau mit Ehrenhof. Der 1600–02 entstandene Nordflügel gleicht in der Ornamentik seiner Giebel sehr dem Rathaus, so daß wohl der gleiche Bau- oder Werkmeister tätig war. Die beiden anderen Flügel mit einfachen Volutengiebeln sind etwas jünger (über der Tür Wamboldtsches Wappen von 1681). Ein eingeschossiges *Remisengebäude* des 18. Jh. mit Mansarddach und das *Jägerhaus*, ein guter Fachwerkbau um 1600 (Curtigasse 5), begrenzen die Ostseite des von Bäumen bestandenen Schloßhofes. Die Renaissance-Portale an der Straßenseite wurden abgebrochen, ihre Wappen und Jahreszahlen aufbewahrt. – Auf der anderen Seite der Gasse das *Curti-Schloß*, gegen 1500 von dem kurpfälzischen Oberamtmann Kurz (zu ›Curti‹ 1590 geadelt) als kleiner geschlossener Hof erbaut, jetzt im Zerfall und teilweise niedergelegt. Zwischen Schloßgasse und Wilhelm-Leuschner-Straße die *Reformierte Kollektur*, zwei rechtwinklig zueinander stehende zweigeschossige Flügel des 18. Jh. mit Sattel- bzw. Krüppelwalmdächern. Beherrschend westlich daneben das *Pfälzer Schloß* anstelle einer ehemals fuldischen Burg. Der gegen 1500 errichtete Rechteckbau enthält einen tonnengewölbten Keller mit zwei steinernen Mittelsäulen, den Holzstützen des großen flachgedeckten Erdgeschoßsaales als Fundament dienend. Obergeschoß und Dach nach Brand 1806 neu gestaltet. Zwei alte Höfe stehen auch in der Rodensteiner Straße. Der *Rodensteiner Hof* (Nr. 3) ist ein zweigeschossiger Bau längs der Straße mit Wappentafel von 1540, hofseits ein sechseckiger Treppenturm, an der westlichen Giebelwand ein Aborterker. Gegenüber (Nr. 4) ein etwas älterer *spätgotischer Bau* mit einem verputzten Fachwerkobergeschoß. Durch die Kirchgasse erreicht man das *Darmstädter Schloß*. Der schlichte Winkelbau mit Mansarddach wurde 1747 unter Verwendung gotischer Bauteile von 1465 erbaut. Neben den Adelshöfen fällt eine Reihe stattlicher, meist zweigeschossiger *Wohnbauten* des 18. Jh. mit Mansarddächern auf, so Rodensteiner Straße 1, Schulstraße 13 (1790), Untere Marktgasse 2, 11 (mit Freitreppe) und 14 (mit Zwerchhaus). In der Hintergasse, die zur südlichen mittelalterlichen *Vorstadt* gehört, haben sich ebenfalls einige schöne Hausbauten erhalten, Nr. 3 (1744), Nr. 9 (1614) und Nr. 11 (1596–98), jeweils Fachwerk über massivem Untergeschoß.

Die *Pfarrkirche (e.)* des wenig nördlich gelegenen Ortes KLEESTADT zeigt in ihrer flachgedeckten pseudobasilikalen Form mit weitgespannten Spitzbogenarkaden eine ähnliche Raumform wie die Kirchen von Groß-Umstadt und Babenhausen. Chor und Unterbau des Westturmes datieren Mitte 15. Jh.; das Schiff im Kern spätes 15. Jh.; das südliche Seitenschiff wurde 1560, das nördliche 1861 angebaut, anschließend die gesamte Kirche erhöht. Der Chor zeigt eine 1936 freigelegte, gute Ausmalung (Mitte 15. Jh.), an der nördlichen Chorwand Passionsszenen, an den Fensterpfeilern des Chorpolygons die Apostel, auf den Gewölbekappen musizierende Engel, die vier Evangelistensymbole und das Lamm Gottes. Die künstlerischen Formen weisen auf die Karmeliterkirchen in Frankfurt und Mainz. Die erhöht liegende Kirche wird von einem wehrhaften Friedhof umgeben, den ein spätgotischer Torbau mit Wächterstübchen des 18. Jh. abschließt. Das *Rathaus* wurde 1803 quer zur Hauptstraße erbaut (vgl. Lengfeld), die in einem Rundbogen durch das massive Untergeschoß geführt ist; das Obergeschoß in verschindeltem Fachwerk.

Die *Pfarrkirche* (e.) von SCHAAFHEIM überragt hoch den Ort. Steile Treppen führen vom Dorf zum Kirchhügel hinauf und bieten, ganz besonders an der ›Alten Schule‹, malerische Winkel. Die außen schlichte, flachgedeckte Kirche wurde 1839–41 von GEORG MOLLER und GEORG LERCH erbaut. Die dreiseitigen Emporen ruhen auf rundbogigen Arkaden. Schlanker Westturm mit spitzem Helm und eisernem Geländer am Helmansatz. Am südlichen Hang des ehemals befestigten Kirchhofs die *Gottesackerkapelle*, ein einfacher rechteckiger spätgotischer Bau, 1570 zur Schule umgebaut. Viele alte *Fachwerkbauten* in fränkischer Bauweise beleben das Ortsbild. Das Wohnhaus wendet den Giebel zur Straße; das Hoftor ist häufig aus Platzmangel überbaut. Die Dachform zeigt oft den Krüppelwalm. Das älteste Haus ist Weedstraße 2 (um 1500) mit Knaggen und gekreuzten Streben. Das *Rathaus* entstand 1684 mit massivem Unter- und Fachwerkobergeschoß.

Auf einer Anhöhe östlich der Straße nach Mosbach erhebt sich die *Schaafheimer Warte*, 1492 von dem Mainzer Erzbischof Berthold von Henneberg zur Beobachtung der Hanauischen Grenze erbaut, ein kräftiger Rundturm mit Steinhelm und Zugang im ersten Obergeschoß; am zweiten Obergeschoß drei Pechnasen. – In MOSBACH, das sich im Welzbachtal ausbreitet, bestand seit dem 13. Jh. eine *Johanniterkommende;* die *Komturei* (1781) heute Schule. Die *Johanniter-Kirche* (k.) aus der Mitte des 13. Jh. wurde bei einem Neubau 1906 zum Querschiff; so blieben der Westturm (1906 erhöht) und der zweigeschossige, rechteckige, gewölbte Chorraum erhalten. An der spätgotischen Sakristeitür Johanniterkreuz und Jahreszahl 1433. Das Chorobergeschoß diente vermutlich als Krankenraum (vgl. die zweigeschossige Johanniterkirche in Niederweisel bei Butzbach). An der Nordwand des Chores eine *Kreuzigungsgruppe* (Kopie, Original im Landesmuseum Darmstadt), die vermutlich Triumphkreuz der alten Kirche war; mittelrheinische Arbeit um 1520, in dem dramatischen Faltenschwung der Gewänder und der Expressivität der Gesichter und Gebärden von der Kunst Grünewalds beeinflußt, der über zwei Jahrzehnte im nahen Seligenstadt tätig war. Am Schnittpunkt dreier Straßen das *Rathaus* von 1580–85 mit steinernem Untergeschoß und Fachwerkobergeschoß; Veränderungen von 1800 (neue Erdgeschoßfenster, Anbau an der Schmalseite). Das *Pfarrhaus* entstand im Jahre 1782.

Wenig talaufwärts erstreckt sich RADHEIM am Südhang. Zu der einfachen *Dorfkirche (k.)* von 1577 mit westlicher Verlängerung von 1906 führt eine alte Treppe hinauf. Im Innern überrascht die für eine Dorfkirche ungewöhnliche, reiche *Rokokoausstattung*, die um 1760 in einer würzburgisch-fränkischen Werkstatt gefertigt wurde. Sowohl der schwungvoll kurvige, von quirlenden Ornamenten überspielte Aufbau der Altäre und der Kanzel wie auch die eleganten, flüchtig schwebenden Heiligenstatuen und Engelfiguren sind von ausgezeichneter Qualität und gehören neben der Ausstattung der Kirchen in Heusenstamm und Hofheim zu den besten Leistungen des Rokoko in Südhessen. Die Kirche besitzt ferner drei qualitätvolle spätgotische *Holzfiguren*, vielleicht aus der Werkstatt des Meisters der Mosbacher Kreuzigung (um 1520): Madonna, Johannes d. T. und Laurentius. In Ortsmitte an einer Straßenkreuzung eine *Pestsäule* (1625).

Südlich Groß-Umstadt liegt LENGFELD erhöht auf einer Hügelschwelle. Die *Simultankirche* ist ein schlichter Saalbau mit dreiseitigem Schluß von 1772–80. Der seitlich der Westfassade stehende Glockenturm mit gekuppelten Rundbogenfenstern ist spätromanisch, das Obergeschoß neugotisch (1841). Im Innern flache Voutendecke und dreiseitige Emporen. Kanzel um 1780. In der Hauptstraße (Bismarckstraße) viele gute *Fachwerkhäuser*. Das Eckhaus zur Borngasse von 1703 mit seitlich erkerartigem Vorbau, ›Kanzel‹ genannt. Das *Rathaus* von 1717 stellt sich quer zur Straße, die durch das offene Untergeschoß hindurchführt; Obergeschoß Fachwerk. Im Dorf mehrere Laufbrunnen.

Südlich des Ortes ragt der OTZBERG (368 m) als markanter Bergkegel aus der sonst flachwelligen, anmutigen Landschaft des nördlichen Odenwaldrandes auf. Die Gebäude und Ruinen der Feste geben dem Berg eine charakteristische Silhouette. Die *Burg* wurde um 1200 von der Reichsabtei Fulda erbaut und 1390 an die Pfalz verkauft. Im 19. Jh. wurde ein Teil der Gebäude abgebrochen. Auf die Gründungszeit gehen der ovale Grundriß mit inseitig bebauter Ringmauer und der runde frei stehende Bergfried in Gußmauerwerk mit Quaderverblendung zurück. Im 16. Jh. erfolgte eine durchgreifende festungsartige Erneuerung. Seitdem umziehen Wall, Graben und eine bastionsartige Mauer die eindrucksvolle Anlage. Der gotische Torbau wurde 1511 und 1543 neu gestaltet. Dahinter links (östlich) das Brunnenhaus mit großem Treibrad von 1788, rechts (westlich) das zweiflügelige Kommandantenhaus (heute Gaststätte) und südlich des Bergfrieds das ›Bandhaus‹ (heute Jugendherberge). Die Kaserne an der West- und das Korporalhaus an der Ostseite sind Ruinen (die Benennung der Gebäude 18. Jh.).

Zu Füßen der Burg, mit ihr durch teilweise erhaltene Mauern verbunden, liegt die Burgsiedlung HERING, eine der kleinsten Städte des Landes. Die hochgelegene *Pfarrkirche (k.)* war ursprünglich die Burgkapelle. Der schmale, rippengewölbte Chor um 1480, das Langhaus 1736 und der Westbau mit dem Turm 1929. Der Ort drängt sich in steiler Hanglage dicht zusammen und ist reich an malerischen Winkeln. Einfaches *Rathaus* in Fachwerk; das gemauerte Untergeschoß mit eingebauter Wendelstiege spätmittelalterlich. Hintergasse 1 der vorzüglich erhaltene *Burgmannenhof der Gans von Otzberg* (Beginn 16. Jh.), ein zweigeschossiger Rechteckbau mit vorgebautem rundem Treppenturm und massivem Erd- und Fachwerkobergeschoß; einige Jahrzehnte später (1572?) durch einen im rechten Winkel angebauten, etwas kleineren Flügel erweitert. Dadurch entstand die heutige reizvoll gewinkelte Baugruppe. Im Innern ist die ursprüngliche Raumaufteilung erhalten, besonders die Küche mit Kamin und Backofen sowie die große Wohnstube mit Alkoven. Scheune und Schweineställe von 1810. Das Anwesen ist leider stark verwahrlost.

In einem kleinen Nebental der Mümling liegt SCHLOSS NAUSES mit den Resten einer pfalzgräflichen *Wasserburg*, die vom 15. bis 18. Jh. an die Gans von Otzberg verlehnt war. In dem heutigen Gutshof ist ein steinerner Torturm (spätes 15. Jh.) mit Fachwerkobergeschoß und das Herrenhaus der gleichen Zeit mit nachträglich angebautem Treppenturm (1583) sowie ein Teil des Mauerberinges erhalten.

2. Das Mümlingtal

Auf steiler Bergeshöhe thront über Neustadt und dem Tal die *Burg* BREUBERG als eindrucksvollste Burganlage Südhessens. Sie wurde gegen Mitte des 12. Jh. von der Reichsabtei Fulda (vgl. Otzberg) zur Sicherung ihrer Besitztümer im Odenwald gegründet. Um 1200 übernahmen die Herren von Lützelbach, von nun an ›Herren von Breuberg‹ genannt, die Vogtei. Sie waren ein hochangesehenes Reichskirchen-Ministerialengeschlecht, das sich bald gegenüber Fulda verselbständigte, jedoch schon 1323 ausstarb. Nach längeren Besitzzersplitterungen kam die Burg 1497 an die Grafen von Wertheim. Nach deren Aussterben fiel sie je zur Hälfte an die Grafen von Erbach und von Stolberg-Königstein bzw. seit Anfang 17. Jh. an deren Erbnachfolger, die Grafen von Löwenstein. Heute Landeseigentum, genutzt als Jugendherberge und Jugendheim. Von der ersten Burganlage um 1200 stammen der etwas verschobene rechteckige Grundriß der Hauptburg mit Resten der Ringmauer, der quadratische Bergfried mit Buckelquadern (Wächterstube von 1612) und das Säulenportal am Torbau der Kernburg. Die übrigen Bauten und Befestigungen entstanden unter den Grafen Wilhelm (1440–1482) und Michael II. von Wertheim (1482–1531). Mehrere Umbauten im 16. und 17. Jh., besonders unter Graf Johann Casimir zu Erbach (1584 bis 1627). Der Besucher stößt zunächst auf das *Vorwerk* mit doppeltem Vortor (16. bis 17. Jh.). Rund um die Burg ziehen sich ein im 17. Jh. aufgeschütteter hoher Wall und ein tiefer ausgemauerter Graben. Ein Rundgang über die Wallkrone erschließt die gewaltigen Festungs- und Bastionsanlagen mit den vier mächtigen Geschütztürmen, das südhessische Gegenstück zu den Festungsbauten des Hans Jakob von Ettlingen: *Wilhelmsturm* (um 1480) südöstlich vor der Kernburg, *Vorderer Turm* an der Südwestecke (1505), *Roter Turm* (1507) an der Nordseite, zwischen beiden ein künstlich angeschüttetes Vorgelände, die ›Schütt‹, und der isoliert im Graben stehende *Michelsturm* an der Ostseite (1504). Am *Torbau* der Vorburg (bestehend aus Torturm von 1499 mit Wohnbau von 1558) über der Steinbrücke der sagenumwobene ›Breilecker‹, ein steinerner Spott-Kopf. Am Hof der Vorburg der langgestreckte ›Föppelsbau‹ (1506, überwiegend um 1600) mit Treppenturm und das im Winkel anstoßende *Zeughaus* (1528) mit schönem Steinportal von Hans Stainmiller, beide Bauten seit dem 19. Jh. Ruine.

Erhalten ist dagegen der *Johann-Casimir-Bau* (1606–13) mit reizvoller Steingalerie. Im Obergeschoß der ›*Rittersaal*‹ mit einer in bedrängender plastischer Fülle stuckierten Decke; zwischen Leisten und Rankenwerk allegorische Figuren und in Medaillons Szenen der klassischen Mythologie, dazu eine Wappenfolge der Ahnen des Grafen Johann Casimir. Ein Figurenfries an den Wänden schildert die antiken Gottheiten. Die Stukkaturen gehören zu den bedeutendsten Leistungen der Spätrenaissance und des Manierismus im hessischen und süddeutschen Raum. Sie wurden zwischen 1610 und 1624 vermutlich von Eberhard Fischer aus Babenhausen geschaffen. Der gleiche Künstler stuckierte eine Decke des Einhard-Hauses in Seligenstadt. Der Hof der Hauptburg wird von gotischen, im 16. und 17. Jh. veränderten Baulichkeiten umstanden. An der Nordseite, beginnend am Tor, der ›*Altbau*‹ mit Brunnenhalle (hölzernes Schöpfwerk von 1560) und Treppenturm (15. Jh.), der ›*Neubau*‹ und östlich anschließend die bereits 1357 genannte *Kapelle*. Im schlichten Kapellensaal eine schöne spätgotische Steinbrüstung und eine Flachdecke von 1695 anstelle der ursprünglichen Wölbung. An der östlichen Schmalseite des Hofes der dreigeschossige ›*Herrschaftliche Bau*‹ (fälschlich ›Frauenhaus‹ genannt) mit Festsaal von 1553 im zweiten Obergeschoß. In der Mitte der Südseite das ›*Erbachsche Herrenhaus*‹ von 1568 (fälschlich ›Gotischer Palas‹ genannt) mit gewölbtem Saal im Erd- und zwei Wohnräumen im Obergeschoß. Westlich daran die Rentschreiberei (Ende 15. Jh.), Burgküche (15. bis 16. Jh.) und – neben dem Torbau – die Münze (16. Jh. und 1709).

Zu Füßen des Burgberges, in NEUSTADT an der Mümling, wohnten seit dem 12. Jh. die Burgmannen und Burghandwerker. An der Hauptstraße stehen in ziemlich geschlossener Folge alte Fachwerkgiebelhäuser. Mitten in der Straße die *Pfarrkirche (e.)*, ein barocker Saalbau mit dreiseitigem Schluß und gebrochenem Dach. Der Westturm (1480) mit barocker Haube. Auf dem Marktplatz beschattet eine Linde den neugotischen Röhrenbrunnen. Nahebei einige gut gezimmerte *Fachwerkhöfe*, wohl ehemalige Burgmannensitze, so Römerberg Nr. 6 (1545) mit Fachwerk (17. Jh.) und Nr. 8 (1572) mit Fachwerk (1617), Geißrain 1 (1569) mit schönem Erker. Ecke Hauptstraße und Geißrain steht noch das alte *Marktkreuz* mit Schwert, Handschuh und drei Lilien (Holzstamm erneuert). – Wenig talabwärts an der Straße liegt die *Wolfenmühle* mit schlichtem Wohnhaus von 1624; am Zwerchhaus kleiner Rollwerkgiebel, an der westlichen Wand Wappen der Grafen zu Erbach. – Weiter unterhalb im Mümlingtal die *Rosenbacher Mühle*, einst ein Renaissancewinkelbau mit eingestelltem Treppenturm in der Art der Groß-Umstädter Bauten (datiert 1601), leider durch teilweisen Abbruch und Umbauten in neuerer Zeit entstellt. – Südwestlich von hier das LÜTZELBACHER SCHLÖSSCHEN (vgl. dazu die Ausführungen über den römischen Limes Seite 479).

Im nächsten Dorf talaufwärts von Neustadt, in SANDBACH, wurde die *Pfarrkirche (e.)* 1787 hoch am Talhang erbaut, ein schlichter Saalbau mit polygonalem Chorschluß; der Westturm mit verschieferter Haube; innen dreiseitige Emporen und Kanzelaltar. *Grabstein* des Grafen Michael III. von Wertheim (gest. 1556), 1559 von PETER DELL aus Würzburg geschaffen. Epitaph des Pfarrers Scherpfius (gest. 1569). An der Hauptstraße gestreckter *Barockbau* mit Mansarddach (2. Hälfte 18. Jh.), ehemaliges Absteigequartier der Fürsten von Löwenstein.

In HÖCHST stifteten die Herren von Breuberg ein *Augustinerinnenkloster*, das 1332 in eine Propstei, 1506 in ein Benediktinerinnenkloster umgewandelt wurde. Nach Klosterauflösung (1556) wird die *Klosterkirche* zur evangelischen Pfarrkirche. Der etwas erhöht liegende Klosterbereich ist trotz mehrfacher Modernisierungen – zuletzt 1961–62 als Jugend- und Rüstzeitenheim der Evangelischen Kirche in Hessen und Nassau – in seiner Geschlossenheit noch erlebbar. Aus der Gründungszeit stammt der gedrungene mächtige Westturm mit gotischem Spitzhelm. Das Langhaus (1567–68) ist ein interessanter, wenn auch einfacher Versuch, einen eigenen protestantischen Predigtraum zu schaffen. Runde Steinsäulen teilen den flachgedeckten Saalbau in zwei Schiffe. Die mittelste der drei Säulen wurde in neuerer Zeit entfernt, um den Blick zum Altar freizugeben. Ein reicher Orgelaufbau (1708) füllt den dreiseitigen Altarraum; gleichaltrig die Kanzel mit dem Pfarrerstand. Steinerne Taufsteinschale von 1611. Der Vorraum unter dem Turm mit spätgotischem Gewölbe; an den Wänden Grabsteine, die ältesten aus dem 14. Jh. Die *Klostergebäude* umschließen an der Nordseite einen Binnenhof. Am ehemaligen Konventbau (Westflügel) Inschriften des 16. Jh., am ehemaligen Refektorium (Nordseite) hofseits gotisches Portal. An der Ostseite die ehemalige Propstei, ein steinerner Rechteckbau mit rundem Treppenturm, auffallenderweise mit Schießscharten. An der Hauptstraße eine Reihe alter *Fachwerkhäuser* mit breiten behäbigen Giebelfronten, teilweise verputzt oder modernisiert (16. bis 18. Jh.). Besonders gut erhalten ist ›Zur Post‹ (1618). Im ehemaligen *Zenthaus* (1577) Amtsgericht.

Die Mümling zieht als wasserreiches Flüßchen in großen Windungen durch den Wiesengrund. Waldhänge ergänzen das anmutige Landschaftsbild. – In BAD KÖNIG, seit dem späten 19. Jh. Kurort mit Stahlquellen, sind die befestigte Pfarrkirche und das *Schloß*, einst eine Mainzer Burg, zu einer malerischen Baugruppe vereinigt. Von dem Schloßbau 1559 ist allerdings nur die Tordurchfahrt erkennbar; die übrigen Gebäude wurden im 18. Jh. verändert, erweitert und 1954 restauriert. Der Schloßhof ist zugleich Kirchvorplatz. Von ihm führt eine kleine zweiläufige Freitreppe mit Brunnen zum ehemaligen *Schloßgarten* mit altem Baumbestand. Die *Kirche (e.)* zeigt einen kräftigen Westturm (1479). Das Turmobergeschoß ist mit Zinnen und Schießscharten als Wehrgang ausgebaut. Das Langhaus, ein Saalbau mit dreiseitigem Schluß, entstand 1750–51. Aus dieser Zeit auch der Aufbau von Kanzel und Orgelbühne. Sandsteinportal mit Erbachschem Wappen. An der Frankfurter Straße ein klassizistischer *Brunnen*. Am *Haus ›Zum Hirsch‹* ein hübsches geschmiedetes Wirtshausschild (18. Jh.).

KIRCH-BROMBACH liegt in einem Seitental der Mümling. Die ehemals St. Alban geweihte *Pfarrkirche (e.)* setzt sich aus rechteckigem, spätgotischem Chor, quadratischem Westturm (1497) und Langhaus (1714–15) unter Verwendung älterer Portale zusammen. Aus barocker Zeit stammt die schwungvolle Haube mit offener Laterne auf dem Turm und das Mansarddach auf der Kirche. Im Chor Netzgewölbe in Rautenform, an den Schlußsteinen St. Alban, vier Evangelistensymbole und Wappen. Die Restaurierungen von 1923 und 1961–62 legten Reste von *Fresken* verschiedener Entstehungszeit frei, an den Chorwänden spätgotisches Jüngstes Gericht, hl. Martin und Kreuzigung, als Umrahmung der Fenster Ornamente des frühen 17. Jh., aus gleicher Zeit die Malereien am Chorgewölbe. Das hervorragende dreiflügelige *Altarwerk* wird dem MEISTER DES BABENHÄUSER ALTARES zugeschrieben. Im Mittelschrein drei Heilige, St. Alban als Titelheiliger thronend und seine beiden Begleiter stehend, in Holz geschnitzt und farbig gefaßt, würdevoll in der Haltung, bewegt in Ausdruck und Gewandung. Die Innenseiten der Flügel sind bemalt: rechts der bekehrende und lehrende St. Alban, links das Martyrium des Heiligen, kräftige Darstellungen in leuchtender Farbigkeit; beachtenswert die Schilderung des landschaftlichen und architektonischen Hintergrundes, links das St. Albanstift in Mainz (die dortigen Chorherren stellten bis zum 16. Jh. den Brombacher Pfarrer). Die Predella (Schweißtuch der hl. Veronika) und die Altarrückwand (hl. Antonius und Hieronymus) schwächere Werkstattarbeiten. Aus dem Altarwerk spricht der starke künstlerische Einfluß der in Seligenstadt um Grünewald konzentrierten Kunstschule. Die alte Kirchhofseinfassung mit den spätmittelalterlichen Toren gut erhalten. Unterhalb der Kirche das *Pfarrhaus* des 16. Jh., Untergeschoß massiv, Obergeschoß in verputztem Fachwerk. Die Straßenbezeichnung ›Burghof‹ erinnert an ein ehemals befestigtes Gehöft der Herren von Breuberg.

Das Mümlingtal wird nun enger und waldreicher. Vor STEINBACH liegt das *Schloß Fürstenau*, ursprünglich eine Mainzer Wasserburg, seit 1355 Eigentum der Schenken zu Erbach, seit dem 18. Jh. der Grafen von Erbach-Fürstenau. Dicht neben der Mümling-Brücke steht ein reizvoller *Gartenpavillon* (1756). Gedrehte Säulen stützen einen Balkon. Im Obergeschoß war im 19. Jh. ein Hoftheater eingerichtet. Leider engt der hohe Brückendamm des 19. Jh. das entzückende Bauwerk ein. Auf dem anderen Ufer die *Mühle* (spätes 16. Jh.) mit bewegtem Renaissancegiebel (die Zahl 1733 bezieht sich nur auf die neue Tür). Ein unregelmäßiger hufeisenförmiger *Vorhof* mit Gebäuden des 16. bis 19. Jh. leitet den Schloßkomplex ein, der durch die Bautätigkeit verschiedener Jahrhunderte und durch die glückliche Tallage zwischen reichem Baumbestand eine stimmungsvolle Gruppe bildet. – Das *Alte Schloß* besteht aus drei Flügeln über trapezförmigem Grundriß, die Ecken durch Rundtürme verstärkt. Es ist im Kern die Wasserburg des 14. Jh., die im 15. Jh. und vor allem im 16. Jh. ausgebaut wurde. Aus der Renaissancezeit stammen die belebenden Erkeranbauten und die reichen Portale. Der südliche Eckturm, der Rote Turm, erhielt unter Graf Georg III. 1588 seine Bekrönung. Im gleichen Jahr wurde der von Statuen gekrönte originelle mächtige *Galeriebogen* mit einer lichten Breite von 14,60 m bei entsprechender Höhe gespannt. Dadurch öffnete sich die ursprünglich von einer Wehrmauer abgeschlossene Westseite des Schloßhofes zur inneren Vorburg, und die mittelalterliche Burg weitete sich zum Renaissanceschloß. Am rechten unteren Ansatz des großen Bogens ist ein Rest des ursprünglichen Burgportales (um 1300) mit Bemalung (etwa 1550) sichtbar. Im Hof der inneren Vorburg eine *Brunnenschale* des späten 16. Jh. Von den *Innenräumen* (vom Besitzer bewohnt und nicht zugänglich) sind erwähnenswert ein großer Saal im Nordflügel mit stuckierter Decke (17. Jh.), das Markgräfliche Zimmer mit zwei beiderseitigen gewölbten Erkern (1528) und Stukkaturen (18. Jh.) im Mittelflügel, das gewölbte Erbach-Eppsteinsche Gemach im Nordwestturm (um 1450) mit Malereien (1563) und ein Gemach im Roten Turm mit Fresken (1542, Darstellung des Strebkatz-Spieles). Die innere *Vorburg* wurde im 15. Jh. angelegt und im 16. Jh. neu bebaut. Davon ist an der Nordseite die Beschließerei als Renaissancebau erhalten. Das *Neue Palais* an der Westseite der inneren Vorburg, axial gegenüber dem Alten Schloß, entstand 1810–11 durch den Architekten GERHARD WAHL. Ein älterer Rundturm wurde dabei zu einem Altan umgebaut. In den Innenräumen die feine Stuckausschmückung der Erbauungszeit erhalten. Im Schloßhof Figuren und Wappen eines Torbaues (1590) von der Südseite des Vorburghofes.

Westlich vom Schloß, am nördlichen Dorfrand von Steinbach, steht die *Einhards-Basilika*. Einhard, der Berater und Biograph Karls des Großen, erhielt 815 von Ludwig dem Frommen die Mark Michelstadt und baute eine 827 vollendete Eigenkirche in Steinbach. Die für sie beschafften Märtyrer-Reliquien übertrug Einhard 828 nach Seligenstadt. 1073 richtete der Lorscher Abt Udalrich in Steinbach eine Propstei ein, die 1232 in ein Frauenkloster umgewandelt wurde. 1542 Klosteraufhebung und Einrichtung eines Hospitals. Nach dem späteren Verlust der Klosterbauten bietet der Kern der Kirche heute einen von jeder Nutzung freien unberührten Baubestand. Der *karolingische Bau* war eine dreischiffige flachgedeckte Pfeilerbasilika mit unmittelbar angebauter Mittelschiffapsis und querschiffartigen, niedrigen Nebenchören. Seitenschiffe und südlicher Nebenchor abgebrochen. Nördlicher Seitenchor um 1100 durch einen wohl als Winterkirche dienenden, nur von innen zugänglichen Gewölberaum verlängert; Obergeschoß 1. Hälfte 16. Jh. aus karolingischem Abbruchmaterial. Westfront der Basilika um 1160 stark verändert. In karolingischer Zeit schloß je ein Nebenraum das westliche Ende der beiden Seitenschiffe ab. Zwischen die beiden Nebenräume war vor der westlichen Stirnseite des Mittelschiffes eine Vorhalle eingefügt. Die romanische Zeit verlängerte das Mittelschiff nach Westen und errichtete einen von zwei Türmen begleiteten Chorbau. Heutige Westwand nach Abbruch des Westchores 1588 aufgemauert. Trotz dieser Veränderungen sind sowohl der Außenbau, besonders die Ostpartie, wie der Innenraum in der Klarheit, Monumentalität und Strenge ihrer ursprünglichen Form und Proportionierung noch voll erlebbar. Das Bauwerk ist entwicklungsgeschichtlich eine Vorstufe zu der großen Querhausbasilika von Seligenstadt. Die kapellenartige Gestaltung der Nebenchöre, die räumlich für das Langhaus fast unwirksam blieben, erinnert an die Pastophorien altchristlicher Kirchen in Syrien und westgotischer Kirchen in Spanien. Aufbau und Grundriß sind von klaren eindeutigen Maßverhältnissen bestimmt, z. B. das Mittelschiff ist 2,5mal so breit und doppelt so hoch wie ein Seitenschiff, und der Scheitel der Scheidarkaden bezeichnet die halbe Höhe der Mittelschiffwand. Das Mauerwerk gewährt einen lebendigen Einblick in die karolingische Bautechnik. Wie in Seligenstadt zeigen die Pfeiler dünne Flachziegel. Neben verputzten Bruchsteinflächen sind die Mauern der Ostpartie mit kleinen Quadern sauber verblendet. Bruchstücke einer karolingischen Raumausmalung sind in der Apsis (szenische Darstellung) und unter der Decke des Mittelschiffes (Konsolenfries) in den Farben Rot, Orange, Ocker und Weiß erhalten. Unverändert ist die *Gangkrypta*. Sie verläuft in Kreuzform von der Mitte des Mittelschiffs bis zur Ostapsis und unter den Nebenchören. Die Enden der Kryptengänge sind wiederum kreuzförmig erweitert mit Altaraufstellung jeweils in der östlichen Nische. Zugang ursprünglich durch die Seitenschiffe. Am westlichen Ende unter dem Mittelschiff war die (nicht benutzte) Begräbnisstätte für Einhard und seine Gattin Imma, am östlichen Ende unter der Apsis eine Stätte zur Verehrung von Märtyrerreliquien mit Einblick von außen vorgesehen. Von den *Klostergebäuden* stehen heute nur noch Teile der Ringmauer und ein spätgotisches Fachwerkhaus südöstlich der Kirche (um 1500), das ehemalige Pfortenhaus.

Das benachbarte MICHELSTADT war ursprünglich wichtiger Reichsbesitz an der Kreuzung der alten Straßen Worms–Würzburg und Höchst–Eberbach. Seit 840 durch Einhards Vermächtnis Lorscher Besitz, seit dem 12. Jh. Vogtei- und später Allodialbesitz der Herren und Grafen zu Erbach, 1806 an Hessen. Der *Marktplatz* mit Rathaus und Pfarrkirche, Brunnen und Fachwerkhäusern gehört zu den schönsten Kleinstadtbildern Hessens. Das 1484 erbaute *Rathaus* ist ein hervorragender gotischer Fachwerkbau von bewegter Umrißlinie. Die offene Halle des Untergeschosses mit den hölzernen Ständern, die Eckerker mit den Spitzhelmen und das Steildach mit dem zierlichen Dachreiter geben dem Bauwerk einen schlanken, leichten, fast schwerelosen Charakter. Das handwerklich sauber gezimmerte Fachwerk zeigt gekreuzte Streben. Die Statue des hl. Michael auf dem *Marktbrunnen* des 16. Jh. erhielt im 18. Jh. die Attribute der Justitia. Alte Bauten umstehen den viereckigen stimmungsvollen Platz, so an der Nordseite das stattliche Anwesen ›Zum Löwen‹ von 1753 mit Säulenbalkon (heute Bürgermeisterei).

Die hinter dem Rathaus aufragende *Stadtkirche (e.)* beherrscht mit ihrem schlanken hohen Turm das Stadtbild. Bereits Einhard errichtete eine 821 geweihte Kirche an der Stelle eines hölzernen Gotteshauses. Der heutige Bau entstand in spätgotischer Zeit: 1461 der Chor, bis 1475 das dreischiffige pseudobasilikale Langhaus, 1490–97 der Westgiebel mit Portal, 1507–1537 der Glockenturm südlich neben dem Chor; reiches Netzgewölbe im Chor (1543); Seitenschiffe mit Rippengewölben; das Mittelschiff blieb ungewölbt. 1542 wurde die Eberhardskapelle am südlichen Seitenschiff angebaut. Die spätgotische Kapelle nördlich am Chor ist seit 1678 Erbachsche Familiengruft. Von den Resten spätgotischer Fresken ist eine Darstellung des hl. Martin (um 1500) an der Westwand des südlichen Seitenschiffes bemerkenswert. Die zahlreichen Grabdenkmäler des Hauses Erbach ermöglichen einen Überblick über die Entwicklung der Grabmalskunst von der Gotik bis zum Barock. Einfache, schematische, gotische Grabplatten an der Ostwand beider Seitenschiffe; hervorzuheben am Triumphbogen das Doppelgrabmal Philipps I. (gest. 1461) und Georgs I. (gest. 1481). Bedeutungsvoll die Wanddenkmäler im Chor: An der Südwand Georg III. (gest. 1605) von MICHAEL KERN, mit seiner wirren und gedrängten Ornamentfülle ein charakteristisches Werk des Manierismus; an der Nordwand Friedrich Magnus (gest. 1618) vom gleichen Meister, mit den weichen, teigigen Formen des Ohrmuschelstils bereits zum Spätmanierismus neigend, und an der Ostseite Johann Casimir (gest. 1627), in seinem klaren, sicheren Aufbau schon auf den Frühbarock hinweisend. Im Turm wird die 1499 gestiftete *Kirchenbibliothek* mit kostbaren Handschriften und Frühdrucken aufbewahrt.

In den Straßen der Stadt viele *Fachwerkhäuser*, das Untergeschoß meist massiv: Preußischer Hof, heute *Odenwald-Museum* (am Kirchplatz), um 1500; Haus des Zentgrafen List (Neutorstraße) von 1561; alte Apotheke (Große Gasse 12) von 1557; nahebei vor dem Haus

›Zur Krone‹ (1790–95) der ehemalige Marktbrunnen (1541); Wohnhaus Braunstraße 2 (1. Hälfte 17. Jh.); Wohnhaus Obere Pfarrgasse 1 (1620) mit ornamentiertem Steinportal, reichem Erker an der Straßenfront und Galeriegang an der freien Breitseite. Mauergasse Nr. 19, dicht bei einem quadratischen Turm der Stadtbefestigung, steht die 1791 errichtete *Synagoge*, ein schlichter Saalbau mit Eckpilastern und Krüppelwalmdach, heute Lagerraum. Von malerischem Reiz ist die *Kellerei*, der ehemalige Königshof, die spätere Lorscher und Erbacher Burg, an der südöstlichen Ecke der mittelalterlichen Stadt. Die Gebäudegruppe umschließt einen rechteckigen Hof. An der Westseite ein hoher spätgotischer Speicherbau mit Staffelgiebeln, hofseits eine hübsche Freitreppe mit Laube von 1539. Der Nordflügel (Jahreszahlen 1549 und 1621) enthält an der nördlichen Außenseite, am ›Storchenwinkel‹, noch Mauerwerk des frühen Mittelalters; auf die Zeit um 1300 weisen die Buckeleckquader an der Südostecke. Der gestreckte Südflügel schließt in der Mitte einen älteren Bau von 1506 mit steinernem Erdgeschoß und spätgotischen Fachwerkaufbauten ein. An der Südwestecke dieses Flügels der runde *Diebsturm*, Bestandteil der 1395 neuerbauten Stadtbefestigung. Der ovale Stadtmauerring ist an Wall, Gräben und an der Straßenführung (Obere und Untere Pfarrgasse, Mauergasse) gut erkennbar. Im 18. und 19. Jh. entwickelten sich *Vorstädte* mit teilweise guter und einheitlicher Bebauung, so die Waldstraße im Norden (18. Jh.), die Braunstraße im Südosten (2. Hälfte 18. Jh., besonders Nr. 20–26, Nr. 22, bezeichnet 1767), der anstoßende Lindenplatz (Anfang 19. Jh., Nr. 1–5) mit Brunnen (1822), gleichzeitig die Erbacher Straße; ferner Bahnhofstraße (1820–30) mit größeren, zweigeschossigen Steinbauten und flachen Walmdächern (Nr. 25, datiert 1826), teilweise ehemals gräflich Erbachscher Besitz (so Nr. 31, heute Kreissparkasse). Zwischen Nr. 25 und 27 ein steinerner Brunnen (1832). Sehr gleichmäßig die südwestliche Häuserzeile (Nr. 22–30).

Nur wenige Kilometer aufwärts im Mümlingtal liegt die Kreisstadt ERBACH. Die Herren von Erbach waren ursprünglich als Vögte der Abtei Lorsch Reichskirchenministerialen, stiegen dann als königliche und pfälzische Schenken zu größerer Selbständigkeit mit eigener Herrschaft auf und erwarben 1532 den Grafentitel. 1748 teilten sie sich in die drei Linien Erbach-Erbach, Erbach-Fürstenau und Erbach-Schönberg. – Mitten durch Erbach fließt die Mümling, beiderseits eng und malerisch bebaut. Das breit gelagerte Schloß, gräfliche Bauten, das reizvolle Rathaus und schlichte Bürgerhäuser umsäumen den geräumigen *Marktplatz*. Die ehemalige *Schloßmühle* (Markt 8) wurde 1723 zum Marstall umgebaut. Die gefällige *Orangerie* im Lustgarten jenseits der Mümling (heute Café) entstand 1722. Stolze alte Platanen mit breiten Kronen runden das wirkungsvolle Bild ab. Das *Marktdenkmal* (1874) zeigt den Grafen Franz zu Erbach (1754–1823) in römischer Toga. Graf Georg Wilhelm ließ 1736 den marktseitigen Flügel des *Schlosses* nach vereinfachten Plänen von Friedrich Joachim Stengel beginnen. 1902 wurde die Außengliederung hinzugefügt. Innen Rittersaal mit neugotischer Wölbung (1803). Durch den Archivbau (1571–93) mit Tordurchfahrt betritt man den Schloßhof, den an der Nord- und Westseite der Alte Bau von 1550 (1894 überarbeitet) und die Kanzlei von 1540 (1893 erneuert) begrenzen. Der schlanke runde *Bergfried* (um 1200) mit vorzüglichen Buckelquadern und reicher Bekrönung (1497) ist der einzige Rest der mittelalterlichen Wasserburg. Die von dem kunstliebenden Grafen Franz I. (um 1800) gegründeten wertvollen Sammlungen enthalten u. a. die steinerne Tumba Einhards (um 1300) aus Seligenstadt, viele Grabdenkmäler aus der Einhards-Basilika in Steinbach (die Kirche war vom 13. bis 15. Jh. Erbacher Grablege), einen fränkischen Schreinaltar um 1480 aus Zell, den großen Flügelaltar aus Schöllenbach (1503); im Rittersaal eine umfangreiche Waffen- und Rüstsammlung (15. bis 17. Jh.), Prunksattel aus der Renaissance, wertvolle Glasfenster (13. bis 16. Jh.), in der Hirschgalerie eine wertvolle Holzdecke (17. Jh.) aus Kloster Roth, reiche Geweihsammlung, griechische und römische Porträtplastiken, Vasen. – Das *Rathaus* (1545) mit Obergeschoß (1754) liegt neben dem *Städtelbogen* (1594), einem ehemaligen Stadttor, und damit außerhalb des mittelalterlichen befestigten Stadt-Kernes, dem ›Städtel‹. Am Untergeschoß der *Prangerpfeiler* mit dem Halseisen. Über der Mümling kragt ein hölzerner Erker vor.

Das *Städtel* schmiegt sich als ehemalige Burgmannensiedlung halbkreisförmig wie eine Vorburg an das Schloß. Stein- und Fachwerkhäuser des 14. bis 18. Jh. drängen sich dicht an die *Stadtkirche (e.)*, die zugleich Schloß- und Hofkirche der Grafen zu Erbach war. Der mächtige kreuzförmige Baukörper von 1748–50 mit feingliedrigem Turmhelm ist in seinen Größen ein wirklich ›herrschaftlicher‹ Bau. Er entstand unter dem künstlerischen Einfluß des nassauischen Hofbaudirektors Friedrich Joachim Stengel. Die Hauptachse (Ausrichtung nach Osten auf Altar und Kanzel) ist gegenüber der Querachse (Gemeinderaum) architektonisch kaum betont, im Innern sogar durch den Aufbau von Kanzel und Orgel vor dem östlichen Kreuzarm und durch den zweigeschossigen herrschaftlichen Stuhl vor dem Westarm räumlich unwirksam. Diese ganz typisch protestantische barocke Raumgestaltung wurde im nassauischen Bereich durch Julius Ludwig Rothweil (vgl. Weilburg) begründet und später dann von Stengel in Grävenwiesbach (s. d.) und in Saarbrücken (Ludwigskirche, 1762 bis 1775) weiterentwickelt. Vor der Kirche ein Brunnen (1754). Von den *Burgmannensitzen* seien genannt: Nr. 21 der *Echterhof* (1545), ein zweigeschossiger Steinbau mit bossierten Eckquadern; dahinter das ›Templerhaus‹, ein gotisches Steinhaus mit Bosseneckquadern und Staffelgiebeln; am Ende des Städtels die *Habermannsburg* (Nr. 26), im Kern um 1515, 1860 erneuert; angebaut Nr. 28 um 1800, und anschließend Nr. 30, ein spätgotischer Bau (Ende 15. Jh.) mit steinernem Untergeschoß, das Fachwerk mit Knaggen und gekreuzten Streben, rückseitig (zum Graben) ein Aborterker. Von der alten *Umwehrung* befinden sich Reste am Graben und an der Brückenstraße, ferner ist ein gotischer quadratischer Turm erhalten. West- und Südseite des Schlosses umzieht der ›Graben‹, der im 18. Jh. als Straße der Hofbeamten und Handwerker einseitig bebaut wurde. Die *Vorstadt* diesseits und jenseits der Mümling weist Wohnbauten (18. und 19. Jh.) auf, größtenteils stark verbaut, das Fachwerk verschindelt. Hervorzuheben sind Brückenstraße 9, ein zweigeschossiges Fachwerkhaus (18. Jh.) und das ehemalige Schulhaus (1796). Graf Franz I., der Begründer der Schloßsammlungen, führte 1783 die *Elfenbeinschnitzerei* ein, die noch heute in Erbach und Umgebung blüht (Fachschule). Die seit dem 17. Jh. in Erbach heimische *Odenwälder Töpferkunst* zeichnet sich durch ihre lebhaften Farben und Muster aus.

In EULBACH, auf dem Waldrücken östlich Erbach an der Straße nach Amorbach, erbaute Graf Franz I. 1770 ein zunächst eingeschossiges *Jagdschloß*, das 1802 um ein zweites Geschoß erhöht wurde (heute Wohnsitz des Grafen zu Erbach-Erbach). Auf der anderen Straßenseite ließ Graf Franz durch Ludwig von Sckell einen großen *Englischen Garten* anlegen und mit verschiedenen historischen Requisiten ausstatten. Ein Obelisk wurde aus Steinen des nahen römischen Kastells Würzberg (s. u.) errichtet. Die Ruine eines Limes-Wartturmes, dessen Steine man südlich Eulbach fand, wurde hier wiederaufgebaut. Die künstliche Ruine der Eberhardsburg ist aus Steinen der Wildenburg und der Burg Reichenberg (s. u.) zusammengefügt. Ferner wurde das Osttor eines dicht bei Schloß Eulbach gelegenen, zu Beginn des 19. Jh. ausgegrabenen Limeskastells neben anderen Fundstücken in den Park übertragen. Graf Franz wollte anfänglich dieses Kastell wiederaufbauen, um dort den 1802 gegründeten ›Eulbacher Markt‹ zu begehen. Der Markt wird als bekanntes Odenwaldfest seit 1824 in Erbach gefeiert. Ein kleiner Bestand an Wisenten zeichnet den Eulbacher Wildpark aus.

Im östlichen Odenwald dicht bei der hessisch-bayerischen Grenze ist der RÖMISCHE LIMES in vielen Spuren erhalten. Der aus der

Wetterau kommende Wall nutzte ab Groß-Krotzenburg den Main als Grenze. Reste römischer Kastelle wurden unter der Altstadt von Seligenstadt, in Stockstadt und Obernburg gefunden. Wenig südlich bei Wörth zweigte der Odenwald-Limes vom Main ab und verlief in gerader Linie auf dem Höhenzug zwischen Main und Mümling nach Süden, bis er bei Wimpfen auf den Neckar traf. Er wurde um 145 n. Chr. von Britonen, Legionären aus dem nördlichen Britanien, mit sieben Kastellen angelegt. Schon um 150–160 n. Chr. wurde die Grenze weiter östlich auf die Linie Miltenberg–Jagsthausen–Oehringen–Lorch vorverlegt. Ein bekanntes Kastell ist das ›Lützelbacher Schlößchen‹ östlich des Dorfes LÜTZELBACH am Übergang des Lützelbachs in das Seckmaurer Tal; die Umwallung ist noch erhalten und sichtbar. Ebenso erhielten sich römische Befestigungsspuren beim *Jagdhof Hainhaus*. Von einem *Kastell* 2,25 km im Walde südöstlich des Dorfes WÜRZBERG sind Umwallung und Graben erkennbar, vor allem das in den ersten Jahren des 19. Jh. ausgegrabene ›Römerbad‹. Seine Haupträume sind von Norden nach Süden: Auskleideraum (apodyterium), östlich daneben die Kalt-Wasserwanne (frigidarium) und westlich (runder Anbau) die Sauna (sudatorium), dann in der Mitte lauwarmes Bad (tepidarium) und schließlich Heißluftraum (caldarium) mit kleinerem Heißwasserbecken (vasarium). Die Fußbodenheizung (Hypokaustum) ist noch sehr gut zu sehen, wenn auch in den letzten Jahren stark zerstört. Dicht am Kastell führt die Römerstraße mit Steinbelag und Randsteinen vorbei.

In einem westlichen Seitental des Mümling-Oberlaufs liegt GÜTTERSBACH. Das stark auseinandergezogene Dorf erstreckt sich in Einzelgehöften längs der gewundenen Hauptstraße. Diese Dorfbauweise ist typisch für den mittleren Odenwald und begegnet einem z. B. auch im benachbarten Hüttenthal, in Ober- und Untermossau, in Ober- und Untersensbach, Gammelsbach, Ober- und Unterfinkenbach, Airlenbach, Ober- und Unterostern. Auf einem Hügel am Ortsrande von Güttersbach erhebt sich die *Pfarrkirche (e.)*, ein schlichter Rechteckbau (1480) mit Westturm und rechteckigem, von einem Netzgewölbe überspanntem Chorraum. Bei der jüngst durchgeführten Restaurierung wurden über dem Ostfenster des Chores ein Fresko mit dem Schweißtuch der hl. Veronika und am Gewölbe spätgotische Rankenmalereien freigelegt. 1725 wurde das Innere neu gestaltet. Aus dieser Zeit stammen auch die Holzdecke und die ornamentreiche Kanzel; spätgotisches Außenkreuz aus Sandstein. Am Fuße des Kirchhügels das 1594 erbaute steinerne *Pfarrhaus* mit Fenstern und Walmdach von 1777. Im Keller tritt eine *Quelle* hervor, die unter der Pfarrkirche entspringen soll. – Quellheiligtümer sind mehrfach im

Odenwald anzutreffen: St. Leonhardskapelle in Falkengesäß, heute Ruine; Wallfahrtskirche von Schöllenbach, 1465 geweiht; Pfarrkirche von Hesselbach (Ottilienbrunnen) und Auersbrunnenkapelle von Amorbach. Im waldigen Marbachtal 2 km oberhalb Hüttenthal, einige 100 m seitlich der Bundesstraße, entspringt die *Lindelquelle*, auch Siegfriedquelle genannt und bereits 773 als ›Lintbrunnen‹ erwähnt. Der Überlieferung nach wurde Siegfried an dieser Stelle von Hagen erschlagen. 1883 und 1953 wurde die Quelle neu gefaßt.

Das stark eingeengte Mümlingtal schlängelt sich zwischen waldreichen Höhen. Wenig oberhalb des Gutshofes Marbach spannt sich ein hoher Eisenbahnviadukt (1881) mit seinen roten Sandsteinbögen über das Himbächel. Östlich über dem Waldtal des Königsgrundes erhebt sich der bewaldete Kamm (547 m) des KRÄHBERGES, der schon 795 als ›Crawinberg‹ in Urkunden auftaucht. Auf seinem Gipfel erbaute Graf Ludwig Carl Eginhard zu Erbach-Fürstenau 1778 in einsamer Lage ein *Jagdschloß*. In der Mitte der reizvoll aufgelockerten, regelmäßigen Baugruppe erhebt sich das zweigeschossige, quadratische Herrenhaus, umgeben von vier kleinen Pavillons mit Mansarddächern. An der Nordostseite ein jüngeres eingeschossiges Wohnhaus mit Krüppelwalmdach und Zwerchgiebel. An der Zugangsseite Remisen- und Kapellenbau, zweigeschossig mit Glockentürmchen.

Mitten in BEERFELDEN entspringt die *Mümlingquelle* in einer originellen klassizistischen Fassung von 1810. Das künftige Flüßchen strömt aus zwölf Röhren an sieben Steinsäulen. Löwenfratzen halten die Röhren, Vasen bekrönen die Säulen, Steintröge fangen das reine Quellwasser auf, und Steinbänke laden zum Verweilen ein. Der Ort bedeckt einen steil ansteigenden Berghang. 1328 zur *Stadt* erhoben, blieb Beerfelden stets dörflich und unbefestigt, brannte 1810 vollständig nieder und wurde in den darauffolgenden Jahrzehnten mit regelmäßigem rechteckigem Straßennetz um den gestreckten Marktplatz neu erbaut. Die einheitlichen Wohnbauten zweigeschossig und traufseitig, die einfacheren in verschindeltem Fachwerk, zuweilen mit Zwerchhaus, die reicheren in unverputzten roten Sandsteinquadern mit flachem Walmdach. Nur das alte, 1824 erbaute *Gemeindehaus* (heute Schule) am Markt ist durch einen vorgezogenen Risalit mit drei Arkaden und flachem Dreieckgiebel aufwendiger gestaltet. Ungewöhnlich monumental wirkt der schwere kastenförmige Bau der 1813–16 durch Baudirektor Gerhard Wahl errichteten *Pfarrkirche (e.):* marktseitig eine mehrläufige Freitreppe, an den Längsseiten unterteilte Rundbogenfenster und je ein Mittelportal, an der östlichen Schmalseite ein allzu kleiner, späterer Turm. Im gewaltigen, weiten Innenraum (2000 Sitzplätze) vierseitige Emporen auf Rundsäulen;

Altar, Kanzel und Orgel an der Turmseite. Die nüchterne, fast harte Form gibt das Beispiel eines strengen, klassizistischen Predigtraumes. An die spätgotische Vorgängerkirche erinnern die Gründungstafel von 1500 und ein *Glasgemälde* mit Darstellung der Kreuzigung (um 1510). Nordwestlich des Ortes erhebt sich auf einer freien, weithin sichtbaren Anhöhe zwischen Feldfluren der *Galgen* (16. Jh.) des alten Zentgerichtes. Drei im Dreieck aufgestellte Steinsäulen sind durch drei Eisenstangen verbunden, an denen sich ursprünglich je zwei, also zusammen sechs Aufhängeketten befanden. Die letzte Hinrichtung fand 1804 statt (Zigeunerin, die ein Huhn und zwei Laib Brot gestohlen hatte). – Östlich der Stadt an der Straße nach SENSBACH liegt einsam der *Sensbacher Friedhof*, von einer Mauer umgeben, am runden Steinportal die Inschrift 1619 (1791 das Tor erneuert). Schlichte Kapelle, wohl gleichzeitig, 1744 erneuert.

Südlich Beerfelden trennt die Wasserscheide Mümling und Gammelsbach, der zum Neckar fließt. In diesem anmutigen Nebental wurde auf dem schroffen Hang des Weckberges die *Burg* FREIENSTEIN von den Herren von Erbach in der 2. Hälfte des 13. Jh. als Grenz- und Paßsperre erbaut. In gotischer und nachgotischer Zeit diente sie mehrfach als Witwensitz; seit 1810 Ruine. Kernburg trapezförmig, die Gebäude- und Mauerkanten von Buckelquadern eingefaßt. Eine starke Schildmauer gegen den ansteigenden Berg gerichtet (Nordseite). An der Westseite einst Wohngebäude. Das Wohngebäude in der Südwestecke mit zwei reizvollen Erkern (um 1520). Ein Tympanon (Ende des 14. Jh.) mit dem Wappen der Schenken zu Erbach ist neben dem Zugang zu dem stark verschütteten Burghof eingemauert. Vor der Burg bergseits eine einfache, talseits eine doppelte Zwingermauer (Ende 14. Jh.); die kräftigen runden Flankentürme mit Maulscharten. An Nord- und Westseite tiefer, aus dem Felsen geschlagener Halsgraben.

3. Am Neckar

Hessen schiebt sich ins badische Gebiet bis an den Neckar vor. Dort liegen die Städte Hirschhorn und Neckarsteinach (für die übrigen Orte am Neckar vgl. ›Kunstwanderungen in Baden‹).

HIRSCHHORN an der Einmündung von Finkenbach und Ulfenbach ist der Stammsitz eines gleichnamigen angesehenen und einst reichen Geschlechtes. Die Stadtbefestigung (1391 Stadtrechte) verband Schloß und Siedlung miteinander. Die den Berg hinaufführenden Mauern und Schalentürme sind heute noch eindrucksvoll. Die Herren von Hirschhorn starben 1632 aus. Der Besitz kam an Kurmainz und 1802 an Hessen-Darmstadt. Die *Burg* wurde um 1200 auf einem abfallenden Berggrat zwischen Finkenbach und Neckar angelegt. Aus staufischer Zeit ist die bergseitige Schildmauer mit dem schlanken quadratischen Turm an der Ecke. Oberbau des Turmes spätgotisch, Helm 19. Jh. Vor der Schildmauer zwei kleinere gotische Ringmauern mit Rundbogenfries (15. Jh.) und ein tiefer Halsgraben (seit 1960 Parkplatz). Neben den mittelalterlichen Palas trat an der Neckarseite ein prachtvoller Renaissancebau (1583–86) mit hohen Volutengiebeln (heute Hotel), durch Ludwig von und zum Hirschhorn erbaut und von seiner Witwe vollendet. An der südwestlichen Schmalseite ein mehrgeschossiger Steinerker. Über dem inneren Burgtor (spätromanischer Bogen) die Kapelle (1346) mit Resten gotischer Fresken. Unterhalb und vor der Kernburg wurde zu Beginn des 16. Jh. die innere und die äußere Vorburg mit bossierten Eckquadern an den kräftigen Wehrtürmen angelegt. Die starke Ringmauer wurde im späteren 16. Jh. erneuert oder verändert (Inschriften am nördlichen Außentor der inneren Vorburg ›1583‹ und an einem ruinösen Gebäude der äußeren Vorburg ›1521‹). Zwischen innerer und äußerer Vorburg ein zierlicher Torbau mit Fachwerkobergeschoß (kleines Burg-Museum). In der äußeren Vorburg ein frei stehender Speicherbau von 1610, seit 1959 bewohnt.

1406 gründete Hans von Hirschhorn in der Stadt ein *Karmeliterkloster*. Klostergebäude und -kirche (heute katholische Kirche) liegen zu Füßen des Schlosses und über den Häuserreihen des Städtchens. Die *Kirche* wurde um 1410, vermutlich von HEINRICH ISENMENGER aus Wimpfen, erbaut: einschiffiger Bau mit Holztonne (1882); eingezogener gewölbter Mönchschor (1882 renoviert) und nochmals eingezogener, dreiseitig geschlossener gewölbter Chorraum. An der Südseite neben dem Langhaus die kleine St. Annakapelle (um 1500). Kunstgeschichtlich wertvolle Innenausstattung. Der ehemalige *Lettner*, der einst Laien- und Mönchsraum trennte, seit 1570 als Sängerbühne an der Westwand (15. Jh., 1910 ergänzt, Treppenaufgang mit offener Spindel 1570). Die steinerne *Kanzel* wurde 1618 von Friedrich von Hirschhorn gestiftet; die Kanzeltreppe wiederholt die Form der Lettnertreppe. Die Wandmalereien (15. Jh.) über dem Triumphbogen (Verkündigung) und im Langhaus (hl. Christophorus, Kreuzigungsgruppe, hl. Margarethe, hl. Sippe) sind im 19. Jh. stark überarbeitet worden. Im neugotischen Hochaltar eine gute Madonnenstatue (1510 bis 1520) aus Nürnberger Umkreis. Im Mönchschor Reste des ehemaligen prunkvollen *Hochaltares*, den Amorbacher und Bruchsaler Künstler 1761–65 schufen. Die auf Untersicht berechneten Figuren sind von beachtlicher Qualität. Die Mittelszene zeigte über dem

Tabernakel die Verkündigung Mariens (Engel verloren), darüber Gottvater und seitlich vier Heiligenstatuen. Kommunionbank von 1752. An den Wänden viele *Grabdenkmäler* der Herren von Hirschhorn (15. bis 16. Jh.), so das Wappengrabmal des Stifters Hans von Hirschhorn (gest. 1430) und seiner Gattin an der Südseite im Chor, das Doppelgrabmal des Melchior von Hirschhorn (gest. 1456) und seiner Gattin im Langhaus an der Nordwand, die Verstorbenen in ruhig liegender Haltung, das Doppelgrabmal des Hans von Hirschhorn (gest. 1505) und seiner Gattin an der Südseite, die beiden Gestalten stehend und in bewegter Drehung einander zugewandt, schönes räumlich-plastisches Astmaßwerk, und schließlich das Grabmal des Hans von Hirschhorn (gest. 1569) an der Nordseite mit Renaissance-Architekturrahmen und selbstbewußt stehender Rittergestalt. An der Westseite fünf Renaissanceepitaphien. In der *St. Annakapelle* plastische Holzgruppe der Mutter Anna mit Maria (ohne Jesuskind) um 1520. An der Westwand der Kapelle die Holzfiguren von Maria und Johannes aus einer *Kreuzigungsgruppe*, expressive, schmerzerfüllte Plastiken mit langgezogenen erregten Faltenbahnen (um 1520–30). Das zugehörige Kruzifix außen an der Südseite der Kirche (1662 renoviert, das Lendentuchende abgebrochen). – Von der Terrasse fällt der Blick hinab auf das eng zwischen Berg und Fluß gedrängte Städtchen und auf die anmutige Neckarlandschaft. Das katholische *Pfarrhaus* ist im ehemaligen Klosterbau eingerichtet. Im Erdgeschoß lag einst das Refektorium mit schönem Steinerker (1509) an der Neckarseite und der Kapitelsaal, im Obergeschoß ehemals die Mönchszellen. Im Refektorium Reste einer umfangreichen, wahrscheinlich von JÖRG RATGEB zwischen 1509 und 1528 geschaffenen Ausmalung; Szenen aus dem Wirken des Propheten Elias (er gilt als Begründer des Karmeliterordens) und Heilige des Ordens sowie Rankenwerk mit Madonna. Im Vorraum Architekturmalerei um 1600.

Am kleinen Marktplatz steht die von der lutherischen Gemeinde 1628 bis 1630 erbaute, seit 1732 katholische *Stadtkirche*, ein schlichter Saalbau mit dreiseitigem Chorschluß und gotischen Reminiszenzen. Die drei 1732 geweihten Barockaltäre schuf JOSEF KILIAN HOHLBUSCH aus Neckarsulm. Die schlanke, reich gezierte *Steinkanzel* an der Nordwand aus lutherischer Zeit. An der Südwand schöne Marienfigur (Immaculata), 2. Viertel des 18. Jh.; Taufstein von 1545. Als Glockenturm dient ein Stadtturm der älteren Stadtbefestigung, der *Mitteltorturm;* Glockengeschoß von 1628–30. Ursprünglich war als Turmabschluß ein Wehrgang vorgekragt; erhalten sind die Eckkonsolen mit Kopfmasken. – Der *ältere Stadtkern* erstreckte sich mit einer Hauptstraße und kleinen parallelen Nebengassen (Untere Gasse, Klostergasse) nördlich der Stadtkirche und unterhalb des Klosters zwischen dem heutigen Mittelturm, der ursprünglich südliches Abschlußtor war, und dem Obertor, von dem nur der Unterbau erhalten blieb. Steile Treppenläufe stellen die Querverbindungen zwischen den Gassen her. Die *Fachwerkbauten* sind durchweg verputzt. Zu erwähnen: Hauptstraße Nr. 82 (2. Hälfte 16. Jh.) und Nr. 84 (gegen Mitte 16. Jh.) mit reichem steinernem Renaissanceportal. Der Marktplatz gehört bereits zu der südlich längs des Flusses vorgelagerten *Neustadt*, deren südlichen Ortsausgang das verschwundene Böcklertor sicherte. Die Hauptstraße und die dicht am Fluß hinter der Stadtmauer verlaufende Parallelstraße ›An der Stadtmauer‹ werden durch senkrecht dazu angelegte Gassen verbunden. Ziemlich einheitlicher aufwendiger Haustyp (letztes Viertel des 16. und 1. Viertel 17. Jh.), überwiegend an der Hauptstraße: Auf zwei steinerne Untergeschosse sind zwei Fachwerkobergeschosse und ein hoher straßenseitiger Giebel aufgesetzt. Die besten Beispiele: Nr. 60 (am Markt) von 1584 mit bossierten Eckquadern; Nr. 48 von 1602 mit bossierten Eckquadern, das Fachwerk verputzt; Nr. 46 von 1608 (nur ein massives Untergeschoß); Nr. 40, das ehemalige *Amtshaus*, mit reizvollem zweigeschossigem polygonalem Eckerker, Anfang 17. Jh.; Nr. 32 von 1576, das Fachwerk 1761 ausgebessert; Nr. 30 Anfang 17. Jh. und Nr. 28 vom Ende des 16. Jh. Auch in den Nebengassen einige gute ältere Wohnbauten, so Hirschgraben 16 von 1610, Rathausgasse 8 Anfang 17. Jh. und Weidgasse 5, 1728 von Ratssenior Joh. Jak. Umstichel erbaut. Die Häuser Hermannsgasse 3 von 1767 und Weidgasse 3 von 1850 bezeugen das lange Weiterleben des geschilderten Haustyps. Besonders malerisch wirken die auf die Stadtmauer gebauten und an der Flußseite vorkragenden Häuser, so An der Stadtmauer Nr. 1–5 Anfang 17. Jh. (Nr. 1 datiert 1608).

Auf der anderen Neckarseite liegt ERSHEIM, erst in neuerer Zeit durch eine Brücke mit Hirschhorn verbunden, der einzige hessische Ort am südlichen Neckarufer. Das Stauwerk der in den letzten Jahrzehnten verwirklichten Neckarkanalisierung versucht sich baulich in das Landschaftsbild einzufügen. Die ehemalige Ersheimer Pfarrkirche und heutige *Friedhofskapelle* gibt in der Flußschleife mit dem alten Baumbestand des Kirchhofs ein stimmungsvolles Bild. Der Bau entstand in drei Abschnitten: Das einschiffige flachgedeckte Langhaus wurde 1468 neu erbaut. Daran schließt sich östlich der ältere quadratische, 1353 geweihte Chorraum mit Kreuzrippengewölben. Diesem folgte 1517 der jetzige größere Chor mit $5/8$-Schluß und überaus reichem verästeltem Netzgewölbe. Am Westgiebel der Kirche war ursprünglich ein von Konsolen abgefangener Glockenturm vorgekragt (im 18. Jh. abgebrochen). Außen an der Südseite eine Ölberggruppe (16. Jh.). Im neugotischen Hochaltar einige alte *Plastiken*, eine sitzende Madonna (1. Hälfte 15. Jh.), der hl. Jakobus und der hl. Nazarius mit dem hl. Celsus (gegen 1500). Von den *Grabdenkmälern* sind an der Nordwand Engelhard von Hirschhorn (gest. 1361) und Margarethe von Hirschhorn (gest. 1382) hervorzuheben. Die Steine stammen aus der Zeit vor der Gründung der Klosterkirche in Hirschhorn, als die Herren von Hirschhorn die Ersheimer Pfarrkirche als Grablege benutzten. Südlich vor der Kirche zwischen Gräbern eine 1412 gestiftete schlanke *Totenleuchte;* in der Kreuzkrabbe ein Kruzifix. Ihr kleines Licht leuchtete einst den Neckarschiffern.

An einem großen Flußbogen drängt sich NECKARSTEINACH im Winkel zwischen Neckar und einmündender Steinach, bekannt durch seine vier Burgen. Das *Rathaus* (frühes 19. Jh.) ist ein zweigeschossiger Bau mit Rundbogenfenstern, Walmdach und Dachreiter; straßenseits offene Arkaden mit Freitreppen. An der Hauptstraße im Winkel zur Steinach steht eine hohe nachmittelalterliche *Lohscheuer* mit Fachwerkobergeschoß. Sie ist dicht an die Stadtmauer gebaut, und der Wehrgang führte durch das an die einstige Bedeutung des örtlichen Gerberhandwerks erinnernde Gebäude. Zum Neckar hinunter stehen einige ältere *Wohnbauten*, so das von dem Hirschhorner Amtmann Stephan Schroth 1587 erbaute Wohnhaus mit dreigeschossigem Eckerker und reichem Fachwerk (fränkische Erker), heute Jugendherberge. Aus der gleichen Zeit stammt das Haus Neckarstraße 35–37. Am Haus Nr. 41 der gleichen Straße berichten die Hochwassermarken von Wasser-Katastrophen von 1525 bis zur Gegenwart. Das Haus Neckarstraße 49, am Neckarufer gelegen, ist ein gefälliger zweigeschossiger Bau von 1714; am Steinportal des anschließenden Gartens die Jahreszahl 1721. Auch in der bergan führenden Kirchgasse einige historische Bauten, so Nr. 2 (1755) mit Leistenstukkaturen an der Fassade; die große Hofanlage Nr. 6–8 mit spätgotischem Untergeschoß und reizvollem Binnenhof, einst Anwesen des Klosters Schönau. Davor ein Röhrenbrunnen (1790); Nr. 13 (katholisches Pfarrhaus), ein Barockbau (18. Jh.); Nr. 14 (evangelisches Pfarrhaus) von 1786, Fachwerk über älterem massivem Untergeschoß.

Die erhöht liegende *Pfarrkirche* (e.) springt gegen die Kirchstraße vor. Blikker Landschad von Steinach und seine Frau Mia von Helmstatt ließen 1482–83 den schönen Chor mit seinen phantasievollen Maßwerkfenstern, den querrechteckigen Glockenturm über dem Chorjoch und den östlichen Teil des einschiffigen Langhauses als Grablege ihres Geschlechts errichten. 1728 wurde die Kirche durch einen westlichen Anbau erweitert. Das kürzlich restaurierte Innere zeigt im Langhaus eine flache Decke, im Chor ein reiches Netzgewölbe. An der Wand, seitlich vom Triumphbogen, ein kleines Fresko um 1600 (Fides, Spes und Caritas). Hölzerne Kanzel von 1682. Die mittelalterlichen wertvollen Glasgemälde befinden sich heute im Landesmuseum Darmstadt. Die modernen Fenster schuf HANS-JOACHIM BURGERT, Berlin. An den Wänden eine Fülle von *Grabdenkmälern*. Besonders erwähnenswert sind an der Südwand das Grabmal des Ulrich Landschad von Steinach (gest. 1384); kräftiges Relief mit starr frontaler und streng würdevoller Haltung des Ritters, überaus reiche Helmzier; das Doppelgrabmal des Hanno Landschad von Steinach (gest. 1377) und seiner Frau Maja von Sickingen in der gleichen herben, fast harten Strenge und vom gleichen Meister. Zwischen diesen beiden ein weiterer Doppelgrabstein Landschad-Sickingen (Todesjahr 1496) von ausgezeichneter Qualität in der bewegten, fast anmutigen Haltung der Verstorbenen, eine mainfränkische Arbeit, leider beschädigt, da der Stein früher außen am Chor stand. An der Nord- und Ostwand eine Anzahl Renaissanceepitaphien (16. Jh.) mit Wappeninschriften. Das Epitaph des Hans Landschad (gest. 1572) schildert ausführlich das Leben des Verstorbenen, besonders die durch ihn veranlaßte Einführung der Reformation. Gegenüber an der Kirchgasse die 1908 erbaute neubarocke *katholische Pfarrkirche*. Sie enthält einen prunkvollen Rokokoaltar des 18. Jh. und eine gleichzeitige Kanzel. Die barocken Seitenaltäre entstanden etwas früher.

Die Geschichte der *vier Burgen* ist eng mit der Geschichte der 1653 ausgestorbenen Herren Landschad (= Schwalbe) von Steinach verbunden, die in planmäßiger Burgen- und Territorialpolitik bis zum 16. Jh. alle vier Burgen in ihre Hände bekamen. Der durch die Manessische Liederhandschrift bekannte Minnesänger Blikker Landschad, um 1200 lebend, entstammte diesem Geschlecht. Die ersten drei Burgen, die Vorder-, Mittel- und Hinterburg, liegen als Ausläuferburgen westlich von Steinach auf einem gestreckten, zum Ort hin abfallenden Berggrat zwischen Neckar- und Steinachtal. Die vierte Burg, Schadeck, erst in der Neuzeit wegen ihrer kühnen Lage ›Schwalbennest‹ genannt, ist als Hangburg steil über dem Neckar gebaut. Hinterburg und Schadeck sind heute Ruinen (Landeseigentum), die beiden anderen bewohnter Besitz des Freiherrn von Warsberg. Die um 1200 gegründete *Vorderburg* war der Stammsitz der Landschads, eine kleine rechteckige Anlage (13. Jh.) mit Ringmauern und Zwinger; quadratischer Bergfried; daneben romanischer, mehrfach veränderter Wohnturm. Die *Mittelburg* entstand um 1165 – ursprünglich Allodialbesitz der Herren von Erbach – als regelmäßige, rechteckige Anlage. Der auffallend schlanke, quadratische Bergfried in staufischem Buckelquadermauerwerk. Um 1600 erfolgte ein schloßartiger Ausbau mit Säulengalerie, um 1840 eine romantisch-neugotische Umgestaltung. Vor der Kernburg eine hufeisenförmige Vorburg. Die *Hinterburg* ist eine fünfeckige Anlage (12. Jh.). Der quadratische, übereck gestellte Bergfried (um 1200) aus Buckelquadern wendet seine Spitze gegen den Halsgraben und die Bergseite. Von dem frühgotischen Palas an der Neckarseite ist die Außenwand mit den schlanken spitzbogigen doppelten und dreifachen Fensterarkaden ganz erhalten. Die Kernburg wurde 1344 durch eine innere Zwingermauer und um 1500 durch eine äußere Ringmauer mit schönem Portal (rundbogig mit Birnstabprofil) und durch starke halbkreisförmige Bastionen verstärkt. Die *Burg Schadeck* (14. Jh.) erinnert in Lage und Bauweise sehr an die ungefähr gleichzeitige Burg Ehrenfels bei Rüdesheim (vgl. Kap. I). Gegen den Hang ist eine in flachem Winkel gebrochene Schildmauer mit vorgekragtem Wehrgang und vorspringenden runden Eckturmchen gestellt. Ein wohlerhaltener Gußerker sicherte den hochgelegenen Zugang in die Schildmauer. Im Schutze der Mantelmauer stand der nur in seinen äußeren Mauern erhaltene Palas. Davor breitet sich ein kleiner, durch eine Ringmauer geschützter terrassenförmiger Hof aus. Großartiger Blick auf Neckarsteinach, auf den gegenüberliegenden Burg-Ort Dilsberg und die weite Schleife des Neckartales.

Auf der nördlichen Höhe über dem Tal liegt DARSBERG. Die kleine, anspruchslose spätgotische Kapelle enthält einen bemerkenswerten *Flügelaltar* aus dem mittelrheinischen Kunstkreis (Mitte 15. Jh.). Der kastenförmige Mittelschrein mit stehender Holzmadonna ist durch je zwei seitliche Flügel verschließbar. Auf den Innenseiten sind vier stehende Heilige, links Nikolaus und Katharina, rechts Barbara und Stephan gemalt, auf der Vorderseite die Verkündigung. Der Altar überrascht durch seine für den dörflichen Rahmen ungewöhnlich gute Qualität und läßt ahnen, wieviel mittelalterliche Kunst sich ursprünglich selbst in kleinen Dorfkirchen befunden hat.

4. Vom Ulfenbach durch das Weschnitztal zur Gersprenz

WALDMICHELBACH im Ulfenbachtal ist die Vaterstadt des Odenwalddichters Adam Karrillon (geb. 1853). Die *evangelische Kirche* war im Mittelalter eine Wehranlage. Eine kräftige Mauer mit rundem Eckturm im Südosten und tiefem Graben an der Hangseite umgürtete den Kirchhof; mächtiger quadratischer Chorturm in unverputzten Sandsteinquadern, die beiden Untergeschosse 12. Jh., das dritte Geschoß spätgotisch um 1500, das Glockengeschoß 19. Jh.; schlichtes einschiffiges Langhaus von 1752 mit Emporen. Die *katholische Kirche* ist ein einfacher Saalbau von 1739 mit eingezogenem dreiseitigem Chor; Westturm neuromanisch 19. Jh.; außen an der Südseite Kreuzigungsgruppe von 1774; innen einige barocke Skulpturen. In der Bahnhofstraße verschiedene ältere Fachwerkhäuser, Nr. 9 (ehemals Rathaus) bezeichnet 1594. – In UNTERFLOCKENBACH steht eines der schönsten Bauernhäuser des Odenwaldes, der *Abrahamshof*, ein prachtvoller zweigeschossiger Fachwerkbau mit Satteldach. Im Fachwerk Wilder Mann und Brüstungskreuze mit Nasen; besonders reich die östliche Giebelwand. In einem Eckpfeiler des Obergeschosses das Baujahr 1727 eingeschnitzt. Der westliche Verlängerungsbau (Stall) nachträglich angefügt, aber noch 18. Jh. Vor dem Haus eine Brunnentränke von 1723.

Kurz bevor die Weschnitz durch ein enges Waldtal aus den Odenwaldbergen bei Weinheim (vgl. Kunstwanderungen in Baden) in die Rheinebene austritt, findet man BIRKENAU. Schon im 16. und 17. Jh. gehörte der Ort vorübergehend und im 18. Jh. endgültig den Freiherren Wamboldt von Umstadt. Sie ließen 1771–72 durch den Architekten Schwartz ein *Schloß* errichten, einen längsrechteckigen zweigeschossigen Bau mit Mansarddach, in der Mitte beiderseits je ein flacher Mittelrisalit mit Dreieckgiebel, parkseits eine Freitreppe (1860 renoviert). Im gegenüberliegenden Park neubarocker Remisenbau (1873). Neben dem Schloß erbaute Georg Moller 1818 die katholische *Marienkirche*, einen schlichten flachgedeckten Saalbau mit Rundbogenfenstern und gewölbter Rundapsis und triumphbogenartigem Entrée; darüber verschieferter Dachreiter. Gute Pieta aus Holz (1. Hälfte 15. Jh.). Der alte *Ortskern* erstreckt sich am südlichen Ufer der Weschnitz. Kirch- und Kreuzgasse bildeten den Ortsursprung. Das *Rathaus* wurde mit steinernem Unter- und Fachwerkobergeschoß 1552 erbaut und 1908 renoviert (aus dieser Zeit stammen die großen Rundbogenfenster im Unter- und die ›fränkischen Erker‹ im Obergeschoß). Am Rathaus der *Pranger* mit Steinkonsole und Halseisen. Die *evangelische Pfarrkirche* ist ein vorzügliches klassizistisches Bauwerk (Anfang 19. Jh.). Längsrechteckiger Saalbau mit eingestelltem Westturm, innen dreiseitige Emporen auf dorischen Säulen, die auch die Decke stützen. Auf der Ostseite Altar, Kanzel und Orgel, letztere mit gutem klassizistischem Prospekt. An den Emporenbrüstungen und an den Decken Ornamentmalereien von 1914. Die stilistisch enge Verwandtschaft mit der evangelischen Kirche von Lindenfels deutet auf den gleichen Architekten, nämlich auf Karl Christian Lauteschläger.

LINDENFELS liegt nahe der Wasserscheide zwischen Ulfenbach, Weschnitz und Gersprenz, d. h. zwischen Neckar, Rhein und Main, umgeben von einem Kranz markanter Bergkuppen (über 500 m). Die kleine Altstadt ist malerisch auf einem Berggrat nordöstlich des Bergkegels ausgebreitet, auf dem die Ruine der Burg Lindenfels zwischen Bäumen aufragt. Erst mit der Entwicklung zum Luftkurort im 19. und 20. Jh. kam es zu der heutigen, weit in die Landschaft gezogenen Bebauung. Der Lorscher Vogt Bertolf von Hohenberg, Graf von Lindenfels, gründete, vermutlich um 1120, die *Burg* zur Grenzsicherung der Lorscher Besitzungen. 1277 kam sie an die Pfalz, 1803 an Hessen-Darmstadt. Der Grundriß der Kernburg, ein fast kreisrundes Vieleck mit ursprünglich freistehendem rundem Bergfried in der Mitte (Fundamente noch sichtbar), zeigt die typische Form früher staufischer Burgen (etwa Gelnhausen oder Büdingen; benachbarte Beispiele sind Reichenberg und Otzberg). Die heutigen Ruinen stammen, abgesehen von romanischen Mauerresten an Bering und Palas, von der umfangreichen Erneuerung im 15. und 16. Jh. unter kurpfälzischer Herrschaft: die kräftige stadtseitige Wehrmauer mit Spitzbogentor (Spuren des Fallgatters), der doppelte äußere Mauerbering mit quadratischen Bastionstürmen (diese 16. Jh.) und einem Nebenausgang an der Südseite, der innere Mauerring mit Zwinger um die Kernburg und die Gebäudereste im Burginnern, so an der Südseite die Michaelskapelle. Das spitzbogige Tor an der Kernburg mit Rahmen für die Zugbrücke, mit Rundbogenfries, Gußerker und zwei Steinmasken war ehemals ein Stadttor (Mitte 15. Jh.), das den Hauptzugang zur Stadt von Nordosten durch die Burgstraße verschloß. Es wurde erst 1857 auf die Burg übertragen; ebenso 1960 der Ziehbrunnen in die Vorburg.

Der *Ort* erhielt 1336 Stadtrechte. Die gegen Mitte des 14. Jh. errichteten doppelten Wehrmauern schließen sich dicht an die Burg an und bilden einen regelmäßigen rechteckigen Grundriß mit einer Hauptstraße, der Burgstraße, die die Stadt längs durchzieht und zum Burgtor hinaufführt. An ihrem oberen Teil stufen sich eine Reihe alter Bauten in ansteigender Linie: Haus Nr. 39 (1723), auf dem Platz davor ein hübscher Brunnen (1714); Haus Nr. 41 (gegen Mitte 18. Jh.), heute Rathaus, ursprünglich Oberförsterei, das Innere 1953 renoviert, im Hof ein dreigeschossiger Wirtschaftsbau (18. Jh.); Haus Nr. 43 von 1750 (katholisches Pfarramt) und an höchster Stelle als bekrönender Abschluß die *katholische Pfarrkirche*, ein schlichter, 1745 geweihter einschiffiger Bau mit dreiseitig geschlossenem schmälerem Chor. Aus städtebaulichen Gründen ist die Kirche nach Nordwesten orientiert. Die drei Altäre (frühes 18. Jh.) entstammen der Heiliggeistkirche in Heidelberg. Kanzel und Triumphkreuz an der Nordwand ebenfalls 18. Jh. Tiefer und seitlich der Burgstraße erhebt sich der große strenge Bau der *evangelischen Kirche*, 1823–25 von Landbaumeister KARL CHRISTIAN LAUTESCHLÄGER statt eines mittelalterlichen Baues errichtet; Saalbau mit Satteldach, der schlanke Westturm mit Spitzhelm und Brüstungsgitter. Innen dreiseitige Emporen auf dorischen Säulen; an der Altarseite großer Triumphbogen, darunter Altar, Kanzel und Orgel. Von der gegen Mitte des 15. Jh. völlig erneuerten *Stadtbefestigung* sind gewichtige Reste erhalten. Dicht bei der evangelischen Kirche der *Bürgerturm*, ein runder Wehrturm, der auffallenderweise frei hinter, d. h. innerhalb der Ostecke der Stadtmauer stand. In der kleinen Gasse ›In der Stadt‹ das *Fürther Tor*, ehemals eine Doppeltoranlage mit seitlichem viereckigem Flankenturm; das spitzbogige Außentor mit Pechnase, Wappen und plastischen Maskenköpfen wie bei dem auf die Burg versetzten Tor. Etwas weiter unterhalb, am Ende der gleichen Gasse, ein vorgeschobenes Torwerk mit Fachwerküberbau, 16. Jh. – Auf der Berghöhe östlich der Stadt, ›Köpfchen‹ genannt (Aussichtstempel), befand sich eine *frühmittelalterliche Befestigungsanlage* mit tiefem Halsgraben und halbkreisförmigem Wall und Graben. Im Innern der Umwehrung Fundamentreste von Mauerwerk.

Im freundlichen oberen Gersprenztal liegt die *Pfarrkirche (e.)* von REICHELSHEIM auf einem Hügel innerhalb des im Kern ringförmigen Ortes. Ein Torbogen (13. Jh.) ist der Rest des einstigen Wehrfriedhofes. Spätgotischer Chorturm. Schlichter, kürzlich restaurierter Saalbau (1716) mit dreiseitigen Emporen. Kanzel aus der Bauzeit. Daneben das Epitaph des Grafen Georg Wilhelm zu Erbach (gest. 1757) in bäuerlich-barocker gemalter Umrahmung. Von der gleichen Hand das Erbachsche Wappen über dem Chorbogen. Der Chorraum mit spätgotischem Kreuzrippengewölbe. Oberbau und Spitzhelm des Turmes 1716. Nördlich vor der Kirche das *Rathaus*, ein guter Fachwerkbau (2. Hälfte des 16. Jh.).

Auf weithin beherrschender Berghöhe, hoch über dem Gersprenztal und über Reichelsheim, thront *Schloß Reichenberg*. Es wurde vermutlich im frühen 13. Jh. von den Schenken zu Erbach erworben und zum Schutze ihres Besitzes gegen die benachbarte Herrschaft Crumbach ausgebaut: halbkreisförmige Anlage, an der gerundeten südwestlichen Seite eine hohe, stark zerstörte Schildmauer, in Hofmitte einst der runde Bergfried. Der an die Schildmauer gebaute, 1554 erneuerte *Palas* (›Krummer Bau‹) ist heute wieder bewohnt. Der noch im 18. Jh. benutzte lange *Wohnbau* mit Rauchfangbogen der Küche (16. Jh.) ist heute Ruine. Schöner Ziehbrunnen. Um die Kernburg ein gotischer Zwinger mit Ringmauer. Vor die Südseite wurde zu Beginn des 15. Jh. eine Vorburg mit einer *Kapelle* seitlich des Vorburgtores angebaut, deren Ruine 1947 wieder ein Dach erhielt. An der Südostecke der Vorburg das Amtshaus des 18. Jh.; hier wohnte der Verwalter des Erbachschen Amtes Reichenberg.

Wenig nordwestlich liegt am waldigen Beginn eines kleinen Seitentales der Gersprenz eine weitere Wehranlage, die *Burg* RODENSTEIN, von den Herren von Crumbach und Rodenstein gegen Mitte des 13. Jh. mit Unterstützung der Grafen von Katzenelnbogen als Trutzburg gegen Reichenberg erbaut, heute Ruine. Bekannt ist die Sage vom Geisterzug zwischen Rodenstein und Schnellerts, die Victor von Scheffel zu dem bekannten Studentenlied anregte. Typische Hangburg, die Kernanlage längsrechteckig mit abgerundeten Ecken, die Südwestseite schildmauerartig verstärkt, in der Nordecke der ehemalige Palas, innen an der Schildmauer der einstige ›Steinerne Stock‹; ein zweiter Palas aus der Mitte des 14. Jh.; kein Bergfried. Um die Kernburg eine Ringmauer, an der Südwestseite ein später vermauerter Torturm (Mühlturm), an der Ostecke ein weiterer Torturm (beide Mitte 14. Jh.). Südlich davon Ringmauer und Zwinger des 16. Jh. (1936–37 und 1961 Freilegungs- und Sicherungsarbeiten). – Südwestlich der Burg erhebt sich die NEUNKIRCHER HÖHE (592 m), der zweithöchste Berg des Odenwaldes. Nahe dem Gipfel liegt die 1480 errichtete, 1742 durch den Pfarrer JOHANN KONRAD LICHTENBERG umgebaute *Kirche (e.)* des kleinen Dorfes NEUNKIRCHEN.

FRÄNKISCH-CRUMBACH, Stammsitz der einstigen Herren von Crumbach, breitet sich etwas seitlich des Gersprenztales an der Crumbach aus. Die Herrschaft Crumbach-Rodenstein kam 1693 an die Freiherren von Gemmingen. Von der *Pfarrkirche (e.)* sind neben spätgotischem Chor und Turm des Baumeisters HANS ESELER von 1485 verschiedene, besonders schöne *Grabdenkmäler* der Junker von Rodenstein bemerkenswert: an der Nordwand ein Kenotaph des 1500 in Rom gestorbenen Hans von Rodenstein von hervorragender Qualität in der Charakterisierung des Antlitzes und der plastischen Ausarbeitung der Ritterrüstung, wohl Mainzer Arbeit. An den Chorpfeilern die beiden Grabplatten des Hans von Rodenstein (gest. 1531) und seiner Gattin Anna Baier von Boppard (gest. 1560), ebenfalls ein reifes, im Gegensatz zu dem ersten Grabstein idealisierendes Werk (weitere Arbeiten des gleichen Meisters in Aschaffenburg, Lohr/Main u. a.). An der Südwand Epitaph des Philipp von Rodenstein (gest. 1582) und seiner beiden Gattinnen, eine monumentale, aber nicht überragende Arbeit eines Meisters aus dem Neckarbereich. – Dicht neben der Kirche das ehemals *Rodensteinsche Schloß*, 1645 durch

Neithart von Rodenstein erbaut, im 18. Jh. verändert. Seit 1693 von Gemmingenscher Besitz. Schlichter zweigeschossiger Bau mit Satteldach. Senkrecht dazu das Kellereigebäude. An die Baugruppe schließt sich ein langgestreckter Park. In der Ortsmitte das Rentamt von 1754 mit Mansarddach.

In BRENSBACH, weiter talabwärts, ist die *Pfarrkirche (e.)* ein vorzüglicher pseudobasilikaler Hallenbau von 1503–27 mit Westturm und eingezogenem höherem dreiseitigem Chor. Reiche Netz- und Sterngewölbe auf schlanken Diensten ohne Kapitele. Das Langhaus mit 3 × 3 Jochen etwas breiter als lang, also querrechteckig; dadurch ein weiter zentraler Raumeindruck. Während der Bauausführung wurde 1526 die Reformation eingeführt. In diesem Jahre entstand die feine *Steinkanzel* mit dem Erbachschen Wappen.

Westlich Groß-Bieberau ragt auf einem Granitkegel der blockhafte Bau von *Schloß* LICHTENBERG empor, das Fischbachtal und das sich weitende Gersprenztal beherrschend, seitlich umrahmt von den waldreichen Höhen des nördlichen Odenwaldes. Bereits im 13. Jh. hatten die Grafen von Katzenelnbogen an dieser Stelle eine Burg erbaut. Sie wurde 1479 hessischer Besitz und 1570–81 durch Landgraf Georg I. von Hessen-Darmstadt für seine künftige Gattin als Renaissanceschloß ausgebaut. Dieses Bauwerk bildete den Auftakt zu den Renaissanceschlössern in Darmstadt (Residenzschloß, Schloß Kranichstein) und zu den Renaissancerathäusern in den Hessen-Darmstädtischen Landen (Darmstadt, Pfungstadt, Groß-Umstadt). Es ist ein machtvoller, dreistöckiger Dreiflügelbau, durch regelmäßige Fensterreihen und durch geschweifte, mit kleinen Aufsätzen verzierte Giebel gegliedert. In der südöstlichen Hofecke ein achteckiger Treppenturm mit Haube. Schlichte Portale mit kannelierten Pilastern und Dreieckgiebeln von HARTMANN BESSERICH aus Straßburg, der auch in Darmstadt tätig war. Im Ostflügel ein schlichter Kirchenraum. Im Südflügel Stuckdecken mit geometrischen Leistenmustern; bemerkenswert der Kaisersaal und das ›Steinerne Gemach‹ (im Schloß heute Wohnungen, Bürgermeisterei und Museum; Landeseigentum). Dort, wo sich nördlich die Terrasse halbkreisförmig vorbuchtet, stand die Burg der Grafen von Katzenelnbogen. Etwas tiefer liegt die Vorburg mit der Zehntscheuer (16. Jh.) und dem gotischen Marstall, daran anstoßend der gotische, im 16. und 19. Jh. veränderte Torbau. Einige hundert Meter westlich vom Schloß erhebt sich ein gewaltiger, schon von weitem drohender runder *Batterieturm* aus der Zeit um 1500 mit einer Mauerstärke von fast 6 m.

ERNSTHOFEN weiter westlich im Modautal war im 15. Jh. ›Residenz‹ einer kleinen, durch Hans von Wallbrunn um 1440 aufgebauten

Herrschaft. Die in dieser Zeit am südwestlichen Dorfrand angelegte Wasserburg diente als Straßen- und Talsperre. Es ist eine regelmäßige viereckige Anlage mit Eckrundtürmen und rundem Bergfried. Der trennende Graben zwischen Vor- und Hauptburg ist zugeschüttet und planiert. Der Wohnbau (Palas) wurde im 16. Jh. erneuert und ausgebaut. 1504 kam die Herrschaft, 1722 das Schloß durch Kauf in hessischen Besitz. Es wurde von 1715–23 als *Jagdschloß* umgestaltet. Der dreigeschossige Rechteckbau des Herrenhauses mit Mansarddach und der eingeschossige Baukörper der Vorburg mit Mansarddach wurden, als das Anwesen 1923 in privaten Besitz überging, umfangreich restauriert. Die *Pfarrkirche (e.)* besteht aus einem einschiffigen, flachgedeckten Langhaus (1480) und einem netzgewölbten Chor (1520); einfache Renaissancegrabdenkmäler der Herren von Wallbrunn.

Mit REINHEIM am nördlichen Rande der Odenwaldhöhen kehren wir ins Gersprenztal zurück. Das Städtchen ist eine planmäßige Gründung des 13. Jh. durch die Grafen von Katzenelnbogen. Von der einst durch Ober- und Niedertor abgeschlossenen geraden Hauptstraße (heute Kirchstraße) zweigen an jeder Seite rechtwinklig drei Nebengassen mit toten Enden ab, von denen Kaplanei- und Hofgasse durch ihre reichen Fachwerkhäuser besonders malerisch wirken. Die 1610–11 erbaute *Pfarrkirche (e.)*, ein einschiffiger Saalbau mit dreiseitigem Chorschluß und seitlich gestelltem Glockenturm, wurde 1856 auf den alten Fundamenten neu errichtet. Nur der Turm blieb unberührt; sein Fachwerkobergeschoß datiert von 1668. Das Innere wurde 1950 restauriert. Von der Ausstattung sind zwei beschädigte Holzstatuen aus dem Anfang des 16. Jh., hl. Johannes d. T. und hl. Nikolaus, ferner der Orgelprospekt (Mitte 18. Jh.) erwähnenswert. Gegenüber der Kirche liegt der *Willichhof* mit Herrenhaus (1695), Hofportal und größerem Park. Südlich neben der Kirche (Kirchstraße 21) ein *spätgotisches Fachwerkhaus* mit Knaggen und gekreuzten Streben (um 1500), neben dem Hofeingang Mauern mit Schlüsselscharte. Das Haus Kirchstraße 32 (um 1600) ist mit Wildem Mann, mit geschweiften Kreuzstreben und fränkischen Erkern aufwendig gezimmert wie nur wenige Gehöfte des Odenwaldes. Das *Rathaus* (1778), ursprünglich ein Herrenhaus, ist ein verschindelter Fachwerkbau mit Mansarddach.

1. Erklärung wichtiger Fachausdrücke

Ambo: Frühform der Kanzel, ein Lesepult an oder vor den Chorschranken in altchristlichen und romanischen Kirchen.

Antependium: Frontseitige Verkleidung des Altartisches.

Apsis: Runder oder polygonaler Chorabschluß eines Schiffes, meist im Osten, zuweilen auch im Westen.

Arkaden: Regelmäßige Folge von Bögen über Stützen.

Bandelwerk: Eine barocke Schmuckform mit verschlungenen Bändern, Vorform des Rokokoornamentes.

Basilika: Kirchenform mit hohem belichtetem Mittelschiff und niedrigen, ebenfalls belichteten Seitenschiffen.

Basis: Fuß einer Säule oder eines Pfeilers.

Beschlagwerk: Ornamentform aus aufgelegten schmalen Bändern, die geschmiedete Beschläge nachahmen (17. Jahrh.).

Buckel- oder Bossenquader: Große, winklig gearbeitete Steinquader mit roher, buckelförmiger Frontseite und geglätteter Randleiste.

Confessio: Vorraum vor einem unter dem Altar befindlichen Grab eines Märtyrers oder Heiligen, das durch eine Öffnung Verbindung zum Altar besitzt. Zugänglich über eine oder zwei Treppen.

Grundriß einer romanischen Basilika

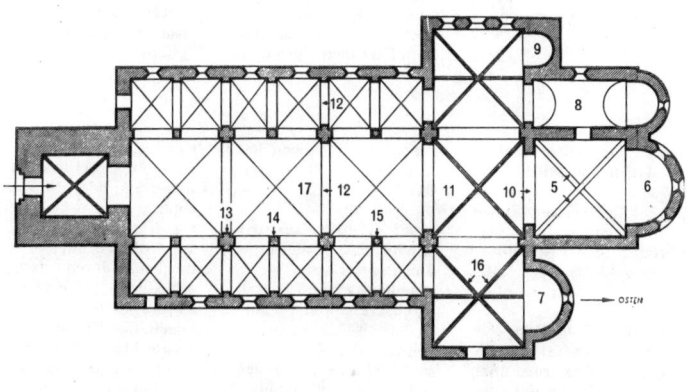

1 Westturm
2 Dreischiffiges Langhaus in gebundenem System
3 Querschiff
4 Chor aus Chorquadrat und Apsis
5 Bandrippen-Gewölbe
6 Halbkuppel-Gewölbe
7 Nebenapsis
8 Nebenkapelle mit Tonnengewölbe und kleiner Apsis
9 Apsidiole (kleine Nebenapside), außen rechteckig ummantelt
10 Triumphbogen
11 Vierung
12 Gurtbogen
13 Hauptpfeiler
14 Zwischenpfeiler
15 Zwischenpfeiler in Säulenform
16 Sechsteiliges Rippengewölbe
17 Kreuzgratgewölbe zwischen Gurten

Erklärung wichtiger Fachausdrücke

Querschnitt und Wandaufrisse einer romanischen Basilika

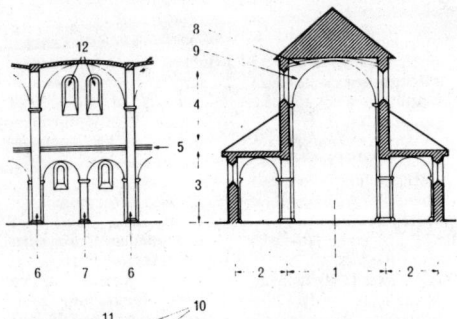

1 Haupt- oder Mittelschiff
2 Neben- oder Seitenschiff
3 Langhausarkaden, auch Scheid- oder Mittelschiffarkaden genannt
4 Obergaden
5 Horizontalgesims
6 Hauptpfeiler mit Pfeilervorlage (Pilaster) bis zum Gewölbeansatz
7 Zwischenpfeiler
8 Kreuzgratgewölbe im Schnitt
9 Gewölbekappe
10 Flachdecke auf Balken
11 Obergadenfenster in gleichmäßiger Reihung über den Langhausarkaden
12 Obergadenfenster, wegen der Wölbung paarweise zusammengefaßt

---

Curtis: Wehrhafter Königshof im frühen Mittelalter.

Docke: Gedrechselte Holzstütze einer Brüstung.

Dormitorium: Gemeinsamer Schlafsaal der Mönche in einem Kloster.

Eckblatt, auch Ecksporn oder Eckzehe: Blattähnliche Verzierung über den vier Ecken des quadratischen Sockelgliedes einer Säulenbasis.

Epitaph: Denkmal eines Verstorbenen, an der Wand aufgestellt oder aufgehängt, also nicht unmittelbar über dem Grab wie das Grabmal.

Fiale: Zierliches spitzes Türmchen zur Bekrönung und statischen Belastung eines Strebepfeilers.

Gaupe: Kleines, aus der Dachfläche vorgebautes Dachfenster.

Gebundenes System: Da ein Kreuzgratgewölbe normalerweise gleiche Scheitelhöhe der Gewölbebögen erfordert, können von ihm nur quadratische Räume überspannt werden. Das Quadrat ist daher die grundlegende Maßeinheit der romanischen Gewölbebasilika. Um das Vierungsquadrat legt sich je ein Quadrat als Vorchorjoch und für die Querarme; das Langhaus besteht aus einer Reihung mehrerer Quadrate. Die genau halb so breiten Seitenschiffe weisen die doppelte Zahl entsprechend kleinerer Quadrate auf. Das gotische Rippengewölbe ermöglicht durch unterschiedliche Steigung der spitzen Gurt- und Scheidbögen die Überwölbung rechteckiger Räume und damit die Lösung vom gebundenen System.

Hallenkirche: Dreischiffige Kirchenform mit gleicher Höhe von Mittelschiff und Seitenschiffen. Fenster nur in den Seitenschiffen.

Kannelierung: Gliederung der Oberfläche eines Säulen- oder Pfeilerschaftes durch eingetiefte senkrechte Rillen.

Kanzelaltar: Enge architektonische Verbindung von Altar und darüber befindlicher Kanzel in evangelischen Kirchen.

Kapitell oder Kapitäl: Kopf einer Säule oder eines Pfeilers von rein geometrischer Form (Würfel, Kelch) oder umkleidet mit pflanzlichen (Blatt-, Knospenkapitell) oder figürlichen Motiven.

Kapitelsaal: Versammlungsraum innerhalb der Klausur eines Klosters (Kapitel: Konventversammlung).

Kassettendecke: Flache oder gewölbte Decke mit viereckiger vertiefter Feldergliederung.

Kenotaph: Grabdenkmal eines Verstorbenen, der an einem anderen Ort bestattet ist.

Knorpelwerk: Ornament von weicher, teigiger oder knorpelartiger Form in oft bizarrer Phantastik (2. Hälfte 17. Jh.).

Grundriß einer Burganlage

Beispiel Münzenberg in der Wetterau nach Aufmaß und Zeichnung von Dr. Ing. G. Binding

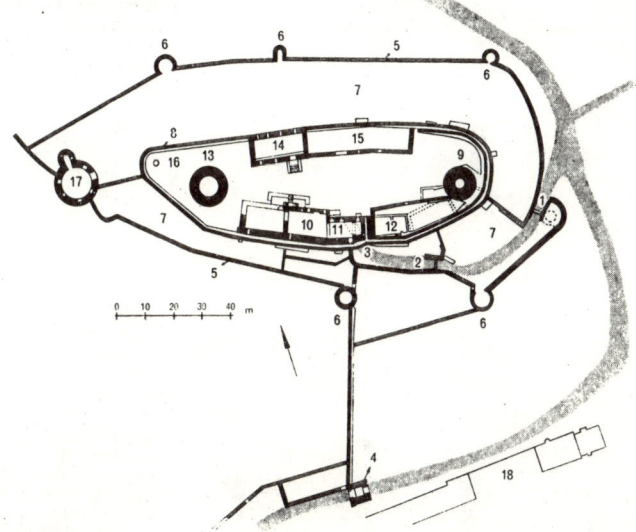

1 Erstes Tor
2 Zweites Tor
3 Drittes Tor
4 Torbau der mit der Burg verbundenen Stadtbefestigung
5 Äußere Ringmauer (Bering)
6 Flankentürme
7 Zwinger
8 Innere Ringmauer (Bering)
9 Bergfried (Wacht- und Wehrturm)
10 Romanischer Palas (Wohn- und Repräsentationsgebäude)
11 Kapelle über dem Burgtor
12 Küchenbau
13 Zweiter Bergfried (später hinzugefügt)
14 Frühgotischer Palas
15 Wirtschaftsbauten
16 Brunnen
17 Bollwerk für Pulvergeschütze (um 1500)
18 Burgmannenhof (in die Stadtbefestigung einbezogen)

Erklärung wichtiger Fachausdrücke

Fachwerk – Konstruktionen

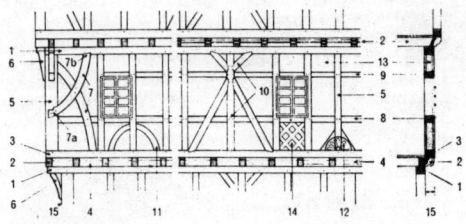

1 Rähm
2 Deckenbalken
3 Schwelle
4 Füllbrett
5 Pfosten
6 Knagge
7 Streben
7a Verblattung
7b Verzapfung mit Versatz
8 Brustriegel
9 Halsriegel
10 Wilder Mann, bestehend aus Pfosten, 2 langen Streben, 2 Kopfstreben oder Knaggen
11 Gebogene Fußstreben
12 Fußknaggen mit Muschel- oder Rosettenornament
13 Gefache
14 Brüstungsgefach mit ornamentalen Füllhölzern
15 Auskragung des Obergeschosses

Querschnitt einer gotischen Hallenkirche

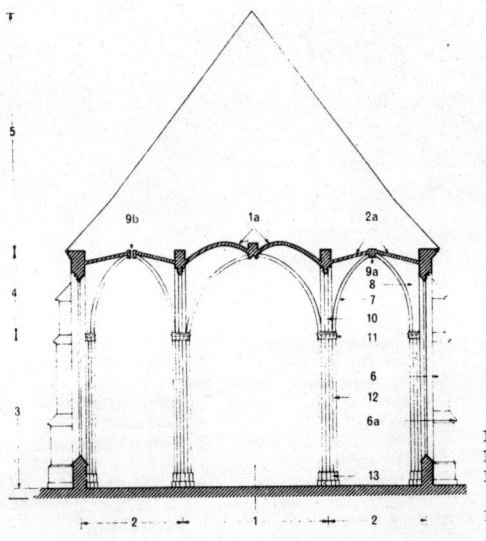

1 Mittelschiff
1a Gebustes Kreuzrippengewölbe
2 Seitenschiff
2a Kreuzrippengewölbe mit geradem Stich
3 Pfeilerzone
4 Gewölbezone
5 Dach über allen drei Schiffen
6 Strebepfeiler
6a Abtreppungen mit Kaffgesims
7 Gewölberippe
8 Gewölbekappe
9a Geschlossener Schlußstein
9b Offener Schlußstein
10 Schildbogen
11 Kapitell
12 Schaft des Bündelpfeilers
13 Sockel und Basis

Erklärung wichtiger Fachausdrücke

Grundriß einer gotischen Hallenkirche

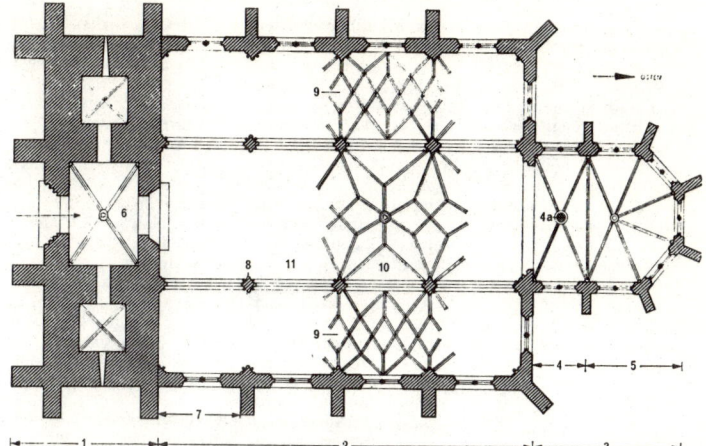

1 Doppeltürmige Westfront
2 Dreischiffiges Hallenlanghaus zu 4 Jochen = Travéen)
3 Chor
4 Vorchorjoch mit Kreuzrippengewölbe
4a Ringförmiger, offener Schlußstein
5 Chorschluß aus 5 Seiten eines Achtecks (5/8 Schluß). Andere Möglichkeiten eines Chorschlusses sind z. B. 3/6 Schluß, 7/10 Schluß, 7/12 Schluß
6 Vorhalle zwischen den Türmen mit Kreuzrippengewölbe und Wappenschlußstein
7 Strebepfeiler
8 Bündelpfeiler (Säule mit vorgelegten Diensten = kleinen Dreiviertelsäulen)
9 Netzgewölbe
10 Sterngewölbe
11 Schildbogen

Konche: Halbkreisförmiger, von einer Halbkuppel überwölbter Bauteil.

Krypta: Tiefliegender gewölbter Raum unter dem Chor, oft auch unter dem Querschiff. Grabstelle bedeutender geistiger und weltlicher Machthaber (Stifter). Platz für Schaustellung der Reliquien. Frühformen: Confessio, Stollen- oder Gangkrypta. Reife Form: Hallenkrypta.

Levitensitz, auch Zelebranten- oder Ministrantenstuhl: Dreisitz für den Priester und die beiden Diakone während bestimmter Abschnitte der Messfeier (Credo, Gloria).

Laterne: Rundes oder viereckiges Türmchen mit Fenstern oder unverglasten Öffnungen zur Bekrönung einer Kuppel (Kuppellaterne) oder einer Turmhaube (Haubenlaterne).

Lettner: Zwischenbau zwischen Chor und Langhaus mit einem oder mehreren Durchgängen. Im Gegensatz zur Chorschranke mit Empore und Treppenanlage.

Lisene: Wandvorlage ohne Basis und Kapitell.

Maiestas Domini: Darstellung des herrscherlich thronenden Christus in der Mandorla (mandelförmiger Lichtkranz)

Erklärung wichtiger Fachausdrücke

nach der Beschreibung der Apokalypse.

Manierismus: Spätphase eines jeden Stils, insbesondere der Renaissance, mit üppiger, oft phantastischer Ornamentik und mit spannungsreichen Gliederungsformen.

Maßwerk: Geometrisch-ornamentale Unterteilung des gotischen Fensters, besonders des Fensterkopfes. Das Blendmaßwerk dient der Gliederung von Flächen. Das aus Fischblasenformen gebildete Fischblasenmaßwerk ist ein Kennzeichen der Spätgotik.

Obergaden: Fensterfolge des Mittelschiffes bei einer Basilika.

Palladio-Motiv: Eine auf Andrea Palladio (1508–80) zurückgehende Fensterform aus drei gekuppelten Fenstern, wobei die beiden seitlichen oben gerade und das mittlere rundbogig geschlossen sind.

Pilaster: Wandpfeiler, im Gegensatz zur Lisene mit Basis und Kapitell.

Predella: Untersatz, Unterbau eines Flügelaltares, oft mit gemalten oder geschnitzten Darstellungen.

Pseudobasilika: Hallenkirche mit etwas höherem, aber unbelichtetem Mittelschiff.

Refektorium: Gemeinsamer Speisesaal der Mönche in einem Kloster.

Retabel: Mit bildlichen Darstellungen versehener Altaraufbau auf der Altarmensa.

Rhythmische Travée: Regelmäßige, sich wiederholende Folge verschieden gestalteter Travéen (Travée-Langhausjoch).

Rippenformen: Bandrippen: Gewölberippen von breit querrechteckigem Querschnitt (spätromanisch). Wulstrippen: Gewölberippen mit rundem, wulstartigem Querschnitt (spätromanisch). Birnstabrippen: Gewölberippen von birnenförmigem Querschnitt (frühgotisch). Gekehlte Rippen: Gewölberippen, deren Profil aus Hohlkehlen gebildet wird (hoch- und spätgotisch).

Risalit: Aus der Fluchtlinie eines Bauwerkes flach vortretender Gebäudeteil.

Rollwerk: Schmuckform mit eingerollten, oft ineinander gesteckten Enden oder Seiten (2. Hälfte 16. und 1. Hälfte 17. Jh.).

Strebepfeiler: Der Kirchenwand außen vorgelegte Pfeiler zum Abfangen des Gewölbeschubs.

Triforium: Nach innen offener Laufgang in der Mittelschiffwand gotischer Kirchen zwischen Scheidarkaden und Obergaden.

Triptychon: Dreiteiliger Flügelaltar mit Mitteltafel oder Mittelschrein und zwei Seitenflügeln.

Tumba: Grabmal mit rechteckigem, steinernem, oft plastisch verziertem Unterbau, auf dem die Grabplatte mit Inschrift und Darstellung des Toten ruht.

Tympanon: Das oft durch eine plastische Darstellung gefüllte Bogenfeld über einem romanischen oder gotischen Portal.

Volute: Spiralenartig sich einrollende Ornamentform.

Weicher Stil: Stilform der deutschen spätgotischen Plastik von etwa 1380–1430 mit eleganter, flüssiger „weicher" Gewandbildung und zarter, inniger Ausdrucksgestaltung.

Wichhäuschen: Kleine erkerartige → Gaupen am Ansatz oder Fuß eines Turmhelmes.

Zwerchhaus oder Zwerchgiebel: Quer zum Hauptfirst gestellter vortretender Dachaufbau mit Frontgiebel.

Querschnitte durch Rippenprofile

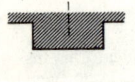

1 Bandrippe
2 Wulstrippe
3 Birnstabrippe
4 Spätgotische Rippe mit Hohlkehlprofilen

2. Ortsverzeichnis

Ziffern in Normaldruck: Hinweis auf Textseiten, in Fettdruck auf Tafelbilder

Abterode 351
Achenbach 221
Adolfseck 52
Adolphseck (Schloß Fasanerie) bei Fulda 414 **1**
Adorf 313
Affoldern 273
Albungen 362
Allendorf b. Kirchhain 244
Allendorf (Bad Sooden) 359
Almerskopf (Ringwall bei Merenberg) 188
Alsbach 454
Alsfeld 251 **2**
Altenberg (ehem. Kloster bei Wetzlar) 190 **3**
Altenburg b. Alsfeld 255
Altenburg/Schwalm (Fliehburg) 262
Altenburg/Eder (Burgruine) 288
Altenburschla 367
Altenhasslau 155
Altenstadt 140
Altheim 432
Altkönig (Ringwall im südl. Taunus) 63
Altmorschen 380
Alt-Rhoden 301
Altstadt 227
Altweilnau 59
Altwiedermus 159
Altwildungen 278
Amöneburg 241
Angersbach 132
Ardeck (Burgruine bei Diez) 54
Arnoldshain 60
Arnsburg (ehem. Kloster bei Lich) 113 **4**
Arnstein/Lahn 175
Arnstein, Kr. Witzenhausen 358
Arolsen 303 **5**
Asel 273
Assenheim 99
Assmannshausen 37
Aue 366

Auerbach (Bensheim) 456
Aufenau 161 **6, 7**
Augustenau (Schloß in Herleshausen) 371
Ausbach 391

Babenhausen 430 **9**
Bad Ems 171
Bad Hersfeld 385 **8**
Bad Hersfeld-Frauenberg 388
-Johannisberg 389
Bad Homburg v. d. H. 67 **55**
Bad König 472
Bad Nauheim 105
Bad Orb 161 **10**
Bad Salzhausen 126
Bad Schwalbach 47
Bad Soden 165
Bad Sooden-Allendorf 359 **11, 12**
Bad Vilbel 95
Bad Wildungen 278 **13, 14**
Bärstadt 47
Balduinstein 176
Ballersbach 216
Basdorf 275
Batten 418
Battenberg 265
Battenfeld 266
Beberbeck (Gestüt bei Hofgeismar) 344
Beerfelden 481
Beilstein 213
Bensheim 457
Bensheimer Hof (bei Erfelden) 448
Berge 357
Bergen 93
Bergheim 277
Bergstraße (entlang des Odenwaldes) 451
Berich 272
Berkersheim 89
Berlepsch (Burg bei Witzenhausen) 357
Berndorf 307
Berndshausen 258

Berneburg 372
Berstadt 122
Bickenbach 454
Bieberstein (Schloß in der Vorderrhön) 417
Biebrich (Wiesbaden) 17
Biedenkopf 209
Bierstadt (Wiesbaden) 15
Bilstein (Burgruine bei Albungen) 362
Bingenheim 124
Binger Loch (Rüdesheim) 36
Birkenau 489
Birklar 114
Birstein 163
Bischhausen/Schwalm 263
Bischhausen/Wehre 350
Bischhausen/Wohra 367
Blankenau 133
Blankenheim 385
Bleidenstadt 52
Bodes 394
Bonames (Frankfurt) 89
Borken 261
Bornheim (Frankfurt) 89
Bornhofen (Kamp) 43
Boyneburg (Ruine südl. Eschwege) 368
Braach 382
Brandenburg (Burgruine an der Werra bei Herleshausen) 371
Brandenfels (Burgruine im Ringgau) 370
Brandenstein (Burg bei Schlüchtern) 169
Braubach 44
Braunau 280
Braunfels 189
Breidenbach 209
Breidenstein 209
Breitenau 375
Breithardt 53
Brensbach 493
Breuberg (Burg über Neustadt/Odw.) 469 **15**
Breuna 299

501

Ortsverzeichnis

Bringhausen 272
Bromskirchen 266
Bronnzell 414
Bruchköbel 147
Brunnenburg (Klosterruine an der Lahn) 176
Buchenau 393
Bücherthal (Landschaft zwischen Kinzig und Nidder) 146
Büdesheim 96
Büdingen 155 **16**
Büraberg (Ringwall und ehem. Bischofskirche des Bonifatius bei Fritzlar) 280
Bürstadt 450
Burg-Gräfenrode 97
Burghaun 395
Burgjoss 162
Burgschwalbach 53
Burgsolms 190
Burguffeln 330
Butzbach 108

Carlsdorf 342
Christenberg (Fliehburg und Kirche bei Wetter) 235 **17**
Cornberg 372
Crainfeld 135
Dalwigksthal 271
Darmstadt 436 **18**
  Schloß 437
  Rathaus 438
  Stadtkirche 438
  Luisenplatz 439
  Ludwigskirche 440
  Schloßgarten 441
Darmstadt-Bessungen 442
  -Kranichstein 444
  -Mathildenhöhe 443
Darsberg 488
Datterode 369
Dauernheim 125
Dausenau 174
Dautphe 208
Dehrn 184
Deisel 336 **19**
Dexbach 210
Dieburg 433
Diemeltalsperre 313
Dietkirchen 183 **20**
Diez 177 **21**

Dillbrecht 220
Dillenburg 217
Dörnberg 298
Dorchheim 223
Dorfitter 274
Dorlar 195
Dreieichenhain 445
Dreifelden 229
Driedorf 214
Dünsberg (Ringwallanlage nordwestl. Gießen) 197

Eberbach 25 **22, 23**
Ebersberg (Burgruine in der Rhön) 416
Eberschützer Klippe (Ringwall nördl. Hofgeismar) 335
Ebsdorf 244
Echzell 123
Ederbringhausen 271
Edertalsperre 272
Ehrenfels (Burgruine bei Rüdesheim) 36 **24**
Ehringhausen 212
Eibingen (Rüdesheim) 36
Eichelbacher Hof (bei Rod a. d. Weil) 59
Eichenzell 415
Eichhof (Burg bei Bad Hersfeld) 389
Eiershausen 221
Eigenberg (Burgruine bei Mengerskirchen) 188
Eisenbach (Schloß bei Lauterbach) 131
Eisenberg (Wallburg bei Korbach) 308
Eiterfeld 393
Elben 291
Elberberg 291
Elkershausen 185
Ellar 223
Ellingerode 384
Elmarshausen (Wasserburg bei Wolfhagen) 296
Eltville 20 **25, 27**
Emsdorf 244
Engelthal (Kloster bei Altenstadt) 140
Eppstein 62
Erbach/Rhg. 22
Erbach/Odw. 477 **26**
Erfelden 448

Erfurtshausen 242
Ernschwerd 350, 356
Ernsthausen 238
Ernsthofen 493
Ersheim 485
Escheberg (Schloß nordöstl. Wolfhagen) 297
Eschenstruth 348
Eschersheim (Frankfurt) 89
Eschwege 363
Eulbach 479
Ewersbach 220

Falkenberg (Burgruine nördl. Homberg/Efze) 261
Falkenstein/Ts. 63
Falkenstein, Kr. Wolfhagen 293
Fasanerie (Schloß bei Fulda) 414
Feindliche Brüder (Burgruinen über Kamp-Bornhofen) 43
Feldbach (Dillenburg) 218
Felsberg/Eder 288 **28**
Felsenmeer am Felsberg/Odw. 459
Flechtdorf 313
Flörsheim 61
Florenberg 414
Fränkisch-Crumbach 492
Frankenau 270
Frankenberg 267 **29, 30**
Frankenhain 351
Frankenstein (Burgruine im Odenwald südl. Darmstadt) 452
Frankfurt 70
  Alter Markt 75
  Deutschordenskirche in Sachsenhausen 87
  Dom 72
  Dominikanerkloster 82
  Fachwerkhäuser 78
  Goethe-Haus 80
  Hauptwache 78
  Holzhausensche Oede 85/86
  Karmeliterkloster 80
  Katharinenkirche 83
  Landwarten 86
  Leinwandhaus 75
  Leonhardskirche 78
  Liebfrauenkirche 81

Ortsverzeichnis

Museen 88
Nikolaikirche 77
Palais Thurn u. Taxis 84
Paulskirche 81
Römer 76 **32**
Saalhof 77
Steinernes Haus 76
Frankfurt, Vororte
Berkersheim 89
Bonames 89
Bornheim 89
Eschersheim 89
Höchst 89 **31**
Sachsenhausen 87
Seckbach 89
Sindlingen 92
Frauenberg (Bad Hersfeld) 388
Frauenberg (Fulda) 411
Frauenberg (bei Marburg) 244
Frauenstein (Wiesbad.) 16
Fraurombach 400
Frebershausen 271
Freienfels (Burgruine bei Weilburg) 58
Freienhagen 276
Freienseen 121
Freienstein (Burgruine im Odenwald bei Beerfelden) 482
Friedberg 100 **33**
Friedelhausen 197
Friedewald 389
Friedrichsdorf 343
Friedrichsfeld 343
Friedrichshütte 373
Friedrichstein (Schloß in Bad Wildungen) 278
Friedrichsthal 343
Fritzlar 281 **34, 35, 36**
Frohnhausen 220
Fronhausen 198
Fürstenau (Schloß bei Michelstadt) 473 **38**
Fürstenberg 272
Fürsteneck (Burg in der Vorderrhön bei Eiterfeld) 393
Fürstenhagen 348
Fürstenlager (am Odenwald bei Auerbach) 457
Fürstenstein (Burg an der Werra) 362

Fulda 402
  Dom 404 **40**
  Heilig-Geist-Hospital 410
  Landesbibliothek 410
  Michaelskirche 406 **39**
  Orangerie 408
  Schloß 407
  Stadtkirche 409
  Wohnbauten 410
Fulda-Frauenberg 411
  -Neuenberg 413 **37**
  -Petersberg 412

Gambach 110
Gammelsbach 428
Gedern 135
Gehilfersberg (Wallfahrtskapelle bei Rasdorf) 396
Geilnau 176
Geinsheim 448
Geisenheim 33
Geismar b. Frankenberg 270
Geismar b. Fritzlar 291
Geiß-Nidda 125
Gelnhausen 149 **42, 43, 44**
Gemünden/Westerw. 224
Gemünden/Wohra 238
Gensungen 289
Germerode 350 **41**
Gernsheim 449
Geroldstein (Burgruine im Wispertal) 39
Gersfeld 416 **45**
Gerstenberg 263
Gesundbrunnen (Hofgeismar) 334
Gettenau 123
Gewissenruh 343
Giebringhausen 313
Gieselwerder 342
Gießen 195
Gilsa 263
Gladenbach 199
Glauberg 139
Glauburg (Ringwall und Burgruine) 139
Gleiberg 197
Gnadenthal (ehem. Kloster bei Kamberg) 57
Goldhausen 308
Gonterskirchen 121
Goßfelden 208
Gottsbüren 342, 343

Gottstreu 343
Gräfenwiesbach 59
Gräveneck 185
Grebendorf 350, 362
Grebenhain 135
Grebenhausen 257
Grebenstein 331
Greifenstein 213 **46**
Grenzau 232
Gronau (ehem. Kloster bei Nastätten) 50
Großalmerode 348
Großenenglis 261
Großen-Linden 196
Großenlüder 401
Groß-Gerau 447
Groß-Krotzenburg 480
Großroppershausen 260
Groß-Umstadt 465
Grünberg 117
Grüningen 115
Gudenberg (Burgruinen bei Zierenberg) 297
Gudensberg 289
Güttersbach 480
Gundernhausen 435
Gutenfels (Burg über Kaub) 41

Hachenburg 226
Hadamar 221
Hahn 336
Hahnstätten 54
Hailer 219
Haina 236 **48, 49, 50**
Hainhaus 480
Hainichberg (Lauterbach) 131
Hallgarten 29
Hallgarter Zange (Ringwall) 30
Halsdorf 238
Hanau 141 **51, 52**
Hanau-Kesselstadt 144
  -Wilhelmsbad 146
Haneck (Burgruine im Wispertal) 39
Hannoversch-Münden 345
Hanstein (Burgruine nahe der Werra) 358
Harle 288
Hartershausen 400
Haselstein (Burgruine bei Rasdorf) 397

503

Ortsverzeichnis

Hattenheim 28
Hattstein 60
Hatzfeld 265
Hauneck (Burgruine an der Haune) 394
Hausberg (Burgruine bei Rotenburg/Fulda) 383
Heidelbach 251
Heidetränketal (Ringwallanlage im südl. Taunus) 67
Heiligenberg (Schloß an der Bergstraße) 453
Heiligenberg (Burgruine an der Eder) 289
Heimarshausen 291
Heldenbergen 97
Helmarshausen 337
Helsa 347
Helsen 302 **53**
Heppenheim 461 **54**
Herborn 214
Herbsen 302
Herbstein 134
Hering 469
Heringhausen 313
Herleshausen 370
Hermannstein 212 **56**
Herrnhaag (Herrnhuter Siedlung bei Büdingen) 159
Herzberg (Burg am Knüllgebirge) 255
Heskem 244
Hessenstein (Burg und Jugendherberge an der Eder) 271
Hessisch-Lichtenau 348
Hessisches Ried (Altrheingebiet) 447
Heuchelheim 195
Heunstein (Ringwälle bei Dillenburg) 219
Heusenstamm 422
Heydau (ehem. Kloster in Altmorschen) 380
Hilders 418
Hirschenberg (Ringwall an der Werra) 361
Hirschhorn 482 **59**
Hirzenhain 136
Hitzkirchen 164
Hochheim 61
Höchst/Main 89

Höchst/Nidder 140
Höchst/Odw. 471
Höhburg (Ringwall bei Mengerskirchen) 188
Höhr-Grenzhausen 232
Hofgeismar 332
Hofheim/Ts. 62
Hofheim, Kr. Bergstraße 449
Hoheneiche 350, 367
Hohensolms 197
Hohenstein 53
Hohenwerda (Burgruine an der Haune) 394
Hohlenfels (Burg bei Katzenelnbogen) 54
Holzappel 176
Holzburg 251
Holzhausen a. d. H. 49
Homberg/Ohm 242
Homberg/Efze 258 **57**
Hünfeld 396
Hünselburg (Ringwall über der Edertalsperre) 273
Hunburg (Ringwall bei Rauschenberg) 239
Hungen 121

Idstein 55 **58**
Ilbenstadt 97 **60**
Ilbeshausen 134
Immenhausen 330
Immichenhain 251
Immighausen 274
Imshausen 374
Ippinghausen 294

Jesberg 263
Jestädt 350, 362
Johannesberg b. Fulda 413
Johannisberg/Rhg. 32
Johannisberg b. Bad Hersfeld 389
Jugenheim 453

Kämmerzell 401
Kaichen 97
Kaldern 208
Kalsmunt (Burgruine bei Wetzlar) 195
Kamberg 57
Kammerburg (Burgruine im Wispertal) 38/39
Kamp-Bornhofen 43

Karlsaue (Kassel) 325
Karlshafen 339 **61**
Kassel 315
  Brüderkirche 217
  Friedrichsplatz 320
  Hospital St. Elisabeth 322
  Karlsaue 325
  Karlskirche 322
  Königsplatz 320
  Landesmuseum 323
  Marstall 317
  Martinskirche 317 **64**
  Museum Fridericianum 321 **63**
  Ottoneum 322
  Schöne Aussicht 323
  Schönfeld 324
  Ständeplatz 323
  Wilhelmshöhe 326 **62**
  Wilhelmsthal (bei Kassel) 329 **65**
Katz (Burg über St. Goarshausen) 42
Katzenelnbogen 51
Kaub 39
Kaufunger Wald (Gebirge östl. Kassel) 348
Keseburg (Burg an der Eder) 271
Kesselstadt (Hanau) 144
Kettenbach 53
Kiedrich 23 **66**
Kirberg 58
Kirchberg (Stauffenbg.) 197
Kirch-Brombach 472
Kirchditmold (Kassel) 324
Kirchhain 240
Kirchhasel 396
Kirchlotheim 272
Kirdorf 68
Kleestadt 466
Kleinenglis 261
Kleinsassen 417
Kleinvach 361
Köddingen 129
Kölschhausen 212
Königsberg 197
Königstein 62 **67**
Körle 377
Kolnhauser Hof (bei Lich) 115
Konradsdorf (ehem. Kloster bei Bad Selters) 138

Ortsverzeichnis

Korbach 308 **69**
Krähberg (Schloß im Odenwald bei Beerfelden) 481
Kransberg 107 **70**
Kronberg 63 **68**
Kroppach 229
Krukenburg (Burgruine über Helmarshausen) 338 **72**
Küchen 349
Külte 305
Kugelsburg (Burgruine über Volkmarsen) 299

Laar 297
Lahneck (Burg über Oberlahnstein) 45
Lahr 223
Lampertheim 450
Landau 305
Landeck (Burgruine bei Schenklengsfeld) 391
Landsburg (Ringwall und Burgruine über der Schwalm) 263
Landstein (Kirchenruine im Weiltal) 60
Langenselbold 148
Langenstein 240 **73**
Laubach 119
Lauksburg (Burgruine im Wispertal) 39
Laurenburg (Burgruine im Lahntal) 176
Lauterbach 130
Lengfeld 468
Leun 189
Leustadt 139
Lich 115 **71**
Lichtenberg 493
Lichtenfels (Burg über Dalwigksthal) 271
Liebenau 335
Liebenstein (Burgruine über Kamp - Bornhofen) 43
Limburg 178 **74, 76, 77**
Lindelquelle (im Odenwald bei Güttersbach) 481
Lindenfels 490
Lindheim 139
Lippoldsberg 341 **75**
Lißberg 136
Löhnberg 188

Löwenburg (Kassel-Wilhelmshöhe) 327
Loewenstein (Burgruine bei Schiffelborn) 262
Lorbach 159
Lorch 37 **79**
Lorelei (bei St. Goarshausen) 41
Lorsch 459 **78**
Louisendorf 270
Ludwigseck (Burg bei Rotenburg/Fulda) 382
Ludwigstein (Burg und Jugendherberge an der Werra bei Witzenhausen) 358
Lüderbach 370
Lüdermund 400
Lützelbach 471, 480

Mackenzell 397
Mäuseturm (Zollturm im Rhein bei Rüdesheim) 36
Malsburg (Burgruine nördl. Zierenberg) 297
Mandern 280
Mansbach 392
Mappen 20
Marburg 201 **81**
  Elisabethkirche 203 **82, 83**
  Marienkirche 202
  Rathaus 202
  Schloß 206 **80**
  Universität 202
Mardorf 243
Marienberg 226
Marienborn 159
Marienfels 51
Marienstatt (Kloster bei Hachenburg) 227 **84, 85**
Marienthal (Wallfahrtskirche im Rheingau) 33
Marköbel 146
Marksburg (Burg über Braubach) 44
Maus (Burg über Wellmich) 42
Meerholz 149
Meiches 129
Meißner (Gebirge südöstl. Kassel) 350
Melibokus (Berg im Odenwald) 455
Mellnau 233

Melsungen 377 **86**
Mengeringhausen 306
Mengerskirchen 188
Merenberg 188
Merxhausen 293
Michelbach/Aar 53
Michelbach/Lahn 208
Michelsrombach 397
Michelstadt 475 **88**
Michlen 51
Milseburg (Ringwall in der Rhön) 417
Mittelheim 30
Mitterode 368
Mockstadt 125
Mönchbruch (Schloß bei Mörfelden) 446
Mönchhof (Befestigungsanlage bei Abterode) 351
Mörfelden 446
Montabaur 230
Mosbach 467
Mühlhausen 307
Münchhausen 235
Münster 107
Münzenberg 111 **87**

Nadelöhr (Denkmal bei Friedewald) 389
Nanzenbach 220
Nassau 174
Nassenerfurth 263
Nastätten 50
Naumburg 293
Naumburg (Schloß bei Kaichen) 97
Naurod 16
Nauses 469
Neckarsteinach 486
Nentershausen 373 **89**
Nesselröden 371
Netra 369
Netze 276 **93**
Neu-Berich 272 **91**
Neu-Bringhausen 272
Neuelkerhausen 185
Neuenberg b. Fulda 413
Neuenschmidten 163
Neuenstein (Burg am Knüllgebirge) 257
Neues Haus (Jagdschloß bei Burg/Dill) 216
Neukirchen (Knüllgebirge) 250

505

Ortsverzeichnis

Neukirchen/Haune 394
Neumorschen 381
Neunkirchen 492
Neunkircher Höhe (höchster Berg im Odenwald) 492
Neuschloß (ehem. Jagdschloß bei Lampertheim) 451
Neustadt/Mümling 471
Neustadt/Wiera 244 **90**
Neuweilnau 60
Nidda 126
Niederasphe 235
Niederbrechen 58
Niederdorfelden 96
Niederelsungen 297, 299
Niederflorstadt 124
Nieder-Ilbenstadt 99
Niederlahnstein 45
Niedermoos 135
Niederrodenbach 148
Niederroßbach 220
Niederurff 262
Niederwald (bei Rüdesheim) 36
Niederwalgern 199
Niederwalluf 20
Niederwaroldern 306
Niederweidbach 216
Niederweisel 110
Niederwildungen 278
Nollich (Burg über Lorch) 37
Nordeck 198
Nordenbeck 308
Nothgottes (Kloster bei Rüdesheim) 36

Oberaula 257
Oberdorfelden 96
Oberhaun 393
Oberhörlen 221
Oberkaufungen 346
Oberlahnstein 45
Obermöllrich 287
Obermörlen 106
Obernburg (Ruine bei Gudensberg) 289
Oberneisen 54
Oberofleiden 242
Oberorke 271
Oberreifenberg 60
Oberrieden 359

Oberrosbach 220
Oberrosphe 233
Obersimtshausen 235
Oberstoppel 395
Oberurff 262
Oberursel 66
Oberwald (Teil des Vogelsberges) 128
Oberwerba 275
Oberwerbe 275
Ockstadt 105
Odensachsen 394
Oestrich 30
Ötmannshausen 367
Offdilln 220
Offenbach 421
Offenbach-Rumpenheim 423
Oppershofen 107
Oranienstein (Schloß bei Diez) 178 **95**
Ortenberg 137
Osterspai 43
Ottrau 256
Otzberg (Burg am nördl. Odenwald) 468

Petersberg (bei Fulda) 412
Pfalzgrafenstein (Burg im Rhein bei Kaub) 40
Pfungstadt 452
Philippinenburg 296
Philippinendorf 296
Philippinenthal 296
Philippseich (Schloß bei Dreieichenhain) 446
Philippsruhe (Schloß in Hanau) 144
Philippstein (Burgruine bei Braunfels) 190
Philippsthal 390
Poppenhausen 417

Radheim 468 **92**
Ramholz 169
Ransbach 391
Rasdorf 396
Rauenthal 22
Rauschenberg 239
Reddingshausen 258
Reichardshausen (Schloß bei Oestrich) 29
Reichelsheim/Wetterau 124
Reichelsheim/Odw. 491

Reichenbach/Odw. 458
Reichenbach, Kr. Witzenhausen 349
Reichenberg/Odw. 491
Reichensachsen 367
Reinhardshausen (Schloß bei Erbach) 23
Reinhardswald (Höhenzug nördl. Kassel) 342
Reinheim 494
Remsfeld 258
Rheinberg (Burg im Wispertal) 38
Rhena 312
Rhoden 301
Richelsdorf 374 **94**
Richelsdorfer Gebirge 373
Riebelsdorf 250
Riede 293
Rimberg (Ringwall über der Lahn bei Kaldern) 208
Ringgau (Landschaft südl. Eschwege) 368
Rockenberg 107
Rod a. d. Weil 59
Rodebach 350
Rodenstein (Burg im Odenwald) 493
Röhrda 369
Röllshausen 251
Rommershausen 247
Romrod 255
Ronneburg (Burg bei Büdingen) 159 **97**
Ronshausen 385
Rosenthal 236
Roßdorf 243
Rotenburg/Fulda 382
Rothenkirchen 395
Rothestein (Schloß an der Werra oberhalb Bad Sooden-Allendorf) 361
Rüchenbach 199 **96**
Rückershausen 250
Rüdesheim 34
Rüdigheim 147
Rumpenheim (Offenbach) 423
Runkel 184 **98**
Ruppertshofen 51

Saalburg (Römerkastell bei Bad Homburg v. d. H.) 68

Ortsverzeichnis

Sababurg (Burg im Reinhardswald) 344
Sachsenberg 272
Sachsenhausen (Stadtteil v. Frankfurt) 87
Sachsenhausen (bei Korbach) 275
Salmünster 164
Salz 225
Salzböden 198
Salzschlirf 133
Sandbach 471
St. Georgen 190
St. Goarshausen 42
Sannerz 169
Sauerburg (Burg im Sauertal) 39
Sauerthal 39
Schaafheim 467
Schaaken 274
Schackau 417
Schadeck/Lahn 184
Schadeck (Burgruine bei Neckarsteinach) 488
Schartenberg (Burgruine nördl. Zierenberg) 297
Schaumburg (Schloß an der Lahn) 176
Schenklengsfeld 350, 391
Schierstein (Wiesbaden) 17
Schiffelborn 262
Schiffenberg (ehem. Kloster bei Giessen) 196
Schlangenbad 47
Schlitz 397
Schloß-Nauses 469
Schlüchtern 167
Schmillinghausen 302
Schmitten 60
Schönau (Kloster bei Strüth) 50
Schönberg/Bergstraße 458
Schönberg/Schwalm 251
Schöneberg 343
Schönstadt 239
Schotten 127 **99**
Schrecksbach 251
Schröck 243
Schwalenburg (Ringwall im Upland) 313
Schwalheim 105
Schwarzenborn 257
Schwarzenfels (Burgruine bei Mottgers) 170

Schwarzenstein 33
Schwebda 363
Schwedensäule (Denkmal bei Erfelden) 448
Schweinsberg 241
Schweinsbühle 312
Seck 225
Seckbach 89
Seeburg (Ruine bei Hartershausen/Fulda) 400
Seeheim 452
Seifert 418
Seligenstadt 425, 480 **100 101**
Sensbach 482
Sieburg (Ringwall bei Karlshafen) 339
Simmersbach 221
Sindlingen (Frankfurt) 92
Södel 123
Somborn 148
Sonnenberg (Wiesbaden) 16
Sontra 372
Spangenberg 378 **102**
Spieskappel 260
Sporkenburg (Ruine bei Bad Ems) 174
Staden 125
Stadthosbach 367
Starkenburg (Ruine bei Heppenheim) 463
Staufenberg 198
Stausebach 240
Steckelberg (Burgruine bei Ramholz) 169
Steinau a. d. Straße 166 **103**
Steinbach 473 **104**
Steinfurth 107
Steinheim 424
Steinperf 221
Sterbfritz 169
Sterrenberg (Burgruine ü. Kamp-Bornhofen) 43
Sterzhausen 208
Steuerburg (Burgstelle bei Gräveneck) 185
Stockhausen 133
Stockstadt 480
Stolzenberg (Burgruine bei Bad Soden) 165
Stumpertenrod 129

Tann 418
Tannenberg (Burgruine bei Jugenheim) 454

Tannenburg (Burgruine bei Nentershausen) 374
Thallitter 274
Todenhausen 235
Totenkippel (bei Meiches) 129
Trais-Münzenberg 113
Trebur 447
Treis 198
Trendelburg 335
Treysa 245
Twiste 307

Ulrichstein 128
Unterflockenbach 489
Unterhaun 392
Unterreichenbach 164
Untersimtshausen 235
Upland (Landschaft westl. Korbach) 313
Usenborn 137
Usingen 69

Vaake 345
Veckerhagen 345
Vetzberg 197
Viernheim 451
Villmar 185
Vockerode 350
Völkerhain 258
Völkershausen 366
Vogelsberg (Gebirge) 128
Vogelsberger Hausform 129
Volkhardinghausen 306
Volkmarsen 299

Wabern 288
Wächtersbach 160 **105**
Wagenfurth 377
Waldeck/Eder 273
Waldeck (Burgruine im Sauertal) 39
Waldkappel 350
Waldmannshausen 223
Waldmichelbach 488
Wallenstein (Burg im Efzetal) 257
Wallrabenstein 56
Walsdorf 57
Wanfried 366
Wasserkuppe (höchster Berg der Rhön) 417
Wehen 52
Wehrda 207

507

Wehrshausen 207
Weidelsburg (Burgruine bei Naumburg) 294
Weidscher Kopf (Befestigungsanlage südl. Bad Sooden-Allendorf) 361
Weilbach 61
Weilburg 185 **106**
Weilmünster 59
Weiterode 385
Welferode 258
Welleringhausen 312
Wellmich 42
Weningenburg (Burgruine über Gudensberg) 289
Wenings 135
Wenkbach 199
Werdorf 212
Werleshausen 359
Westerburg/Westerw. 223
Westerburg (Burgruine bei Bad Sooden-Allendf.) 359
Wethen 302
Wetter 233 **108**
Wetterau (Landschaft) 93
Wetzlar 191 **107, 110**
Wichmannshausen 367
Wickstadt 100
Wiesbaden 11
Bonifatiuskirche 14
Griechische Kapelle 15
Innenministerium 14
Kurhaus 11
Marktkirche 14 **109**
Prinzenpalais 11
Schloß 12 **111**
Wiesbaden-
-Biebrich 18
-Bierstadt 15
-Frauenstein 16
-Schierstein 17
-Sonnenberg 16
Wiesenfeld 267
Wildsberg (Ringwallanlage über der Fulda bei Altmorschen) 380
Wilhelmsbad (Hanau) 146
Wilhelmshausen 346
Wilhelmshöhe (Kassel) 326 **62**
Wilhelmsthal 329 **65**
Willershausen 370
Willingshausen 245
Windecken 96
Windhof (Weilburg) 188
Winkel 31
Wirtheim 160
Wirzenhorn 232

Wispertal (Seitental des Rheins) 38
Wissmar 197
Wittelsberg 243
Witzenhausen 353
Wölfersheim 122
Wohnbach 122
Wolferborn 164
Wolfhagen 294
Wolfsbrunnen (Schloß bei Schwebda) 363
Wolfsgarten (Schloß bei Dreieichenhain) 446
Wommen 371
Wülmersen 336
Würzberg 480

Ziegenberg, Kr. Friedberg 106
Ziegenberg, Kr. Witzenhausen 357
Ziegenhain 247
Zierenberg 297
Züschen 291
Zugmantel (Römerkastell im Taunus) 52
Zwergen 335
Zwesten 261
Zwingenberg 455

3. Künstlerverzeichnis

Abkürzungen: (Bh) Bildhauer, (Bm) Baumeister, (E) Erzgießer, (Ga) Gartenarchitekt, (Gl) Glasmaler, (Go) Goldschmied, (M) Maler, (O) Orgelbauer, (Schl) Kunstschlosser, (Schr) Kunstschreiner, (Stm) Steinmetz, (Stu) Stukkateur, (Z) Zimmermeister.

Albin (Stu) 415
Altmöller, Gustav (M) 394
Anderjoch, Joh. (Bm) 409
Andrich, Paul (Bm) 67
Anthoni, Joh. Jak. (E, Bh) 326
Appiani, Giuseppe (M) 57
Armbrüster (M) 165
Arnd, Karl Philipp (Bm) 406, 408
Arnd, Wilh. (Bm) 401
Arnold (Bh) 254

Artari, Giov. Bat. (Bh) 405, 407
Asmus (Bm) 163, 166, 170
Aufmuth, Leonhard (Schr) 89
Auwera, Joh. Wolfg. v. d. (Schr) 423

Backoffen, Hans (Bh) 21, 23, 25, 27, 29, 33, 65, 74, 85, 91
Bager, Hans Jacob (Bm) 18

Bager, Joh. Georg (Bm) 16
Baldewein, Eberdt (Bm) 196, 202, 206
Baldung-Grien, Hans (M) 83
Bamberger, Sebastian (Z) 392
Bartning, Otto (Bm) 394
Beaumont, Adam Liquir (Bh) 319
Becker, Ludwig (Bm) 67
Behrens, Peter (Bm) 340

Künstlerverzeichnis

Belle-Roche (Bm) 301
Benois (Bm) 443
Bergner, Nikolaus (Bh) 439
Bernard, Peter (Bm) 422
Bertram von Minden (M), Schule 128
Besserich, Hartmann (Stm) 493
Bez, Josef (Bh) 177
Bitterich, Martin (Bh) 29, 99
Bleibaum, Friedrich (Bm) 163, 209, 279, 310, 388
Bode, Paul (Bm) 322
Bonatz, Paul (Bm) 183
Boos, Karl (Bm) 14, 177
Brand, Emanuel (Bm) 278
Brant, Heinrich (Bm) 298
Braunstein (Bm) 226
Brechfeld, Jordan (Bh) 120
Breitenbach (Bh) 202
Brenner, Christiane (M) 320
Bromeis, Joh. Conrad (Bm) 320, 321, 323, 329, 415
Brückmann (Bm) 61
Brühl, Joh. Michael (Bh) 330
Brüner, Sebastian (O) 165
Brützel, Josias Wolrad (Schr) 272, 307, 312
Brunner, Bartel (O) 449
Büttner, Balthasar (Bh) 120
Büttner, Conrad (Bh) 158, 421
Bunekemann, Bernd (Bh) 283, 310
Bunekemann, Joh. (Bh) 310
Burgert, Hans-Joachim (Gl + M) 487
Burnitz, Rudolf (Bm) 78, 84
Butscher, Benedikt (Bm) 60, 69

Caldenbach, Martin (M) 16, 83
Cancrin, Franz Ludwig von (Bm) 440
Canova, Antonio (Bh) 68
Castelli, Carlo (Stu) 278
Cluysenaar, Jean Pierre (Bm) 68
Colomba, Luca Antonio (M) 18

Conradi, Friedrich (Bm) 339, 340
Cornelius (Schl) 309
Cotte, Robert de (Bm) 84
Cranach, Lukas, d. Ä. (M) 42
Crodel, Carl (Gl u. M) 84
Curtze, Franz (Bm) 305
Cuvilliés, Francois de (Bm) 329, 330

Dams, Joh. (O) 187
Datzerath, Joh. Michael (Bh) 82
Daur, Anton (Bm) 44
Decker, A. (Bm) 85
Dehn-Rotfelser, Heinrich von (Bm) 323
Dell, Peter (Bh) 471
Denzinger, Franz Josef von (Bm) 23, 73, 88
Dielmann, Joh. (Bh) 85
Diemar, Gallus (Bm) 164
Dientzenhofer, Joh. (Bm) 32, 395, 404, 407, 408, 417
Dietz, Hans (M) 79
Dietz, Joh. Georg (Z) 147
Dilich, Wilh. (Bm u. M) 84
Döring, Hans (M) 217
Donett, Cornelius Andreas (Bh) 87
Dreyeicher, Joh. Philipp (Bm) 144
Dürer, Albrecht (M) 83
Dufour, Joseph (M) 278
Dyck, Antonius van (M) 75

Ebhardt, Bodo (Bm) 371
Eckard, Joh. Paul (Schr) 442
Egell, Paul (Bh) 450
Egenolf, Melchior (Schr) 165, 411
Eggers, Bartholomäus (Bh) 322
Eggert (Bm) 86
Eichenberg, Joh. (O) 398
Elscheid (Bh) 24
Enderle, Joh. Bapt. (M) 61
Engelbert (Bh) 79
Engelhard, Daniel (Bm) 291, 323
Erdinger, Adam Joh. (Bm) 391

Erdinger, Heinrich (Schr) 360
Esau, Georg Friedrich (Go) 311
Eschbach (Schl) 131

Faber, Joh. Wilh. (Schl) 69, 163
Faberius, Joh. (M) 373
Falckener, Erhart (Schr) 24, 31
Feylner, Simon (Stu) 19
Finck, Jakob (Schr) 252
Finck, Michael (Schr) 252, 254
Fischer, Eberhard (Stu) 470
Fischer, Theodor (Bm) 323
Flücke, Hans (Bm) 24
Forster, Conrad (Bh) 425
Fosse, Louis Remy de la (Bm) 86, 437, 442, 446
Franck, Adam (Bh) 203
Franck, Philipp (Schr) 109
Friedeberger, Eberhard (Bm) 77
Fünck, Joh. Georg (Bm) 329

Gallasini, Andrea (Bm u. Stu) 32, 164, 169, 186, 187, 278, 340, 393, 401, 407, 408, 409, 410, 414, 415
Gassmann, Christian (Bh) 55
Geier, W. (Gl) 82
Gersdorff, Sigmund August von (Bm) 159
Gerthener, Madern (Bm u. Bh) 73, 74, 77, 79, 81, 84
Ghezzi, Giov. (Bm) 317
Giesenberg, E. (Bm) 85
Gillet, Nicolas (Bm) 141
Godefroy, Elias (Bh) 319
Göhring, Josef Dietrich (O) 259
Goethe, Joh. Wolfg. von 107
Goetz, Carl Florian (Bm) 19, 52, 92
Graaf, W. de (Gl) 228
Groene, Heinrich (Schr) 283
Gruber, Karl (Bm) 438, 439, 451

Künstlerverzeichnis

Grünewald, Mathias (M u. Bh) 83, 425
Grünewald (M) 349
Günther, Johann Joachim (Bh) 449
Guerniero, Giov. Francesco (Bm) 325, 326
Gundermann, Joh. Adam (O) 372

Habich, Ludwig (Bh) 443
Hagenmüller, Nikolaus (Schr) 207
Hans von Düren (Bh) 62
Hans von Frankfurt (Bm) 252, 253
Hans von Gleiberg (Stm) 186
Hans von Lich (Bm) 77, 202
Hans von Ulm (Bm) 319
Hans Jakob von Ettlingen (Bm) 242, 245, 249, 255, 389
Harnisch, Arnold (Bm) 55
Heger, Franz (Bm) 440
Heideloff, J. Anton (M) 61
Heinemann, Andreas Joh. (O) 235
Heinrich von Eschwege (Bh) 365
Heitener, Hans (Schr) 348
Henschel, Werner (Schl) 324, 327, 407
Hentze, Wilh. (Ga) 415
Herber, Andreas (Bh) 130, 245, 277, 280, 286, 300, 306, 336, 355, 367, 399, 418
Herber, Antonius (Bh) 130, 277, 299
Hermann, Christian Ludwig (Bm) 141, 148, 163
Herrlein, Andreas (M) 133, 165, 401, 407, 408, 409, 411
Hess, Joh. Friedrich Christian (Bm) 87
Hess, Joh. Georg Christian (Bm) 72, 81, 85
Hesserode, Heinrich von (Bm) 258
Hessler, Melchior (Bm) 83
Heyl, Heinrich (M u. Ga) 104

Heym, Joh. Caspar (Bm) 416
Hieronimy (Bh) 66
Hinkh, Clemens (Bm) 423
Hocheisen, Joh. (Bh) 77
Höer, Heinrich (Bm) 55
Hoetger, Bernhard (Bh) 444
Hofert (Z) 282
Hoffmann (M) 133
Hoffmann, Hans Ruprecht (Bh) 177, 224
Hoffmann, Joh. (O) 247
Hoffmann, Philipp (Bm) 14, 15, 25, 33
Hofmann, Joh. Heinrich (Bm) 220
Hofmann, R. (M) 158
Hofmann (Bh) 148
Hohlbusch, Josef Kilian (Schr) 484
Hois, Joh. Michael (Stu) 409
Holbein, Hans, d. Ä. (M) 79, 83
Holzmeister, Clemens (Bm) 440
Hottenrott (Bm) 86
Hoven, Franz von (Bm) 76
Humbach, Joh. Friedrich (Stu) 407

Immenraet, Mich. Angelo (M) 55
Isenmenger, Heinrich (Bm) 483
Itter, Konrad von (Bm) 270

Jacobi, Johann (Schl) 67
Jacobi, Louis (Bm) 68
Jäger, Joh. Peter (Stu) 19, 34, 63, 81, 433
Jagemann, Christoffel (Bh) 243
Jakob von Gleim (Schr) 252
Jaritz (Bh) 309
Jeanson, Peter (Bm) 301, 303
Jobst, Heinrich (Bh) 444
Johannbroer (Bm) 63
Johann d'Hollande (Bm) 141
Jordan, Johann (Bm) 439
Jost, Meister (Bm) 202
Jost von Leun (Stm) 186

Jost, W. (Bm) 106
Juncker, Joh. Jak. (Bh) 63, 82, 146
Juncker, Hans (Schr) 24
Juncker, Zacharias, d. J. (Bh) 67
Juppe, Ludwig (Bh) 202, 204, 205, 207, 246
Jussow, Heinrich Christoph (Bm) 85, 155, 323, 324, 327, 328
Jussow, Joh. Friedrich, d. Ä. (Bm) 324

Karge, Johann Friedrich (Bm) 452
Kaufuld, Johann (M) 385
Kaulbach, J. Wilhelm (Schr) 305
Kayser, Daniel (Bm) 87
Kayser, J. W. (Bm) 82
Kempf, Ludwig (Bm) 186
Kern, Michael (Bh) 476
Kessellut, Jakob (Bm) 444
Kippenhahn, Rudolf (Bh) 278
Kirchmeyer, Ferdinand (Bm) 87
Kirnde, Bernhard (Bm) 78, 99, 114
Kitz, Joh. Mathäus (Bm) 273, 280, 302, 311
Klenze, Leo von (Bm) 329
Klonck, Erhard (Gl) 174, 194, 199, 265, 266
Koch, Georg (Bm) 130, 133
Koch, Georg Veith (Bm) 130, 131, 133
Koch, Johann (Stu) 408, 415
Köhler, Christian (O) 88
Köhler, H. (Bm) 404
Königshofen, Friedrich (Bm) 76
Kötschau, Joh. Georg (Bh) 325
Kolb, August (Bm) 68
Kolbe, Georg (Bh) 86
Konrad von Soest (M) 239, 279
Krahe, Michael (Bm) 238
Krahn, Johannes (Bh) 88
Krau, Markus Christoph (Bh) 280
Kraus, A. (Bh) 324

Künstlerverzeichnis

Krebaum, Friedrich (O) 365
Küntzel, Joh. (Bm) 69
Kuhnbach, Hans von (M) 83

Lamatsch, Josef von (Bm) 143
Langsdorf (Bm) 272
Laporterie, Peter (Bh) 330
Lassaulx, Joh. Claudius (Bm) 175
Launitz, Edmund von der (Bh) 83
Lauteschläger, Karl Christian (Bm) 489, 491
Lehmann, Kurt (Bh) 317
Leistikow, Hans (Gl) 320
Lenné, Peter Josef (Ga) 68
Leonhard, Conrad (Bm) 158
Lerch, Georg (Bm) 434, 449, 467
Lessing, Karl Friedrich (M) 76
Leyten, Joh. von der (M) 205, 206, 220
Lichtenberg, Joh. Konrad (Bm) 435, 452, 492
Liebhardt, Joh. Andreas (Bm) 81, 82, 89
Lindner, J. E. (Bm) 418
Link, Joh. Georg (Bm) 135
List, Hans (M) 162
Lossow (Bm) 143
Lucae, R. (Bm) 85
Lutz, Martin (Bh) 116

Mack, Georg Friedrich (Bm) 99
Mahieu, René (Bm) 141
Mann, Philipp Jakob (Bm) 457
Marchini, G. F. (M) 428
Marian, Hans (Bm) 465
Marot, Daniel (Bm) 177, 178
Marx, Wenzeslaus (Bh) 411
Massler (Bh) 153
Matthei, Joh. Friedrich (Bm) 349, 364
May, Ernst (Bm) 86
Mayer (Bm) 303
Meckel, Max (Bm) 76
Megoz, Klaus (Bm) 84
Meinwolf (Bm) 286

Meissner, Paul (Bm) 280, 444
Meister des Babenhäuser Altares (Bh) 431, 473
Meister der Darmstädter Passion (M) 162
Meister der Hankratschen Kreuzigung (Bh) 244, 259, 284, 347
Meister des Hausbuches (M) 60, 143, 153, 154
Meister W. B. (M u. Gl) 143
Merkel, Hans (Bh) 431
Messel, Alfred (Bm) 441
Mettel, Hans (Bh) 74
Meurer, Hans (Bm) 253
Meyer, J. P. (Bm) 120
Meynworten, Hans (Bm) 298
Miller, Fr. von (E) 85
Mockstatt, Joh. Heinrich Ernst (Bh) 408
Möller, Johann (Bm) 236
Moller, Georg (Bm) 12, 32, 68, 115, 127, 210, 437, 439, 440, 441, 444, 449, 457, 458, 467, 489
Monnot, Pierre Etienne (Bh) 325
Müller (Albinmüller), Alwin (Bm u. Bh) 444
Müller, Friedrich Wilhelm (Bm) 441
Müller, Joh. Helfrich (Bm) 437, 438, 442, 444, 446
Müller, Leonhard (Bm) 388
Muth, Hans (Z) 135

Nahl, Joh. August (Bh u. Stu) 320, 330, 325, 341
Neher, Ludwig F.M.(Bm) 76
Neudecker, Joh., d. Ä. (Bh) 243, 405, 407, 408
Neudecker, Joh., d. J. (Bh) 408
Neumann, Balthasar (Bm) 422, 449

Obermann, Kurt (Schl) 252
Odenwald, Jakob (Bm) 360
Oehninger, Adam (O) 165, 182, 405
Östreich, Marcus (O) 130, 135

Oestreicher, Jörg (Bm) 81, 83
Olbrich, Josef Maria (Bm) 440, 443, 444
Onymus, Johann (O) 99
Opfermann, Ignaz (Bm) 458
Oppler, Edwin (Bm) 189
d'Orville, Joh. Georg (Bm) 422
Osten, Peter (Bh) 439

Paerni, Joh. de (Stu) 213
Pape, Heinrich (Bh) 280, 284, 286, 300, 311
Pardan, Joh. (Bm) 300
Pauli, Reinhold (Bm) 76
Peyer, Anton (Bm) 405
Pfaff, Sebastian (Bh) 449
Pfannmüller (Bm) 275
Pfannmüller, Joh. Wilh. (Bm) 437, 438, 448
Pfisterer, Franz (Bm) 222
Piazetta, Giov. Batt. (M) 88
Pinand, H. (Bm) 183
Pölzig, Hans (Bm) 86
Pozzi, Carlo Maria (Stu) 187, 407
Praun, Clarisse (M) 441

Ratgeb, Jörg (M) 80
Rauch, Christian (Bh) 175, 444
Ravensteyn, Josef Honorius (Bm) 230
Reineck, Joh. Martin (O) 120
Reissner, Jakob (Stu) 19
Rethel, Alfred (M) 76
Ribsche, Siegfried (Bh) 104, 143
Rinck, Reichart (Bm) 247
Rindt, Joh. Sebastian (O) 265
Rinz, Sebastian (Ga) 84
Ritgen, H. von (Bm) 132
Ritter, Jörg (M) 117
Robyn, Johann (Bh) 143
Rodlein, Hans (Bh) 144
Roentgen, David (Schr) 330
Roger von Helmarshausen (Go) 337
Rosbach, Konrad (Bm) 214
Rosenacker, L. (Stu) 439
Roth, Karl (Bm) 323

511

Künstlerverzeichnis

Rothweil, Franz Friedrich (Bm) 273, 303, 305
Rothweil, Julius Ludwig (Bm) 144, 186, 187, 188, 226, 271, 272, 273, 278, 280, 302, 303, 307, 414, 478
Rottenberger, Jakob (Schl) 203
Rottermont, Willem (Bh) 330
Rubens, Peter Paul (M) 55, 88
Ruf, Sepp (Bm) 321
Ruhl, Joh. Christian (Bh) 84
Ruhl, Julius Eugen (Bm) 324
Rule, Johann (Gl) 104
Rule, Konrad (Gl) 104
Rummel, Chr. (Bm) 42
Rumpf, August (Bm) 160
Rumpf, Friedrich (Bm) 81, 85, 86
Rumpf, Joachim (Bm) 222
Ruprecht, Anton (Schr) 187
Ry, Charles Louis du (Bm) 330
Ry, Paul du (Bm) 322, 323, 325, 326, 339, 343, 345,
Ry, Simon Louis du (Bm) 278, 288, 320, 321, 322, 323, 324, 325, 328, 329, 330, 334, 383

Salins de Montfort, Nicolas Alexander (Bm) 85, 422
Sandrart, Johann von (M) 55
Sanguinetti, Lazarus Maria (M) 189
Sanheimer, Johann Jakob (Bm) 76, 83
Sansdorffer, Erhard (M) 157
Sauter (Bh) 365
Schäfer, Joh. Nikolaus (Bm) 437
Schäfer, Joh. Nikolaus (O) 433
Schäfer, Karl (Bm) 202
Schäffer, Jost Friedrich (O) 364, 373, 384,
Schantz, Peter (Schr) 157

Schauer, Joh. Michael (Bm) 418
Schaum, Valentin (Schr) 408
Scheffer, Joh. (Bm) 17
Scheffler, Christian Thomas (M) 423
Scheinpflug, Gustav (Bm) 82
Schenk, Daniel (Stu) 28
Schiefelmann, Johann (Bm) 305
Schieffer, David (Stm) 442
Schilling, Albert (Bh) 320
Schilling, Jost (Schr) 272
Schitt (Scheit), Nicolaus (M) 156
Schleich, Adam Philipp (O) 465
Schlottmann, Johann (O) 260
Schlüter, Andreas (Bh u. Bm) 67
Schmeller, B. (Bh) 157
Schmitt, Cornelius (Bm) 411
Schnorr, Johann Daniel (Bh) 17, 446
Schonbrot, Hans (Bm) 161
Schopfheim, Bartholomäus von (Bh) 77
Schorbach (Bm) 189
Schro, Dietrich (Bh) 65, 117, 159
Schrumpf, Johann (Bm) 16, 214, 226
Schütz, Christian Georg (M) 148
Schuhknecht, Joh. Martin (Bm) 440, 442, 457
Schwab (Stu) 163
Schwanthaler, Ludwig von (Bh) 439
Schwartz (Bm) 489
Schwarz, Rudolf (Bm) 81
Schwarzenberger, Bernhard (Bh) 99, 186
Schwarzmann, Andreas (Stu) 407, 408, 409, 414
Schwechten, F. (Bm) 67
Schweickert, Johann (Bh) 165
Schwendler, Johann (Schl) 19

Sckell, Ludwig von (Ga) 19, 479
Sebastiani, Joh. Christoph (Stu u. Bm) 43, 230, 232
Seebold (Bm) 61
Seekatz, Friedrich Heinrich (M) 189
Seekatz, Georg Christian, d. Ä. (M) 187
Seidel, Balthasar (Bh) 22
Seidel, Emanuel von (Bm) 169
Seidel, Gabriel von (Bm) 169
Seitz, Johann (Bm) 225
Seltzer (M) 277
Siesmeyer, Heinrich (Ga) 86
Siesmeyer, Philipp (Ga) 86
Simon, Friedrich Louis (Bm) 197
Soldan, Philipp (Bm u. Bh u. Schr) 239, 247, 249, 270,319)
Sommer, Johann Friedrich (Bh) 120
Sommer, O. (Bm) 84, 88
Sommermann, Michael (M) 120
Soreau, Daniel (Bm) 141
Spangenberg, Anton Jakob (Bm) 364, 372
Spangenberg, Ernst Florus (Bm) 168
Spangenberg, Meister (M) 65
Spansahl, Gottfried (Schl) 408
Sparre, Wigel (Bm) 76
Spohrer, Abraham (Bm) 99
Stainmiller, Hans (Stm) 470
Steffan, Christian (Stu) 109, 439
Steffen, Simon (M) 373
Steidl, Melchior (M) 405, 407
Stein, G. (Gl u. M) 431
Steinle, Edmund von (M) 76
Stengel, Friedrich Joachim (Bm) 18, 59, 69, 163, 407, 408, 478
Stiglmayer, J. B. (E) 439
Stockhausen, H. G. von (Gl) 320, 336, 388

Striegel, Ivo (Schr) 74
Stronzer, Hans (Bm) 253
Stumm (O) 444
Sturzenhöfer (Stu) 415

Tann, Georg von der (Bh) 280
Thilman (Bh) 229
Thomann, Joh. Valentin (Bm) 34, 449
Thorwart, Friedrich (M) 306
Tischbein, Joh. Heinrich (M) 237, 330
Trippel, Alexander (Bh) 304
Tyle von Frankenberg (Bm) 189, 202, 238, 268

Uffenbach, Joh. Fr. (Bm) 80
Uffenbach, Philipp (M) 83, 439
Ungewitter, Georg Gottlob (Bm) 238, 241, 268, 365

Valentin (Bh) 177
Valerius, Kaspar (Bm) 449
Vay, Leonhard (Schl) 19
Veit, Philipp (M) 76
Verbeck, Salomon (E u. Schl) 438
Vernukken, Wilh. (Bm u. Bh) 317, 322, 384
Vingerhut, Heinrich (Bm?) 152

Vogel, Otto Heinrich (Bm) 319
Vossbach, Franz (Schr) 99

Wagner, Heinrich (Bm) 444
Wagner, Joh. Michael (O) 416
Wahl, Gerhard (Bm) 474, 481
Walldürn, Johann von (Bh) 104
Weber, Andreas Balthasar (Bh) 404, 405, 407, 408
Weber, Hans (Z) 250, 388
Weber, Martin (Bm) 154
Wegmann, Joh. Benedikt (O) 128
Welker, A. (Go) 81
Welsch, Maximilian von (Bm) 18, 19, 56, 87, 407, 408, 427
Wendl, Max (Gl) 136
Werr, Lothar (Bh) 99
Wetzel, Hans (Bm) 360
Weyres, Willi (Bm) 180
Wiedemann (Stu) 131
Wiegand, Hyazinth (Schr) 165
Wiegmann, Rudolf (Bm) 189
Wiess, Johann (Schr) 90
Wilhelm, Meister (Bm) 24
Winter, Christoph Joseph (Bh) 405

Winterstein, Christian Josef (Bh) 395
Wittig, Gustav (M) 349
Wöll, Johann Caspar (O) 120
Wörrishöfer, Joh. Philipp (Bm) 102, 103
Wohlhaupter, Emanuel (M) 165, 401, 407, 408, 409, 410, 414, 415
Wolff, Balthasar (Bm) 186
Wolff, Eberhard Philipp (Bm) 219, 221
Wolff, Gerhard (Bh) 203
Wolff (Z) 163
Wustmann, Jakob (Bm) 437, 438

Zais, Johann Christian (Bm) 11
Zais, Eduard (Bm) 23, 46
Zamels, Burkhard (Bh) 27, 103, 427
Zaritz, Horst (Bh) 163
Zaunschliffer, Jörg (Bm) 215
Zengerle, Heinrich Jakob (Bm) 11
Zentgraf, Nikolaus (Schr) 418
Zimmermann, Joh. Caspar (Z) 279
Zipper (Schl) 163

4. Quellennachweis

Hauptquellenwerke,

die bei der Bereisung des Landes und für die Abfassung des Textes als Ergänzung zur Verfügung standen:

Dehio-Gall: Handb. der deutschen Kunstdenkmäler, Südl. Hessen (München-Berlin 1955), Nördl. Hessen (München-Berlin 1960) – Handb. der Histor. Stätten Deutschlands, IV. Bd. Hessen, hrsg. von Dr. G. W. Sante (Stuttgart 1960) – Karl E. Demandt: Geschichte des Landes Hessen (Kassel-Basel 1959) – Aus der Reihe ›Deutsche Lande Deutsche Kunst‹ (München-Berlin), die Bände: Kassel (1951), Fulda (1953), Marburg (1957), Rheingau und Taunus (1957), Alsfeld (1960) – H. Walbe: Das hessisch-fränkische Fachwerk (Gießen 1954) – H. O. Vaubel: Hessenbuch (Kassel-Basel 1955).

Quellennachweis

Bildtafeln

Lala Aufsberg, Sonthofen 9, 15, 38, 54, 88. Banse, Hirschhorn (Neckar) 59. Ute Biermann, Heidelberg 33. Bildarchiv Foto-Marburg, Marburg 1, 4, 31, 71, 78, 84, 107, 108. Dr. Harald Busch, Frankfurt/M-Griesheim 2, 18, 23, 24, 35, 36, 39, 40, 41, 55, 57, 58, 60, 68, 81. Cramers Kunstanstalt KG, Dortmund 103. Deutsche Luftbild KG, W. Seelmann & Co., Hamburg 86. Deutscher Kunstverlag GmbH, München 22, 106. Dr. H. Feldtkeller, Wiesbaden 17, 19, 83, 85, 105. H. Fritz, Karlshafen 75. Fürstlich Ysenburg- und Büdingische Rentkammer, Büdingen 16. Foto Heinz, Limburg 20, 76, 77. J. Hembus, Kronberg (Taunus) 95. Friedrich Hewicker – Alle Rechte beim Verlag Parzeller & Co., Fulda 37. H. Kenner, Bad König 26. Kurhessischer Heimatbund e.V., Marburg 90. Bildarchiv des Landeskonservators Wiesbaden: 3, 6, 7, 10, 11, 12, 14, 25, 27, 30, 34, 42, 44, 45, 46, 47, 48, 49, 50, 51, 52 (Plan im Staatsarchiv Marburg), 53, 56, 63, 64, 65, 66 (Aufn. d. ehem. preuß. Meßbildanstalt Berlin), 67, 69, 70, 72, 73, 74, 79, 80, 82, 89, 91, 92, 93, 94, 96, 98, 99, 100, 110, 111. Gebr. Metz, Tübingen 104. Dr. H. Nitzschke, München-Moosach 87. A. Renger-Patzsch, Wamel-Dorf 101. H. Römer, Altstadt 21. M. Rothermund, Frankenberg 29. Schöning & Co., Lübeck 5, 8, 43, 97. Staatl. Landesbildstelle Hessen, Frankfurt/Main 32. Luftverkehr Strähle, Schorndorf 13, 28, 61, 62. Dr. Ing. G. Textor, Homberg (Efze) 102. Horst Ziethen Verlag, Köln-Junkersdorf 109. Die Stadtpläne auf den Seiten 13, 71, 101, 145, 151, 179, 193, 200, 248, 318 und 403 sind dem Werk »Handbuch der historischen Stätten Deutschlands«, Band Hessen, Alfred Kröner Verlag, Stuttgart, entnommen.

1 *Schloß* Fasanerie *bei Fulda (1740–1750), Treppenhaus*

2 ALSFELD *Rathaus (1512–1516)*

ALTENBERG (LAHN) *Ehem. Klosterkirche (1260–1270), Orgel um 1770*

4 ARNSBURG *Kapitelsaal (Mitte 13. Jh.) im ehem. Zisterzienserkloster*
5 *Schloß* AROLSEN *(1710–1729)*

6 AUFENAU *Pfarrkirche, Flügelaltar (M. 15. Jh.), Krönung Marias*

9 BABENHAUSEN *Pfarrkirche, Flügelaltar (1518), Verkündigung*

7 AUFENAU *Pfarrkirche, Flügelaltar (Mitte 15. Jh.)*
8 BAD HERSFELD *Ehem. Abteikirche (11.–12. Jh.)*

10 BAD ORB
*Stadtkirche,
Flügelaltar,
Mitteltafel mit
Kreuzigung
(um 1440)*

11 BAD SOODEN-ALLENDORF *Haus Bürger (1639) in Allendorf*

12 BAD SOODEN-ALLENDORF *Straße mit Fachwerkhäusern in Allendorf*
13 BAD WILDUNGEN *Stadtaufbau*

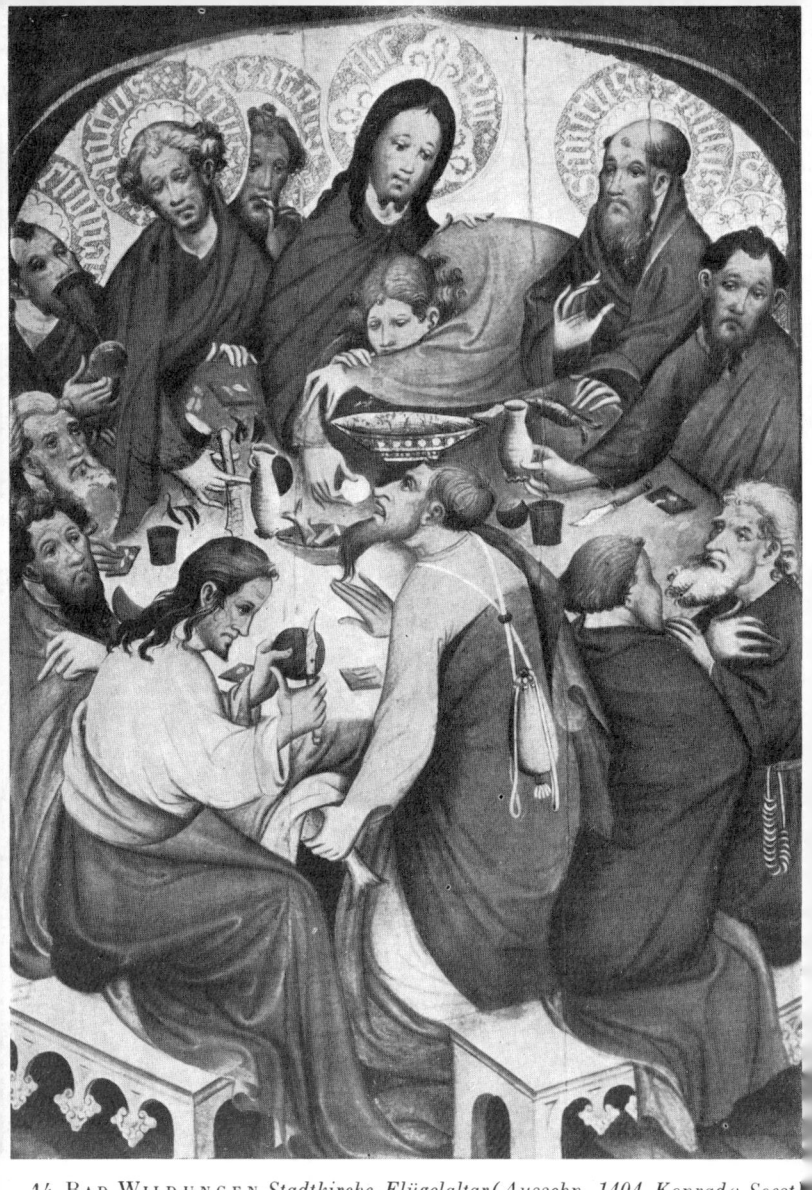

14 BAD WILDUNGEN *Stadtkirche, Flügelaltar (Ausschn., 1404, Konrad v. Soest)*

15 *Burg* Breuberg *im Odenwald (12.–16. Jh.)*

17 CHRISTENBERG *Totenkirche (11.–16. Jh.), Südansicht mit Außenkanzel*

6 BÜDINGEN *Schloßkapelle (Ende 15. Jh.)*

9 DEISEL *(nördl. Hofgeismar) Diemel-sächsisches Bauernhaus*

8 DARMSTADT *Blick aus Schloßportal auf Rathaus (um 1600) und Stadtkirche*

20 DIETKIRCHEN (LAHN) *Ehem. Stiftskirche (11.–13. Jh.)*

21 DIEZ (LAHN) *Fachwerkhäuser (17. Jh.) am Markt und Burg (11.–15. Jh.)*

22 EBERBACH (RHG.) *Dormitorium (ab 1270) im ehem. Zisterzienserkloster*

23 EBERBACH (RHG.) *Klosterkirche, Doppelgrabstein für Adam von Allendorf und seiner Gemahlin von H. Backoffen (1518)*

24 *Burgruine* Ehrenfels *bei Rüdesheim (13. und 14. Jh.)*

25 ELTVILLE (RHG.) *Pfarrkirche, Wandgemälde, Jüngstes Gericht (um 1420)*

26 ERBACH (ODW.) *Schloßmuseum, antiker Kopf eines Olympia-Siegers*

ELTVILLE (RHG.) *Pfarrkirche, Wandgemälde, Kopf des Johannes (um 1420)*

28 FELSBERG *Burg und Stadt*
29 FRANKENBERG *Erdgeschoßhalle im Rathaus (1509)*

30 FRANKENBERG *Stadtkirche, Glasfenster (14. Jh.)*
Der Auferstandene erscheint Maria Magdalena

31 FRANKFURT-HÖCHST *Justinuskirche, Karolingische Kapitelle (um 840)*

FRANKFURT *Wendeltreppe im Römerhöfchen (1627)*

33 FRIEDBERG *Stadtkirche (1260–1410)*

34 FRITZLAR *Ehem. Stiftskirche, Gnadenstuhl (Anfang 14. Jh.)*

35 FRITZLAR *Kirchenschatz, Scheibenreliquiar (12. Jh.)*

36 FRITZLAR *Blick auf die Stadt von der Eder aus*

38 Schloß Fürstenau (Odw.) *Hof mit großem Galeriebogen (1588)*

37 Fulda-Neuenberg *St. Andreas, Krypta-Malerei, Engel (um 1025)*

39 Fulda *St. Michaels-Kapelle (karolingisch und romanisch)*

FULDA *Dom (Neubau 1704–1712) mit Domplatz*

41 GERMERODE *Ehem. Klosterkirche (12. Jh.), Emporen (1606)*

42 GELNHAUSEN *Marienkirche, Südportal, thronende Muttergottes (1230)*
43 GELNHAUSEN *Stadtanlage*

44 GELNHAUSEN
*Kaiserpfalz,
Fensterarkade
am Palas
(2. Hälfte 12. Jh.)*

45 GERSFELD (RHÖN) *Pfarrkirche (1780–1787), Kanzelaltar mit Orgel*

46 GREIFENSTEIN *nordw. Wetzlar, Burgkapelle (Stuck 1686)*

47 HAIGER *Pfarrkirche, Gewölbemalerei, Teufel mit Jungfrau (um 1490)*

48 HAINA *Ehem. Zist.-Klosterkirche, Kreuzigung vom Westfenster (um 1330)*

49 HAINA *Ehem. Zisterzienserklosterkirche, Ostfenster (um 1250)*

50 HAINA *Ehem. Zisterzienserkloster, Kirchenraum (13.–14. Jh.)*

52 HANAU *Grundriß der Stadt von A. Rumpf (Mitte 17. Jh.)*

51 HANAU *Marienkirche, Glasfenster, Begleitfigur aus einer Heiligen Sippe (1479)*

53 HELSEN *Kirche, barocker Baldachin-Altar mit Kanzel*

HEPPENHEIM *Rathaus (1551, Fachwerk Ende 17. Jh.)*

55 Bad Homburg v. d. H. *Schloß, Bronzebüste des Prinzen v. Homburg (1704)*

56 HERMANNSTEIN *bei Wetzlar, Burgruine (14.–15.Jh.)*

57 HOMBERG (EFZE) *Fachwerkhäuser und Blick auf die Stadtkirche*

58 Idstein *Unionskirche (1667–1677)*

59 HIRSCHHORN (NECKAR) *Stadt und Burg*

60 ILBENSTADT *Ehem. Klosterkirche (Mitte 12. Jh.), Schiff mit Barockorgel*

61 KARLSHAFEN *Stadt- und Hafenanlage (18. Jh.)*

62 KASSEL-WILHELMSHÖHE *Herkules und Kaskaden (ab 1701)*

63 KASSEL *Museum Fridericianum (1769–1776), Vorkriegsaufnahme*

64 KASSEL *Martinskirche, nach dem Wiederaufbau (1958)*

66 KIEDRICH (RHG.) *Pfarrkirche, Chorgewölbe (1481)*

65 WILHELMSTHAL *bei Kassel, Schloß, geschnitzte Vertäfelung (3. V. 18. Jh.)*

67 KÖNIGSTEIN (TAUNUS) *Ansicht von Burg und Stadt, nach einem Stich von Merian aus dem Jahre 1646*

68 KRONBERG *Stadtkirche, Epitaph W. v. Reifenberg, H. Backoffen (1517)*

DEM·IAR·CRIST·VNSERS·Z·HERR

69 KORBACH *Kilianskirche, Südportal (Anfang 15. Jh.)*

70 KRANSBERG *Pfarrkirche, ehem. Limburger Domkanzel (1609)*

72 KRUKENBURG/HELMARSHAUSEN *Ruine der Johanniskapelle (Zentralbau Anf. 12. Jh.)*

71 LICH *Ehem. Stiftskirche, Kopf des Kuno v. Falkenstein (†1333)*

73 LANGENSTEIN *Kirche, doppeltes Netzgewölbe im Chor (Anf. 16. Jh.)*

74 LIMBURG *Stadtkirche, Kreuz über dem Altar (15. Jh.*

75 LIPPOLDSBERG *Ehem. Klosterkirche (Mitte 12. Jh.), Nonnenkrypta*
76 LIMBURG *Dom, Tumba des Konrad Kurzbold (1. Hälfte 13. Jh.)*

77 LIMBURG *Dom, Tumba des Konrad Kurzbold (1. Hälfte 13. Jh.)*

78 LORSCH (BERGSTRASSE) *Kapitell an der Torhalle (774)*

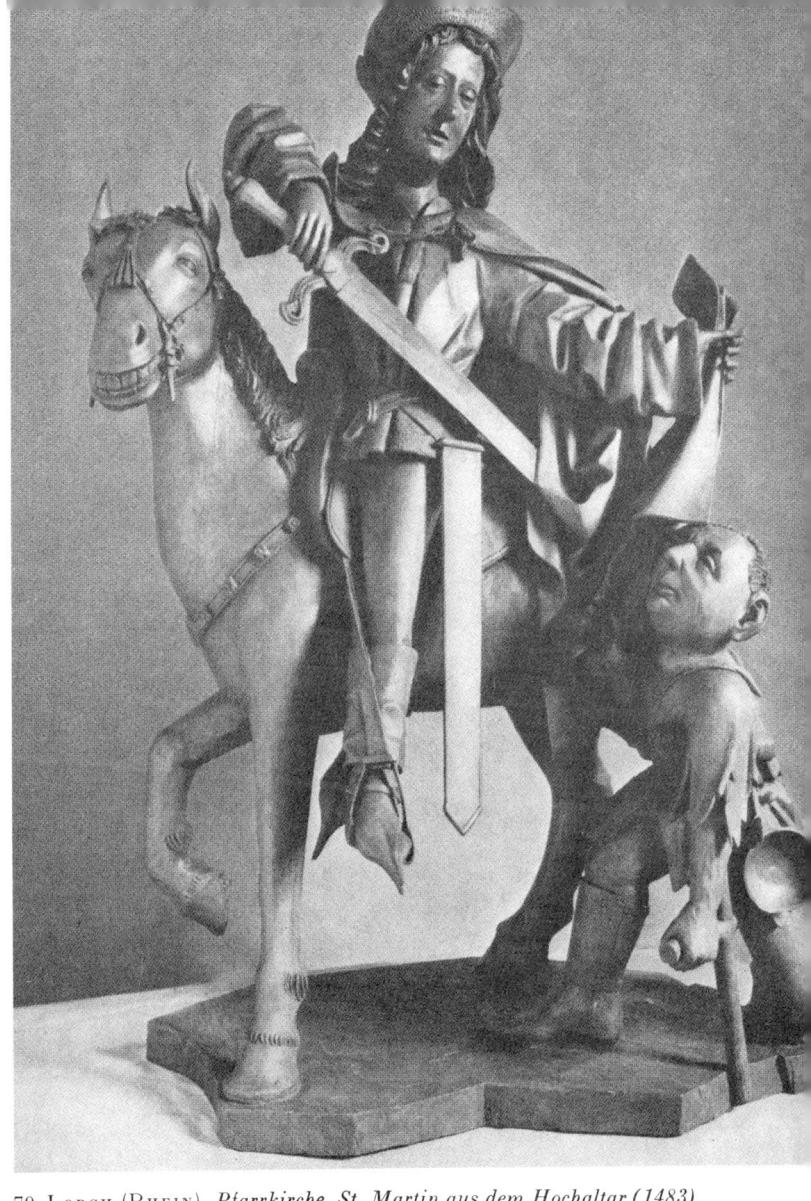

79 LORCH (RHEIN) *Pfarrkirche, St. Martin aus dem Hochaltar (1483)*

80 MARBURG *Schloß, Rittersaal (um 1320 vollendet)*

81 MARBURG *Blick auf Stadt und Schloß*

82 MARBURG *Elisabethkirche, Teil eines Chorfensters (2. Viertel 13. Jh.)*

83 MARBURG *Christuskopf vom Elisabethschrein (2. Viertel 13. Jh.)*

85 MARIENSTATT (WESTERWALD) *Zisterzienserklosterkirche, Chor (13. Jh.)*

84 MARIENSTATT (WESTERWALD) *Zist.-Klosterkirche, Innenraum (13. u. 14. Jh.)*

86 MELSUNGEN *Marktplatz mit Rathaus*

87 MÜNZENBERG (WETTERAU) *Romanischer Palas und Westturm
(2. Hälfte 12. Jh.)*

88 MICHELSTADT (ODW.) *Rathaus (1484)*

89 NENTERSHAUSEN *Barocke Bauernkirche (18. Jh.)*

90 NEUSTADT (KR. MARBURG) *Junker-Hansen-Turm (um 1480)*

91 NEU-BERICH *Kirche, Glasgemälde, Heilige Katharina (1320)*

92 RADHEIM *Pfarrkirche, Johannes d. T. (um 1520)*

93 Netze *Ehem. Abteikirche, Altartafel, Christuskopf (um 1370)*

95 ORANIENSTEIN (LAHN) *Schloßkapelle (um 1700), Stuckmedaillon*

94 RICHELSDORF *Barocke Landkirche (18. Jh.)*

96 RÜCHENBACH *westlich Marburg, Fachwerkkapelle (Ende 16. Jh.)*

97 RONNEBURG *westlich Büdingen (13.–17. Jh.)*
98 RUNKEL *Alte Lahnbrücke (15. Jh.) und Burg (12.–15. Jh.)*

99 SCHOTTEN *Stadtkirche, Flügelaltar Teilansicht (um 1375)*

100 SELIGENSTADT *Blick vom Konventgarten auf ehem. Abteikirche*
101 SELIGENSTADT *Sommerschlößchen des Abtes (1708)*

102 Burg SPANGENBERG *Burgzugang mit Torturm*

103 Steinau a. d. Strasse *Stadt und Schloß (13.–16. Jh.)*
104 Steinbach (Odw.) *Einhartsbasilika (9.–16. Jh.)*

105 WÄCHTERSBACH *Rathaus (1495, mit späteren Veränderungen)*

106 WEILBURG (LAHN) *Renaissance-Schloß (16. Jh.), Schloßhof*

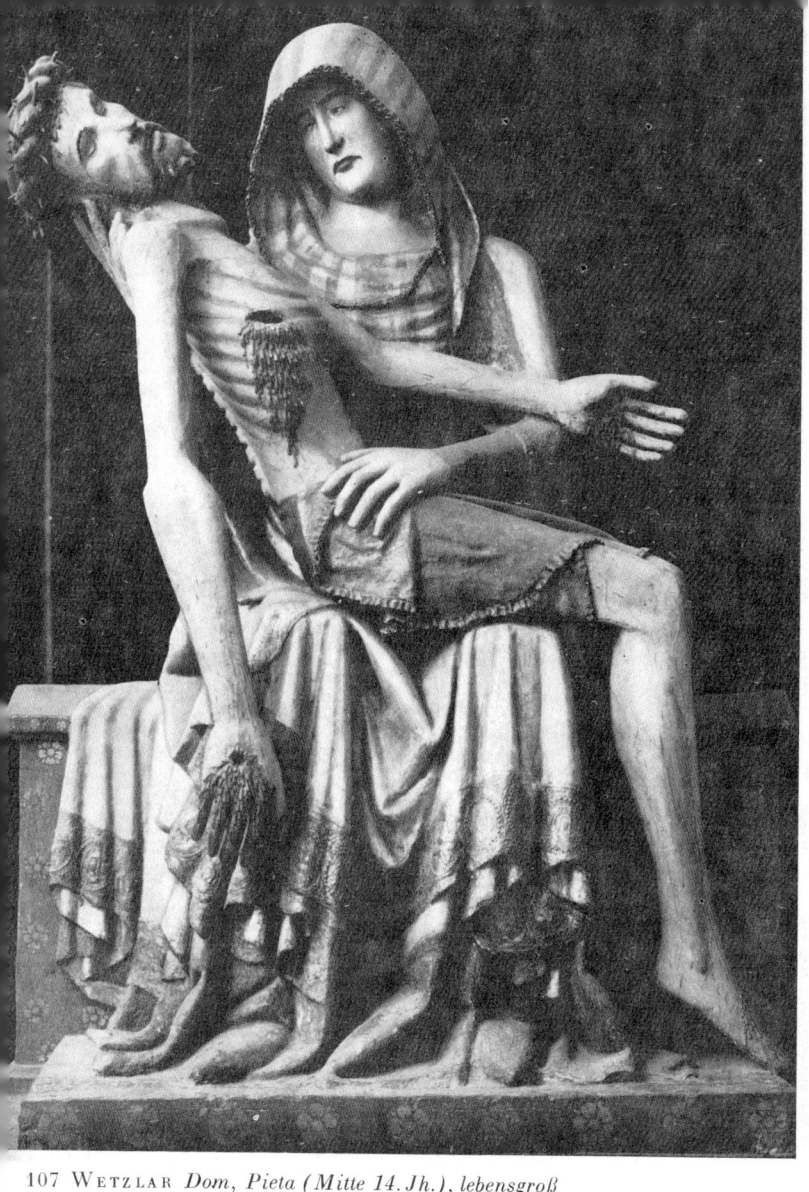

107 Wetzlar *Dom, Pieta (Mitte 14. Jh.), lebensgroß*

108 WETTER *Pfarrkirche, Altarretabel (1240–1250)*

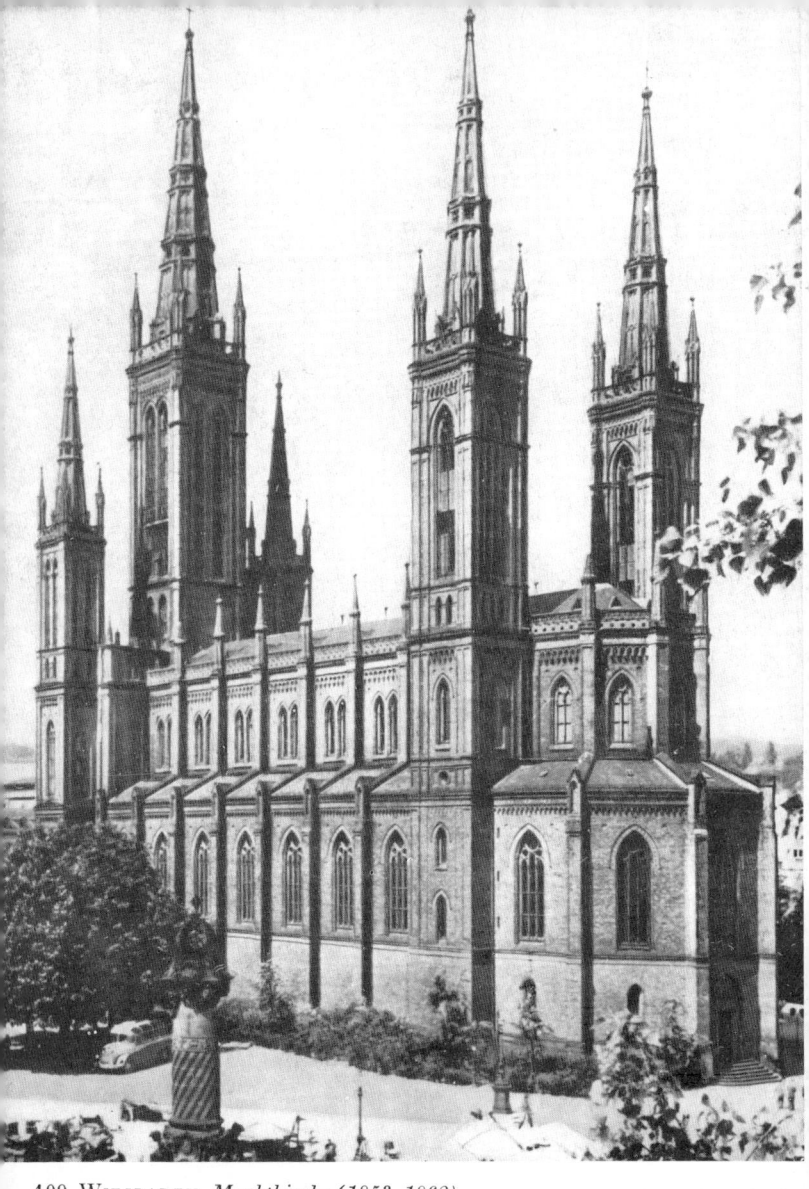

109 WIESBADEN *Marktkirche (1853–1862)*

110 WETZLAR *Dom, romanisches Westportal (12. Jh.)*

111 WIESBADEN *Schloß, Wanddekoration aus dem Tanzsaal (um 1840)*